LE GABON, LA FRANCE ET LA BANQUE DES ÉTATS DE L'AFRIQUE CENTRALE (1959-1992)

De la décolonisation à l'internationalisation des relations monétaires et financières

Collection Etudes Eurafricaines
Dirigée par André Julien Mbem

Le Sahara et la Méditerranée, frontières entre l'Afrique et l'Europe, sont aussi des passerelles par lesquelles, depuis des siècles, au-delà des tragédies et des drames, se rapprochent et se remodèlent ces deux ensembles géographiques et leurs civilisations. La collection « Etudes Eurafricaines » encourage la diffusion d'études historiques et prospectives sur les symbioses dont cette partie du monde est l'antique théâtre.

Déjà parus

OVOUNDAGA Marcy Delsione (dir.), *Les moyens de communication au Gabon. Mutations sociopolitiques et enjeux de gouvernance*, 2021.
ADOUM-BAKHIT HAGGAR Hassan, *Le pipeline Tchad-Cameroun : histoire d'une grande infrastructure africaine*, 2021.
DITENGOU ROCKAYA Nielle, *L'usage des technologies de l'information et de la communication en Afrique centrale. L'exemple du Gabon*, 2021.
AMABIAMINA Flora, NJOH KOME Ferdinand (dir.), *Les métamorphoses africaines et leurs langages. Analyse de discours politiques, médiatiques et littéraires contemporains*, 2021.
BIGOMBE LOGO Patrice, *Introduction à la socialisation de la biodiversité. Essai sur les droits des communautés autochtones et locales dans la Convention sur la Diversité Biologique*, 2021.
DUBINSKY Fira, *Le bassin du Congo. Plaidoyer pour la préservation du patrimoine naturel,* 2021.
NOUBISSI DOMGUIA Edmond, *L'impact du changement climatique sur le coût de l'eau potable. Une étude de cas dans la ville de Douala au Cameroun*, 2021.
DIARRA Rosalie, *La répression de la cybercriminalité en Afrique de l'Ouest*, 2021.
YAGO Souleymane, *Réflexion sur le vivre ensemble au Burkina Faso. Esquisse pour une éducation à la tolérance à l'école primaire,* 2021.
BABAGNACK Paul, *Les marchés financiers de l'Afrique centrale. Changements structurels et performances*, 2021.
AMOR NDJABO Monique, *Le handicap moteur dans la ville de Yaoundé. Trajectoires et expériences de vie*, 2021.
FOFANA Abdoulaye, *La direction du budget au Mali*, 2020.

Chislain MOUPEBELE MAKADJOKA

LE GABON, LA FRANCE ET LA BANQUE DES ÉTATS DE L'AFRIQUE CENTRALE (1959-1992)

De la décolonisation à l'internationalisation des relations monétaires et financières

Préface de Laure Quennouëlle-Corre

L'Harmattan

À la mémoire de mes parents,

Feus MOUPEBELE Norbert et MIBEKA Jeanne qui nous ont quittés.

Votre départ ne vous a pas permis de m'exprimer votre fierté.

5-7, rue de l'École-Polytechnique, 75005 Paris

http://www.editions-harmattan.fr

ISBN : 978-2-343-23687-2
EAN : 9782343236872

Remerciements

Mes remerciements vont d'abord à ma directrice de recherche, Madame Laure Quennouëlle-Corre, pour sa confiance, sa rigueur, sa disponibilité et sa bienveillance.

Je suis très reconnaissant à Olivier Feiertag, Bertrand Blancheton, André Straus, Rémy Banzenguissa-Ganga, Jean Pierre Bat, et Odile Goerg qui m'ont fait part de leurs critiques et suggestions.

Cette recherche a été réalisée grâce au soutien financier de la Mission historique de la Banque de France. Je voudrais dire ma gratitude aux membres du Comité scientifique qui m'ont accordé leur confiance pendant trois ans.

Je voudrais aussi dire ma reconnaissance à ma famille, en particulier Bertrand Lélé et Marie Laurence Lélé. Vous avez cru en moi. Ce travail est le fruit de votre rigueur, soutien et l'amour que vous m'avez témoigné. À mes frères, Jean Bernard Bibala et Jean Serge Mayissa, je suis également reconnaissant pour votre soutien et amour. Je tiens à remercier Pascal Lossangoye pour son soutien et sa considération.

Je remercie particulièrement ma compagne Roselie Hermelinda Vouma Ngnongui. Tu as été si spéciale, car tu trouvais du temps pour nous, pour mes recherches, alors que tu étais également occupée par tes propres recherches. Je veux te dire ma reconnaissance et mon affection.

Je pense à mes sœurs, Gisèle, Estelle, Alida, Alix et Sandra.

Je pense à toutes celles et tous ceux qui m'ont guidé dans la consultation des archives dont j'ai eu besoin pour ma recherche.

Mes remerciements vont enfin à mes amis pour leurs encouragements.

Liste des sigles et abréviations

AEF : Afrique Équatoriale française
AOF : Afrique Occidentale française
BCEAEC : Banque centrale des États d'Afrique équatoriale et du Cameroun
BCEAO : Banque centrale des États d'Afrique de l'Ouest
BAO : Banque de l'Afrique Occidentale
BEAC : Banque des États de l'Afrique centrale
BIRD : Banque internationale pour la reconstruction et le développement
BGD : Banque gabonaise de développement
BGL : Banque du Gabon et du Luxembourg
BM : Banque mondiale
BRGM : Bureau de recherche géologique et minière
BRP : Bureau de recherches du pétrole
CA : Conseil d'administration
CAA : Caisse autonome d'amortissement
CNC : Conseil national du crédit
CABE : Coopérative africaine des bois équatoriaux
CCFL : Caisse centrale de la France Libre
CCFOM : Caisse centrale pour la France d'Outre-mer
CCCE : Caisse centrale pour la coopération économique
CEDEAO : Communauté économique des États de l'Afrique de l'Ouest
CEMAC : Communauté économique et monétaire des États de l'Afrique centrale
CEE : Communauté économique européenne
CNUCED : Conférence des Nations sur le commerce et le développement
COFACE : Compagnie française d'assurance pour le commerce extérieur
CSCEF : Commission spéciale de coordination économique et financière
COBAC : Commission bancaire de l'Afrique centrale
COMILOG : Compagnie minière de l'Ogooué
CGP : Commissariat général au Plan
COMUF : Compagnie des mines d'uranium de Franceville
CREFOGA : Crédit foncier du Gabon
DTS : Droits de tirage spéciaux
FAC : Fonds d'aide et de coopération
FAS : Facilité d'ajustement structurel
FASR : Facilité d'ajustement structurel renforcé
F CFA : Franc de la coopération financière en Afrique centrale
FMI : Fonds monétaire international
FED : Fonds européen de développement
FIG : Fonds gabonais d'investissement
FICF : Fonds d'investissement du chemin de fer
FIDES : Fonds d'investissement pour le développement économique et social
GATT: General agreement on tariffs and trade
IBW: Institutions de Bretton Woods
MAC : Mission d'aide et de coopération

OCTRA : Office du chemin de fer Transgabonais
OPEP : Organisation des pays exportateurs du pétrole
OUA : Organisation de l'Unité africaine
PAS : Plan d'ajustement structurel
PRI : Pays à revenu intermédiaire
PRIPE : Pays à revenu intermédiaire les plus pauvres et endettés
PTT : Office des Postes, Téléphones et Télégrammes
PAZF : Pays africains de la zone franc
SME : Système monétaire européen
SMIG : Salaire minimum interprofessionnel garanti
SEG : Société d'exploitation gabonaise
SEEG : Société d'énergie et d'eau du Gabon
SONADIG : Société nationale d'investissement
SOGAFINEX : Société gabonaise de financement et d'expansion
SPAEF : Société des pétroles d'Afrique équatoriale française
UGB : Union gabonaise des banques
UAMCE : L'Union africaine et Malgache pour la coopération économique
UMOA : L'Union monétaire ouest-africaine
UMAC : L'Union monétaire d'Afrique centrale
UDEAC : Union douanière des États d'Afrique équatoriale et du Cameroun
UEAC : Union des États d'Afrique centrale
TEC : Tarif extérieur commun

PRÉFACE

Alors que la France tente aujourd'hui de tourner la page de la Françafrique, que les débats autour du franc CFA et de son rôle dans le développement économique de la zone franc sont toujours vifs et que l'opportunité d'une monnaie unique africaine est plus que jamais d'actualité, la publication de l'ouvrage de M. Moupebele Makadjoka Chislain est particulièrement bienvenue. Certes, comme le souligne l'auteur, les relations économiques franco-africaines ont déjà été bien étudiées dans la littérature historienne et économiste française ou étrangère. Toutefois, l'ouvrage qui explore la politique monétaire de la région des années 1959-1992 permet d'accroître notre connaissance des Etats africains nés de la décolonisation et participe d'une revisite de la période post-coloniale sur le plan économique, monétaire et financier.

Loin des visions théoriques ou idéalisées sur les effets attendus d'un flottement du franc CFA et d'une sortie de la zone franc, l'ouvrage se fonde sur une analyse empirique minutieuse à partir de fonds d'archives à la fois riches et variés, ainsi que sur une bibliographie très complète : plus particulièrement, le croisement de fonds de la Banque de France, du ministère de l'Économie et des Finances (Trésor), des archives de Jacques Foccart, avec celles du FMI et de grandes banques commerciales permet de donner de précieuses informations pour mieux saisir la spécificité du système économique et monétaire du Gabon. Bien sûr le lecteur regrettera l'absence d'archives gabonaises que le chercheur a en vain tenté d'explorer. C'est malheureusement souvent le lot des archives publiques dans les pays de la zone franc, lacune partiellement compensée ici par les rapports de la Banque centrale des États d'Afrique équatoriale et du Cameroun (BCEAEC) devenue Banque des États d'Afrique centrale (BEAC).

Tout en étudiant la politique monétaire du Gabon à l'échelle de l'Afrique centrale, l'auteur concentre son analyse sur ce pays de taille modeste mais qui pèse lourd à l'échelle régionale. Et si l'historien sait que l'analyse empirique d'une situation donnée est difficilement transposable à d'autres configurations politiques et économiques différentes, il sait également que des leçons peuvent être tirées pour l'étude d'anciennes colonies françaises. Car en donnant des clés pour comprendre les ressorts réels de la politique monétaire interne et externe d'un pays membre de la zone franc, la recherche ouvre des perspectives beaucoup plus vastes sur les plans politique, économique et social.

En interrogeant la politique monétaire et son articulation avec l'économie réelle, le livre apporte d'abord une contribution importante à l'histoire récente des relations entre monnaie et croissance dans les pays d'Afrique noire francophone. La souveraineté monétaire est-elle un préalable au développement économique du continent ? Le sous-développement est-il lié au régime de change fixe avec le franc français ? Ou bien l'arrimage au franc français a-t-il permis d'attirer les investissements étrangers et favoriser même en partie seulement un décollage économique ? Si elle est bien évidemment complexe et partielle, la réponse à partir de l'histoire récente du Gabon donne matière à réflexion sur le plan plus général. Ici la contrainte monétaire pèse lourd mais elle n'est pas source de tous les maux comme nous le démontre finement Chislain Moupebele Makadjoka. Elle se cumule avec une économie de rente (l'okoumé puis le pétrole), la persistance d'une dépense publique pesante et une domination des investissements étrangers.

En corollaire, le deuxième apport du livre qui mérite d'être souligné a trait au poids du système politique dans la politique monétaire et, plus largement, à la gestion politique des institutions en charge de la monnaie. La dimension politique de l'histoire monétaire africaine est ici fortement démontrée, à travers le « paternalisme monétaire » de la France comme à travers l'attachement des chefs d'État au franc CFA relevé par l'auteur. Ainsi le poids personnel des Présidents successifs Léon M'ba et Omar Bongo dans la gestion monétaire est-il déterminant tant à l'échelle de la Banque centrale qu'à celui des négociations avec la France. Plus que la crédibilité économique, c'est la crédibilité politique des institutions monétaires et des acteurs de la politique monétaire qui permet la stabilité du franc CFA. Voilà un enseignement qui mérite réflexion par-delà la seule expérience gabonaise. Une sortie de la zone franc est-elle possible si les élites d'un État n'y sont pas favorables ?

Le troisième apport important du livre se trouve dans l'articulation entre les trois échelles nationale, régionale et internationale, voire mondiale. Si le volume pose clairement la question de la souveraineté monétaire vis-à-vis de la France et de ses conséquences sur l'économie gabonaise, il soulève aussi les rapports complexes et parfois mouvementés du Gabon avec les cinq autres Etats d'Afrique centrale qui forment la Communauté économique et monétaire de l'Afrique centrale (CEMAC) : le Cameroun, la République centrafricaine, la République du Congo, le Gabon, la Guinée équatoriale et le Tchad. A travers les débats qui agitent la BCEAEC depuis sa création en 1959, l'on perçoit bien les rivalités entre pays (notamment avec le Cameroun), les rapports de force qui émergent et compliquent la mise en place d'une politique monétaire commune. Cette analyse triangulaire des forces – Gabon, France, BCEAC – tranche avec les études habituellement menées sur un pays dans la zone franc, celle-ci étant souvent considérée comme un bloc homogène. C'est loin d'être le cas ici et ce constat peut sans doute se décliner dans l'histoire de l'Afrique de l'Ouest.

Enfin, Chislain Moupebele Makadjoka ne s'est pas contenté d'une démarche purement politique et institutionnelle, puisqu'il s'est attaché à étudier les effets de la politique monétaire de la Banque centrale régionale sur l'économie du Gabon, alors que la bancarisation et la monétarisation du pays se développent avec l'essor de la rente pétrolière dans les années 1970. Alors que l'accord de Brazzaville de 1972 posait la monnaie et le crédit comme piliers du développement économique, de fait, la priorité donnée à la défense du taux de change entraîne une restriction des conditions de crédit. Sur la période, le décalage entre les objectifs de croissance et la réalité tend à démontrer que l'« économie libérale planifiée » prônée par les présidents successifs, fondée sur la rente (le bois puis le pétrole) et une forte dépense publique, était conduite par la géopolitique plus que la recherche d'efficacité. La priorité donnée au financement monétaire des dépenses budgétaires a globalement été maintenue tandis que l'objectif de stabilité monétaire l'emporte sur l'objectif de croissance, que la défense de la parité se fait au détriment du développement économique. Finalement, la BEAC qui doit gérer des situations économiques si différentes, a eu peu d'effet sur le financement de l'économie gabonaise - si ce n'est la recherche de stabilité des prix, qui sera obtenue sauf entre 1975 et 1985. La mise en place du programme d'ajustement du FMI, contrepartie du rééchelonnement de la dette publique, a réduit encore la capacité d'action de la Banque centrale sur l'économie et l'efficacité de la politique monétaire. Plus encore, est illustré ici de manière éclatante le triangle d'incompatibilité de Mundell. Le choix de l'ouverture de son économie opéré par le Gabon, allié au taux de change fixe a par rapport au franc français, empêché la marge de manœuvre monétaire.

Enfin, la démarche historienne de l'auteur doit être ici saluée, qui lui permet d'aboutir à une analyse fine et mesurée d'une configuration institutionnelle complexe et évolutive. A travers trois grandes scansions chronologiques, l'auteur balaye les trois enjeux majeurs qui se posent au Gabon au sortir de l'indépendance : la mise en place de l'indépendance institutionnelle sur le plan monétaire dans les années 1960 ; l'évolution de la BEAC et l'essor de la rente pétrolière dans les années 1970 ; et enfin la gestion de la crise de la dette qui court depuis le milieu des années 1980. Trois décennies qui permettent de saisir le lent processus d'adaptation de l'institution monétaire régionale créée en 1959, réformée en 1966 et 1972, dont l'africanisation des cadres voulue par Bongo. Mais qui permettent aussi de souligner la fragilité du développement économique du Gabon, fondé sur l'exportation de matières premières et notamment la rente pétrolière ; sur la concentration des richesses par quelques possédants qui investissent dans l'immobilier tandis que la consommation de la classe moyenne naissante se concentre sur des produits importés.

Enfin, la crise financière des années 1980 qui marque une crise de confiance de la gestion « politique » et sa résolution par la diplomatie financière d'Omar Bongo illustre bien la persistance des liens de la Françafrique au seuil des années 1990. L'ensemble de la période sous revue montre aussi bien la stratégie d'influence menée par la France que celle habilement menée par le président gabonais face aux injonctions du FMI. Il s'agit bien d'une géopolitique de la monnaie, gérée cette fois dans l'urgence entre le Président gabonais, le Président français, ses administrations financières et le FMI. Même si *in fine* la France réoriente sa position traditionnelle bilatérale vers une approche multilatérale de sa politique africaine, qu'elle défend le plan de réduction de la dette du FMI, elle cherche néanmoins à peser en faveur d'une aide au Gabon dans les négociations internationales. Cet épisode met en lumière l'exercice d'équilibriste auquel se livre la France, qui entend maintenir ses bonnes relations avec les pays africains tout en refusant une remise de dette. La crise montre par ailleurs les positions différentes au sein de l'État français (Trésor, ministère des Affaires étrangères, ministère de la Coopération) et la difficulté pour l'ancienne métropole de concilier sa crédibilité internationale avec les liens politiques privilégiés qu'elle entretient avec le Gabon. Au croisement de l'histoire politique, économique et monétaire, cette étude nous apprend beaucoup sur l'intrication des rapports de force entre institutions nationales, régionales et internationales, révélée par les crises.

La dévaluation du franc CFA de 1994 trouvera dans les dernières années de crise son origine, sinon sa justification. Savoir si elle a ouvert une nouvelle voie à l'économie gabonaise reste à découvrir. Elle a en tout cas permis l'ancrage du franc CFA à l'euro et a accompagné la stratégie de déréglementation, de désengagement de l'État de l'appareil économique et la mise en place de mesures toujours favorables à l'ouverture internationale.

Faire évoluer le franc CFA vers une monnaie africaine souveraine, l'Eco, telle est aujourd'hui l'ambition des États africains, relayée par nombre d'experts et d'économistes. Le processus est lent et complexe. Car au-delà de la symbolique de rupture avec l'ancienne métropole, l'enjeu est de savoir à quelles conditions l'Afrique de l'Ouest et du Centre peuvent se passer de la garantie de change du Trésor français. Cela pose aussi clairement la question, souvent débattue chez les experts, de l'articulation entre les étapes de l'union monétaire et de l'union économique. Pour vous faire une opinion, plongez-vous dans l'histoire que nous raconte Chislain Moupebele Makadjoka. Au-delà de ses aspects techniques, elle ouvre de nombreuses portes d'entrée pour une relecture des années récentes de l'économie du continent africain.

Laure Quennouëlle-Corre
Directrice de Recherche CNRS
EHESS-CRH

INTRODUCTION GÉNÉRALE

Intérêt et objet de l'étude

> « Il ne suffirait pas d'avoir décentralisé ses [les] institutions [de la zone franc] pour assurer à l'avenir le maintien dans la zone franc de [les]pays devenus indépendants de la France. Une zone monétaire ne peut se ramener aux mécanismes qui assurent l'inter-convertibilité des monnaies et l'unité de la réglementation vis-à-vis d'un tiers. Si elle n'est pas en même temps une zone de développement économique privilégiée, elle ne tarde à se disloquer (…) La liberté de circulation des capitaux à l'intérieur de la zone franc peut devenir pour certains de nos partenaires indépendants l'occasion d'une hémorragie permanente des revenus et des capitaux créés dans leur propre territoire[1]».

L'histoire monétaire des anciens territoires français d'Afrique est basée sur l'alternance de banques d'émissions publiques et privées, exerçant sous le contrôle plus ou moins étroit de l'État. Ce qui semble être une situation confuse traduit en fait la complexité de la gestion de l'Empire colonial et des difficultés éprouvées par les autorités coloniales dans l'organisation du marché et le système de paiements qui avaient vocation à le rendre dynamique. La Seconde Guerre mondiale crée un climat politique et géopolitique moins propice à l'ordre monétaire et économique en gestation peu après son éclatement.

Lorsque de Gaulle lance son appel en juin 1940, certains territoires se rallient aussitôt à la France libre. D'autres sont administrés par les autorités plus ou moins proches de Vichy avant d'être libérés par les forces alliées. Dans ce contexte, en Afrique équatoriale et au Cameroun, la Caisse centrale de la France libre (CCFL) se doit d'assurer, dès 1942, l'émission monétaire à la place de la Banque de l'Afrique occidentale

---

[1] CAEF, Fonds direction du Trésor, B-0073544/1, dossier : « problèmes économiques et monétaires posés par l'évolution politique des pays de la zone franc », note Yves Roland-Billecart, 14 août 1958.

(BAO) qui détient alors ce privilège dans toute l'Afrique Noire depuis 1901.

Durant cette période, l'Afrique équatoriale jouera un rôle déterminant dans les activités de la France libre. La monnaie créée par la Caisse avec l'aide des autorités britanniques constitue un puissant instrument d'organisation d'une économie de guerre. La Caisse va cependant être transformée en 1944 en Caisse centrale de la France d'outre-mer (CCFOM), établissement public. Outre les prérogatives monétaires, la Caisse assure aussi les missions d'institution financière chargée des opérations d'investissement dans le cadre du plan de développement économique et social des territoires d'outre-mer. Le 26 décembre 1945, consacrant la dégradation monétaire engendrée par six années de guerre, un ambitieux ajustement de la parité du franc français a lieu. Le cours du dollar qui sert de référence passe de 49,625 F à 119 F 10, celui de la Livre sterling de 200 F à 480 F, soit une dépréciation de 58 % environ de la valeur du franc[2]. C'est dans ce contexte que sont créées les monnaies coloniales avec des parités distinctes : le F CFA a une parité fixe de 1,70 F, mais celle-ci sera modifiée le 17 octobre 1948 lors d'un nouvel ajustement du franc français par rapport au dollar, soit 2 F.

Mais très vite, la nécessité de séparer les fonctions de crédit et d'investissement de celles de l'émission monétaire conduit à une réforme qui a institué en 1955 l'Institut d'émission des États d'Afrique équatoriale et du Cameroun. Cette séparation va peser, y compris après les indépendances, sur la conduite de la politique monétaire et du crédit par la Banque centrale.

Au cours de la première décennie postindépendance, la Banque centrale s'est focalisée sur les missions historiques d'émission monétaire tout en rationnant le crédit à court terme. Pour leurs opérations d'investissement, les États doivent se tourner vers la CCCE qui dispose des compétences élargies en matière de financement des investissements en octroyant des crédits à long terme. Ce n'est qu'au début des années 1970 que cette tendance est déconstruite dans le but de faire de la Banque centrale un instrument privilégié du financement du développement. Les États ont aussi à cœur la volonté d'accroître

---

[2] ABF, 1466200601/238, dossier : « BEAC », note sur la parité du F CFA d'Afrique centrale, PV du Conseil d'administration du 24 novembre 1987.

leurs propres responsabilités dans le domaine de l'émission monétaire et du crédit tout en africanisant les cadres et les structures de leur Banque centrale. Problème historique donc, toutes les critiques formulées à l'encontre du cadre monétaire se sont construites autour du rôle de la monnaie en tant qu'instrument de politique économique.

Depuis la décolonisation des États qui l'utilisent, le F CFA n'a jamais autant fait l'objet d'intenses débats et d'âpres négociations diplomatiques mêlant à la fois des objectifs économico-financiers et leur finalité stratégique, c'est-à-dire géoéconomique[3], voire géomonétaire. Ayant résisté à toutes les mutations politiques et géopolitiques qui ont jalonné l'histoire économique et monétaire du monde contemporain (la fin de Bretton Woods, la libéralisation financière des années 1980 et les politiques d'ajustement structurel ainsi que la chute du mur de Berlin), la zone franc et ses instruments sont au cœur d'un processus de délégitimation, car jugés passéistes et nettement en conflit avec le contexte actuel de crises multiformes (crise de la gouvernance, crise économique et financière…crise du leadership diplomatique de la France en Afrique subsaharienne) que traversent les États concernés.

Le 20 janvier 2019, Luigi Di Maio, vice-chef du conseil italien, chargé de l'économie, a déclaré que la France, à travers le FCFA, a durant des décennies, empêché le développement économique des quatorze pays utilisant cette monnaie. Bien qu'elle soit cynique, cette déclaration a néanmoins suscité une vive réaction et a fait naître des tensions diplomatiques entre les deux pays.

Au sein d'une certaine élite intellectuelle africaine, les propos du ministre italien ont surtout légitimé le débat sur la question de la décolonisation monétaire des États africains « politiquement indépendants » de la France depuis 1960. Une certaine opinion publique va par ailleurs se déterminer au moment de l'annonce du projet de création de l'eco, une monnaie commune à tous les États de la CEDEAO, dont huit sont membres de l'union monétaire ouest-africaine (UMOA), donc de la zone franc CFA. Le samedi 21 décembre,

---

[3] Voir, Pascal Loriot (dir), *Introduction à la Géoéconomie*, Paris, Economica, 1999 ; Charles Goldfinger, *La Géofinance : pour comprendre la mutation financière,* Paris, Seuil, 1986.

Emmanuel Macron et Alassane Ouattara ont, de façon inattendue, annoncé ce qu'il conviendrait de qualifier de « réforme institutionnelle majeure ». L'eco remplace désormais le F CFA de l'UEMOA et des mesures symboliques sont annoncées : fermeture du compte d'opérations de la BCEAO, suspension de l'obligation de centraliser les réserves de change et le retrait des administrateurs français au sein du gouvernement de la Banque centrale.

D'un point de vue technique, le régime de taux de change fixe de l'eco avec l'euro est maintenu. Face à ces profondes mutations, il est important de s'interroger sur la nature et les implications politiques des décisions susceptibles d'être prises par les leaders des États d'Afrique centrale dont la particularité est de paraître historiquement moins réformateurs.

Pourtant, le 22 novembre 2019, à l'occasion du sommet extraordinaire abordant la situation économique et monétaire en zone CEMAC, les chefs d'État de la zone BEAC ont exprimé leur attachement à une monnaie unique et forte. Ils ont, en même temps, décidé d'engager une réflexion approfondie sur les conditions et le cadre d'une nouvelle coopération monétaire[4]. Ces ambigüités nous renseignent sur l'étroite connivence qui existe entre la sphère politique, monétaire et financière. Elles traduisent aussi l'état de dépendance dans laquelle se trouvent les États africains membres de la zone franc. Cette réalité est au cœur des relations franco-africaines depuis les indépendances et on ne saurait prédire, au moment où nous réalisons notre étude, la forme que prendra le cadre institutionnel de la coopération monétaire en Afrique centrale. L'eco a-t-elle vocation à étendre son pouvoir libératoire dans ce qu'il reste de la zone franc ?

Tous ces développements montrent, d'une certaine manière, qu'après soixante-neuf ans de coopération, le cadre monétaire hérité de la période coloniale n'est plus compatible avec les enjeux économiques et financiers des États. Le fait que les intentions viennent des chefs d'État, traduisent-elles pour autant une sérieuse remise en question des liens monétaires franco-africains postcoloniaux ? La fin du F CFA, au moins dans sa forme originelle et/ ou actuelle, est-elle actée pour autant ? Loin d'être un effet stylisé, cette question factuelle mérite d'être posée, tant

[4] Communiqué final, Yaoundé, 22 novembre 2019.

elle pose de façon déterminante le problème de la souveraineté monétaire du Gabon, les formes qu'on pourrait lui attribuer, ses implications politiques, géopolitiques, économiques et financières ainsi que les conditions de son exercice dans un contexte monétaire marqué par l'interdépendance des États.

L'un des traits spécifiques de l'histoire monétaire des États de la zone franc, en particulier du Gabon, est l'attachement des chefs d'État à cette monnaie. Cette attitude met en évidence le fait historique suivant : le soutien accordé par l'élite politique gabonaise au F CFA repose sur une prétendue stabilité du système des paiements qu'elle offre. Une telle conception laisse libre cours à la France dans son désir de conserver les fondamentaux de son impérialisme monétaire et financier dans les États africains membres de la zone franc.

Après l'indépendance du pays, on observe des survivances tenaces qui suscitent réflexion, ceci dans le but de comprendre les raisons de leur préservation. Lorsqu'on s'intéresse aux débats publics et intellectuels qui engagent l'histoire du pays, ce problème constitue un motif de réflexion ; d'où notre intérêt pour l'étude des relations monétaires franco-gabonaises et leur impact sur la transformation du cadre macroéconomique de l'économie du pays.

L'objectif de cet ouvrage est de réaliser une étude historique de l'évolution des relations monétaires entre la France, le Gabon et les États de la BEAC dans le cadre de la zone franc. Un tel projet nécessite de comprendre les instruments et les objectifs poursuivis par cette coopération autant que le fonctionnement et les transformations que subissent les institutions chargées de l'animer. Il ne s'agit pas seulement d'une histoire chronologique de la politique monétaire ni d'une monographie sur la BEAC. Cet ouvrage tente de mettre en pratique une diversité de méthodes dans le but de saisir au mieux la portée des dynamiques institutionnelles et économiques. Ainsi, cette recherche se situe à l'intersection de l'histoire politique, l'histoire économique, l'histoire monétaire et financière ; l'approche est davantage qualitative et quantitative, institutionnaliste.

Nous privilégions les aspects économiques et financiers du problème dans le but de saisir au mieux l'impact de la politique du crédit sur les relations entre l'État gabonais et la Banque centrale. Il faut prendre en compte le cadre idéologique et juridico-institutionnel pour comprendre les moyens d'intervention de la Banque centrale, l'omniprésence de l'État ou des États et la perception que les autorités monétaires ont de la monnaie, du crédit et de la lutte contre l'inflation. En pratique, nous avons essayé d'articuler notre investigation sur le système de production des richesses réelles, leurs modes d'utilisation autour des phénomènes monétaires et financiers. Ces phénomènes sont au cœur même des relations d'enrichissement ou d'appauvrissement de l'État. La compréhension de ces phénomènes est essentielle à l'étude des modalités concrètes du lien entre économie réelle et sphère monétaire. Notre recherche considère certaines pratiques politiques et les modes d'action, le cadre institutionnel et les moyens d'intervention de la Banque centrale dans leur contexte spécifique et les perceptions analytiques ou descriptives auxquelles donnent lieu ces catégories d'analyse dans le contexte postindépendance.

Ainsi, nos investigations ont pour but de répondre à cette question : qu'est-ce qui explique le fait que les autorités gabonaises aient fait, après l'indépendance du pays, le choix de conserver le cadre monétaire colonial en signant des accords de coopération avec la France ? L'argument avancé à l'époque reposait sur l'idée que le maintien de ces relations était constitutif d'une stratégie de politique économique nonobstant les contraintes géoéconomiques et géomonétaires. Comment et dans quelle mesure la pérennité des liens monétaires avec la France sert-elle ou dessert-elle la perspective de développement économique qu'implique la mise sous tutelle de la souveraineté monétaire du Gabon ? Les réformes institutionnelles initiées en 1972 reposent sur la formule multinationale qui accorde une place aux spécificités des États en reprenant leurs législations. Sur cette base, comment la Banque centrale s'est-elle adaptée au caractère hétérogène des économies dont elle a la charge d'assurer la politique monétaire, en sorte que celle-ci convienne à leurs attentes respectives ? Et à l'inverse, comment et dans quelle mesure les difficultés économiques rencontrées par les États ont-elles conduit la Banque centrale à adopter une position « avant-gardiste » ou de « retrait », en termes de rigidité ou de flexibilité de sa politique monétaire ? Quelle a été l'attitude de la Banque centrale face à l'intervention des institutions de Bretton Woods, FMI en tête, dans le contexte de la crise financière des années 1980 ?

L'horizon temporel de cette recherche part de 1959 à 1992. La borne de départ situe les recherches dans une temporalité qui est celle de la décolonisation. Ce choix traduit des mutations politiques relatives à la participation financière de la France au développement économique du Gabon. Les décrets du 27 mars 1959 relatifs à l'aide et à la coopération ont fait l'objet d'une contestation du fait qu'ils constituaient une relative régression par rapport au régime antérieur dans lequel les représentants des territoires africains intervenaient à la fois au parlement et au comité directeur du FIDES. Les nouveaux textes ne prévoyant que des consultations individuelles des États pour les projets. Cette approche, s'accommodant avec la logique d'autonomie des États, suggère que les aides entrent dans le cadre des relations bilatérales. Cette orientation a été actée par la réunion des 3 et 4 février 1959. Du point de vue des institutions monétaires, les réunions du comité des ministres des Finances et des Affaires économiques de la Communauté, qui se sont tenues les 17, 18 et 19 mars 1959, ont donné lieu à un accord général sur l'organisation des instituts d'émission dans les États africains membres de la zone franc. Ainsi, les ordonnances du 4 avril 1959 définissent la nouvelle organisation en prévoyant l'association des dirigeants français dans la gestion de l'émission de la monnaie en raison de la garantie monétaire qu'elle assure.

La deuxième borne se situe dans une double temporalité. Il y a, d'une part, celle liée à la crise financière que traverse le Gabon et son impact sur le cadre monétaire. C'est au cours de cette année que la BEAC va inaugurer la dernière vague des réformes de sa politique monétaire. D'autre part, la deuxième temporalité est liée à l'application des dispositions du traité de Maastricht relatives à la politique monétaire, c'est-à-dire la substitution du franc français par l'euro. La parité du F CFA a été mécaniquement fixée à l'euro. Jean Arthuis, alors ministre de l'Économie et des Finances, a déclaré : « demain comme aujourd'hui nos mécanismes de coopération monétaire pourront demeurer exactement semblables. Il n'y aura aucune crainte à avoir dans ce domaine. Il y a une convention spécifique entre la France et les pays de la zone franc. [5]» Au cours de la même année, le FMI suspend ses négociations avec le Gabon, plongeant le pays dans une incertitude,

[5] ABF, 1466200601/390, dossier : « Franc CFA et Union européenne », Ambassade de France au Gabon (service d'expansion économique), Bulletin d'informations économiques et commerciales : Gabon et Sao-Tomé et Principe, 30 avril 1996.

alors que les autorités politiques font face à une crise sociopolitique qui s'est développée dans le sillage de la crise financière et l'application d'une politique d'austérité.

Afin d'apporter plus de clarté à notre objet d'étude, dans le souci de rendre lisibles les éléments de problématique, nous avons circonscrit nos axes de recherche tout en ayant le souci de formuler, chemin faisant, les hypothèses autour desquelles s'est construite notre étude.

L'idée que nous défendons dans cet ouvrage est la suivante. Les relations monétaires franco-gabonaises sont représentatives d'une nécessité éprouvée par la France de garder une influence politique et administrative à travers la monnaie. Ces relations apparaissent comme un instrument privilégié du déploiement de l'hégémonie monétaire de la France au Gabon. La délégation de la souveraineté monétaire ne s'est pas traduite par le renforcement des instruments de la politique économique ; elle a introduit des contraintes moins favorables aux objectifs de croissance.

Coopérer pour maintenir des institutions monétaires inadaptées au contexte postcolonial

L'année 1959 est un moment de basculement dans l'histoire politique et institutionnelle du Gabon. Les doctrines politico-économiques se font et se défont au sein de la Communauté franco-africaine. Le cadre institutionnel qui a émergé en septembre 1958 a, en conséquence, conduit à la redéfinition des rapports de force politiques. Ces transformations se sont étendues jusqu'à la sphère monétaire et financière obligeant de Gaulle à repenser sa stratégie. Dans l'esprit des autorités françaises de l'époque, cette stratégie vise à atteindre des objectifs géopolitiques, politiques et stratégiques, c'est-à-dire maintenir, dans des formes différentes, l'influence de la France dans ses anciennes possessions coloniales. Cette approche s'est traduite par la signature, le 17 août 1960, des accords de coopération entre la France et le Gabon.

Dans cette perspective, les autorités françaises ont établi un lien politique étroit entre le commerce, la monnaie, la finance et la défense pour maintenir leur influence au Gabon comme dans la plupart des États membres de la zone franc. La monnaie est alors apparue comme un projet politique, dont l'intérêt est de mettre en évidence le rôle de l'économie en tant qu'instrument stratégique des relations franco-gabonaises. Pour comprendre les mutations qui vont jalonner l'histoire de la zone franc, il est important de retenir trois séquences.

Tout d'abord, au cours des premières années ayant suivi l'indépendance politique du Gabon, le cadre institutionnel de la zone franc a évolué dans le sens d'une décentralisation des institutions et la mise en place d'un système de gestion concertée de la politique monétaire et du crédit. L'institut d'émission, qui est devenu en 1959 la Banque centrale des États d'Afrique équatoriale et du Cameroun (BCEAEC), est très vite devenu l'instrument de coopération et symbole évident d'une souveraineté monétaire collective ; elle apparaît aussi comme l'outil de médiation entre la sphère monétaire et l'économie réelle.

Il faut toutefois souligner qu'à cette époque la question de la souveraineté monétaire avait cessé d'être une priorité politique. Le sujet était même devenu secondaire. Les leaders politiques des États comme le Gabon ont vu dans le maintien du cadre monétaire « colonial » un moyen de moderniser leurs économies. La monnaie avait pour finalité d'accompagner l'internationalisation de l'économie gabonaise et garantissait l'irrigation des capitaux étrangers nécessaires à un développement économique de long terme. Les éléments caractéristiques de la zone franc sont somme toute restés inchangés. La convertibilité des monnaies, l'unité de la réglementation, le régime de change fixe et la liberté des capitaux ont été maintenus et ont continué de représenter les fondements d'une expérience de coopération monétaire singulière.

Ensuite, les accords de coopération vont suivre les mutations économiques et financières qui sont intervenues au début des années 1970. Ainsi, le cadre institutionnel a évolué, non plus dans le sens du renforcement de la décentralisation, mais davantage dans l'idée d'appropriation des institutions monétaires. Il s'est manifesté politiquement par le concept d'africanisation des cadres et l'adaptation des statuts de la Banque centrale aux exigences économiques des États. Cette perspective a dessiné les contours d'un nouveau projet qui fait de la Banque centrale un acteur clé du financement du développement économique et non plus seulement le marqueur d'une solidarité multilatérale qui est la caractéristique intrinsèque de la zone franc.

Ces mutations vont cependant se traduire par une forte tendance à la politisation de la politique monétaire et/ou du crédit à travers un contrôle systématique exercé sur la Banque centrale. Tout au long de la décennie 1970, une politique économique expansionniste a été conduite au Gabon comme dans la plupart des États de la sous-région. La Banque centrale a été amenée à poursuivre des objectifs de croissance en fournissant par ailleurs des avances directes aux États.

Enfin, la dernière phase s'ouvre avec la crise de la dette des années 1980. D'emblée, disons que nous considérons la crise comme une référence temporelle utile à la compréhension du développement des relations franco-gabonaises, puisqu'elle met en lumière l'imbrication des logiques de pouvoir et les enjeux économiques et financiers déterminant des stratégies spécifiques. Historiquement, la crise financière de 1986 a le mérite de traduire les échecs des politiques économiques et financières mises en œuvre au cours des années 1970. La fragilité du système bancaire et l'effondrement des moyens de paiement procèdent somme toute de la pénurie de la liquidité bancaire ayant émergé dans le contexte de la récession économique.

Dans ce sens, l'imbrication des réalités monétaires et financières pose en effet le problème des implications macroéconomiques de l'endettement. Afin de mesurer les interactions structurelles entre la sphère macroéconomique et la recherche de l'équilibre financier, il est nécessaire de prendre en considération la dimension monétaire de la crise financière qui résulte des dysfonctionnements du financement externe de l'économie. Du point de vue de l'analyse financière, il y a un lien de causalité entre la crise de la dette et la survenue de la crise de la souveraineté monétaire[6] et budgétaire de l'État. Ainsi, la réduction du périmètre de l'État, du point de vue de l'analyse politique, procède des conditionnalités appliquées dans le cadre des accords de coopération.

---

[6] Bruno Théret, « De la dualité de la dette et de la monnaie dans les sociétés salariales », Michel Aglietta et André Orléan, *La monnaie souveraine,* Paris, Odile Jacob, p.253-288 ; Jerôme Rous, *Why not default ? The political economy of sovereign debt,* Princeton, Princeton University Press, 2019.

De la même manière, la réduction de la souveraineté s'en trouve compromise par l'endettement extérieur à travers la négociation des réformes structurelles auprès des institutions de Bretton Woods. Dans ces conditions, le lien entre dette et monnaie est historiquement établi. L'anthropologue américain David Graeber a montré que l'histoire de la dette est aussi celle de la monnaie[7]. En somme, la crise de la souveraineté monétaire de l'État est l'expression de l'échec d'une théorie économique qui envisage la confiance en la monnaie d'un point de vue purement financier[8].

La crise de la dette qui a ébranlé le cadre monétaire, à travers la crise de la confiance dans la politique monétaire et les attaques spéculatives sur le F CFA, va poser en des termes nouveaux le problème de l'indépendance de la Banque centrale et du rôle de celle-ci ainsi que de la monnaie dans le développement économique. Ces transformations vont se traduire par la libéralisation des taux d'intérêt et l'intensification du contrôle quantitatif de la distribution du crédit. L'instauration d'une réglementation de l'activité bancaire par le marché va tenter de s'imposer au début des années 1990 et traduira des relations conflictuelles entre l'État et le marché.

Étudier la souveraineté de l'État au prisme de la monnaie : une application au contexte gabonais

Les approches « décoloniales[9] » (souveraineté monétaire et économique) se sont construites autour du processus de construction ou de formation de l'État postcolonial[10]. Mais toute tentative d'historicisation de potentielles ruptures s'est pourtant heurtée à la « colonialité » des accords qui vont désormais lier la France au Gabon. Mais si nous nous focalisons sur les ruptures chronologiques, on pourrait postuler que l'année 1959 constitue un moment de

---

[7] David Graeber, *Dette : 5 000 ans d'histoire,* Paris, Liens qui Lièrent, 2013, p.31.

[8] Jaime Marques-Pereira, *L'Aléa moral de la souveraineté monétaire, op cit.,* p.10.

[9] Ueli Staeger, « Africa-EU relations and normative power Europe : A decolonial Pan-African critique », *Journal of Common Market Studies,* 2016, Vol. 54, n°4, p.981-998 ; Roland Pfefferkorn, Abdelhafid Hammouch et Gilbert Meynier « Colonial, postcolonial, décolonial : introduction », *Raison présente,* 2016/3, n° 199, p.3-8.

[10] Ce terme est utilisé ici pour traduire un contexte, une périodisation historique et traduit moins une volonté de mettre en évidence une forme de continuité idéologique.

basculement dans l'histoire politique, économique et monétaire du Gabon.

Les transformations institutionnelles et économiques qui font suite au délitement de la Communauté franco-africaine, instituée le 28 septembre 1958, ont conduit à la montée de l'État qui caractérise cette phase de transition. Sur le plan monétaire, l'année 1959 est marquée par deux modifications majeures qui traduisent la montée de l'État. Le 4 avril 1959, trois ordonnances sont signées dans le but d'adapter le régime d'émission monétaire au contexte de la décolonisation politique. Dans cette perspective, l'Institut d'émission de l'A.E.F et du Cameroun devient la Banque centrale des États d'Afrique équatoriale et du Cameroun (BCEAEC). L'histoire de la banque centrale est, en conséquence, indissociable de celle de l'« État-nation »[11]. Durant cette phase, le rôle de l'État s'est caractérisé par l'absence de marges de manœuvre suffisantes ou des hésitations et entraîne les relations franco-gabonaises dans une perspective nouvelle. Elle s'est matérialisée, le 17 août 1960, avec la signature des accords de coopération et la transmission des compétences autrefois assumées par la France.

Si ces accords conduisent à « l'indépendance politique » du pays, il n'en reste pas moins que celle-ci apparaisse limitée et contrainte, puisque le cadre monétaire résiste à ces bouleversements et demeure sous contrôle étroit des autorités françaises. Ce constat en forme de paradoxe pose le problème de l'autonomie monétaire international du Gabon. Historiquement, au-delà des considérations politiques et géopolitiques, l'argument souvent formulé pour légitimer le maintien des liens monétaires avec la France se résume à la notion de stabilité. Dans l'esprit des autorités politiques gabonaises de l'époque, la stabilité était perçue comme le moyen de favoriser le développement des échanges commerciaux en écartant l'incertitude qui résulterait des fluctuations du taux de change de la monnaie et une inflation incontrôlée qui fragiliseraient le système des paiements. En conséquence, la stabilité recherchée offre aux entreprises françaises installées dans le pays

[11] K. Dowd et R.H. Timberlake (eds), *Money and Nation State. The financial Revolution, Government and the World monetary system,* New Brunswick et Londres, Transaction Publishers, 1998.

l'assurance de la sécurité et la rentabilité de leurs investissements et, par-dessus tout, leur rapatriement en France sans contraintes évidentes.

En outre, l'attrait de la zone franc tient aussi au fait que le Gabon bénéficie de l'aide budgétaire « occulte » et du rôle de prêteur en dernier ressort que joue le Trésor français. Ce dernier s'est par ailleurs présenté comme un appui technique incontournable dans l'histoire financière du pays.

Ainsi, dans l'esprit des autorités politiques gabonaises de l'époque, le maintien des relations monétaires et financières avec la France peut être interprété comme l'une des facettes de la stratégie de modernisation de l'outillage économique autant qu'il se présente comme un levier diplomatique indispensable. Cette dimension « utilitariste[12] » du paternalisme monétaire, ardemment véhiculée et soutenue pendant plus d'un demi-siècle, pose la question du rôle de la décolonisation dans l'appropriation et l'affirmation de l'État dont l'identité monétaire constitue un attribut fondamental.

Par définition, la souveraineté monétaire renvoie à l'idée qu'un État et/ou une banque centrale sont maîtres de la monnaie qu'ils émettent, disposant de la sorte d'un pouvoir et d'une capacité d'action sur un territoire donné[13]. L'affirmation monétaire internationale est un problème historique. Il a été déjà abordé par Bodin qui fait de la souveraineté monétaire un des déterminants de la puissance d'un État. Ainsi, la monnaie offre la possibilité de construire le bien commun, donc un lien social[14]. Le contrôle de l'émission monétaire constitue un enjeu de politique économique, tout comme il recouvre une dimension à la fois politique et symbolique.

D'un point de vue théorique, l'influence de la monnaie sur le volume et l'orientation du commerce pose en effet le problème historique de la

---

[12] Voir André Orléan, « La Sociologie économique de la monnaie », Pierre Alary, Jérôme Blanc, Ludovic Desmedt et *al, Théories françaises de la monnaie*, Paris, PUF, 2016, p.33-65 ; Akin. D et Robbins. J, *Money and modernity. State and local currencies in Melanesia,* Pittsburgh, University of Pittsburgh Press, 1999.

[13] Jean-François Ponsot et Guillaume Vallet, « Small is beautiful? La souveraineté monétaire de la Suisse en question », *Revue française de Socio-économie*, 2013/2, n° 12, p.28.

[14] *Ibid.,*

neutralité de la monnaie qui, selon Christian Tutin, n'est envisageable que si l'on suppose que l'économie réelle est autorégulée, c'est-à-dire que les prix relatifs d'équilibre tendent à s'établir « naturellement » sur les marchés[15]. Cette interprétation fait suite aux analyses fournies par Marx, Keynes et Von Mises[16] —la monnaie n'est pas neutre[17], car sa création, sa diffusion et sa possession créent des tensions qui débordent de la pure sphère des échanges[18]— qui considèrent la monnaie comme un objet économique à part entière.

Cette conception conduit aujourd'hui à poser la question de son acceptation comme un fait de souveraineté qui fonde à la fois sa crédibilité et sa légitimité[19]. Il n'y a de monnaie légitime qu'adossée à une souveraineté[20] et pour Hayek, la politique monétaire doit se fonder sur un objectif de stabilité et non sur l'appréciation de l'inflation. Les analyses de Polanyi montrent par ailleurs que les fondements de la monnaie dépendent des facteurs extérieurs et qu'on ne saurait parler de souveraineté financière dans une économie interdépendante[21]. Ainsi, la réduction de la dépense publique constitue un enjeu distributif de la souveraineté monétaire qu'implique l'endettement[22]. Dans le cas du Gabon, la monnaie est apparue au fil du temps comme le marqueur de l'interdépendance des États et le symbole d'une expérience spécifique de coopération. C'est autour de ces paradigmes que se sont construits l'argument de stabilité macroéconomique et la stabilité des finances extérieures obtenues grâce à la défense du taux de change et le contrôle quantitatif du crédit bancaire.

---

[15] Christian Tutin, *Une histoire des théories monétaires par les textes*, Paris, Flammarion, 2009, p.9.

[16] Ludwig Von Mises, *The Theory of money and credit* (New Edition), New York, Skyhorse Publishing, 2013.

[17] Le recours à l'inflation par les keynésiens au nom de l'« euthanasie des rentiers » est pour Ludwig Von Mises un problème et moins une solution.

[18] Pierre Alary, Jérôme Blanc, Ludovic Desmet et *al, ibid.*, 2016, p.9.

[19] Michel Aglietta et André Orléan (dir), *La monnaie souveraine,* Paris, Odile Jacob, 1998, cité par Jaime Marques-Perira, « L'aléa moral de la souveraineté monétaire en Amérique Latine ou le voile du conflit distributif », *Cadernos Prolam/ USP,* 2, vol. 2 n° 4, 2003, p.8.

[20] Michel Anglietta et André Orléan, *La monnaie entre violence et confiance,* Paris, Odile Jacob, 2002, p.9.

[21] Karl Polanyi, *La Grande transformation,* Paris, Gallimard, 19183 (3e Ed.), p.64.

[22] *Ibid.,* p.9.

Il est nécessaire d'expliquer l'utilisation du concept « géomonétaire ». Cette notion est utilisée pour servir de cadre interprétatif afin de comprendre et d'expliquer les stratégies, les ambitions et les objectifs adoptés par un groupe d'États réunis autour de leur ancienne puissance coloniale. Par le canal de la coopération, ils veulent définir un ordre monétaire auquel chaque acteur est censé tirer profit en faisant abstraction du principe de souveraineté monétaire.

La stratégie de contrôle de la politique monétaire initiée par la France au sein du conseil d'administration de la banque centrale trouve son origine politique dans l'idée de maintenir la stabilité géopolitique, économique et financière des États et de la zone BEAC. Compte tenu de l'importance historique des liens institutionnels entre le franc français et le F CFA, veiller à une gestion monétaire orthodoxe en zone BEAC revient, d'une certaine manière, à protéger la monnaie française. Dès lors, le maintien de ce système apparaît comme une stratégie de puissance pour la France, un moyen par lequel elle maintient son « hégémonie » monétaire dans ses anciennes colonies. Une part importante de l'aide budgétaire et financière fournie par la France au milieu des années 1980 visait surtout à maintenir la stabilité du cadre monétaire. La monnaie est en conséquence perçue comme un enjeu des relations internationales et un instrument d'intégration régionale autant qu'elle détermine la nature des liens commerciaux et financiers qui unissent les États de la BEAC à la France.

Les transformations économiques, financières et les formes d'État au Gabon comme produits du « capitalisme pétrolier »

Les transformations économiques sont au cœur des relations de pouvoir qui se développent au sommet de l'État depuis Léon Mba jusqu'à Omar Bongo. Depuis l'indépendance du pays, les leaders politiques de l'époque ont fait le pari d'une économie libérale planifiée dont le fonctionnement repose sur un contrôle macroéconomique.

L'un des traits spécifiques de l'histoire économique du Gabon c'est cette forme de continuité idéologique en matière de représentation de la politique économique qui caractérise le pouvoir de Léon Mba et celui de son successeur, Omar Bongo. Lorsqu'on soumet l'économie gabonaise à une analyse historique, on s'aperçoit qu'elle a évolué, d'une part, dans le sens d'une économie de rente basée sur les productions agricoles et forestières, et, d'autre part, elle va connaître, dès la fin des années 1960, une nouvelle orientation avec l'exploitation du pétrole qui s'imposera en modèle dominant.

Le « capitalisme pétrolier » a conduit à l'internationalisation de l'économie nationale autant qu'il a structuré des formes différenciées du pouvoir ainsi que des logiques d'État. Cet ouvrage se propose donc d'étudier l'histoire économique du pays en fonction des dynamiques du marché et en tenant compte de ses propres spécificités.

En raison de la dépendance structurelle de l'économie aux dynamiques des marchés mondiaux, l'appréciation du cadre macroéconomique obéit somme toute à la succession des phases d'équilibre et de déséquilibre touchant à la fois les finances publiques et les finances extérieures du pays. Cette appréciation est fonction du degré d'accumulation des réserves en devises qui conditionnent la conduite de la politique budgétaire et déterminent le niveau de performance de la politique économique.

Ainsi, les réserves en devises et les réserves pétrolières constituent le fil conducteur de l'analyse d'une prospérité aléatoire dont la politique budgétaire et la politique monétaire constituent les éléments déterminants.

Compte tenu du fait que la dépense publique a pendant longtemps servi de pilier de la politique économique, toute crise budgétaire se traduit, en conséquence, par des politiques déflationnistes en raison de la baisse des revenus de l'État, condition de son affaiblissement.

Un examen de l'impact des instruments de la politique du crédit sur l'économie gabonaise

Notre étude a pour finalité de mettre en évidence le rôle qu'a pu jouer la Banque centrale dans la croissance de l'économie gabonaise depuis les années 1960 jusqu'au début des années 1990. Étudier le lien entre la sphère monétaire et le cadre macroéconomique, revient à mettre en perspective les institutions de la politique monétaire et ses effets sur l'économie réelle. Cela nécessite que soient pris en compte les modes d'intervention de la Banque centrale, son périmètre d'action, les objectifs poursuivis ainsi que la perception que les autorités monétaires ont du crédit.

Au sein des États de la BEAC, la politique monétaire a poursuivi deux objectifs essentiels : la lutte contre l'inflation et la défense du taux de change en garantissant un niveau optimal des réserves de change. En nous basant sur les archives, nous avons pu montrer que l'inflation a été maintenue à un niveau bas au cours de la décennie soixante. La Banque centrale réussira à atteindre cet objectif, mais la situation va s'inverser au milieu des années 1970 où elle a été laxiste sur la lutte contre l'inflation dans l'optique de parvenir à soutenir l'objectif de croissance qui s'est imposé après la réforme de ses statuts en 1972. Mais lorsqu'on étudie en profondeur les modes d'intervention de la Banque centrale, force est de constater que l'objectif de croissance a toujours été énoncé. Il est souvent relégué au second plan, puisque la Banque centrale n'accorde pas des prêts directs au secteur privé.

Afin de soutenir la politique économique poursuivie par l'État gabonais, la Banque centrale a adopté une approche sélective, c'est-à-dire que les crédits ont été orientés vers des secteurs jugés prioritaires. Leur financement s'est somme toute réalisé au moyen de l'escompte à taux préférentiel. Mais cette sélectivité du crédit a eu pour effet de renforcer l'ancrage des grands groupes dans un environnement économique qu'ils contrôlent déjà.

La politique du crédit de la Banque centrale s'est faite au détriment des PME au regard de la rigidité des conditions d'accès au crédit. Ce facteur montre à lui seul que la Banque centrale a joué un rôle marginal tout au long de la première décennie postindépendance ; après la phase de la réforme, c'est davantage l'augmentation de la liquidité issue de la rente pétrolière qui l'a poussée à densifier le financement du déficit budgétaire par la création monétaire. La crise financière qui éclate en 1977 est interprétée comme le résultat des incohérences de la politique monétaire et du crédit menée par la Banque centrale dans un contexte financier marqué par l'abondance de la liquidité bancaire. Ainsi, les instruments de régulation de la Banque centrale sont apparus inadaptés, ce qui a conduit au renouvèlement de son cadre théorique avec l'assistance du FMI.

En outre, l'escompte[23], qui est l'un des instruments de politique monétaire, repose sur la capacité pour la Banque centrale à fixer des plafonds stricts pour chaque pays et par banques commerciales, afin de réduire la part des opérations privilégiées dans le volume global du montant de refinancement des banques. Le besoin constant de contrôler le volume du crédit distribué a conduit la Banque centrale à jouer un rôle quasi marginal dans le financement de la croissance dès les années 1960. Cette interprétation repose sur la prise en compte de la rigidité du cadre idéologique et théorique issu de la période coloniale.

Au sortir des indépendances, les moyens d'intervention de la Banque centrale sont limités : elle n'accorde que des prêts à court terme et les avances directes au Trésor sont interdites. La réorganisation du cadre institutionnel en 1966 apporte plus de souplesse à l'action de la Banque centrale. Elle a commencé à financer de façon inflationniste les opérations budgétaires du gouvernement au moyen des avances directes au Trésor. Ces avances vont être dominantes tout au long de la décennie soixante-dix. La politique monétaire a, d'une certaine façon, été conditionnée par des objectifs budgétaires.

L'un des traits spécifiques de la politique monétaire de la Banque centrale c'est le maintien des taux d'intérêt bas et stables, même en cas de hausse de la quantité de monnaie en circulation comme cela a été le cas dans les années 1970 ; les plafonds de réescompte et l'administration du crédit se sont imposés comme des moyens privilégiés de contrôle de la quantité de monnaie et de crédit dans l'économie. Le choix d'une politique monétaire sans taux avait pour but de favoriser les investissements productifs. Nous montrerons comment le différentiel entre les taux de la BEAC et ceux de la Banque de France s'est traduit par un mouvement massif de capitaux dont l'impact sur la politique du crédit a été significatif sur toute la période étudiée.

Nous étudions la politique du crédit pour mesurer son rôle dans la satisfaction des besoins en liquidité de l'économie, mais aussi parce

---

[23] L'escompte consiste à obtenir des liquidités contre la présentation d'un ou des titres de dette.

qu'elle influence l'évolution monétaire. Ainsi, le contrôle de l'évolution du crédit a été lié à la fois aux objectifs fixés et à la variation de l'offre et des usages des ressources bancaires. La politique du crédit tient compte à la fois de l'objectif de balance de paiements (niveau des réserves de change) et de l'inflation (à partir de l'évolution prospective de l'économie, principalement du PIB). Mais ces fonctions de la politique du crédit sont apparues très limitées au fil du temps.

La politique de crédit a par la suite été réorganisée en se focalisant sur des objectifs plus quantitatifs, c'est-à-dire un contrôle drastique du crédit et la liquidité au moyen de l'encadrement administratif du crédit. La surveillance simultanée de la progression de la masse monétaire et du niveau des réserves de change se présente comme un moyen ultime de contrôle du fait du lien de causalité existant entre l'épuisement des avoirs extérieurs et la capacité à distribuer du crédit. Au regard de la rigidité de la politique du crédit menée par la Banque centrale, il est difficile de mesurer de façon empirique l'effet de cette politique sur la politique économique conduite par Omar Bongo. Un argument supplémentaire vient renforcer cette hypothèse : l'État gabonais a financé ses investissements en ayant recours aux marchés financiers internationaux, ce qui a conduit la Banque centrale à régler ex post les problèmes de balance de paiements.

Les relations franco-africaines : un domaine de recherche bien étudié

L'histoire des relations monétaires franco-gabonaises se situe dans le champ de l'histoire économique de l'Afrique. Comme la plupart des États africains, le Gabon est issu de la colonisation française. L'indépendance est relativement récente et celle-ci est souvent présentée, non pas comme un moment de rupture, mais, comme le produit des arrangements institutionnels, dont la finalité aura été d'incorporer des formes d'organisations de nature coloniale dans une architecture institutionnelle qui se voudrait postcoloniale. Ce constat en forme de paradoxe explique pourquoi une part significative des recherches en sciences humaines et sociales ont été consacrées à l'étude des continuités historiques et leur impact sur le processus de construction des États-nations postcoloniaux ainsi que les formes qu'ils ont prises au fil de l'histoire[24].

Cette vaste problématique a nourri l'historiographie africaine au cours de ces dernières années dans un contexte intellectuel et politique dominé par la question de l'autonomie des États anciennement sous domination étrangère.

D'un point de vue heuristique, l'histoire des relations franco-africaines se situe à l'intersection de plusieurs champs. Elle a fait interagir les approches politiques, géopolitiques, et géoéconomiques. Ces travaux ont cependant la particularité de recouvrir une dimension générale. Dans ces conditions, certains auteurs ont analysé l'histoire des États postcoloniaux sous l'angle géopolitique pour souligner le rôle des puissances étrangères dans la décolonisation de l'Afrique. Ces réflexions ont mis en évidence l'impact de la confrontation idéologique entre l'Ouest et l'Est dans la formation de l'État-nation postcolonial[25]. Les travaux des politistes et historiens des faits politiques ont prolongé ces analyses en insistant sur l'idée que la décolonisation est avant tout la matérialisation d'un projet de puissance ou d'influence pour la France[26]. Selon cette interprétation, les institutions politiques, sociales

---

[24] Jean-François Bayart, Stephen Ellis and Béatrice Hibou, *The criminalization of the state in Africa,* Oxford, International African Institute and James Currey, 1999; Jean-François Bayart, *The state in Africa: the politics of the belly (2nd.Ed).,* Cambridge, Malten, Polity, 2009; Jean François Médard (dir), *États d'Afrique noire,* Paris, Karthala, 1991.

[25]François Durpaire et André Kaspi, *Les États-Unis ont-ils décolonisé l'Afrique noire ?* Paris, L'Harmattan, 2005 ; Andrew Christopher. M et Mitrokhin Vasili, *Le KGB à l'assaut du tiers-monde : agression, corruption, subvention, 1945-1991,* Paris, Fayard, 2008 ; Jean Arnaud Ameller, *La France à l'épreuve de la concurrence internationale. Recherche sur l'économie française,* Paris, Presses de Sciences Po, 1970 ; Bach Daniel, *États et sociétés en Afrique francophone,* Paris, Economica, 1993 ; Georges Henri Soutou et Robin Hivert (dir), *L'Afrique indépendante dans le système international*, Paris, PUPS, 2012.

[26] Maurice Vaïsse, *La grandeur : la politique étrangère du général de Gaulle,* Paris, Editions CNRS, 2013 ; Frédéric Turpin, *De Gaulle, Pompidou et l'Afrique (1958-1974) : décoloniser et coopérer,* Paris, Indes Savantes, 2010 ; Claude Wauthier, *Quatre présidents et l'Afrique : De Gaulle, Pompidou, Giscard d'Estaing, Mitterrand : quarante ans de politique africaine,* Paris, Seuil, 1995 ; Eric Chiaradia, *L'entourage du général de Gaulle : juin 1958-avril 1969,* Paris, Publibook, 2011 ; Tony Chaffer, *La fin de l'empire colonial français en Afrique de l'Ouest : entre utopie et désillusion,* Paris, PUR, 2019 ; *Id., The end of the empire in french West Africa France's successful decolonization ?,* Oxford, Berg, 2002 ; Jean Pierre Bat, *La fabrique des barbouzes : histoires des réseaux Foccart en Afrique,* Paris, Nouveau Mondes, 2015 ; *Id.,*

et économiques définies en 1960 résultent moins d'une volonté de rupture, mais davantage d'un compromis politique qui garantisse la pérennité de l'ordre colonial dans des formes plus ou moins voilées. Ces interprétations insistent sur le « génie » politique et stratégique du général de Gaulle[27] dans la mise en œuvre de la décolonisation de l'Afrique francophone. Les aspects économiques ont été abordés sous l'angle des relations internationales sans pour autant qu'ils ne soient déconnectés des thématiques politiques et institutionnelles. Les travaux de Guia Migani mettent en évidence le rôle de la construction européenne dans la décolonisation de l'Afrique[28].

L'un des traits spécifiques de ces travaux a consisté à montrer que le système économique et politique mis en place au moment des indépendances se comprend comme le résultat des échecs de la Communauté franco-africaine. De même, les pratiques, les politiques et l'idéologie de puissance ou d'influence, qui font débat aujourd'hui un peu partout en Afrique, ont pris forme dans le contexte international d'après Seconde Guerre mondiale.

Cette bibliographie s'est davantage intéressée à l'étude des effets politiques et économiques des accords de coopération dans le processus de construction des États et leur capacité à élaborer des politiques publiques endogènes.

Cette perspective qui pose de façon radicale le problème de la planification, du financement et de l'évaluation du développement économique par des institutions financières bilatérales a donné lieu à des recherches menées par les économistes du développement avec une participation active des pouvoirs publics[29]. En effet, les travaux sur le

[27] Philippe Oulmont et la Fondation Charles de Gaulle (dir), *De Gaulle et la décolonisation de l'Afrique subsaharienne,* Paris, Karthala, 2014.

[28] Guia Migani, *La France et l'Afrique subsaharienne, 1957-1963 : histoire d'une décolonisation entre idéaux eurafricains et politique de puissance,* Bruxelles, Peter Lang, 2008 ; Jaubert Nouafo, *La décolonisation économique de l'Afrique noire française : par l'émergence des nationales et compétitives,* Paris, L'Harmattan, 2017.

[29] Jean Marcel Jeanneney, *La politique de la coopération avec les pays en voie de développement*, Paris, La Documentation française Illustrée, n° 201, 1964 ; Philippe Hugon, *L'Économie de développement,* Paris, Dalloz, 1989 ; Gérard Azoulay, « Les nouvelles formes de l'aide publique au développement et éventuel ''retour de l'État'' dans les pays d'Afrique subsaharienne », *Mondes en développement*, 2011/1, n° 153, p.57-70 ; Claude Freud, *Quelle coopération ?Un bilan de l'aide au développement,*

développement économique en Afrique ont insisté sur les problèmes de gouvernance des États-nations peu outillés à assurer sur le long terme des projets de développement[30]. Cette critique est très souvent formulée par les organisations internationales préoccupées par la mesure des performances des pays en matière de croissance et de commerce.

Ces différentes représentations des dynamiques économiques sont très souvent fondées sur des formes de modélisations standards fondées sur l'exploitation de la littérature secondaire ou des bases de données concoctées par les organismes internationaux tels que le FMI et la Banque mondiale.

Or tout au long de la décennie 1970 et même au-delà, la production de l'information économique « dépolitisée » constitue un enjeu stratégique majeur dans les relations que les États issus de la colonisation entretiennent avec leurs partenaires internationaux. Pour cette étude, notre parti-pris méthodologique est de s'affranchir du « relativisme » que procure les bases de données constituées pour privilégier des données primaires, afin de proposer des représentations qui traduisent des expériences historiques spécifiques ou nuancées.

Situer l'étude des relations monétaires franco-gabonaises dans le champ de l'histoire économique

L'étude de la zone franc a conceptualisé l'idée d'une dissonance entre l'économie réelle et la politique monétaire poursuivie par les Banques centrales. Selon cette interprétation, l'incompatibilité du cadre institutionnel avec la sphère macroéconomique a conduit à faire perdurer des asymétries d'organisation empêchant le développement économique et social des États utilisant cette monnaie commune. Cette voie de recherche a été ouverte par les économistes qui ont centré leurs investigations sur des thématiques plus techniques dont le but est d'expliquer en quoi cette organisation constitue une contrainte ou plutôt

Paris, Karthala, 1998 ; Serge Michaïlof, *La France et l'Afrique. Vade-mecum pour un nouveau voyage,* Paris, Karthala, 1993.

30 Daniel Kaufmann et Aart Kraay, "Governance Indicators: Where are we, where should we be going?", *World Bank Research observer,* vol. 23/1, 2008, p.1-30.

un avantage s'agissant du développement économique[31]. Certains de ces travaux ont essayé d'articuler la dimension politique autour des revendications plus ou moins idéologiques pour prolonger la réflexion sur la souveraineté monétaire comme préalable au développement économique[32].

Des analyses variées, concernant à la fois le marché de la liquidité monétaire, l'incohérence temporelle du taux de change[33], la transmission des chocs monétaires par le canal de la liquidité bancaire[34] et la pertinence des instruments de fonctionnement de la zone franc, ont, d'une certaine manière mis en évidence le caractère anachronique du système monétaire franco-africain. Ces thématiques sont en résonance avec les problématiques politiques qui offrent une perception duale des relations entre les États : la concurrence et la solidarité.

La question de la gouvernance des Banques centrales a été étudiée sous l'angle administratif, dont l'intérêt épistémologique est de s'affranchir des limites de l'analyse institutionnaliste dominante. En se basant sur les apports de la théorie des droits de propriété et de la théorie de la bureaucratie, Tchétché N'guessan a montré que l'inertie comme méthode de politique monétaire n'est plus seulement liée à la rigidité du cadre institutionnel, mais au désir exprimé par les banquiers centraux d'assurer la pérennité de leurs carrières au sein de la Banque centrale[35]. Le tournant des années 1990 a conduit les chercheurs à centrer leurs

---

[31] Patrick et Sylvianne Guillaumont Jeanneney (dir), *Stratégie de développement comparée, zone franc et hors zone franc,* Paris, Economica, 1984.

[32] Jean-Baptiste N. Wango, *Zone franc : outil de développement ou de domination ? Le cas des États africains,* Paris, L'Harmattan, 1995 ; Dominique Kounkou, *Monnaie africaine : la question de la zone franc en Afrique centrale,* Paris, L'Harmattan, 2008 ; Séraphin Prao Yao, *Le F CFA : instrument de sous-développement,* Paris, L'Harmattan, 2012 ; Kako Nubukpo, Martial Ze Belinga, Bruno Tinel et *al, Sortir l'Afrique de la servitude monétaire : à qui profite le F CFA ?* Paris, La Dispute, 2016 ; Fanny Pigeaud et Sylla Ndongo Samba, *L'arme invisible de la Françafrique : une histoire du F CFA,* Paris, La Découverte, 2018 ;

[33] Michel Lelart, « Le SME et le système monétaire franco-africain », *Euroépargne,* n° 11 et 12, 1985 ; Norbert Olszak, *Histoire des unions monétaires,* Paris, PUF, « Coll., Que sais-je ? » n° 3148, 1996.

[34] Olivier Beguy, *Trois essais sur la liquidité bancaire dans la Communauté économique et monétaire d'Afrique centrale (CEMAC)*, thèse de doctorat en sciences économiques, Clermont-Ferrand, l'Université Clermont-Ferrand 1, 2012.

[35] Tchétché N'guessan, *Gouvernance collégiale de banque centrale et politique monétaire : enjeux, fondements et modalités pour les pays africains de la zone franc* (2e Ed.,), Paris, L'Harmattan, 2008.

travaux sur l'impact des politiques d'ajustement structurel[36] et la construction européenne sur l'organisation et le fonctionnement de la zone franc. L'abandon du franc français et le passage à l'euro se sont traduits, non pas comme un moment de rupture, mais comme une forme de renaissance s'agissant de la gestion de la zone franc[37]. Les auteurs ont étudié les aspects juridiques[38], politiques et institutionnels ainsi que les transformations macroéconomiques[39].

Toutes ces réflexions considèrent la zone franc comme une catégorie d'analyse homogène, ce qui a conduit à minorer les spécificités non seulement de chaque union monétaire, mais aussi des expériences différenciées vécues par les États, y compris les acteurs. L'histoire comme étude des faits, selon François Simiand, est aussi celle des acteurs. Les travaux des juristes, des politistes, des économistes et des historiens de la décolonisation ont abordé la monnaie sous l'angle institutionnel en tirant profit des acquis de la théorie institutionnaliste dominante dans l'espace francophone[40]. Cependant, certaines thématiques sont restées sous silence, en particulier la question de la

---

[36] Cathérine Enoh, *Problématiques des zones monétaires. Questions monétaires et budgétaires au sein de la zone franc : application à la Côte d'Ivoire,* thèse de doctorat en sciences économiques, Paris, EHESS, 1999.

[37] J. M Parmentier et Roland Tenconi, *Zone franc : fin d'une ère ou renaissance ?* Paris, L'Harmattan, 1996

[38] Serge Effi, *Les aspects juridiques des relations monétaires et financières entre l'Union européenne et les États de la zone franc*, Villeneuve-d'Ascq, Presses universitaires du Septentrion, 2001 ; Arnaud de Raulin, *La zone franc face à l'euro,* Aras, Presses de l'Université d'Artois, 2000 ; René Sandretto et Gilbert Blandine, *Zone franc : du F CFA à la monnaie unique européenne,* Paris, Les Éditions de l'Épargne, 1994 ; Hubert Girardin, *La zone franc : la dynamique d'intégration monétaire et ses contraintes,* Paris, L'Harmattan, 1994 ; Ministère de l'Économie, des Finances et de l'Industrie, Animation de la recherche, *La France et l'Outre-mer : un siècle des relations monétaires et financières,* actes du colloque tenu à Bercy les 13, 14 et 15 novembre 1996, Paris, CHEFF, 1998

[39] Kirshner Jonathan (ed), *Monetary orders: ambiguous economics, ubiquitous politics,* Ithaca, Cornell University Press, 2003; David Stasavage, *The political economy of the common currency: the F CFA zone since 1945,* Aldershot, Ashgate, 2007; David Fielding, *The macroeconomics of monetary union: an analysis of the CFA franc zone,* London, Routledge, 2002; Martin Hallet, *The role of the euro in Sub-Saharan Africa and in the CFA franc zone,* Brussels, Office for Infrastructures and Logistics, 2008; Patrick Honohan, Philip Lane and World Institute for Development Economics Research, *Will the euro trigger more monetary unions in Africa?* Helsinki, Worl Institute for Development Economics Research, 2000 ; Philippe Hugon, *La zone franc à l'heure de l'euro,* Paris, Karthala, 1999.

[40] Pierre Alary, Jérôme Blanc, Bruno Thérêt et *al, Théories françaises de la monnaie,* Paris, PUF, 2016.

formation des banquiers centraux, leurs modes de recrutement, leur statut, l'évolution des carrières et les hiérarchies administratives. L'organisation de la Banque centrale autant que l'entrée par l'approche sociale restent des perspectives de recherche pertinentes.

Outre la question historique de l'indépendance de la BEAC, la politique monétaire et/ou du crédit n'a été étudiée autrement qu'en interrogeant les institutions et non les instruments, les débats auxquels leur variation ou non ont donné lieu au sein du Conseil d'administration de la BEAC ; une telle perspective a le mérite d'éclairer sur le degré de politisation de la Banque centrale puisqu'elle permet de mettre en évidence les rapports de force entre États et de montrer que la Banque centrale a pu, dans des contextes spécifiques, servir d'outil de médiation entre les États et entre la sphère réelle et les phénomènes monétaires. De même, on sait que les années 1980 ont été marquées par la durabilité de la crise financière un peu partout en Afrique centrale. Quelle a été la stratégie financière de la BEAC pour soutenir les flux des paiements extérieurs des pays de la zone d'émission, dans un contexte davantage multilatéral de traitement des déficits ? Comment la BEAC parvient-elle à répondre au besoin de financement du développement des économies des États tout en veillant à une stricte gestion de la politique monétaire par la faible utilisation de la hausse ou le maintien à des niveaux bas de ses taux directeurs dans le contexte de crise d'endettement ?

L'articulation entre l'échelle régionale et internationale permet de mettre en valeur les fondements idéologiques et théoriques sur lesquels repose la politique monétaire et/ou du crédit et ses implications économico-financiers et politiques.

Une autre problématique qui n'a pas fait l'objet d'une étude approfondie concerne les liens historiques entre la BEAC et le FMI. Ces liens ont été tissés depuis les années 1950 puisque les experts du fonds formaient déjà les cadres de l'Institut d'émission d'Afrique équatoriale et du Cameroun. Pourtant, les travaux des économistes ont tendance à situer ces relations dans une temporalité spécifique, c'est-à-dire la période de l'ajustement structurel. Or l'étude des archives de cette institution montre que ces relations ont commencé à être dynamiques dès la fin des années 1960 et se sont intensifiées durant la décennie 1970. Ce changement s'opère au moment où le transfert du siège de la BEAC de Paris vers Yaoundé s'est traduit par une forte demande de compétences pour être en phase avec l'africanisation des cadres.

La question de l'organisation des départements des études monétaires, des statistiques[41] et la cellule de contrôle bancaire ainsi que les modes de production de la balance des paiements ne peuvent être étudiées qu'en prenant en compte l'apport technique du FMI (fournisseur de l'information), indépendamment de la dimension financière liée aux transactions financières.

Le rôle du FMI dans la transformation des outils de gouvernance de la BEAC est une perspective de recherche somme toute prometteuse. Enfin, les travaux sur la zone franc n'ont que très peu pris en compte le lien entre réserves des matières premières et réserves de change.

Cette dualité est au cœur du processus d'un chantier ayant pour vocation d'articuler les questions monétaires (les activités commerciales de la Banque centrale) autour des questions commerciales afin de voir si la monnaie a, d'une part facilité la dynamisation des échanges intra-zones et, d'autre part, si elle a donné lieu à l'internationalisation des économies, en particulier l'économie gabonaise. Ce qui naturellement conduit à la combinaison de trois échelles d'analyse : nationale (Gabon), régionale (BEAC) et multilatérale (BEAC-France-Gabon). Ces axes de recherche constituent les principaux apports de notre travail de recherche, car ils ont été passés sous silence dans l'historiographie africaine et gabonaise.

---

[41] Il faut cependant souligner que le FMI arrive en Afrique dans les années 1970 dans le contexte des crises des balances des paiements et des termes de l'échange, alors qu'il n'a aucune connaissance pratique du continent puisqu'il intervenait principalement en Amérique latine. Il est en conséquence confronté au problème des statistiques et s'est mis à faire appel aux cabinets privés (Cegos au Gabon). Le problème est que ces cabinets avaient des objectifs spécifiques : défendre leurs intérêts dans ces États. Ainsi, le fonds a lancé un programme de formation des cadres et des banquiers centraux pour se doter d'outils de production des statistiques. Une évolution théorique s'est opérée en conséquence, à savoir que les problèmes des pays africains étaient plus structurels que financiers : d'où la différence progressive entre les prêts d'ajustement structurel et ceux liés à la restauration de la balance des paiements.

Les relations monétaires franco-gabonaises, une perspective de recherche non explorée

Lorsqu'on fait une recension des études menées par les historiens au Gabon, on s'aperçoit que les questions politiques, institutionnelles et géopolitiques sont dominantes, en particulier sur les relations franco-gabonaises qui constituent la porte d'entrée s'agissant des réflexions sur l'État. Les travaux de Florence Bernault permettent de connaître le rôle des milieux d'affaires coloniaux dans la décolonisation du Gabon[42]. Ces réflexions sont en résonnance avec les analyses proposées par André Wilson Ndombet s'agissant des modes de transmission des compétences autrefois dévolues aux autorités françaises[43].

Afin de mettre en évidence le poids écrasant des continuités historiques dans les relations franco-gabonaises, Bertin Etoumbi utilise l'approche géopolitique pour montrer que la pérennité de l'hégémonie géopolitique[44] de la France dans ce petit pays tient au rôle que jouent les matières premières dans les relations internationales.

Les réflexions se situant dans le champ de l'histoire économique ont été faites par Pierre Claver Maganga Moussavou. Il dresse le bilan de l'aide publique au développement tout en essayant d'étudier l'impact de celle-ci dans la perpétuation du sous-développement[45]. Ces études à charge contre l'aide publique au développement ont été prolongées par Brice Passy dans une thèse soutenue en 2013. Dans cette analyse historique s'appuyant sur la théorie des représentations sociales, l'auteur conclut que la coopération, ou du moins ses instruments sont à l'origine du

---

[42] Florence Bernault, « Le rôle des milieux coloniaux dans la décolonisation du Gabon et du Congo-Brazzaville (1945-1964) », Charles Robert Ageron et Marc Michel (dir), *L'Afrique noire française à l'heure des indépendances,* Paris, CNRS, 1992, p.285-296 ; *Id., Démocratie ambiguë en Afrique centrale : Congo-Brazzaville-Gabon, 1940-1965*, Paris, Karthala, 1996.

[43] André Wilson Ndombet, *La transmission de l'État colonial au Gabon (1946-1960). Institutions, élites et crises,* Paris, Karthala, 2009 ; *Id., Partis politiques et unité nationale au Gabon (1957-1989),* Paris, Karthala, 2009.

[44] Bertin Etoumbi, *L'hégémonie géopolitique française au Gabon : permanence et rupture ?* Paris, L'Harmattan, 1997.

[45] Pierre-Claver Maganga Moussavou, *L'aide publique de la France au développement du Gabon depuis les indépendances,* Paris, PUPS, 1982.

sous-développement du Gabon[46]. Une perspective plus politiste est ouverte par Jean François Obiang pour étudier la démocratisation du Gabon au travers de l'aide publique[47] : une forme de prime à la démocratisation de l'Afrique francophone sous l'égide de François Mitterrand au début des années 1990.

On retrouve par ailleurs quelques études sur la politique économique du Gabon, lesquelles s'inscrivent surtout dans la perspective de l'histoire coloniale[48]. Au regard de cette revue des travaux, il y a lieu de souligner le fait que l'historiographie gabonaise est dominée par la production des temporalités conformes aux faits politiques et institutionnels observés. Ces travaux ont la particularité d'étudier la période coloniale puis des indépendances jusqu'au début des années 1970. En conséquence, la plupart des travaux ont été réalisés sur la base des données secondaires ou une part moins importante d'archives coloniales. Il s'ensuit que les années 1970 et 1980 restent jusque-là moins connues des historiens sur des thématiques ayant trait à l'économie, la finance et la monnaie. Ces questions ayant, d'une part, été réservées aux économistes et, d'autre part, les difficultés d'accès aux archives financières font que cette double décennie a disparu des radars. Ayant eu accès aux archives, nous explorons ces perspectives dans cet ouvrage dans le but de répondre à une carence réelle. Car les travaux des économistes restent aussi limités à la fois sur les thématiques étudiées que sur les approches. Les économistes ont centré leurs études sur la question de la gouvernance pour tenter de mettre en évidence le rôle des institutions sur le développement économique[49]. Des représentations plus régionales et internationales de l'économie gabonaise sont fournies par Fidèle Magouangou[50] sans pour autant que les spécificités du Gabon aient été

[46] Brice Passy, *Esquisse théorique de la coopération franco-gabonaise de 1960 à nos jours : une aide publique au sous-développement ?* thèse de doctorat en histoire, Paris, Université Paris 1-Panthéon Sorbonne, 2013.

[47] Jean François Obiang, *France-Gabon : pratiques clientélaires et logiques d'État dans les relations franco-africaines*, Paris, Karthala, 2007.

[48] Chantal Anvame-Olga, *L'économie gabonaise et la politique économique de la France, 1940-1960,* thèse de doctorat en histoire, Toulouse, Université de Toulouse 2, 1992 ; Marie Thérèse Nguema, *La politique économique et sociale du Gabon, 1946-1973,* thèse de doctorat en histoire, Limoges, Université de Limoges, 1998.

[49] Gwenaëlle Otando, *Institutions, gouvernance et développement économique : problèmes, réformes et orientation de l'économie gabonaise,* thèse de doctorat en économie de développement, Dunkerque, Université du Littoral, 2011.

[50] Fidèle Magouangou, *Les retombées économiques de l'intégration régionale : une analyse qualitative à l'aide des modèles d'équilibre général calculable : le cas du*

démontrées. Par ailleurs, la crise de la dette que traverse le pays au milieu des années 1980 a donné lieu à une série d'études. Jean Jacques Ekomie Mbameyo[51] a étudié la crise de la dette en adoptant une approche théorique dans le but de mettre en lumière les contraintes que font peser les marchés financiers sur la mise en œuvre d'une politique économique en situation d'endettement. Dans ces conditions, les politiques d'ajustement peuvent être interprétées comme des facteurs amplificateurs de la crise. Ces échecs ont été étudiés par Gabriel Zomo Yebe dont le principal apport a été de déconstruire le modèle de développement[52]. Deux contributions interrogent cependant la politique monétaire de la BEAC. Alexandre Barro Chambrier étudie les difficultés d'adaptation de l'économie gabonaise aux conditionnalités du FMI dans la mise en œuvre des politiques d'ajustement[53].

Pour avoir une étude intégrant les questions monétaires, il faut prendre en compte la contribution Jacque Edou Okoué. Pour mesurer les ambitions contrariées de la dévaluation du F CFA de janvier 1994, il met en évidence les incohérences de la politique monétaire de la BEAC[54] qu'il considère comme étant une distorsion majeure dans le financement de l'économie.

Dans sa thèse soutenue en 2016, Edwige Kamdem prolonge ces représentations en proposant un modèle d'interprétation basé sur la notion d'incertitude pour expliquer pourquoi la politique monétaire de la BEAC n'est pas en faveur de la croissance[55]. Cette perspective de recherche converge vers la question historique de l'indépendance des

---

Gabon dans l'Union douanière et économique de l'Afrique centrale (UDEAC), thèse de doctorat en sciences économiques, Marseille, Université de Marseille 2, 1998.

[51] Jean Jacques Ekomie Mbameyo, *Le problème des transferts internationaux de revenus et d'analyse keynésienne : une application au règlement de la dette extérieure du Gabon,* thèse de doctorat en sciences économiques, Bordeaux, Université de Bordeaux 1, 1994.

[52] Gabriel Zomo Yebe, *Comprendre la crise de l'économie gabonaise,* Paris, L'Harmattan, 1993.

[53] Alexandre Barro Chambrier, *L'Économie du Gabon. Analyse des politiques d'ajustement et d'adaptation,* Paris, Economica, 1990.

[54] Jacques Edou Okoué, *Pourquoi la dévaluation du F CFA était-elle vouée à l'échec au Gabon ?* Paris, L'Harmattan, 2006.

[55] Edwige Kamdem, *Incertitudes et mise en œuvre de la politique monétaire dans la CEMAC*, thèse de doctorat en sciences économiques, Bordeaux, Université de Bordeaux, 2016.

banques centrales et celle de la BEAC étudiée par Désiré Avom.[56] Au regard de cette recension historiographique, il y a lieu de souligner que sur le plan institutionnel, la zone franc a fait l'objet d'une littérature conséquente et imputable aux économistes et aux politistes. D'une part, les recherches historiques sur les questions monétaires et financières demeurent générales et sont souvent axées sur les institutions. D'autre part, les études empiriques réalisées sont basées sur les données d'archives de seconde main, généralement les rapports et les accords signés et rendus publics. Enfin, ces études ne se focalisent que sur des temporalités spécifiques pour déduire des évolutions potentielles, ce qui a exclu les études de long terme capables de mettre en lumière les rapports de force, les dynamiques internes et les relations de pouvoir qui se greffent autour de la gouvernance interne de la BEAC ou de son Conseil d'administration. L'histoire monétaire, économique et financière constitue une perspective à explorer et à approfondir, qu'il s'agisse de l'historiographie africaine ou gabonaise. L'ouverture récente d'archives financières des institutions impliquées dans la gestion de la monnaie et des affaires financières est un acquis pour la réalisation de cet ouvrage.

Du point de vue de l'histoire monétaire, notre approche vise à aller au-delà de l'approche institutionnelle souvent utilisée sous forme de biais à l'analyse téléologique de la politique monétaire des deux Banques centrales de la zone franc. En prenant en compte l'organisation et les modes de délibération du Conseil d'administration de la BEAC, nous envisageons la politique monétaire et/ou du crédit comme le fruit d'un rapport de force constant entre les États.

Nous prolongeons cette réflexion en étudiant le processus de politisation ou de dépolitisation de la Banque centrale. Nous voulons aussi mettre en lumière la dimension sociale de la gouvernance de la Banque centrale. Cette problématique, souvent négligée, va de pair avec celle de la souveraineté monétaire. La triangulation, c'est-à-dire le changement d'échelle (régionale, nationale et multilatérale) est un des atouts de notre ouvrage puisqu'elle vise à souligner les spécificités du

[56] Désiré Avom et A. Bobo, « La BEAC en quête de son autonomie », *Revue d'économie financière,* n° 110, 2013, p.125-144 ; Désiré Avom, « Intégration régionale dans la CEMAC : des problèmes institutionnels récurrents », *Afrique contemporaine*, volume 2, n° 222, 2007, p.199-221.

Gabon face à une expérience de coopération qui se veut globale et unique.

Du point de vue de l'histoire financière, les relations entre les banques commerciales, la Banque centrale et le FMI dans le règlement des difficultés financières de l'État gabonais sont étudiées dans cet ouvrage. Nous voulons par ailleurs articuler l'échelle internationale autour de l'échelle locale pour étudier le rôle des prêteurs en dernier ressort dans la variation des taux d'intérêt et des dynamiques d'endettement. Il est établi que les prêts ne suivent pas toujours les indications macroéconomiques. Ainsi, il est primordial de prendre en compte l'histoire politique de l'État gabonais pour mieux appréhender l'histoire de la dette et le modèle économique au cours des années 1980.

Du point de vue de l'histoire économique, la politique économique a évolué en deux phases. Dès les indépendances, elle est basée sur un contrôle macroéconomique et une ouverture vers un modèle libéral ouvert vers l'extérieur. Les investissements étrangers vont occuper une place dans la formalisation du modèle économique. Au milieu des années 1970, une économie expansionniste basée sur la demande intérieure et la dette extérieure va émerger dans le sillage du recyclage des « pétrodollars » et de l'excès de la liquidité internationale dû à l'intégration des marchés financiers. Nous combinons ici une étude de l'histoire croisée des modes de gestion des finances publiques et de la politique économique pour mettre en valeur les relations entre l'État, l'économie et le marché. Pour cela, nous proposons une approche qui serait une forme d'historicisation de l'approche macroéconomique (une forme de quantification adossée à la narration analytique) pour mettre en dialogue les aspects monétaires, financiers, sociaux, politiques, institutionnels et économiques. Dans cette perspective, l'économie et la science politique ainsi que les relations internationales sont en quelque sorte une boîte à outils conceptuels dans notre démarche : proposer une interprétation spécifique à partir d'archives.

D'un point de vue théorique, notre recherche se situe dans le courant de la New institutional economic history impulsée par Douglas North[57].

[57] Douglas North, *Institutions, institutional change, and economic performance,* New York, Cambridge University Press, 1990; *Id.,* "Economic performance through time", *American Economic Review,* vol. 84 (3), 1994, p.359-368; Nathan Nunn, "The importance of history for Economic Development", *Annual Review of Economics,* vol.

Au cours de ces dernières années, des analyses à caractère épistémologique se revendiquant de cette approche se sont développées et ont été axées sur l'histoire économique de l'Afrique[58]. Dans cette perspective, Daron Acemoglu et James Robinson ont expliqué les asymétries de développement par les contraintes institutionnelles et historiques[59]. Ils insistent sur le fait que ces distorsions ont une origine coloniale. En situant notre recherche dans ce cadre théorique, nous voulons mettre en évidence le lien de causalité entre la « transtemporalité » du cadre monétaire et le maintien au Gabon d'une politique économique et financière incompatible avec les objectifs de croissance endogène. Ces interactions nourrissent un régime politique de nature patrimoniale qui se traduit par la « segmentation » de la société gabonaise.

Sources et Méthodes

Notre travail de recherche repose en majeure partie sur la consultation des archives financières qualitatives. Au cours de nos recherches, nous nous sommes focalisés sur deux fonds spécialisés.

Il y a, d'une part, le fonds de la direction générale des services avec l'étranger (DGSE), pôle zone franc, des archives de la Banque de France (ABF).

D'autre part, le fonds de la direction du Trésor du Centre des archives économiques et financières (CAEF) du Ministère de l'Économie et des

---

1 (1), 2009, p.65-92; Denis Cogneau, "L'Afrique des inégalités : où conduit l'histoire ? OP. Cepremap 4, Paris, Presses de l'ENS, 2007.

[58] Stephen Knack et Philipp Keefer, "Institutions and economic performances: cross country tests using alternative measures", *Economics and Politics,* vol. 7 (3), 1995, p.207-227; Anthony G. Hopkins, "The New Economic history of Africa", *The Journal of African History,* vol.50 (2), 2009, p.155-177; James Fenske, "The causal History of Africa: a response to Hopkins", *Economic History of Developing regions,* vol. 25 (2), 2010, p.177-212; Morten Jerven, "A clash of Disciplins? Economists and Historians Approaching the African Past", *Economic History of Developing regions,* vol. 26 (2), 2011, p.111-214; Jeffrey Herbst, "*States and Power in Africa: Comparative Lessons in Authority and control,* Princeton, Princeton University Press, 2000.

[59] Daron Acemoglu, Simon Johnson et James A. Robinson, "The colonial origins of comparative development: an empirical investigation", *American Economic Review,* vol. 95 (5), 2001, p. 1369-1401 ; *Id., Why Nations fail: the origins of power, prosperity and poverty,* Crown Publishing Group, 2012;

Finances à Savigny-le-Temple. Ces deux fonds ont l'avantage d'être complémentaires et le fait qu'ils soient spécialisés a été déterminant dans la réalisation de notre étude.

Mais comme les renseignements fournis par ces différents fonds sont de nature plus ou moins techniques, il s'est avéré nécessaire de solliciter d'autres institutions. Ainsi, nous avons exploré le fonds Jacques Foccart des Archives nationales de Pierrefitte-sur-Seine. Ouvertes aux chercheurs récemment, les archives de Foccart permettent de mettre en évidence la dimension politique qui entoure la coopération monétaire de la France avec ses anciennes colonies et le fonctionnement de la zone franc entre 1958 et 1974.

Lorsque la nécessité d'étudier la structuration du système bancaire s'est posée, nous avons exploré les archives bancaires. Il s'agit, d'une part, des archives du groupe Crédit Agricole et, d'autre part, les archives de BNP. Leur apport dans la compréhension des liens ambigus, tissés au fil du temps, entre l'État et certains établissements bancaires a été significatif. Cette proximité a conduit les banques telles que l'UGB (filiale du Crédit Lyonnais) ou la BICIG (filiale de la BNP) à accorder des prêts politiques qui ont contribué à court terme à l'effondrement de leurs comptes d'exploitation. De même, l'étude des bilans de ces banques nous a renseigné non seulement sur leurs comportements, mais aussi sur l'impact de la crise bancaire des années 1980 sur leur fonctionnement ou la variation de leur mode de financement.

L'état de fragilité dans lequel s'est trouvé le système bancaire a montré que les banques les plus implantées, filiales des banques françaises ayant des liens directs avec le pouvoir politique et les milieux financiers, sont celles qui ont réussi à maintenir en équilibre leurs bilans. Le fait que la plupart des banques installées au Gabon soient des filiales des banques françaises nous a permis de mettre en évidence leur défiance au risque, en particulier lorsqu'il est question d'accompagner les PME.

Ce facteur est déterminant puisqu'il pose le problème de l'accès au crédit dont la responsabilité est souvent imputée à la Banque centrale. Cependant, il est difficile de prolonger l'étude du rôle des banques commerciales dans la structuration du système des paiements puisque les documents consultés ne concernent que quelques banques ; les bilans des banques sont par ailleurs irréguliers.

Enfin, nous avons exploré les archives du FMI (AFMI) à Washington. Les fonds du département Afrique et Banques centrales ont été au cœur du processus de collecte, même si sur certaines thématiques on a pu faire interagir les différents départements, notamment celui des balances des paiements et le département des statistiques. La consultation des archives du FMI répondait à un besoin d'équilibre dans notre démarche.

On peut remarquer qu'une part significative des documents utilisés dans cet ouvrage provient des institutions françaises, certes communiqués par les autorités gabonaises pour faire face à leurs obligations institutionnelles en matière de coopération. Avoir recours à une institution internationale, revenait donc à s'émanciper d'un écueil généré par des difficultés que nous avons rencontrées au Gabon. L'enjeu étant de trouver, en quelque sorte, une voie médiane sans pour autant avoir la prétention de substituer la perception que les autorités gabonaises ont de leur coopération avec la France par celle qu'auraient pu avoir les fonctionnaires du FMI. Il est donc nécessaire d'exposer les enjeux de recherche de ces différents fonds.

Tout d'abord, présentons les archives de la Banque de France (ABF). Ce fonds est une mine d'informations pour les recherches sur la zone franc. Outre les documents techniques qui ont trait à la coopération entre les deux Banques centrales (Banque de France et la BEAC), c'est-à-dire les transactions financières, la gestion du stock d'or, les politiques de change et la gestion des réserves de change, le fonds regorge la « littérature grise » (les rapports d'évaluation, les études économiques régionales ou spécifiques au Gabon et les textes réglementaires) ; sont également présentes les correspondances qui traduisent la fréquence des échanges entre les acteurs sur des sujets spécifiques (les attaques spéculatives dont le F CFA est l'objet dans le contexte de la crise internationale de change) ou transversaux (la coopération monétaire internationale par exemple).

L'un des principaux apports de ce fonds c'est d'avoir permis de consulter les procès-verbaux du Conseil d'administration (PVCA) de l'Institut d'émission jusqu'à la BEAC en passant par la BCEAEC.

Le Conseil d'administration constitue le deuxième palier institutionnel de la gestion technique de la monnaie et du crédit en zone BEAC. De nature collégiale, symbole d'une souveraineté monétaire assumée collectivement, le Conseil d'administration se réunit autant de fois que la situation économique, monétaire et financière des États le suggère au cours de l'année.

Nous avons eu la possibilité d'avoir les procès-verbaux réguliers et continus. De ce fait, ils ouvrent un champ de possibilités dans le suivi des décisions prises par le gouvernement de la Banque centrale depuis les indépendances jusqu'à la période d'ajustement structurel en passant par la période des réformes des années 1970. Ils permettent, à travers la richesse des données macroéconomiques, monétaires et financières, plus ou moins détaillées, de voir si les décisions en matière de politique monétaire et de crédit tiennent compte des cycles économiques au sein des États. Ils permettent par ailleurs d'étudier les différentes phases de réformes monétaires, l'aménagement des taux d'escompte et la politique globale des taux d'intérêt puisque ces questions sont d'abord et avant tout débattues par les administrateurs. Ces derniers débattent librement et leurs prises de position sont fidèlement restituées et cette clarté implique même la modification du PV lorsqu'une erreur d'interprétation du propos est signalée par un administrateur.

Pour assurer le bon fonctionnement de ces échanges, la direction des études et des recherches dont la création intervient dans les années 1970, fournit des études aussi complètes que détaillées. Les techniques d'élaboration des PV ont en conséquence changé de configuration. Ce changement traduit une meilleure maîtrise des outils de production de l'information économique comme condition ou aide à la décision. Les relations entre la Banque centrale et les banques commerciales sont étudiées à travers la modification de la législation bancaire. Et comme il s'agit d'une compétence partagée avec les États, il nous a été difficile de disposer des délibérations du Conseil national du crédit du Gabon.

Cependant, cela a le privilège de nous renseigner sur la complexité du cadre institutionnel de la politique du crédit de la BEAC et des relations qui la lient aux banques commerciales, lesquelles dépendent largement de leurs maisons-mères pour des opérations de refinancement. Le fonds de la direction générale des services étrangers a permis de suivre les débats sur la pertinence ou non des instruments de politique monétaire et du désir de les adapter aux contextes économiques, politiques et financiers.

Cette plongée dans un univers, devenu au fil du temps, très politisé a permis de mettre en évidence les difficultés à gouverner une Banque centrale communautaire en raison du poids des contraintes politiques spécifiques à chacun des États. Il y a donc une forte imbrication des enjeux politiques et financiers dans la conduite de la politique monétaire et du crédit. Cette imbrication vaut également pour la sphère régionale, nationale et multilatérale (relations avec la France) qui fait l'originalité de notre démarche.

Il est nécessaire de souligner que ces archives, comme celles que nous présenterons, on très peu été étudiées, voire pas du tout en raison du fait que les travaux sur la zone franc ont été réalisés par les économistes préoccupés soit par la modélisation ou simplement par des problématiques institutionnelles. La prise en compte d'éléments spécifiques de causalité, postulant à partir des faits étudiés que l'incohérence temporelle entre la politique du crédit de la Banque centrale et la politique économique du Gabon constitue un phénomène historique, a toujours été périphérique, voire supposée sous l'angle idéologique.

Ensuite, comme nous l'avons souligné supra, le fonds de la direction du Trésor, le fonds du Club de Paris et celui de la direction des relations économiques extérieures (DREE) du centre des archives financières et économiques (CAEF) sont complémentaires au fonds de la DGSE des archives de la Banque de France (ABF). Ces fonds se complètent à leur tour et leur apport a été significatif au cours de nos recherches.

Le fonds de la direction du Trésor nous a permis d'accéder à la documentation grise : les comptes rendus des réunions des ministres des Finances de la zone franc. Au cours de ces réunions, les ministres prennent librement la parole et exposent leurs vues à la fois sur les questions spécifiques à leurs États et sur la coopération monétaire internationale. Les notes produites à cette occasion permettent d'avoir une idée sur la situation économique et financière des États. On peut cependant regretter le fait que ces comptes rendus soient irréguliers, discontinus et très souvent elliptiques.

Il est donc difficile de retracer l'histoire institutionnelle de la zone franc en se basant sur ces documents, si l'on part de l'hypothèse que les grandes décisions sont préparées, débattues et prises à cette échelle. La situation est plutôt complexe puisque les sujets délicats sont traités à huis clos et ne sont pas systématiquement rendus publics.

Nous avons par ailleurs consulté des rapports, des correspondances entre Léon Mba puis Omar Bongo et les présidents Georges Pompidou, Giscard d'Estaing et François Mitterrand, y compris avec leurs ministres des Finances. Ces documents, quelquefois confidentiels, mettent en évidence la complexité des liens spécifiques (à la fois personnels et institutionnels) qui lient le Gabon à la France depuis les indépendances. Un des faits marquants est sans doute l'utilisation de l'aide budgétaire et financière par la France pour contrer l'influence des États-Unis et de l'Allemagne au Gabon au milieu des années 1970.

De la même manière, ce fonds nous a permis de disposer des documents sur les réformes des statuts de la Banque centrale en 1972. Les échanges de vues à travers des correspondances entre les chefs d'État permettent de mettre en lumière leurs stratégies respectives, mais aussi la position de la direction du Trésor qui est apparue très dure comparée à celle de l'Élysée ou du ministre des Finances de l'époque qui était plus nuancée, très politique. La lecture des projets de notes ou notes pour le ministre venant de la direction du Trésor permet de voir que les grandes décisions font l'objet d'une étude technique approfondie. Ces notes reflètent souvent la position de la direction du Trésor qui est généralement suivie par le ministre. Ces données mettent en évidence le poids des contraintes politiques, géoéconomiques et géomonétaires dans la conduite des négociations à la fois bilatérales et multilatérales.

En outre, le fonds de la direction des relations économiques extérieures (DREE) a permis de traiter le volet commercial des relations franco-gabonaises. Nous avons eu accès à des notes, des correspondances et des rapports sur la gestion de la crise de la balance des paiements que traverse le Gabon en 1977 et le rôle qu'a pu jouer la COFACE en assurant des crédits fournisseurs au Gabon, alors que certains pays n'en bénéficiaient plus.

Le fonds du Club de Paris a quant à lui permis de disposer de données sur le règlement de la crise de la dette commerciale de 1977 puis celle des années 1980. Les documents internes, les rapports et études plus ou moins détaillés montrent que la crise financière qui éclate en 1986 est en fait le continuum des dysfonctionnements causés par le caractère inapproprié du système économique et financier institué peu après le premier boom pétrolier. Lorsqu'on se détache des ruptures chronologiques révélées par les crises, on s'aperçoit qu'il n'y a de ruptures que celles imposées par le marché, c'est-à-dire la variation des termes de l'échange-pétrole et du taux de change du dollar qui influence à court terme la politique économique.

Puis nous avons consulté les archives privées de Jacques Foccart conservées aux Archives nationales. Alors que nous pensions sortir de la dimension technique qui caractérise les archives du Ministère des Finances et de la Banque de France, grande a été notre surprise de constater que les dossiers sur la zone franc renfermaient une mine d'informations à la fois techniques et qualitatives. On y trouve des correspondances entre Foccart, Léon Mba puis Omar Bongo ; des rapports et notes très détaillés des différents ambassadeurs de France au Gabon. Lorsque Maurice Delaunay remplace François de Quirielle en 1965, ces rapports, adressés au ministre de la Coopération et au Secrétariat général des Affaires africaines, vont devenir denses puisqu'ils décrivent avec précision les mutations politique, économique, sociale, financière et géopolitique. Bien que ces rapports soient irréguliers et discontinus, ils permettent néanmoins de saisir les dynamiques économiques et financières en mobilisant les instruments de coopération.

L'une des limites du fonds Foccart réside dans le fait qu'il ne couvre pas la période étudiée, même si la période 1963-1974 reste riche sur des aspects économiques et politiques. Il a cependant été difficile de disposer des dossiers dont la pertinence pour notre recherche a été établie. Il nous a semblé nécessaire de formuler des demandes de dérogation qui, très souvent, sont restées sans suite. En dépit de ces difficultés pratiques, le fonds Foccart a été utile à notre étude puisqu'il a permis de mettre en évidence la dimension politique de la gestion monétaire.

Enfin nous avons consulté les archives du Fonds monétaire international (AFMI) à Washington. Ces archives sont particulières, car elles mettent l'accent sur des problématiques plus techniques, c'est-à-dire les transactions financières, la souscription des emprunts en bons du Trésor, la gestion du stock d'or de la Banque centrale jusqu' en 1976, la question du taux de change des États de la BEAC et le problème des balances des paiements ainsi que de l'établissement des statistiques monétaires.

Toutes ces questions ont fait l'objet d'un accord en matière d'assistance technique entre la Banque centrale et le FMI. Dès le milieu des années 1960, le FMI envoie des assistants techniques à la Banque centrale et cette tendance s'est renforcée au moment du transfert des services centraux à Yaoundé. On y trouve des correspondances entre le Gouverneur, le directeur général du FMI et le directeur de l'institut de l'institution qui sera un véritable incubateur des projets de réformes des institutions étatiques et le lieu de formation privilégié des cadres de la Banque centrale et des ministères des Finances des États.

Durant cette période, la France a su utiliser son influence au sein du FMI pour préserver son leadership dans la zone franc puisque la plupart des fonctionnaires du fonds envoyés au Gabon sont Français. Nous avons eu accès à des documents de travail internes, des rapports d'évaluation des instruments de contrôle bancaire et de l'efficacité de la politique monétaire ; des rapports d'évaluation de la situation économique et financière du Gabon ; des documents sur le versement du produit d'exploitation des avoirs extérieurs.

Tous ces documents, certes techniques, ont été utiles à la compréhension de la coopération monétaire franco-africaine et à la façon dont les crises de la dette ont été traitées par les institutions de Bretton Woods. Ces archives ont aidé à analyser ou à nuancer certaines interprétations qu'on jugeait évidentes en se basant sur les archives françaises tout en élargissant nos axes de recherche au regard du découpage chronologique que nous avons défini au préalable.

Notre étude comprend trois parties subdivisées en huit chapitres. Nous avons opté pour une démarche chronologico-thématique. Il est vrai que certaines thématiques sont abordées avec le souci constant de mettre en évidence les liens de causalité qui existent entre les dimensions monétaire, financière, commerciale, économique et politique de la coopération franco-gabonaise et les transformations de l'économie gabonaise ainsi que les fondements idéologiques de la politique économique.

Le premier chapitre présente une analyse institutionnelle du système économique et financier gabonais depuis la décolonisation jusqu'en 1973. Son but est de caractériser l'économie gabonaise et d'étudier le rôle joué par l'État dans sa transformation en une économie de marché planifiée et ouverte sur l'extérieur.

Le deuxième chapitre propose une analyse institutionnelle, politique et géopolitique du processus d'institutionnalisation d'une zone de libre-échange en Afrique équatoriale. Censée parachever l'intégration monétaire, l'union douanière s'est présentée comme le moyen privilégié qui garantit l'équilibre des relations commerciales avec la France tout en favorisant l'internationalisation des économies d'une région qui a vocation à s'intégrer. Ce chapitre étudie la première décennie postindépendance et tente de comprendre les liens entre l'État, le marché et les institutions monétaires et financières.

Le troisième chapitre propose une analyse historique et institutionnelle de la décolonisation avec le souci de contextualiser les débats, les négociations et les rapports de force qui jalonnent la mise en œuvre de la coopération monétaire et financière un partout en Afrique francophone.

Le quatrième chapitre propose une analyse institutionnelle de la décolonisation monétaire des années 1970. Elle est souvent présentée comme le fruit des velléités réformatrices de la France. Or l'analyse des archives nouvellement déclassifiées traduit une situation complexe où les États africains revêtent paradoxalement le statut de réformateur. Le chapitre étudie les enjeux politiques qui structurent la réforme des statuts de la Banque centrale.

Le cinquième chapitre présente une analyse quantitative des politiques conduites par la Banque centrale pour combattre l'inflation, garantir la stabilité du système financier tout en prétendant soutenir l'effort de financement du développement. Il ne s'agit pas ici de proposer un modèle économétrique. Notre but est de mesurer le niveau d'intervention de la Banque centrale et de souligner narrativement l'impact de la variation des instruments de politique monétaire et/ou de crédit sur la structure économique.

Le sixième chapitre propose une étude quantitative et qualitative de la politique économique menée par le gouvernement gabonais au cours de la période d'expansion économique. Il analyse le système financier et la politique budgétaire. Pour réaliser cette étude, nous nous basons sur les sources d'archives inédites.

Le septième chapitre propose une analyse quantitative et narrative de la situation économique et financière du Gabon entre 1984 et 1992. Il met en évidence le rôle des institutions de Bretton Woods dans la gestion de la crise de la dette.

Enfin le chapitre huit prolonge cette étude en proposant une analyse de l'impact de la crise de la dette sur le cadre monétaire, ce qui ouvre la voie à une série de réformes initiées pour éviter l'effondrement du système des paiements, donc du système bancaire. Le chapitre met en évidence l'internationalisation de la gestion monétaire.

PREMIÈRE PARTIE

LE GABON FACE A L'IMPÉRIALISME MONÉTAIRE ET FINANCIER « POSTCOLONIAL » DE LA FRANCE, 1959-1973

L'histoire de la décolonisation des anciennes possessions françaises d'Afrique est bien connue. Elle a fait l'objet d'une littérature riche et abondante[60]. Diverses approches ont été utilisées pour expliquer les changements qui se sont produits à la fin des années cinquante. En adoptant une approche purement institutionnaliste, le référendum du 28 septembre 1958 apparaît alors comme un moment de basculement puisqu'il propose une nouvelle forme d'organisation institutionnelle à partir de laquelle l'État postcolonial va émerger dès le 31 décembre 1958, sans toutefois remettre totalement en cause les éléments caractéristiques de l'ordre colonial.

Ce qui se manifeste politiquement, et même économiquement, par les accords de coopération signés le 17 août 1960[61]. Dans cette configuration, l'irruption de l'État va aller de pair avec la nécessité de donner corps à un projet d'appropriation des institutions financières et économiques dans le but de définir une diplomatie économique et financière active.

---

[60] Voir Charles-Robert Ageron, *La décolonisation,* Paris, Armand Colin, 1992 ; Andrew Christopher et Vassili Mitrokhine, *Le KGB à l'assaut du Tiers-monde : agression, corruption, subversion,* Paris, Fayard, 2008 ; François Audigier, « Le SAC de 1968 à 1974, une officine de renseignement politique ? », *Politiques du renseignement,* Pessac, Presses Universitaires de Bordeaux, 2009, p.109-136 ; François Audigier, Bernard Lachaise et Laurent Sébastien (dir.), *Les gaullistes. Hommes et réseaux,* Paris, Nouveau Monde, 2013 ; Jean-Pierre Bat, « Les archives de l'AEF », *Afrique & Histoire,* N° 7, 2009-1, Paris, Verdier, p.301-310 ; Séverine Awenango, Pascal Barthélemy et Charles Tshimanga, *Écrire l'histoire de l'Afrique autrement,* Paris, L'Harmattan, 2004 ; Tony Chafer and Alexander Keese, *Francophone Africa at fifty,* Manchester, Manchester University Press, 2014 ; Pierre-Michel Durand, *L'Afrique et les relations franco-américaines des années soixante. Aux origines de l'obsession américaine,* Paris, L'Harmattan, 2007 ; Roger Faligot, Jean Guisnel et Remi Kauffer, *Histoire des services secrets français. De la Seconde Guerre mondiale à nos jours,* Paris, La Découverte, 2012.

[61] Voir Jean Suret-Canale, « Les difficultés du néo-colonialisme en Afrique tropicale », *Canadian Journal of African studies,* Vol. 90, N°360, 1991, p.339-356.

De fait, le contrôle de la monnaie, l'organisation du marché et du système financier sont au cœur des enjeux politiques et géopolitiques autant qu'ils opposent des contraintes réelles au Gabon dans le cadre de l'exercice de sa souveraineté. Dans le sillage de la mise en place des institutions étatiques, les réserves minières et d'autres matières vont faciliter, voire amplifier l'intrusion d'un capitalisme qui se voudrait théoriquement étatique, tout en conduisant à de nouvelles formes de pouvoir, de nouvelles formes d'hégémonie et une façon différente d'envisager le développement économique, alors que l'organisation du marché et le système monétaire et financier issus de la Seconde Guerre mondiale ont subis de profondes mutations sur fond de divergences philosophiques entre la France et les États-Unis.

Ainsi, comment l'État gabonais a-t-il réussi ou non à concilier l'exigence de plein exercice de sa souveraineté avec une indépendance contrainte par des accords de coopération monétaire et financière asymétriques, pour assurer son développement économique ? La décolonisation représente-t-elle un moment de rupture ou s'agit-il, sous des formes différentes, du prolongement de l'ordre colonial ? Dans quelle mesure l'internationalisation de l'économie gabonaise et sa participation active à l'unification du marché régional constituent-elles des stratégies de développement privilégiées dès le début des années 1960 ? Comment et dans quelle mesure tous ces phénomènes ont-ils influencé ou non le processus de construction de l'État postcolonial ? Ces questions purement factuelles nous permettent de centrer l'analyse autour de l'État, l'économie, le marché et les institutions, en tant qu'objets et constructions historiques. L'horizon temporel choisi ici va de 1959 à 1973. Cette décennie traduit des ruptures historiques intéressantes à mettre en évidence : au plan politique, elle est caractérisée par la décolonisation politique et au plan monétaire par une série de réformes politico-institutionnelles qui se traduiront par une forme d'africanisation de la Banque des États d'Afrique équatoriale (BEAC) ; au plan purement économique et financier, le boom pétrolier qui intervient dès 1973 a conduit à la transformation de l'économie gabonaise.

Dans cette partie, nous procèderons à l'analyse des dynamiques institutionnelles propres à la Communauté franco-africaine en essayant de l'articuler autour du fonctionnement des mécanismes financiers et économiques à l'échelle nationale, régionale et internationale. Le maintien des paradigmes dominants dans le cadre du fonctionnement de la zone franc et les débats qu'il a suscités, au moment de la signature des accords monétaires, constituent une grille de lecture pertinente sur la manière dont le Gabon pense la souveraineté.

Ainsi, faire ressortir les spécificités de l'économie gabonaise permettra de situer ces évolutions potentielles dans une perspective d'interdépendance en situation postcoloniale. Il est cependant difficile de caractériser l'économie gabonaise si l'on ne tient pas également compte du cadre monétaire, financier et commercial. Les réserves des matières premières qui sont au cœur de l'économie gabonaise, sont aussi des réserves de changes ex post. Or ces réserves sont au cœur du fonctionnement du système monétaire franco-africain autant qu'elles déterminent le niveau de leur participation dans le système monétaire international. La monnaie en tant qu'unité de compte et réserve de valeur (par le jeu de convertibilité) est également le pilier du système de paiements.

Pour toutes ces considérations, nous adoptons une approche à la fois institutionnaliste et macroéconomique « historicisée » dans le but de faire ressortir les mutations que subissent les institutions et les variables macroéconomiques[62]. Nous faisons le choix d'une démarche analytique dans le souci d'expliquer les faits économiques et politiques. S'agissant de l'échelle, elle est d'abord nationale puis régionale. Dans cette perspective, nous voulons faire ressortir les spécificités gabonaises lorsqu'il sera question d'aborder les problèmes généraux inhérents au fonctionnement de la zone franc dont le Gabon est membre. Pour des raisons pratiques et historiques, nous ferons parfois référence à l'A.E. F pour caractériser les phénomènes se rapportant au Gabon. Car la production des informations spécifiques à chaque pays n'a pas été

---

[62] Voir Peter B. Kenen et Ellen E. Meade, *Regional monetary integration*, Cambridge, Cambridge University Press, 2008 ; Paul Masson et Catherine Pattilo, *The monetary Geography of Africa,* Washington DC, Brookings Institution Press, 2005; Catherine Eagleton, Harcourt Fuller et John Perkins (eds), *Money in Africa,* London, Brithish Museum Press, 2009; David Fielding and Kalvinder Shields, "The impact of monetary union on macroeconomic integration: evidence from West Africa ", *Economica, New Series,* Vol. 72, N°288, 2005, p.683-704; Jane Guyer (ed), *Money matters: instability, values and social payments in modern history of west African communities,* London, James Currey, 1995; Eric Helleiner, "The monetary dimensions of colonism: why did imperial powers create currency blocs?", *Geopolitics,* 7, 2002, p.5-30; Leigh A. Gardner, *Taxing colonial Africa: the political economy of British imperialism,* Oxford, Oxford University Press, 2012.

régulière au cours des premières années ayant suivi les indépendances. Ce n'est que progressivement que la Banque centrale a commencé à produire des études détaillées.

Ainsi, nous abordons des thématiques différentes et complémentaires qui, au-delà des chronologies régulières, rendent compte de l'évolution de l'histoire politique, économique, financière et monétaire du Gabon. Cette première partie est structurée autour de trois chapitres.

Dans le premier chapitre, nous analysons les caractéristiques de l'économie gabonaise autant que les problèmes financiers et monétaires qui s'y agrègent. Nous analysons les fondements historiques de la politique économique.

Dans le deuxième chapitre, nous aborderons la question de l'organisation de l'Union douanière, l'institution d'une zone de libre-échange avec la CEE et les défis juridiques, économiques et politiques auxquels le Gabon fait face.

Le troisième chapitre s'attèle à situer les transformations dans le contexte de l'échec de la Communauté franco-africaine et de la naissance de l'État gabonais. Complémentaire sur certains aspects développés dans les précédents chapitres, il ambitionne d'articuler les débats politiques autour des faits économiques et financiers qui ont jalonné les relations franco-africaines[63].

---

[63] Voir Tony Chafer, « French African Policy: Towards change », *African Affairs,* Vol. 91, N° 362, 1992, p.37-51.

CHAPITRE I

ORGANISATION DU SYSTÈME ÉCONOMIQUE ET FINANCIER GABONAIS DEPUIS LA DECOLONISATION, 1960-1973

> « [...] La France vous lègue des organisations économiques, administratives, financières, mais s'il n'y a pas d'États sans de telles organisations, elles ne suffisent pas à faire un État ; celles-ci sont désormais au service de la République du Gabon. Ce n'est pas un transfert d'attributions, c'est un transfert de destin. Elles vont devenir les instruments d'une volonté nationale dont la charge vous incombe [...et beaucoup d'États nouveaux croient que leur destin se confond avec leurs intérêts. Mais il serait enfantin de croire que les États ignorent leurs intérêts, nous savons que tous les États qui ont soumis leur destin à leurs intérêts ont été, depuis Carthage, condamnés à mort[64]. »

L'accession à l'indépendance s'est traduite, comme on le sait, par l'appropriation d'institutions économiques et financières dont André Malraux fait état dans son discours. On peut donc noter que l'affirmation de l'État demeure intimement liée à sa capacité à mener une politique économique qui répondrait aux objectifs qu'il s'est lui-même fixés. Ce qui implique une fine identification de ses potentialités, de ses marges d'action et de l'environnement dans lequel se déploient ses activités productrices.

C'est au cours des premières années ayant succédé à l'indépendance que le gouvernement gabonais s'est davantage préoccupé du développement économique du pays. Mais cette question est dans l'air du temps. Il s'agit d'une préoccupation globale, puisqu'au sein des

---

64 AN, Fonds Jacques Foccart, 5 AGF/2012, extrait du dossier sur Léon Mba. Compte rendu de la 12e session de la Commission mixte franco-gabonaise, décembre 1965. Extrait de l'allocution prononcée par André Malraux, Ministre d'État, le 17 août 1960 lors de la proclamation de l'indépendance du Gabon.

organisations multilatérales, le progrès économique est destiné à garantir la paix dans le monde. Mais dans les États issus d'un système d'exploitation, ce qui est en cause ce n'est pas tant la disponibilité du capital, mais plutôt les conditions de sa mobilisation et les modalités de son utilisation. Surtout que pour les autorités gabonaises, et d'un point de vue strictement politique, l'A. E. F a été « une impasse », dans la mesure où le Gabon n'a pas bénéficié de projets de développement structurants, alors qu'il a été le principal pourvoyeur du trésor commun. Les efforts fournis dans le renforcement du budget de la fédération ont été bénéfiques pour les autres, et moins à son avantage. Il s'agit d'une critique sévère de l'économie politique menée par l'administration coloniale[65]. Léon Mba s'est servi de cette critique pour bâtir les fondements discursifs de ce qu'on pourrait qualifier de « nationalisme gabonais ». « Gabon d'abord » constitue le soubassement idéologique de ce projet. Aussi, s'il est vrai que les récits sur les carences des investissements français témoignent de la volonté exprimée par les nouveaux États de définir leur propre modèle de développement, il n'en demeure pas moins que ce projet repose sur l'appropriation des mécanismes hérités de la colonisation.

D'un point de vue doctrinal, le président Léon Mba s'est inspiré des analyses de François Perroux[66] qui a participé activement aux négociations économiques entre la France et ses anciennes colonies. C'est en se fondant sur les réflexions de l'économiste que le président Léon Mba fixe l'orientation de la politique économique qu'il entend mener. Celle-ci se veut plus industrielle et minière qu'agricole[67].

---

[65] La production des discours sur le développement et sur la façon dont le gouvernorat général de l'AEF a pu gérer les politiques de mise en valeur des territoires constituent des grilles d'analyse pertinentes, bien qu'ayant fait l'objet de maintes réflexions.

[66] François Perroux occupe de 1955 à 1974 la chaire d'économie au Collège de France. L'Institut de science économique appliquée (ISEA) dont il est le fondateur en 1944 est un véritable laboratoire. François Perroux est l'un des précurseurs de la pensée structuraliste s'agissant de la question du développement économique. Pour lui, le sous-développement ne doit pas être vu comme un retard, car ce n'est qu'une étape normale dans le développement, mais un phénomène historique spécifique à certaines économies. Sensible à l'hypothèse de la domination, il considère que le sous-développement est également le résultat d'un blocage de croissance, car les économies développées ne transmettent pas mécaniquement leur croissance aux économies sous-développées. Gaulliste, il a eu une influence considérable dans le milieu politique. Voir Stephane Madaule, *Le manuel du développement. 25 ans d'expérience dans la coopération internationale,* Paris, L'Harmattan, 2012, p.35.

[67] Extrait de l'allocution prononcée par Léon Mba, Premier ministre du Gabon, lors de la séance de clôture du colloque par le Comité des Affaires économiques et

Cette approche est fondée sur la participation active aux unions douanières et l'élaboration d'une politique fiscale destinée à attirer les capitaux étrangers. L'organisation du marché, pour étroit qu'il puisse paraître, est de nature à assurer la commercialisation des matières premières qui constitue la clé de voûte de la politique économique. Mais très vite, les autorités politiques ont pris conscience des limites d'une économie de rente, telle qu'instituée depuis la période coloniale. Dans un discours prononcé à l'occasion du cinquième anniversaire de l'indépendance, le président Léon Mba souhaite opter pour une planification du développement tout en identifiant les instruments sur lesquels celle-ci doit reposer. L'objectif fixé étant de sortir d'une économie élémentaire issue de l'époque coloniale[68]. Dans cette perspective, il fallait :

> « Mettre sur pied un plan de développement et pour cela déterminer les grandes options … qui déterminent l'avenir de la Nation, rechercher le[s] financement[s] les mieux appropriés, favoriser les investissements étrangers et, dans ce but, inspirer confiance par notre sérieux et notre travail[69]. »

L'économie gabonaise va très vite devenir une économie libérale, ouverte sur l'extérieur (attirer les investissements étrangers au moyen d'une politique fiscale de « faveur ») et planifiée (planification des investissements par le biais des plans quinquennaux). Elle sera moins régulée et le contrôle macroéconomique, certes limité, constitue également un trait spécifique de la politique économique.

Il y a lieu de formuler quelques interrogations. En particulier, cette politique est-elle fondée sur une connaissance parfaite de l'outillage économique hérité de la colonisation ou, relève-t-elle, tout au plus, de la ferme volonté de s'aligner sur un modèle d'économie de marché, avec ses forces et ses faiblesses ? Dans ce chapitre, il est question de mettre en évidence les caractéristiques essentielles de l'économie gabonaise (ses atouts et ses faiblesses) et de voir comment elles ont évolué. Il sera aussi question de voir comment cette conversion à

---

financières de la Communauté à propos des programmes de développement dans les États africains, 4, 5, et 6 à Paris.

68 AN, Archives Jacques Foccart, 5 AGF, dossier : « Audiences des chefs d'États gabonais », discours prononcé le 15 août 1965.

69 *Ibid.*

l'économie de marché correspond ou non à l'organisation politique postindépendance et comment elle structure les manières d'agir et de produire. Nous aborderons aussi la question du financement du développement, soit par la mobilisation de l'épargne nationale, soit par le recours aux emprunts extérieurs. Ce qui suppose une analyse des mécanismes d'intervention de la Banque centrale en matière de crédit. Nous analyserons également les principaux secteurs réels de l'économie gabonaise pour saisir ses dynamiques particulières en fonction des mutations économiques intervenues au niveau régional et à l'échelle internationale.

1.1. Évolution des secteurs réels de l'économie gabonaise, 1958-1973

Au sortir des indépendances, l'économie gabonaise se caractérise par son état rudimentaire, bien qu'une place importante soit réservée aux grandes entreprises dans la production, compte tenu du volume de leurs investissements aussi bien dans la filière bois que dans celle des industries extractives et du bâtiment. On peut en mesurer les ressorts en prenant en compte l'analyse des facteurs de production, c'est-à-dire la main-d'œuvre, d'une part et la répartition du capital, d'autre part. Concernant la main-d'œuvre, la population active est évaluée à 260.000 personnes sur une population totale évaluée à 440.000[70], soit un peu plus de la moitié de la population globale[71]. Il faut noter que 86 % des actifs sont employés dans l'agriculture et la sylviculture. Le nombre de salariés se situe autour de 43.000, dont 15.000 pour l'agriculture et l'ensemble des activités forestières, tandis que dans l'industrie et le tertiaire se répartissent 13.000 et 15.000 salariés, respectivement[72].

---

[70] BIRD, rapport de 1964.

[71] La question du recensement dans les États postcoloniaux constitue le talon d'Achille des statistiques nationales. Une fiche technique présentée le 16 décembre 1982 par le ministère français de la défense en prélude à la visite de François Mitterrand au Gabon évalue la population gabonaise à 700.000 habitants. Fort de cette difficulté, les chiffres avancés ici ne peuvent être considérés que comme des ordres de grandeur.

[72] BCEAEC, Bulletin mensuel n° 86 de Janvier 1964, p.74 relative aux comptes économique du Gabon en 1960.

La part de l'emploi salarié est en pleine croissance et représente 20 à 25 % de la population active[73]. Cette tendance s'explique en partie par une hausse du salaire minimum interprofessionnel garanti (SMIG) de 10 % en 1959. Un autre arrêté du 25 janvier 1959 prévoit d'accentuer le relèvement des salaires minimum à compter du 1er janvier 1960. Il faut cependant souligner que la masse salariale augmente au Gabon, alors que dans le reste des États d'Afrique équatoriale, la grille salariale est restée au niveau où elle avait été fixée par les arrêtés des 26 septembre et 6 octobre 1957. Cette analyse globale occulte cependant le fait que cette évolution n'est pas uniforme à l'échelle du territoire. Le niveau de concentration de l'activité économique sur un espace est un indicateur déterminant de la rémunération du travail. De fait, nous avons découpé le territoire en trois zones en fonction du niveau de concentration de l'activité et des hiérarchies des grilles salariales qui s'y agrègent.

Dans la première zone, constituée par Libreville, Port-Gentil et Lambaréné, les taux horaires du régime général sont passés de 21 à 22 francs CFA, soit une augmentation de 4,8 % ; dans la deuxième zone, constituée par les chefs-lieux de régions et Bitam, ils sont passés de 12 à 16,80 francs CFA, soit une progression de 40 % ; dans la dernière zone enfin, ces taux sont passés de 10,5 à 14,30 francs CFA, soit une évolution de l'ordre de 36,2 %. Dans les exploitations forestières et agricoles, les rémunérations journalières fluctuent entre 95 à 147 francs[74]. On constate néanmoins que l'augmentation des salaires en valeur est relativement importante dans la première zone, c'est-à-dire dans des zones à forte activité, alors que dans les deux autres zones elle a été moins prégnante. Mais il faut mesurer l'effort réalisé en valeur relative. Sur cette base, l'augmentation a été nettement significative. Si ces premières mesures relèvent, avant tout de l'attitude « volontariste » du gouvernement de Léon Mba, dont le pouvoir est loin d'être stable, il convient de relever qu'elles n'ont pas suffi à ramener durablement la paix sociale au Gabon. Le coup d'État manqué du 18 février 1964 est sans doute une réponse, certes brutale et spontanée, face à la misère qui s'est installée dans le pays. Non pas par insuffisance

---

[73] Lorenzo Frediani, *Le système bancaire du Gabon et de la Banque centrale des États d'Afrique équatoriale et du Cameroun,* Milan, Risparmio delle provincie lombarde, 1973, p.18.

[74] BCEAEC, bulletin mensuel n°42 janvier 1959.

des ressources, mais parce que ces ressources étaient mal réparties. L'État naissant était fragile. Des efforts ont été déployés pour tenter de le consolider. Les Gabonais ont réagi quelques semaines après le coup d'État. Certains secteurs d'activité ont été affectés par des mouvements de grève. En guise de réponse, le gouvernement avait alors jugé bon de majorer de 10 % les salaires conventionnels dès le 1er mai 1964. Il a par la suite revu à la hausse le SMIG dès le 1er janvier 1965. Ces mesures ponctuelles ont été complétées par le démarrage des négociations entre les patrons et les salariés dans toutes les branches en vue de définir des conventions collectives[75].

On peut donc souligner que la politique gabonaise de rémunération est fondée sur le principe de segmentation de l'espace en fonction du niveau de concentration de l'activité économique et d'implantation de l'administration. L'augmentation des salaires a renforcé ce clivage. Il en résulte une forte tendance à la concentration du pouvoir alors que le but était sans doute de relancer l'économie par la consommation en revalorisant les salaires. La transition progressive de l'économie forestière vers une économie minière clairement opérée par le gouvernement de Léon Mba puis Albert-Bernard Bongo a provoqué un exode des populations rurales vers les centres urbains où ils espéraient bénéficier de meilleures conditions de travail et d'une juste rémunération pour améliorer leur niveau de vie. Au point que les villes sont devenues des lieux de mixité sociale, voire de conflits intercommunautaires qui n'épargnent pas les étrangers qui avaient choisi de s'installer au Gabon. Les effets pervers de l'expansion économique n'avaient pas tardé à se manifester, mais l'État n'était pas préparé à y faire face.

C'est d'autant plus vrai que 60 % de la rémunération du travail sont absorbés par les expatriés, notamment européens, qui transfèrent 35 % du total des salaires qui leur sont versés à l'étranger[76]. Ces chiffres nous permettent d'identifier le rôle joué par l'agriculture et l'exploitation du bois dans l'économie gabonaise. Le PIB, suivant les statistiques

---

[75] AN, Archives Jacques Foccart, 5 AGF/2002 dossier : » Le Gabon à l'aube du premier plan quinquennal », Lettre de Maurice Delauney, Ambassadeur de France au Gabon, à Maurice Couve de Murville, Ministre des Affaires étrangères, le 30 juillet 1965.

[76] Lorenzo Frediani, *Le système bancaire du Gabon, op.cit.*, p.24

fournies par la Banque centrale, évalué à 89 milliards de F CFA en 1960 est soutenu par le bâtiment et les infrastructures[77].

Pour le gouvernement de Léon Mba, les infrastructures constituent un véritable problème. En 1960, les effectifs scolaires sont évalués à 52. 233 élèves, soit 50.545 au primaire, 695 au niveau de l'enseignement technique et 993 au secondaire. Il faut cependant signaler que le caractère limité des infrastructures scolaires ne traduit pas forcément un faible taux de scolarisation. Bien au contraire, puisque 80 % des enfants en âge d'aller à l'école sont scolarisés[78]. En revanche, en matière de santé publique, le Gabon ne disposait que d'un lit d'hôpital pour 100 habitants et d'un médecin pour 6500 habitants[79].

Les infrastructures routières sont limitées à 3 915 km de voies terrestres, dont 1565 km de routes nationales. Les voies de communications aéroportuaire et fluviale représentent respectivement une trentaine d'aérodromes et deux ports complétés par quatre rades[80]. D'après ces données, on peut constater que pour compenser l'absence de routes, difficiles à construire et à entretenir, en raison d'une pluviométrie excessive et d'un sol difficile à travailler, les voies aériennes sont relativement développées. Dans le domaine énergétique, le Gabon dispose de trois centrales électriques : celle de Port-Gentil, dotée d'une puissance de 13,5 millions de kWh en 1963 ; celle de Lambaréné, et le barrage de Kinguélé[81], qui alimente Libreville et sa périphérie, produisent une part importante des ressources hydroélectriques et font l'objet d'importants investissements en équipements. En revanche, les ventes totales d'énergie en 1963 se situent à 36 millions de kWh[82]. Ce secteur a joué un rôle dans la consommation domestique et la croissance du PIB.

---

77 BCEAEC, op. cit.p. 74

78 Gaston Lotito, « Le développement économique du Gabon », Les Cahiers d'Outre-mer, p.26.

79 AN, Archives Jacques Foccart, 5 AGF/2002, dossier « documentation, Gabon », Bulletin d'Afrique noire n° 125 du 20 mars 1963.

80 Direction générale de l'Économie, *25 ans d'économie gabonaise, 1960-1985,* Ministère de l'Économie, des Finances et des Participations, Libreville, 1985.

81 Voir Rodrigue Lekoulekissa, *Électrification en Afrique : le Cas du Gabon, 1935-1985,* Paris, L'Harmattan, 2011.

82 AFMI, 55848/3, T.P.A général.

Tableau 1 : Évolution des emplois du PIB (en milliards de F CFA courants), 1960-1971

	1960	1961	1962	1963	1964	1965	1966	1967	1968	1969	1970	1971
PIB	31,7	37,6	41	47,2	47,7	50,8	56,5	58,8	72,8	81,8	89,5	105
Consommation	18,9	20,9	23,4	30,9	31,2	33,7	37,6	36,4	41,2	45,5	50,4	56,8
Investissements	12,2	14,1	14,9	12,6	10,2	12,4	16,8	17,4	21,4	24,3	27,2	32,2
Biens, services	0,3	1,3	2,4	3,7	3,9	4,6	1,5	4,6	9	10	10,5	4,7
Exportations	0,3	1,3	2,4	3,7	3,9	4,6	1,5	4,6	9	10	10,5	4,7

Source : Direction générale de l'Économie, 25 ans d'économie gabonaise, 1960-1985, p.2.

La période étudiée est caractérisée par une croissance modérée (tableau 1). La valeur du produit intérieur brut (PIB) a plus que doublé depuis 1956 où elle se situait à 13,6 milliards[83] F CFA pour atteindre 31,6 milliards de F CFA en 1960. Elle a progressé de 56,5 milliards en 1966 avant d'atteindre 105,1 milliards en 1971. Le taux de croissance du PIB est de 10,5 % entre 1960 et 1965 puis de 9,5 % jusqu'en 1980[84]. Si en valeur absolue on observe une croissance du produit intérieur brut, ces performances occultent une réalité : l'absence de gains de compétitivité qui rend dérisoire l'économie réelle. Il est vrai, cependant, que cette augmentation s'explique par la surexploitation des matières premières. Et cela reviendrait à dire que la valorisation optimale des ressources serait un gage absolu de progrès économique.

Cette approche de l'économie politique postindépendance a consisté, pour le gouvernement gabonais, à corréler l'exploitation des matières premières avec ces perspectives de développement et l'intégration de son économie dans les circuits commerciaux mondiaux[85]. En effet, depuis l'indépendance, la production de bois représente à elle seule les ¾ des exportations. Le pétrole et le manganèse n'ont atteint des niveaux de production élevés qu'à partir du début des années 1970, du fait

[83] BCEAEC, Bulletin mensuel n° 86 de Janvier 1964, p.75.

[84] ABF, 1035200601/1, Patrick et Sylvianne Guillaumont, Rapport confidentiel sur le problème de la parité des F CFA, mai 1989, p.50.

[85] Voir, François Ngangoue, « Planifier et organiser la diversification économique en Afrique », Revue Congolaise de gestion, 2016/1 (numéro 21), p.45-87.

notamment du volume important des investissements que leur rentabilité impliquait. Ce qui explique l'augmentation du volume des investissements entre 1966 et 1971.

Le PIB par habitant a doublé entre 1956 et 1960, passant de 35.000 F CFA à 75.000 F CFA. Pendant la même période, le revenu par tête a doublé, passant de 21.000 F CFA à 42.000 F CFA. Pour autant, l'amélioration du revenu réel, mesurée en fonction du coût de la vie, découle, de l'intensification de la production minière, du volume des travaux de construction et du génie civil[86].

Graphique 1: Évolution de la composition sectorielle de l'économie gabonaise (en milliards de F CFA courants), 1960-1972

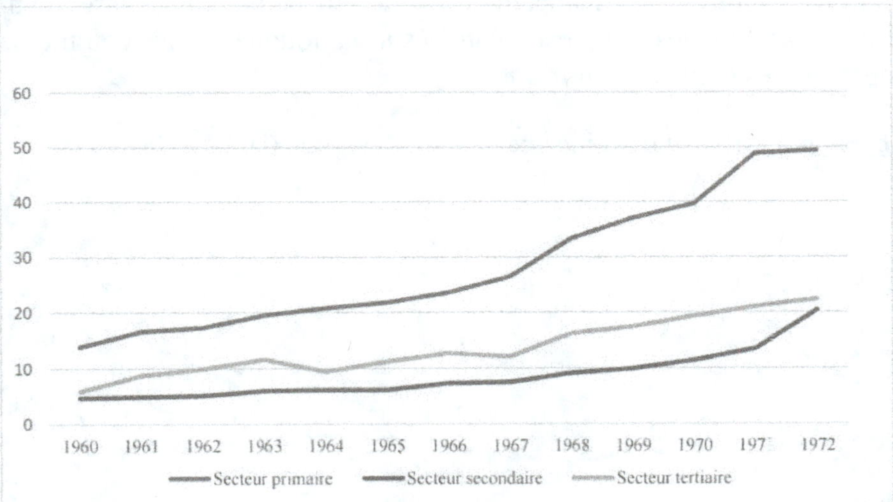

Source : Direction générale de l'Économie, Ministère gabonais de l'Économie et des Finances, 25 ans d'économie gabonaise, 1960-1985, p.17.

L'exploitation forestière et, dans une moindre mesure, l'agriculture régressent dans la formation du PIB. En effet, l'agriculture ne contribue que pour 13,6 % à la formation du PIB, tandis que la part des activités forestières (industrie du bois incluse) est de 19,8 % et l'industrie extractive de 17,3 % contre 8,8 % pour l'industrie du bâtiment et des

[86] BCEAEC, Bulletin mensuel, op.cit., p.80.

travaux publics et 27 % pour le secteur tertiaire[87](graphique 1). Dans le même temps, on constate une progression de la part de l'industrie extractive entre 1967 et 1971 sans pour autant que celle-ci ne se traduise par une véritable industrialisation. En revanche, les apports du secteur primaire et des entreprises non financières ont été considérables entre 1960 et le début des années 1970. Si l'on examine l'évolution du PIB sous l'angle des revenus distribués, on constate que la part qui revient aux salaires est en augmentation, puisqu'elle ne représente que 23,5 % des revenus distribués en 1956 contre 29 % en 1960. La compréhension de ces variables macroéconomiques ne serait pas satisfaisante, si on ne tient pas compte d'un autre élément d'analyse qu'est l'inflation. Elle est très vite apparue comme une menace à la stabilité du système de paiements. En dépit des contrôles et blocages des prix (souvent ponctuels), l'inflation s'est imposée, certes à un taux modéré, comme le moyen indirect de financement du déficit budgétaire. L'argument d'une stabilité des prix est nuancé sur la longue durée comme le montrent les données empiriques.

Graphique 2: Évolution comparée du taux d'inflation (en %), 1964-1974

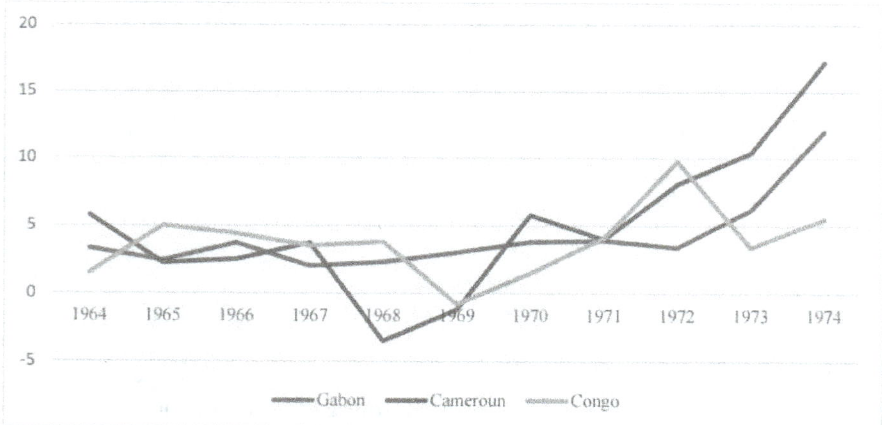

Source : ABF, 1466200601/238, procès-verbal de la réunion du conseil d'administration du 24 novembre 1987.

Dès la fin des années 1950, les États d'Afrique équatoriale ont dû faire face à l'inflation. De nombreux responsables politiques de l'époque, à

[87] BCEAEC, Rapport d'activité, *op.cit.*, p.80.

l'instar de l'Abbé Fulbert Foulou, l'ont dénoncé du fait de son impact sur le crédit et les investissements. Ces critiques reposent sur l'idée que l'inflation serait d'origine monétaire. Or il est très difficile d'évaluer l'impact de la monnaie dans la progression de l'inflation au Gabon au cours des années 1960. Certes, tous les États ont, à des échelles différentes, eu recours à la création monétaire pour financer le déficit budgétaire. Mais, comme on le verra, le niveau d'intervention de la Banque centrale est si faible, certes variable, qu'on éprouve des difficultés à établir un lien direct entre création monétaire et augmentation du niveau général des prix. Il est cependant possible que l'inflation de la fin des années cinquante ait eu pour origine l'absence de compétitivité des systèmes de production locaux et l'exposition de ceux-ci aux chocs du marché des matières premières. La rupture historique qui intervient dès 1971 (graphique 2) provient de l'installation progressive d'une économie financée par la création du crédit bancaire. Elle s'explique aussi par l'abondance de la liquidité, en raison du boom pétrolier dont les effets ont été décisifs à partir de 1973. Il faut également souligner que l'inflation qui émerge à cette époque s'explique par les dysfonctionnements qui résultent, pour partie, de l'instabilité du système monétaire issu de Bretton Woods. L'effet de contagion constitue un élément d'interprétation pertinent. Ces données empiriques contredisent néanmoins l'argument de stabilité du système de paiements souvent invoqué pour justifier le maintien du régime monétaire en vigueur au sein de la zone franc, en dépit des débats que cela suscite. Mais comme on le verra, le ciblage de l'inflation, en tant qu'objectif de la politique monétaire de la BEAC, ne sera véritablement effectif que dans le contexte de la crise financière des années quatre-vingt. Mais cela n'empêche pas que cet objectif ait été présenté comme tel par l'autorité monétaire sans toutefois le poursuivre en ayant des instruments adaptés, dès lors qu'on estime que l'inflation aurait une origine monétaire.

Dans cette perspective, nous formulons l'hypothèse que l'accroissement de revenus monétaires ait eu pour effet de provoquer une pression indéniable sur les prix. Cette observation est utile puisqu'elle permet de relativiser nos réserves sur le fait que l'inflation serait d'origine monétaire. Le volume du crédit distribué par les banques et le niveau variable de refinancement de la Banque centrale décrédibilisent cette thèse que nous ne soutenons pas.

Cependant, si l'inflation apparait comme le signe de l'abondance de la liquidité bancaire, elle a le mérite de mettre en évidence un phénomène réel : l'extension de la monétarisation de l'économie. Celle-ci s'opère dans un contexte de substitution d'une économie de subsistance à une économie de marché qui, elle-même, génère la création de moyens de paiements supplémentaires. Il s'agit d'un tournant important puisque la Banque centrale se doit garantir la régularité du système de paiement. Les analyses présentées par David Fielding, sur le fonctionnement des institutions monétaires postcoloniales, ont permis, à travers l'application de la théorie quantitative, de mettre en évidence le lien entre l'inflation et l'augmentation de la masse monétaire[88].

Outre le financement du déficit budgétaire par l'inflation, certes modérée comme nous l'avons souligné dans les lignes qui précèdent, la fiscalité a également joué un rôle important dans l'amélioration des revenus de l'État. Il convient dans les lignes qui suivent de mettre en évidence les caractéristiques de la politique fiscale gabonaise autant que de souligner son poids dans l'amélioration des recettes fiscales. Le régime fiscal institué par le gouvernement gabonais peu après l'indépendance du pays s'inspire de la législation française de l'époque. Il prévoit deux impôts : d'un côté, il y a un impôt qui taxe tous les revenus (bénéfices industriels et commerciaux, bénéfices non commerciaux, traitement et salaires, revenus fonciers) ; de l'autre, on a un autre fondé sur une taxe progressive touchant la totalité des revenus des personnes physiques à un taux ambigu. La particularité de ce régime fiscal réside dans sa complexité. Mais lorsqu'on regarde en arrière-plan, on constate que la taxe proportionnelle, qui frappe les différentes sources de revenus, est affectée d'un taux variable (difficile à interpréter) en fonction de leur nature du revenu[89].

Tous les États de l'Union douanière des États d'Afrique équatoriale et du Cameroun (UDEAC) ont adopté la même législation. Mais le

---

[88] David Fielding (dir), *The macroeconomic of monetary union: an analysis of CFA franc zone,* New York, Routledge, 2002 ; David Fielding (dir), *Macroeconomic policy in the franc zone,* New York, Palgrave Macmillan, 2005.

[89] Les revenus du travail sont assortis d'un taux de faveur, tandis que ceux des capitaux sont assortis d'un taux de rigueur. Les revenus mixtes, c'est-à-dire les bénéfices industriels, commerciaux voire non commerciaux et les bénéfices agricoles sont assortis d'un taux intermédiaire. Ce système a été maintenu au Gabon, au Cameroun et en RCA.

25 novembre 1965, le Gabon a voté une loi fiscale instituant un prélèvement exceptionnel et temporaire de 2 % sur les bénéfices industriels et commerciaux et non commerciaux. La même loi prévoit par ailleurs un prélèvement additionnel de 10 % sur les bénéfices et revenus nets des propriétés bâties en contrepartie de la délivrance de certificats d'investissements au bénéfice des entreprises.

En outre, une taxe sur la solidarité de 12 % et une taxe de 3 % sur le Fond routier ont été instituées au Gabon quelques années plus tôt. La loi n° 36-63 du 22 novembre 1963 a posé les bases de la modification du code des impôts directs. Cette modification concerne les règles d'assiette et la redéfinition de l'impôt forfaitaire sur le revenu[90]. Il en résulte que la fiscalité a continué de jouer un rôle décisif dans la mobilisation des recettes, mais aussi dans l'orientation et le contrôle des investissements privés. Ainsi, les entreprises qui réinvestissent peuvent bénéficier de la faculté de remboursement des certificats d'investissement.

Graphique 3: Évolution de la pression fiscale, 1960-1972

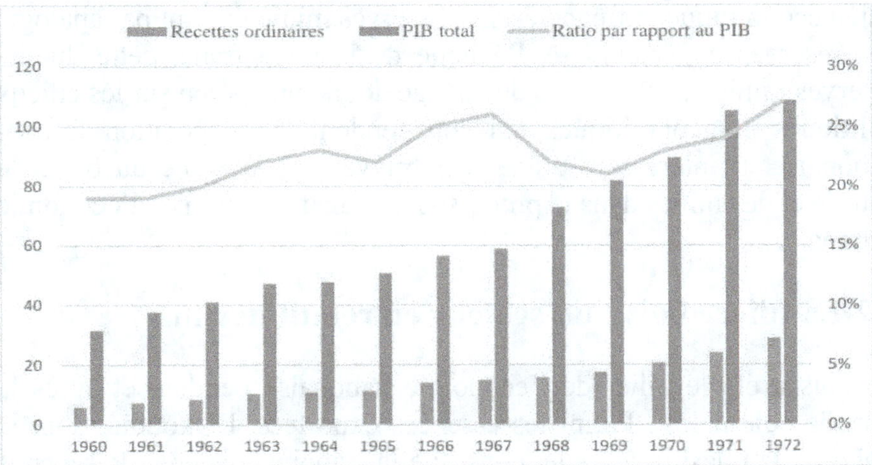

Source : Direction générale de l'économie, Ministère gabonais des Finances.

[90] Journal Officiel de la République Gabonaise du 1er décembre 1963.

La part de l'impôt dans les recettes ordinaires est globalement régulière de 1960 à 1969 (graphique 3). On observe cependant une rupture dès 1970, laquelle rupture est due à des innovations institutionnelles qui se sont opérées à partir de 19966, c'est-à-dire le renforcement du système de recouvrement dans le but de faire face à l'autonomie budgétaire. En revanche, c'est dans la formation du PIB que les revenus tirés de l'impôt représentent l'une des composantes majeures. Du point de vue de l'analyse macroéconomique, la montée en puissance de la fiscalité est caractéristique d'une politique économique fondée sur l'accroissement de la dépense publique. D'inspiration keynésienne et ayant pris forme dans le contexte de la décolonisation, cette approche de la politique budgétaire va rester en vigueur malgré l'intensification de la production des matières premières.

Une expansion économique générée par l'exploitation des matières premières

Il est difficile d'envisager le modèle économique gabonais autrement qu'en faisant ressortir sa caractéristique principale : il s'agit d'une économie de rente. La politique économique coloniale avait de la production et la commercialisation des matières premières au Gabon un enjeu économique et financier. Les réserves minières sont par analogie des réserves de valeurs. À l'échelle de la zone franc, cette dualité réserves minières et réserves de change donne un aperçu sur les enjeux politiques et géopolitiques qui sous-tendent la coopération franco-gabonaise. Il intéressant d'analyser brièvement la place du bois, du pétrole et des mines dans le processus de transformation de l'économie gabonaise.

1.2 La filière bois : un secteur en relatif déclin

Le bois a été le pilier de l'économie gabonaise pendant et après la période coloniale[91]. Parmi les essences exportées, l'Okoumé, dont le Gabon a le quasi-monopole, constitue la principale source de revenus

[91] Gaston Lotito, « Le développement économique du Gabon », *Les Cahiers d'Outre-mer*, octobre 1970, repris par Les problèmes économiques n° 1213 du 1er avril 1971, p.23. Voir à ce sujet, Romuald Pierre Ombigath, *L'exploitation forestière au Gabon (1892-1973) : impact économique et social,* Thèse de doctorat en histoire (sous la direction de Odile Goerg), Paris, Université Paris VII, 2005, 476 p.

de l'État[92]. De façon significative, l'exploitation forestière en 1959 représente 72 % des recettes budgétaires[93], tandis que la part relative des produits forestiers, tant bruts qu'élaborés, n'a cessé de décroître. Ces modifications se précisent nettement dès l'indépendance puisqu'on note une baisse en valeur se situant à 40 % en 1965 contre 70 % en 1961. Ce recul apparent du secteur forestier s'explique par l'émergence du secteur minier et énergétique[94]. Mais peu avant la décolonisation, certaines réformes préconisées laissent penser que les forestiers et les autorités politiques réfléchissaient déjà sur la forme que prendrait l'organisation du secteur forestier. Ainsi, l'Office des Bois d'Afrique équatoriale est dissous au profit de la coopérative africaine des bois équatoriaux (CABE).

Ces modifications de forme ont pour objectif de mettre en relation le nouveau cadre réglementaire de la coopérative avec le Traité de Rome qui lie le Gabon à la CEE[95]. Cette stratégie présente un double avantage. D'un côté, le cadre juridique qui régit le fonctionnement de la CABE supprime les dérogations[96] dont bénéficiaient les exploitants forestiers. De l'autre, la nouvelle réglementation ambitionne de favoriser les producteurs africains du bois. Ce qui est une rupture importante. Bien que les modes de fonctionnement restent opérationnellement inchangés. Dans la mesure où les forestiers historiques jouissent d'une position dominante sur le marché. Et le label Office des bois bénéficie d'une crédibilité incontestée sur le marché international[97].

De fait, l'Office des bois apparaît alors comme un cartel détenant le monopole de la vente. L'exploitation intensive du bois s'est cependant soldée par l'épuisement de la première et la deuxième zone forestières.

---

[92] *Idem.,*

[93] Brian Weinstein, *Gabon : Nation-Building on the Ogooué*, Cambridge, The MIT Press, 1966, p.196.

[94] Gaston Lotito, « Le développement économique », *op.cit.,*

[95] AN, Archives Jacques Foccart, 5AGF/2774 : dossier « Comité des Affaires économiques et financières de la Communauté », Rapport de la réunion des 6 et 7 juillet 1960. La situation économique et financière du Gabon est présentée par M. Claude Théradoz, Secrétaire général de la délégation gabonaise à Paris.

[96] Ces exportations concernent en fait les exploitations concédées à des entreprises françaises dont la production est de nature à alimenter les usines de transformation situées en France métropolitaine. Ce qui rend compte de l'importance du débouché français à la faveur de l'Okoumé gabonais.

[97] AN, Archives Jacques Foccart, 5 AGF/2774, op.cit.,

Or ces zones sont desservies par les principales voies de navigation. Ce qui pose de défis logistiques et techniques pour assurer le déplacement des chantiers vers la troisième zone, située dans l'hinterland[98]. En effet, ce transfert d'activités d'une zone à une autre nécessite la construction des routes praticables et l'utilisation d'un matériel coûteux que seules les grandes Sociétés pouvaient acquérir[99]. Au total, il est difficile d'apprécier les effets de la réforme, parce que les petits producteurs africains étaient défavorisés par ce contexte nouveau. Ceci d'autant que l'accès au capital leur était également limité : la rigidité de l'intervention de la Banque centrale limite leur accès au crédit, donnant l'avantage aux grands groupes qui ont la capacité de s'autofinancer. Il est évident que la nouvelle réglementation visait avant tout à assurer la régularité du marché au profit des grands exploitants.

Graphique 4: Évolution de la production du bois (en tonnes), 1957-1972

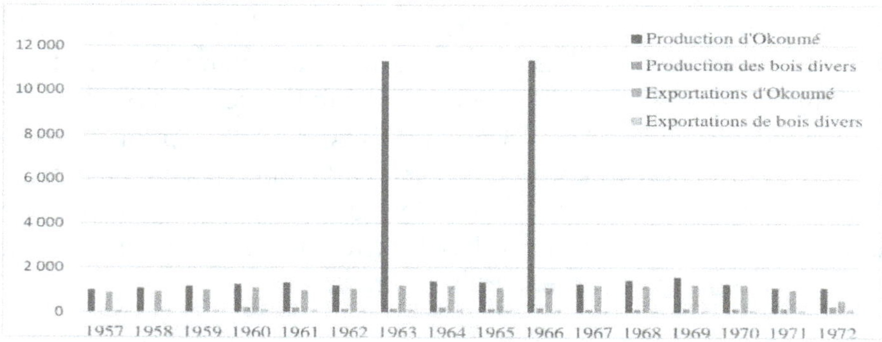

Source : Direction générale de l'économie, Ministère gabonais de l'Économie et des Finances

En 1961, la production du bois progresse sensiblement par rapport à son niveau de 1960. Les bois ronds d'Okoumé ont représenté plus d'un demi-million de tonnes pour une valeur de près de 7 milliards de F

[98] Bulletin d'Afrique noire n° 509, memento de l'économie et de la planification africaines, 1968. Le nombre de permis temporaires d'exploitation forestière se situait fin 1965 à 287, dont 251 pour l'Okoumé. La superficie couverte par les permis d'Okoumé s'établit à la même date à 207.399 ha en première zone, 1.231.887 ha en deuxième et 949.652 ha en zone difficile d'accès.

[99] Gaston Lotito, « Le développement du Gabon », *op.cit.*,

CFA. Les contreplaqués représentent seulement 20.351 tonnes pour une valeur de 1,44 milliard de F CFA, ce qui rend compte de la faiblesse des installations industrielles dans la filière bois. En revanche, la part en valeur des autres essences brutes se situe à 970 millions[100] de F CFA, ce qui rend compte de la prépondérance de l'Okoumé dans le développement de la filière bois. Ce graphique témoigne de la place qu'a occupée par la production du bois dans l'économie gabonaise. On remarque en effet que depuis la mise en place de la nouvelle réglementation, la production de l'Okoumé a connu une forte croissance entre 1962 et 1967 avec, cependant, une baisse considérable en 1965. S'agissant de l'industrie, la production de bois déroulés a connu une nette augmentation, tandis que la progression des bois sciés se situe autour de 26 %. Cette progression est consécutive à l'expansion des commandes de la SNCF pour les traverses de chemin de fer qui sont passées de 7.076 tonnes en 1966 à 10.544 tonnes en 1967 avant d'atteindre 25.995 m^{3}, en 1968, soit une valeur de 406 millions de F CFA[101] . En revanche, la stagnation observable en 1964 et 1965 peut s'expliquer par des perturbations imputables au coup d'État manqué de février 1964 qui a fragilisé le régime du président Léon Mba. Elle peut aussi rendre compte des mutations structurelles que l'économie subit.

En 1974 cependant, le secteur forestier a traversé une crise, en raison de l'absence de compétitivité du bois gabonais par rapport aux productions venant du Sud-Est de l'Asie. Les producteurs gabonais ont produit davantage du bois dont la qualité était moins bonne. Le problème est que la demande extérieure pour ce type de bois est presque inexistante. Car les importateurs étrangers ont une préférence pour les bois asiatiques relativement bon marché et dotés des mêmes qualités techniques.

Dans l'optique de juguler les difficultés financières et de susciter la reprise, le gouvernement gabonais a relevé le prix d'achat de l'Okoumé. L'achat du m^{3} au producteur est fixé en fonction de la qualité. Pour pénaliser l'exportation des bois de mauvaise qualité, qui sont exposés à la concurrence asiatique, dont la part dans le stock était la plus

---

[100] AN, Archives Jacques Foccart, dossier : « Documentation Gabon », Bulletin d'Afrique noire n° 125 du 20 mars 1963. Perspective africaine : synthèses économiques et politiques.

[101] BCEAEC, Bulletin mensuel n° 150 de janvier 1970, Gaston Leduc, *L'évolution du marché des bois de l'Afrique équatoriale et du Cameroun depuis 1966*, p.298.

importante, le prix de l'Okoumé de premier choix, dont les qualités techniques sont reconnues par les importateurs, a été relevé.

Ainsi, les cours du loyal et Marchand (qualité supérieure) sont fixés à 20.000 F CFA ; la moyenne qualité, 18.000 F CFA ; le troisième choix, 15.125 F CFA ; le Sciage et les déclassés et branches sont achetés à 13.000 F CFA et 10.250 F CFA, respectivement. De fait, la production d'Okoumé a progressé de 18,2 % en 1977 et de 8,60 % en 1978, tandis que les exportations repartaient à la hausse, mais plus graduellement[102], avec une augmentation de 9,6 % en 1977 et de 3,2 % en 1978. Parallèlement, la consommation locale qui était également en baisse depuis 1977 a connu un rebond de 21,6 % en 1978. Ce qui caractérise l'économie gabonaise, c'est sa dépendance l'égard du bois durant la période coloniale et cette dynamique s'est poursuivie lorsque d'autres matières premières se substituent au bois.

[102] CAEF, B-0073545, procès-verbal du Comité monétaire de la BEAC au Gabon, 24 juin 1978.

Tableau 2: Organisation du marché des bois gabonais et congolais en 1969 (en milliers de tonnes)

Acheteurs	Gabon	Congo	Total
France	221.751	28.877	250.628
Allemagne	107.487	35.851	143.338
Israël	65.429	26.120	91.549
Hollande	25.541	26.214	51.755
Grèce	22.063	14.336	36.399
Danemark	8.422	2.454	10.876
Belgique	8.541	3.814	12.355
Italie	13.456	3.640	17.096
Maroc	11.132	1.669	12.801
Hongrie	1.595	1.456	3.051
Pologne	3.874	7.705	11.579
Espagne	25.355	4.793	30.148
Liban	8.174	5.636	13.810
Angleterre	1.944	1.700	3.644
Suisse	3.431	3.937	7.368
Suède	6.463	0	6.463
R.D. A	1.358	2.809	4.167
Tchécoslovaquie	957	2.995	3.952
Yougoslavie	111	99	210
Autriche	1.879	435	2.314
Norvège	199	0	199
Syrie	1.526	0	1.526
Égypte	8	96	104
Argentine	0	61	61
TOTAL	540.696	174.697	715.393

Source : Gaston Leduc, « L'évolution du marché des bois de l'Afrique Équatoriale et du Cameroun depuis 1966 » BCEAEC, Bulletin mensuel de 1970, p.299.

La France est le principal acheteur du bois gabonais (et congolais), suivi de loin par l'Allemagne et Israël. Elle absorbe 50 % de la production et 60 % pour la seule année de 1969. L'essence la plus vendue est l'Okoumé.

Au regard de ce récit, il y a lieu de retenir que la filière bois à jouer un rôle important dans l'économie gabonaise, aussi bien durant la période coloniale qu'après. Mais c'est au milieu des années 1970 que le bois va cesser de jouer un rôle décisif. Ce déclin relatif tient au fait que les autorités politiques aient préféré investir dans l'exploitation des mines et du pétrole qui bénéficient à cette époque d'un attrait important sur le marché international.

1.3 Pétrole, manganèse et uranium : piliers et instruments de structuration de l'économie gabonaise

Le pétrole

Historiquement, la découverte du pétrole au Gabon a pris du temps. Les premières recherches sont effectuées en 1928 puis 1932. L'intensification des recherches a conduit à la création en 1934 d'un Syndicat d'études et de recherches pétrolières. Il s'agit simplement d'une équipe composée de géologues dont la mission est d'établir une carte géologique et topographique qui leur faisait défaut au cours des précédentes opérations de recherches[103]. Ce n'est qu'en 1949 que le Syndicat se transforme en Sociétés des pétroles d'Afrique équatoriale française (SPAEF). L'actionnaire majoritaire est le bureau de recherches de pétrole (BRP) créé en 1945 pour accélérer l'exploration pétrolière pour le compte de la France après la Seconde Guerre mondiale, afin de répondre aux besoins énergétiques du pays[104].

Après quinze années de travail, la carte géologique et topographique du Gabon est mise au point en 1946 par les ingénieurs de la BRP. Dans la perspective de l'indépendance du Gabon, la SPAEF devient en février 1960 la Société des Pétroles d'Afrique équatoriale (SPAFE), alors que

[103] ABF, 1466200601/390, dossier : « pétrole au Gabon », Bulletin mensuel d'information d'ELF, mai 1972, p.9.

[104] Pour une analyse plus approfondie, voir, Amelle Demagny, « La présidence française face à la mutation du marché pétrolier, 1969-1974 : analyses, anticipations et réactions », Érici Bussière, *Georges Pompidou face à la mutation économique de l'Occident, 1969-1974,* Paris, PUF, 2003, p.223-241.

la carte géologique, de facto, propriété de tous les États, demeure, à titre provisoire, sous la responsabilité du service des mines[105].

En juin 1968, la Société des Pétroles d'Afrique équatoriale devient ELF SPAFE qui témoigne de sa filiation avec le groupe pétrolier ELF-ERAP créé deux ans auparavant grâce à la fusion du BRP et de la Régie autonome des Pétroles.[106] Les changements de noms sont destinés à répondre à des considérations politiques liées à la naissance des nouveaux États désireux de contrôler leurs ressources.

En réalité, les équipes restent les mêmes. Entre 1945 et 1954, quatre milliards de F CFA ont été investis dans les travaux. Les efforts ont abouti en 1956 à la première la production d'une quantité commercialement exploitable. En 1958, la production se situe, en ordre de grandeur, à 800 000 tonnes. Elle augmente rapidement et de façon soutenue à partir de 1967 où elle atteint 3,5 millions de tonnes[107].

Deux faits expliquent ce changement brusque : le partenariat signé en 1959 entre la SPAFE et deux grands groupes internationaux, MOBIL et SHELL a considérablement modifié l'orientation des recherches au Gabon. Entre 1963 et 1967, 18 milliards de F CFA ont été investis dans les recherches.

Le processus de mise en économie du pétrole requiert l'établissement d'un système de régulation du domaine exploité. Les relations entre l'État et les Sociétés pétrolières se sont structurées par convention. Une étude dirigée par Jamal Azizi a montré que, dans les pays producteurs de pétrole, les relations entre États et les compagnies sont fondées sur l'asymétrie de l'information, notamment sur les résultats d'exploration[108]. Bien que ces phénomènes soient réels, dans le cas du Gabon, les rapports entre l'État et les compagnies se sont modifiés sur fond de contestation du poids relatif de la fiscalité et des luttes pour le contrôle du processus de distribution des revenus pétroliers.

---

[105] Journal Officiel de l'AEF, 1er mai 1959.

[106] Le pétrole au Gabon, op.cit.,

[107] Le Monde, 25 mars 1967.

[108] Jamal Azizi, Pierre-Noël Giraud, Timothée Olivier et *al, Richesses de la nature et pauvreté des nations. Essai sur la malédiction de la rente minière et pétrolière en Afrique,* Paris, Presses des Mines, 2016, p.39.

Depuis 1971, les permis d'exploitation du pétrole fixent des règles particulières d'amortissement des recherches et tendent à une simplification de la fiscalité qui repose sur deux impôts : une redevance proportionnelle minière de 12 % sur 85 % du prix FOB et un autre impôt sur les bénéfices industriels et commerciaux d'un taux initial de 38 %. Il a été porté à 42 % en 1972 pour ELF-SPAFE[109]. Un avenant à cette convention a été signé en novembre 1971[110]. Il détermine le taux de redevance minière pour les gisements marins situés au-delà d'une profondeur de 120 mètres. Sa validité étant fixée au 31 décembre 1989, elle comporte une clause de révision fiscale éventuelle après consultation tous les cinq ans[111].

Les découvertes ultérieures ne manquent pas de révéler l'importance du pétrole dans les relations franco-gabonaises. Depuis sa création jusqu'à la fin des années 1970, la SPAFE a investi 75 milliards de F CFA, dont 30 milliards pour la recherche et 45 milliards pour l'exploitation. Les exportations de pétrole brut représentent, en revanche, 15,5 % du total des exportations en 1966, 29,9 % en 1967, 34,6 en 1968 contre 30,2 % en 1970 avant d'atteindre 36,8 % en 1971. Ces performances témoignent du rôle qu'elles jouent dans le commerce extérieur du Gabon, compte tenu de l'augmentation de la demande mondiale en énergie.

Au regard de ce qui précède, il y a lieu de tirer deux conclusions essentielles. D'un côté, la volonté de contrôler le pétrole a façonné les relations privilégiées qui unissent la France au Gabon. Comme le souligne Claude Ourdel, le Gabon est devenu une « pièce majeure dans l'approvisionnement en pétrole de la France après la découverte et la mise en exploitation des premiers gisements offshore.[112] C'est un outil d'influence en ceci qu'il garantit l'autonomie énergétique de la France.

---

[109] Industrie et Travaux d'Outre-mer de juillet 1973, p.606-607.

[110] Voir, Albert Léonard Dikoume, *La fiscalité pétrolière des États membres de la CEAMC : Cameroun, Congo, Gabon, Guinée Équatoriale, Tchad, Centrafrique,* Paris, L'Harmanttan, 2008 ; Tristan Pamphile Zolo Tomo, *La fiscalité pétrolière au Gabon,* Paris, Publibook, 2017.

[111] Banque centrale des États d'Afrique équatoriale et du Cameroun, Bulletin mensuel n° 137 d'octobre 1968 et Juin-Juillet 1972, Claude Gastineau, Directeur de l'Agence de Port-Gentil, « le pétrole au Gabon », p.400-407.

[112] Claude Ourdel, *De Gaulle et ses hautes à Champs-Sur-Marne. Au temps des indépendances : la décolonisation, 1959-1969,* Paris, L'Harmattan, 2011, p.101.

Dans ce contexte, le pétrole constitue un instrument intemporel de médiation entre la sphère politique et économique dans des contextes géopolitiques complexes[113].

Tableau 3: Organisation du marché du pétrole

Quantités (tonnes)	1966	1967	1968	1969	1970	1971
Total	1 408 221	3 185 261	3 926 964	4 207 984	4 509 828	4 842 397
France	721 932	742 183	528 044	923 155	1 645 460	1 839 666
Allemagne Fédérale	158 340	313 510	0	150 363	52 217	0
Sénégal	139 638	273 915	359 041	408 606	289 173	309 485
Côte d'Ivoire	216 090	185 219	249 197	243 210	244 938	217 825
Belgique-Lux	67 591	153 349	113 686	0	112 411	481 047
Pays-Bas	0	384 187	144 748	226 792	321 385	249 536
Italie	0	149 642	0	0	0	38 381
Islande	0	0	45 736	0	0	136 214
Israël	24 270	23 561	0	0	0	0
Sierra Léone	0	0	0	172 595	72 685	49 809
Trinidad	21 767	22 085	209 148	406 372	182 070	297 655
Brésil	58 589	0	0	0	0	0
Royaume-Unis	0	218 909	73 996	71 669	0	0
Honduras	0	70 080	0	0	0	0
Curaçao	0	468 013	1 318 163	1 490 484	1 589 489	1 188 092
Indes Occidentales	0	52 291	0	0	0	0
États-Unis	0	128 317	885 205	54 738	0	34 687

Source : ABF, 1466200601/390, Bulletin mensuel d'information Elf, mai 1972

Le manganèse

Le 3 octobre 1962, le président Léon Mba inaugure officiellement, avec Georges Gorse, ministre français de la Coopération et Jacques Foccart, Secrétaire général de la présidence pour les Affaires africaines et malgaches ainsi que les représentants de la B.I.R.D et de la sidérurgie américaine, la mise en exploitation du gisement de Moanda. Ce dernier

[113] Thierry Vircoulon, « Matières premières, régulation internationale et États rentiers », *Études*, 2009/5, p.593-604 ; voir également Samir Saul « Politique nationale du pétrole, Société nationale et « pétrole franc » », *Revue historique,* n° 308, avril 2006, p.355-388.

représente le quart des réserves mondiales de manganèse[114]. Cette mise en exploitation révèle à la fois la dimension technique, le rôle joué par les capitaux privés et les espoirs suscités par le manganèse développement du Gabon. Elle traduit aussi l'aboutissement d'un long processus recherche démarré dans le cadre de l'Union française afin de garantir l'autonomie de la France en matière de sidérurgie.

Les recherches ont démarré en 1951. Elles sont conduites, dans un premier temps par le Bureau minier de la France d'outre-mer en collaboration avec la U.S. Steel Corporation, l'une des sociétés sidérurgiques américaines les plus importantes ; puis par le bureau lui-même.

Ce n'est qu'en septembre 1953 que la Compagnie Minière de l'Ogooué (COMILOG) est constituée dans le but de poursuivre les recherches entreprises auparavant. Les négociations ont abouti à l'octroi de la concession minière le 26 janvier 1957 pour une durée de 75 ans[115]. La répartition du capital a également subi des évolutions au fur et mesure que se développait l'exploitation du minerai. Initialement fixé à 150 millions de francs CFA, il a été porté à 2 milliards et demi le 23 décembre 1957. La répartition est la suivante : 49 % à United States Steel Corporation représentant à elle seule 30 % de la production d'acier américain ; 22 % au Bureau de recherches géologiques et minières ; 14 % à la compagnie de minerais de fer magnétiques de Mokta-el-hadid, une société française privée propriétaire de gisements de manganèse et de minerai de fer en Algérie ; 15 % à la société auxiliaire de manganèse de Franceville[116].

Restée la même jusqu'en 1959, la répartition du capital a cependant subi une modification au début des années 1970. L'État a décidé d'acquérir des participations dans le capital des grandes entreprises minières et pétrolières. La nouvelle configuration est la suivante : l'État 20 % ; United States Steel Corporation, 39,20% ; Coframines, une structure

[114] La Croix, 3 octobre 1962. La production mondiale a été évaluée à 14 millions. L'URSS qui possède les principaux gisements du monde, produit seulement 5 millions de tonnes, mais n'exporte que 900.000 tonnes. La Chine consomme la totalité de sa production, évaluée en 1961 à 1 millions de tonnes.

[115] L'Économie, n° 838 du 4 octobre 1962.

[116] *Idem.*

gérée par le Bureau de recherches géologiques et minières, 17,60 % ; Mokta-el-hadid (Imetal), 15,5 % et Samaf (Parisbas)[117], 8 %.

Le Conseil d'administration est, dans un premier temps, dirigé par M. R. Vigier et comprend 6 représentants du groupe Steel[118] et 6 représentants du groupe français. À ce stade, il n'existe pas de représentants de l'État gabonais et les grandes orientations sont fixées par les actionnaires privés aussi bien dans l'investissement que dans la couverture des opérations financières. Celles-ci sont assorties des conditionnalités, telles que la perception des intérêts sur les montants décaissés et l'assurance de ne pas mettre en difficulté la compagnie chargée de produire et d'acheminer le minerai vers l'extérieur.

Toutefois, l'exploitation du minerai rencontre des difficultés, en raison de l'absence des infrastructures adaptées et d'un relief particulièrement difficile, qui ne permet pas d'évacuer le minerai autrement qu'à travers la construction d'un téléphérique de 73 km reliant la mine à M'binda, près de la frontière congolaise[119]. L'investissement est financé par la BIRD. Ce transit par la frontière congolaise jusqu'au port de Pointe-Noire, dans un contexte d'indépendance, a généré des tensions géopolitiques entre le Gabon et le Congo. En matière de rentabilité, la mise en place de la convention d'établissement le 27 février 1959, a permis à la Comilog de se fixer comme objectif de produire un minimum de 500. 000 tonnes/an.

Le gouvernement a défini une fiscalité sur les valeurs mobilières comportant trois piliers, une taxe de 8 % proportionnelle à la valeur de la production, peu importe la valeur exportée, y compris la nature des bénéfices tirés ; à cette taxe s'ajoutent 21 % sur les bénéfices industriels et commerciaux ainsi que 20 % sur les bénéfices distribués.

S'agissant du fer, la mise en exploitation des gisements de fer de Mekambo, dont les réserves sont alors évaluées à 860 millions de tonnes de minerai à haute teneur exploitable à ciel ouvert et les

---

[117] ABF, carton : 1463200401/212, « Communiqué de presse n°25/59 de la B.I.R.D relatif au prêt de la Banque mondiale au Gabon »,30 juin 1959.

[118] New York Times, « Gabon, for Ninth year since'53, Keeps favorable trade balance », 28 janvier 1964.

[119] Communiqué de presse de la Banque mondiale, 8 janvier 1969. À noter que le prêt a une durée de 20 ans, un délai de cadence de 4 ans et le taux d'intérêt est fixé à 6,5 %.

possibilités de traitement du minerai sur place ont fait l'objet d'une mission d'étude confiée à la Somifer, créée pour assurer la production et la valorisation du fer[120].

Quant à la production de l'or, un établissement public, Société gabonaise de recherche et d'exploitation minière (Sogarem) a été instituée en 1962 pour favoriser la rationalisation et la nationalisation de la production de ce minerai. Ainsi, la production est passée de 1107 kg à 1963 à 1400 kg en 1964. En matière de régulation, la loi n°15/62 du 2 juin 1962 portant institution d'un code minier[121] a permis de déterminer et de spécifier la nature et la catégorie des mines concessibles, les conditions de recherche et d'exploitation ainsi que le caractère stratégique de certaines d'entre elles.

Tableau 4: Évolution de la production du manganèse au Gabon (en milliers de tonnes), 1962-1969

	Production			Exportations		
	Minerai	Bioxyde	Total	Minerai	Bioxyde	Total
1962	203.200	NI	203.200	42.747	NI	42.747
1963	436.507	200.080	636.587	524.420	NI	524.420
1964	948.303	0	948.303	913.154	0	913.154
1965	1.274.007	5.789	1.280.396	1.187.633	0	1.187.633
1966	1.207.781	5.739	1.273.520	1.125.670	0	1.125.670
1967	1.124.106	23.464	1.147.570	1.134.336	0	1.134.336
1968	1.227.200	32.705	1.259.905	0	0	0
1969	1.147.918	15.036	1.362.954	1.584.000	21.000	1.605.000

Source : Télégramme de l'Ambassadeur de France au Gabon au Ministère de la Coopération et du Développement, 4 septembre 1984.

L'uranium

Contrairement au manganèse dont l'exploitation fait cohabiter Américains et Français, l'Uranium est exclusivement exploité par ces

[120] La C.E.C.A a financer à hauteur de 10 millions de F CFA la prospection du fer dans la région de Mikebe, dans le Nord du Gabon.

[121] AFMI, 55848/3, T.P.A.

derniers à travers la Comuf, filiale gabonaise du groupe Eramet. Le principal gisement est découvert en 1956 à Mounana dans le Sud-Est du Gabon. Exploité pour la première fois en 1961, amplifié en 1968, il est au cœur des enjeux géopolitiques et stratégiques pour la France[122], et économiques pour le Gabon[123]. Les 596. 000 tonnes extraites, dès la première année, ont été utilisées pour les besoins « stratégiques et de défenses », de l'aveu même de l'ambassadeur de France au Gabon, Pierre Dabezies dans un télégramme adressé le 4 septembre 1984 à sa tutelle[124].

Si le Commissariat de l'énergie atomique a obtenu l'exclusivité du minerai par contrat en 1962, ce sont les accords de coopération signés deux ans auparavant qui garantissent cette exclusivité. Comme le souligne Gabrielle Hecht : « These treaties gave the former colonizer priviliged acces to uranium and other strategic raw materials, prohibiting exports that ran counter to French military interests[125]. » Ces accords contiennent des dispositions annexes secrètes qui restreignent l'exercice de la souveraineté dans ce domaine[126].

Mais l'impact de cette délégation des prérogatives ne peut être saisi, au-delà des conceptions idéologiques postcoloniales, que si l'on prend en compte les enjeux économiques pour le Gabon, et stratégiques pour la France, dans le contexte de la guerre froide. Pour les dirigeants politiques gabonais de l'époque, les matières premières sont destinées à être produites par les firmes françaises disposant l'équipement et du savoir-faire qui leur font défaut. Ce qui revient à penser que les grandes orientations de l'économie politique consistaient à recycler les

---

122 Voir Guy Martin, « Uranium : a case-study in franco-african relations », *The Journal of Modern African Studies,* Vol.17, N°4, 1989, p.625-640.

123 Voir, Apoli Bertrand Kameni, *Minerais stratégiques. Enjeux Africains*. Paris, PUF, 2013 ; Jean François Obiang, *France-Gabon. Pratiques clientélaires et logiques d'État dans les relations franco-africaines,* Paris, Karthala, 2007 ; Roberto Cantoni, « Gabrielle Hecht. Uranium africain, une histoire globale. », Afrique contemporaine 2016/2 numéro 258, p.181-183 ; Klaas Van Walraven, « Opération somme » : la french connection et le coup d'État de Seyni Kountché au Niger en avril 1974 », Politique Africaine 2014, n° 134, p.133-154.

124 AN, 19940063/16, dossier : « Coopération avec le Gabon », télégramme diplomatique, 4 septembre 1984.

125 Gabrielle Hecht, *Being nuclear. Africans and the global uranium trade,* Cambridge, MIT Press, 2012, p.109.

126 *Ibid.,*

retombées financières pour ensuite formaliser les plans de développement. Cette politique s'inscrit dans l'air du temps, car les États issus de la colonisation sont encore vulnérables politiquement et économiquement. Et pour leur sécurité et, même pour leurs besoins financiers, ils dépendent toujours de la France. Cependant, l'arrivée sur le territoire gabonais des investissements allemands et américains inspire moins confiance[127], dans un contexte de libéralisation de partenaires commerciaux, de polarisation des sphères d'influence et de fragilisation de la santé du président Léon Mba.

Les autorités françaises craignent que la succession ne se traduise pas par une lutte incontrôlable entre les différents dauphins aux aspirations idéologiques différentes fassent courir à la France le risque de perdre l'« Uranium du vieux » comme l'indique le titre de l'Express qui commente l'évolution de la situation politique et économique au Gabon[128].

En 1963, le gouvernement gabonais s'était engagé à vendre 20 tonnes d'uranium en métal au gouvernement israélien sans l'accord du gouvernement français, comme l'obligent les accords sur les matières premières stratégiques. Le gouvernement gabonais a fini par suspendre l'agrément du contrat, sous la double pression de l'ambassadeur de France au Gabon, M. Simon de Quirielle et des représentants du Quai d'Orsay auprès de l'ambassadeur d'Israël à Paris[129].

Au début des années 1970, le président Albert Bernard Bongo qui a succédé, depuis 1967, au président Léon Mba, souhaite contrôler la commercialisation de l'uranium, en se fondant sur les expériences vécues par la RCA et le Niger. Ces deux pays avaient déjà pris de petites participations dans le capital des sociétés produisant l'uranium dans

---

[127] Cette menace, supposée ou réelle, est néanmoins prise au sérieux par les autorités françaises. Les rapports des services de renseignements font état des possibles promesses que Germain Mba, ancien Secrétaire général de l'UAM, aurait reçu de certains milieux américains afin de déstabiliser davantage le système de Léon Mba au profit de Jean Hilaire Aubame maintenu en détention à l'issue du coup de force de février 1964.

[128] L'Express, 17 octobre 1966. Par vieux, il faut entendre le président Léon Mba.

[129] AN, Archives Jacques Foccart, 5 AGF/1998-2000, dossiers : « les audiences du président Léon Mba », note à l'attention du président de la République, 18 mars 1963.

leurs pays[130]. Il ne s'agit pas d'une rupture majeure, puisque cela s'est fait pour la Comilog et Elf. On ne peut donc pas imaginer que cela puisse traduire de profonds changements dans la façon de produire et de répartir les revenus tirés de l'exploitation autrement que par la fiscalité. Néanmoins, cette conversion progressive au capitalisme d'État, perceptible plus tard avec la création des Sociétés publiques dans l'euphorie des « pétrodollars » nous offre un cadre interprétatif des mutations que subissent la politique économique, le marché du pétrole et la réaction des marchés financiers.

Tableau 5: Production de l'Uranium au Gabon, 1961-1972 (en milliers de tonnes)

	Production		Exportation		Valeur exportations	Prix moyen
	Concentré	Métal	Concentré	Métal		
1961	969	800	NI	800	1.681.947	4.496
1962	1.161	NI	NI	NI	1.915.015	4.496
1963	1.317	440	1.239	404	1.774.732	4.393
1964	1.288	437	1.275	419	1.939.182	4.628
1965	1.644	560	1.395	441	1.967.102	4.400
1966	1.599	544	1.277	401	1.857.127	4.631
1967	1.452	494	1.179	390	1.926.229	4.939
1968	1.371	467	1.196	402	1.901.411	4.729
1969	1.388	508	1.149	395	1.877.944	4.754
1970	1.077	882	1.421	513	1.756.280	3.424
1971	1.274	545	1.401	509	2.007.481	3.944
1972	522	208	1.088	424	1.880.015	3.966

Source : Télégramme diplomatique n° 1792 de l'Ambassadeur de France au Gabon au Ministère de la Coopération et du Développement, 4 septembre 1984.

1.4. Évolution de la situation financière

Nous nous attacherons dans cette section à analyser le fonctionnement du marché monétaire et financier, pour dégager les interactions entre la

130 Le Monde, 29 novembre 1973.

sphère réelle et ses implications monétaires. Ce qui implique d'analyser le processus de mobilisation de l'épargne et de le situer dans un cadre macroéconomique spécifique. Nous essaierons de saisir les caractéristiques et les formes des institutions chargées de la collecte de l'épargne.

La mobilisation de l'épargne, 1961-1974

Dans cette section, nous serons amenés à parler de Banque centrale pour désigner la Banque centrale commune à tous les États et que le Gabon ne dispose pas d'une institution spécifique. Il existe cependant une direction nationale à Libreville. Tous ces aspects seront développés infra. Historiquement, c'est en janvier 1955 que la France institue l'Institut d'émission des États d'Afrique équatoriale et du Cameroun. En 1959, au moment des indépendances, l'institut d'émission devient la Banque centrale des États d'Afrique équatoriale et du Cameroun (BCEAEC). En 1972, à l'occasion de la modification de ses statuts et l'africanisation de ses cadres, elle prend le nom de banque des États d'Afrique centrale (BEAC). Cette mise au point est nécessaire à la compréhension du changement d'échelle (zone d'émission) et Gabon lorsqu'il est question de parler du rôle de la Banque centrale dans la mobilisation de l'épargne ou tout simplement les problèmes monétaires.

L'épargne est souvent identifiée comme la part de revenu non orientée vers la consommation[131]. La théorie économique en fait l'un des référents essentiels de la promotion de l'investissement. Ainsi, l'épargne revêt des formes différentes, allant des encaisses thésaurisées jusqu'aux dépôts, placements et même aux stocks de marchandises. Sa constitution est fonction de l'évolution du PIB, du revenu disponible et des investissements. Ces différents facteurs confèrent à l'épargne une dimension particulière au regard du rôle qu'elle joue dans le financement du développement. Dans cette sous-section, il est question de situer le processus de mobilisation de l'épargne nationale dans des mutations économiques et financières d'ensemble. Il ne s'agit donc pas de faire des analyses économétriques hasardeuses. De même, il ne sera pas question de faire une analyse socio-financière sur le comportement

---

131 Alain Lenoir, « Réflexions sur l'épargne au service du développement en Afrique », *Techniques financières et développement* 2014, n° 114, p.29-33.

des épargnants. Car il est difficile de les identifier et de les quantifier. En revanche, nous analyserons comme produit financier dont la mobilisation repose sur la prise en compte des données macroéconomiques, des institutions et outils de collecte et nous examinerons comment ce processus de mobilisation participe du fonctionnement du marché financier et monétaire au Gabon.

Les données macroéconomiques

Lorsque la Caisse d'Épargne a été créée en Afrique équatoriale, l'objectif premier est d'encourager l'épargne et, par la même occasion de décourager la thésaurisation privée. Au Cameroun par exemple, la Caisse d'Épargne Postale s'est engagée à lancer une campagne de prospection dans l'hinterland où les bamilékés, profondément ancrés dans le commerce, pratiquent la thésaurisation leurs capitaux[132]. Cette entreprise d'ouverture vers le développement de la bancarisation s'est progressivement installée dès la fin de la Seconde Guerre mondiale. Elle revêt un caractère forcé puisque depuis la libération, les salaires ont été considérablement augmentés. Ce qui n'a pas manqué d'améliorer le niveau de vie des populations concernées. L'autre facteur ayant conduit les populations à épargner est l'instruction[133] qui introduit l'esprit de prévoyance dans les modes de vie. Pris dans ce sens, une analyse circonscrite sociologiquement ne pourrait porter que sur une certaine élite, bien qu'il soit permis de penser que même parmi les ouvriers agricoles et les travailleurs des chantiers forestiers, il soit possible de compter de potentiels épargnants. D'autant qu'au Gabon comme dans d'autres territoires de l'AEF, la Caisse d'Épargne, avec le soutien de la Confédération Générale des Caisses d'Épargne de France, s'est engagée à promouvoir les services qu'elle envisage de proposer.

---

[132] BCEAEC, Bulletin mensuel n°

[133] BCEAEC, Bulletin mensuel n°, op.cit.,

Tableau 6: Évolution du nombre de comptes bancaires au Gabon, 1961-1962

Rubriques	30/06/1961	30/06/1962
Dépôts bancaires		
Comptes de dépôts	3.898	4.294
Comptes courants créditeurs	5.470	6.883
Total	9.368	11.177
Dépôts des particuliers et des entreprises aux CCP	484	580
Dépôts des banques et comptables publics aux CC	1.023	1.271
TOTAL	1.507	1.861
Total monnaie scripturale	10.875	13.038
Dépôts en Caisses d'Épargne	995	1.079
Total général des dépôts en Afrique équatoriale	11.870	14.117

Source : BEAC

L'épargne joue un rôle fondamental dans l'économie gabonaise. Les données fournies par la Comptabilité Nationale montrent qu'en dix ans, son montant brut a été multiplié par 14 : soit 16,6 milliards de F CFA en 1964 contre 222,8 milliards en 1974.

Graphique 5: Évolution de l'épargne brute (en milliards de F CFA courants), 1964-19

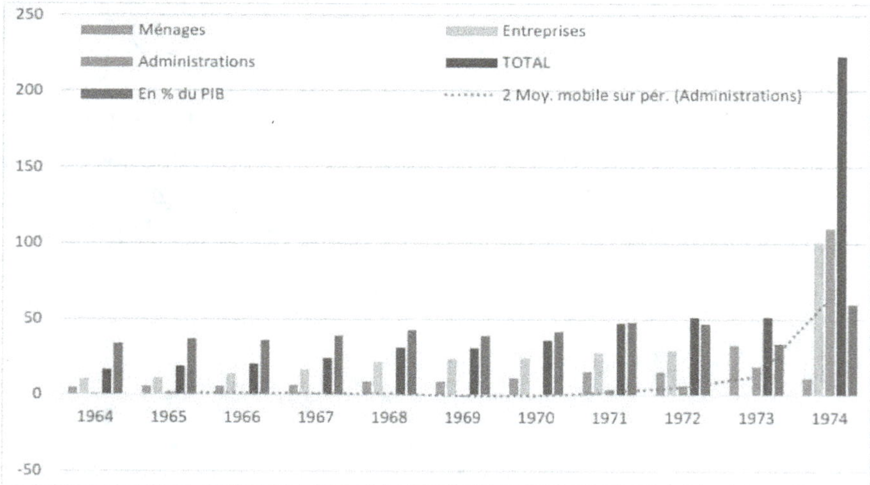

Source : BEAC, mars 1977

La répartition de l'épargne entre les différents groupes d'épargnants fait ressortir des disparités. Entre 1964 et 1972, on assiste à une expansion continue de l'épargne (graphique 5). Ce rythme soutenu est dû essentiellement à l'accroissement des ressources dégagées par les entreprises. La part revenant aux ménages augmente sensiblement entre 1967 et 1973, avant d'enregistrer une baisse à partir de 1974.

Selon les analyses de la BEAC, cette situation s'explique, par l'augmentation de la consommation du fait de l'expansion économique[134]. Au cours de cette dernière année, la hausse sensible des recettes fiscales prévues au budget de l'État a permis aux administrations de se positionner au premier rang des épargnants.

Mais c'est en 1974, avec le recyclage des « pétrodollars », que cette progression a été importante, grâce notamment à l'effort réalisé dans la collecte des recettes d'exportations, aux bénéfices de plus en plus confortables, réalisés par les entreprises et aux redevances fiscales qu'elles ont versées à l'État. Les travaux de Paul Colilier ont montré, notamment, que l'augmentation des recettes fiscales liée à l'exploitation des ressources naturelles débouche sur l'acquisition des actifs procurant des revenus[135]. Il s'agit en revanche d'une politique visant à protéger l'économie contre le phénomène de déplétion des ressources.

Au regard de ces performances, force est de constater que Gabon se trouve dans une conjoncture financière particulière, dans la mesure où les autorités monétaires s'emploient à organiser le marché financier. En effet, le taux moyen d'épargne, en proportion du PIB, est passé de (+34 %) en 1964 à (+47 %) en 1972 avant d'atteindre 60 % en 1974. Ce niveau est similaire à celui des pays industrialisés. Mais paradoxalement, c'est sur les marchés financiers que le pays s'endette pour financer son développement.

Si les banques se trouvent constamment en situation de surliquidité, c'est sans doute parce que la réglementation en vigueur dans la plupart

134 ABF, 1466200601/24, BEAC, Rapport présenté aux autorités monétaires par François Berland, mars 1977.

135 Paul Collier, « Épargner les revenus tirés des ressources naturelles dans les pays en voie de développement : principes et règles politiques », *Revue d'économie de développement,* 2013/4 (vol.21), p.59-96.

des pays de la zone franc ne permet pas au système bancaire de jouer pleinement son rôle de clé de voûte du financement des activités des entreprises[136]. Ce qui conduit malheureusement les banques à conserver une bonne partie de leurs réserves à l'extérieur lorsqu'elles ne prêtent pas directement à l'État et dans une moindre mesure aux grandes entreprises ayant elles-mêmes les capacités de se financer.

Il y a donc une distorsion structurelle entre le niveau réel de l'épargne et le niveau réel des investissements qu'elle finance[137]. En effet, la mise en relation du montant global de l'épargne avec le montant global des investissements intérieurs permet de l'identifier comme la composante par excellence du Revenu National[138].

Tableau 7: Balance des investissements et de l'épargne nationale (en milliards de F CFA), 1964-1974

Balance	1964	1965	1966	1967	1968	1969	1970	1971	1972	1973	1974
Investissements	12,7	14,2	19	19,6	22,8	28,1	30,6	32,8	52,1	60,3	192,3
Épargne Nat	9,1	11,7	13,7	19	21,6	25,1	30,5	38,5	49,2	51,4	217,4
Soldes	-3,6	-2,5	-5,3	-0,6	1,8	-3	-0,1	5,7	-2,9	-8,9	25,1
Capitaux à LT	NI	NI	NI	NI	1	4	1,2	4,1	0,1	4,8	-15,8

Source : BEAC, mars 1977

L'analyse des données fournies par ce tableau montre que la part des investissements non couverts par l'épargne nationale est importante. Ces derniers ont considérablement crû en 1966, 1969 et 1973. En 1974, le solde de la balance courante enregistre un excédent de 25,1 milliards

[136] Entretien avec François Villeroy de Galhau et *al.*, « Surplus d'épargne et déficit d'investissement : quelles solutions ? », *Revue d'économie financière* 2016/3 n° 123, p.23-32 ; Sur l'absence de politiques économiques adaptées, voir la contribution de Olivier Davane, « Il n'y a pas trop d'épargne, seulement de mauvaises politiques économiques », *Revue d'économie financière*, 2016/3 n° 123, p.61-78.

[137] Voir, Samuel Mavereyraud-Tricoire, « L'hétérogénéité de la relation épargne-investissement : un indicateur de la dynamique d'intégration économique ? Une application au cas européen », *Économie internationale*, 2006/1 n° 105, p.41-62.

[138] Dans le rapport rédigé en mars 1977 par la BEAC sur le processus de mobilisation de l'épargne, sans toutefois intégrer cette procédure dans le fonctionnement d'un marché monétaire et financier qui n'est pas institué. Cette analyse s'est cependant donnée pour mission, d'un point de vue méthodologique, de déduire du montant brut de l'épargne les transferts vers l'extérieur, c'est-à-dire les transferts gratuits, les salaires et avantages des personnels d'assistance technique.

de F CFA, alors que de 1969 à 1973, le solde des opérations courantes de la balance des paiements a été financé par l'apport des capitaux étrangers à long terme.

Le développement des exportions est à l'origine de ces résultats, tandis que l'excédent s'en trouve en partie compensé en 1974 par le déficit des mouvements de capitaux à long terme (-15,8 milliards de F CFA) lié aux remboursements d'emprunts et aux placements effectués par les Filiales de Sociétés étrangères auprès de leurs maisons-mères. Ce mouvement est difficile à cerner, même par les autorités monétaires elles-mêmes puisqu'il concerne aussi bien le secteur productif que le secteur bancaire. Les indicateurs de la Comptabilité publique orientent l'analyse vers une approche purement macroéconomique ; ce qui est problématique puisqu'il devient difficile d'appréhender au mieux les formes de mobilisation que l'épargne. On peut néanmoins analyser les mécanismes de mobilisation, notamment à l'échelon des institutions qui en assurent la collecte.

Les institutions impliquées dans la collecte de l'épargne

Le Gabon dispose d'institutions chargées de collecter et de centraliser l'épargne. Les autorités monétaires distinguent deux formes différentes d'épargne : celle qui relèverait davantage de l'initiative individuelle et celle qui correspondrait à l'effort collectif. La première est un peu hybride, puisqu'elle comprend à la fois les dépôts des ménages, une part significative de ceux des entreprises, les dépôts des administrations, des compagnies d'assurances et du centre des chèques postaux[139].

D'un point de vue sociologique, c'est la propension à faire volontairement un dépôt qui est le meilleur indicateur de l'épargne ; cette propension détermine aussi le rapport au capital et les usages qu'on peut en faire. Ainsi, l'épargne d'initiative individuelle est constituée par des dépôts bancaires et postaux qui bénéficient d'une rémunération particulière. Par exemple, au 31 décembre 1975, les dépôts à terme, qui constituent 19 % des dépôts bancaires, sont rémunérés en fonction de l'échéance et du montant des sommes versées sur la base des taux d'intérêt pratiqués alors.

[139] BEAC, François Berland, Rapport, op.cit., p.133.

Tableau 8: Taux d'intérêt pratiqués par les banques sur les dépôts à terme en 1977 (en %)

Terme	100 000 à 500 000 F CFA	500 001 à 1 000 000 de F CFA	1 000 001 à 2 000 000 F CFA	Plus de 2 000 000 de F CFA
3 à 6 mois	4,25%	4,75%	5%	Taux libre (min 5%)
1 an à 2 ans	4,75%	5,50%	5,75%	Taux libre (min 6%)
2 ans à 5 ans	5,25%	6,50%	6,5	Taux libre (min 6,75%)

Source : BEAC

Les taux de rémunération de l'épargne sont fixés à la fois pour promouvoir sa mobilisation et garantir la rentabilité des banques en s'efforçant de maîtriser le prix de l'argent. La Banque centrale assure la fonction de banque des banques en fournissant de la liquidité aux banques, avec plus de souplesse. Cela implique la formalisation de la politique des taux d'intérêt au niveau de chaque État en fonction de la typologie et du niveau des dépôts. Ainsi, le taux de rémunération des dépôts au-dessus de deux millions, et mieux encore au-dessus de dix millions, sont librement négociables dans tous les États[140]. Toutefois, cette politique des taux bas est fonction du niveau des avoirs extérieurs. Le taux d'intérêt est donc utilisé comme instrument essentiel de régulation de l'offre de la monnaie en tenant compte des conditions du marché.

L''analyse du tableau montre que les conditions pratiquées par les banques donnent la possibilité à celles-ci de fixer des taux de rémunération libres au-delà de 2 millions. Sur les dépôts d'une maturation de plus de deux ans, les taux d'intérêt sont plus ou moins avantageux. Cette rubrique concerne les bons de caisse qui se différencient des simples dépôts à terme, du fait qu'ils bénéficient du taux de rémunération plus avantageux et d'un allègement fiscal.

---

[140] ABF, 1466200601/392, dossiers : réformes monétaires dans la zone BEAC, compte rendu du Conseil d'administration du 26 juillet 1991. Note de Rigobert Robert Andely, la politique des taux d'intérêt : l'expérience de la BEAC, 1973-1990, présentée à l'occasion du séminaire sur les réformes de la BEAC, Libreville du 25 au 28 mai 1992.

En décembre 1975, les bons de caisse représentent 4 % des dépôts répertoriés à terme dans la situation comptable des banques. Les taux d'intérêt pratiqués par les banques sont présentés dans le tableau ci-après.

Tableau 9: Montants des comptes (en F CFA) et leurs taux d'intérêt (en %)

Terme	100 à 500 000	500 000 à 2 000 000	Plus de 2 000 000
6 mois à un 1an	6,00%	6,75%	Taux libre (min 6,75%)
1 an à 2 ans	6,50%	7,50%	Taux libre (min 7,50)
2 ans à 5 ans	6,75%	7,75%	Taux libre (min 7,75)

Source : BEAC

Ce tableau nous conduit à déterminer la nature des comptes pour lesquels les dépôts sont rémunérés. Il y a d'un côté les comptes sur livrets. Ils permettent aux banques de canaliser la petite épargne des ménages. Elle représente, en 1975, 4,5 % des dépôts. Fixés à 6,50 %, sur la limite des montants oscillant entre 25 000 F CFA et 5 000 000 F CFA, ces taux avaient pour objectif d'encourager l'épargne, même si les dépôts sur livrets restent imposables au même titre que le revenu. Il est cependant difficile de corréler la faible progression des dépôts à la rigidité de la législation. Elle reste néanmoins une des contraintes à l'épargne.

Les dépôts à vue constituent l'une des composantes de l'épargne bancaire. Les analyses de la Banque centrale montrent que son augmentation n'est pas seulement liée au développement du crédit et de l'inflation qui découragent la consommation, mais elle traduit l'évolution réelle de la mobilisation de l'épargne. Au Gabon, les dépôts à vue sont rémunérés tous les douze mois selon les normes suivantes : sur la tranche de 100 000 à 500 000 F CFA, le taux de rémunération est de 2,5 % ; de 500 000 à 1 000 000 F CFA, ce taux est porté à 3,25 % ; et de 2 millions et plus, le taux est libre, comme dans les précédentes analyses, avec un minimum de 3,75 %.

En outre, les dépôts des CCP (compte-chèques postal) jouent un rôle déterminant dans le drainage de l'épargne. Aucune rémunération n'a cependant été appliquée à ces dépôts. Au Gabon, cette catégorie d'épargne est centralisée par la Caisse d'Épargne Postale. Il s'agit d'un organisme public créé le 1er janvier 1965 en application de la loi 19/64 du 16 décembre 1964. Des modifications successives dans la rémunération et le plafonnement des dépôts ont contribué à renforcer son attractivité, d'autant plus que le taux d'intérêt pratiqué se situe à 4 % et le plafond des dépôts est fixé à 3,5 millions de F CFA.

Depuis 1973, les autorités monétaires et financières ont expérimenté au Gabon l'épargne crédit. Elle s'est cependant limitée au crédit immobilier. On assiste également à la souscription des entreprises et des particuliers aux valeurs mobilières. Le public participe aux emprunts obligataires et aux augmentations de capital, y compris à la création de Sociétés.

En ce qui concerne l'épargne collective, contrairement à l'épargne individuelle, elle se caractérise par sa mobilisation autoritaire auprès des entreprises et des administrations. Elle est prélevée statutairement sur les revenus des activités publiques et privées. Elle est de fait sujette au contrôle et à la régulation. Elle se distingue de l'épargne volontaire, en ce qu'elle est utilisée dans sa quasi-totalité aux fins de financement des investissements publics et semi-publics. Afin de centraliser cette épargne, des institutions ont été créées. Il s'agit du Fonds gabonais d'investissement (FGI), du Fonds d'investissement chemin de fer (F.I.C.F) et de la Société nationale d'investissement (SONADIG). Le Fonds gabonais d'investissements a été créé pour faciliter le financement de l'industrialisation et la réalisation des travaux publics. Il délivre des certificats d'investissement nominatifs en contrepartie d'un prélèvement de 10 % sur les bénéfices des Sociétés. À noter que ces certificats demeurent remboursables lorsque le détenteur peut apporter la preuve d'un investissement d'au moins 10 millions de F CFA. Les investissements admis au remboursement peuvent être convertis en obligations à long terme.

Dans le cadre de la réalisation du chemin de fer, un fonds d'investissement éponyme a été institué. Il est alimenté par une partie des droits de douane (10 %), une taxe de régie sur les tabacs et la taxe forfaitaire de solidarité nationale. Un prélèvement exceptionnel et temporaire de 2 % sur les bénéfices des entreprises, une taxe complémentaire sur les traitements publics et le produit des souscriptions à des obligations de développement ont permis de dégager une dotation budgétaire de 22,3 milliards de F CFA en 1975, portée à 28,6 milliards de F CFA en 1976. Le Fonds a servi à financer le marché du Génie Civil et la pose des voies du Transgabonais. Enfin, la Société nationale d'investissement[141] (SONADIG) dont la création remonte à avril 1968, est chargée de gérer le marché obligataire de l'État. Elle émet deux catégories d'obligations : celles qui relèvent de la souscription volontaire, d'un montant de 10.000 F CFA remboursables par anticipation à partir de la 7e année. L'intérêt appliqué est de 6 %. Il n'y a cependant aucune réglementation applicable dans leur imposition, ce qui, en pratique, se traduit par une exonération fiscale. Les obligations[142] de deuxième catégorie sont caractérisées par les porteurs de titre d'une valeur de 5 000 F CFA. Ces obligations résultent de la conversion des certificats d'investissements souscrits par les entreprises. L'intérêt appliqué est de 1,5 % et soumis à une exonération d'impôts. Toutes ces institutions, pour peu qu'elles participent du fonctionnement d'un marché financier non réglementé, participent à la mobilisation de l'épargne nationale.

Les formes d'épargne

Tout d'abord, il convient de signaler que cette étude repose sur l'exploitation des données produites par les autorités monétaires. Or il est très vite apparu que ces informations ont été collectées au moment où les services d'études de la Banque centrale éprouvent des difficultés à élaborer des statistiques pour le compte des États. Sans trop tomber dans l'excès de prudence, nous considérons ces données comme étant des ordres de grandeur. Le but de cette section est de mettre en évidence les différentes formes et composantes de l'épargne et de considérer sa progression comme le signe évident de la monétarisation de l'économie gabonaise. L'identification des principaux épargnants nous permet de

141 Il s'agit d'un fonds d'investissement dont l'activité consiste à échanger le produit des émissions de bons d'équipement sur le marché monétaire. Cette institution sert d'interface entre le Trésor public et la Banque centrale.

142 Selon Benjamin Lemoine, les obligations du Trésor sont des appellations techniques des emprunts de l'État. Par définition, une obligation (dont l'échéance est de moyen ou long termes à la différence des bons, dont la maturité est à court terme, inférieur à un an) est le nom donné à un contrat d'emprunt qui oblige un emprunteur-émetteur de dette, et un détenteur de dette, prêteur, créancier ou investisseur. Le marché comporte un échéancier de remboursement (durée de remboursement) et ne formule de taux d'intérêt.

saisir leur poids réel ou relatif sans pour faire une étude sociologique sur les épargnants.

L'épargne liquide (crédit à court terme) est constituée des dépôts à terme, les dépôts sur livrets et l'épargne logement. En ce qui concerne les dépôts bancaires à terme, ils se sont développés entre 1971 et 1975 : ils sont passés de 381 millions de F CFA au 31 décembre 1971 à près de 17 milliards de F CFA au 31 décembre 1976, soit une augmentation de 43,3 % au cours de cette période. Ils occupent alors une place importante dans les comptes de dépôts, puisqu'ils représentent 21,2 % du total des dépôts en août 1976 contre 3,1 % en décembre 1971.

Tableau 10: Évolution comparée du nombre de comptes au Gabon et dans la zone d'émission BEAC, 1956-1972

	Nombres de comptes bancaires						**Volume en millions de F CFA courants**					
	1956	**1960**	**1964**	**1968**	**1970**	**1972**	**1956**	**1960**	**1964**	**1968**	**1970**	**1972**
Secteur public	23	39	65	139	62	94	29	222	858	2.2	3.1	4.8
Trésor et Postes									136	365	1.6	3.5
Autres organismes									722	2	1.5	1.3
Secteur Privé	3.9	6.2	7.6	9.80	14.3	15.70 7	877	2.036	2.8	3.8	6.4	9.2
Gabonais												
Compte de dépôts	877	1.8	3.4	4.4	8.2	7.9	37	123	327	642	1.2	1.8
Comptes courants	37	57	62	60	107	63	2	15	31	26	226	206
TOTAL	914	1.9	3.4	4.5	8.3	8	39	138	358	668	1.5	2.02
Africains												
Compte de dépôts	2.3	3.5	3.4	4.5	4.7	4.8	341	601	626	963	1.2	1.4
Comptes courants	588	780	771	773	885	1.4	497	1.2	1.85	2.2	3	5.5
TOTAL	3	4.3	4.2	5.3	5.6	6.3	838	1.8	2.4	3.19	4.8	6.9
Total général	3.9	6.3	7.7	9	14	15.8	906	2.2	3.6	6.1	9	14.1

Source : Bulletin mensuel de la BEAC n°180 janvier 1973, p.63.

Cette expansion rapide est le résultat de la « modernisation » du système financier et du développement de l'activité économique rendus possibles par l'abondance des revenus pétroliers. Si on tient compte de la catégorie des épargnants, on s'aperçoit qu'une grande partie des dépôts est imputable aux entreprises. Celles-ci ont l'avantage d'encaisser, dans les meilleurs délais, leurs revenus d'exploitation autant qu'elles bénéficient de facilités de paiement auprès de leurs fournisseurs. Dans le même temps, la politique du crédit qui se caractérise dès 1973 par l'augmentation des taux créditeurs a pu jouer un rôle décisif dans la progression de l'épargne : ce fut l'objectif poursuivi par les autorités monétaires. Cette augmentation se traduit cependant par un renchérissement du crédit, compte tenu du fait que les banques fondent leur concurrence sur le niveau des taux d'intérêt créditeurs. Il faut noter que depuis les indépendances, le faible niveau de l'épargne nationale constitue un problème structurel majeur et la question de la nationalisation du crédit va très vite devenir un enjeu de la politique du crédit. Mais comme on le verra, le choix du régime monétaire est incompatible avec l'idée même de nationalisation du crédit. Pourtant, cette contrainte n'a pas empêché la bancarisation de l'économie. En effet, les dépôts bancaires sur livrets ont également progressé de 475 millions de F CFA en 1971 pour atteindre 19, 500 milliards au 31 décembre 1975, ce qui représente une augmentation annuelle de 43 % ; le redressement des taux de rémunération de 6,50 % doublé d'une politique d'incitation a permis d'atteindre ces résultats.

Graphique 6: Variation de la liquidité en comptes d'épargne (en millions de F CFA courants), 1963-1976

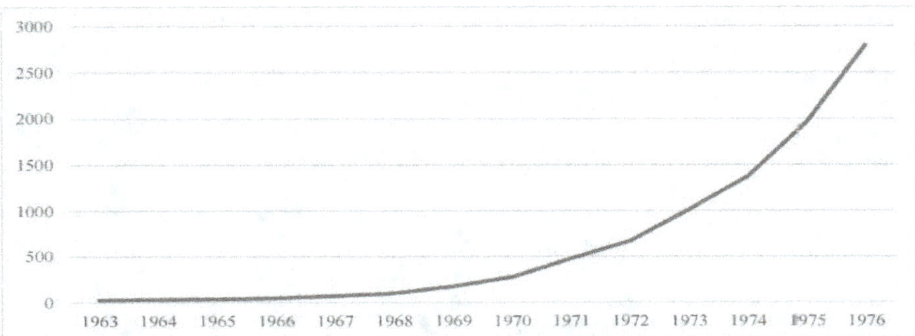

Source : BEAC

Dans le même temps, les dépôts à la Caisse d'épargne[143] postale ont accru de 8,6 % entre le 31 décembre 1974 et 1975.

143 Durant la période coloniale, la Caisse d'Épargne de l'Afrique équatoriale fut instituée afin de juguler le déficit de l'épargne monétaire en raison de la faiblesse du revenu global. L'épargne ainsi collectée ne devait faire face à l'augmentation des besoins de financement du développement économique qu'à condition qu'une stratégie parallèle de limitation de l'apport des capitaux extérieurs soit élaborée. La Caisse a cependant commencé à fonctionner en 1939, mais le développement de ses

Entre 1963 et 1972 le montant des dépôts croit graduellement, au même titre que le nombre de comptes. Cependant, l'inflation des années soixante-dix incite à constituer des encaisses de précaution. Ce qui se traduit par l'augmentation de l'épargne à court terme, constituée par les actifs quasi monétaires : 11,5 % en 1972 et atteint 20,4 % en 1975 ; cette évolution s'explique par un excès de liquidités des entreprises et par la constitution d'encaisses de précaution par les particuliers comme nous l'avons souligné. Mais peu de données existent pour étayer la thèse de la défiance vis-à-vis de l'autorité monétaire. Par ailleurs, l'épargne à long terme est quant à elle constituée par les placements des compagnies d'Assurances, les valeurs de l'État et les valeurs mobilières. Cette forme d'épargne ne réussira pas à s'imposer. On le voit avec les compagnies d'assurances, dont les activités évoluent lentement, dans la mesure où elles limitées au niveau national. Par exemple, les bons risques dans le transport maritime et aérien ont été assurés à l'étranger jusqu'en 1977 date à laquelle des produits comme l'Assurance-vie ont été expérimentés.

Graphique 7: Évolution de l'encours des obligations de la SONADIG (en milliards de F CFA courants), 1971-1975

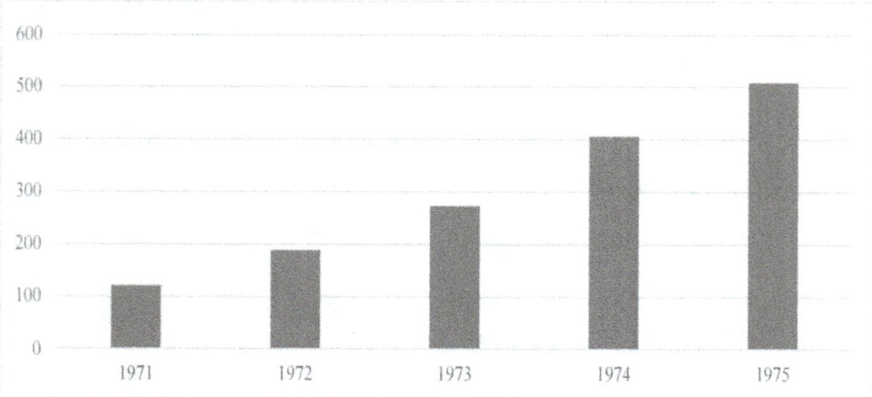

Source : BEAC

activités ne s'est réalisé qu'à partir de 1952, lorsque les difficultés entraînées par la fin de la Seconde Guerre mondiale furent surmontées. Comme en métropole, sa gestion a été confiée au Service des Postes et Télécommunications qui offrait à de meilleures possibilités d'atteindre une part importante de la population. Les bureaux effectuant les opérations sont passés de 21 en 1939 à 31 en 1955 et 46 en 1958.

Ces analyses, au cœur des balbutiements du marché monétaire et financier, montrent que le processus de mobilisation de l'épargne au Gabon répond à une nécessité financière, puisqu'il pose le problème du financement du développement. Dans cette veine, le système d'intermédiation financière, de l'aveu même des autorités monétaires, peine à transformer l'épargne à court terme, qui s'est largement développée, en épargne à long terme.

Ce hiatus a néanmoins permis de réfléchir sur une nouvelle offre en matière d'épargne, qui consisterait à promouvoir la constitution d'un véritable marché monétaire et financier visant à limiter les transferts tout en évitant le recours systématique au financement extérieur. Mais cette orientation n'est pas réaliste puisqu'elle est contraire au fonctionnement de la zone franc, notamment en ce qui concerne la liberté des transferts de capitaux. S'agissant du marché financier international, comme on le verra un peu plus tard, la rigidité du système de financement de la Banque centrale pousse les États à y recourir constamment, parce que la dette est érigée alternativement en rempart contre la limitation du financement des investissements ou en moyen de financer les déficits budgétaires.

L'inflation est désormais la cible privilégiée puisque l'augmentation des taux créditeurs ne saurait être une variable sûre pour susciter l'épargne sans pour autant mettre en danger le système de crédit bancaire. D'une façon générale, le développement du marché financier pose problème, si on tente de pondérer la masse globale sur le niveau potentiel d'épargnants. En effet, la population gabonaise est l'une des plus faibles d'Afrique subsaharienne. En revanche, c'est elle qui dispose d'un des revenus moyens les plus élevés, même si une part importante de la richesse reste contrôlée par un nombre relativement limité de possédants, qui recourent au marché de l'immobilier pour un meilleur rendement de leurs placements. Les prix des loyers sont très élevés, du fait de la forte demande, de l'absence de règlementation et de la faiblesse des politiques publiques dans ce domaine. Les propriétaires organisent eux-mêmes le marché. Ce mode de placement attire non seulement ceux qui veulent construire leur propre résidence, mais aussi ceux qui disposent de ressources à placer. Ce qui se traduit par une ponction de l'épargne et un recours au crédit qui hypothèque les ressources des ménages en raison du rallongement de la durée de l'amortissement.

De la même manière, on observe une nette augmentation de la consommation entre 1965 et 1971 : les investissements et les stocks représentant 40 % du total de la valeur du capital[144]. Portée aussi par le secteur privé, elle est la résultante de la valorisation des rémunérations. Elle marque aussi la naissance d'une « classe moyenne » qui émerge dans les exploitations pétrolières et minières. L'augmentation continue des importations, alors que les exportations progressent moins est une préoccupation majeure. Elle entame l'équilibre des comptes extérieurs, d'où des répercussions sur les finances publiques. L'analyse de l'évolution de la balance des paiements nous renseigne sur la situation des comptes extérieurs.

1.5. La situation monétaire

Dans cette sous-section il est question d'identifier les points caractéristiques de l'évolution de la situation monétaire du Gabon au cours au cours de la première décennie ayant suivi son indépendance. Ainsi, nous voulons situer l'évolution de la masse monétaire dans un contexte économique et financier plus larges. En complémentarité de ces aspects purement internes, nous nous proposons une analyse des comptes extérieurs, c'est-à-dire la balance des paiements et la structure des avoirs extérieurs qui sont des indicateurs indéniables de la stabilité monétaire.

L'économie gabonaise et son processus de monétarisation

Les données de la Banque centrale ne permettent pas d'analyser spécifiquement la situation monétaire dans chaque pays. Cette situation a perduré jusqu'à ce que la Banque centrale se soit dotée de structures chargées de faire des études précises au cours de la première moitié des années 1960. On néanmoins de performances significatives au niveau de la monétarisation des économies concernées. La monnaie en circulation dans les quatre États composant l'A.E. F a progressé de 19,4 % entre 1959 et 1960, alors que ce taux se situait à 14,9 % en 1958

144 Les analyses fournies par les experts de l'Institut d'émission reposent sur l'interprétation des résultats d'une étude réalisée et publiée en 1963 par le ministère de la coopération sur la comptabilité économique du Gabon.

contre 3,4 % un an auparavant. Par comparaison avec le Cameroun, ce taux a été de 5,9 % en 1958 contre 2,3 % en 1959 et 5,4 % en 1960[145].

Au Cameroun comme en A.E.F, l'évolution de la masse monétaire est perceptible lorsqu'on analyse le bilan d'exploitation de la Banque centrale. Mais cette évolution subit les contraintes du marché, ce qui pose de sérieux défis à la Banque centrale s'agissant de l'évaluation de situation monétaire. Dans les pays tels que le Tchad et la Centrafrique, les dynamiques monétaires sont marquées selon rythme saisonnier qui varie en fonction de la bonne ou mauvaise tenue de la campagne du coton[146]. Ces fluctuations contraignent la Banque centrale à ajuster périodiquement l'offre de la monnaie en fonction des « prévisions de production » et du niveau de prix sur les marchés mondiaux. Si le marché détermine la politique monétaire, le contrôle de la masse monétaire n'obéit pas encore à une stratégie de ciblage de l'une des composantes.

Au Gabon, comme au Congo, où l'économie ne subit pas l'influence d'un produit saisonnier, les variations ne s'inscrivent pas dans un rythme cyclique. Comme le montrent les tableaux qui suivent, la circulation monétaire a été significative, soit +46,9 % de 1957 à 1958. Elle n'a cependant pas été régulière puisqu'elle se situe à +33,8 % en 1959 avant de remonter légèrement à +34,6 % en 1960. Il faut noter que la monétarisation de l'économie gabonaise s'est opérée lentement et au moyen de monnaie fiduciaire. Comme le montre le tableau ci-dessous, la monnaie fiduciaire est la principale composante de la masse monétaire. Bernard Vinay a montré que dans des économies non monétaires (ou faiblement monétarisées) comme celles des États de la zone franc, la monnaie fiduciaire joue un rôle déterminant[147].

On note cependant le développement de la monnaie scripturale à mesure que le système bancaire et l'épargne publique se développent, comme l'indique la progression du nombre de comptes bancaires et livrets de caisses d'épargne. Toutes ces transformations rendent compte

---

145 AN, Archives Jacques Foccart, 5 AGF/2889, dossier : « BEAC », Rapport d'activité, 1960, p.10.

146 *Ibid.,*

147 Bernard Vinay, *Zone franc et coòpération monétaire*, Paris, Ministère de la coopération, 1980, p. 31.

des modifications que subissent les principales composantes de la masse monétaire.

Tableau 11: Évolution de la circulation monétaire au Gabon (en milliards de F CFA courants)

	1957	1958	1959	1960
Circulation fiduciaire	1.118	1.642	2.197	2.958
Écart	0	524	55	761
Taux d'accroissement	0	+46,90%	+33,80%	+34,60%

Source : BCEAEC, Rapport d'activité, exercice 1960, p.11.

Tableau 12: Évolution de la masse monétaire en Afrique équatoriale (en milliards de F CFA courants)

Années	31/12/1958		31/12/1959		31/12/1960	
	Montant	En %	Montant	En %	Montant	En %
Monnaie fiduciaire	9,66	56,63	10,009	51,66	11,949	54,19
Monnaie scripturale	7,404	43,37	9,366	48,34	10,1	45,81
Masse monétaire totale	17.070	100	19.375	100	22.049	100

Source : BCEAEC, Rapport d'activité, exercice 1960, p.9.

Lorsqu'on s'intéresse au niveau de la masse monétaire, on s'aperçoit que ses deux composantes connaissent une évolution contrastée à l'échelle de la zone d'émission BEAC. La monnaie fiduciaire représente 56,63 % de l'ensemble de la masse monétaire en fin 1958, 51,66 % en 1959 contre 54,19 % en 1960. Ces fluctuations n'enrayent pas pour autant la prépondérance des pièces et billets dans l'évolution du système de paiement. La monnaie scripturale qui représentait +43,37 % de la masse monétaire en 1958 contre +48,34 % en 1959 et +45,81 % en 1960 progresse à un rythme constant grâce notamment au développement de l'épargne et à la progression des dépôts bancaires qui en résulte.

L'augmentation de la circulation monétaire entre 1960 et 1970 au Gabon s'interprète comme la preuve de l'intensification de la production des matières premières et le développement des moyens de paiements. Ces performances concernent l'ensemble de la zone puisque la circulation monétaire atteint une proportion de 145 %, même si le changement du régime monétaire intervenu en 1966 s'est traduit par une inflexion imputable non seulement aux ajustements comptables opérés à la suite de la cessation de l'émission des anciennes coupures que la Banque centrale ne parvenait plus à identifier dans chaque État,[148] mais également à la séparation du Trésor français des Trésors publics des États de la zone d'émission. En revanche, ce n'est qu'en 1971 que la circulation monétaire a connu une hausse de 20 % en raison de la mise en circulation, en novembre, de la pièce de 100 F et de la coupure de 10. 000 F à l'effigie d'Albert-Bernard Bongo[149]. La Banque centrale a intensifié son intervention au Gabon tant du point de vue technique que financier. En effet, 57,5 % des crédits à l'économie accordés au Gabon se sont composés par les avances directes en comptes courants versées au Trésor public, tandis que seuls 22,3 % ont servi au financement à moyen terme à l'investissement et 20,2 % de crédits à court terme à l'économie réelle[150].

Le Gabon a cependant cessé d'avoir recours aux crédits douaniers réescomptables en 1969. Ils ont été pris en charge par le système bancaire en contrepartie de l'autorisation du dépassement des cotes d'opérations courantes des banques commerciales. Par ailleurs,

---

[148] CAEF, Fonds direction du Trésor, B-00118926, procès-verbal du comite monétaire de la BCEAEC au Gabon, 18 septembre 1967.

[149] Procès-verbal la réunion du 3 mai 1972. Le président avait manifesté sa préférence à l'égard de la coupure de 1.000 F du fait de la facilité de sa diffusion dans un contexte de faible monétarisation de l'économie. Dans les milieux ruraux où il n'était pas du tout connu, la diffusion de cette coupure devrait assurer sa légitimation. Le choix de la coupure de 10.000 F est opéré par l'échelle de la zone d'émission pour répondre aux besoins de Bokassa. Aujourd'hui encore, il est difficile d'échanger un billet de 10.000 F contre les petites coupures, dans certains villages du Gabon. C'est dire que le processus de monétarisation de l'économie n'est pas encore achevé et l'activité économique se faisant rare, le troc y subsiste toujours, du moins dans certaines transactions moins monétaires.

[150] Archives du CAEF, B-0018926/1, procès-verbal de la réunion du comite monétaire du Gabon, 21 septembre 1971.

l'institut d'émission a augmenté ses concours au Trésor, notamment à travers les avances au compte courant, et des obligations cautionnées réescomptées. Ces dernières sont considérées comme des crédits bancaires au même titre que les crédits présentés au réescompte par les banques. C'est ce que montre également Vincent Duchaussoy dans le cas de la BCEAO dont le Conseil d'administration est on ne peut plus clair[151]. En France, Laure Quennouëlle-Corre a montré que les obligations cautionnées sont une invention du Trésor français ; elles ont pris la forme d'emprunts gagés sur les crédits douaniers[152].

En 1968, cette intervention s'est intensifiée sur fond de déficit budgétaire né de la détérioration des comptes extérieurs et du retard de l'émission des objectifs fiscaux consécutif à l'introduction d'un système automatique de recouvrement. Le gouvernement gabonais davantage eu recours aux crédits douaniers réescomptables que la Banque centrale avait du mal à réguler.

Cette procédure a été utilisée pour contourner les restrictions statutaires liées à l'octroi des avances directes aux États. On a progressivement constaté la détérioration de la situation monétaire. Le taux de couverture des engagements par les réserves de la Banque centrale a été divisé par deux, soit 44 % en 1967 contre 21 % en 1968. Cette situation s'explique par la dégradation des avoirs extérieurs et de l'augmentation des opérations de refinancement de la Banque centrale à l'endroit du Trésor et du système bancaire.

[151] Vincent Duchaussoy, « zones monétaires et développement : la zone franc, de la décolonisation à l'internationalisation », *Monde (s)* 2018/1 n° 13, p.107-132, p.114.

[152] Sur cette question, elle est pionnière, voir Laure Quennouëlle-Corre, *La direction du Trésor : 1947-1967. L'État-banquier et la croissance*, Paris, CHEFF, 2001.

Équilibre de la solidité externe de la monnaie

Graphique 8: La Balance des paiements du Gabon, 1960-1974

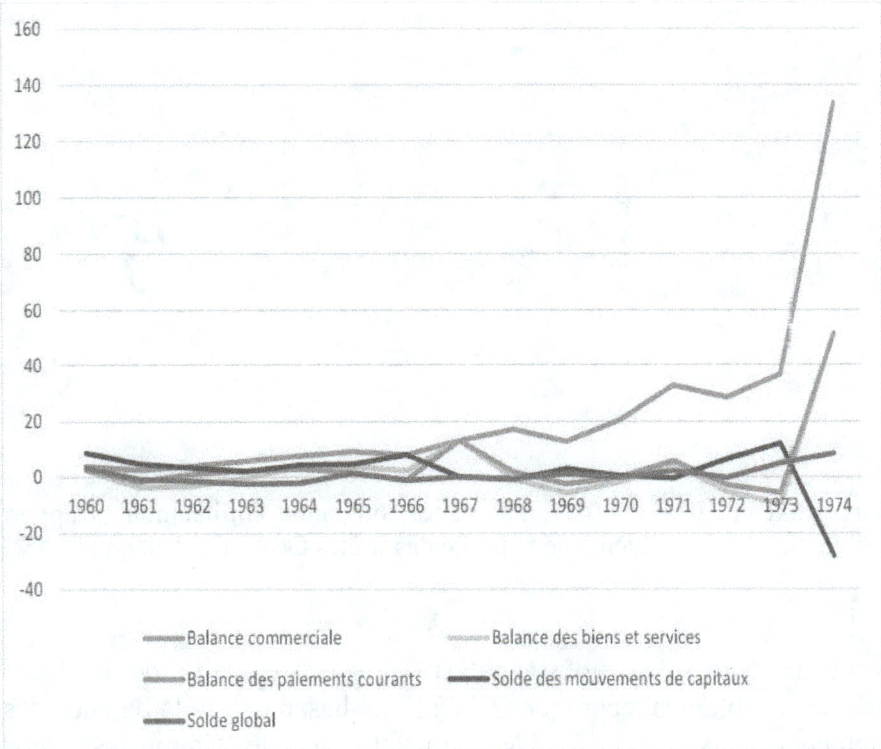

Source : Direction générale de l'économie, Ministère gabonais des Finances

Graphique 9: Balance commerciale comparée (exportations FOB-importations FOB en % du PIB)

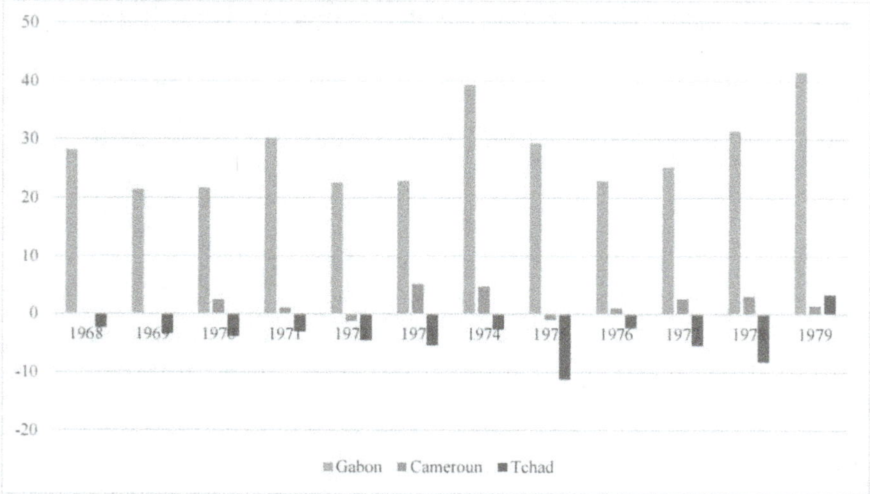

Source : ABF, 1035200601/1, Patrick et Sylvianne Guillaumont, Rapport confidentiel sur le problème de la parité des francs CFA, mai 1989, p.44-45.

Avant de poursuivre notre analyse, il est nécessaire de soulever quelques problèmes techniques liés à l'établissement de la balance des paiements. Dès 1964, le FMI constate que le Gabon est dans l'incapacité de définir une balance des paiements crédibles[153]. Il ne s'agit pas d'une spécificité gabonaise. Les nouveaux États issus de la colonisation sont confrontés au même problème[154]. Des institutions comme l'ONU rencontrent des difficultés pour obtenir des renseignements par régions sur les flux de capitaux à long terme et les paiements de transfert des gouvernements[155].

[153] AFMI, 55871, dossier : « Balance of payments of Gabon, 1964-1973 », Lettre de John Smith, directeur de la division de la balance des paiements au FMI, à l'Agence nationale de la BCEAEC au Gabon, 1er mai 1964.

[154] Voir Osman Hashim Abdel-Salam, "Balance of payments problems of African countries", *The Journal of Modern African studies,* Vol. 4, N°2, 1966, p.155-1976. Sur les problèmes de quantification, voir Morten Jerven, *Poor Nombers. How we are misled by African development statistics and what to do about it,* Ithaca, Cornell University Press, 2013.

[155] Jusqu'en 1967, le gouvernement mettait à la disposition de l'ONU des données et des formules différentes de celles qu'il fournissait au FMI. Un consensus a été trouvé

Le FMI fournit des formulaires (manuel de la balance des paiements) aux États. Mais ils contiennent des formules complexes et difficiles à remplir. La Banque centrale s'emploie donc à envoyer des statistiques partielles à la fois pour répondre à une exigence de procédure (article VIII des statuts du Fonds) et à éluder les difficultés techniques rencontrées dans la compilation des données pour établir la balance des paiements[156].

Afin de faire face à la libéralisation des relations financières extérieures, le décret 324/PR du 30 juin 1967 du gouvernement gabonais accorde à la Banque centrale une prérogative supplémentaire : la production de la balance des paiements sans pour autant que le FMI cesse de jouer un rôle déterminant, puisqu'il assure leur publication dans The Balance of payments Yearbook. Pour la Banque centrale, produire la balance des paiements des États présente un enjeu de pouvoir puisqu'elle a suivi direct sur leur situation financière extérieure.

Cependant, jusqu'en 1970, les formules et le manuel n'avaient pas encore fait l'objet d'une révision pour tenir compte de l'allocation de droits de tirage spéciaux. Cette mise au point technique incite à considérer ces données comme des ordres de grandeur. Il est intéressant de distinguer la balance commerciale stricto sensu, c'est-à-dire le rapport entre les exportations et les importations, de la balance lato sensu, le solde de ressources (opérations sur les biens et services non facturés) avec pour objectif d'analyser les mouvements de capitaux, sans pour autant apprécier les dynamiques monétaires qu'une telle opération suggère[157]. En effet, depuis 1958, la balance commerciale est

---

au printemps 1967. L'État devait désormais fournir un seul rapport au FMI, charge à ce dernier de mettre à la disposition de l'ONU des informations dont elle a besoin. Ce qui implique une précision voire une simplification dans la compilation.

156 AFMI, dossier : « Balance of payments of Gabon », lettre de Arie C. Bouter, Chef de Division de la balance des paiements du Département des Études du FMI, à la direction nationale de la BEAC, 27 décembre 1972. L'analyse des différentes correspondances entre les services du Fonds et la Banque centrale fait état de la multiplication des imprécisions sur les modes de détermination des données par poste : les marchandises, les montants réels des recettes et les paiements déclarés par les banques afin de déterminer ce qui relève du débit et ce qui revient au crédit. De la même manière, les revenus du capital, tant au débit qu'au crédit ne comprennent que les transferts d'économies des travailleurs expatriés pour un an ou plus, sans tenir compte des salaires des ouvriers saisonniers et frontaliers, faute d'information.

157 Les économistes ont démontré que le taux de change agit concrètement sur différents services (tourisme par exemple). Le solde de la balance des transferts dépend fortement de la variation de l'endettement extérieur, y compris les

restée excédentaire vis-à-vis de la zone sterling et de la CEE. Cette situation a duré jusqu'en 1969. C'est seulement au début des années 1970 que cet excédent a connu une expansion rapide avec l'accélération de la production minière et pétrolière.

Quant au solde financier, il est excédentaire entre 1960 et 1966. Ce qui s'explique par l'augmentation du niveau des investissements directs étrangers (IDE) et des investissements de portefeuille majoritairement français aussi bien dans le BTP, les sociétés pétrolières et minières que dans les banques et institutions financières. Il en résulte aussi, durant cette période, une baisse des réserves internationales : le solde du compte d'opérations affiche une réduction de 2,516 milliards de F CFA en 1963[158] du fait, entre autres de l'achat massif par la Banque centrale des devises étrangères en vue de couvrir les transferts du Trésor gabonais (versement par la Banque centrale des frais à titre de souscription au Fonds monétaire internationale[159] le 10 septembre 1963 ; opérations postales et transferts publics) par l'entremise du réseau bancaire. Il en résulte que les banques affichent, dans le même temps, une position extérieure en baisse de 2,624 milliards de F CFA[160].

Très stable, balance des biens et services n'a accusé un solde sensiblement négatif en 1963, qu'en raison de l'ampleur des transactions effectuées vers l'extérieur pour acquérir des biens et matériels d'équipement important nécessaire à la réalisation du programme de travaux d'équipement. Le financement de ce programme a été assuré par la dette intérieure. Il en résulte un déficit budgétaire en 1968 qui oblige l'État à s'endetter et à réduire les importations. En revanche, le flux des capitaux à long terme qui était en décru en 1968 a connu une sensible amélioration dans le secteur public au début des années 1970, du fait des emprunts auprès de la BIRD, la Kreditanstalt, la CCCE et le marché financier français[161].

---

investissements directs. Voir, Marc Raffinot et Baptiste Venet, *La balance des paiements,* Repères, La Découverte, 2003. En ce qui concerne les recommandations du Fonds monétaire international (FMI), voir *Balance of paiements and International Investment Position manual,* 6e éd., Washington D.C.

158 BCEAEC, Rapport d'activités, exercice 1963-1964, p.26.

159 *Id.,* p.27.

160 *Id.,*

De même, bien que traduisant une forme de prospérité financière, l'excédent de la balance des paiements courants, qui fait suite à un équilibre, entre 1960 et 1967, signifie une défaillance structurelle, si l'on considère les dynamiques économiques sous l'angle productiviste.

Ainsi, les Gabonais consomment plus qu'ils ne produisent : l'augmentation tendancielle (en volume et en valeur) des importations par rapport aux exportations est caractéristique de ce phénomène. Le système de production hérité de la colonisation justifiait à court terme la dépendance vis-à-vis de l'extérieur pour s'équiper.

On a souvent fait appel à la théorie de la division internationale du travail pour expliquer le retard pris dans l'industrialisation. Cette vision a consisté à justifier les infortunes des politiques économiques menées par les États en développement par l'effet d'une lutte d'influence entre le centre et les périphéries. Le tout sur fond d'enjeux géopolitiques relevant aussi bien du contrôle des matières premières, dont bon nombre d'États périphériques sont producteurs, que de la conversion à marche forcée de ces derniers à l'économie de marché. Or un tel processus oblitère le fait que des États comme le Gabon ont une économie de rente où l'essentiel de l'activité consistait à prélever la ressource puis à l'exporter vers l'extérieur. Ce système a en effet perduré après les indépendances et la conversion à l'économie de marché n'a pas véritablement modifié la pratique. Pour bon nombre de ces États, l'ouverture de leurs économies n'est pas seulement l'aboutissement irréversible d'une segmentation internationale du travail : elle participe aussi d'une stratégie de développement capable de corriger à long terme la rigidité de leurs structures de production. Les défaillances structurelles perceptibles à la fois dans le rapport aux outils de production, que dans l'organisation et la rémunération du travail salarié, tant dans la Fonction publique que dans le secteur privé, et la conception d'une meilleure politique des finances publiques trouvent leur justification dans le processus de construction de l'État lui-même et du rapport que les responsables politiques entretiennent avec le pouvoir.

[161] Archives du CAEF, B-0073545/1, procès-verbal de la réunion du Comité monétaire du Gabon, 19 septembre 1972.

Graphique 10 : Évolution des avoirs extérieurs du Gabon et de la BCEAEC (en millions de F CFA courants)

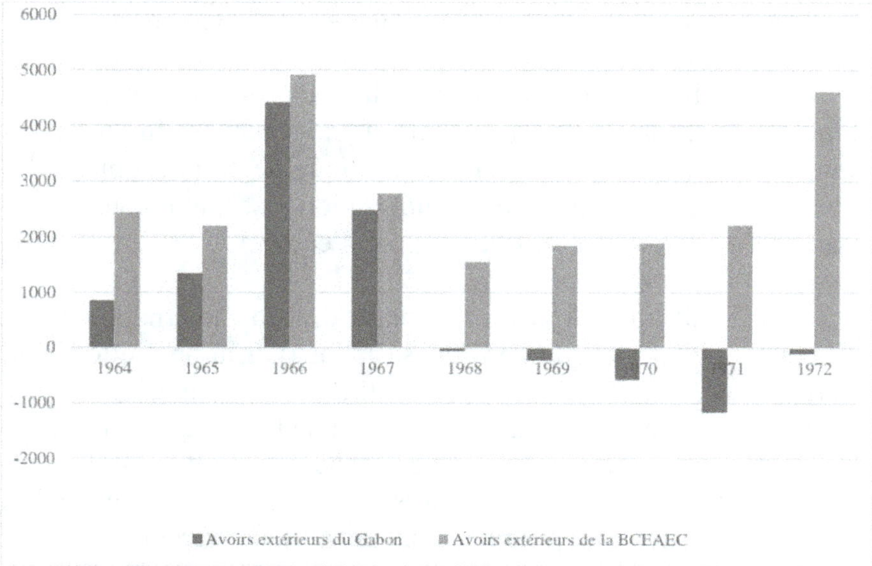

Source : procès-verbal de la réunion du comité monétaire de la BCEAEC, 31 mai 1972

Comme on le verra, pour les autorités monétaires, il y a un lien étroit entre le niveau des avoirs extérieurs de la Banque centrale et le volume du crédit qu'elle est susceptible de distribuer.

Si on se base sur cette interprétation, on pourrait déduire qu'une distribution « incontrôlée » du crédit se traduirait par une forte demande de devises et la défense du taux de change s'en trouverait compromise. Or la défense du taux de change constitue la clé de voûte de la politique monétaire de la BEAC. Comment alors construire l'autorité monétaire dans un contexte de taux changes flottants tout en maintenant, dans ses relations commerciales et financières, un taux de change fixe ? Cette question est au cœur des débats actuels et à l'heure actuelle la théorie l'emporte sur la pratique, puisque l'argument fondé sur la stabilité du taux de change s'est imposé au sein de la sphère décisionnelle.

Mais de façon générale, le niveau des avoirs constitue un indice de stabilité ou d'instabilité de la situation financière extérieure de l'État. Les avoirs extérieurs ont également la particularité, dans le cadre de la zone franc, de conférer à celui qui détient le stock le plus important un ascendant géopolitique sur les autres.

Dans cette perspective, les avoirs extérieurs déterminent et redistribuent les rapports force et constituent un enjeu de pouvoir de premier ordre. Dans le cas du Gabon, la situation de ses finances extérieures fait ressortir deux ruptures historiques importantes, l'une en 1966 et l'autre dès le début des années 1970 (graphique 10). Tout d'abord, l'autonomie du Trésor public gabonais dès 1965 s'est traduite par le transfert d'actifs financiers sur le compte d'opération, ce qui pourrait expliquer le renforcement de la position extérieure du pays au cours de cette année.

Le début de l'exploitation des mines et du pétrole explique également l'augmentation des avoirs extérieurs du pays : le lien entre réserves pétrolières (et minières) et réserves de change est déterminant pour comprendre la pérennité du F CFA et les non-sens de sa gouvernance.

La rupture de 1971 résulte de l'émergence de l'endettement. Le lancement du plan de développement en moyen terme de 1966 va être réalisé par l'emprunt et l'approvisionnement en équipement s'est traduit par une forte utilisation de devises.

Il en résulte une crise de la balance des paiements en 1968. Elle va perdurer jusqu'au début des années soixante-dix et les performances contrastées ont ravivé les tensions au moment de la révision des statuts de la Banque centrale comme on le verra.

Tableau 13 : Évolution de l'activité de refinancement de la BCEAEC au Gabon (en millions de F CFA courants)

	1965-1966	1966-1967	1967-1968	1968-1969	1969-1970
Système bancaire	880	772	835	1.402	1.377
Trésor	1.085	1.092	1.454	1.493	1.598
TOTAL	1.965	1.864	2.289	2.895	2.975

Source : BCEAEC, Rapports d'activité (1965-1973)

Tableau 14 : Le refinancement de la BCEAEC au système bancaire (en %)

	1965-1966	1966-1967	1967-1968	1968-1969	1969-1970
Gabon	44,78	41,42	36,48	48,43	46,29
Zone monétaire	88,3	87,15	85,14	83,56	82,25

Source : Lorenzo Frediani, Le système bancaire du Gabon, op.cit., p.177.

Au cours de la première décennie postcoloniale, l'effort de refinancement de la Banque centrale a été à l'avantage de l'État (tableau 13 et 14). Ce dernier a recours aux obligations cautionnées, les bons d'équipement et les crédits douaniers. Ces avances indirectes, certes considérées comme des crédits par les autorités monétaires, sont utilisées pour faire face aux urgences budgétaires. Elles servent aussi à financer des projets d'équipement, au moins dans les intentions. Mais concrètement, une part importante de ces crédits a servi à financer le déficit budgétaire. Cette interprétation est fondée si l'on prend en compte le refinancement du système bancaire sur la même période.

Il en résulte un décalage puisque durant même période, le refinancement des banques est bas. Et dans cette perspective, une conclusion mérite d'être tirée : les banques ne prêtent pas suffisamment aux entreprises aux particuliers et que la modicité de l'épargne incite la Banque centrale à être prudente. Or en adoptant cette posture, elle s'est éloignée de l'objectif de croissance qui, plus tard, se posera dans les débats autour de la révision du cadre statutaire.

Néanmoins, on observe une rupture, certes modérée, dès le début des années soixante-dix, laquelle rupture est due aux critiques et pressions que les autorités monétaires subissent de la part des États. L'analyse des données statistiques nous permettent d'évaluer le niveau et les modalités d'intervention de la Banque centrale au Gabon. Elles permettent également de situer le développement de la monnaie fiduciaire dans le processus de monétarisation et de développement de l'économie gabonaise.

Au total, interventions, une part significative du crédit à l'économie accordé au Gabon a servi d'abord et avant tout à financer le déficit du Trésor, particulièrement au cours de l'exercice 1967-1968. Dans ces conditions, le Trésor public, les institutions financières internationales et, dans une moindre mesure les banques locales, sont à l'origine de la création monétaire dans le contexte d'endettement et de désendettement.

Historiquement, la politique monétaire menée par la Banque centrale au cours de la décennie 1960 est conditionnée par la politique budgétaire des États de la zone d'émission, en dépit du rôle que joue l'apport de la Caisse centrale pour la coopération économique (CCCE), les avances directes du Trésor et le système de garantie des emprunts contractés sur le marché financier français[162]. Si les opérations de refinancement auprès du système bancaire paraissent limitées en volume, il reste qu'en proportion elles connaissent une augmentation substantielle. Le système bancaire se développe.

Les dépôts bancaires subissent une nette augmentation entre septembre 1968 et septembre 1969, soit 3,6 milliards de F CFA contre 4,53 milliards de F CFA. On peut cependant noter que les dépôts sont essentiellement à vue, 80 % et, parallèlement, les dépôts à terme ont baissé entre septembre1968 et septembre 1969, soit 904 millions de F CFA contre 633 millions. La seule explication possible est que l'épargnant qui consomme le jour le jour préfère avoir la liquidité à portée de main. Le faible développement du marché financier est un facteur qui n'encourage pas l'épargne. Les taux pratiqués par les banques et la persistance de l'inflation expliquent le caractère

[162] Voir David Stasavage, *The political economy of common currency. The CFA zone since 1945,* Burlington, Ashgate Publishing Company, 2003.

prudentiel que suppose la consommation. En termes de masse monétaire, elle est essentiellement influencée par la monnaie fiduciaire. Comme l'a montré Bernard Vinay, la pénétration de l'économie monétaire s'effectue dans une première phase par cette composante. L'augmentation de l'usage de la monnaie scripturale s'explique par le recours aux services des banques lié au développement économique[163].

Le trafic du F CFA et l'altération « du prestige du franc français », 1960-1965

L'un des problèmes auxquels les nouveaux États ont été confrontés est celui du trafic frontalier du F CFA aussi bien en Afrique équatoriale qu'en Afrique de l'Ouest. Ce phénomène se développe dans un contexte d'autonomie des États. Il a été constaté que certains États avaient qu'une faible connaissance de l'évolution de leur circulation fiduciaire ainsi que des mouvements de billets via leurs frontières. En Afrique de l'Ouest par exemple, ce problème a conduit à la signature de la convention franco-malienne le 22 juin 1960 dont l'article 26 définit le cadre dans lequel la collaboration entre le gouvernement malien et la BCEAO doit s'opérer pour évaluer statistiquement les mouvements de billets entre les deux zones[164]. Une note établie en octobre 1960 par la Banque de France a néanmoins permis de souligner deux problèmes : l'unité d'émission et le fait que les règlements s'effectuent par transport de billets et non par virements postaux et bancaires[165]. Ces mouvements de billets représentent l'essentiel de la circulation fiduciaire dans des États comme le Mali et la Haute-Volta. Ce qui rend difficiles toutes mesures de suivi des itinéraires.

---

[163] Bernard Vinay, *Zone franc et coopération monétaire,* Paris, Ministère de la coopération, 1980, p.31.

[164] Au moment où le Mali avait pris la décision de sortir de la zone franc, il avait créé sa propre Banque centrale sans pour autant que la question de l'encaisse commune avec les États de la BCEAO ne soit réglée. La BCEAO craignait donc que le Mali ne puisse présenter à l'échange les billets CFA qu'il détenait, comme l'avait fait la Guinée. Les autorités monétaires avaient donc réagi en mettant en place une réglementation que les autorités françaises avaient suivie dès le 20 juillet 1962 afin de fragiliser le régime malien.

[165] ABF, 1489200401/288, dossier : « relations entre la France et les pays de la zone franc, 1950-1964 », note sur l'observation des mouvements de billets, octobre 1960.

En Afrique équatoriale par contre, les mouvements de billets, que ce soit entre les États ou à l'extérieur, ne sont contrôlables que lorsque la Banque centrale rachète à la banque de France ou aux instituts d'émission de la zone franc des billets de son émission exportés hors de la zone. Compte tenu de l'unité de la circulation fiduciaire de la zone, il était difficile de déceler l'origine des billets dont l'exportation ne laisse aucune trace.

Une enquête effectuée par la Banque centrale début 1960 sur les coupures de 5 000 et 1 000 francs a montré que la part des États de l'Afrique équatoriale dans les sorties de billets était de 55 % environ. Ce pourcentage correspond à leur part dans la circulation fiduciaire totale de la zone. Une autre étude réalisée en janvier 1964 à la demande du gouvernement du Niger, préoccupé par l'ampleur du commerce clandestin entre ce pays et le Nigéria, montre que le trafic du F CFA remonte à 1949[166]. Le circuit du trafic part de Kano (Nigéria) à Maradi (Niger). Au Nigéria, le F CFA s'échange à un cours plus défavorable de 750 F CFA pour 1 Livre Nigériane à Kano, 800 à Lagos, ce qui correspond à une décote de 7 à 15 % par rapport au cours officiel[167].

Ce qui pose problème puisque ces opérations fragilisent la monnaie dans un contexte où les États ne sont pas préparés à y faire face. De la même manière, un circuit de trafic similaire existe en Afrique équatoriale à partir du Congo Belge. Les francs congolais fortement dépréciés sont échangés contre des F CFA émis par la BCEAEC.

Ce trafic s'explique à la fois par des facteurs commerciaux informels et par des logiques financières. Dans le premier cas, il existe en effet un commerce clandestin entre le Niger et le Nigéria qui profite à ce dernier[168]. Il s'ensuit un solde significatif de billets CFA au Nigéria obligeant la BCEAO à les racheter pour le compte du Niger. Dans le deuxième cas de figure, l'exportation frauduleuse et, dans une moindre mesure, l'évasion fiscale expliquent aussi ce phénomène. Cependant, la réglementation en vigueur en zone franc rend difficile la répression. Il s'agit notamment de la liberté d'importation en France des billets CFA

---

166 ABF, 1370198301/17, dossier : « relations entre la France et les pays de la zone franc », note confidentielle sur le trafic des F CFA, Janvier 1964, p.3.

167 *Id.,* p.4.

168 *Id.,* p.5.

et de leur échange contre le FF. Cette facilité donne la possibilité aux trafiquants de transférer en France les billets qu'ils échangeront par la suite contre des FF.

La liberté des transferts bancaires et postaux entre la France et les États constitue aussi une entrave, même s'il est possible, dans ce dernier cas, d'identifier des transferts irréguliers et d'interpeller les donneurs d'ordres. De même, la liberté du commerce de l'or en France et l'anonymat des transactions ont favorisé cette forme de spéculation puisque les douaniers n'ont pas été formés pour faire face à ce type de phénomène.

Le ministre des Finances a toutefois réagi à travers l'avis n° 750 du 21 décembre 1962 en restreignant l'importation en France des billets émis par la BCEAO et la BCEAEC à 75.000 F CFA par personne et sur présentation du titre de transport. Cette décision a été diversement appréciée. Si en zone BCEAEC on ne conteste que les fiches nominatives, en zone BCEAO on souhaite que le plafond soit suspendu. Le rapport présenté, le 21 octobre 1966, la Banque de France suggère ces changements et la suppression des fiches nominatives a été effective durant cette période[169]. Or le plafonnement du montant des billets importés en France constitue une entorse à la réglementation définie le 15 juin 1955 accordant aux billets émis par la BCEAEC un échange illimité aux voyageurs en provenance de la zone d'émission[170].

Toutes ces mesures s'avèrent insuffisantes, puisque les banques n'ont pas appliqué la décision. Un relèvement du taux des commissions bancaires est institué, dans le but de décourager les trafiquants. S'agissant du commerce de l'or, le Sénégal a signé une ordonnance en septembre 1960 qui supprime l'anonymat des transactions tout en créant une taxe parafiscale de 25 % du montant des capitaux destinés à l'achat de l'or même en dehors du territoire sénégalais[171].

---

[169] ABF, 1489200401/288, Fonds de la DGSE, note du 6 mars 1967.

[170] ABF, 1495200501/463, note de la DGSE sur les échanges des billets de la zone franc, 21 octobre 1966.

[171] Note sur le trafic concernant les F CFA, op.cit., p.8.

Tableau 15 : Évolution des billets achetés par la BCEAEC à la Banque de France (en millions de F CFA), 1960-1966

Année	1961	1962	1963	1964	1965	8 mois 1966
BCEAEC	1 512 986	2 176 276	4 232 972	5 369 043	4 669 340	2 552 776
BCEAO	5 279 732	6 236 322	2 025 966	2 306 744	2 339 421	1 712 060
TOTAL	6 792 718	8 412 598	6 258 938	7 675 787	7 008 761	4 264 836

Source : ABF, 1495200501/463, note sur l'échange des billets de la zone franc (CFA et malgache), 21 octobre 1966.

L'analyse de ce tableau montre qu'en 1961 et 1962, la BCEAO échangeait deux fois plus de billets que la BCEAEC, au regard du volume de son émission. En revanche, on constate un retournement de situation dès le milieu de l'année 1962, puisqu'en 1963 la BCEAEC a échangé deux fois plus de billets qu'auparavant. Cette mutation s'explique par deux raisons : d'une part, le trafic sur la monnaie congolaise a conduit sans doute à l'accroissement de l'utilisation du F CFA émis par la BCEAEC comme support de mouvement de capitaux en direction de l'Europe (France et Suisse) ; d'autre part, la réglementation française a favorisé cette situation, puisqu'elle accorde la liberté d'échange en France de la monnaie émise en AEF, quand cette liberté est limitée en AOF. Ce qui a renforcé la charge sur l'AEF en raison de la rentabilité du transfert de billets en vue de leur échange en France[172]. Pour les autorités françaises, les décotes[173] du F CFA à l'extérieur détricotent la notoriété du franc français. Mais pour les États concernés, la décote est utile puisqu'elle permet de s'approvisionner facilement en zone sterling et d'organiser en définitive le marché intérieur.

La décote du F CFA a évolué de la façon suivante sur la base des cours pratiqués en Suisse. En ce qui concerne la BCEAO, le taux maximum est passé de 7,20 % en 1965 à 5,86 % en 1966, tandis qu'en zone BCEAEC ce taux a progressé de 2,5 % en 1965 à 3,12 % en 1966. La

[172] *Id.*, p.9.

[173] Décote du billet Ouest-africain à Lagos et à Kano : -7 %, -10 % et -15 % ; à Bâle : -5,42 % ; la décote du billet de l'AEF à Bâle est très faible, soit -1,60 %.

diminution du volume en zone BCEAO s'explique par l'efficacité des mesures imposées par les autorités monétaires. On peut par ailleurs imputer l'augmentation observée en zone BCEAEC à l'intensification du trafic dans cette zone. Les autorités monétaires ont été les premiers à reconnaitre que le contrôle en lui-même ne saurait empêcher la contrebande et les transferts des capitaux qui étaient effectués à l'aide des coupures[174].

*

*   *

Cette analyse rend compte des mutations que subissent les structures de production au cours de la décennie postcoloniale. Elle situe également le rapport que l'État entretient avec le marché et les ressources dans un vaste processus de légitimation de sa politique de développement et de la façon dont celle-ci se modifie au gré des dynamiques marchandes à l'échelle du monde. Il y a donc une histoire économique particulière du Gabon, une histoire qui rend compte du rôle central que jouent le pétrole, le bois et les mines dans le processus de construction de l'État postcolonial. En matière de production, les pratiques restent les mêmes.

Les grandes entreprises qui opéraient pendant la colonisation ont continué à avoir la mainmise sur les matières premières ; même si les modifications n'interviennent que de façon progressive, ce n'est qu'au milieu des années 1970 que de véritables changements vont intervenir. Dans ce domaine clé, il n'y a pas de ruptures majeures au cours de la première décennie. On note des formes nuancées de continuités et de relatives adaptations conditionnées par des enjeux économiques et politiques. De fait, le pétrole et les mines ont continué à jouer leur rôle de médiation entre le marché, la finance, la politique et les États ainsi que les institutions. Ces ressources sont au cœur des enjeux géopolitiques, c'est-à-dire des instruments qui nourrissent des réflexes paternalistes et postcoloniaux de la France à l'égard du Gabon. Mais ces faits ne sont pas nouveaux, car ils alimentent les représentations sur

174 Note de la DGSE, *op.cit.,*

ces asymétries opératoires[175] qui, au final, engendrent les blocages institutionnels et le déficit de la gouvernance économique qui impactent radicalement le développement économique et social de l'État.

L'autre enseignement que nous avons tiré de cette analyse est que la monétarisation de l'économie gabonaise a été lente et progressive. Elle s'est faite au moyen de la monnaie fiduciaire puis scripturale. Une problématique nouvelle est apparue dans le contexte d'adaptation de la politique économique aux mutations sociales qu'elle a engendrées. L'appareil étatique se renforce avec la fonctionnarisation de l'économie.

Enfin, la situation monétaire et financière a subi de sensibles modifications. La mise place du système d'épargne publique est au cœur du projet du développement et de son financement.

[175] Cette notion est utilisée pour caractériser l'enracinement, sur la longue durée, des liens verticaux entre une ancienne puissance coloniale et sa possession. Sur cette base, le soutien apporté au régime de Léon Mba, puis celui d'Albert Bernard Bongo, a été bénéfique non pas à l'État (en tant que sujet, objet historique et représentation incarnée des institutions qui lui confèrent une existence réelle) et au peuple, mais davantage à des acteurs dont le but est d'instrumentaliser l'État pour instaurer de nouvelles formes de domination.

CHAPITRE II

L'INSTITUTION D'UNE ZONE DE LIBRE-ÉCHANGE EN AFRIQUE ÉQUATORIALE : LE DIFFICILE DIALOGUE ENTRE PROTECTION TARIFAIRE ET LIBÉRALISATION DES ÉCHANGES, 1959-1973

Une intégration ou coopération régionale bien structurée offre-t-elle plus de chances à une insertion harmonieuse dans l'économie internationale ? Cette question cruciale que se posait déjà William Lyakurwa en préfaçant un livre dirigé par D. Njinteu[176] soulève la problématique des unions douanières en tant que stratégie de développement pour des États faisant l'expérience d'une économie de marché. Lorsque les États de l'ex-Afrique équatoriale française (AEF) accèdent à l'indépendance, ils font face à des tensions politiques qui affaiblissent leurs relations. Et leurs ambitions commerciales se sont heurtées à l'étroitesse des marchés nationaux qui, selon Serge Michaïlof, ne sont pas à la dimension de l'industrie moderne[177].

Le bilan de l'économie politique conduite par le gouvernement fédéral est critiqué, en raison du caractère asymétrique du système d'allocation de crédits nécessaires à la mise en valeur des territoires.

Si ces dissensions n'ont pas permis de constituer une Union politique ambitieuse, elles ont cependant soulevé l'impérieuse nécessité de parachever l'union économique et commerciale à partir de l'union monétaire existante. Il s'agit d'un défi politique puisque la question de la formation de l'union économique comprime, dans une certaine mesure, l'exercice de la souveraineté dans le contexte de son acquisition.

---

[176] Dminique Njinteu (dir), *L'Afrique et les défis de l'OMC*, Paris, Karthala, 2004.

[177] Serge Michaïlof, *La France et l'Afrique. Vade-mecum pour un nouveau voyage,* Paris, Karthala, 1993, p.26.

On peut ainsi souligner que ce processus a commencé avec la signature de l'accord d'Association avec la CEE[178] en passant par la création de l'Union douanière équatoriale, le 23 juin 1959 jusqu'à la signature des accords de coopération avec la France en 1960. Ces ententes poursuivent un double objectif, à savoir maintenir l'équilibre politique entre les États de la Communauté et faire en sorte que le commerce extérieur garantisse la sauvegarde des réserves de change. Celles-ci déterminent le crédit du franc, garantissent l'autorité internationale de la Communauté et structurent son rythme d'expansion.

Par ailleurs, les Offices locaux de change sont chargés de garantir une meilleure gestion. Les États ont alors obligation de tenir une comptabilité précise de l'emploi et de respect de la réglementation dans l'exécution des opérations. La délivrance des certificats d'importation et d'exportation permet de gérer au mieux les devises. Cette organisation doit favoriser les échanges entre les États en excluant toute possibilité de réduction de leurs débouchés. Ceci en considération du fait qu'au sein de la Communauté franco-africaine, il a existé un régime des changes et du commerce extérieur particuliers.

Ce système est caractérisé par des contraintes limitant les changes avec l'extérieur : au niveau financier, les moyens de paiement sont limités du fait de la centralisation des devises communes dont le ministre des Finances assure la répartition ; et au niveau économique, les programmes d'importation et d'exportation sont fixés par le ministre en dernier ressort ; et, d'un point de vue strictement qualitatif et quantitatif, le volume et la nature des importations et des exportations sont également fixés par convention.

Le lien entre les pratiques commerciales et le système monétaire, en termes de centralisation des moyens de paiement est si fort que l'analyse de leur interaction dans le contexte de libéralisation des échanges et de l'émergence du multilatéralisme post-Seconde Guerre mondiale constitue une grille d'analyse susceptible d'être fructueuse. Ainsi, comment et dans quelle mesure la ratification de l'accord

[178] Voir Wilfred A. Ndongko, « The Economic of Association of some African states with European economic community », *African Studies Review,* Vol. 16, N°2, 1973, p.219-232; Paul Collier, "Africa's external economic relations: 1960-1990", *African Affairs,* Vol. 90, N° 360, 1991, p.339-356.

d'association avec la CEE constitue-t-elle l'élément fondateur de l'ouverture extérieure de l'économie gabonaise et celles de l'Afrique équatoriale ? Qu'est-ce qui justifie l'institution d'une zone de libre-échange, là où il existe encore une forme de protectionnisme à travers des préférences douanières ? Quels sont les enjeux économiques et politiques qui structurent le système d'intégration ?

Si l'union douanière sur laquelle repose le processus de libéralisation des échanges est en phase avec la mondialisation, n'est-elle pas le problème, compte tenu de la « polarisation » des réglementations douanières, issues pour la plupart de la colonisation ? Ce chapitre a pour objectif d'analyser le processus de désarmement tarifaire dans la perspective d'assurer une meilleure ouverture de l'économie gabonaise.

Nous adoptons une approche historique afin de saisir les mutations institutionnelles et économiques qui accompagnent ou expliquent l'organisation du marché. Nous examinons tour à tour des aspects juridiques liés au processus d'institution de l'union douanière comme préalable à l'organisation du marché[179].

---

[179] Voir Philippe Hugon (dir.), *Les économies en développement à l'heure de la régionalisation*, Paris, Karthala, 2001, p.29.

Carte 1 : Représentation des États membres de l'Union douanière et économique des États d'Afrique centrale (UDEAC) depuis 1985

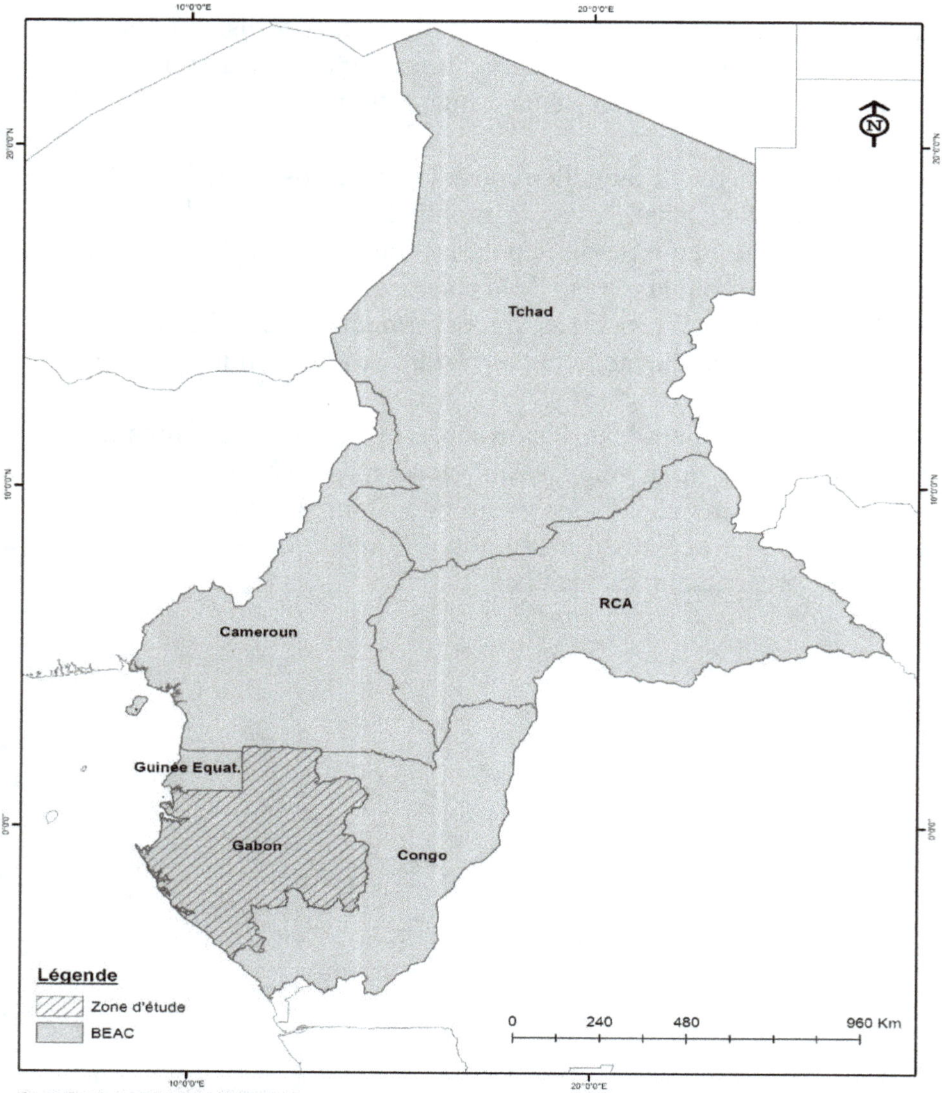

Source: Données vecteurs, Global Mapper online;
Conception: Chislain MOUPEBELE MAKADJOKA;
Réalisation: Christ P.OYOUMA, Libreville juillet 2018

2.1 L'institutionnalisation de l'Union douanière en Afrique équatoriale française

Historiquement, la première union douanière a été créée à l'initiative du gouvernement de la France libre. Le décret en date du 27 décembre 1941 institue cette union dans la perspective d'organiser les relations commerciales entre l'A.E. F et le Cameroun[180]. Cette union a disparu le 18 octobre 1948. Il a cependant subsisté une convention établissant un modus vivendi ayant réglé, de façon temporaire et limitée, les relations douanières entre les deux parties. Ce n'est qu'à partir du 1er décembre 1958, lorsque les Assemblées territoriales des quatre territoires de l'A.E. F ont adopté des délibérations faisant acte de création d'États avec pour ambition de garder les liens économiques entre eux, que le problème lié au renforcement de l'union douanière s'est posé. Les négociations ont abouti à la signature, le 17 janvier 1959, d'un protocole par lequel les responsables politiques des quatre États manifestent leur volonté de constituer une union douanière sans pour autant que les débats sur la possibilité de l'élargir au niveau du Cameroun ne soient engagés. Réunis à Brazzaville le 23 juin 1959, les Premiers ministres ont signé deux conventions, l'une instituant la Conférence des Premiers ministres et l'autre instituant l'Union douanière équatoriale (UDE). Cette union douanière est censée garantir la libre circulation des marchandises, des biens et des capitaux à l'intérieur de l'union.

Mais le texte y relatif n'a pas manqué de révéler ses limites intrinsèques dans la mesure où les débats n'ont pas permis de définir une union douanière proprement dite. Les États ont fait des arrangements. Ils sont, à certains égards, fondés sur la juxtaposition des textes nationaux dont on assure, en dernier ressort, l'harmonisation. Les dissensions politiques se sont révélées plus tenaces que les décisions prises qui paraissent pour le moins surprenantes. En effet, le gouvernement gabonais a obtenu de conserver son autonomie douanière. Il dispose de sa propre direction des douanes, tandis que le Tchad, le Congo-Brazzaville et la RCA ont dissout leurs services respectifs en formant

[180] Au sortir de la Seconde Guerre mondiale, les Nations Unies confient à la France et à la Grande-Bretagne la tutelle des deux Cameroun avec pour mission de les conduire à l'indépendance.

une seule direction. Cette situation n'est pas nouvelle, car le Gabon ne fait pas partie du Bassin conventionnel du Congo. Il a toujours bénéficié de son propre régime douanier.

On peut donc penser que ni l'indépendance, ni les réticences du gouvernement gabonais, ni même l'importance économique d'une union douanière ne peuvent infléchir les réflexes « isolationnistes » de Léon Mba. Cette posture s'explique par la trop forte dépendance de l'économie gabonaise à l'égard de l'extérieur. Bien que de nature structurelle, ce modèle est une survivance du système colonial. L'internationalisation de l'économie gabonaise aura été pour le président Léon Mba une stratégie de développement au regard de l'ancrage du système de production dans les dynamiques commerciales post Seconde Guerre mondiale. Mais le fait qu'il existe deux services de douanes distincts et, en apparence, complémentaires constitue une ambiguïté institutionnelle. À plusieurs reprises, cette situation a été dénoncée par les États en raison du fait qu'elle fragilise les fondements théoriques de la politique d'intégration dont le dessein est d'unifier économiquement les États. Les deux conventions signées à Brazzaville élargissent cependant le cadre institutionnel de la coopération économique en Afrique équatoriale en instituant d'une part, un organe politique de régulation et, d'autre part, un outil technique de coopération. La conférence des Premiers ministres en tant qu'organe suprême jouera un rôle déterminant dans le processus de rationalisation du cadre institutionnel.

Dirigée par Jean-François Gillet, administrateur colonial, la conférence des Premiers ministres (instituée depuis juin 1959 et prendra en 1961 le nom de conférence des chefs d'État) remplit une fonction politique. Elle oriente et coordonne les politiques économiques et douanières des États membres. Elle fixe les valeurs mercuriales de certains produits exportés tout en déterminant le taux de prélèvement. Il a été fixé à 3,5 %, mais sa valeur varie en fonction de la conjoncture économique. En matière des prix, elle homologue les tarifs des transports en commun et fixe la structure des prix des hydrocarbures liquides et gazeux[181]. Toutes ces mesures rendent compte du caractère interventionniste de l'État dans la régulation du marché. Deux raisons expliquent cet état des choses.

---

[181] Bulletin d'Afrique noire n° 276 du 24 avril 1963.

D'une part, les États membres sont tous producteurs des matières premières et leurs économies sont tournées vers l'extérieur. L'administration du marché au plus haut niveau permet de se rassurer mutuellement tout en écartant toute possibilité de concurrence déloyale qui nuirait gravement à la solidité de l'union monétaire[182]. Il s'ensuit le fait historique suivant : la politique d'intégration, telle qu'elle a été pensée en Afrique équatoriale, n'était pas fondée sur la libre concurrence, mais sur une forme d'administration des normes à l'application desquelles les élites administratives des États respectifs n'ont suivi qu'invariablement.

D'autre part, œuvrer pour la solidarité en agissant de façon collégiale permet de nourrir l'illusion d'un groupe qui fonctionne normalement. Il ne peut, d'ailleurs, en être autrement, car ce schéma correspond aux attentes de la C.E.E et de la France. Le fait que ces arrangements soient motivés pour des raisons qui tiennent à la géopolitique économique et commerciale, c'est-à-dire que le désir d'accéder à un marché plus vaste, et/ou les matières premières sont vendues à des tarifs préférentiels, a éloigné les États d'un objectif explicite : l'accélération du commerce intrazone dont le F CFA serait l'instrument.

Dans son fonctionnement, la conférence des chefs d'État prend à l'unanimité des actes et des décisions exécutoires de plein droit dans les quatre États. Par contre, les modifications apportées aux conventions inter-états relèvent de la compétence de chaque État. Il est cependant difficile de mesurer l'efficacité de cette institution.

Entre 1959 et 1962, elle a examiné près de 381 affaires[183]. Les décisions sont prises à l'unanimité afin de garantir la solidarité. Mais ce principe constitue aussi une limite puisque la marge de manœuvre offerte à chacune des parties contractantes constitue un moyen d'expression des

[182] Voir l'article de Colin MacCarthy, « Regional integration in subsaharan Africa: past, present and future », Ademola Oyejide, Beno Ndulu and David Greenaway, *Regional integration and Trade liberalization in sub-Saharan Africa,* volume 4, London, MaCmillan, 1999, p.13.

[183] Ces dossiers ont été classés par domaine. Ainsi, 62 dossiers étaient relatifs aux problèmes douaniers et fiscaux ; 43 relatifs à l'Office équatorial des Postes et Télécommunications ; 43 au dysfonctionnement du Secrétariat général ; 38 aux conventions inter-équatoriales ; 35 aux relations internationales ; 34 aux biens communs ; 30 à l'Agence transéquatoriale des communications (ATEC) et 22 relatifs à la liquidation de l'ancien groupe de territoires.

rapports de force. Les chefs d'État exercent un contrôle sur le Comité de direction qui est l'organe technique constitué par les ministres des Finances de chaque État. En revanche, le Comité dispose des compétences très élargies. Il définit le code des douanes, la nomenclature douanière tout autant qu'il fixe les tarifs à l'entrée et les valeurs mercuriales des produits importés après avis des commissions mercuriales nationales[184].

La particularité de cet instrument réside dans le fait qu'il est le symbole de l'abandon d'une partie de la « souveraineté » des États. Dans la mesure où la mise en place d'une politique fiscale sur les produits importés échappe complètement au pouvoir législatif et garantit le maintien de l'unité du tarif. Le Comité a la mainmise, d'une part, sur les questions liées au commerce extérieur, la politique fiscale, la production des statistiques ; il intervient également sur les problèmes relatifs au développement et à l'industrialisation[185].

À cette époque, les relations avec le Cameroun, dont le cadre institutionnel repose sur les textes de 1948, ont connu une avancée significative. C'est à l'initiative du gouvernement gabonais que le projet d'intégration du Cameroun au sein de l'union douanière prend forme le 25 novembre 1960 et la question du leadership ne se pose pas encore de façon explicite. La mise en place d'alliances solides constitue un enjeu politique décisif, notamment dans la perspective de leur insertion dans les institutions internationales comme on le verra.

Pour accélérer le processus d'unification du marché régional, les chefs d'État se sont réunis en conférence le 22 juin 1961 à Bangui où une convention à cinq a été signée[186]. Au cours de cette conférence, l'Abbé Fulbert Youlou a prononcé un discours rappelant l'historicité des liens qui les unissent. Il a par ailleurs insisté sur la nécessité de compléter l'union économique par un système de défense communautaire. Cette forme de politisation de l'histoire permet de faciliter les négociations. L'Afrique équatoriale de la Défense est une innovation, car les pays

---

[184] Bulletin d'Afrique noire, op.cit.,

[185] Voir Joseph E. Stiglitz and Akbar Noman (eds), *Industrial policy and Economic transformation in Africa,* New York, Columbia University Press, 2015.

[186] Journal Officiel de la République gabonaise, 13 janvier 1962.

sont entourés par des « pays-continent » tels que le Nigéria et le Zaïre[187]. Le président camerounais, Ahmadou Ahidjo, considère que :

> « La formation d'une association régionale économique et financière et une coopération efficace dans le domaine de la défense commune marqueront une progression à notre niveau régional dans la voie de l'unité et de la coopération africaine au sein de l'Union africaine et malgache (...) nous aurons contribué à compléter la solidarité verticale qui nous lie à la France par une solidarité horizontale, chaque jour plus étroite et plus riche entre nous[188]. »

Pour assurer une meilleure compétitivité à leurs économies, il est préconisé l'unification des régimes d'investissement assortie d'une harmonisation des codes des investissements à travers l'unicité de la fiscalité et la fourniture de la garantie des investissements étrangers. De la même manière, la conférence a permis d'arrêter une liste des produits bénéficiant d'une taxe unique à l'exportation dans tous les États de l'union. Les négociations ont également abouti à l'institution d'un tarif extérieur commun (TEC), rentré en application le 1er janvier 1962. Afin d'éviter toutes modifications arbitraires, l'article 5 de la convention donne compétence à une commission paritaire instituée à cet effet. Cette commission dépend statutairement du Comité de direction qui est l'émanation du pouvoir exécutif des chefs d'État. Ainsi, aux termes de l'article 4 de la Convention, sont exonérés des droits de douane inscrits au tarif extérieur commun, les marchandises et les produits importés originaires de France, des États membres de l'Organisation Africaine et Malgache pour la coopération économique (OAMCE), à l'égard des pays membres de la CEE. L'application du TEC a néanmoins été suspendue[189] jusqu'au 31 décembre 1962. Mais son entrée en vigueur est assez problématique du fait des difficultés juridiques que l'indépendance n'a pas pu régler.

---

[187] Dès le 19 février 1960, le Haut-Commissaire général de la France à Brazzaville exprimait déjà ses inquiétudes quant à la situation géopolitique en Afrique centrale. Il préconisait l'accélération de l'indépendance de l'Afrique équatoriale dans la mesure où l'indépendance du Nigéria et du Congo aivait été programmée.

[188] ABF, 1489200302/53, dossier : « la vie économique et financière de la Communauté », Bulletin d'Afrique noire n° 196 du 5 juillet 1961.

[189] Journal Officiel de la République du Tchad, 15 juillet 1962.

Le maintien du régime du Bassin conventionnel du Congo : un obstacle juridique à l'institution du TEC

Lorsque la France s'est installée en Afrique équatoriale, elle a été très vite confrontée à un problème sérieux : gérer ce vaste territoire tout en instituant un marché protégé de la concurrence des principales puissances européennes de l'époque (Pays-Bas, Belgique et la Grande-Bretagne. Cet espace géographique prend rapidement un nom qui traduit la nature des enjeux géopolitiques : le Bassin conventionnel du Congo. Le Cameroun et les trois États de l'A.E. F (Tchad, Moyen-Congo et l'Oubangui-Chari) constituent les principales composantes de ce vaste espace douanier. Le Gabon n'en fait pas partie puisqu'il dispose d'une forme d'autonomie douanière. Dans une perspective historique, ce marché fonctionne sur la base d'une réglementation particulière encadrée par une convention signée le 10 septembre 1919 à Saint-Germain-en-Laye. Du point de vue du droit international, ce texte a la particularité de remettre en cause à la fois l'acte général de Berlin du 26 février 1885 et la déclaration de Bruxelles du 2 juillet 1890[190] et permet à la France de jouir d'une souveraineté exclusive sur ce territoire.

L'organisation de l'union douanière apparaît complexe, en raison du poids des clauses restrictives (protectionnistes) introduites en 1919. Par décret du 31 janvier 1928, le système des franchises est défini au profit de la France[191]. Or cette organisation a perduré jusqu'au moment de l'institution de l'union douanière le 23 juin 1959. On a alors pris connaissance de l'incompatibilité de l'organisation institutionnelle existante avec les modalités de leur adhésion au GATT au moyen d'un tarif douanier extérieur commun[192]. Pour les nouveaux États, la mise en

[190] Ce cadre juridique a encadré l'occupation et l'exploitation de l'Afrique entre les puissances coloniales au cours du XIX siècle. D'un point de vue doctrinal, cette réglementation va inspirer toutes les normes qui seront élaborées peu après la Seconde Guerre mondiale.

[191] Gouvernement général de l'AEF, réglementation douanière des colonies du Gabon et Bassin conventionnel du Congo, Paris, 1929, p.44-59.

[192] Dans le contexte de la mise en place des Institutions dites de Brettons Woods (FMI, BM et AID), destinées à coordonner et réglementer la coopération économique internationale, les relations commerciales ont fait l'objet de la création d'une institution particulière. L'organisation internationale du commerce (OIC) a été envisagée. Mais cette institution n'a jamais vu le jour et un groupe s'est attelé à engager des négociations sur les tarifs douaniers. Ils sont parvenus à s'entendre sur un

place de ce tarif a pour objectif de libéraliser leurs relations commerciales, de pouvoir négocier librement leurs droits de douane avec leurs fournisseurs et clients, et enfin de protéger leurs industries naissantes contre la concurrence des produits originaires des pays ayant un coût de production très bas. Les débats se situent à la fois dans le contexte d'indépendance et de libéralisation des relations commerciales sur fond de réflexes protectionnistes au sein de la zone franc. Or ces États sont liés à la CEE à travers la convention d'association alors qu'ils maintiennent un régime préférentiel avec la France qui est un pays du Marché commun. La persistance de ce régime s'explique par le fait que la France et la CEE avaient une approche régionaliste[193] des relations commerciales, alors que le GATT, avec le soutien des États-Unis, a longtemps défendu une approche davantage multilatérale des relations commerciales internationales. D'un point de vue philosophique, le maintien des préférences est intenable dès lors que la volonté d'intégrer le GATT s'est fait sentir au lendemain des indépendances.

Le 18 décembre 1960, les chefs d'État ont manifesté leur volonté d'instituer leur tarif extérieur commun (TEC). Mais la mise en œuvre de ce projet nécessite d'intenses négociations avec la France. Michel Debré, alors Premier ministre, va jouer un rôle important dans la conduite des discussions avec les responsables africains dès le début des années 1960.

Au cours de la conférence du comité de direction de l'union douanière équatoriale, tenue à Bangui du 16 au 18 mars 1961, les chefs d'État se retrouvent dans l'optique de dégager des solutions concrètes sans remettre en cause la structure des relations qu'ils entretiennent avec la France. Dans une note adressée à Jacques Foccart, le 20 décembre 1960, Jean Pierre Hadengue dissipe cependant les inquiétudes des autorités françaises sur les intentions politiques des dirigeants africains qui, selon lui :

---

ensemble de normes destinées à libéraliser les échanges commerciaux. Ces normes ont donné lieu à l'Accord général sur les tarifs douaniers et le commerce (GATT en 1947), entré en vigueur en janvier 1948. Voir Stéphane Bécuwe, *Commerce international et politiques commerciales,* Paris, Armand Colin, 2006, p.59.

[193] Gilbert Benhayoun, Maurice Catin et Henri Regnault (dir), *L'Europe et la Méditerranée : intégration économique et libre-échange,* Paris, L'Harmattan, 1997, p.21.

> « Ont précisé à cette occasion qu'ils n'entendaient remettre en cause ni les rapports existants entre les États de la zone franc, ni les dispositions tarifaires qui résultent de l'application du Traité de Rome. »[194]

Les autorités françaises veulent garantir l'équilibre politique de la zone franc. De cette solidité dépend, d'une certaine manière, la garantie d'un meilleur fonctionnement de la zone de libre-échange au sein de laquelle la France a convaincu ses partenaires de la CEE de les associer. Ainsi, le principe de la réunion d'experts a été retenu par la France et les gouvernements africains. Le président Léon Mba soutient ce principe et souhaite que la conférence revête un caractère secret du fait des tensions politiques qui peuvent résulter de la dénonciation de la Convention sur le Bassin du Congo au niveau international[195], tensions à la suite desquelles il pourrait éventuellement en tirer profit du fait de sa politique « isolationniste » et occasionnellement accommodante pour la France.

La réunion se déroule le 22 mars 1961 à Paris et la délégation gabonaise est conduite par Jean-Hilaire Aubame, ministre des Affaires étrangères[196]. Il faut noter que si on analyse ce régime préférentiel sous l'angle économique, géopolitique et commercial, il est bénéfique pour la France. Mais si on l'envisage sous l'angle politique, notamment dans le contexte de la décolonisation, les autorités françaises sont quelque peu embarrassées par le maintien de ce régime. Dans la mesure où il se présente comme une survivance du protectionnisme en vigueur durant l'entre-deux-guerres au sein de son empire. Or depuis la libéralisation des relations commerciales et après le Traité de Rome de mars 1957 la protection du marché africain est très contestée dans les instances internationales. Ce qui ne remet pas en cause le fait que les leaders africains aient pu avoir leur propre perception des prix des matières

---

[194] AN, Archives Jacques Foccart, 5 AGF/2896, dossier : relations commerciales, note de Jean Pierre Hadengue à l'intention de Jacques Foccart, Secrétaire général à la Communauté pour les Affaires africaines et malgache, au sujet de la dénonciation de la convention de Saint-Germain-en-Laye, 20 décembre 1960.

[195] AN, Archives Jacques Foccart, 5AGF/2896, Télégramme diplomatique confidentiel du Haut représentant de la France à Libreville, 13 mars 1961. Il est accompagné de M. Rau, conseiller diplomatique. Les questions militaires sont négociées par le conseiller militaire le chef d'escadron Blanquier, un militaire français en détachement à la présidence gabonaise.

[196] *Idem.*,

premières garantis. En l'espèce, continuer à œuvrer pour que le système de protection puisse perdurer, revient à s'assurer qu'on dispose de meilleures conditions d'insertion de leurs économies dans le commerce international. On pourrait avancer l'hypothèse qu'il s'agissait d'une stratégie comme une autre, certes en rupture, au moins à court terme, avec l'idée d'émancipation et d'organisation d'un véritable marché capable de promouvoir ex post le développement des échanges commerciaux intra-zone.

S'il est en contradiction avec le multilatéralisme post Seconde Guerre mondiale et, a fortiori, avec l'esprit du marché commun, le régime des préférences apparaît paradoxalement comme l'un des remparts de la politique commerciale de la France dans ses anciennes dépendances contre la vision américaine des relations commerciales internationales. Car les dispositions de cette convention lient la France et les États de l'ex-AEF. Elles traduisent aussi une forme d'incompatibilité avec l'exercice de la souveraineté internationale[197] ; elle est l'essence même du multilatéralisme, telle qu'il est soutenu par les États-Unis.

Après plusieurs mois d'intenses négociations et recours auprès du Secrétaire exécutif du GATT, un cadre juridique adapté au contexte politique de l'époque semble trouvé. La France préserve son influence et institue un régime de préférences douanières réciproques avec les États africains. Dans le cadre de leur adhésion au GATT, l'initiative collective s'est imposée au regard des termes de l'article XXVI, en raison de l'accord signé avec la France (partie contractante du GATT). Mais la France continuera à subir les pressions et critiques venant des États-Unis et de certains États de la CEE. Elle a dû également gérer les réticences du gouvernement gabonais quant à la mise en place du tarif douanier extérieur commun. Comme nous l'avons souligné supra, le Gabon dispose d'un régime douanier spécifique et Léon Mba n'a pas hésité à utiliser cette position comme moyen de pression lorsque les négociations au niveau du GATT sont apparues délicates ; les initiatives individuelles sont abandonnées par Léon Mba et le Gabon a fini par jouer un rôle politique majeur au sein de l'UDEAC.

[197] AN, Archives Jacques Foccart, 5 AGF/2896, Télégramme diplomatique du Quai d'Orsay à l'Ambassade de France à Yaoundé, au Cameroun et à Jacques Foccart, Secrétaire général des Affaires Africaines et malgache, 26 mars 1961.

L'adhésion des États d'Afrique équatoriale au sein du GATT au titre de l'article XXXIII devient effective. Si la France maintient son influence, elle est loin d'être exclusive puisque les relations commerciales finiront par être libéralisées et les négociations à l'échelle multilatérale préconisent des abaissements réciproques de droits et des consolidations des droits faibles, ce qui traduit la reconnaissance de la légitimité internationale du tarif extérieur commun (TEC) de l'UDEAC. Cette rupture juridico-politique traduit aussi une conversion, certes moins marquée, de la France au multilatéralisme.

Libre-échange et/ou libre pratique : la notion « d'origine » comme norme d'application du régime préférentiel.

Le protocole n° 3 annexé à la Convention d'Association a introduit la notion de ''produits originaires'' pour encadrer l'application du titre I de la Convention. Cette notion permet d'élaborer les méthodes de coopération administrative qui permettent d'accompagner les États associés dans le suivi et l'application des directives. Cette notion a cependant la particularité de révéler les asymétries qui émaillent la zone de libre-échange. Dès le début des années soixante, la quasi-totalité des États de l'Afrique équatoriale produisent et exportent les matières premières non transformées. Ils ne produisent pas de biens manufacturés et le marché des matières premières obéit à des normes internationales très souvent instables (les prix fixés au niveau international par un cartel constitué par les principaux producteurs). De fait, la notion d'origine est utilisée pour caractériser le système de protection dont bénéficient la France et les États de la CEE en Afrique équatoriale pour se prémunir de la concurrence des produits manufacturés qui viendraient des pays de l'Est (Chine) et des États-Unis. Identifier précisément l'origine du produit importé revient à déterminer le champ d'application d'un régime préférentiel spécifique. L'article 8 de la Convention du 23 juin 1961 réglant les relations économiques définit le pays d'origine comme étant celui où ledit produit a été récolté, extrait du sol ou fabriqué[198].

[198] Journal Officiel de la République du Tchad, op.cit.,

Ainsi, dans le sens Afrique-Europe, la Convention prévoit que les produits originaires des États associés puissent bénéficier à l'importation dans les États membres de l'élimination des droits de douane et des taxes sur la base de la réalisation des objectifs du Traité. L'article 1er en application des dispositions de l'article 6 du titre 1 de la convention d'Association entre le Gabon et la CEE stipule qu'un nombre limité des produits originaires et en provenance des États membres de la CEE écartent toutes possibilités de restrictions quantitatives aux importations. Ce dispositif est complété par la signature le 28 septembre 1962 d'un protocole douanier déterminant le cadre d'application du régime préférentiel réciproque. Cette action vise à contrôler le marché des matières premières, même si les autorités françaises ont pu penser que le marché commun n'aurait qu'une influence limitée au Gabon dans la mesure où il n'y aura :

> « Aucun problème en ce qui concerne le pétrole. Les fournisseurs de la zone franc ne sont pas nombreux pour que la France se désintéresse du pétrole gabonais. Notre production, même accrue, sera nécessairement absorbée par la métropole dans les six années à venir. Bien que le gisement du manganèse gabonais soit comparable à celui du Nikopol en URSS, bien que le gisement ferreux de Mekambo puisse être mis en parallèle avec ceux de la baie d'Hudson, je suis tout à fait tranquille quant à l'écoulement de ces minerais, qui ne sauraient ni bénéficier ni pâtir du Marché commun[199]. »

Dans le contexte de guerre froide, la France n'a pas manqué de sécuriser le système d'approvisionnement des matières premières stratégiques. Ayant fait l'objet d'accords spéciaux, elles échappent à la réglementation du Marché commun. L'influence de la France est liée au maintien de ces paradigmes. Le destin de l'Europe dépend de cet équilibre. Ainsi, il en résulte un certain consensus sur le Marché commun, lorsqu'il est question de protection et d'organisation des marchés agricoles, bien qu'on ait souvent défendu l'idée que la libéralisation excessive des produits tropicaux serait de toute évidence moins opérationnelle et entraverait le développement. En revanche, dans le sens Europe-Afrique, et particulièrement le Gabon et les

---

199 ABF, 1466200601/108, Note de Roland Bru, Sénateur du Gabon, Vice-président de l'Assemblée territoriale et administrateur de l'Office des Bois de l'AEF (non datée).

États de l'UDE-Cameroun, les marchandises sont admises en franchise des droits du tarif extérieur commun (TEC).

Au-delà des considérations juridiques, la notion d'origine est source d'exclusion. Elle a une connotation protectionniste, bien qu'elle soit utilisée pour légitimer les réglementations libérales structurant les relations commerciales entre un groupe d'États. Mais ce système comporte des différences qui proviennent à la fois des caractéristiques de la zone et de l'hétérogénéité de son contenu économique. Il apparaît néanmoins un non-respect de la notion d'origine dans l'application des préférences. Dans une lettre adressée au président de la Commission de la CEE, le président Léon Mba ne peut se priver d'exprimer son mécontentement, car il craint que :

> « Les marchandises déclarées à l'importation au Gabon et dans d'autres États associés comme étant originaires de la CEE (...) n'aient en fait subi dans le pays de provenance que des transformations peu importantes. Les services douaniers n'ayant pas, le plus souvent, la possibilité de contester les mentions portées sur le certificat d'origine qui leur est présenté, l'État de destination se trouve, dans ce cas, indûment frustré des droits de douane qu'il aurait dû normalement percevoir si les produits importés ne l'avaient pas été au bénéfice d'une origine communautaire abusive. Cette situation me paraît d'autant plus anormale que les États associés ont accepté d'ouvrir de plus en plus largement leurs frontières aux marchandises offertes par les États membres de la CEE et qu'en cette matière, les obligations du Gabon, ont été, me semble-t-il, correctement remplies[200]. »

La réaction du président gabonais met en évidence l'inertie, voire la réticence, qui entoure l'application du régime fiscal et douanier de préférence quasi réciproque. En premier lieu, la notion d'origine est contournée par les États du marché commun en raison de la complexité de la réglementation internationale. Les firmes n'hésitant pas à produire dans les pays où les coûts de production sont bas afin de réaliser des

[200] ABF, 1466200601/108, dossier : « réunions des ministres des Finances de la zone franc, 1965 », lettre (non datée) adressée par le président Léon Mba au président de la Commission de la Communauté économique européenne.

économies d'échelle. Les méthodes de coopération administrative inter-administrations douanières étant moins efficaces, la direction gabonaise des douanes se trouve dans l'incapacité d'assurer de façon précise la traçabilité des marchandises.

En outre, les agents de douane ne disposent pas des moyens techniques et opérationnels ainsi que de l'information pouvant aider à déceler et contester ces anomalies. Le Comité du commerce extérieur de l'O.A.M.C. E[201] s'est réuni à Paris en novembre 1962 en vue de faire de nouvelles propositions. Il a reçu de la Commission du marché commun de nouvelles directives.

Mais leur mise en application est retardée dans la mesure où les États européens ne sont pas d'accord sur les critères à adopter en matière des hydrocarbures, de tissus imprimés et de tabacs fabriqués. Ce qui complique l'application du tarif extérieur commun du Gabon et de l'UDE-Cameroun[202], en dépit des pressions exercées par André Gustave Anguilé, ministre gabonais chargé de l'Économie et des garanties que ce dernier a reçues de M. Rochereau[203].

Le fait déterminant à retenir pour l'analyse des relations commerciales entre la France, la CEE et les États membres de la zone franc[204], principalement le Gabon, est que l'association résultant du Traité de Rome apparaît comme une forme de compensation économique et

---

[201] Dans le prolongement des négociations initiées dans le cadre de l'Union africaine et malgache, les 12 États membres du groupe de Brazzaville se sont réunis du 25 au 28 mars 1961 à Yaoundé pour adopter le traité instituant l'Organisation africaine et malgache pour la coopération économique et poser les jalons d'un statut politique. Dotée de quatre comités techniques, en l'occurrence dans la recherche scientifique et technique, les problèmes monétaires, le commerce extérieur, le développement économique et social, auxquels s'est ajouté le 13 septembre 1962 un Comité de coordination des transports. L'organisation vise par ailleurs à rapprocher progressivement les politiques économiques des États membres et à coordonner leurs plans de développement. Elle se caractérise par le refus de toute espèce de supranationalité et cherche à mettre sur pied des formules de coopération efficace ménageant la souveraineté des participants.

[202] Note annexée à la lettre de Léon Mba, président du Gabon adressée au président de la Commission de la CEE (non datée).

[203] *Id.* Lettre d'André Gustave Anguilé, ministre de l'Économie, du Plan et des Mines, adressée au président Commission de la CEE, 6 juillet 1964.

[204] Voir, Guia Migani, *La France et l'Afrique sub-saharienne, 1957-1963 : histoire d'une décolonisation entre idéaux Eurafricains et politique de puissance,* Bruxelles, Peter Lang, 2008.

commerciale au désengagement de la France[205] dans ses anciennes possessions. Cette conception est fondée sur les préférences tarifaires et les mesures de politique commerciale destinées à faciliter l'accès du marché européen aux produits des États associés pour lesquels le système de débouchés garanti en quantité et en prix devenait intenable, bien que ces pratiques se soient poursuivis, indépendamment des objections formulées par certains États du marché commun. Ils y voyaient la permanence des pratiques protectionnistes.

Cadre juridique de la réglementation des changes dans les États de la zone BEAC

La réglementation des changes repose sur le principe d'unicité applicable à l'échelle de la zone franc. Peu de choses ont changé depuis la décolonisation et l'organisation administrative du contrôle du respect de la réglementation reste la même dans tous les États. D'un point de vue opérationnel, c'est le ministre des Finances qui met en œuvre la politique de changes autant qu'il garantit son contrôle au Tchad, au Cameroun, au Congo et en RCA. La situation est différente au Gabon où c'est la direction générale des Finances extérieures qui assure la gestion[206].

De fait, la monnaie, le commerce et les flux des capitaux sont articulés autour d'une même politique : stabilité monétaire et régularité du système de paiement extérieur. Et le compte d'opérations apparaît comme le pilier de la régularité des règlements. Il est cependant intéressant de constater que la répression des infractions à la réglementation des changes est quasiment assimilable au faux monnayage et autres trafics touchant à la crédibilité de la monnaie. Les autorités monétaires et les instances administratives des États membres

---

[205] Jacques E. David, « La deuxième Convention de Yaoundé : vers une meilleure adaptation des aides communautaires aux besoins réels des États associés », *Bulletin mensuel de la BCEAEC* n° 160 de janvier 1971, p.8. L'auteur a été fonctionnaire supérieur des Douanes françaises, ex-Directeur des Douanes et Droits indirects du Gabon (1959-1965). Il a par ailleurs été Administrateur principal à la Direction générale de l'aide au développement des Commissions des communautés européennes.

[206] ABF, 1466200601/211, dossier : « réglementation des changes dans les États de la BEAC », note (non datée) de la direction des Études.

ont conjointement défini des normes pénales et réglementaires pour lutter contre ce phénomène.

D'un côté, il y a des dispositions réglementaires, notamment le respect des obligations de déclaration et de rapatriement des capitaux. Bien qu'inscrite dans les législations nationales et reprise dans les statuts de la Banque centrale, l'efficacité de système de contrôle complexe n'a jamais été éprouvée, ni au niveau des États ni au niveau de la Banque centrale.

De l'autre, on a des procédures pénales qui s'appliquent différemment d'un pays à l'autre. Au Cameroun comme au Tchad, on encourt un à cinq ans de prison assortis d'une amende qui varie de 20.000 F CFA à dix millions de F CFA, alors qu'au Gabon la Banque centrale ne dispose d'aucun renseignement sur les pénalités. Ce qui pose un souci de coordination dans la répression du faux monnayage et des infractions de changes qui peuvent nuire à la crédibilité de la monnaie et à la régularité du système de paiement, et donc de l'intégration du pays au commerce international.

2.2 Les implications théoriques des négociations commerciales au sein du GATT

L'institution d'une zone de libre-échange euro-africaine vise à dynamiser le marché. La régionalisation a été l'instrument idéal, dans la mesure où elle n'établit pas de hiérarchies entre les objectifs politiques, sécuritaires et économiques. La coopération économique répond aussi à des objectifs géopolitiques dans le contexte de guerre froide. Mais cette vision des relations entre la CEE et l'Afrique a du mal à trouver son écho au sein du GATT. Car c'est à ce niveau que le problème global de l'amélioration du commerce extérieur des pays en voie de développement est abordé. Il y a une opposition philosophique entre les États-Unis et les États membres de la CEE : les uns défendant une approche libérale du marché international, c'est-à-dire que les préférences douanières alimentent des visées protectionnistes et les autres apparaissant plus ou moins interventionnistes, c'est-à-dire que l'élargissement des débouchés des produits exportés des pays en développement vers les pays industrialisés, avec pour objectif de corriger à long terme les prix, ne peut être bénéfique que si les prix sont garantis. Car :

> « Le seul élargissement des débouchés provoquera inéluctablement des augmentations de volume des produits exportés, et les pays industrialisés clients continueront, seuls, à déterminer les prix suivant la vieille loi de la libre concurrence, cependant que les termes des échanges persisteront à demeurer défavorables aux pays peu développés[207]. »

En effet, les ministres des Finances des pays membres du GATT, dans leur déclaration de décembre 1961 et le programme d'action validé en mai 1963 à l'issue d'une réunion, sont peu favorables à la formule d'association entre la CEE et les dix-huit pays africains et malgache.

Ce regroupement est caractéristique d'un protectionnisme qui contraste avec l'idée d'intégration des États africains dans le commerce international.

Les Africains perçoivent l'intégration de leurs pays au commerce international comme une stratégie de développement économique. Certes, quelques traits spécifiques du programme du GATT sont reconnus, mais les États du marché commun considèrent certains aspects du problème comme des objectifs auxquels leurs politiques sont censées s'adapter et non comme des engagements juridiques. En conséquence, la recherche de l'élimination des obstacles ne peut être recherchée dans la rationalisation du marché international des produits en provenance des pays en développement. Ces produits font l'objet d'échanges soutenus. Bien que le nouveau chapitre de l'Accord général ne fasse plus obligation aux États en voie de développement d'accorder la réciprocité dans les accords commerciaux, il n'en demeure pas moins qu'il reprend le programme d'action du GATT (l'intervention d'un système international au détriment des préférences tarifaires et contingentaires accordées aux États associés), programme pour lequel les États membres de la CEE ont pourtant exprimé leurs réserves en mai 1963. Ce cadre juridique expose les États africains à la concurrence internationale.

---

[207] Lettre de André Gustave Anguilé, op.cit.,

Intégration et polarisation des structures économiques : ajustements et dysfonctionnements.

La création des zones de libre-échange répondait à une nécessité économique pour les États africains issus de la colonisation. C'est le moyen par lequel ils pouvaient s'intégrer dans l'économie internationale tout en développant le commerce intrazone. Cette stratégie de développement a fait l'objet d'études empiriques, dans la mesure où on cherchait à analyser l'impact économique de l'intégration régionale. C'est l'économiste hongrois qui propose, en 1961, une étude séminale dans laquelle il résume les différentes étapes de l'intégration régionale : la mise en place d'une zone de libre-échange, l'union douanière, le marché commun, l'union économique et l'union politique qui est l'étage final[208]. Bela Balassa plaide pour une coordination et une harmonisation des législations sociales, fiscales et monétaires pour éviter les chocs asymétriques au sein de l'union régionale. La théorie d'intégration constitue une grille d'analyse pertinente ; elle permet de comprendre les enjeux économiques et politiques entourant la mise en place de l'intégration régionale comme stratégie de développement.

Dans une étude comparative publiée en 1968, Pierre Bobson estimait que :

> « [...] l'intégration devrait permettre d'atteindre un niveau ou un taux de croissance donné pour l'industrie à un coût faible que si l'effort était tenté par les États séparément [...] En second lieu, en facilitant l'industrialisation, l'intégration aboutira vraisemblablement à un apport supplémentaire de capitaux [...] dans la zone. »[209]

Si ces arguments mettent en lumière les avantages que procure le marché commun, ils n'occultent pas pour autant le fait que les États membres sont dans des situations différentes, en termes de spécificités de facteurs de production. En conséquence, il est peu probable qu'ils

---

[208] Bela Balassa, *The theory of economic integration*, London, Routledge, 2012.

[209] Bulletin de la BCEAEC de février 1968, Pierre Robson, *L'UDEAC et la Communauté d'Afrique orientale : comparaisons et contrastes,* p.88. L'auteur est professeur d'Économie à l'University College de Nairobi au moment de la publication de l'étude.

reçoivent de façon équitable les mêmes avantages. Mais tout le défi réside dans une forme de régulation de la concurrence et une planification dans l'installation des grands ensembles industriels d'envergure communautaire en fonction des traits caractéristiques de chaque système économique[210]. Dès lors, il apparaît opportun de faire une brève analyse des principaux indicateurs macroéconomiques.

Les structures économiques de l'Union douanière et le poids du Gabon

Cette section n'a pas pour finalité une étude sur la géographie économique des États. Elle n'envisage pas non plus de mettre en évidence le poids des asymétries des systèmes de production pour en faire l'instrument d'une analyse géopolitique qui tenterait d'évaluer les influences réciproques. Notre démarche consiste à mesurer les forces et les faiblesses de l'UDEAC en prenant en compte les données empiriques qui traduisent (ou conditionnent) les dynamiques de l'économie réelle ; elle ambitionne aussi de mettre en évidence les spécificités de l'économie gabonaise et son poids géopolitique au sein des institutions régionales. Le problème posé est le suivant : l'influence politique qu'exerce ce petit pays tient-elle au dynamisme de son économie ou plutôt au leadership de ses dirigeants et à la spécificité des liens qui le lient à la France ?

La superficie totale de l'ensemble de l'union douanière est de 1 708 667 km^2. Ce vaste espace, dont la superficie est le double de celle de la France, est inégalement occupé par une population estimée à 9 504 536 habitants. Le Cameroun est le pays le plus peuplé : 5 707 000 habitants, tandis que la population de la République centrafricaine s'élève à 2 255 536 habitants et 912 000 habitants pour le Congo et 630.000 habitants pour le Gabon[211]. La densité de la population est en

[210] Voir Mthuli Ncube, Issa Faye and Audrey Verdier-Chouchane, *Regional integration and trade in Africa,* New York, Palgrave Macmillan, 2015.

[211] ABF, 1466200601/66, dossier : « UDEAC », Attilio Gaudio, *Notes et études sur l'industrialisation des États de l'Union douanière et économique de l'Afrique centrale,* note n° 3830, Paris, La Documentation française, 25 octobre 1971, p.8. En guise de précaution méthodologique, ces données ne sont reprises ici que dans la mesure où elles nous servent d'ordre de grandeur en raison des difficultés rencontrées par les nouveaux États à produire des données statistiques fiables, que ce soit des données macroéconomiques ou même démographiques. Elles sont néanmoins utiles à

moyenne de 5,29 habitants au km^2, avec de fortes disparités d'un pays à l'autre, soit 12 au Cameroun, moins de 2 au Gabon. Le taux d'accroissement démographique est en moyenne de 1,8 %, soit 2,1 % pour le seul Cameroun ; 2 % en RCA ; 2 % au Congo et 1 % au Gabon.

Mais lorsqu'on prend en compte le niveau de production économique de la zone (en proportion), on s'aperçoit que le Cameroun joue un rôle important. En effet, le produit intérieur brut (PIB) de l'ensemble des pays de l'union douanière est évalué en 1970 à 411 milliards de F CFA. Le Cameroun contribue à hauteur de 58 % contre 12 % pour la RCA, 14 % pour le Congo et 16 % pour le Gabon. Mais en valeur, le résultat n'est pas le même et le rapport de force est en faveur du Gabon puisque la valeur du PIB/habitant est différente selon les pays[212] : 42 600 F CFA au Cameroun ; 33 500 F CFA en RCA ; 65 000 F CFA au Congo et 106.000 F CFA au Gabon. Si le Cameroun représente une puissance démographique indéniable, c'est au Gabon où les populations disposent d'un meilleur pouvoir d'achat. Les deux pays constituent les piliers économiques de la sous-région, en raison du poids de leurs systèmes économiques. Il est nécessaire d'ajouter que la structure du PIB varie, en dépit des similitudes, certes moins marquées.

L'une des particularités des structures productives de l'UDEAC c'est la place centrale, certes variable, qu'occupe le secteur primaire (agriculture, pêche et forêts) dans l'économie au cours de la première décennie postcoloniale : 41 % en RCA à 14 % au Congo ; la contribution du secteur secondaire (mines, industries de transformation, énergie et bâtiment) varie de 23 % au Cameroun à 33,5 % au Gabon. Il convient de souligner l'importance de l'exploitation des mines et du pétrole peu après la décolonisation, à tel point que la production de ces matières premières devient très rapidement le pilier de la politique économique du pays. Quant aux services, c'est au Congo-Brazzaville où ils occupent 59 % du PIB, bien que ce dernier pays produise du pétrole. Il faut par ailleurs signaler que l'industrie de transformation constitue le talon d'Achille des économies de l'union douanière. En

la compréhension des phénomènes étudiés. On peut par ailleurs constater l'absence des données sur le Tchad. Ce dernier pays ayant quitté trois ans auparavant l'union douanière qu'il formait avec les autres anciens territoires de l'AEF.

[212] *Idem.*,

1963, la valeur ajoutée de l'industrie (la production d'énergie incluse) a été évaluée à 23 milliards de F CFA, soit seulement 9 % du PIB[213].

Au Gabon, les industries de transformation sont moins développées. Pierre Robson a montré que la quasi-totalité de la production du secteur industriel consiste en produits minéraux destinés à l'exportation, bien que les produits forestiers aient aussi de l'importance[214]. Au Congo et en RCA, l'apport des industries de transformation se situe à 50 % de la valeur ajoutée du secteur secondaire. Mais c'est au Cameroun où les industries de transformation occupent la première place du secteur secondaire avec 70 % du PIB. Ce résultat s'explique par le fait que le Cameroun concentre une part importante des entreprises relevant des industries de transformation : sur les 300 entreprises répertoriées au début des années 1970, près de la moitié sont installées au Cameroun, soit 50 % ; 23 % au Congo, 14 % en RCA et 14 % au Gabon[215].

Outre les industries transformant les produits minéraux et forestiers, une grande partie de l'industrie de la région est représentée par des établissements tels que des usines à égrener le coton, à décortiquer le café, les huileries et les fabriques de savon, etc. Ces usines transforment cependant des produits issus de l'agriculture à une échelle plus réduite. On peut également ajouter la présence des usines de très grandes tailles spécialisées dans la fabrication de la bière, des cigarettes et le sucre, bien que toutes ces productions soient réalisées presque par tous les pays[216]. Aucun accord de spécialisation n'a été trouvé. Ce d'autant plus qu'au niveau de la CEE, cette perspective est tout simplement écartée en promouvant les accords globaux.

En termes de localisation, ces industries se concentrent essentiellement sur la côte. Le pôle le plus important se trouve dans la région de Douala-Edéa. Cependant, Libreville, Port-Gentil et Pointe-Noire, situées sur la côte, apparaissent comme des pôles industriels concurrentiels, bien qu'ils soient orientés vers les hydrocarbures, les produits forestiers et miniers, alors qu'au Cameroun ce sont principalement les produits agricoles et forestiers qui sont transformés. Ces produits sont destinés à

---

213 Attilio Gaudio, *Notes et études,* op.cit.,

214 Pierre Robson, *L'UDEAC et la Communauté d'Afrique orientale,* op.cit.,

215 *Ibid.,* p.9.

216 *Ibid.,* p.90 et 91.

l'exportation. S'agissant des échanges globaux entre les États de l'Union, ils s'élèvent en 1968 à 4,5 milliards de F CFA, ce qui montre que les échanges intrazones restent très faibles[217], en raison de la persistance des charges fiscales et des restrictions qui tiennent à la fois des logiques protectionnistes et du caractère non compétitif de certaines productions agricoles. Il apparaît toutefois que le Cameroun est le plus actif en matière d'activités commerciales à l'intérieur de l'union. Son maintien revêt un caractère stratégique. En ce qui concerne le commerce extérieur du Gabon, le tableau ci-après nous permet d'évaluer en valeur les flux commerciaux et la nature des produits échangés.

Au regard de ce qui précède, il faut retenir que l'économie de l'union douanière est caractérisée par son hétérogénéité et par le rôle central que joue la rente dans la mise en œuvre de la politique économique. Ce modèle de développement, hérité pour partie de la période coloniale, va perdurer jusqu'au milieu des années soixante-dix, voire quatre-vingt. Comme on le verra tout au long de cette étude, les matières premières jouent un rôle décisif dans le commerce extérieur, la politique budgétaire ainsi que les politiques publiques.

Tableau 16 : Commerce extérieur du Gabon, 1958-1961 (en milliards de F CFA courants)

Année	Importations	Exportations	Balance commerciale
1958	7,5	8,3	850
1959	6,8	11	4,3
1960	7,8	12	3,997
1961	8,5	13,6	4,774

Source : AN, 5 AGFF/2002, Bulletin d'Afrique noire n° 125 du 20 mars 1963

[217] Les travaux actuels renforcent cette tendance.

Tableau 17 : Évolution des exportations des pays d'Afrique équatoriale et du Cameroun (valeur en milliards de F CFA courants), 1961-1966

Rubriques	1961	1962	1963	1964	1965	1966
Produits alimentaires						
Café	6,954	7,147	7,487	11,637	9,059	13,106
Cacao : fèves	7,418	7,364	9,328	7,316	7,64	7,537
Cacao : beurre	747	931	1,287	1,397	1,487	857
Banane	2,762	2,391	1,868	1,888	1,89	931
TOTAL	17,881	17,833	19,97	22,238	20,076	22,431
Produits minéraux						
Manganèse	-	645	3,362	4,482	6,608	7,678
Pétrole	2,562	2,975	2,926	3,386	3,872	4,034
Uranium	1,411	2,159	1,739	1,953	2,143	2,221
TOTAL	3,973	5,779	8,027	9,821	12,623	13,933
AUTRES						
Bois tropicaux	15,269	15,825	15,881	19,277	18,277	18,943
Coton	7,178	5,822	7,716	8,846	8,682	8,133
Diamants	447	3,864	7,385	7,928	8,458	7,807
Aluminium	4,798	5,294	5,472	5,116	4,933	5,045
Caoutchouc	1,399	1,2	1,465	1,226	1,224	1,197
TOTAL	50,945	54,617	65,916	74,452	74,27	74,499
TOTAL EXPORTATIONS	56,84	61,65	72,733	82,45	83,083	84,864

Source : AN, Archives Jacques Foccart, 5 AGF/1996, note (non datée) du Secrétariat d'État aux Affaires financières sur l'évolution de la balance commerciale des États d'Afrique équatoriale et du Cameroun.

Les principaux produits importés en 1961 sont les machines mécaniques, soit 1,376 milliard de F CFA ; les automobiles (3544), soit une valeur de 1,309 milliard de F CFA. Il a en revanche exporté du Bois, du pétrole et les mines. Au cours de la même année, la France est le principal fournisseur avec 5,289 milliards de F CFA devant les États-Unis, 1,037 milliard F CFA ; l'Allemagne 726 millions puis le Royaume-Uni avec 248 millions de F CFA ; le Pays-Bas avec 188 millions et le Cameroun, 184 millions de F CFA. S'agissant des exportations, la France est le principal client avec 7,612 milliards de F CFA devant l'Allemagne avec 2,184 millions de F CFA et le Cameroun avec 388 millions de F CFA. La France a réussi maintenir sa position vis-à-vis des États de la zone franc grâce à la mise en place d'un système de planchers, c'est-à-dire la sécurisation des exportations des produits jugés sensibles tels que les cotonnades, les voitures, les conditionneurs d'air et les produits laitiers. Le système de limitation des importations originaires de l'étranger y compris de la CEE a été compromis par l'adoption de la première Convention de Yaoundé[218]. À l'échelle du Gabon comme à celle de l'Afrique équatoriale, on constate que les importations sont essentiellement composées des biens de consommation courante et des biens d'équipement.

Ce constat nous permet de tirer deux principales conclusions. En premier lieu, l'union douanière est bâtie sur des systèmes économiques rudimentaires dont la principale caractéristique est que tous produisent les matières premières et les produits agricoles principalement destinés à l'exportation, tandis que les échanges inter-États restent très limités, y compris de nos jours. Le niveau d'industrialisation reste en conséquence très bas.

En deuxième lieu, l'unification du marché à travers l'établissement des tarifs communs visait moins la libéralisation des échanges[219] à l'intérieur de leurs frontières, mais davantage à créer des conditions nécessaires à l'élargissement des débouchés pour leurs produits.

Mais cette stratégie n'est bénéfique que lorsqu'elle est assortie des contreparties substantielles, en termes de désarmement tarifaire et de garantie des investissements étrangers par une série de mesures avantageuses. De même, les franchises douanières sur les importations industrielles desservent le projet d'industrialisation.

Or, depuis les indépendances, et même bien avant, ces franchises se sont érigées en normes aussi bien en A.E.F, au Cameroun qu'à Madagascar. En revanche, la question de l'instabilité des prix des produits tropicaux représente l'une des limites de cette politique puisqu'elle revêt à la fois une dimension politique et économique.

---

[218] AN, Archives Jacques Foccart, 5 AGF/2774, compte rendu de la réunion des ministres des Finances de la zone franc, 2 mars 1965.

[219] Elles compromettent les avantages dont bénéficient l'arachide, la banane, le café et le coton. Quant au sucre, en dehors de la protection douanière dont il bénéficie, son marché est organisé à la fois dans le cadre de la zone franc avec la France et dans le cadre de l'Association avec la CEE.

L'instabilité des prix des produits tropicaux et la remise en cause des institutions de régulation du marché : analyse de la dimension financière et monétaire en zone franc

Tout d'abord, nous étudierons l'évolution des débats à l'échelle internationale. Ensuite nous aborderons le problème des instruments mobilisés par le Gabon pour faire face à l'effondrement des cours de ses produits. Enfin, nous verrons comment cette stratégie s'inscrit dans le débat global tout en soulignant, au niveau de la zone franc, des formes d'adaptation et d'appropriation des institutions coloniales.

L'organisation des négociations au niveau multilatéral

Le 7 septembre 1961, le président du comité monétaire de la zone franc a soumis un projet aux ministres des Finances de la zone franc. Des analyses précises, portant à la fois sur les incidences du régime monétaire et sur les échanges commerciaux des États membres, ont mis en relief le fait que l'absence d'une balance des paiements et d'une responsabilité monétaire propre aux États constitue une difficulté technique indéniable dans le suivi des opérations de ces États avec l'étranger[220]. Ce constat révèle les inquiétudes déjà exprimées par les autorités françaises et la difficulté qui s'est posée est la suivante : dans quelle mesure le maintien du système du compte d'opérations[221] censé équilibrer les déficits extérieurs des États membres représente un risque financier pour la France et comment le supprimer sans entamer la stabilité monétaire[222] ? Et pourquoi les exportations de ces pays connaissent plus de difficultés face à la concurrence internationale et nécessitent des débouchés garantis et des préférences douanières[223] ? On a d'une part estimé que la suppression du compte d'opérations est à

[220] ABF, 1489200401/288, projet d'exposé du président du comité de la zone franc devant les ministres des Finances, 7 septembre 1961.

[221] Voir Holger L. Engels, "The operations account system in French-speaking Africa", *The Journal of Modern African studies,* Vol.11, N°4, 1973, p.537-545.

[222] Voir Andrew K. Rose and Charles Engels, "Currency unions and international integration", *Journal of Money, credit and Banking,* Vol.34, N°4, 2002, p.1067-1089.

[223] Au sein de la classe dirigeante française, certains estimaient que le maintien de ce régime préférentiel était susceptible de présenter des inconvénients politiques, notamment à l'égard des pays de l'Amérique latine. Ces préférences, constituent une aide implicite totalement financée par les consommateurs.

écarter dans la mesure où la qualité des avoirs extérieurs de chaque pays permet de définir le montant des devises à fournir, d'autant que ces opérations sont désormais individualisées pour chaque pays.

Comme nous l'avons montré, l'une des spécificités de la zone franc c'est le lien étroit qui existe entre la stabilité des comptes extérieurs (qui garantissent la pérennité des paiements) et la stabilité de la monnaie (convertibilité garantie pour équilibrer le taux de change) ; ces deux variables jouent un rôle décisif dans le maintien de ce type de système monétaire. Il faut souligner que dès 1966 le secrétaire général de la Conférence des Nations unies sur le commerce et le développement (CNUCED) a commandé auprès de ses experts un rapport sur les accords de paiement que les pays en voie de développement ont conclus entre eux. L'étude a montré que les relations bilatérales sont peu répandues dans leurs liens économiques et que les paiements s'effectuent en monnaie convertible, principalement en dollar. Le problème qui s'est alors posé est celui de la gestion des déséquilibres globaux des paiements inévitables au regard de la propension à importer, en raison de l'accroissement de leurs besoins en équipements. Ce phénomène est loin d'être une spécificité de cette époque, puisqu'il a perduré au Gabon.

Afin d'obvier cette difficulté, la première approche a consisté à s'instaurer des contraintes à l'importation à l'égard des pays industrialisés puis vis-à-vis d'autres pays en développement.

Dans un cadre multilatéral, de tentatives de résolution de ce problème ont été engagées. On a songé à la conclusion d'accords commerciaux et à la mise en place d'accords complémentaires de paiement régionaux entre États appartenant à une même zone de développement. Mais la dernière solution, fondée sur le système de clearing, ne peut résoudre en l'état aux problèmes posés par les règlements entre pays.

La voie de sortie serait donc la mise en place d'une union monétaire panafricaine. Ce projet permet à son tour de réactualiser un autre fondé sur la constitution d'une union africaine de paiement comme voulue depuis 1964 par la Commission économique pour l'Afrique de l'Organisation des nations Unies (ONU).

La question est évoquée au cours de la réunion des ministres des Finances de la zone franc qui s'est tenue à Paris les 2 et 3 mars 1965. Car les répercussions de telles idées sur le fonctionnement de la zone franc sont redoutées par tous, à commencer par les chefs d'État africains francophones eux-mêmes. Il n'y a aucun mystère autour de leur appréhension à l'égard des idées panafricanistes. L'argument avancé était que le franc CFA était largement convertible et toute possibilité d'adhésion à une monnaie panafricaine, et, a fortiori, à une union de paiement est à proscrire, même si la convertibilité reste avant tout une question technique constituant malgré tout un argument efficace contre l'établissement d'une monnaie africaine. Mais la question de la stabilisation des prix demeure une question complexe. En effet, l'instabilité des prix des produits tropicaux a entraîné des pertes qui n'ont pas été compensées par les concours du fonds européen de développement (FED)[224].

Les États de la zone franc ont alors posé le problème de la protection de leurs productions. Ils espèrent obtenir une protection plus étendue des États de la CEE. Dans cette perspective, la question qui s'est alors posée était celle de savoir si la protection de la zone franc demeure une nécessité ou plutôt un obstacle à la recherche d'une solution plus large. Il s'agit d'une critique assez forte du fonctionnement de la zone franc. Bien qu'elle n'ait pas eu un écho retentissant, elle a néanmoins opposé les ministres des Finances du Congo, du Gabon et de la RCA soutenant ces inquiétudes et ceux du Dahomey et du Cameroun qui considèrent que la France se trouve en incapacité d'influencer les débats sur l'organisation mondiale des marchés au sein du GATT et au sein même de la CEE. Ainsi, la reconstitution à l'échelle de la zone franc d'une association ayant montré son efficacité constitue une option de secours.

En revanche, la réactivation du système de protection au sein de la zone franc suppose le maintien par la France du système des prix garantis. Or, cette pratique est à la fois contestée au sein du GATT et, dans une moindre mesure, au sein de la CEE, car elle est contraire à la libre concurrence. La libéralisation des échanges supposerait donc l'adoption

---

[224] Voir Gérart Bossuat (dir), *La France, l'Europe et l'aide au développement. Des traités de Rome à nos jours,* acte du colloque du 8 décembre 2011, Paris, Comité pour l'histoire économique et financière de la France, 2013. S'agissant des investissements, entre 1958 et 1962, le Fonds a financé 13 projets pour un coût total de 18,866 millions de dollars américains.

des prix compétitifs, à condition qu'un système de régulation des cours de produits primaires soit mis en place. Ainsi pour définir ce mécanisme, deux solutions étaient envisagées, non sans difficultés pratiques.

D'un côté, l'établissement ou le rétablissement dans un cadre géographique limité, d'un système de stabilisation des produits de base. Cette approche suppose en effet une politique protectionniste en rupture d'un point de vue politique et juridique avec les engagements souscrits dans la Convention de Yaoundé I et II, respectivement de juillet 1963 et juillet 1969.[225]

De l'autre, le plan mis en place par les experts de la BIRD prévoit une indemnisation a posteriori de toutes les pertes des recettes d'exportation des pays en voie de développement. Cette solution n'est pas tenable. On a également pensé à définir des accords particuliers sur chaque produit, auxquels on superpose un fonds général de stabilisation des produits primaires destinés à mieux rémunérer les producteurs. Ces débats ont débouché sur des mesures concrètes prises au niveau multilatéral. Au sein de la CEE, sous la pression des Six, la France abandonne le système des « surprix » pour adopter les prix mondiaux, bien que ses partenaires aient consenti à admettre la commercialisation des produits tels que le coco rappé, le poivre, l'huile de palme, le coton et la gomme arabique à des prix compétitifs[226].

S'agissant du FMI, la réunion du Conseil d'administration du 5 mars 1960 a approuvé la modification du système d'allocation des droits de tirage, soit une augmentation de 25 % des quotas, afin de permettre aux

---

[225] Son entrée en vigueur, 1er janvier 1971, est retardée à cause des complexités et des lenteurs de certaines procédures. Cette Convention est structurée autour de quatre principaux axes, à savoir les échanges commerciaux, la coopération technique et financière, le droit d'établissement, les services et les capitaux. Sur le plan de la coopération économique et financière, selon les analyses Jacques David, on a constaté qu'entre la période d'achèvement de la première convention et la deuxième, le FED ne parvenait pas à honorer ses engagements. L'enjeu de la deuxième phase était d'aligner le système de financement sur le système global en matière d'aide au développement. En pratique, il n'y a aucune différence entre les deux conventions. Car il est clairement admis que les négociateurs africains ne voulaient pas transformer profondément les structures de l'association. Ils souhaitaient obtenir de la CEE un régime commercial plus avantageux et une aide financière substantielle.

[226] ABF, 1489200401/288, dossier : « zone franc », Le Monde du 21 décembre 1962, p.19.

pays sous-développés de bénéficier d'une aide supplémentaire en cas de déficits de la balance des paiements, à condition que ceux-ci soient provoqués par les fluctuations[227] des prix de matières premières[228]. S'il est vrai que cette facilité, bien qu'elle soit conditionnée, constitue une aide conjoncturelle, on peut néanmoins souligner le fait que toutes ces interventions ne permettent pas d'apporter des solutions aux problèmes ayant une résonnance structurelle et probablement accentuée par les difficultés d'adaptation à la libéralisation du marché tant dans leurs relations avec la France, la CEE et le reste du monde.

Ce modèle comme nous l'avons souligné brièvement est critiqué par les États-Unis, que ce soit au niveau de l'organisation du marché ou simplement celui du soutien apporté aux prix des matières premières. En effet, de passage à Paris du 17 au 18 octobre 1961, le Sous-Secrétaire d'État américain au commerce extérieur, W. Michael Blumenthal a exposé les idées défendues par son pays[229].

Le gouvernement américain souhaite internationaliser les relations commerciales et accroître la position des États-Unis en Afrique ainsi que dans d'autres pays en voie de développement. Car entre 1958 et 1969, le taux moyen de croissance des importations de la CEE en provenance des États africains a été de 6 %, alors que le taux moyen de croissance annuelle des importations de la CEE des autres pays en voie de développement est évalué à 7,1 %. Dans le même temps, les importations des États-Unis en provenance des pays en voie de développement n'ont progressé qu'à hauteur de 3 %[230]. Ces faibles

227 Les fluctuations du volume des exportations ne compensent pas l'effet des variations des prix, mais les accentuent. Ce phénomène se traduit par une des incertitudes dans la détermination, à titre prévisionnel, des prix. Ce qui constitue un défi technique, car la détermination d'un système de stabilisation de type FMI reste difficile à mettre en œuvre. Il suppose une meilleure détermination à temps réel du rapport entre les importations (toujours importantes) et les exportations subissant les distorsions du marché.

228 AN, Archives Jacques Foccart, 5 AGF/2900, dossier : « intervention du FMI pour la régulation des cours des matières premières provenant des pays sous-développés. », note annexée à la lettre de Jean Pierre Hadengue à l'attention du Secrétaire général des Affaires Africaines et Malgache sur les problèmes posés par le soutien des produits tropicaux, 11 juin 1963.

229 *Id.* Note annexée à la lettre de Jean Pierre Hadengue à l'attention du Secrétaire général des Affaires Africaines et Malgache sur les problèmes posés par le soutien des produits tropicaux, 11 juin 1963.

230 Jacques E. David, *La deuxième convention de Yaoundé,* op.cit., p.12-13.

performances sont, du point de vue des Américains, caractéristiques du dysfonctionnement du régionalisme. Il faut donc supprimer les systèmes régionaux des préférences, car, d'une part, estiment-ils, que les systèmes tels que le Commonwealth, la zone franc et, dans une moindre mesure la CEE, du fait de l'association qu'elle forme avec ses associés, ne permettent pas d'apporter à l'échelle mondiale les solutions aux problèmes[231].

D'autre part, la coopération internationale dans le domaine du commerce des produits tropicaux est un élément constitutif de l'aide accordée aux pays en développement. L'expérience de la conférence de Punta del Este (négociation entre les États-Unis les États d'Amérique latine, en 1961) avait pour effet de conforter cette conviction. Blumenthal est par ailleurs irrité par les propositions des Européens. En réalité les Américains veulent promouvoir un accord qui favorise les pays d'Amérique latine[232], afin d'accroître leur influence. Cette forme d'instrumentalisation de la solidarité économique apparaît à la fois comme instrument d'équilibre géopolitique tout autant qu'il révèle les travers du capitalisme.

Au niveau des États, on assiste à la réactualisation du système des subventions des prix. Dans une note de synthèse en date du 8 novembre 1960 sur le système de régulation des recettes d'exportation des territoires d'outre-mer, les experts de la CEE réfléchissent sur les actions concrètes capables de soutenir financièrement les organismes locaux de stabilisation afin de maintenir un niveau de rémunération aux producteurs et le niveau d'importation. Si l'article 131 de la convention permet d'écarter le problème juridique, il subsiste néanmoins des difficultés techniques et financières en termes d'insuffisance des moyens et des conditions d'attribution de cette aide si les instituts

[231] Nous pensons que les États-Unis ne mettent pas de façon radicale en cause les grands ensembles, de la même manière qu'ils ne soutiennent pas tout projet d'envergure mondiale. D'un point de vue doctrinal, ils ont défini deux critères susceptibles de légitimer un accord international : il doit être issu d'un consensus entre producteurs et consommateurs ; ce n'est qu'à ce titre qu'on obtiendrait économiquement une forme de solidarité politique qui représente le seul rempart de la paix et de la démocratie contre le communisme. Il y avait donc une dimension politique autour de l'organisation du marché, indépendamment des considérations mercantiles.

[232] Voir Olivier Dabène, *The politics of regional integration in Latin America. The theoretical and comparative explorations,* New York, Palgrave Macmillan, 2009.

d'émissions des Six sont mis à contribution. En outre, l'idée qui a été défendue était que cette intervention ne devrait pas consister en une attribution systématique des subventions à la production, mais devait revêtir un caractère d'avances remboursables. Celles-ci étant destinées à permettre aux États associés de bénéficier des recettes extérieures plus ou moins régulières en cas de fluctuations des cours de produits exportés.

La mise en place de fonds de stabilisation des prix au Gabon : une alternative crédible ?

Pour comprendre l'émergence des fonds de stabilisation des prix, il faut prendre en compte les pratiques qui avaient cours pendant la période coloniale. Le système de prix garantis pratiqués par la France dans ses colonies repose sur les caisses de stabilisation dont le cadre juridique a été fixé par le décret du 23 février 1957. Ainsi, ces caisses de stabilisation des prix sont destinées à régulariser les cours de certains produits et à faciliter les conditions d'écoulement[233]. Dès 1960, les États ont transformé ces caisses en organismes locaux tout en les dotant des pouvoirs d'intervention plus larges.

D'autres, comme le Fonds de régularisation des cours de produits d'Outre-mer créé le 2 février 1955, ont cessé de fournir des prêts dès le 1er juin 1964, date de l'entrée en vigueur du renouvellement de la convention d'association avec la CEE. Ce qui montre que la perspective eurafricaine a été décisive dans la modification des pratiques.

Dans ce contexte, trois caisses de soutien des prix ont vu le jour au Gabon. L'Office national de commercialisation agricole est institué dès le 1er juillet 1965. Dans la même veine, l'ordonnance n° 33 du 6 août 1965 remplace le Fonds de développement rural par le Fonds de régularisation des prix d'achat des produits agricoles. Le changement de philosophie est perceptible. On passe d'un système de promotion de l'agriculture à un autre fondé sur la protection du producteur. Au cours

[233] ABF, 1466200601/23, dossier : « stabilisation des cours de matières premières », note (non datée) de la direction du Trésor sur la protection interne des producteurs au sein de la zone franc.

de la même année, une caisse dédiée au cacao est instituée, tandis que les prix de café ne seront garantis qu'en 1977[234].

Durant la première décennie ayant suivi l'indépendance, l'agriculture a joué un rôle dans l'économie gabonaise. L'industrie minière et la production du pétrole ont été déterminantes dès le début des années 1970. Ce qui explique pourquoi c'est en 1972 que le gouvernement institue la caisse de stabilisation du prix des hydrocarbures, notamment du Mazout et du Kérosène en instaurant une taxe sur l'essence. Les pertes subies dans le cadre des opérations de ces caisses sont en dernier ressort financées par des subventions provenant du budget de l'État. À l'inverse, ces caisses sont devenues progressivement des pourvoyeurs du budget. La mission économique de départ s'est arrêtée au profit d'une fonction financière dominante. Cette interprétation est étayée par la prise en compte du fait historique suivant : le prix garanti au producteur est apparu non comme le prix le plus élevé compatible avec les dynamiques du marché, mais comme le prix permettant de prélever les parafiscaux au profit des finances publiques[235]. Les caisses de stabilisation financent désormais l'État et non plus les producteurs. Il s'agit d'une rupture importante et cela explique pourquoi l'agriculture éprouve de difficultés à s'imposer comme le rempart de l'économie gabonaise face à l'ambivalence du marché des matières premières.

2.3. Les fondements institutionnels de l'intégration économique des États comme source des tensions : de l'UDEAC à l'UEAC, 1964-1968.

La liquidation du groupe d'États formant l'AEF constitue un tournant dans la mesure où elle a eu pour conséquence l'affirmation d'entités politiques distinctes. Par contre, leurs relations ont été structurées par les institutions mises en place dès 1959 et les tensions politiques qui les animaient se sont exacerbées. Les politiques d'intégration préconisées, bien que se situant en ligne droite des choix politiques opérés par la France, étaient destinées à garantir une meilleure consolidation

[234] La Convention de Yaoundé II a supprimé les droits du tarif douanier commun applicables au café, au cacao en fèves et à l'huile de palme brute. S'agissant du café, le droit applicable passe de 9,6 % à 7 %.

[235] ABF, 1466200601/23, Marchés tropicaux du 7 mai 1982.

politique des États postcoloniaux[236] par l'unification de leurs marchsé et leurs systèmes économiques.

Dans le contexte de ce que Stephen Ellis a qualifié de « plurimultilatéralisme[237] », l'Union douanière équatoriale, créée le 23 juin 1959, a permis aux États d'engager la première phase d'unification de leurs marchés en définissant un même et unique territoire douanier dont l'instrument a été le tarif extérieur commun. Il s'agit de l'instrument par lequel ils ont pu intégrer les échanges internationaux, hormis les courants régionaux ou même interrégionaux. Certains travaux ont pu démontrer que le développement du régionalisme et le commerce interrégional n'ont pas eu lieu aux dépens du commerce extrarégional[238]. Ces deux visions du marché ont dû cohabiter et ont répondu, l'une comme l'autre à des problématiques politiques qui accompagnent l'intégration des États en voie de développement dans la perspective de l'internationalisation de leurs économies. Le traité signé le 8 décembre 1964 à Brazzaville vise à compléter l'union douanière par une union économique de fait. Dans cette perspective, l'union douanière équatoriale est devenue union douanière et économique des États de l'Afrique centrale (UDEAC). Le président camerounais, Ahmadou Ahidjo pouvait à cette occasion déclarer :

> « Cette union économique et douanière était commandée par la géographie et l'histoire. Nous sommes conscients que bien des forces centrifuges se sont manifestées en Afrique pour contrecarrer des actions constructives du genre de la nôtre. Les nations africaines doivent écouter la voix de la tolérance et offrir au monde l'exemple d'une coopération entre les États dont les tendances politiques peuvent être différentes, mais qui ont en commun leur immense bonne volonté, le respect

---

[236] Voir Crawford Young, « the heritage of colonialism », in John W. Harbeson and Donald Rothchild, *Africa in world politics*, Philadelphia, Westview Press, 2017, p.15-17

[237] Stephen Ellis (dir), *L'Afrique maintenant*, Paris, Karthala, 1995, p.349.

[238] Kym Anderson et Hege Norheim, « history, geography and regional economic integration », in Kym Anderson et Richard Blackhurst (dirs), *Regional integration and the global trading system*, New York, Harvester Wheatsheaf, 1993, p.45-46, cité par Stephen Ellis (dir), *L'Afrique maintenant, Idem.*,

> de la souveraineté de leurs voisins, leur courage et la foi dans la destinée de notre continent[239]. »

Ce traité reprend pratiquement les éléments contenus dans le précédent texte. L'unification du code des douanes est imparfaite, car dans les faits, le Gabon continue d'appliquer des préférences à l'égard de la France. La seule disposition nouvelle concerne l'unification des codes des investissements afin de favoriser l'accélération de l'industrialisation en promouvant des investissements étrangers[240]. Mais les systèmes de garanties diffèrent d'un État à un autre. Il a été aussi introduit une disposition favorisant l'établissement d'une procédure commune d'harmonisation industrielle des projets communautaires. Le fonctionnement du système repose sur le fonds de solidarité. Ce dernier fonctionne comme un système de péréquation en matière de mobilisation de recettes budgétaires à travers les droits de douane.

Le principe est que les États les plus riches, c'est-à-dire le Cameroun, le Congo-Brazzaville et le Gabon se doivent d'apporter une aide économique et financière au Tchad et à la RCA ; non pas en termes de prêts ni d'assistance ponctuelle, mais sous forme de compensations douanières. Des données statistiques publiées en 1968 montrent que les versements planifiés au budget du fonds de solidarité étaient de 500 millions de F CFA pour le Cameroun ; 300 millions de F CFA pour le Tchad et la RCA ; 200 millions de F CFA pour le Gabon. Mais en retour la RCA a reçu 630 millions de F CFA, soit plus du double de sa contribution et le Tchad, plus d'un milliard de F CFA, soit 96 % des recettes fiscales attribuées au Fonds. Or, la loi de finances de 1968 montre que cette contribution représente 10 % de ces recettes budgétaires. Et que dans le même temps, le Tchad fait largement appel à l'aide directe de la Banque centrale pour faire fonctionner son administration.

Le Fonds de solidarité apparaît alors comme un instrument fédérateur tout en constituant un enjeu de pouvoir du fait des rapports de force qui se jouent à la fois dans son instrumentalisation, pour servir une cause

---

[239] Bulletin d'Afrique noire n° 601 du 27 mai 1970.

[240] Voir Arnaud Bourgain, Jean Brot et Hubert Girardin, *L'intégration de l'Afrique dans l'économie mondiale,* Paris, Karthala, 2014.

politique, et comme outil servant de financement de l'État. Ce système a permis de maintenir un certain équilibre politique au sein de l'UDEAC, même si des tensions apparaissent de plus en plus vives. En effet, dès la création du fonds de solidarité, il existe une opposition entre le gouvernement tchadien et le gouvernement gabonais. Les premiers estiment que les ristournes fiscales sont nettement insuffisantes. Les seconds estiment que leur contribution est trop élevée et difficilement supportable. Ce constat est en résonnance avec la politique intérieure : l'exercice budgétaire de l'année 1968 fait ressortir un déficit que le président gabonais a du mal à restaurer. Il est critiqué par la direction du Trésor français en raison de l'intervention de celui-ci au titre des accords passés dans ce domaine.

Par ailleurs, le projet d'installation des unités industrielles dans tous les États n'a pas abouti puisque les investisseurs étrangers ont fait abstraction des inégalités fiscales qui prévalent à l'intérieur de chaque État, d'autant qu'ils n'avaient aucune confiance dans l'union. La plupart des grands groupes se sont installés dans les régions qui offraient plus de garanties aux investissements : en l'occurrence au Cameroun, au Congo et au Gabon[241]. Cette situation a été interprétée par les gouvernements tchadien et centrafricain comme une forme d'exclusion institutionnalisée. Ils quittent l'UDEAC et le 2 avril 1968 à Fort-Lamy[242], François Tombalbaye (Tchad), Mobutu Sese Seko (Zaïre) et Jean Bedel Bokassa (RCA) signent une charte constitutive de l'Union des États de l'Afrique centrale (UEAC)[243]. En guise d'explication, voici les raisons avancées par le chef de l'État tchadien :

> « Nous avons estimé qu'après avoir été colonisé par la France, le Tchad ne devait pas devenir dépendant d'un autre État africain. Or il existe au sein de l'UDEAC une tendance à la colonisation indirecte, entraînant une stagnation

---

[241] Ce qui reste de l'UDEAC est tout aussi fragile, car il y a des divergences idéologiques entre les trois : le Gabon est libéral et l'influence de la France est incontestable ; le Socialisme au Congo-Brazzavile et le Cameroun ayant opté pour le non-alignement.

[242] Le Moniteur africain du Commerce et de l'industrie, 18 avril 1968.

[243] À titre symbolique, deux avenues de Bangui se sont vues être baptisées des noms des présidents Tombalbaye et Mobutu ; à Kinshasa deux avenues portent également des noms des présidents Tombalbaye et Bokassa. En prime, une place de la capitale congolaise est appelée « place de l'Afrique centrale ». Le ton est on ne peut plus solennel et le projet est à la confluence du regroupement du peuple bantou et à l'unification de l'Afrique.

> économique. Nous avons proposé un amendement à la charte de l'UDEAC qui nous a été refusé et c'est pour cela que nous avons décidé souverainement de quitter cet organisme. Nous avons été non seulement lésés, mais ulcérés parce que dans l'UDEAC certains n'ont que leurs intérêts[244]. »

Si ces propos apparaissent violents, ils traduisent néanmoins le malaise qui est perceptible au sein de l'union, car les questions politiques au cœur de ce projet ont été aggravées par les difficultés. L'union monétaire a servi de base à une union politique de forme où les questions économiques ne servent que de parfaits alibis. Et Albert-Bernard Bongo et Ahmadou Ahidjo (Cameroun) se sont contentés de réformer l'institution tout en accusant le Tchad et la RCA de l'avoir détruit. Le 11 avril 1968, à l'initiative d'Albert-Bernard Bongo (Gabon) et Alphonse Massamba-Debat (Congo-Brazzaville), une réunion de crise s'est tenue à Pointe-Noire en présence du président Ahidjo sans que des directives précises aient été élaborées. Afin de répondre aux critiques dont il est l'objet, François Tombalbaye (Tchad) affirme que « [...] ce regroupement[UDEAC] comptait 11 millions d'habitants, alors que nous sommes 27 millions dans l'UEAC et que bientôt, avec l'adhésion prochaine du Rwanda et du Burundi, nous serons 35 millions, linguistiquement et culturellement unis. C'est donc un pas important vers l'unité africaine[245]. » Si cette manœuvre a pour but de régler les problèmes économiques, on peut néanmoins constater les incohérences et la complexité de la situation.

D'une part, le Tchad et la RCA quittent l'union douanière et économique qu'ils forment avec le Cameroun, le Gabon et le Congo, mais ils restent néanmoins dans l'union monétaire qui les lie tous avec la France. Les raisons qu'ils ont avancées étaient que les phénomènes économiques étaient dissociables des problèmes monétaires. Or, la frontière entre les deux dimensions du problème apparaît moins étanche et il se pose un souci de cohérence.

D'autre part, les relations commerciales du Tchad avec l'étranger se font désormais à partir du port de Matadi et non plus à partir de Pointe-Noire, l'infrastructure historique. Mais le port de Matadi n'avait pas la

---

244 Marchés tropicaux du 8 mai 1968.

245 *Ibid.,*

capacité de faire face au volume du trafic. D'un point de vue commercial, à l'exception de la filière de la viande, l'industrie cotonnière du Tchad apparaît moins concurrentielle que celle du Congo : mieux implantée, disposant d'un meilleur réseau et de meilleurs coûts. Leurs productions ne sont pas complémentaires puisque les productions minières congolaises n'intéressent pas le Tchad, bien qu'il s'agisse d'un marché plus vaste que celui de l'UDEAC. Le président François Tombalbaye estime d'ailleurs que la création de l'UEAC est une entorse juridique à l'existence de l'UDEAC. En fait, le chef d'État tchadien envisage de former une alliance avec le Zaïre afin de former avec l'UDEAC une union à six. Cette tactique vise à affaiblir l'axe Cameroun-Gabon. Le président Mobutu a d'ailleurs contacté le président Bongo. Ce dernier a refusé cette possibilité, car le Zaïre était inféodé aux États-Unis.

En conséquence, on peut donc souligner que l'alliance avec Mobutu constitue plus un moyen de pression qu'une véritable stratégie de développement. Bien qu'il ne fît plus partie de l'union douanière, le Tchad a paradoxalement appliqué jusqu'au 31 décembre 1969 le tarif douanier de l'UDEAC. En revanche, la RCA a décidé rejoindre le 22 avril 1968 l'UDEAC. Mais la fragilisation de l'union douanière s'est traduite par une remise en cause de l'union monétaire dès 1969 sur fond des difficultés d'accès au crédit. La promotion de la politique d'intégration régionale[246] fait partie intégrante des stratégies de développement élaborées par les États.

*

*　　　　*

Dès 1959, la mise en place d'une union douanière en Afrique équatoriale s'est imposée comme une stratégie de développement économique, en dépit des blocages institutionnels et le poids des

---

[246] Dominique Njinteu (dir), *L'Afrique et les défis de l'OMC,* Paris, Karthala, 2004.

contraintes politiques. Dans cette perspective, il a été institué un même et unique territoire douanier afin de bénéficier des avantages inhérents à l'institution d'une zone de libre-échange, en termes de protection et de l'élargissement des débouchés pour leurs produits. Il s'ensuit une libéralisation des échanges commerciaux avec l'extérieur, sauf que le commerce intrazone est resté très faible. Ce n'est qu'à partir de 1964 que l'union douanière a été complétée par l'union économique, au détriment de l'union des peuples, tandis que les institutions évoluent lentement. Bien que cette politique ait permis de mettre en place un instrument ayant servi à libéraliser les échanges.

Mais sa trop forte politisation a été source de tensions et de remise en cause du cadre institutionnel que les arrangements n'ont pas permis de dissiper. On peut donc dire que l'élaboration d'une politique d'intégration par étapes successives témoigne des réticences qui sont imputables à la consolidation de l'État-nation tout autant qu'elle rend compte de l'absence de doctrine. Les arrangements politiques visaient à former un bloc destiné à servir la diplomatie économique de la sous-région dans le contexte de la guerre froide, de l'internationalisation des économies et de l'émergence des politiques d'aide au développement.

Par ailleurs, la France et la CEE ont soutenu la coopération régionale à travers, d'une part, le soutien accordé à l'union douanière et à la zone de libre-échange endogène et, d'autre part, par la politique d'aide financière et technique. Mais la promotion du régionalisme et la conversion progressive au multilatéralisme ne se sont pas réalisées au détriment du maintien des systèmes préférentiels. Il apparaît alors une forme d'ambivalence qui se justifie au gré du contexte et de la transformation des États et des relations commerciales. Le marché est donc un instrument de médiation Nord-Sud dans le contexte de guerre froide et d'hégémonie dont jouissent les États-Unis depuis la fin de la Seconde Guerre mondiale. Il est aussi le symbole de l'internationalisation de l'économie gabonaise postcoloniale. De même, la libéralisation des échanges est le résultat de la rationalisation de l'accès au marché sans qu'il y ait un changement des paradigmes dominants. La libéralisation des échanges met en relief la question de l'industrialisation dans les États postcoloniaux. Elle soulève aussi le problème de la régularité et de l'efficacité du système des paiements au regard de l'instabilité des prix des matières premières, de l'inefficacité des systèmes de stabilisation et de la rigidité de la politique monétaire.

CHAPITRE III

DE LA COMMUNAUTÉ FRANCO-AFRICAINE A LA DÉCOLONISATION : ANALYSE D'UN CADRE INSTITUTIONNEL ET MONÉTAIRE AMBIVALENT, 1959-1972

La modification des relations franco-africaines, née de l'adoption de la Constitution du 4 octobre 1958, a conduit à la mise en place d'un cadre institutionnel complexe, une forme de multilatéralisme franco-africain. Et dans ce système la France joue un rôle prééminent[247]. Ces changements traduisent l'activisme du général de Gaulle qui a voulu régler le problème de l'Algérie et le précédent guinéen en promouvant de nouvelles institutions qui conduiraient à terme à l'indépendance des États[248].

Les débats sur l'évolution des instruments de la zone franc s'inscrivent dans le contexte d'indépendance. Pour les autorités françaises, la seule façon de sauvegarder les intérêts économiques de la France consiste à mener une étude d'ensemble afin de déterminer, sur les plans économique et financier, commercial et monétaire, des points essentiels[249]. Puis à cette fin, nouer une nouvelle collaboration avec les

---

247 Voir Frédéric Turpin, *Jacques Foccart dans l'ombre du pouvoir,* Paris, CNRS Éditions, 2015 ; Frederick Cooper, *L'Afrique dans le monde : capitalisme, Empire, État-nation,* Paris, Payot, 2015, p.165 ; Frédéric Turpin, *De Gaulle, Pompidou et l'Afrique (1958-1974). Décoloniser et coopérer,* Paris, Indes Savantes, 2010 ; Frédéric Turpin, « 1958, la communauté franco-africaine : un projet de puissance entre héritages de la IVe République et conceptions gauliennes », *Outre-mer,* n° 328, 2008, p.45-58 ; Frédéric Turpin, « Le passage à la diplomatie bilatérale franco-africaine après l'échec de la « Communauté », *Relations internationales,* 2008, n° 135, p.25-35. David Birminghan, *The decolonization of Africa,* London, University College London, 1995 ; Philippe Oulmont et Maurice Vaïsse, *De Gaulle et la décolonisation de l'Afrique subsaharienne,* Paris, Karthala, 2014.

248 Voir Charles-Robert Ageron et Marc Michel (dir), *L'Afrique noire française à l'heure des indépendances,* Paris, CNRS Éditions, 2015.

249 AN, Archives Jacques Foccart, 5 AG F/2878, dossier : « Utilité d'une étude d'ensemble sur l'avenir de la zone franc », note du 24 octobre 1960, Secrétaire général au Président de la Communauté.

partenaires africains en prenant en compte la problématique du développement tout en les associant dans un ensemble d'objectifs politiques.

Les Africains sont quant à eux partagés, entre ceux qui veulent exercer une certaine souveraineté, de façon à continuer à bénéficier des contreparties financières françaises pour les besoins de leur développement, et ceux qui souhaitent exercer des pouvoirs plus étendus. Pour ces derniers, l'indépendance politique doit aller de pair avec l'autonomie économique. C'est en effet au cours d'une réunion du Conseil exécutif de la Communauté, tenue le 21 mars 1960 à Paris, sous la présidence du Général de Gaulle, que les principes de base ont été définis.

Pour autant, la redéfinition du cadre institutionnel résout-elle les difficultés nées conjointement de l'adoption de la Constitution, de l'affirmation des nouveaux États et des défis économiques et financiers qui déterminent les prises de position des différents acteurs ? Ce chapitre s'articule autour de six points essentiels qui soulèvent des questions particulières s'inscrivant dans la problématique de la décolonisation et de ses enjeux monétaires et financiers.

Dans le premier point, nous situons les débats entre les responsables politiques africains et français dans le contexte de la Communauté et de l'avortement de l'orientation fédérale de l'ensemble France-Afrique[250]. Les mécanismes de coopération se caractérisent par une forme d'hypercentralisation des principaux organes stratégiques.

Dans la deuxième partie, il sera question d'analyser brièvement la question relative au trafic du franc CFA qui pose doublement le problème de la confiance et la crédibilité de la monnaie[251].

L'évolution du régime financier sera également étudiée et nous identifierons les interactions entre la comptabilité publique et l'émission de la monnaie ainsi que la manière dont ces évolutions se

---

250 Voir Georges Henri Soutou et Emilia Robin-Hivert (dir), *L'Afrique indépendante dans le système international,* Paris, PUPS, 2012

251 Voir André Orléan et Michel Aglietta, *La monnaie entre violence et confiance,* Paris, Odile Jacob, 2002.

traduisent dans des formes variées. Enfin, nous examinerons la question relative à la liquidation de l'AEF qui est le préalable à l'affirmation des nouveaux États.

Carte 2 : Représentation des États membres de la zone franc au début des années 1990.[252]

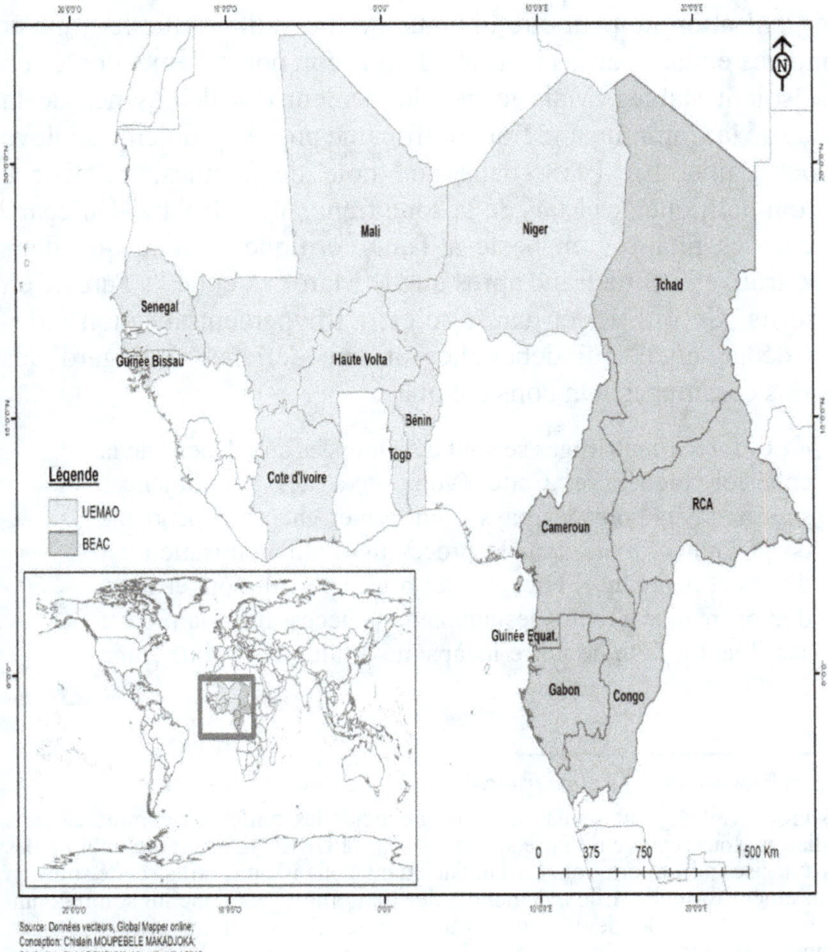

Source: Données vecteurs, Global Mapper online;
Conception: Chislain MOUPEBELE MAKADJOKA;
Réalisation: Christ P.OYOUMA, Libreville juillet 2018

252 Cette carte ayant été conçue pour représenter les États de la zone franc, sur l'ensemble de la période étudiée, peut cependant soulever plus de questions. On remarquera que la Mauritanie et Madagascar n'y sont pas représentés. Ces deux pays ont quitté la zone franc dès 1973. On remarque par ailleurs la présence de la Guinée-Équatoriale qui fit son entrée en janvier 1985. Cette mise au point est nécessaire. Elle permet une meilleure contextualisation de l'analyse.

3.1. De l'« hypercentralisation » des organes décisionnels à la définition d'un système de cogestion de la politique monétaire (1959-1965)

Dans un ouvrage publié en 1956, François Bloch-Lainé explique que « la France n'est pas en mesure de préserver les liens qui l'unissent à ses satellites d'outre-mer sans organiser défensivement sa monnaie[253]. » Cette organisation ne peut être obtenue qu'à condition que le franc et les monnaies émises par les instituts d'émission nouvellement créés en Afrique soient stables. Mais le développement des débats nés de la naissance de la Communauté franco-africaine pose le problème soulevé par Bloch-Lainé. En 1958, dans une note de synthèse relative à l'évolution politique des États de la zone franc, Yves Roland-Billecart, Inspecteur des finances en poste à Tunis, critique le statu quo dans lequel se trouve la zone franc après que le Maroc[254] et de la Tunisie en soient sortis. Ce qui est en cause, c'est « l'hypercentralisation » des organes décisionnels qui débouche sur une défiance à l'égard des institutions communes. On constate que :

> « Les forces centrifuges se sont développées aux dépens de la cohésion monétaire. Cette évolution a des conséquences significatives pour des pays d'outre-mer encore dépendants de la France, mais dont le processus d'autonomisation est d'ores et déjà lancé. Face à cette brusque évolution, et faute d'avoir réalisé à temps les adaptations nécessaires, la preuve sera bientôt faite de notre incapacité à faire de la zone franc

---

[253] François Bloch-Lainé, *La zone franc,* Paris, PUF, 1956, p,9.

[254] Le Maroc avait déjà obtenu le droit de négocier les traités de commerce sans intermédiaires, sous réserve de faire approuver par la DREE la liste et le volume des produits autorisés à l'importation. La Tunisie quant à elle n'a pas utilisé cette solution qui est purement formelle. Elle a demandé, dès l'automne 1956, que lui soit reconnu un contingent global de devises étrangères qui équivaudrait au produit de ses exportations. S'agissant de l'organisation logistique, en matière de transfert des avoirs de la Tunisie, il faut noter que le niveau des disponibilités financières en francs français à transférer par la Banque de l'Algérie et de la Tunisie à la Banque centrale de Tunisie était suffisamment important pour que la Banque de France ne soit pas obligée d'accorder une faculté de découvert à cet institut d'émission. Le volume correspond à une couverture de deux tiers de la monnaie fiduciaire en circulation (16 milliards des avoirs en francs français pour 26 milliards de circulation). À l'inverse, le Maroc est resté transitoirement (étant donné que Banque d'État du Maroc dispose d'un statut juridique d'établissement international) à la formule du compte d'opérations avec le contrôle de la zone franc sur l'émission.

autre chose que l'expression monétaire d'une domination politique et administrative[255]. »

Cette étude repose sur l'idée que la perspective d'indépendance qui s'offre à chaque État l'inciterait à vouloir jouir de sa souveraineté monétaire. La seule façon de continuer à jouer un rôle déterminant consiste à réorganiser les attributions des autorités monétaires centrales. Dans le but de faire face à un problème fondamental : faire de l'édifice monétaire un outil d'intégration et de développement économique et non pas seulement un outil politique de perpétuation d'un destin commun. Dans cette perspective, les analyses qu'il a présentées reposent sur deux options essentielles.

D'une part, la France se doit d'offrir la liberté d'émission, sans aucun contrôle ni prise en charge par elle des déficits constatés dans les transferts. Si la première approche consiste à donner satisfaction aux aspirations politiques des États indépendants, de façon qu'ils mènent librement leur politique monétaire, il n'en reste pas moins que la France serait sollicitée pour faire face aux conséquences d'une émission monétaire inadéquate.

D'autre part, la France doit garantir la convertibilité de la monnaie émise localement en contrepartie du maintien d'un contrôle permanent sur l'émission de la monnaie et la politique de crédit dans les pays membres. Dans ce sens, et en cas de crise de paiements extérieurs, les États en difficulté se présentent devant la Banque de France, les établissements bancaires spécialisés et/ou le Trésor comme un client ordinaire s'adressant à une banque. La garantie du crédit est alors subordonnée à la prise en considération d'une politique économique et monétaire de nature à assurer le remboursement du crédit et le maintien de la convertibilité. Le contrôle exercé par la France est justifiable, d'un point de vue strictement technique et moins comme une réactualisation des logiques coloniales. Mais pour que ce système fonctionne, l'institut d'émission doit disposer d'une réserve suffisante en franc français[256].

---

[255] CAEF, B-0073544/1, dossier : « problèmes économiques et monétaires posés par l'évolution politique des pays de la zone franc », note de Yves Roland-Billecart, 14 août 1958. Il sera nommé administrateur français de la BCEAEC au début des années 1970. Il occupera par la suite d'autres fonctions : directeur d'Air Afrique et directeur de la Caisse centrale de la coopération économique (CCCE).

[256] *Id.*,

Dans le premier cas comme dans le second, ce qui est en cause c'est la définition des prérogatives, compte tenu du contexte politique et de la situation économique des pays concernés[257]. C'est en considération de cette double contrainte que la deuxième option a servi de base aux négociations qui ont suivi.

En effet, la plupart de ces pays ont une structure économique primaire. Le niveau de leurs revenus dépend surtout des facteurs externes d'ordre conjoncturel, c'est-à-dire de l'évolution des cours mondiaux des matières premières et des produits agricoles.

Ils sont susceptibles d'être exposés à une succession de conjonctures défavorables comme favorables, qui les incitent à augmenter leurs importations ou leurs exportations. L'étude laisse penser que seule la centralisation de la politique monétaire constitue la voie possible pour se prémunir des conséquences économiques et financières qui desserviraient les nouveaux États.

La mise en commun des devises étrangères, la réglementation commune des changes et le contrôle des programmes d'importations répondraient à cette volonté de prévenir la survenue de déficits éventuels des balances des comptes extérieurs de ces pays. Or le Gabon avait besoin d'équipements qui exigent des capitaux pour financer le déséquilibre des paiements extérieurs provoqués par l'importation des biens d'investissement et de consommation supplémentaires.

Cette réalité a permis aux Africains de réfléchir à la nécessité ou non de revendiquer le contrôle de la monnaie. Et dans ces conditions, « la décentralisation des institutions et la mise en place d'une véritable coopération économique constituent les impératifs indispensables dans la perspective d'une évolution de la zone franc harmonisée avec l'évolution politique des pays membres »[258].

---

[257] Les agents de la direction du Trésor estiment que les partenaires de la France au sein de la zone franc sont tous déficitaires à l'égard de la zone dollar. Ils constituent une charge pour le fonds de stabilisation des changes.

[258] *Id.*

3.2 La dévaluation du franc métropolitain et ses conséquences financières en zone franc

Parmi les mesures prises à cet effet, figure la dévaluation du franc métropolitain. Celle-ci touche directement les pays africains membres de la zone franc. En effet, dans une communication adressée, le 28 décembre 1958 au Fonds monétaire international (FMI), le gouvernement français explique que cette opération est caractérisée par une double diminution de la valeur de l'unité monétaire de 17,55 % par rapport au dollar, dont le cours passe de 420 F à 493,7 F et, d'autre part, par une diminution de la valeur de l'unité monétaire de 14,95 % par rapport à l'or[259]. S'il est vrai que la dévaluation du franc du 30 décembre 1958 s'étend aux pays de la zone franc, il n'en demeure pas moins que les relations monétaires sont restées sans modifications apparentes, à l'exception du franc de Djibouti, rattaché au dollar, dont la valeur passe de 1,97 F à 2,31 F, la parité du 18 octobre 1948, 2 F pour 1 F CFA, étant restée inchangée ailleurs[260].

L'un des arguments avancés par les autorités françaises consistait à démontrer qu'il s'agissait d'une politique de redressement assurant les intérêts économiques et financiers des États membres de la Communauté. L'essor du marché commun devait nécessairement se traduire par l'accroissement des échanges internationaux, et l'expansion des économies des États membres engagée[261]. Cet optimisme n'a cependant pas permis de dissiper les inquiétudes qui en découlent, s'agissant notamment de l'équilibre du commerce extérieur des pays africains en termes d'augmentation des prix des produits importés de l'étranger et de la relance des exportations. Quant au relèvement du coût des produits importés, il convient de souligner que celui-ci était atténué par trois facteurs importants.

---

[259] ABF, 1489200302/53, dossier « La vie économique et financière de la Communauté », Bulletin d'Afrique noire n° 81 du 13 janvier 1959.

[260] Les pays indépendants de la zone franc n'avaient pas suivi la réforme ; le F marocain et le Dinar tunisien s'étaient déconnectés et valaient respectivement 1,75 F et 1,75 F métropolitain. La signature d'accords franco-guinéens écartaient toute possibilité de modification.

[261] ABF, 1466200601/22, Journal Officiel de la République française n° 7441 du 26 juillet 1959, « Avis et communications du Ministère des finances et des Affaires économiques ».

D'abord, la politique de surprix pratiquée par la France a considérablement réduit le poids des importations dans le commerce extérieur des pays africains de la zone franc.

Ensuite parce que les États étaient diversement touchés par la dévaluation. Les effets de celle-ci se sont fait sentir au niveau des prix. En France, l'indice général des prix de gros (base 100 en 1949) était passé de 144,9 en 1957 à 166,4 en janvier 1958[262]. La hausse constatée s'est répercutée dans la zone d'émission notamment sur les importations en provenance de France[263].

De la même manière, les décisions monétaires prises en Grande-Bretagne dès août 1957 ont des effets sur le coût de transport des marchandises étrangères vers l'Afrique équatoriale. En effet, le nouveau taux de change de la livre sterling a conduit à l'accroissement des frais de transport par le Nigeria vers le Nord-Cameroun et le Tchad à partir d'août 1958[264]. Le prix du ciment est passé à Fort-Lamy de 20.500 F CFA en avril 1958 à 21.500 F CFA en août.

En ce qui concerne les frets, les effets de la dévaluation sur le prix des transports maritimes n'ont pas pu être mesurés par les autorités monétaires. Pour limiter les pertes, il a été décidé que les droits et taxes d'entrée continueraient à être calculés sur la valeur en tonne au cours des devises en vigueur à la date d'achat et non de dédouanement. Cette mesure a sans doute permis aux importateurs et aux États de dégager des marges financières substantielles. On peut cependant regretter le manque de données statistiques, puisqu'il empêche toute tentative d'appréciation de l'efficacité de la mesure.

L'inflation importée a donc été importante. Comme en France, où l'indice des prix de détail à Paris a progressé de 8,9 % entre décembre 1957 et décembre 1958, la hausse des prix à la consommation des

---

262 Voir à ce sujet, Béatrice Touchelay, « mesurer l'inflation, un processus délicat. L'exemple de l'Insee durant les années 1970 », in Michel-Pierre Chélini et Laurent Warlouzet (dir), *Calmer les prix. L'inflation en Europe dans les années 1970*, Paris, Mission historique de la Banque de France, Presses de Sciences Po, 2016, p.84 et suivant.

263 Institut d'émission de l'AEF et du Cameroun, Bulletin mensuel n° 31 de janvier 1959, p.192 et suivant.

264 *Ibid.,*

ménages a continué dans les États de l'Afrique équatoriale et du Cameroun. Au Tchad, la suppression du versement de la subvention des frais de transit par le Nigéria s'est soldée par une accélération des prix sur l'ensemble des marchandises[265]. Le blocage des prix décidé le 27 décembre 1959 n'a cependant pas permis de les contenir. On a par ailleurs songé, dès le 2 janvier 1959, à la possibilité de procéder à des aménagements fiscaux pour les produits de grande consommation, tels que le sucre, la farine et le sel[266].

Au Gabon, on ne dispose pas d'informations sur le niveau réel des prix et leurs effets sur la consommation des ménages. Deux ordonnances ont été prises le 2 janvier 1959, la première pour renforcer le blocage des prix et la seconde pour fixer le cadre réglementaire de référence pour l'homologation des prix de produits de première nécessité arrivant sur le territoire.

Enfin, le fait que les pays cités plus haut n'aient pas suivi la démarche collective est à prendre en compte pour comprendre les dynamiques commerciales. En effet, depuis 1957, l'Afrique équatoriale française (A.E.F) avait importé pour 2,457 millions de francs CFA de marchandises du Maroc, dont 1.321 millions pour le groupe Sénégal-soudanais-mauritanien. Elle a par ailleurs acheté au Vietnam pour 3 milliards de F CFA de marchandises, principalement du riz[267].

En revanche, les exportations ont été facilitées par la dévaluation, à condition que celle-ci rende les prix français compétitifs sur le marché mondial dont la conjoncture était défavorable aux productions africaines. Seules les exportations du bois et du cacao se trouvèrent dans une situation favorable, en dépit de la concurrence des bois tropicaux des territoires britanniques et belges.

Ainsi l'Afrique-Équatoriale française (AEF) a exporté 236000 tonnes de bois vers la zone franc, tandis que 315 000 tonnes ont été vendues à l'étranger. Quant à la Côte d'Ivoire, elle a vendu 41000 tonnes de cacao à l'étranger en 1957, contre 25 000 tonnes dans la zone franc. Au cours de la même année, le Cameroun a exporté 36 000 tonnes de cacao

---

[265] *Ibid.*,

[266] AFP, 3 janvier 1959.

[267] Bulletin d'Afrique noire n° 81 du 13 janvier 1959.

contre 17 000 tonnes dans la zone franc[268]. Il apparaît donc que l'essentiel du commerce se fait extra-zone.

En outre, une disposition complémentaire relative à l'extension du régime de quasi-convertibilité aux investissements étrangers dans la zone a été prise dans l'avis n° 664 de l'Office des changes en date du 28 décembre 1958.

Lors d'une réunion du Conseil exécutif de la Communauté du 4 février 1959 à Paris, la question du rôle des États membres de la Communauté dans la gestion des institutions chargées de conduire la politique monétaire et financière commune a été posée. Mais cette demande ne fait pas l'unanimité et la France considère que le Comité monétaire de la zone franc, un organisme paritaire, constitue un cénacle idéal à la gestion collective de la monnaie. Or depuis 1959, le Comité monétaire de la zone franc ne joue plus un rôle décisif et son fonctionnement n'est plus compatible avec le nouveau cadre institutionnel. Depuis la sortie du Maroc, la Tunisie et la Guinée[269], le Comité monétaire de la zone franc ne s'est plus réuni. Pour pallier cette difficulté, les ministres africains des Finances ont voulu instituer un organisme qui remplirait les mêmes missions, c'est-à-dire un Conseil national de crédit élargi[270].

Après de longues négociations, les accords de coopération ont conduit à la mise en place d'un système de gestion collective de la monnaie. Ce n'est que par la suite que le Comité monétaire de la zone franc sera supprimé au profit des comités monétaires nationaux dont les pouvoirs vont être restreints, puisqu'une « certaine souveraineté monétaire » est exercée par le Conseil d'administration des deux banques centrales[271]. La France garde une influence sur le cadre monétaire postcolonial et organiser défensivement la monnaie constitue pour elle un enjeu

[268] *Id.*

[269] Voir Elisabeth Schmidt, *Cold war and decolonization in Guinea (1946-1958),* Athens (Ohio), Ohio University Press, 2007 ; Muriel Devey, *La Guinée,* Paris, Karthala, 1997 ; Sylvain Camara, *La Guinéé sans la France,* Paris, Presses de Sciences Po, 1976 ; Olivier Feirtag, *Wilfrid Baumgartner (1902-1978), un grand commis à la croisée des pouvoirs,* Paris, CHEFF, 2006.

[270] AN, Archives Jacques Foccart, 5 AG F/2773, dossier : « Participation des États membres à la politique monétaire », note du 29 avril 1959, Secrétaire général à l'attention du président de la Communauté.

[271] Les deux banques centrales ne jouissent pas du même degré d'autonomie : la BEAC est plus dépendante des États que ne l'est la BCEAO.

décisif.[272] Le comité des ministres des Finances des États de la Communauté franco-africaine apparaît comme le produit ou le moyen d'expression des rapports de force entre États.

3. 3. Le Comité des ministres des Finances : un réceptacle impuissant de l' « hégémonie française » au sein de la zone franc ?

Le 29 avril 1959, le Comité de compétences, une équipe d'experts créée à titre temporaire au lendemain de la première réunion du conseil exécutif[273], les 3 et 4 février 1959 à Paris, a présenté un rapport préliminaire de mission relatif à la politique monétaire, économique et financière commune. Le Comité offre aux ministres des Finances l'opportunité de défendre leurs idées et de faire de cet organe technique un instrument politique au service de leur cause. C'est ce qui ressort d'une note de synthèse adressée au président Charles de Gaulle, dans laquelle la direction du Trésor estime que « les ministres africains ont émis [exprimé] la volonté de transformer le Comité des ministres en institution permanente, à compétences élargies, que le ministre chargé des affaires communes devrait obligatoirement consulter sur la quasi-totalité des décisions.[274] » En adoptant cette stratégie, les ministres africains veulent faire en sorte que l'exercice local des responsabilités soit le prolongement du déploiement de la compétence commune.

Lorsqu'un problème se présente au niveau local, sa résolution n'implique plus mécaniquement l'intervention des autorités centrales, mais davantage celle du Gouvernement en place. En agissant ainsi, ils ont tenté d'écarter l'idée de se soumettre au cadre fixé par un fonctionnaire français en poste dans leurs États et dont les manières d'agir et de penser sont à l'opposé du système qu'ils envisagent de mettre en place et pour lequel ils n'ont qu'une compétence limitée.

---

[272] François Bloch-Lainé, La zone franc, Paris, PUF, 1956, p.9.

[273] Jean Pierre Bat, *Le syndrome Foccart. La politique française en Afrique, de 1959 à nos jours,* Paris, Gallimard, 2012, p.99 ; Paul Isoart, « Le Conseil exécutif de la Communauté », dans Charles Robert-Ageron et Marc Michel, *L'Afrique française à l'heure des indépendances,* op.cit., p.255.

[274] AN, Archives Jacques Foccart, 5 AGF/2773, dossier : « Conseil exécutif de la Communauté », note de la Direction du Trésor à l'attention du président de la Communauté à propos du rapport relatif à la monnaie et la politique économique et financière communes, 29 avril 1959.

De leur côté, les autorités françaises ont dû faire quelques concessions très ambiguës. La réorganisation du cadre réglementaire des changes est l'occasion d'élargir les compétences des offices locaux des changes et de rendre plus concrète la répartition des responsabilités des États africains dans leur gestion. Ce qui n'est pas sans risque puisque les agents qui relèvent du Ministre des Finances sont alors subordonnés aux autorités locales dans l'exercice de leurs fonctions : « le commandement ne se divise pas[275] ».

Le problème est ainsi posé : la réorganisation de la réglementation des changes est pour certains responsables africains une occasion de parvenir au contrôle de la monnaie, que ce soit au niveau du régime interne et/ou du régime externe. Sur cette question, le bras de fer entre Léon Mba, Premier ministre du Gabon et André Postel-Vinay, Directeur général de la CCCE, du fait que ce dernier ait nommé le directeur de l'Office des changes du Gabon en violation de l'accord de coopération, est caractéristique des rapports de force qui se déploient au sein de la Communauté franco-africaine. Dans une lettre adressée, le 12 octobre 1960 à Jean Foyer, Secrétaire d'État aux relations avec les États de la Communauté, Léon Mba conteste sans détour cette décision en indiquant que :

> « …la Direction générale de la Caisse centrale est parfaitement habilitée pour la nomination d'un directeur de la Caisse centrale sans que le gouvernement gabonais n'ait à intervenir. Par contre, il apparaît que l'esprit et la lettre de l'accord précité [article 16 de l'accord de coopération monétaire franco-gabonais] ne sont plus respectés lorsque cette direction générale nomme en outre, de sa propre autorité, un directeur de l'Office des changes. Bien que ce soit par délégation des autorités monétaires centrales de la zone franc que l'Office des changes du Gabon est placé sous l'autorité administrative de la République gabonaise, il n'en reste pas moins vrai que dès la première opération, l'accord que nous avons signé et que nos parlements ont ratifié n'eut pas été respecté. Dans ces conditions, je me vois dans l'obligation de ne pas considérer M. Laveugle directeur de l'Office des changes gabonais nommé par la Caisse centrale au Gabon (…). Je vous informe que je prends mes

[275] *Id.* Note de la direction du Trésor au président de la Communauté, 29 avril 1959.

> dispositions pour la nomination d'un directeur de l'Office des changes à compter du 1er novembre 1960, et qu'à cet effet je demanderais l'agrément des autorités monétaires centrales de la zone franc[276]... »

Cette crise de légitimité rend compte de deux phénomènes essentiels. D'un côté, la complexité des missions assignées à la Caisse centrale après l'indépendance. Elle intervient à la fois comme génératrice de l'assistance technique dans des domaines régaliens de l'État et comme partenaire de développement. De fait, ce rôle central qu'elle est amenée à jouer lui confère plus de marges de manœuvre dans un contexte institutionnel ambigu : le fait de subordonner la nomination par un gouvernement d'un responsable administratif à l'autorisation des autorités centrales peut prêter à confusion et faire place à une diversité de possibilités. D'ailleurs le décret n° 57460 du 4 avril 1957 pris en application de la loi du 23 juin 1956 fait obligation aux États de la zone franc à ne s'endetter qu'auprès de la CCCE et aux établissements publics de crédit. Ce système a été renforcé dès les indépendances et apparaît indéniablement comme une forme de protectionnisme financier. Et les diverses conventions signées entre le Gabon et cette institution ont le mérite de renforcer cette contrainte : le gouvernement gabonais ne peut emprunter sur le marché financier sans l'accord préalable de la Caisse centrale. Avec l'indépendance, l'émission d'emprunt sur le marché financier n'impliquait plus désormais qu'une garantie signée par le ministre français des Finances.

De l'autre, la volonté clairement affichée par les responsables africains de contrôler les institutions qui confèrent à l'État son existence réelle et son affirmation est subordonnée à l'expression concrète de la légitimité politique. Celle-ci n'est que relative puisque le gouvernement n'assure qu'une gestion administrative des structures techniques pour lesquelles les agents sont fournis par le gouvernement français. Tout compte fait, c'est au cours de la deuxième session du Comité des Affaires économiques et financières de la Communauté, tenue à Paris du 29 février au 2 mars 1960, sous la présidence M. Calvet, premier Sous-Gouverneur de la Banque de France, que les représentants de la Côte

---

[276] AN, Archives Jacques Foccart, 5 AGF/2878, dossier : « généralités sur les problèmes monétaires », Lettre du Premier ministre gabonais, Léon Mba, à Jean Foyer, Secrétaire d'État aux relations avec les États de la Communauté, 12 octobre 1960.

d'Ivoire[277] ont clairement exprimé leurs vues, à savoir la possibilité de contrôler la politique monétaire. Ils estiment que leur gouvernement entendait pouvoir disposer de toutes ses ressources de change pour ses exportations, mais aussi de rentrer en relation directe avec les bailleurs de fonds étrangers auxquels ils proposent des conditions très avantageuses pour les attirer[278].

Cette position est désormais fondée sur un couplage de la politique monétaire avec une politique économique. Ce raisonnement repose sur l'idée que l'appartenance à une même zone monétaire, une même zone de libre-échange et donc d'un marché organisé serait le moyen d'assurer le développement économique recherché. La monnaie commune servirait alors à valoriser les matières premières exploitées, en même temps qu'elle assurerait l'ouverture des États vers l'extérieur. La question de savoir si les États africains pourraient jouir de leur souveraineté monétaire reste sans perspective puisqu'eux-mêmes n'ont aucune idée sur la nature ni sur l'étendue des compétences qu'ils comptent exercer à cet effet.

Pour le directeur du Trésor d'alors, Pierre-Paul Schweitzer,

> « Le Premier ministre doit intervenir pour rappeler que la République française à laquelle revient la charge de défendre la monnaie commune et de couvrir le déficit de la balance

---

[277] Qu'on ne s'y trompe pas ; cette position est caractéristique des divergences politiques entre les États de l'Entente et le reste de la Communauté sur la légitimité de celle-ci. Pour eux, la seule Communauté qui vaille est celle portée par de Gaulle le 28 septembre 1958. En revanche, sa rénovation traduit indubitablement une formule politique due aux initiatives du Mali en 1959 et pour laquelle ils ne sont pas parties prenantes, même s'ils reconnaissent qu'il n'y a pas d'incompatibilité entre l'indépendance et l'appartenance à la Communauté puisque les accords passés sont intervenus dans un cadre constitutionnel nouveau. Ils ne veulent pas faire partie de ce groupe dont les liens peuvent être distendus avec la France. Par exemple, le président de la Haute-Volta, Maurice Yameogo déclarait que son pays ne fait pas partie de cette structure, tandis que le président Félix Houphouët Boigny, dans un discours prononcé le 2 janvier 1961 à l'Assemblée nationale, souhaitait que la question ne lui soit pas posée afin de ne pas avoir à y répondre. L'instrumentalisation de la monnaie et de l'aide financière est une façon de légitimer une orientation politique plutôt qu'une revendication structurée autour des objectifs politiques et économiques clairs.

[278] AN, Archives Jacques Foccart, 5 AGF/2878, Note de la direction du Trésor au président de la Communauté à propos de la tenue de la deuxième session du Comité des Affaires économiques et financières de la Communauté, 29 février au 2 mars 1960.

> commerciale de la plupart des États doit avoir en cette matière un rôle prééminent[279]. »

Le propos du directeur du Trésor insiste sur un problème crucial : la garantie monétaire. Les autorités françaises entendent faire valoir l'idée que la garantie monétaire apportée par la France ne peut être maintenue qu'à condition que les États africains renoncent à leur projet d'autonomie monétaire.

À l'exception de la question relative à la modification de la parité du F CFA qui revient au président de la Communauté, d'autres questions n'ont fait l'objet d'un partage de responsabilités que progressivement en raison du fait que les négociateurs français fonctionnaient eux-mêmes par tâtonnement[280].

Le projet visant la modification de la parité du F CFA est abandonné. Dans une note adressée au président de la Communauté, J-N. Mathieu justifie cette préconisation par la diversité des économies de la zone franc. Il craint aussi des « répercussions sur les États à statut particulier, le Cameroun et le Togo et de ce fait avoir des conséquences politiques inutiles dans un contexte difficile. La dévaluation cause toujours des

---

[279] *Id.,*

[280] Les éléments de langage étaient fondés sur la déclinaison systématique et sans détour des problèmes qui sous-tendaient les revendications des responsables politiques africains. Cette ligne est défendue par André Postel-Vinay qui entend développer la coopération entre la CCCE et les nouveaux États sur le financement des projets de développement ; M. Poniatowski et M. Montremy émettent des réserves en faisant valoir l'inefficacité de cette stratégie dans les négociations avec le Maroc. Le cabinet du Premier ministre milite, pour sa part, et en accord avec la Direction du Trésor sans doute, pour une opacité autour des questions liées à la fixation des parités franc CFA et franc, y compris le fonctionnement des offices des changes afin de les régler progressivement. L'option retenue consiste à faire intervenir le Premier ministre pour trancher en faveur du maintien de l'autorité au regard de l'effort réalisé dans le partage des compétences. On cherche aussi à utiliser l'aide financière comme moyen de pression : elle est la contrepartie de la limitation de la souveraineté. Il est aussi question de capitaliser l'idée (mythe) de développement pour être en accord avec les positions des responsables africains lors des négociations des accords de coopération. La zone franc est alors qualifiée habilement de zone de solidarité, de coopération et de développement. Cette philosophie convient aux responsables africains qui voulaient transformer la zone franc en raison du fait qu'elle était devenue contraire à l'idée qu'ils se faisaient de l'indépendance et du développement. Cette perspective a toujours nourri les débats sur son efficacité et sa modernisation. Le mémorandum présenté au début des années 1970 par les pays ouest-africains est fondé sur cette philosophie.

troubles dans les mouvements des capitaux et des inquiétudes dans le commerce et les investissements[281]. »

Si la stabilité recherchée par les autorités françaises ne peut être obtenue par la modification de la parité, la meilleure solution consisterait à maintenir l'organisation monétaire telle qu'elle existait. Si les experts africains critiquent vigoureusement le fait que le ministre français des finances soit le seul maître de la gestion de la monnaie (dévaluation, création de la monnaie à caractère inflationniste, encaisse, les trésors locaux étant des relais du Trésor français ; les banques centrales dépendent de la Banque de France et les programmes d'importations et exportations sont fixés par la DREE.), le comité des ministres des finances dont ils font partie demeure le réceptacle adroit de l'hégémonie française dans le contrôle de la politique monétaire par le biais du régime financier nouveau.

La seule innovation tient à la nouvelle organisation des instituts d'émission au regard de l'application des recommandations issues des réunions du comité des ministres des finances et des Affaires économiques des 17, 18 et 19 mars 1959. L'ordonnance du 4 avril 1959 prévoit l'association des dirigeants français dans la gestion de l'émission de la monnaie par les banques centrales.

3.4. La constitution d'un réseau de comptables publics et le contrôle de l'émission de la monnaie en zone franc, 1959-1965

Les débats sur la conduite des finances publiques par les Africains sur leurs territoires se sont posés dès le milieu des années 1950. Dans la foulée du vote de la loi sur l'autonomie financière des États, François Bloch-Lainé, dans son livre sur la zone franc, fait état des aspirations que les Africains pourraient nourrir en vue de gérer leurs finances publiques. Il précise néanmoins que cette autonomie demeure malgré tout subordonnée à l'acquisition d'une maturité politique suffisante et

[281] AN, Archives Jacques Foccart, 5 AGF/2773, dossier « Comité des Affaires économiques et financières de la Communauté », note de J-N. Mathieu relative au maintien de la valeur du F CFA, 10 avril 1959.

en plus un contrôle doit être assuré [282]en tout état de cause. Le meilleur moyen, poursuit-il, « de rendre la tutelle nécessaire aussi légère que possible dans l'application est de faire désigner par le ministre des Finances un fonctionnaire métropolitain chargé de la direction des finances locales[283]. »

Jusqu'en 1958, ce raisonnement était légitime puisque les relations de trésorerie étaient régies par le principe de l'unité de trésorerie. Les besoins de trésorerie étaient couverts au niveau des territoires par le Trésor français. Le principe d'unité de compte était garanti par le décret du 30 décembre 1912 pour l'exécution des opérations de la France métropolitaine à l'égard de ses dépendances d'Outre-mer. Les États ont une seule caisse et un seul comptable. Ils n'ont pas de trésors propres[284], puisque la centralisation des fonds libres des territoires d'outre-mer était assurée par le Trésor français sur l'écriture distincte de « service local »[285].

D'un point de vue technique, ce compte retraçait essentiellement des opérations du budget local et des comptes hors budget. Compte tenu du fait qu'il ne représentait pas l'ensemble des postes, les fonds des collectivités secondaires et des établissements publics étaient comptabilisés distinctement. Les opérations des offices postaux obéissaient à la même procédure, du fait de l'augmentation de leur volume au regard du développement des opérations du service des chèques postaux[286].

Les changements induits par l'adoption de la nouvelle Constitution ont fini par détricoter l'équilibre des services du Trésor. Le statut d'État accordé aux anciennes colonies leur confère de fait le droit de gérer leur comptabilité propre. Il se pose alors la question de la séparation des services qui, comme pour les questions monétaires et en raison de leur

[282] François Bloch-Lainé, *La zone franc,* Paris, PUF, 1956, p,20

[283] *Ibid.*, p,26

[284] *Ibid.*, les États du Cambodge, du Laos et du Vietnam avaient depuis le 30 septembre 1951, date de l'entrée en vigueur des accords de Pau, leurs propres trésors. Ceux-ci échappaient à l'autorité administrative de la France bien avant leurs indépendances. Depuis les accords de 1955, la Tunisie a pu jouir de la même possibilité.

[285] BCEAEC, Bulletin mensuel n° 42 de janvier 1960, p.19 et suivant.

[286] BCEAEC, Bulletin mensuel n° 42 de janvier 1960, p.19.

complémentarité, représente à la fois un défi politique et technique. En effet, les premières réserves viennent de la Banque centrale. Celle-ci corrèle le fonctionnement optimal du Trésor à sa capacité à mobiliser des ressources financières à tout moment afin d'accomplir sa mission de banquier[287]. Ce qui pose problème puisque l'insuffisance de l'épargne et l'absence d'un marché financier dans les États d'Afrique équatoriale ne permettent pas d'assurer le placement des émissions d'emprunts[288]. Dans ces conditions, la Banque centrale restait alors l'ultime recours à travers des avances de trésorerie que les États pourraient solliciter d'elle. Cette crainte était réelle. Le deuxième problème était d'ordre opérationnel. Le fonctionnement d'un trésor suppose la formation d'un personnel. Or, tous les nouveaux États sont confrontés à un déficit de personnel.

Dans une lettre adressée le 9 décembre 1958 au directeur du Trésor, le sous-directeur de la comptabilité publique exprime clairement ses inquiétudes concernant les problèmes fondamentaux suscités par l'inévitable modification du service du Trésor[289]. En effet, l'application des dispositions constitutionnelles s'est traduite par des tensions entre la Rue Oudinot et le ministère des Finances. Et pour cause, la direction du Trésor et celle du Budget ne veulent pas que le ministère de la France d'outre-mer, qui a déjà pris de l'avance dans les discussions avec les responsables politiques africains, puisse arrêter une position sans leur accord. Au cœur de cette crise de légitimité se trouve le rôle que doit jouer le service du Trésor dans le contrôle du régime financier des États indépendants. Le ministère des Finances fait face à deux situations institutionnelles différentes. Il y a d'un côté le statut des territoires d'outre-mer ne nécessitant aucune modulation puisque le Trésor demeure un service d'État. Et de l'autre côté, il y a le cas des États membres de la Communauté dont la résolution du problème ne peut s'opérer qu'en référence à ses propres dispositions constitutionnelles. Or suivant cette logique, le Trésor apparaît comme un service communautaire, du fait que l'exécution des opérations financières et comptables constitue un élément du déploiement de la politique

---

[287] BCEAEC, Bulletin mensuel n° 53 de janvier 1961, p.22.

[288] *Ibid.,*

[289] CAEF, Fonds direction du Trésor, carton : PH : 083/86-10, dossier : « BEAC, rapport des censeurs sur les comptes de l'exercice 1973-1975 », Lettre du Sous-directeur de la comptabilité publique pour la direction du Trésor au directeur à propos du service du Trésor dans les territoires d'Outre-mer, 9 décembre 1958.

financière commune. Ce qui a priori ne pose pas problème puisque le cadre institutionnel est ambigu sur la délimitation des responsabilités entre les États de la Communauté.

Mais la cohérence du système n'est tenable que dans un contexte d'homogénéisation de l'exécution des opérations comptables. Dans une lettre adressée au ministre de la France d'outre-mer, le 23 décembre 1958, le ministre des Finances et des Affaires économiques explique que le service du Trésor ne peut constituer qu'un service commun, dans la mesure où :

> « Les institutions de la Communauté auraient les plus grandes difficultés pour suivre la mise en œuvre de la politique financière commune si l'exécution des opérations financières des États membres était confiée à des services différents, organisés sur des bases différentes et relevant d'autorités différentes. En raison des liens politiques, économiques et financiers qui uniront les États membres de la Communauté, il sera nécessaire d'effectuer, dans chaque État, des opérations financières pour le compte des autres et pour le compte de la Communauté : l'exécution de ces opérations sera beaucoup plus aisée et moins onéreuse s'il continue à exister, dans l'ensemble des territoires devenus membres de la Communauté, un réseau unique de comptables publics. Du fait des relations étroites entre monnaie et Trésor, il sera difficile à la Communauté d'exercer valablement la compétence que la constitution lui reconnaît en matière de monnaie si le réseau des comptables publics échappait en partie à l'autorité du ministre des finances de la République, chargé de fonctions générales au sein de la Communauté[290]. »

La constitution confère le contrôle de la monnaie et de la comptabilité publique au ministre des Finances. Il a donc la charge de conduire techniquement la politique financière commune et de rendre perpétuels les liens de trésorerie même après l'indépendance des États. Dans ce sens, le changement de tutelle créerait des dysfonctionnements qui nuiraient gravement à la stabilité du système dont les effets ne se limiteraient pas au seul niveau des États africains.

---

[290] CAEF, Fonds direction du Trésor, carton : PH : 083/86-10, dossier : « BEAC », lettre du ministre des Finances et des Affaires économiques, Antoine Pinay au ministre de la France d'outre-mer, 23 décembre 1958.

À noter que le ministre de la France d'outre-mer ne s'occupe qu'indirectement des questions économiques et financières. Le cadre théorique dans lequel doivent évoluer les nouvelles relations entre la France et les nouveaux États, dans les domaines monétaire et financier, constitue le point de conflictualité entre les deux ministères. Les incertitudes politiques que suscitent les rapports de force au sein de la Communauté nourrissent une méfiance à l'égard du ministère de la France d'outre-mer. Il se défend pourtant en faisant valoir l'idée que la politique de coopération de la France, à l'égard des États de la Communauté, qu'il est chargé constitutionnellement de suivre concerne aussi bien le domaine politique qu'économique et financier. Il n'y a pas de délimitation de champs d'intervention pour chaque institution. Car, précise Jean Foyer :

> « L'accession à l'indépendance de certains États fera d'ailleurs disparaître la notion de compétence commune [point sur lequel le ministre des Finances tient constitutionnellement sa légitimité] telle qu'existait dans la communauté institutionnelle. Cette évolution rend d'autant plus nécessaire une coordination de tous les problèmes posés par les relations avec ces États. Les conventions fixent les opérations comptables, les possibilités d'intervention des trésoriers et du contrôleur financier, la réglementation dont ils auront à faire usage et les autorités dont ils dépendent. Je dois être associé à leur rédaction[291]. »

D'une part, la compétence commune dévolue au ministère des finances dans la communauté institutionnelle n'est plus pertinente dans le cadre d'une nouvelle forme de communauté consentie et tirant sa légitimité des accords de coopération. Dans cette dynamique, la polarisation d'acteurs sur la scène internationale nécessite une répartition des prérogatives afin de préserver et concilier au mieux les intérêts de la France et ceux des nouveaux États. Cette forme de libéralisation des responsabilités peut être lue comme une forme d'acceptation de la souveraineté revendiquée par les États et celle-ci peut s'avérer contreproductive à court terme. La seule façon d'écarter cette perspective consiste pour le ministère des finances à s'imposer comme gardien de l'orthodoxie.

[291] CAEF, Fonds direction du Trésor, carton : PH : 083/86-10, lettre de Jean Foyer, Secrétaire d'État aux relations avec les États de la Communauté au ministre des finances et des Affaires économiques, 15 avril 1960.

D'autre part, l'apparente dichotomie développée insidieusement par la Rue Oudinot montre que le ministère des finances n'avait pas su anticiper les dynamiques politiques ; ce qui explique le fait que la juxtaposition de ces deux temporalités, politique et financière, se soit faite progressivement. Il est possible que le ministère des finances soit plus conservateur que le ministère de la France d'Outre-mer, ne serait-ce que sur la méthode, même si la garantie des intérêts financiers de la France constitue leur dénominateur commun.

De toute évidence, l'accession d'un État à l'indépendance ne peut que conduire ce dernier à élaborer sa politique budgétaire propre. Un service du Trésor commun pourrait alors perdre toute légitimité à conduire des opérations financières pour le compte de cet État. Les Trésors sont donc institués dans chaque État. Mais les liens de trésorerie restent néanmoins maintenus sur la base de l'assistance budgétaire et technique. Le projet présenté par le ministère de la France d'outre-mer se présente comme suit :

> « Le Trésor public dispose d'encaisses locales, mais il doit consentir aux gouvernements locaux, en cas d'insuffisance des fonds libres déposés au Trésor, les avances de trésorerie nécessaires à l'exécution des dépenses. En cas d'insuffisance des fonds libres, aucune dépense du budget local ne peut être réglée par le comptable, qui doit refuser de viser les mandants qui lui sont soumis…la gestion des découverts était concevable dans un contexte où la France contrôlait les finances publiques de ces territoires et [est] moins défendable dans celui de l'indépendance. La création des Trésors locaux est devenue indispensable pour la sauvegarde des intérêts du Trésor public : l'unité de trésorerie a fait son temps (…) L'assistance d'une puissance étrangère, si elle n'est pas octroyée avec l'agrément de la France, présente des inconvénients évidents, politiques et monétaires. Un État qui obtiendrait une telle aide à défaut et contre le gré de la France ne pourrait certainement pas continuer à rester longtemps dans la zone franc. Tant que les instituts d'émission des pays d'outre-mer sont sous contrôle des autorités centrales de la zone franc, le Trésor est engagé en contrepartie à couvrir sans limitation les transferts en provenance de cette zone. Il serait ainsi difficile de contenir, dans ces conditions et dans les proportions acceptables, les avances de l'Institut d'émission et l'inflation ainsi créée serait transférée sans aucune

> limitation sur la Métropole. Le seul moyen acceptable de renflouer les trésoreries locales réside dans l'octroi d'avances du Trésor public, gagées en France par des crédits budgétaires[292]. »

Ce projet est écarté, car jugé peu réaliste au regard du contexte. De l'aveu même d'Antoine Pinay, ministre des Finances et des Affaires économiques :

> « Le projet présenté par le Ministère de la France d'outre-mer, non seulement contient des dispositions dont je ne puis, même dans le cadre de la collaboration technique, accepter de partager la responsabilité, mais encore peut être considéré par les États, du fait même de sa teneur et de celle de la note de présentation, en matière de comptables et de comptabilité publique, comme préjugeant le statut du service du Trésor de la Communauté[293]. »

Les critiques formulées à l'égard de ce projet sont fondées sur l'idée que la présentation d'un projet de règlement financier aux États ne peut se faire qu'à condition que le problème de trésorerie commune ait été réglé.

De ce fait, la Convention du 11 juillet 1959 a permis de fixer les liens entre le Trésor français et les trésors nouvellement créés dans les États. En revanche, les avances du Trésor français aux trésors locaux et leurs disponibilités au Trésor français sont définies par accord spécial, afin de l'articuler autour de la convention préparée conjointement avec le ministère de l'Aide et de la Coopération. Ces avances sont garanties par l'article 153 de l'ordonnance n° 58-1374 du 30 décembre 1958 portant loi de Finances pour l'année 1959. Ils peuvent recevoir trois types d'avances : celles sur recettes budgétaires, les avances sur subventions et les avances exceptionnelles.

La première catégorie est définie par l'article 34 de la loi du 31 décembre 1953. Originellement créée pour aider les territoires à faire

---

[292] CAEF, Fonds direction du Trésor, carton : PH : 083/86-10, Lettre de Jean Foyer au ministre des Finances et des Affaires économiques, 15 avril 1960.

[293] *Id.,* Lettre d'Antoine Pinay, ministre des Finances et des Affaires économiques au Secrétaire d'État au relation avec les États de la Communauté, Jean Foyer à propos de l'évolution du régime financier, 19 janvier 1959.

face aux déséquilibres budgétaires ponctuels, cette facilité reste contraignante puisque l'État concerné doit se résoudre à une double contrainte : celle de respecter le plafond de ces avances et le délai de remboursement limité au 31 décembre.

La deuxième catégorie est fondée sur le préfinancement des subventions escomptées, notamment celles susceptibles d'être versées par la France. Il y a en dernier lieu des avances exceptionnelles ; elles sont accordées au titre de l'article 70 de la loi du 31 mars 1932. Ce versement est destiné à servir d'appui aux avances sur subventions. Il s'agit d'un prêt à moyen terme, d'une durée de deux ans dont les intérêts sont forfaitairement fixés à 2,5 %[294].

Pourtant, cette organisation comptable soulève des inquiétudes en raison du fait que des dépenses françaises importantes continuent à être effectuées dans ces États, et que le service du Trésor peut être amené à exécuter des opérations de recettes et de dépenses pour le compte de l'un ou l'autre des États. Il fallait donc fixer de façon précise les modalités techniques de ces relations de trésorerie, à condition que la séparation des services ne puisse pas paralyser leur fonctionnement.

Ainsi, un protocole annexe a permis de fixer quelques règles La mise à la disposition des États à titre provisoire pour l'exécution de leurs opérations des recettes et dépenses de l'ensemble du service est maintenue sous l'autorité du ministre des Finances[295], le contrôle financier obéissant aux mêmes directives.

En 1961, le gouvernement du Sénégal a réclamé la révision de ce protocole dont il jugeait les termes trop contraignants. Une fois l'accord conclu, les États peuvent solliciter l'aide du Trésor français, y compris les avances sur ressources budgétaires pour lesquelles jusqu'en 1959, sur proposition du ministre de la France d'outre-mer, des plafonds sont fixés annuellement pour chaque État, sans que celui-ci soit tenu de présenter la demande[296]. Dans cette configuration, les Trésors locaux

---

294 BCEAEC, op. cit.,p. 23

295 CAEF, Fonds Trésor, carton : PH : 083/86-10, dossier : « BEAC », Lettre de W. Baumgartner, ministre des Finances et des Affaires économiques à Jean Foyer, Secrétaire d'État aux relations avec les États de la Communauté, 9 mai 1960.

296 CAEF, Fonds Trésor, PH : 083/86-10, Lettre du directeur du Trésor, Maurice Pérouse, au ministre des Finances et des Affaires économiques sur les modalités

apparaissent comme des agences du Trésor français. La politique budgétaire, financière et monétaire est alors tenue par la France par le biais des accords de coopération. La séparation définitive des services du Trésor ne peut se faire systématiquement. Le ministre des finances et des Affaires économiques, Valéry Giscard d'Estaing, exprime ses réticences dans une lettre adressée à Jean Foyer le 10 mai 1961 en ces termes :

> « Il sera difficile pour le gouvernement français de prendre l'initiative de proposer aux États de la Communauté la séparation des services des trésors à cause de leur impréparation. En même temps, l'unité des services des trésors placerait la France dans l'impossibilité de refuser les avances de trésorerie dont certains États pourraient avoir besoin et conduirait à accorder aux États une aide occulte qui leur permettrait de ne pas tenir suffisamment compte des conséquences financières et monétaires de leur politique[297]. »

L'argument fondé sur l'impréparation structurelle des États est souvent mobilisé pour justifier la transmission graduelle des compétences en matière monétaire et budgétaire. Ce lien clairement établi entre les deux dimensions de la souveraineté d'un État sert alors de cadre théorique sur lequel repose la définition des avances de trésorerie.

Dans l'imaginaire politique des responsables politiques, elle constitue la contrepartie financière nécessaire à la délégation de la souveraineté tout autant qu'elle permet de résorber les déséquilibres budgétaires.

Cette facilité ne se limite pas seulement à la fourniture de la liquidité dont les États peuvent avoir besoin. Le gouvernement français peut aussi se porter garant auprès du marché financier si les États africains ou leurs institutions financières en exprimaient le besoin.

Le décret n° 60-560 du 14 juin 1960 réglemente l'octroi de la garantie de l'État français[298]. Il élargit le champ fixé par l'article 47 de la loi du

---

d'application de l'article 4 des conventions relatives aux relations entre le Trésor français et les trésors des États de la Communauté, 7 mai 1960.

[297] CAEF, Fonds direction du Trésor, PH : 083/86-10, dossier : « BEAC », lettre de Valéry Giscard d'Estaing, ministre des Finances et des Affaires économiques à Jean Foyer, Secrétaire d'État aux relations avec les États de la Communauté, 10 mai 1961.

[298] En matière de participation financière française dans le financement du développement économique, les décrets du 27 mars 1959 relatifs à l'aide et à la

31 décembre 1953. En particulier, il définit les conditions dans lesquelles le ministre des Finances et des Affaires économiques pouvait accorder la garantie du Trésor français aux emprunts contractés par les établissements ou entreprises contribuant à la réalisation du plan de développement économique et social des territoires d'outre-mer.

Dans la même veine, l'article 90 de la loi de finances pour 1960 avait disposé que ces conditions demeuraient applicables jusqu'au 1er janvier 1960 aux anciens territoires d'outre-mer qui ont opté pour le statut d'État de la Communauté. En vertu de cet article, un décret devait fixer les nouvelles règles auxquelles serait dorénavant soumis l'octroi de la garantie du Trésor à des emprunts effectués par des établissements ou entreprises pour le développement des États de la communauté.

Cette garantie offerte, au titre de l'article 1er du décret du 14 juin 1960, ne concerne que les entreprises de droit privé et concerne exclusivement une partie de leurs actions, à condition qu'elles soient consacrées à des investissements. Ceux-ci doivent contribuer au développement économique ; mais il faut une contrepartie, un régime fiscal de longue durée accordé à ces entreprises par une convention passée avec les États eux-mêmes.

Il revient à la CCCE de procéder aux études préalables à l'octroi de la garantie et à l'instruction des demandes pour le compte du Ministère des Finances (direction du Trésor) et du secrétaire d'État aux relations avec les États de la Communauté. La garantie est accordée par arrêté du ministre des Finances, après avis du Conseil de direction du Fonds de développement économique et social. Le soin d'émettre les avis est confié au comité du conseil de direction spécialisé[299] dans les questions d'investissements outre-mer. Dans cette perspective, il convient

coopération ont cependant fait l'objet d'une contestation du fait qu'ils constituent une relative régression par rapport au régime antérieur, régime dans lequel les représentants des territoires intervenaient à la fois au Parlement et au Comité directeur du FIDES. Les nouveaux textes ne prévoyant que des consultations individuelles des États pour les projets ; cette approche, s'accommodant avec la logique d'autonomie des États, suggère que les aides entrent maintenant dans le cadre de relations bilatérales. La réunion des 2 et 3 février 1959 avait permis de souligner que la coopération économique, financière et technique devait faire l'objet d'accords bilatéraux.

[299] Il est dirigé par François Bloch-Lainé, Président du conseil de surveillance de la Caisse centrale de coopération économique.

d'étudier les spécificités gabonaises, c'est-à-dire mettre en évidence l'impact de l'autonomie de la trésorerie gabonaise sur la gestion des finances publiques[300].

3.5. L'autonomisation de la Trésorerie gabonaise, 1959-1965

Lors de la transition vers l'indépendance, les opérations budgétaires se sont réalisées dans les meilleures conditions au Gabon puisque l'excédent des recettes de 446 millions de F CFA a permis d'alimenter la Caisse de réserves et de financer des dépenses supplémentaires. Le budget de fonctionnement qui était fixé à 3,670 milliards de F CFA en 1960 a été porté en cours d'année à 4,364 milliards alors que le Congo-Brazzaville, la RCA et le Tchad se sont contentés de leurs budgets de départs[301].

Tableau 18 : Évaluation de la trésorerie de l'État gabonais, 1959-1960

En millions de F CFA courants	31/12/1959	30/06/1960	31/10/1960
Budget 1959	1.477	9,8	2,1
Budget 1960	NI	956,4	1.160
Résultats budgétaires	NI	NI	446,1
Caisse de réserve	18,5	18,5	18,5
Autres opérations	-633,7	-305,3	-698
Total des opérations budgétaires	862,2	679,4	928
Comptes hors budgets	53,8	185,8	275
Collectivités administratives	164,7	79,4	58,2
Autres correspondants	133,9	159,9	190,8
TOTAL GENERAL	1.214	1.104	1.453

Source : BCEAEC, bulletin mensuel, p.23

[300] Pour une meilleure lecture du tableau qui suit, il convient de définir les différents postes. Le premier présente l'exécution du budget de 1960 et la période complémentaire du précédent exercice ; dans le poste résultats budgétaires, il y a les avances du trésor français incorporées dans l'excédent servant à alimenter la réserve de trésorerie ; les opérations hors budget sont constituées par le compte d'exécution du FIDES et du FAC dont le but est de retracer les investissements financés sur fonds publics français, les comptes d'avances octroyées par l'État gabonais aux collectivités publiques ; le dernier poste retrace les dépenses en bons de caisse, les bons de congés et les fonds de garantie des accidents du travail.

[301] BCEAEC, *op.cit.*, p.27.

Comme nous l'avons vu, l'évolution du système financier, bien qu'ayant conduit à l'institution des services de comptabilité publique locale, n'a en revanche pas permis à ceux-ci de jouir de leurs prérogatives. Le régime financier contenu dans le protocole annexe de la convention franco-gabonaise sur les trésors du 22 mars 1960, délègue l'exécution des opérations financières du Gabon et de ses collectivités territoriales au Trésor français. Celui-ci est alors amené, provisoirement, à ordonner, exécuter et contrôler les mouvements de recettes et de dépenses sur l'ensemble du territoire gabonais, conformément aux dispositions prévues par les articles 9 et 11 de la convention.

Cet arrangement peut en apparence soulever le problème de l'exercice effectif de la souveraineté budgétaire par l'État. L'un des problèmes auxquels les autorités gabonaises sont confrontées au cours des premières années de leur indépendance est l'absence des personnels nationaux formés et compétents. Destinée à apporter des solutions dans ce domaine, l'assistance technique fournie par la France, par le biais des différentes conventions, a progressivement permis à l'État gabonais de fonctionner normalement.
Ce retard peut être aussi analysé comme étant la résultante des réticences exprimées par le gouvernement français, compte tenu du rôle que doivent jouer les comptables publics dans le contrôle de l'émission monétaire. Cette analyse est confortée par la prise en compte d'une pratique assez courante qui constitue le point de jonction entre la Banque centrale et le Trésor. En effet les droits de douane émis à Libreville et à Port-Gentil[302] sont régulièrement réescomptés à la Banque centrale, même si celle-ci n'accepte en réescompte que les effets en règlement des droits d'importation.

En revanche, les droits concernant les exportations les plus importantes (Office des bois, Sociétés forestières bénéficiant d'une dérogation, etc.) sont donc encaissés à leur date d'échéance. Quant aux droits déclarés au Congo, via le port de Pointe Noire ils ne sont pas réescomptés, mais directement encaissés à Libreville par l'intermédiaire de la Banque centrale. Il s'agit donc d'un système qui permet à la Comptabilité publique de fonctionner avant recouvrement complet des recettes.

---

302 Il s'agit de la capitale économique du Gabon.

Dans une note adressée le 21 mars 1963 au Trésorier-Payeur du Gabon au sujet de l'escompte des droits de douane, le directeur de la Comptabilité publique fait état de la dégradation de la situation de la trésorerie nationale en raison des changements de structure politique. Il relève que le taux d'intérêt de retard pour la souscription des droits douaniers et perçus au profit du budget national est de 2,40 %, dont le portefeuille s'élève au 31 janvier 1963 à 673 millions de F CFA[303]. On songe même à la suppression des droits de douane soumis à l'escompte. Et l'endettement du Trésor du Gabon à l'égard de la Banque centrale est très faible, compte tenu du fait que les autorités gabonaises avaient renoncé à faire appel à ses crédits. C'est dans ce contexte que la première demande de l'avance spéciale est introduite par le président Léon M'ba lui-même en ces termes dans une lettre adressée directement au ministre français des finances :

> « La convention du 22 mars 1960 relative aux relations monétaires entre le Trésor de la République française et le Trésor de la République gabonaise prévoit la possibilité pour ce dernier de recevoir des avances du Trésor français dans le cadre des dispositions de l'article 34 de la loi du 31 décembre 1953. Jusqu'à maintenant la République Gabonaise n'a pas eu à demander l'octroi d'avance de ce genre, le déficit de trésorerie consécutif à l'écart momentané entre les recettes et les dépenses en début d'exercice étant largement couvert par les excédents antérieurs ou les avoirs en caisses de réserve (…) En conséquence, j'ai l'honneur de vous demander si vous estimez pouvoir faire bénéficier le Gabon des possibilités offertes par l'article 34 susvisé, de bien vouloir autoriser par voie télégraphique le Trésorier payeur à ouvrir dans ses écritures le compte hors budget destiné à retracer ces avances.[304] »

Dans cette lettre on remarque que l'octroi de l'avance spéciale du Trésor est encadré par un texte qui date des années 1950. L'accession à l'indépendance n'a pas conduit à sa remise en cause dans la mesure où

---

303 CEAF, Fonds Trésor, B-55944/2, dossier « Administration comptable de l'outre-mer : Gabon, 1960-1966) », note du directeur de la comptabilité publique au Trésorier-payeur du Gabon, 21 mars 1963.

304 CAEF, Fonds direction du Trésor, B-55944/2, dossier « Administration comptable de l'outre-mer : Gabon, 1960-1966) », lettre du président et chef de Gouvernement Léon Mba à Valéry Giscard d'Estaing, ministre des Finances et des Affaires économiques, 27 mars 1964.

la France et surtout les États eux-mêmes ne s'étaient pas préparés à subir la dislocation aussi rapide de la Communauté franco-africaine. Aussi dépassé qu'il puisse paraître, ce texte posait les bases d'un système de financement ayant pour vocation de faire du Trésor un instrument de stabilisation politique et financier. En deuxième lieu, il est fait mention du contexte dans lequel intervient la sollicitation de l'aide budgétaire. Celle-ci est donc destinée à résorber le déficit budgétaire et non comme moyen d'investissement.

Cette propension à s'endetter, compte tenu de l'explosion du budget de fonctionnement, constitue une tare dans le déploiement de la politique gabonaise des finances publiques. On peut dire que le gouvernement de Léon Mba était satisfait par ce système. En pratique, les modalités de versement de cette avance sont néanmoins fixées par l'article 4 de la convention entre les trésors. En effet, l'État gabonais doit justifier de la situation réelle de ses finances afin de permettre aux services du Trésor français de déterminer les conditions de prélèvement, de remboursement et le cas échéant le plafonnement au gré d'incertitudes sur les capacités de remboursement de l'avance ainsi accordée. Le comptable central du Gabon adresse chaque mois, à partir du premier versement, jusqu'au remboursement complet de la dette, la situation de la trésorerie.

Pour faire fonctionner les services de la comptabilité publique, les services de la coopération ont fourni 6 agents au Trésor, dont un agent affecté à la paierie du Trésor français à Libreville ; un Inspecteur à la direction des impôts et deux jeunes inspecteurs placés à leur disposition au titre de leur service militaire. Bernard Vinay, directeur au siège de la BCEAEC à Paris est Conseiller financier de Léon Mba[305]. Jacques E. David[306], inspecteur principal des douanes françaises est nommé directeur des Douanes et Droits indirects du Gabon en 1963. En 1965 cependant, alors que le fameux compte 33.070 qui retrace les opérations entre le Trésor français et celui du Gabon affiche un solde débiteur de plus de 116 millions de F CFA, le montant de l'avance spéciale ne permet pas de juguler le déficit budgétaire du Gabon.

---

[305]CAEF, Fonds direction du Trésor, B-55944/2, dossier « Administration comptable de l'outre-mer : Gabon, 1960-1966) », note du directeur de la comptabilité publique au Payeur auprès de l'Ambassade de France au Gabon, 13 mai 1966

[306] Il a occupé cette fonction jusqu'en 1965. Il a par la suite été nommé administrateur Principal à la Direction générale de l'aide au développement de la CEE à Bruxelles.

Le gérant intérimaire de la Trésorerie du Gabon, dans une note adressée à la direction de la comptabilité publique le 21 juillet 1965, considère que la difficulté vient des méthodes de recouvrement des droits directs qu'il faudra améliorer, faute de quoi l'avance ne servira à rien. On est donc au cœur du problème. La séparation des services des trésors permettra sans doute au Trésor français de se désengager, compte tenu du coût que cela implique.

Ainsi, Nicol Albertin, administrateur civil au bureau C2 de la Comptabilité publique est envoyé en mission au Gabon, du 17 septembre 1965 au 6 octobre 1965 dans le cadre de la séparation des services des Trésors français et gabonais. Un service de comptabilité est alors créé auprès de l'Ambassade de France au Gabon, le 1er octobre 1965[307] ; les comptables français ne doivent en conséquence correspondre qu'avec les payeurs de l'Ambassade. En outre, la direction de la comptabilité publique a autorisé officieusement le payeur du Trésor français à Libreville à apporter son concours au Trésor gabonais pour la création d'un service local des dépôts et de consignations.

En revanche, la conclusion d'une convention relative au transfert des dépôts et consignations conservés par la Caisse de dépôts et de consignations à Paris s'est heurtée à une difficulté liée au fait que les autorités gabonaises demandaient que les cautionnements aux marchés financés par le Fonds d'aide et de coopération (FAC) soient constitués auprès du Trésor gabonais[308]. Il s'agit d'un tournant important en ceci qu'il met fin au régime financier du 22 mars 1960 faisant du Trésor français l'exécutant des opérations financières du Gabon.

À la suite de la séparation le 1er octobre 1965 des trésors français et gabonais, le Gabon connaît quelques difficultés passagères de trésorerie. Pour assurer les relais à ses moyens de paiement, le Gabon a

[307] Le gouvernement français met en place un système qui a permis de faire fonctionner le Trésor public camerounais. En effet, le décret français du 8 septembre 1960 fait état de ce que les opérations exécutées pour le compte du Trésor français et de ses correspondants dans ce pays sont effectuées et centralisées par le Payeur auprès de l'Ambassade de France et n'est justiciable que de la Cour des comptes.

[308] CAEF, B- 0055944/2, Fonds direction du Trésor, B-55944/2, dossier « Administration comptable de l'outre-mer : Gabon, 1960-1966) », note du ministre des Finances et des Affaires économiques, 15 avril 1966, à la direction de la comptabilité publique sur des mesures à prendre dans les relations avec le Gabon.

fait appel aux avances remboursables en fin d'exercice[309]. En 1966, pour faire face aux impayés et à l'augmentation des dépenses de fonctionnement (1,5 milliard de F CFA alloués aux forces de sécurité en particulier) le gouvernement a fait voter de nouvelles mesures fiscales par l'Assemblée nationale[310]. Le 3 avril 1968, le Président Albert-Bernard Bongo et Maurice Delaunay, alors Ambassadeur de France au Gabon, signent une convention relative au transfert au trésor public gabonais des fonds détenus par la Caisse de dépôts et consignations[311].

D'une façon générale, les règles d'organisation du service du Trésor et de comptabilité pour mener une politique des finances publiques sont malgré tout régies par les lois françaises. Ce qui est davantage caractéristique d'une continuité et moins le signe d'une autonomie.

C'est d'autant plus vrai qu'au-delà de la trésorerie et de la désignation des responsables, le processus de suppression et de création de postes comptables doit se faire aux termes d'un accord entre les deux gouvernements. Ce qui limite, certes, la souveraineté budgétaire, mais garantit la continuité et l'efficacité du système de paiement des nouveaux États.

3.6 La liquidation de l'A.E. F en 1959 : répartition minutieuse de l'héritage colonial, reproduction du fédéralisme économique et « l'isolationnisme » gabonais

La dislocation de la Communauté franco-africaine a de fait rendu inéluctable le démantèlement de l'Afrique-Équatoriale française[312]

---

309 AN, Archives Jacques Foccart, 5 AGF/2021, dossier : « le Gabon à l'aube du plan quinquennal », note sur les problèmes budgétaires et la fiscalité.

310 Entre autres, l'augmentation de 20 % de l'impôt sur le revenu ; création d'un versement forfaitaire minimum de 3 % sur les salaires à la charge des employeurs ; création d'une contribution de défense nationale ; augmentation des taxes sur les carburants et lubrifiants et enfin, le relèvement des droits et taxes à l'importation de 8 % consécutif à l'entrée en vigueur du traité de l'UDEAC. Le produit escompté des quatre premières mesures est estimé à 600 millions de F CFA.

311 Ces fonds étaient destinés à servir de cautions de rapatriement des étrangers installés au Gabon. Cette caution couvrait aussi les marchés publics autres que ceux financés par la France. Voir, BCEAEC, bulletin n° 130 de janvier 1968.

312 Voir Joachim de Dreux-Brézé, *L'accession à l'indépendance de l'Afrique équatoriale française,* Paris, L'Harmattan, 2010 ; Andrew Cohen, *The Politics and*

(AEF). Avec une population de 4,5 millions d'habitants et un budget commun se chiffrant à 16,172 milliards de F CFA en 1959, soit un volume inférieur à celui du seul Sénégal, dépassant 17 milliards de F CFA durant la même période, cette fédération dispose d'économies très hétérogènes au sein d'un vaste ensemble éphémère. Les États sont donc devenus indépendants, certes à l'intérieur d'un système hybride dont le cadre institutionnel est lui-même devenu intenable. Réunis au cours d'une conférence à Paris le 17 janvier 1959, les Premiers ministres[313] de cette fédération « aefienne » ont rendu juridiquement possible sa liquidation par la signature d'un protocole d'accord[314]. Instituant une commission[315] chargée de définir les principes généraux régissant l'avenir des services communs, d'évaluer le patrimoine, ce protocole a permis de définir les termes dans lesquels doit s'organiser le partage.

La commission de liquidation s'est réunie en séance plénière les 26, 27 et 28 mars 1959 à Paris. À l'issue d'intenses débats, il a été décidé que les services non transférés[316] doivent faire l'objet d'une liquidation après étude approfondie. Des mesures de simplification ont alors été instituées de telle manière que les fonctionnaires de ces services soient remis à la disposition de leurs États d'origine. Ce qui a permis de régler le problème du chômage né de la suppression des postes et de recycler le personnel. Celui de l'administration a de la même façon été intégré dans chaque État.

En revanche, ceux qui n'ont pas pu être absorbés par leur État d'origine ont systématiquement été envoyés dans d'autres États. Des Français en

---

Economics of decolonization in Africa. The failled expermiment of the central african federation, New York, I. B. Tauris, 2017.

[313] Il s'agit de David Dacko, Premier ministre de la RCA, l'Abbé Fulbert Youlou, Premier ministre du Congo-Brazzaville, Léon M'ba, Premier ministre du Gabon et François Tombalbaye, Premier ministre du Tchad.

[314] Il est ratifié par l'Assemblée nationale du Gabon par une délibération du 27 janvier 1959.

[315] Elle est composée du Chef du Groupe de territoires, Yvon Bourges, du ministre Centrafricain des Finances, Abel Goumba, du ministre congolais des Finances, Vial, du ministre gabonais des Finances, André Gustave Anguilé et du ministre tchadien des Finances, Adoum Aganaye.

[316] Il s'agit entre autres, du Bureau central de la Statistique et de la mécanographie, du Bureau central des instruments de mesure, du Service de géologie et de prospection minière, des archives et bibliothèque, du contrôle de conditionnement, du Service des voies navigables et du Secrétariat du Grand Conseil ainsi que l'Imprimerie Officielle bénéficiant des modalités particulières.

poste à Brazzaville ont dû occuper des postes au sein des nouvelles administrations des jeunes États. Dans la même veine, il fallait régler la question de la Caisse des retraites de l'ancienne AEF. Dans la perspective d'étatisation des services autrefois communs, des Caisses locales de retraites ont été créées, le 1er juillet 1959. Il revient alors à chaque État d'envoyer à Brazzaville, auprès du bureau des pensions de la direction générale des finances (les bureaux fonctionnent jusqu'au 31 décembre 1959 et chaque État assure la charge financière de son propre bureau), des fonctionnaires destinés à gérer leur Caisse de retraite, de telle sorte qu'ils puissent bénéficier d'une formation technique nécessaire et prendre en charge les dossiers de pensions. Après traitement, ces dossiers ont fait l'objet d'un transfert auprès de l'État dans lequel le pensionné jouit de sa retraite.

Dans le cas où un agent est domicilié hors du territoire « aefien », son dossier est directement pris en charge par le dernier budget de son employeur. Il s'agit là d'une modalité très confuse dont on ignore les ressorts.

En ce qui concerne les dossiers non traités et qui concernent les agents intégrés avant leur départ à la retraite, leurs dossiers sont transférés à la Caisse de l'État dont ils sont dépendants. S'agissant de la situation des agents dont les dossiers n'ont pas encore été traités, en raison de leur affectation hors de l'AEF[317], la répartition s'est faite en fonction de leur statut en vue de faciliter le traitement. Reste donc à traiter le problème du partage du capital de la Caisse ainsi dissoute. La Caisse des dépôts et consignations tarde cependant à fixer les modalités, faute sans doute d'éléments comptables précis. À noter aussi que les fonctionnaires relevant désormais des cadres nationaux et précédemment classés dans la hiérarchie supérieure des cadres communs supérieurs ne relèvent pas de la caisse locale de retraites. Ils sont affiliés à la caisse locale des retraites de la France d'outre-mer.

---

[317] S'agissant des pensions gérées dans l'ancienne AOF, eu égard à l'affectation des pensionnés à la date de leur admission à la retraite, il s'agit de deux dossiers : M. Diaye Amady, ex-commis hors classe et M. Lamine N'Diaye, ex-adjudant de police. Ces dossiers sont gérés en liaison avec la Caisse de la République centrafricaine. En ce qui concerne les pensions assignées au Cameroun pour le compte du Gabon : M. Bekalet Paul, ex-moniteur agricole ; M. Ekomane Ronert, ex-infirmier principal ; M. Efoumane Adolphe, ex-infirmier principal ; M. Zoo Etienne, ex-infirmier hors classe et M. Epanga Ekambi, ex-commis des S.A.F. Les dossiers revenant au Congo : M. André Massa, ex-brigadier des douanes ; Ayants-droit de M. Aka Polycarpe, ex-moniteur et Ayants-droit de M. Jacques Hiag, ex-commis des S.A.F.

La contribution des budgets employeurs pour ces fonctionnaires est de 20 %, au lieu de 14 % pour la caisse locale. Cette différence s'explique par le fait que les budgets publics allouent en même temps une contribution d'équilibre fixée annuellement par la caisse des retraites de la France d'outre-mer.

De la même façon, les 1100 actions de la Société Immobilière de l'AEF détenues par le Groupe sont réparties en parts égales. Il en est de même de l'apport en nature de la Fédération dans le capital de la Société Hôtelière de l'AEF ainsi que des actions qu'ils détiennent dans le capital de l'Énergie Électrique de l'AEF. Les 60 millions de F CFA représentant la part de capital de la Fédération sont répartis équitablement. Au Gabon, il a donné naissance à la Banque Gabonaise de développement (BGD) afin de servir d'instrument de financement du développement.

En outre, après un inventaire précis des biens communs, les premières recommandations concernant le partage de ces biens ont alors été formulées à l'endroit des responsables politiques. Les actifs financiers, les fonds de la caisse de réserve sont partagés à parts égales au même titre que le portefeuille des valeurs mobilières.

Pour ce dernier, le partage s'est fait sur la base de sa valeur au 30 juin 1959, tandis que pour les titres non cotés seule la valeur nominale a permis de dégager la part revenant à chacun. Il est cependant difficile d'identifier avec précision la nature et la valeur réelles de ces actifs, compte tenu de la rareté et de l'imprécision des sources à ce sujet. Par ailleurs, les biens immobiliers situés hors de Brazzaville et appartenant au Groupe sont systématiquement devenus propriétés de l'État dans lequel ils sont établis.

De la même manière, ceux se trouvant dans la capitale Brazzaville, et par là même propriété du Groupe, sont revenus au Congo. Se pose alors un problème : la règle prévoyant un partage équitable des biens en parts égales est-elle représentative de la capacité contributive de chaque État dans l'acquisition de ces biens ? La réponse à cette question n'est pas évidente, tant les sources restent muettes et vagues sur la question ; nous ne disposons pas d'un inventaire précis retraçant la nature et la valeur des biens implantés dans chaque État. En outre, le partage concerne aussi les différents emprunts souscrits par le Groupe. En effet, ils sont à la charge de l'AEF, bien que garantis par l'État français.

Les charges sont alors réparties en fonction du bénéficiaire de l'emprunt et, très souvent, la commission s'est trouvée démunie puisqu'elle ne parvenait pas à identifier clairement l'État ayant bénéficié de l'investissement. Dans ce cas, l'option privilégiée consiste à répartir au quart entre États 2,9 % du service de la dette dont l'origine des opérations n'a pas été identifiée. On note néanmoins qu'une partie importante de la charge des intérêts et des amortissements a été affectée au Chemin de fer Congo Océan (CFCO) et au port de Pointe- noire qui concentrent à eux seuls, 88,4 % soit 1,622 milliard de F CFA au total. Ces deux infrastructures, essentielles au développement des échanges commerciaux en Afrique équatoriale, ont utilisé 1,435 milliard de FCFA[318]. S'agissant de la dette FIDES, elle a obéi au même principe de répartition : 3,903 milliards F CFA pour le Congo contre 3 milliards et 650 millions pour le Gabon et respectivement 3,624 milliards et 4,730 milliards de F CFA pour la RCA et le Tchad. L'Office des transports a récupéré 828 millions de F CFA contre près de 3,5 milliards de F CFA pour l'Office des PTT.

318 AN, Archives Jacques Foccart, 5 AGF/2896, dossier : « Conférence des Premiers ministres de l'Afrique équatoriale », compte rendu analytique des séances du 22 et 23 juin 1959.

Tableau 19 : Répartition des dépenses du premier programme du FIDES (en millions de F CFA courants), 1958-1959

Nomenclature	Gabon	Congo	RCA	Tchad	Transports	PTT	A ventiler	Total
Agriculture	NC	NC	70	-70	NC	NC	NC	
Ports maritimes	4226	NC	NC	NC	-4226	NC	NC	
Voies navigables	133	NC	NC	NC	-133	NC	NC	
Total	435 9	NC	70	-70	-4359	NC	NC	
TOTAUX PRIMITIFS	3 3149	3 7223	34318	45363	3317 6	826 7	765 2	
TOTAUX	3750 8	3722 3	3 501 8	4 4463	2881 7	826 7	765 2	19 9148
Répartition des dépenses en %	19,60%	19,50%	18,30%	23,30%	15%	4,30%		
Par quart	156 5	156 5	156 4	156 4	NC	NC	NC	
TOTAUX DEFINITIFS	39 422	39 031	36 951	46 603	28 862	8 281	NC	199 148
Pourcentages	19,79%	19,60%	18,55%	23,40%	14,49%	4,16%	NC	
Paiements au 30 juin 1958	27 153	17 432	2 311	40 816	7 143	362	NC	119 274
Utilisation prévue reliquats	2 165	2 948	1 336	4 269	2 309	1 591	NC	14 618
TOTAUX	29 318	20 381	24 446	45 085	9 452	5 211	NC	133 892
Pourcentages	21,89%	15,22%	18,25%	33,67%	7,06%	3,89%	NC	

Source : Journal Officiel de l'Afrique équatoriale française du 1er mai 1959

Le Tchad et la RCA absorbent une bonne partie des dépenses, en valeur nominale (tableau 19). En proportion, c'est au Gabon et au Tchad que les dépenses se sont concentrées au 30 juin 1958. Dans le premier pays, les efforts portent sur l'aménagement du port d'Owendo afin de se libérer de la contrainte de faire transiter le manganèse via le port de Pointe- Noire, au Congo.

Au regard de ce partage, il est décidé que le service de la dette sera versé à la Caisse centrale de la coopération économique (CCCE) sur la base des accords que chacun des États doit signer avec celle-ci. Cette procédure vaut à la fois pour les avances consenties au Groupe par la Caisse centrale de la France d'outre-mer, pour diverses opérations immobilières, ainsi que pour les emprunts contractés auprès de la CCCE et la Caisse des dépôts et des consignations, s'agissant de la construction des logements de fonctionnaires. Seul le service de la dette municipale de Fort-Lamy concerne directement le Tchad, alors que le remboursement des avances spéciales a quant à lui fait l'objet d'une série de conventions passées avec le Trésor français.

Ces différentes conventions constituent le fondement historique d'un proto-endettement des États[319]. Comme le montre le tableau ci-dessous, le Gabon accède à l'indépendance déjà endetté. Contractées auprès de la CCCE et sur le marché financier français avec la garantie de l'État français, ces dettes ont servi à financer l'aménagement des voieries, à Libreville comme à Port-Gentil. Les projets d'électrification et de prise de participations dans les grandes Sociétés installées au Gabon sont caractéristiques du capitalisme étatique que souhaitent mettre en place Léon Mba. La liquidation de l'AEF, au-delà du partage de « l'héritage colonial » engendre des difficultés d'ordre structurel auxquelles les États doivent faire face. En particulier, dans le domaine financier, les budgets pour l'exercice 1959 ont été établis sans tenir compte de la situation créée par le démantèlement de la Fédération.

D'autant que le 16 avril 1959, deux arrêtés, dont l'un portant inscription en recettes et en dépenses d'un crédit supplémentaire de 366 millions de francs à la section extraordinaire du budget de l'ensemble de l'A.E.F et l'autre faisant état d'un report de crédit de 8.678.168 F CFA du budget de 1958 au budget de 1959, afin de faciliter le déblocage de plus de 111 millions de F CFA nécessaires non seulement au financement de l'école des infirmiers d'État maintenu jusqu'à octobre 1959, couvrir les dépenses de la délégation de l'AEF à Paris dont les crédits initialement alloués ont largement été dépassés, mais aussi pour stabiliser le budget de l'Office des postes et télécommunications.

On note aussi des dépenses supplémentaires liées au règlement des intérêts dus à la CCCE, à une subvention due jusqu'au 31 décembre 1959 à l'Agence France Presse (AFP) en vertu d'une convention, et enfin à la construction d'une case de l'Institut Pasteur. Le coût global

[319] En ce qui concerne les dettes contractuelles de l'ensemble du Groupe, les intérêts à la charge des États ne courent qu'à partir du 1er janvier 1960.

de cet investissement s'élève à près de 6 millions de FCFA. Il s'est alors posé le problème qui est soulevé par André Gustave Anguilé, ministre gabonais des Finances, de la nature de l'aide française pour faire face aux charges revenant désormais aux États. Il est vrai que l'octroi de l'avance spéciale du Trésor répond à cette question, mais il s'agit avant tout d'une aide budgétaire et la multiplication des dépenses pourrait avoir une incidence sur la part réservée à l'investissement.

Ainsi, le gouvernement gabonais estime que l'amélioration de sa situation budgétaire passe par un meilleur recouvrement accéléré des recettes.[320] Les inspecteurs des douanes en service au Gabon sont donc appelés à verser, à compter du 1er juillet 1959, tous les droits perçus à Libreville et à Port-Gentil. Cette décision fait suite à celle prise par le Comité des Affaires économiques de la Communauté faisant état de ce que la répartition des devises se fasse directement entre les États ; ce qui met fin au système de quotas communs pour l'ensemble de l'AEF.

Par ailleurs aux termes du décret du 4 octobre 1955, la Banque Centrale des États d'Afrique Equatoriale et du Cameroun (BCEAEC) verse au budget de la Fédération une ristourne calculée au prorata de la circulation fiduciaire. Dès le 1er juillet 1959, le Conseil d'administration a instruit le gouvernement de l'Institut d'émission à verser ces crédits directement aux États. Mais l'unité de l'émission au sein de la zone est un problème puisqu'elle ne permet à la Banque centrale de mesurer la circulation monétaire par État que de façon imparfaite, tout comme la sortie des capitaux et le trafic de la monnaie, comme nous l'avons analysé plus haut. Ces problèmes, de nature technique et opérationnelle n'ont toutefois joué qu'un rôle mineur dans la définition des choix en matière de politique monétaire.

---

320 Elles sont principalement issues des droits à l'importation et des taxes sur les chiffres d'affaires à l'importation. Par exemple les recettes pour l'exercice 1959, telles que présentées par le Directeur général des Finances, s'élevaient à près de 5 millions pour les deux principales taxes citées. La répartition en proportion affectée aux États est la suivante : Gabon (21,92 %), Congo (28,24 %), RCA (19,88 %) et Tchad (29,96 %). Ce calcul est fondé sur la répartition, elle-même fondée sur le principe de solidarité. En revanche, les statistiques issues des déclarations de consommation donnent un autre résultat : Gabon 24,8 % des droits déclarés, soit plus d'un milliard de F CFA, Congo, 37 % des droits déclarés, près de 2 milliards de F CFA, la RCA 18, 4 % soit 865 millions de F CFA et le Tchad, 19,8 % soit 947 millions de F CFA.

En 1963, se pose le problème de la coordination des politiques de crédit en France et dans les États africains membres de la zone franc. Il a été décidé en France de relever le taux d'escompte afin de limiter l'offre de la monnaie. La BCEAO et la BCEAEC ainsi que l'Institut d'émission de Madagascar ont alors jugé bon de ne pas relever le leur, afin de ne pas entraver le processus du financement de l'économie. Un contrôle de crédit a cependant été institué pour éviter que les entreprises ne puissent pratiquer les reports de financement d'une zone où les restrictions de crédits sont évidentes vers les zones jouissant de conditions plus avantageuses[321]. Pour tenter de contourner ce « dumping », certains États ont entrepris de renforcer leur propre politique de crédit, sans que des actions sur les sorties de capitaux aient été préconisées.

On a en outre pensé que la réorganisation des institutions chargées de réglementer les politiques de crédit serait d'un meilleur secours, à condition qu'elles soient nationalisées et dotées d'attributions plus larges de façon à ce que leurs actions soient en concurrence avec la Banque centrale, en matière de compétence, le cas échéant, en complémentarité avec elle si l'on souhaite canaliser l'offre de crédit au niveau national.

En se fondant sur l'accord bilatéral qu'elles ont signé avec la France, les autorités gabonaises entendent créer une institution destinée à assurer les missions autrefois assumées par le Comité monétaire de la zone franc. Compte tenu du fait que la création d'un Conseil national de crédit constitue une distorsion au fonctionnement de l'union monétaire[322] (de fait et non de droit) dont le Gabon fait partie. Les négociations ont abouti à un accord signé, le 8 décembre 1965, entre le Gabon et quatre autres États de la zone d'émission. Selon cet accord, la BCEAEC conserve l'intégralité de ses attributions en matière de distribution du crédit, de détermination du volume et de la forme de ses concours ainsi que de la fixation du taux d'escompte. Le 3 février 1965, André Gustave Anguilé, ministre des Finances, à l'occasion de l'installation officielle du Conseil national de crédit, prononce un

---

[321] Compte rendu analytique de la réunion des ministres des Finances de la zone franc des 2 et 3 mars 1965 à Paris.

[322] Voir David Stasavage and Dominique Guillaume, « When are monetary commitments credible? Parallel Agreements and sustainability of currency unions », *British Journal of Political Science,* Vol.32, N°1, 2002, p.211-233.

discours aux allures de « déclaration d'indépendance » dans le domaine du crédit. Dans le contexte d'autonomisation du Trésor public gabonais, le ministre Anguilé critique fortement le système d'allocation de crédit à l'économie par la Banque centrale. Entre autres missions assignées au Conseil national de crédit, il y a celle relative à la mise en œuvre de la réglementation du crédit et à l'organisation de la profession bancaire. Dans ce sens, il doit être l'agent technique de l'État puisqu'il a vocation aussi à mobiliser les ressources afin d'assurer le financement du développement[323]. Il doit dynamiser la bancarisation de l'économie gabonaise par le développement de l'usage de la monnaie scripturale et encourager l'épargne.

Il doit enfin servir d'interface entre les autorités gabonaises et le milieu financier international. Le Conseil d'administration comprend les représentants de l'administration et ceux du secteur privé. Une commission de contrôle est enfin créée pour assurer la réglementation, sans que les compétences qui lui sont attribuées et celles revenant à la Banque centrale soient définies. L'architecture technique repose sur l'intervention de la Banque gabonaise de développement (BGD). Celle-ci succède, aux termes de la loi du 8 juin 1960, à la Société gabonaise de crédit (SGC). Son capital de 400 millions de F CFA est reparti d'une part, entre la CCCE, pour 120 millions, la Banque centrale pour 40 millions, la Banque du commerce extérieur et les Caisses de dépôts pour 40 millions F CFA et d'autre part, l'État gabonais pour 40 millions F CFA et 160 millions F CFA de souscription en numéraire. Pour assurer son fonctionnement, une convention a été signée avec la CCCE afin que celle-ci puisse transférer son personnel à la nouvelle banque.

Durant cette période, la politique gabonaise de crédit est toutefois marquée par une forte absence de lignes directrices. Il s'agit simplement d'une série d'actions systématiques tendant à répondre aux dysfonctionnements constatés accidentellement. Il n'existe pas d'organisation bancaire et les actions du C.N.C sont très limitées. Il subit l'influence de la Banque centrale et ne remplit que difficilement les objectifs pour lesquels il a été institué.

---

[323] AN, Archives Jacques Foccart, 5 AGF/2889, dossier : « Affaires économiques et financières de la Communauté », Bulletin mensuel : Études et statistiques n° 98 de la BCEAEC, février 1965.

Dans ce contexte, la banque gabonaise de développement (BGD) apparaît comme le levier du système du financement à moyen et long termes. Car l'État y détient 6 postes d'administrateurs sur les 12 (détenus par la Banque centrale, la CCCE et les investisseurs privés) que compte la banque. En novembre 1961, le ministre de l'Économie nationale a réuni une large commission d'études composée de ministres, fonctionnaires, représentants d'institutions financières et de représentants du secteur privé, chargée de délibérer sur les modifications à apporter à la BGD pour lui permettre de jouer son rôle, en portant son capital de 400 millions à un milliard, avec la constitution d'un portefeuille de participations dans le financement de l'économie[324].

Cette stratégie fondée sur le principe de « nationalisation » des circuits de financement de l'économie est complémentaire du système international. C'est dans ce cadre que le Gabon, comme d'autres États, a établi des relations avec les institutions de Bretton Woods.

3.7 Le Gabon et les institutions de Bretton Woods, 1963-1970

Le 1er juillet 1944, alors que les combats se poursuivent, plus de 700 délégués représentant 45 pays se sont réunis dans un hôtel du mont Washington à Bretton Woods dans le New Hampshire aux États-Unis, pour signer un accord destiné à instituer un nouvel ordre économique et monétaire mondial[325]. Cet accord a donné lieu aux premières institutions financières internationales, le Fonds monétaire internationale (FMI) et la Banque internationale de reconstruction et de développement (BIRD). Si les enjeux de l'époque étaient liés au financement de la reconstruction en Europe, au développement du commerce international et à la recherche de la stabilité du système des parités fixes, c'est aussi parce qu'elles constituent des instruments du financement du développement à l'échelle du monde qu'elles intéressent les nouveaux États.

[324] AN, Archives Jacques Foccart, dossier : « commerce extérieur du Gabon », note confidentielle du 3 janvier 1962 sur la composition du réseau bancaire gabonais.

[325] Christian Noyer, « Allocution introductive », Comité pour l'histoire économique et financière de la France, *La France et les institutions de Bretton Woods*, Actes du colloque tenu à Bercy les 30 juin et 1er juillet 1994, Paris, CHEFF, 1994.

C'est au lendemain de leur indépendance que les pays africains deviennent membres à part entière des institutions de Bretton Woods. Adhérer à ces institutions, c'est être en phase avec le multilatéralisme et le développement de la mondialisation financière. Cet acte politique est l'un des éléments caractéristiques de la diplomatie économique que le Gabon compte mener, indépendamment des liens qui le lient aux milieux financiers historiques, principalement français. Il s'agit pour le Gabon d'être en position de bénéficier des concours extérieurs nécessaires au financement du développement. Ainsi, dans la perspective de cette adhésion, le gouvernement de Léon Mba a fait voter la loi n°9/62 du 22 mai 1962 qui fixe le cadre légal dans lequel les bons de Trésor doivent être émis[326].

À cet effet, précisons que conformément aux exigences du Fonds, ces bons doivent être libellés en monnaie nationale et ne doivent pas porter intérêt. Une ordonnance n° 43 du 20 juillet de la même année permet de se passer du Parlement. Le Gabon en est devenu membre le 10 septembre 1963. Son quota au FMI est de 7,5 millions de dollars[327]. Mais en 1968, les réserves du Gabon ont considérablement baissé, alors que celles du Cameroun sont maintenues à un niveau relativement supérieur : 148 millions de F CFA, tandis que ceux des quatre autres États de l'union monétaire sont évalués à près de 93 millions de F CFA. C'est dans ce contexte que le Président Albert-Bernard Bongo a exprimé le besoin de relever le quota à 9,5 millions de dollars, le 23 mai 1969[328] avant de le porter à 15 millions le 30 décembre 1970[329]. Mais il se pose alors un problème de procédure. En 1971, le FMI impose au Gabon de s'acquitter des frais de souscription et de procéder au règlement en or auprès de la Federal Reserve Bank of New York. Or le Gabon ne dispose pas de réserves en or suffisantes. Dès le 15 décembre 1970, on constate que l'État ne dispose pas d'avoirs en or et les réserves se situent à un niveau très bas : près de 12 millions de dollars EU,

[326] Archives du FMI, 55887, lettre du président Léon Mba au SG du FMI, 17 mai 1966.

[327] Archives du FMI, 55863, lettre de Joseph W. Lang Jr à Léonard Badinga, ministre gabonais des finances et gouverneur du FMI pour le Gabon, 24 mars 1966.

[328] Archives du FMI, 55887, Lettre du président Albert-Bernard Bongo au SG du FMI, 11 septembre 1969.

[329] *Ibid.,* Lettre de Casimir Oye Mba, Directeur de l'Agence de la BCEAEC de Libreville, au SG du FMI, 30 décembre 1970.

1,596 million de DTS[330]. S'agissant de la parité, au niveau de l'union monétaire, les textes produits n'ont pu la déterminer. Néanmoins, pour faciliter ses opérations, le FMI a soutenu le projet d'uniformisation des taux, mais aucun consensus n'a été trouvé.

Compte tenu de l'urgence, la Banque centrale a fini par déclarer un taux de change représentatif. Il s'agit d'un instrument comptable dont la fonction est de déterminer les versements et le montant des bons du Trésor négociable afin de garantir la couverture en monnaie nationale de leurs parts en quotas. Fixé mécaniquement à 246,853 F CFA pour 1 dollar E.U, il était provisoire : il n'y a pas encore de taux déterminé entre le FMI et le F CFA. Cependant, la dévaluation du F Français en août 1969 s'est traduite par la réévaluation du taux provisoire, soit 270,710 F CFA pour 1 dollar. Avec la création des Droits de tirage spéciaux (DTS), la parité a été transposée en DTS en 1969, soit 1 DTS=277,710 F CFA.

Mais cette parité n'est tenable qu'à la seule condition que tous les États y trouvent leur compte. Or la réévaluation opérée au lendemain de la dévaluation a posé les jalons d'un débat sur la nécessité de déclarer une parité conforme. Au moment de la réforme des statuts, comme on le verra dans le chapitre 5, cette question a été abordée car elle relève de la compétence des États et jusque-là la Banque centrale n'a joué qu'un rôle technique. Ce n'est qu'après la réforme de novembre 1972 que la BEAC est devenue l'agent financier des États membres de sa zone d'émission.
La parité déclarée est remise en cause par le Cameroun qui opte en 1974 pour un mécanisme pétrolier, c'est-à-dire un taux provisoire découlant d'un rapport fixe entre le F CFA et le F Français et du taux représentatif du F Français par rapport au dollar, soit 1 dollar pour 4,60414 FF. Si la stratégie du gouvernement camerounais visait à contourner les incertitudes du marché monétaire américain, cette décision s'est néanmoins traduite par la modification de la parité du FCFA par rapport au DTS en raison des modifications apportées à la méthode d'évaluation du DTS dès le 1er juillet 1974. Il en résulte trois régimes

330 Télégramme de Bernard Vinay, Direction du Trésor, au FMI, sur la méthode de calcul des parts en or,18 décembre 1970.

monétaires en zone BEAC[331] : la parité déclarée pour le Gabon et le Congo, 1 DTS pour 277,710 F CFA ; un régime de taux provisoire pour la RCA et le Tchad, 1 DTS pour 277,710 F CFA et le régime[332] de taux fondé sur les cours de change au jour le jour des monnaies du panier type. Il s'agit d'un taux variable qui traduit une appréciation du F CFA émis au Cameroun par rapport au taux provisoire du F CFA du Tchad et de la RCA.

Compte tenu de ces dysfonctionnements, le FMI a suggéré aux États un alignement de leur taux provisoire sur le taux panier type appliqué au Cameroun. L'opération d'alignement a conduit à des ajustements comptables dans les écritures de la Banque centrale, notamment les postes tenus par le FMI en DTS. Elle est traduite aussi par la substitution des bons du Trésor émis par les cinq États et libellés en monnaie nationale par des bons en DTS.

On peut donc retenir que l'adhésion aux institutions de Bretton Woods apparaît comme un élément de la diplomatie financière dans un contexte où les besoins de financement sûrs, certes contraignants, sont croissants. Cette démarche est d'abord individuelle. C'est pour cela que les premiers versements ont été entièrement réalisés par le Trésor public sans intermédiaire de la Banque centrale entre 1963 et 1970. Ce n'est qu'à partir de 1971[333] et jusqu'en 1975, alors que le système monétaire

[331] CAEF, carton PH : 083/86-10, dossier « Rapport des censeurs, 1975-1976 », procès-verbal de la réunion du Conseil d'administration de la BEAC, 13 novembre 1975.

[332] Pour une même monnaie émise par la même Banque centrale, le FMI utilise deux parités différentes. La seule explication est que la même monnaie est rattachée à deux parités différentes de DTS, la parité or qui est applicable depuis leur adhésion et la parité panier type en vigueur depuis le 1er juillet 1974.

[333] Le 6 août 1971, le congrès des États-Unis s'est prononcé sur la non convertibilité de l'or vis-à-vis du dollar. Deux dévaluations interviennent, l'une le 11 décembre 1971 dans le cadre du Smithsonian Agreement et l'autre le 12 février 1972. Ces dévaluations ont entraîné des réévaluations de l'or, dont le cours en février 1972 s'établit à 42,22 dollars l'once sur le marché officiel et 90 dollars sur le marché privé. La spéculation qui en résultat a cependant poussé les banques centrales à opérer sur ce marché. Les accords de Jamaïque conclus lors du comité monétaire du FMI du 8 janvier 1976 ont légitimé le système de taux de changes flottants qui avait cours depuis 1973. L'or a été démonétisé sans pour autant qu'il ne cesse de jouer un rôle dans le système de réserves des banques centrales. L'élaboration de nouveaux statuts du FMI et leur entrée en vigueur, le 1er avril 1978, s'est traduite par la restitution par le FMI du stock d'or de la BEAC : 6,877 tonnes que celle-ci a placées en dépôt auprès de la *Federal Reserve Bank New York,* seuls 208,136 kg sont conservés à la Banque

issu de Bretton Woods est liquidé que, la Banque centrale intervient en qualité d'agent financier des États de sa zone.

*

*   *

La Communauté franco-africaine a été une étape décisive dans le processus de décolonisation des États africains. Les archives de Jacques Foccart nous ont permis de saisir les enjeux politiques et les rapports de force qui ont cours au sein du Conseil exécutif. Ces divergences de vues témoignent des difficultés que rencontrent les autorités françaises à définir un cadre théorique pour la mise en place des mécanismes de coopération qu'elles entendent nouer avec les États africains.

Ces derniers oscillent eux-mêmes entre plusieurs positions, tant la complexité des négociations, le désir d'indépendance et d'interdépendance traduisent les lignes de faille des discours politiques largement définis empiriquement. L'exercice de la souveraineté monétaire s'est heurté à l'intransigeance de la France. L'aide financière et les accords militaires particuliers constituent les contreparties de la définition d'un système « cogestionnel » de la politique monétaire.

L'un des enseignements à tirer est que les institutions politiques ont évolué de façon graduelle et que les postures des acteurs se sont modifiées au gré des enjeux. La perspective de développement, par l'accès au marché financier français, l'aide directe du Trésor français et le dispositif FAC, l'ont emporté sur l'exercice effectif de la souveraineté. Ainsi les mutations politiques ne modifient que très faiblement la structure des relations monétaires, les usages, les pratiques et les doctrines dominantes. Bien que la Banque centrale soit

de France. De fait, l'or et le FF constituent l'essentiel des avoirs extérieurs de la BEAC.

devenue africaine, la composition de son Conseil d'administration pose le problème de son indépendance et de sa capacité à se positionner comme banquier des États, donc comme instrument de financement du développement.

En outre, cette analyse nous a permis de saisir les enjeux économiques et sociaux structurant la liquidation de l'AEF. Elle est le produit des dynamiques politiques à l'échelle régionale. L'étude a révélé l'hétérogénéité des économies et les antagonismes d'appareils ; elle traduit de nouvelles configurations financières. Mais elle permet surtout de saisir les mutations que subit l'État moderne postcolonial. L'adhésion du Gabon aux institutions de Bretton Woods est le signe de l'internationalisation de son économie.

La première partie de notre ouvrage a cherché à démontrer que la décolonisation du Gabon n'a pas été un moment de rupture. Les dynamiques institutionnelles n'ont pas été conséquentes pour remettre radicalement en cause l'ordre colonial. C'est vrai dans le domaine économique, monétaire et financier ; c'est également vrai dans d'autres domaines, où l'effectivité de la souveraineté économique est éclipsée par une autonomie politique biaisée par des accords de coopération.

Au plan macroéconomique, l'analyse des principaux facteurs de production a permis de montrer que la politique économique menée par les gouvernements de Léon Mba puis d'Albert-Bernard Bongo n'a pas été régulière. Elle a subi de profondes mutations qui s'expliquaient à la fois par les dynamiques de marché, des orientations stratégiques et les contraintes liées à la rigidité de la politique du crédit menée par la Banque centrale des États d'Afrique équatoriale et du Cameroun.

La réforme de ses statuts peut-elle induire plus de souplesse dans le financement du développement économique des États membres de la zone dont elle a la charge d'assurer l'émission monétaire ?

Le choix de l'interdépendance qui s'est imposé au moment de la transmission des compétences qui étaient autrefois dévolues à la France, a été motivé par des raisons politiques et économiques. Les entreprises françaises jouent un rôle déterminant dans l'évolution de l'économie gabonaise puisqu'elles détiennent des capitaux dans les plus grandes entreprises installées dans le pays, pour certaines d'entre elles, depuis la période coloniale.

De fait, la spécificité des liens étroits qui unissent la France au Gabon se caractérise par la permanence des aides financières et budgétaires qui se poursuivent après l'indépendance, alors que le cadre juridique et idéologique reste celui qui était en vigueur au moment de la colonisation. Nous avons montré comment la décolonisation budgétaire de 1965 a eu pour effet d'accentuer les problèmes budgétaires qui ont continué à se développer jusqu'au début des années 1970. D'importantes ruptures historiques vont cependant intervenir entre 1972 et 1973 : la fin de Bretton Woods, le boom pétrolier qui modifiera le cadre idéologique de la politique budgétaire du Gabon et les réformes monétaires qui se caractériseront par l'africanisation des cadres et la polarisation des rapports de force entre la France et les États autant qu'entre ces Gouvernements eux-mêmes.

DEUXIÈME PARTIE

LA TRANSFORMATION DE L'ORGANISATION MONÉTAIRE RÉGIONALE POSTCOLONIALE : ENTRE LOGIQUES POLITIQUES ET PERSPECTIVES DE DÉVELOPPEMENT ÉCONOMIQUE, 1972-1983

La fin des années soixante constitue le véritable tournant postcolonial pour les États africains de la zone franc. Notre recherche vise à situer la trajectoire historique du Gabon dans le cadre de son appartenance au bloc franco-africain. Nous voulons aussi mettre en évidence le poids géopolitique du Gabon (de ses responsables politiques) dans les négociations qui se sont traduites par la transformation des institutions ayant contribué à pérenniser les fondements idéologiques d'un système hérité de la période coloniale. En effet, lorsqu'on étudie l'évolution des relations franco-africaines depuis les indépendances, nous faisons face à la dualité indépendance politique /dépendance économique et monétaire. Outre les difficultés d'interprétation qui se posent à l'historien, la question de la souveraineté, de ses principes et de son usage se pose à l'État-nation.

Mais la question de la souveraineté monétaire, dans une approche néo-institutionnaliste, pose également la question de la nature, l'organisation et l'efficacité ainsi que l'endogénéité des institutions, au moins en ce qui concerne leur gouvernance. Ainsi, la monnaie en tant qu'instrument politique, symbole des liens historiques entre États et marqueur du discours sur le financement du développement, pose la question de la relation entre la Banque centrale et la réalité monétaire concrète, c'est-à-dire l'impact de la politique monétaire et du crédit sur la politique économique, les finances publiques et sur l'ensemble du système de financement. L'organisation institutionnelle proposée en 1972 est-elle représentative d'un moment de césure idéologique et théorique qui pourrait nous inciter à parler de tournant postcolonial ou de son prolongement dans des formes différentes ? Bien entendu, l'africanisation institutionnelle des pouvoirs monétaires au niveau de la

Banque centrale constitue un enjeu politique puisqu'elle pose le problème de l'exercice de l'autorité et de la crédibilité monétaire.

Cette deuxième partie soulève toutes ces questions autant qu'elle tente de situer le rôle de l'État dans le processus de transformation des institutions. La partie, structurée autour de trois chapitres, aborde des questions spécifiques et complémentaires. Le premier chapitre traite des enjeux politiques et des débats ayant jalonné la transformation des statuts de la Banque centrale. Il aborde également les questions de la gouvernance et la façon dont ils se sont posés aux États. Dans le deuxième chapitre, nous traitons des questions liées au cadre théorique de la politique monétaire et l'évolution de ses instruments. Le troisième chapitre s'intéresse directement à la question de la dette, aux dysfonctionnements des finances publiques et à la manière dont cela soulève concrètement le problème lié à la relation entre l'État et la Banque centrale.

CHAPITRE IV

L'AFRICANISATION DES STRUCTURES DE LA BCEAEC : LA DÉCOLONISATION MONÉTAIRE ET SES ENJEUX POLITIQUES, 1969-1977

Le début des années 1970 constitue un tournant majeur dans l'histoire monétaire du Gabon, en raison des réformes monétaires et institutionnelles qui ont été réalisées. Le cadre institutionnel[334] hérité de la période coloniale n'a pas pu résister à l'épreuve du temps, à la nouvelle donne politique et aux mutations économiques et financières auxquelles la plupart des États de la zone franc sont confrontés dès la fin des années 1960. De fait, ce mouvement de fond se situe à l'intersection entre le processus de transformation de l'État, de l'exercice du pouvoir et de ce qu'il conviendrait de qualifier de décolonisation monétaire. Elle constitue, en tout état de cause, la phase ultime de l'acquisition d'une part de la souveraineté monétaire. Celle-ci est, selon Tchétché N'guessan, « une condition nécessaire à la maîtrise du destin économique d'un pays »[335].

L'exercice de la souveraineté monétaire et la mise en œuvre d'une forme de « nationalisation » du crédit dont la Banque centrale serait la clé de voûte, sont au cœur du processus de politisation de l'organisation et du fonctionnement de l'institut d'émission. Celui-ci ambitionne, dans le même temps, de conquérir voire de renforcer son autonomie[336] vis-à-vis des États, en incitant ces derniers à se financer davantage sur le marché tout en se fixant comme objectif principal, en matière de politique monétaire, la stabilité des prix. Cette dualité génère des tensions entre États, puisque le cadre théorique sur lequel reposent les

[334] Vincent Duchaussoy, « Transformations institutionnelles et développement économique dans la zone franc en Afrique de l'Ouest (1960-1990) », *International Journal of Francophone Studies,* 2016/1 ; *Zone franc : 40 ans de coopération monétaire*, Paris, Banque de France, 2012.

[335] Tchétché N'guessan, *Gouvernance collégiale de Banque centrale et politique monétaire,* 2e éd., Paris, L'Harmattan, 2008, p.15.

[336] Désiré Avom et Hamadou Bobbo « La BEAC en quête de son autonomie », *Revue d'économie financière,* 2013/2 n° 110, p.125-144.

débats est fondé sur la conception utilitariste, c'est-à-dire un instrument de politique économique[337] et un enjeu de pouvoir. Ainsi, les structures, les pratiques inhérentes au fonctionnement des deux principales banques centrales (BCEAEC et BCEAO) et leur composition ainsi que les paradigmes dominants font-ils l'objet de critiques sévères. Contrairement à ce qu'on observe aujourd'hui, c'est-à-dire le fait que les intellectuels et les politiques se positionnent aux premières loges dans la lutte contre le « néocolonialisme », dont le FCFA (une forme d'héritage colonial[338]) leur apparaît comme l'instrument incontestable, ce sont plutôt les chefs d'État eux-mêmes qui portent alors la revendication. Le 31 octobre 1970, le 5e Congrès du PDCI-RDA, tenu à Abidjan, a d'ailleurs adopté une motion dans ce sens.

Celle-ci préconise la réorganisation de la politique monétaire et, symétriquement, les structures de la BCEAO qui a la charge de la conduire. Ce faisant, cette transformation ne peut produire des effets escomptés que si elle s'accompagne d'une politique d'africanisation des cadres à l'échelle du gouvernement de la banque[339]. Cette motion a été tolérée par le président Félix Houphouët-Boigny[340] et son ministre des Finances, Henri Konan Bédié, pour des considérations purement politiques. Ils veulent favoriser l'insertion des jeunes intellectuels qui ont intégré le parti au pouvoir. Le pouvoir a tenté de la relativiser, mais, aux yeux de l'opinion, cet acte symbolique constitue un moment de rupture au moins d'un point de vue discursif. Les autorités monétaires sont inquiètes.

En janvier 1972, le président Hamadou Diori, du Niger, transmet au président Georges Pompidou un mémorandum relatif à la transformation des instruments de fonctionnement de la zone franc. Parallèlement, en zone BCEAEC, le président Ahmadou Ahidjo, dont

---

[337] Jérôme Maucourant, « Des rapports entre monnaie et souveraineté : une analyse socio-historique », in Kako Nubukpto, Martial Ze Belinga, Bruno Tinel et *al.*, (dir), *Sortir l'Afrique de la servitude monétaire. À qui profite le F CFA ?* Paris, La Dispute, 2016, p.61.

[338] Patrick Guillaumont et Sylvianne Guillaumont Jeanneney, « La zone franc en perspective », *Revue d'économie de développement*, 2017/2 vol.,25, p.5-40.

[339] AN, Archives Jacques Foccart, 5 AGF/2892-2893, dossier : « réforme de la BCEA0, 1967-1973 », note confidentielle du Directeur général de la BCEAO, Robert Julienne sur l'évolution du régime monétaire, 15 janvier 1971.

[340] Voir Frédéric Grah-Mel, *Félix Houphouët-Boigny, l'épreuve du pouvoir,* Paris, Abidjan, Karthala, 2010.

l'élite administrative critique sévèrement la politique de crédit menée par la Banque centrale à l'égard du Cameroun, dénonce, d'une part, l'absence de soutien des administrateurs français dans la définition du plafonnement des concours que la banque accorde aux États et, d'autre part, l'attitude du gouvernement centrafricain[341], attitude par ailleurs tolérée par les autorités françaises. Face aux enjeux politiques liés aux difficultés économiques et financières, les chefs d'État d'Afrique équatoriale comme occidentale membres de la zone franc voient dans la réforme des instruments de fonctionnement de leurs instituts d'émission un moyen de mettre la politique monétaire au service de la croissance.

Ce chapitre a pour objectif d'analyser les enjeux politiques qui structurent la réforme des statuts de la Banque centrale des États d'Afrique équatoriale et du Cameroun (BCEAEC). Elle envisage l'africanisation des cadres de la Banque centrale comme processus de revendication d'une forme « d'identité monétaire ». La nouvelle forme d'organisation des structures est caractéristique d'une construction endogène des grandes lignes de la politique monétaire.

De fait, nous envisageons ici la Banque centrale comme organisation. Cette approche ayant fait l'objet d'un nombre important de travaux[342] a vocation à garantir l'analyse de son système de gouvernance compte tenu du cadre juridique qui fait d'elle un établissement multinational, bien qu'ayant été un établissement international depuis 1959. Elle situe le principe de représentativité dans le contexte de renonciation des prérogatives nationales en recherchant la stabilité monétaire et les formes de solidarité politique qui s'y agrègent. Nous cherchons à déterminer l'influence qu'a pu exercer le Gabon dans le cadre des arrangements monétaires qui interviennent au cours de ce qu'il conviendrait d'appeler décolonisation monétaire.

---

341 AN, Archives Jacques Foccart, 5 AGF/2892-2893, dossier : « réforme de la BCEA0, 1967-1973 », Télégramme diplomatique du 1er janvier 1972.

342 Patrice Brunet, *L'Organisation de la Banque de France,* Paris, PUF, 1973 ; Olivier Feiertag, « Administrer la monnaie : pour une histoire des banques centrales comme organisations, *Entreprises et Histoire,* n° 48, 2007, p.73-91.

4.1 Décolonisation politique et configuration coloniale des institutions monétaires en Afrique équatoriale et au Cameroun

Le processus de décolonisation des anciennes colonies françaises d'Afrique en 1960 est perçu comme inachevé. Certes, les États se sont formés et les Africains ont pu bénéficier d'une certaine autonomie politique, mais la question de la souveraineté reste entière. Car ils ne contrôlent pas l'un des attributs de la souveraineté d'un État : la monnaie. Pourquoi les institutions monétaires sont-elles restées en place alors que les institutions politiques subissent des transformations ? Pour comprendre pourquoi les fondements institutionnels de la Banque centrale ont conservé leurs caractéristiques originelles, en dépit des changements de forme intervenus dans l'euphorie de la décolonisation en 1959, il important de contextualiser la mise en place de l'institut d'émission et d'analyser les enjeux de pouvoir qui vont traverser la décolonisation. Pendant la Seconde Guerre mondiale, le privilège d'émission de la monnaie a été concédé à une banque privée, la B.A.O. Elle était chargée d'émettre la monnaie fiduciaire en contrepartie d'une redevance qu'elle versait au Trésor public.

Selon le témoignage de Claude Panouillot, les pouvoirs publics avaient un droit de regard sur la B. A. O[343]. Étant donné que l'Afrique équatoriale française et le Cameroun s'étaient ralliés à la France Libre en 1941, des changements sont intervenus. Un échange monétaire est effectué et la B.A.O perd le privilège de l'émission au profit de la C.C.F.L puis par la C.C.F.O.M le 12 février 1944[344]. Mais très vite, un débat a opposé ceux qui défendaient la restitution à la BAO du privilège d'émission en l'AEF et au Cameroun et ceux qui estimaient que la concession d'un droit régalien à une banque commerciale privée était anachronique, en dépit d'une surveillance plus ou moins étroite des pouvoirs publics. Les défenseurs de la mise en concession de l'émission monétaire font valoir l'argument selon lequel la mise en place d'une institution publique coûterait cher à la France.

---

[343] Archives orales du Ministère des Finances, témoignage de Claude Panouillot, collecté par Armelle Enders, Casette 2, Titre 2 : origine des instituts d'émission d'Afrique francophone, consultées à Montreuil le 23 février 2017.

[344] *Id.*,

Le deuxième argument était que la Caisse centrale ne pouvait pas concentrer les fonctions d'émission monétaire en AEF et au Cameroun et les fonctions d'investissement au regard de la loi du 30 avril 1946[345].

De fait, « ce fut le gouvernement Mendès France qui eut enfin la possibilité de régler l'affaire grâce aux pouvoirs spéciaux que lui accordait la loi du 14 août 1954[346]. » Ainsi, par décret n° 55-104 du 20 janvier 1955, l'institut d'émission de l'Afrique équatoriale est institué. Ses statuts et la dotation budgétaire (500 millions de francs courants) sont cependant publiés quelques mois plus tard, le 15 juillet[347].

S'agissant d'opérations génératrices d'émission, l'institut d'émission a la charge d'acheter et vendre l'or et les devises étrangères pour le compte des États (art.11) ; il peut consentir des crédits aux banques sous certaines conditions (art.13) ; il peut également consentir des avances sur les effets publics, créés ou garantis par l'État français ou les collectivités locales de l'Afrique équatoriale et du Cameroun (art.15). Le financement de l'État se fait, d'une part, au moyen d'une redevance sur la circulation fiduciaire et les bénéfices nets que l'institut d'émission versera aux États (art.4 du décret du 20 janvier 1955). Ce mode de financement est par la suite complété par des opérations de crédit sous forme d'escompte des traites et obligations cautionnées (art.16).

En matière de politique monétaire, selon Claude Panouillot, l'institut d'émission laissait varier la masse monétaire avec le souci que ces fluctuations puissent garantir le concours maximum à l'économie des États en fonction de trois catégories d'opérations : les transferts entre notre zone d'émission et l'extérieur, les concours à l'économie et les concours aux trésors publics[348]. Quant aux fonctions de contrôle des banques, l'article 22 des statuts prévoit une simple centralisation des risques bancaires des territoires où l'institut exerce son privilège

---

[345] Archives orales du Ministère des Finances, témoignage de Claude Panouillot, *op.cit.*,

[346] Robert Julienne, *Vingt ans d'institutions monétaires Ouest-africaines, 1955-1955,* Paris, L'Harmattan, 1988, p.19.

[347] CAEF, PH : 028/90-12, dossier : « BCEAEC, 1955-1963 », Journal Officiel de la République française des 15 et 16 juillet 1955, p. 7097.

[348] Archives orales du Ministère des Finances, *op.cit.*,

d'émission. En matière de gouvernance, le conseil d'administration est l'instance suprême (art.25). Dès le départ, tous les pays de la zone d'émission, le Ministère des Finances, la CCCE et le Ministère de la France d'Outre-mer ainsi que le président de l'institut d'émission de l'AOF et le Togo siègent en tant qu'administrateurs de plein droit. Le 5 mai 1955, Georges Armand-Léon Gautier, gouverneur général de la France d'Outre-mer, est nommé président du conseil d'administration de l'institut d'émission de l'AEF et Cameroun[349]. Cette organisation institutionnelle a perduré jusqu'au début de la décolonisation. Cependant, comme le souligne Claude Panouillot, la transformation, en 1959, de l'institut d'émission en Banque centrale s'est traduite par le maintien du système fondamental sur lequel était conçue l'organisation monétaire[350]. De fait, les institutions monétaires et les modes d'intervention de la Banque centrale ont conservé une configuration coloniale, alors que l'organisation politique et les économies des États n'ont cessé de se transformer au fil du temps. La prise de conscience de tous ces facteurs sera un élément déterminant dans le processus de contestation du régime monétaire hérité de la période coloniale[351]. Ce qui est significatif d'un projet politique visant à provoquer ou non la décolonisation monétaire prévisible dès la fin des années soixante.

4.2 La dénonciation de l'organisation monétaire par le Cameroun, 1969-1973

À l'échelle de l'Afrique équatoriale, la fin des années soixante est marquée par la dénonciation, plus ou moins nuancée, d'une organisation monétaire qu'on pourrait qualifier de « postcoloniale ». Alors que les aménagements d'ordre administratifs effectués en 1959 et les directives du conseil d'administration du 20 octobre 1960 s'étaient traduits par une forme d'appropriation d'un instrument censé jouer un rôle central dans la stratégie de développement, ce sont les modes de gestion et les instruments de la politique du crédit qui sont dénoncés. Contrairement à la zone BCEAO qui a institué une union monétaire dès 1962, la BCEAEC n'a pas connu cette évolution et a fonctionné sans pour autant que son organisation technique ne subisse de modifications.

349 *Id.,* J.O.R.F, du 5 mai 1955.

350 Archives orales du Ministère des Finances, *op.cit.,*

351 Philippe Hugon, *La zone franc à l'heure de l'euro,* Paris, Karthala, 1999, p.29 et suivantes.

La donne a changé depuis 1969. On peut cependant relever une ambiguïté. La question de la souveraineté monétaire a été mise en retrait ou instrumentalisée et, par conséquent, n'a pas été déterminante, alors qu'elle aurait pu être centrale, en tout cas telle qu'on l'envisageait. Doit-on y voir le signe d'un pragmatisme ou plutôt l'effet d'une prise de conscience des risques inhérents au rejet systématique d'un cadre idéologique garantissant des intérêts à toutes les parties contractantes ? En tout état de cause, la Banque centrale, qui a assumé les fonctions techniques destinées à rendre cohérentes les politiques économiques des États à travers la politique monétaire, est appelée à jouer le rôle de « banquier des États ». Et l'existence des comités monétaires propres dans chaque territoire ne constitue plus un enjeu de pouvoir. Certes, la création des comités monétaires par État était destinée à régler la question de l'ouverture des plafonds de refinancement des banques. De même que l'émission des billets de banques par État. Ces billets ont les mêmes pouvoirs libératoires dans l'ensemble de la zone d'émission. Ce qui se présentait alors comme des évolutions n'a été perçue qu'en l'absence d'un projet visant une réorganisation d'ensemble.

En 1969 le gouvernement camerounais propose, de façon inattendue, la révision des statuts de la Banque centrale. Ce qui était alors considéré comme étant un projet ambitieux ne revêt pas vraiment ce statut puisqu'il s'agit d'un concours de circonstances nourri par l'empirisme plutôt que par une théorisation aboutie. Les préconisations du président Ahmadou Ahidjo reposent sur l'aménagement de la politique monétaire et du crédit de la Banque centrale. Il éprouve cependant des difficultés à convaincre ses homologues. Est-ce parce que le chef de l'État camerounais n'avait pas vraiment un plan clairement élaboré que les chefs d'État restent sceptiques ou s'agit-il de réflexes politiques traduisant la défiance ou un parti pris pour le statu quo ? Deux facteurs vont déterminer l'avenir du projet camerounais. Il y a, d'une part, la dévaluation du FF de 1969 et le départ de Georges Gautier à la retraite, d'autre part.

Ces deux éléments de contexte, de portées différentes, ont conforté le président Ahidjo dans sa position, dans la mesure où Georges Gautier lui-même a toujours estimé que le Cameroun devrait renforcer sa position au sein du gouvernement de la Banque centrale. Le niveau très élevé de ses avoirs extérieurs en compte d'opérations constitue un argument politique supplémentaire, dans la mesure où les avoirs extérieurs déterminent l'état des finances extérieures d'un État et accordent à ce dernier un poids politique avéré dans la mise en œuvre des décisions relatives à la politique monétaire. Car il y a, en théorie, une relation entre l'augmentation mécanique de la masse monétaire, découlant d'une distribution incontrôlée du crédit, et le niveau des avoirs extérieurs qui sont à la fois une contrainte statutaire (le taux minimum de couverture des engagements à vue par les avoirs extérieurs doit être de 20 %) et un moyen d'accès à des devises pour des importations. Comme on le verra dans le chapitre 5, le contrôle de crédit est généralement institué pour réduire la masse monétaire et lutter contre l'inflation avec le souci de préserver un niveau optimum des avoirs extérieurs en compte d'opérations : ce procédé est le pivot de la politique monétaire de la Banque centrale. Comme le montrent les tableaux 25, 26 et le graphique 8 les performances financières de chaque État sont significatives de leur influence potentielle. Il est nécessaire de souligner que les rapports de force politique entre le Cameroun et le Gabon jouent plus que le poids économique de chaque État.

Tableau 20 : Répartition par État des disponibilités à vue de la Banque centrale (en milliards de F CFA courants)

Années	30-juin-70	30-juin-71	Variation	30-juin-72	31-mars-73	Variation
Administration centrale	106	-18	149	131	134	3
Cameroun	19,973	21,227	-13,39	7,837	4,912	-2,924
Tchad	-264	1,207	-135	1,071	1,353	281
RCA	-1,606	-1,653	626	-1,026	-1,261	-234
Congo	802	2,1	382	2,482	281	-2,201
Gabon	936	3,334	465	3,8	4,767	967
Total	19,948	26,198	-11,901	14,296	10,187	-4,108

Source : CAEF, PH : 083/86-8, Rapport des censeurs de la BCEAEC.

Tableau 21 : Évolution du solde du compte d'opération par État (en milliards de F CFA), 1971-1972[352]

Période	Total zone d'Émission	Services centraux	Cameroun	Tchad	R.C. A	Congo	Gabon
30.06.1971	26,052	-22	21,201	1,165	-1,662	2,096	3,274
30.09.1972	8,603	84	4,463	1,561	-1,139	790	2,844
Variations	-17,449	106	-16,738	396	523	-1,306	-430
En %	-66,98%	381,81%	-78,95%	33,99%	68,53%	-62,31%	-13,13%

Source : CAEF, PH : 083/86-86, Rapports des censeurs de la BCEAEC.

Graphique 11 : Évolution du solde du compte d'opération de la BCEAEC (en milliards de F CFA courants)

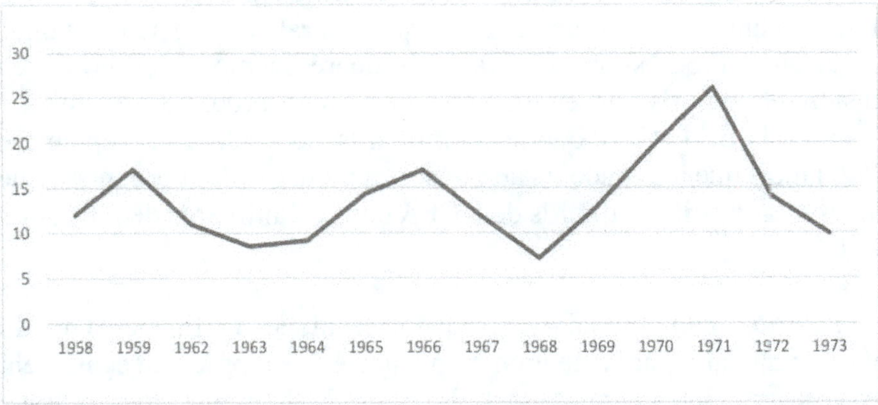

Source : CAEF, PH : 083/86-8, Rapports des censeurs de la BCEAEC, 1955-1973.

352 Il est nécessaire de souligner que l'utilisation des données empiriques sur deux ans s'explique par les besoins d'analyse. Nous voulons mettre en évidence les rapports de force financiers entre les États au moment où les négociations démarrent afin de voir si le poids financier pourrait être corrélé avec les prises de positions de chacun des États.

Le Cameroun est en position de force, puisqu'il détient une part importante des réserves financières en compte d'opération (tableau 20 et 21). De fait, le contexte financier lui est favorable. Mais ses performances individuelles sont cependant compromises lorsqu'on tient compte des dynamiques d'ensemble. Le volume global des avoirs extérieurs de la zone d'émission baisse de façon significative à partir de fin juin 1971 (graphique 11). En fait, les autorités camerounaises ont à plusieurs reprises exprimé leur désarroi face à une utilisation moins parcimonieuse des devises. Ainsi, le Trésor public camerounais a commencé à faire des transferts d'une part conséquente de ses réserves sur un compte de placement afin de « sécuriser » son épargne budgétaire. Au-delà de cette explication, de nature comptable, les autorités monétaires ont fait valoir l'argument relatif aux mouvements de capitaux provoqués par le surplus des transferts publics et privés hors de la zone d'émission pour expliquer l'amenuisement des revenus de la Banque centrale. De plus, les transferts bancaires et les rachats des billets[353] de la zone d'émission à la Banque de France et à la zone BCEAO, entre juin et décembre 1971, se développent, alors que parallèlement, les concours de la Banque centrale aux secteurs publics et bancaires progressent. Les facilités de réescompte, les prises en pension y compris les crédits douaniers, ont progressé en stock : 30 milliards de F CFA contre 34 milliards de F CFA en septembre 1972, tandis que les concours aux trésors nationaux n'ont progressé que d'un milliard, soit 4 milliards de F CFA contre 3 milliards de F CFA en 1972[354].

Les autorités camerounaises critiquent le mode de financement du déficit budgétaire par la création monétaire. Elles reprochent également aux gouvernements congolais et centrafricain de mener une politique budgétaire moins orthodoxe puisqu'elle comporte des risques pour l'équilibre monétaire en raison de la réduction du stock des avoirs extérieurs et l'accroissement de la dette extérieure.

En fait, le président Ahmadou Ahidjo est l'un des chefs d'États africains à avoir une bonne connaissance des problèmes monétaires. Claude

---

[353] Entre le 31 mai et le 30 septembre 1972, la Banque centrale a racheté plus d'un milliard des billets F CFA pour le compte du Gabon contre 5,535 milliards F CFA pour le Cameroun.

[354] CAEF, PH : 083/86, note sur l'évolution du solde du compte d'opérations, p.3.

Panouillot témoigne de sa politique monétaire en ces termes : « J'ai toujours trouvé auprès du président Ahidjo un très grand souci de maintenir une correcte gestion monétaire et il n'a jamais engagé des opérations qui pourraient affaiblir la monnaie[355]. » Cette critique va progressivement donner corps à ce qui deviendra le projet de réforme des institutions monétaires. Mais ces critiques récurrentes ont eu également pour effet d'alimenter un climat de méfiance réciproque. Ahidjo a cependant l'intention de profiter de la nomination du nouveau président du Conseil d'administration pour mettre en œuvre la réforme des statuts de la Banque centrale. Dans une lettre envoyée le 27 novembre 1969 à Jacques Foccart, René Journiac, alors Conseiller technique à l'Élysée, fait état de la récurrence des rencontres entre Ahidjo et Gauthier[356].

Le gouvernement camerounais a exprimé le vœu de se doter d'une monnaie nationale. Ce qui impliquerait une sortie de la zone franc avec la garantie du gouvernement français de la monnaie susceptible d'être émise. La stratégie est double, c'est-à-dire obtenir sa souveraineté monétaire et garder la même position à l'égard de la France. Or, l'équilibre de la zone franc n'est assuré que parce que la France n'a jamais soutenu directement ou indirectement des initiatives nationales hostiles à la zone franc. La France s'est montrée pragmatique en opposant des contraintes au pouvoir camerounais. Amadou Ahidjo est obligé d'abandonner son projet. Certes, il a réussi à obtenir de René Journiac un aménagement des statuts, plutôt qu'une large renégociation de l'accord[357] dont on aura du mal définir les bases compte tenu des rapports relativement conflictuels que les chefs d'État de la zone d'émission entretiennent entre eux. Or, la position de ces derniers constitue la grande inconnue, d'autant qu'Ahidjo n'a aucune idée de la forme à donner aux statuts de la Banque centrale. Cette aventure solitaire l'inquiète, tout autant qu'elle embarrasse les autorités françaises. Mais au fur et à mesure que les négociations prennent forme, on assiste à une modification des objectifs. En fait, les points sur lesquels reposent désormais les préconisations subissent les influences directes de la politique intérieure des États membres. Dès le début des années 1970, les élites administratives, voire intellectuelles critiquent

---

355 Archives financières orales, op.cit.,

356 Lettre de René Journiac à l'attention de Jacques Foccart, 27 novembre 1969.

357 *Id.*

vigoureusement les grandes options de la politique économique mises en œuvre par leurs dirigeants respectifs. Le 13 octobre 1971, Guy Stehelin, alors conseiller commercial à l'Ambassade de France au Cameroun écrit une lettre au directeur des Relations économiques extérieures (DREE). Il rapporte que les agents de l'Administration centrale dénoncent le caractère rigoriste de la politique monétaire menée par la Banque centrale :

> « On condamne volontiers les structures très rigides de l'Institut d'émission de l'Afrique centrale qui seraient à l'origine d'une politique d'encadrement du crédit qui se confond avec une politique de déflation permanente.[358] »

Cette critique de fond fait suite à celle formulée auparavant par le président Ahidjo lui-même lors de la présentation, devant l'Assemblée nationale, du IIIe plan quinquennal :

> « Je saisis cette occasion pour attirer particulièrement l'attention des organismes bancaires du Cameroun sur l'impérieuse nécessité d'abandonner la politique restrictive actuelle d'octroi de crédit aux Camerounais. Tout en condamnant la politique de l'argent facile, source d'inflation, je suis porté à croire qu'une nouvelle politique de crédit plus hardie et moins discriminatoire contribuera à soutenir efficacement, pour l'intérêt de tous, la croissance accélérée de notre économie[359]. »

L'intervention du président Ahidjo nous souligne les principales critiques formulées à l'encontre du gouvernement de l'institut d'émission. L'idée selon laquelle la Banque centrale alloue les crédits à l'économie sur la base de critères non objectifs, représentative d'une dénonciation des dérives supposées ou réelles du système d'allocation des crédits, indépendamment de l'application des règles statutaires.

À plusieurs reprises, les acteurs politiques n'ont eu de cesse de dénoncer une forte politisation du gouvernement de la Banque centrale. En fait, ses interventions sont a priori définies comme asymétriques,

---

[358] AN, Archives Jacques Foccart, 5 AGF/1996, dossier : Extrait, « réforme de la BEAC, 1967-1973 », Lettre de Guy Stehelin, conseiller commercial à l'Ambassade de France au Cameroun, au directeur de la DREE à propos du Cameroun et sa relation avec la Banque centrale, 13 octobre 1971.

[359] *Id,.*

puisque certains États jouissent d'une position dominante. De plus, le fait que la Banque centrale ait stratégiquement privilégié les crédits à court terme aux crédits à moyen terme, en fonction de la situation économique, a été perçu comme une forme de désarticulation entre la politique monétaire et la politique budgétaire. Or l'organisation monétaire sur laquelle repose la politique de crédit reste soumise à des contraintes qui s'expliquent historiquement par la problématique de la garantie monétaire accordée par la France.

En outre, s'agissant de la régulation de la liquidité, elle a davantage procédé par l'alternance entre l'encadrement et le désencadrement du crédit afin de concilier les objectifs d'équilibre monétaires avec le maintien de la régularité du système de paiement, parfois au détriment de la croissance réelle. Cette politique monétaire aux relents déflationnistes est en contradiction avec le rôle que les chefs d'État ont assigné à leur institut d'émission, bien que la question du financement du développement par la Banque centrale apparaisse, bien souvent, lorsque les États sont confrontés à des difficultés de trésorerie.

Cependant, le gouvernement ivoirien considère, par exemple, que les possibilités d'intervention à long terme suggérées aux banques centrales de la zone franc, s'agissant du financement du développement, sont contraires à la gestion orthodoxe de la monnaie[360]. Il y a donc une divergence des points de vue sur le niveau optimal d'intervention de la Banque centrale. Mais ces différentes prises de position s'opèrent dans un contexte plus large, puisqu'à l'échelle de la zone franc, on suit avec attention les négociations sur le système monétaire international. En effet, dès février 1971, le projet de construction du SME est lancé[361]. Afin de faire face à la décision prise par Nixon, le « serpent » monétaire, un dispositif destiné à limiter à 2,25 % les fluctuations de taux de change entre les pays membres de la CEE (notamment vis-à-vis du Deutsche Mark)[362], est créé grâce à l'accord de Bâle d'avril 1972[363]. Les États africains de la zone franc se

---

360 Note confidentielle de Robert Julienne, DG de la BCEAO, 15 janvier 1971.

361 Voir Dimitri Grygowski, *Les États-unis et l'unification monétaire de l'Europe,* Bruxelles, Peter Lang, 2009.

362 Jacques Mistral, *Guerre et paix entre les monnaies,* Paris, Fayard, 2014, p.120.

363 Amaury de Saint Périer, *La France, L'Allemagne et l'Europe monétaire de 1974 à 1981 : la persévérance récompensée,* Paris, Presses de la Fondation Nationale des Sciences Politiques, Mission Historique de la Banque de France, 2013, p.18 ; Yanis

posent des questions quant à l'avenir de leurs relations avec la France dans le domaine de la monnaie. Le gouvernement sénégalais a exprimé des craintes sont pourtant partagés par les tous les chefs d'État :

> « Le Sénégal suit avec un grand intérêt, et sans doute aussi avec une légère appréhension, le projet des États membres de la Communauté économique européenne de créer à l'échelon de celui-ci, une monnaie commune [...] le Sénégal tient seulement à ce que cette coopération monétaire européenne n'entraîne pas pour la République française, l'obligation éventuelle de dénoncer ses engagements à l'égard de l'Union monétaire Ouest-africaine, à moins, bien entendu, qu'à ceux-ci s'en substituent de nouveaux, de nature identique, que la Communauté économique européenne accepterait de prendre[364.] »

Les inquiétudes exprimées par le chef de l'État sénégalais ne sont pas propres au seul gouvernement du Sénégal. Elles sont partagées par tous les chefs d'État des pays membres de la zone franc liés à la France par des accords monétaires. On retrouvera ces mêmes inquiétudes dès le début des années 1990 lors de la préparation de la monnaie unique. Les négociations sont scrutées, dans la mesure où l'institution du SME modifierait ou non l'organisation de la zone franc. Le 15 août 1971 lorsque le président Nixon a unilatéralement mis fin au système de Bretton Woods[365] en rendant le dollar inconvertible[366]. Ce n'est que par la suite que « la communauté internationale s'est efforcée de rechercher

---

Varoufakis, *Et les faibles subissent ce qu'ils doivent? Comment l'Europe de l'austérité menace la stabilité du monde*, Paris, Les Liens qui libèrent, p.124 ; Emmanuel Mourlon-Druol, *A Europe Made a of Money : the emergence of European Monetary System,* Ithaca, Cornell University Press, 2012 ; Jianping Zhou, "Institutional setup for the single Market and Economic and Monetary Union", in Charles Enoch, Luc Everaert, Thierry Tressel and Jianping Zhou (eds), *From fragmentation to financial integration in Europe,* Washington DC, International Monetary Fund, 2014, p.39-47.

[364] Note du président Léopold Sédar Senghor à propos de la coopération monétaire franco-sénégalaise et la nécessité de maintenir le système du compte d'opérations, février 1971.

[365] Larry Neal, *A concise history of international finance: from Babylon to Bernanke,* Cambridge, Cambridge University Press, 2015, p.270. Voir aussi Stephen H. Axilrod, *Inside the FED. Monetary policy and its management, Martin Through Greenspan to Bernanke,* Rev. ed., Cambridge, MIT Press, 2011.

[366] Voir Ronald I. McKinnon, *The Unlover dollar standard. From Bretton Woods to the Rise of China,* Oxford, Oxford University Press, 2013; José A. Ocampo, *Resetting the International Monetary (Non) System*, Oxford, Oxford University Press, 2017.

les relations monétaires et financières optimales susceptibles d'assurer la stabilité du système international[367]. » Et face aux ajustements monétaires opérés par l'administration américaine, la France a maintenu sa parité avec le F CFA. Dans ce contexte, le président sénégalais, Léopold S. Senghor plaide davantage pour le maintien du compte d'opérations dans l'hypothèse où la mise en place du SME opposerait des contraintes juridiques ou politiques à l'égard des États de la zone franc :

> « Le Sénégal attache une importance une importance primordiale à la pérennité des institutions et structures monétaires en place, et en aucun cas, il ne veut envisager, de sa propre initiative, l'éventualité d'une modification de l'accord de coopération liant l'Union monétaire ouest-africaine à la République française qui entraînerait la clôture du compte d'opérations de la Banque centrale auprès du Trésor français[368]. »

Il est fort probable que cet aspect ait pu nourrir des inquiétudes encore plus grandes au point de peser dans le déroulement des négociations. Mais il serait moins intéressant de s'étendre sur cette question puisque nous ne disposons pas de données nécessaires à l'évaluation empirique de l'impact des débats sur le SME dans la mise en œuvre des négociations franco-africaines. D'autant qu'en Afrique équatoriale, cette question n'est pas abordée. Dès 1970, les le président Ahidjo a réussi à convaincre ses homologues de la nécessité de réformer la

---

[367] Jean Claude Trichet, « La réforme du système monétaire international », *Commentaire*, 2025/2 n° 150, p.283-284 ; James M. Boughton and K. Sarwar Lateef, *Fifty Years after Bretton Woods. The future of the IMF and the World Bank.* Procedings of the conference held in Madrid, Spain, september 29-30, 1994, Washington, IMF, World Bank Group, 1994; Barry Eichengreen, *Globalizing capital. A history of international monetary système,* 2nd ed. Princeton, Princeton University Press, 2008, p.135; Eric Helleiner, *Forgotten Foundations of Bretton Woods: International Development and Making of the Post-war Order,* Ithaca, Cornell University Press, 2014.

Il tout aussi intéressant de souligner le fait que les États membres de la zone franc se soient mis en retrait au cours des négociations relatives au relèvement de 25 % des quotas en DTS au FMI. L'argument qui était avancé était que le relèvement n'avait aucun intérêt pour les États bénéficiant d'une garantie à travers le compte d'opérations. Ils estiment à juste titre qu'ils peuvent se passer des interventions du FMI, lequel subordonne son apport par le niveau des quotas. C'est d'autant moins intéressant que l'augmentation des contributions s'est faite au détriment de la BIRD dont ils auraient pu tirer avantages.

[368] CAEF, B-62210/1, dossier : « BCEAO », note du président Senghor, février 1971.

Banque centrale. Ce revirement s'explique plus pour des considérations politiques qu'à une souscription à plan clairement établi. Marien Ngouabi et Albert-Bernard Bongo, respectivement présidents du Congo et du Gabon, n'ont aucun intérêt à laisser Ahidjo se radicaliser dans ses prises de position, ni à prendre plus d'initiatives. De plus, la réforme proposée pourrait, à terme, servir politiquement à la réorganisation de l'UDEAC. Il n'y a pas de frontière entre l'équilibre politico-économique, qui procède d'une meilleure intégration par le renforcement de la zone de libre-échange, et les questions monétaires et financières qui posent le problème du financement. Cette perspective à l'avantage de faciliter le retour du Tchad qui a quitté l'UDEAC en 1968.

4.3 Les initiatives du Président Bongo

Tout d'abord, il convient de faire le portrait d'Albert-Bernard Bongo, pour tenter de comprendre son parcours et son accès au pouvoir, ce qui permet de saisir la spécificité des liens particuliers qui unissent historiquement le Gabon à la France. Le Président Bongo arrive au pouvoir dans des circonstances étranges et par des ajustements juridico-institutionnels élaborés depuis Paris où le président Léon Mba est interné puis décédé en 1967[369].

Les autorités françaises hostiles à un changement de régime s'emploient à assurer la succession à travers la modification de la constitution. En effet, l'article 6 alinéa 5 nouveau de la constitution gabonaise[370] de 1961 modifié par la loi du 17 février 1967 indique que : « Le Président de la République est assisté d'un Vice-Président qui le remplace en cas d'empêchement temporaire ou définitif et jouit

[369] Voir Thierry Aristide Midépé, *Le vote au Gabon : lecture du processus électoral à travers les élections législatives et présidentielles, 1946-2001,* thèse de doctorat en histoire, Bordeaux, Université Bordeaux 3, 208 ; Alexandre Keesse, « l'évolution du « leader indigène » aux yeux des administrateurs français : Léon M'ba et le changement des modalités de participation au pouvoir local au Gabon, 1922-1967 », *Afrique et Histoire,* 2, 2004, p.131-160 ; Elikia M'bokolo, *Médiations africaines. Omar Bongo et les défis diplomatiques d'un continent,* Paris, Éditions de L'Archipel, 2009 ; Christian Casteran, *Omar Bongo : confidences d'un Africain*, Paris, Albin Michel, 1994 ; Pierre Saulet, Guy Rossataga-Rignault et Flavien Enongué, *Les médiations d'Omar Bongo Ondimba,* Libreville, Éditions Raponda Walker, 2008.

[370] La Constitution de 1961 ayant instauré le régime présidentiel, elle a été modifiée en 1967, en 1975 puis en 1981.

alors des prérogatives, rang et pouvoirs du chef d'État[371]. » Ces arrangements politico-constitutionnels ont permis à Albert-Bernard Bongo d'écarter Paul Marie Yembit, Vice-président du gouvernement[372], et de succéder au président Léon Mba dont il est, par la suite, devenu le Vice-président. Si les conditions dans lesquelles il accède au pouvoir soulèvent plus de questions qu'elles n'apportent de réponses concrètes, son parcours a l'avantage de nous apporter des éléments factuels nécessaires à l'analyse du processus de succession. En effet, Albert-Bernard Bongo a fait ses études à l'école officielle de Bacongo puis dans un lycée technique à Brazzaville.

En 1958, il entre à l'Administration des Postes. Il fait son service militaire dans l'Armée de l'Air entre 1958 et 1961. Après un bref passage dans les corps diplomatiques et consulaires, il commence sa carrière politique en 1962, en qualité de Directeur-Adjoint puis Directeur du Cabinet du président Léon Mba. En 1965, il est nommé ministre délégué à la présidence en charge de la Défense et de la coordination de la politique de sécurité et de défense. Il maîtrise alors les rouages du pouvoir et se positionne comme le dauphin incontestable du président Mba. Il a alors 35 ans quand il accède au pouvoir. Le président ivoirien, Félix Houphouët-Boigny le prend sous son aile, tandis que les présidents François Tombalbaye, du Tchad et Jean Bedel Bokassa, de la RCA, le qualifient de « jeune homme ». Il déclare lui-même être décidé « à ne se laisser influencer par qui que ce soit ».[373]

---

[371] AN, Archives Jacques Foccart, 5 AGF/1998-2000, Message envoyée, par l'intermédiaire du S.D.E.C.E (services des renseignements), par René Journiac à Maurice Delauney, Ambassadeur de France au Gabon, 29 novembre 1967.

[372] Le président Léon Mba dont la santé devient de plus en plus fragile arrive le 20 août 1966 à Paris. Il est directement hospitalisé et les inquiétudes mènent bon train à Libreville. La guerre de succession ne s'est pas fait attendre. Deux tendances sont perceptibles : la tendance Yembit qui souhaite succéder au pouvoir avec le soutien des personnalités issues de la minorité Myenè telles que Jean Remy Ayouné, Secrétaire général du Gouvernement et M. Louis Bigman, ex-président de la Cour suprême, nommé Ambassadeur du Gabon en Côte d'Ivoire. La deuxième est formée autour du ministre de la Défense Bongo avec les soutiens des jeunes ministres tels que Pierre Mebaley, Paul Malekou et Emile Kassa-Mapsi, fondateur du Mouvement Gabonais d'Action Populaire. M. André Gustave Anguilé et M. Léonard Bandinga étant opportunistes ont adopté pour la neutralité.

[373] AN, Archives Jacques Foccart, 5 AGF/1999, note non datée de Maurice Delauney, Ambassadeur de France au Gabon.

D'un ton martial, le jeune président souhaite exprimer son autorité, non seulement au niveau national, mais aussi dans ses relations avec les États de la sous-région. Il ambitionne aussi de rassurer la France en se positionnant comme un allié crédible.

De fait, lors des obsèques de son prédécesseur et mentor politique, le président il n'a pas hésité à refouler, en transgressant les usages diplomatiques, la délégation américaine envoyée par le président Lyndon Johnson, le 3 décembre 1967 dans le but représenter le gouvernement américain à cette occasion. Dirigée par M. McBride, ambassadeur en poste à Kinshasa et M. Connely[374], représentant de l'AID (Association Internationale pour le Développement), la délégation américaine est contrainte de quitter le territoire gabonais. Si cette mesure a fait l'objet de sévères critiques, elle a surtout renforcé l'autorité du jeune président tout en construisant sa politique par le renforcement des liens séculaires qui unissent le Gabon à la France. Il suit « sans réserve » les différentes options de la politique étrangère de la France dans le cadre de la guerre du Biafra.

D'ailleurs, dans une lettre adressée, le 7 mai 1968, au ministre de l'Économie et des Finances, Michel Debré, il n'a pas manqué de souligner que : [...] le Gabon et la France sont trop étroitement unis, et depuis tant d'années, leurs intérêts sont trop concordants et leurs aspirations si communes[375]... » Le développement économique de son pays, ajoute-t-il, ne « pourrait se poursuivre sans l'aide constante et effective de notre amie traditionnelle, la France[376]... »

Dès sa prise de fonction, il est régulièrement reçu en audience par le Général de Gaulle lui-même entre 1967 et 1968. Il multiplie des séances de travail et les dîners d'affaires avec les industriels et les milieux financiers français, sous le regard attentif de Jacques Foccart et de ses

---

374 M. Connaly est connu en Afrique comme le bras armé de la CIA dans les milieux financiers. Le nouveau régime, soutenu officieusement par la France, voit d'un mauvais œil l'arrivée des Américains. Cet épisode va jeter les bases de la méfiance que le président Bongo n'aura de cesse d'exprimer à l'égard des États-Unis.

375 AN, Archives Jacques Foccart, 5 AGF/1999, dossier : « audiences d'Albert-Bernard Bongo, 1968-1974 », lettre d'Albert-Bernard Bongo, président du Gabon, à Michel Debré, ministre français de l'Économie et des Finances, 7 mai 1968.

376 Lettre adressée par le président Albert-Bernard Bongo au Premier ministre, Georges Pompidou, 7 mai 1968.

Conseillers René Journiac et Pierre Decheix, le 8 janvier 1967 au très prestigieux salon Potel et Chabot[377]. Le chef de l'État gabonais est partisan d'une économie de marché, comme l'a été le Léon Mba avant lui. Il prône la régularité des relations privilégiées avec la France et le renforcement de la coopération économique à l'échelle sous régionale. Ce bref rappel de la trajectoire politique du président Albert-Bernard Bongo est utile à la compréhension des ambivalences de la stratégie adoptée par le gouvernement lors de la réforme des statuts de la Banque centrale. Disons d'entrée de jeu que le président gabonais n'est pas favorable à la transformation radicale de la Banque centrale. Il est cependant obligé d'échafauder, de façon empirique, des initiatives pour contrecarrer l'hégémonie du Cameroun. En 1969, le président Albert-Bernard Bongo est nommé président de la Conférence des chefs d'État de l'UDEAC. Les discussions qu'il a eues auparavant avec le président congolais Alphonse Massamba-Débat, le 11 avril 1968, l'ont amené à prendre conscience de l'impact des difficultés économiques dans la récurrence des tensions politiques au sein de l'union douanière, alors que ces divergences comportent également des risques sur l'union monétaire. Il souhaite adopter une position avant-gardiste pour tenter de mettre en œuvre un projet global. C'est dans ce climat délétère que les négociations prennent forme.

4.3.1 Un début des négociations sur fond d'enjeux politiques

Initiée par le président Ahidjo, la première réunion des ministres des Finances des cinq États s'est tenue à Yaoundé le 31 août 1970. La délégation gabonaise est conduite par Pierre Mebaley, ministre délégué à la présidence, assisté de Martin Bongo, Secrétaire d'État à la présidence et Jean François Ntoutoume Emane, inspecteur des Finances. Le ministre gabonais des Finances, Augustin Boumah n'est pas chef de la délégation. Le président Bongo a choisi ses proches collaborateurs. Cette réunion n'a pas permis de définir une position commune puisqu'elle avait vocation à instituer un comité d'experts chargés d'élaborer le plan de réforme. Le comité d'experts a tenu ses réunions du 19 au 24 octobre 1970 à Douala. Les débats se sont focalisés sur les questions purement techniques. Les réunions tenues de

[377] AN, Archives de Jacques Foccart, 5 AGF/1998, note de Pierre Decheix à Jacques Foccart, 29 décembre 1967.

mai et décembre 1971 ont conduit à l'élaboration d'un projet présenté aux chefs d'État à Bangui au cours de la même année. Le projet est ambitieux puisqu'il propose une profonde modification de l'organisation de la Banque centrale. Il est écarté par les chefs d'État qui le jugent peu réaliste.

En fait, cette constatation ne saurait à elle seule expliquer ce désintérêt pour un projet visant la refonte des modalités d'intervention de la Banque centrale. Il se pose désormais la question de la représentativité au sein du gouvernement de la banque. Le Cameroun veut à tout prix maintenir, voire renforcer sa position en voulant disposer du même nombre d'administrateurs que la France (quatre), tandis que les autres États disposeraient chacun d'un siège. Dans cette perspective, la France et le Cameroun disposeraient d'une majorité de blocages et cela renforcerait, en conséquence, la position d'Ahidjo par rapport aux autres chefs d'État. Ces derniers ont toutefois contesté ce mode de répartition en lui opposant le système de la BCEAO[378] au sein duquel chaque État membre dispose de deux sièges. Il n'y a aucun consensus, car d'une part, le Cameroun maintient sa position et, d'autre part, la France n'est pas favorable à cette perspective, en raison de la majorité que les Africains pourraient former à court terme. Mais les déficits budgétaires croissants en RCA et au Congo ont posé le problème du financement des déficits budgétaires des États et son impact sur la politique monétaire. Les avances directes qui avaient vocation à être temporaires sont amenées à être permanentes et le plafond initial de 10 % des recettes fiscales de l'exercice budgétaire précédent est constamment modifié. Or jusqu'à fin juin 1972, les avances directes aux trésors sont calculées non sur la base des recettes fiscales inhérentes à l'exercice budgétaire de 1971, mais 1970. Le plafond oscille entre 13 % et 15 % au Tchad, en RCA et au Congo[379]. Ces distorsions crédibilisent les critiques formulées par le gouvernement camerounais. Elles posent surtout la question de la crédibilité de la Banque centrale.

Ce problème concret a permis de réorienter les débats sur la problématique de départ, à savoir le système de financement des déficits

---

[378] Voir Michel Lelart, « L'Union monétaire en Afrique de l'Ouest », *L'économie politique,* n° 3, 2003, p.106-112.

[379] CAEF, PH : 083/86-15, dossier : « Avances aux Trésors nationaux », note du 12 février 1973.

budgétaires par la Banque centrale sous prétexte que ce financement doit servir malgré tout à la croissance. Apparaît alors une hiérarchisation des points sur lesquels les négociations doivent porter : être flexible sur la question de la représentativité au sein du gouvernement de la Banque centrale en contrepartie de l'organisation de niveau des avances directes aux trésors publics. Bien que le discours ait sensiblement évolué, on peut constater l'inertie du Conseil d'administration. Son action a consisté à situer ses actions dans le contexte du respect des statuts, tout en agitant le spectre des risques inflationnistes.

Le gouvernement camerounais a du mal à soutenir cette politique et fait pression sur le gouvernement de la banque. La réunion du Conseil d'administration de juillet 1971 a entériné le retour presque forcé au régime normal d'avances de la Banque centrale dès janvier 1972. Les représentants de la RCA et du Congo ont clairement refusé de suivre cette directive qu'ils jugeaient abusive et injuste.

D'ailleurs, alors qu'il célébrait l'anniversaire de l'indépendance de son pays le 13 août 1971, le Général Bokassa dénonce, dans son discours prononcé à cette occasion, ce qu'il a appelé le « fédéralisme monétaire ». Exprimer ces critiques lors de la célébration de l'anniversaire de l'indépendance, c'est ancrer opportunément le discours dans une perspective postcoloniale, bien qu'il s'agisse d'une instrumentalisation abusive de la question de la souveraineté.

Jean-Bedel Bokassa justifie cependant sa critique par l'idée que le régime monétaire issu de 1959 avait vocation à entraver le développement économique. Il faut cependant souligner l'ambiguïté de son discours. La dénonciation de ce qu'il a qualifié de fédéralisme monétaire ne signifie pas systématiquement une remise en cause de l'appartenance de la R.C.A à la zone franc. Ses critiques portent sur la gestion de la monnaie en faisant valoir le fait que le Comité monétaire national est dans l'incapacité de suivre la gestion de la monnaie sur le territoire centrafricain. En sus de cela, il préconise la réévaluation de la monnaie sur la base : 1 F CFA = 2FF[380] et sa convertibilité totale à l'égard de l'ensemble de la Communauté européenne[381].

En fait, cette déclaration est imputable aux inquiétudes liées à la progression du déficit de la balance courante du Togo relative à la baisse des termes de l'échange du phosphate et du café, dont les prix sont fixés en dollars. L'instabilité des prix des matières premières a été un facteur déterminant dans le déroulement des négociations. Certains États voyant leurs déficits des comptes extérieurs s'amplifier, ont été sensibles à l'argument de la pertinence de l'ajustement par le compte d'opérations dans un contexte financier incertain. Dans les deux cas, il s'agit d'une revendication de fond qui inquiète les autorités monétaires locales. Dans une lettre adressée à Jacques Foccart, le 27 août 1971, Claude Panouillot exprime clairement son inquiétude, car il estime que les propos tenus par le chef d'État centrafricain peuvent avoir des conséquences, non seulement sur les relations franco-africaines, mais aussi l'aboutissement des négociations en cours, et plus largement sur l'ensemble de la zone franc. Il reste néanmoins optimiste lorsqu'il écrit :

> « [...] Jamais l'idée n'avait pris la forme d'une déclaration ouvrant aussi nettement la voie à un changement de régime. Jamais non plus, la situation financière de la RCA, comme sa position au sein de l'union monétaire, n'avait rendu plausible la détermination du Général Bokassa à recourir librement à l'inflation[382] ».

Ces propos vivent à relativiser l'impact des prises de position du général Bokassa, car il est imprévisible. De l'aveu même de Claude Panouillot, « [...] la RCA se plie mal aux disciplines pourtant bien souples de l'union monétaire. Cette attitude (...) inquiète les autres États membres de la Banque centrale et risque de mener à une désorganisation de notre système monétaire. Il semble qu'une mise en garde de la France (...)

---

380 CAEF, B-00622115/4, dossier : « création et organisation de la Banque centrale des États de l'Afrique centrale), lettre de Robert Julienne, DG de la BCEAO, à Jacques de Larosière de Champfeu, Inspecteur des Finances et chef de service au Ministère des Finances, 23 novembre 1972.

381 *Les Échos*, 24 novembre 1972.

382 AN, Archives Jacques Foccart, 5 AGF/2890, dossier : « BEAC », note de Claude Panouillot, DG de la BCEAEC, à Jacques Foccart, SG aux Affaires Africaines et Malgaches, 27 août 1971.

pourrait éviter de graves désordres[383]. » On craint que le siège de la banque à Bangui ne soit plus sous contrôle. Car le chef de l'État centrafricain exerce désormais un contrôle sur les encaisses. Il nomme et congédie le personnel d'encadrement en fonction de leur capacité à coopérer ou non. Les autorités monétaires craignent par ailleurs l'hyperinflation qui pourrait naître de ces opérations incontrôlées. Ces tensions ont révélé la faiblesse du Conseil d'administration en tant qu'instrument de médiation. Elles sont aussi perçues par les autorités françaises comme un échec possible de la diplomatie française et non comme une simple confrontation entre responsables africains. Elles ont donné lieu aussi à des surenchères puisque pour la première fois le président Albert-Bernard Bongo menace de créer sa propre monnaie. Il est suivi par Ahidjo qui remet son projet initial sur la table. Si ces projets apparaissent moins réalistes, dans le cas du Gabon comme celui du Cameroun, ils ont l'avantage de faire pression sur le gouvernement français qui multiplie les mises en garde sans succès à l'égard du général Bokassa.

4.3.2 Les préconisations du président Bongo de 1971 et leur portée

Le 2 décembre 1971, alors qu'aucun consensus n'a encore été trouvé, le président Albert-Bernard Bongo profite de l'audience que lui a accordée le président Georges Pompidou pour lui soumettre un projet de réforme correspondant à ses aspirations. Il repose sur deux points essentiels.

D'une part, il ne préconise aucune modification au système d'avances directes octroyées statutairement par la Banque centrale aux trésors nationaux. Or, ce point constitue un point de désaccord profond entre les différents chefs d'État qui souhaitent, au contraire, que la Banque centrale renforce son intervention, à l'exception du Cameroun.

D'autre part, le gouvernement gabonais propose une gouvernance à tour de rôle, tout en souhaitant augmenter le nombre de ses administrateurs. L'essentiel des exigences du gouvernement repose sur le renforcement de sa position au sein du Conseil d'administration et moins sur la réforme des instruments de la Banque centrale. La nomination du chef

[383] Lettre de Claude Panouillot à Jacques Foccart, 2 septembre 1971.

de l'État congolais, Marien Ngouabi en qualité de président en exercice de l'UDEAC constitue un tournant majeur dans l'évolution des négociations. Ce dernier est arrivé au pouvoir en renversant le régime d'Alphonse Massamba-Debat. Il est ce qu'il conviendrait d'appeler un « révolutionnaire ».

Dès sa prise de fonction, il s'est donné pour objectif de faire aboutir la réforme. Dans cette veine, le 26 janvier 1972, il adresse une lettre à Georges Pompidou, lettre dans laquelle il fixe les grandes orientations du projet qu'il porte. Il considère que :

> « [...] la coopération monétaire [signée en 1960] (...) repose sur des fondements inadaptés à l'évolution historique et économique de notre temps (...) conscients de la nécessité, à cet effet, de revoir la nature juridique, la structure et les mécanismes de fonctionnement de leur institut d'émission [les chefs d'État] ont arrêté d'un commun accord les grandes lignes portant réforme de la Banque centrale des États de l'Afrique équatoriale et du Cameroun et [les chefs d'État] m'ont chargé de prendre avec vous les contacts nécessaires pour l'ouverture, dans les meilleurs délais, de négociations à l'effet de rendre effective une réforme qui, de l'avis de tous, s'impose[384]. »

Le ton utilisé traduit ostensiblement la volonté de situer les négociations dans une perspective postcoloniale. La réforme de l'organisation monétaire issue des indépendances pose la question de la souveraineté monétaire. Mais le problème soulevé par tous est le suivant : jusqu'à quel niveau peut-on l'exercer sans compromettre l'équilibre politique d'ensemble et de quelles marges de manœuvre disposent-ils ? Car la simple dénonciation de l'obsolescence du cadre juridique et institutionnel sur lequel repose le fonctionnement de la zone franc, à commencer par leur institution d'émission, n'est pas mécaniquement assimilable à une volonté de rompre radicalement les relations monétaires avec la France. Or c'est de cette rupture que pourrait naître une vraie dynamique. Cette perspective est écartée politiquement, notamment à cause des désaccords entre chefs d'État. Le consensus qui s'est dégagé depuis la présentation du projet a donné lieu à un autre

---

384 AN, Archives Jacques Foccart, 5 AGF/2890, lettre du Commandant Marien Ngouabi, président de la République populaire du Congo et président en exercice de l'UDEAC, au président français Georges Pompidou, 26 janvier 1972.

rapport présenté par le Comité des experts. Il revenait aux ministres des Finances de se réunir les 21 et 22 avril 1972 à Brazzaville pour approuver les textes organiques.

La réécriture de l'article 11 sur la centralisation des avoirs extérieurs oppose le ministre gabonais des Finances, Paul Moukambi, au ministre camerounais, Barnard Didias A Ngon. Le premier défend le maintien de la centralisation en compte d'opérations, alors que le second est favorable à la diversification. Or l'idée de rompre avec l'ancien mode de gestion des réserves de change semble convaincante et deux facteurs expliquent cela.

D'une part, cela permettrait de supprimer le système de centralisation des avoirs en promouvant l'idée de placer une partie de ces avoirs dans d'autres institutions par achats des bons du Trésor américain par exemple. Cette approche comporte des avantages ne serait-ce que parce qu'elle est en résonnance avec l'idée même d'autonomie.

D'autre part, le Cameroun souhaite vider le compte d'opérations de son contenu afin de faire pression sur les États qui mènent une politique budgétaire peu conventionnelle. C'est aussi un moyen de dynamiser les échanges. La singularité du projet réside dans la volonté de modifier drastiquement les accords bilatéraux et multilatéraux signés en 1960. La délégation camerounaise est inspirée par Marcel Yondo. Ce dernier a soutenu une thèse de doctorat en sciences économiques en 1968. Il a par la suite intégré l'administration financière puis Conseiller technique du président Ahidjo qui le nomme chef de délégation à toutes les négociations.

De l'aveu même de Pierre Tchanque, Secrétaire général de l'UDEAC, cette orientation est très ambitieuse et présente des risques politiques[385]. L'UDEAC en tant qu'instrument politique de coopération est en première ligne dans les négociations. Or, le Tchad qui est membre de l'union monétaire n'est pas membre de l'union économique. Le gouvernement tchadien s'est mis en retrait. Or la stratégie de Marien Ngouabi consiste à faire rallier François Tombalbaye à sa ligne politique, compte tenu du différend qui l'oppose à Ahidjo et à Bongo.

---

[385] AN, Archives Jacques Foccart, 5 AGF/2890, Procès-verbal de la réunion des ministres des Finances des États de l'UDEAC, 21 et 22 avril 1972.

Dans une lettre en date du 24 mai 1972 au président François Tombalbaye, Marien Ngouabi insiste sur le maintien du plafond du découvert accordé par la Banque centrale aux États à 15 % des recettes propres au lieu de 10 %, alors que cette disposition n'est plus respectée depuis le début de l'année 1970.

Le président tchadien est a priori acquis à cette orientation, d'autant que, comme Ngouabi, il souhaite porter ce plafond à 20 % de l'ensemble des recettes budgétaires. Il s'agit d'une évolution doctrinale non négligeable. Or le Cameroun et le Gabon sont profondément opposés à cette approche. Ils sont plutôt favorables au développement du marché monétaire pour que l'État puisse s'y financer. L'idée que la Banque centrale doive être au service du développement est en fait un peu ambiguë, puisque chacun caractérise l'intervention de cette dernière en fonction des besoins de son économie. Mais tous craignent que leurs divergences d'approche puissent être bénéfiques à la France puisque celle-ci peut être amenée à écarter toutes possibilités de réforme en profondeur. Le principe de présidence tournante est retenu à l'exception de la France. Car, préconise Marien Ngouabi :

> « Nous devons promouvoir, à travers cette réforme, une coopération mutuellement profitable à nos États dans le respect de leur souveraineté nationale. Il faudrait que nous sentions le bénéfice de la réforme à la fois sur la politique de coopération et de solidarité mutuelle ainsi que sur la politique de crédit à nos trésors et à travers le nouveau cadre de nos relations avec la France en matière de coopération monétaire. Il est cependant entendu que si nos États ont la responsabilité d'assurer l'équilibre de leur développement, ils n'en ont pas moins l'obligation d'assurer le maintien de la confiance dans leur monnaie commune[386]. »

L'analyse de ce passage nous permet de relever un élément essentiel : la revendication de la souveraineté monétaire, certes modérée, situe le fonctionnement de la Banque centrale dans une vaste stratégie de développement. Mais cela implique une articulation avec l'exigence de maintenir la confiance dans la monnaie. Or la Banque centrale n'a

---

[386] AN, Archives Jacques Foccart, 5 AGF/2890, dossier : « réforme de la BCEAEC, 1967-1973 », Lettre du Commandant Marien Ngouabi, président du Congo, à François Tombalbaye, président du Tchad, 24 mai 1972.

aucune confiance dans la politique budgétaire menée par les États en violation des textes réglementaires.

4.3.3 Le gouvernement français face à la réforme des statuts de la BECEAEC

La France ne s'est résolue à accepter de réformer la Banque centrale qu'au fur et à mesure que les idées se précisaient du côté des négociateurs africains. La France était réticente puis elle a fini par l'accepter et orienter les négociations dans le sens de la conservation des acquis. En cela, la direction du Trésor est en première ligne pour éviter que le gouvernement ne puisse perdre pied dans des négociations à l'évolution desquelles la question de l'indépendance monétaire se pose clairement. Par exemple, elle est peu favorable à la composition du Conseil d'administration de 2/3 d'Africains et 1/3 de Français. Le principe de cogestion n'est tolérable que lorsqu'il est assorti des majorités qualifiées pour des décisions importantes. La direction du Trésor s'est également opposée à la diversification d'organismes de placement des réserves, compte tenu de la garantie monétaire accordée par la France à leur monnaie.

Cependant, critiquer le fonctionnement de la réserve de change ne se traduit pas forcément par un rejet systématique du système du compte d'opérations qui est au cœur du fonctionnement de la zone franc. La direction du Trésor s'est par ailleurs opposée à la possibilité de modifier unilatéralement la parité du F CFA par rapport au franc français, puisqu'incompatible avec le principe d'équilibre de la zone franc.[387]

Le jeu d'équilibre auquel tous les acteurs s'appliquent apparaît plus périlleux qu'il est difficile de concilier les objectifs politiques avec les objectifs économiques distinctement poursuivis d'un pays à l'autre. D'autant que les Africains ne disposent pas d'une stratégie claire. Ils proposent de nouvelles revendications en fonction des gains obtenus sur les précédents, ce qui crée des tensions. Les négociateurs français dénoncent des difficultés. Celles-ci viennent du fait que les Africains expriment le vœu de nommer un ressortissant de l'un des pays membres à la tête de la Banque centrale, tout en voulant instaurer un contrôle de

---

[387] AN, Archives Jacques Foccart, 5 AGF/2890, dossier : « réforme de la BCEAEC, 1967-1973 » Note du directeur du Trésor, Pierre Brossolette, à l'attention du président Georges Pompidou, 16 juin 1972.

transferts de fonds de la zone d'émission vers la France. Cette position est caractéristique d'une remise en cause de l'un des principes de base du fonctionnement de la zone franc : le libre transfert des capitaux. Paris rejette en bloc cette perspective tout en maintenant la pression.

Dans cette perspective, G. Barrere adresse, le 29 juin 1972, une lettre à Jacques Foccart. Il confie que « les négociations se conduisent comme s'il ne s'agissait plus des simples partenaires, mais bien plus entre la France, ancienne puissance colonisatrice et ses anciennes dépendances désireuses d'indépendance totale[388]. » Les autorités françaises ont compris, a posteriori, les raisons du durcissement des positions africaines. Il y a une forme d'instrumentalisation de la question de la souveraineté pour obtenir de la France non pas son plein exercice, mais davantage de garanties et des possibilités de financement des plans quinquennaux. Néanmoins, après des mois d'intenses débats, les négociations ont abouti à un accord sur plusieurs points essentiels.

D'une part, sur une période de transition de cinq ans, la direction générale de la banque revient à un ressortissant français, en contrepartie, la France assure la formation du personnel et l'introduction d'une clause faisant obligation à la France d'associer les États dans les négociations relatives aux problèmes monétaires internationaux. S'agissant de la formation, Claude Panouillot signale que « nous avons trouvé des Africains qui étaient en stage de formation dans nos agences et qui ont fini par remplacer valablement les Européens. Car c'est ce que nous voulions et non de mettre des directeurs africains incapables de gérer les agences et assistés des assistants techniques plus ou moins discrets. Nous voulions avoir des hommes pleinement capables de gérer leur fonction[389]. »

D'autre part, l'un des déterminants de l'africanisation est la mise en place d'un Comité monétaire propre à la zone. Il est destiné à assurer la préparation et la coordination des positions des États s'agissant des problèmes internationaux, bien que ses missions soient similaires à celles dévolues au Conseil d'administration. On peut aussi souligner le

---

[388] *Id.*, Lettre de G. Barrere à l'attention de Jacques Foccart, SG des Affaires Africaines et Malgache, 29 juin 1972.

[389] Archives financières orales, *op.cit.*

fait que la Banque centrale est désormais amenée à apporter des concours aux établissements spécialisés[390].

Ainsi, le ministre français des Finances, Valéry Giscard d'Estaing[391] s'est-il rendu à Brazzaville où une nouvelle convention de coopération monétaire, une convention du compte d'opérations et l'adoption des nouveaux statuts de la Banque centrale ont été signées. Alain Vernay, dans un article signé dans Le Figaro du 24 novembre 1972[392], parle d'« émancipation et désengagement monétaires », tandis que d'autres parlent de « folklore monétaire »[393] et d' « assouplissement de la zone franc »[394] pour évoquer ce qu'il conviendrait de qualifier de décolonisation monétaire[395]. Le ministre des Finances estime que si la garantie à la convertibilité offerte par le Trésor français est maintenue, « [...] la structure et la gestion du nouvel institut d'émission dépendront beaucoup plus étroitement des autorités nationales[396]. » L'africanisation est alors fondée sur l'affirmation d'une relative souveraineté monétaire concertée.

4.3.4. La réforme et ses aspects juridiques et institutionnels

La réforme monétaire initiée en 1972 s'interprète comme une forme de « décolonisation » monétaire. Elles se sont structurées autour de deux axes : politico-institutionnel et juridique. Le premier axe repose sur la révision des statuts de la BEAC en lui confiant des missions plus étendues dans le financement des investissements à long terme ; la réforme a également donné lieu à une politisation de la Banque centrale, puisque le Conseil d'administration est devenu le lieu d'expression des rapports de force entre les États. De plus, la réforme se caractérise par

---

390 Note (non datée) de la direction du Trésor (bureau F.2) pour le ministre à propos de la réforme des statuts de la BCEAEC.

391 Entre autres signataires pour le compte des États d'Afrique équatoriale, Alphonse Koyamba, ministre des Finances de la RCA ; Ange-Edouard Pongui, ministre des Finances du Congo ; Elie Romba, ministre des Finances du Tchad ; Paul Moukambi, ministre des Finances du Gabon et Charles Onana Awana, SG de l'UDEAC.

392 *Le Figaro*, 24 novembre 1972.

393 *La vie française*, 30 novembre 1972.

394 *Agefi*, 22 novembre 1972.

395 Vincent Duchaussoy, « zones monétaires et développement : la zone franc, de la décolonisation à l'internationalisation », *Monde(s)* 2018/1, n° 13, p.107-132.

396 *Agefi*, 24 novembre 1972.

une forme d'africanisation des cadres destinés à mettre en œuvre la nationalisation du crédit. Le second axe revêt une dimension juridique qui ne saurait être comprise en faisant abstraction des spécificités intrinsèques de la zone BEAC. Celle-ci est composée par des États ayant pour la plupart signé des accords bilatéraux avec la France dans le domaine de la monnaie, alors qu'en Afrique de l'Ouest, dès 1962, il a été institué une union monétaire en tant que personne morale de droit international[397].

Dans cadre, les institutions financières internationales bénéficient d'une immunité fiscale. Le choix du statut d'établissement public multinational (art. 7) et non international à l'image de la BCEAO s'explique par le fait que la rédaction des statuts est le fruit des arrangements protéiformes. Par exemple, les dispositions relatives à la répression de la falsification des billets, les engagements internationaux (art. 11 et art. 14), les conditions de retrait d'un État sont reprises, alors que celles-ci sont caractéristiques des législations nationales dans le cadre des accords qui les lient individuellement à la France. Cette ambiguïté juridique traduit néanmoins le rôle d'instrument technique de coopération monétaire assigné à la Banque centrale. En revanche, ce cadre juridique définit l'organisation de la Banque centrale, le mode de nomination des principaux dirigeants et les relations entre le Conseil d'administration et les comités monétaires nationaux dans une perspective plus décentralisée du gouvernement de la banque.

L'une des caractéristiques fondamentales de la réforme de la Banque centrale est sans doute la coexistence de dispositions traduisant son statut d'institution financière africaine dans sa structure et franco-africaine dans son fonctionnement, bien que la France dispose d'une minorité de blocage pour la « définition des options majeures concernant la monnaie (changements de parité) et les dispositions

[397] La particularité de ce régime réside dans le fait que, contrairement à ce qui est en vigueur en Afrique équatoriale depuis les indépendances, le président n'est désigné que pour deux ans et n'a aucun pouvoir si ce n'est celui d'organiser les réunions ; le Conseil d'administration et les comités par États sont constitués aux 2/3 par les Africains, tandis que la France dispose d'une minorité de blocage ; les statuts sont moins clairs sur des mesures à adopter en cas de déficit prolongé du compte d'opérations, alors qu'en Afrique équatoriale, la France exerce un contrôle systématique sur la politique monétaire et financière. L'obsession des autorités de la zone BCEAEC repose sur la volonté d'aligner leur régime monétaire sur celui de la BCEAO. Un système nettement progressiste.

statutaires liées au fonctionnement des comptes d'opérations[398]. » Si la réforme revêt une dimension politique pour la France, du fait de l'organisation de la zone franc qui en découle, elle s'inscrit dans la perspective de la « décolonisation monétaire » et dans une logique d'intégration économique et régionale[399]. Cette réforme s'inscrit également dans le cadre de la recomposition des zones de stabilité monétaire comme l'a montré l'historien James Boughton dont d'importants travaux portent sur le FMI :

> « La logique de la zone F CFA se défend lorsqu'on la considère dans une optique large, c'est-à-dire comme la combinaison d'une union monétaire et d'un étalon monétaire. Les pays de la zone franc ont des relations commerciales très étroites avec l'Europe de l'Ouest. De ce fait, la zone est devenue une vaste partie d'un espace de stabilité monétaire qui englobe les pays de la zone franc CFA, la France et d'autres pays d'Europe de l'Ouest[400]. »

Les autorités monétaires souhaitent maintenir la stabilité du cadre monétaire [401]afin de garantir la régularité des courants commerciaux entre les États membres, la France et les pays de la CEE. Dans cette perspective, la question de la zone franc constitue un enjeu géopolitique.

4.4. L'entrée en fonctionnement : la BEAC à l'épreuve de l'africanisation des cadres, 1973-1977

Les nouveaux accords de coopération ont fait l'objet d'approbation dans les différents États par ordonnance n°57/72 du 30 décembre 1972 pour la République populaire du Congo et n°1/73 du 8 janvier 1973

---

[398] René Sandretto (dir), *Zone franc. Du Franc CFA à la monnaie unique européenne,* Paris, Les Éditions de l'Épargne, 1994, p.43.

[399] *Ibid.,* p.46.

[400] J. M. Boughton, « Le franc CFA : une zone de fragile stabilité en Afrique », *Finances et Développement,* décembre 1992, p.36, cité par René Sandretto (dir), *Zone franc,* op.cit., p.46.

[401] David Stasavage, "When do states abandon monetary discretion? Lessons from evolution of the CFA franc zone", Jonathan Kirschner (dir), *Monetary orders. Ambiguous economics, ubiquitous politics,* Ithaca,2003, Cornell University Press, p.78; Paul Krugman et Marcus Miller, *Exchange rate targets and currency bands (*3rd ed.,), Cambridge, Cambridge University Press, 1998; Ronald MacDonald, *Floating Exchange Rates. Theories and Evidence,* London, Unwin Hyman, 1988.

pour le Gabon. Ce mode de ratification est choisi pour garantir l'application immédiate des textes. En revanche, les chefs d'État doivent faire le choix du directeur général.

4.4.1 La mise en place du gouvernement de la banque

La nomination du directeur général est sujette à tensions. Il doit être Français, conformément à l'accord. Mais les chefs d'État ne soutiennent pas le même candidat. Le président gabonais soutient la candidature de Claude Panouillot qui occupe le poste depuis 1959. Claude Panouillot est inspecteur général des Finances. Il était docteur en Droit et diplômé de l'École libre des sciences politiques. Il a occupé entre octobre 1949-mai 1955, le poste de directeur de la Caisse centrale de la France d'outre-mer. Il est nommé directeur général de l'institut d'émission de l'Afrique équatoriale et du Cameroun en mai 1955. Léon Mba l'a par ailleurs nommé au poste de Gouverneur suppléant du FMI pour le Gabon. Il proche du milieu politique gabonais et c'est à ce titre que le président gabonais souhaite stratégiquement imposer ce choix à ses homologues. Il souhaite obtenir l'intervention directe de Georges Pompidou, mais sans succès. En revanche, ses prises de position, tout comme l'étroitesse de ses relations avec la France, sont sévèrement critiquées. Ils estiment que leurs choix tactiques ont été déjoués par la France grâce aux renseignements fournis par le président Bongo à l'issue des huis clos.

La candidature de Claude Panouillot est écartée, d'une part parce qu'ils considèrent que ce dernier n'était plus à la hauteur des enjeux et d'autre part, il s'agissait d'affaiblir et d'isoler le président Bongo. Le gouvernement français a fini par trancher en nommant Christian Joudiou au poste de directeur général. Il est aussi issu du sérail français. Né le 3 décembre 1920 à Croix, il est diplômé de l'École libre des sciences politiques et titulaire d'une Licence en droit et d'économie politique. Il commence sa carrière en 1946 à la Caisse centrale de la France d'Outre-mer (CCFOM). Il devient directeur de l'Office indochinois des changes pour le Tokin et le Nord Annam, de 1946 à 1949 puis devient directeur de la caisse centrale au Cameroun jusqu'en 1966. Passé inspecteur, puis directeur, il est par la suite nommé directeur général adjoint de la BCEAEC en 1966. Sa nomination est le fruit d'un consensus tout autant qu'elle entérine l'échec de la diplomatie gabonaise puisque le président Bongo n'a pas pu imposer ses vues.

Dans le même temps, le Congolais Jean Édouard Sathoud est nommé directeur général adjoint, conformément à l'accord. Ce dernier est né le 15 avril 1939 à Gangou (Congo), il est diplômé de l'Institut d'étude politique de Paris en 1962 après un stage à l'ENA de Paris, il est nommé directeur de l'Agence de Brazzaville après avoir suivi un stage de perfectionnement en analyse de politiques financières à l'Institut du FMI puis aux services centraux.

Trois directeurs centraux africains sont nommés afin d'accélérer l'africanisation. Gaston Robert Bouckat-Bou-Nziengui, auparavant ambassadeur du Gabon aux États-Unis, est nommé directeur pour le compte de ce pays, tandis que Benoît Boukar, vice-président de la Banque mondiale est nommé directeur pour le compte du Tchad et Enoch Darant Lakoue, ancien ministre centrafricain des Finances est aussi nommé directeur pour le compte de la RCA. Les comités monétaires nationaux sont dirigés par les directeurs nationaux. C'est ainsi que Casimir Oye Mba[402] devient directeur national pour le compte du Gabon ; Nicolas Yamoko[403] pour le Tchad ; Gabriel Bokilo[404] pour le Congo ; Wilfried Pehoua[405] pour la RCA et Marcel Yondo[406] pour le Cameroun.

402 Il obtient une Licence, diplômes d'études supérieures puis un Doctorat préparé à Paris 1 en 1969. Il rejoint la Fonction publique en tant qu'Administrateur civil.

403 Il est diplômé de l'Institut des hautes études d'outre-mer en 1966 puis de l'Institut international de l'Administration publique, section économique et financière en 1968. Recruté avec le grade d'Administrateur civil, il est nommé directeur adjoint de l'Agence de Fort-Lamy, le 1er mai 1970 puis directeur de l'Agence le 2 avril et responsable des bureaux de la BEAC au Tchad.

404 Ce dernier est diplômé d'un DES de droit de Paris 1. Il a commencé sa carrière dans les cabinets ministériels puis dans le secteur bancaire en 1970.

405 Il est inspecteur principal du Trésor formé au centre de préparation aux carrières administratives de l'ex-AEF (1955-1956) puis à l'École nationale des services du Trésor de Paris en 1959.

406 Il a soutenu une thèse de doctorat en sciences économiques en mai 1968 à l'Université de Grenoble. Il démarre sa carrière au ministère des Finances puis à la présidence. Il était l'expert attitré du gouvernement camerounais.

Tableau 22 : État du personnel d'encadrement de la BEAC, 1972-1973

	Au 31 décembre 1972		Au 31 décembre 1973	
Grade	Français	Africains	Français	Africains
Président	1	0	0	0
Directeur Général	1	0	0	0
Directeur Général Adjoint	1	0	0	1
Inspecteur Général	1	0	1	0
Directeur des Services centraux	2	0	1	3
Secrétaire Général	1	0	1	0
Directeurs Nationaux	0	0	0	5
Directeurs Agence	1	7	0	3
Inspecteurs	4	0	4	0
Directeurs Adjoints	3	3	2	2
Sous-directeurs	5	0	4	0
Fondés de Pouvoirs	7	4	7	4
Chargé de Mission	1	3	1	8
Chefs de service	24	8	22	8
Cadres supérieurs	1	4	0	4
Total	54	30	44	40

Source : CAEF, PH :83/86-8, procès-verbal de la réunion du Conseil d'administration de la BEAC, 31 mars 1973.

Les services centraux de la Banque centrale sont organisés autour de cinq pôles essentiels. Le Conseil d'administration[407] est l'organe chargé d'élaborer les grandes orientations stratégiques de la politique monétaire. Il a vocation à se donner aux jeux d'équilibres en raison du caractère hétérogène des économies concernées par ses opérations. S'agissant de sa composition, il est paritaire et sa gouvernance est collégiale. En tant que tel, il est l'émanation de la conférence des chefs d'État et sa présidence est assurée à tour de rôle par un ministre des Finances de l'un des États membres.

En revanche, la direction générale de la banque constitue son gouvernement. Le directeur général agit en fonction des orientations issues du Conseil d'administration qui l'a nommé. Mais la répartition

[407] Une modification des dispositions statutaires relatives à l'organisation du Conseil d'administration a été introduite le 30 novembre 1974. Selon les termes de cet article nouveau, les décisions liées à la gouvernance de la banque et à l'octroi par celle-ci des avances directes aux États se prennent à la majorité des trois quarts.

des compétences entre les deux organes reste moins claire. Pour autant, la direction générale dispose des marges de manœuvre suffisantes pour agir contre la trop forte politisation de la Banque centrale, bien qu'elle soit elle-même le produit des arrangements politico-institutionnels.

On peut également observer les changements opérés depuis la réforme, notamment dans la structuration du personnel d'encadrement de la Banque centrale. Le précédent tableau montre qu'avant la réforme, les ressortissants François étaient majoritairement représentés, un an plus tard, les Africains ont fait leur entrée, bien que la France ait maintenu son influence conformément aux accords : ils disposent de la minorité de blocage. Par contre, au niveau des pôles d'exécutions purement techniques, aucun changement n'a été observé. Aussi bien au niveau de l'Inspection, de la comptabilité, de l'émission que du contrôle des risques, des études ainsi que la balance des paiements. Les Français ont conservé ces postes par manque de personnel africain qualifié.

L'africanisation s'est traduite par un transfert progressif (voir tableau 22) et celui-ci ne peut être saisi par la prise en compte de l'effort entrepris dans la formation des cadres destinés à gérer l'institut d'émission en fonction de leurs exigences. Nous avons travaillé en nous basant sur les archives laissées par les acteurs de l'époque. Mais nous ne disposons pas d'informations pouvant conduire à une réflexion sur le problème de la formation des cadres de la BEAC. La prise en compte de ce facteur nous aiderait à mieux cerner les tenants et les aboutissants de l'africanisation.

Au niveau des directions nationales de la Banque centrale, la gestion de celle-ci incombe désormais aux Africains. Au Gabon, Casimir Oye Mba est secondé par Jean-Paul Léyimangoye. Lorsque ce dernier fut nommé directeur national de la BEAC au Gabon, au moment où Casimir Oye Mba occupait désormais le poste de Gouverneur en 1978, deux Français vont être nommés sous-directeurs, Jean Casanova et Jacques Sordelet.

Tableau 23 : Organigramme des services centraux de la BEAC, 1972-1973

31-déc-72		Observation	31-août-73	
Noms	Grade		Noms	Grade
		Direction générale	M. Joudiou	Directeur Général
M. Gauthier	Président		M. Sathoud	Directeur Général Adjoint
M. Panouilot	Directeur Général		M. Marchand	Inspecteur général
M. Joudiou	DGA		M. Vinay	Directeur
M. Marchand	Inspecteur Général		M. Lakoue	Directeur
M. Roustain	Directeur		M. Boukar	Directeur
M. Vinay	Directeur		M. Bouckat-Bou-Nziengui	Directeur
M. de Briey	Secrétaire général		M. de Briey	Secrétaire Général
M. Messein	Inspecteur	Inspection	M. Messein	Inspecteur
M. Derote	Inspecteur		M. Derote	Inspecteur
M. Sylvain	Inspecteur		M. Guicheteau	Inspecteur
M. Humbert	Inspecteur Adjoint		M. Sylvain	Inspecteur
		COMPTABILITE		
M. Boutreux	Sous-directeur		M. Boutreux	Sous-directeur
M. Simonet	Fondé de Pouvoirs		M. Simonet	Fondé de Pouvoirs
M. Le Bechec	Chef de service		M. Le Bechec	Chef de service
Mme Giraud	Chef de service	Émission	M. Giraud	Chef de service
		CREDITS		
Mlle Houssin	Fondé de Pouvoirs		Mlle Houssin	Fondé de Pouvoirs
M. Guillet	Sous-directeur	Contrôle des risques		
M. Dumortier	Chef de service		M. Dumortier	Chef de service
		PERSONNEL		
Mlle Fleury	Fondé de Pouvoirs		Mlle Fleury	Fondé de Pouvoirs
M. Tenaille	Chef de service		M. Buyse	Chargé d'Études
M. Buyse	Chargé d'études			
		ÉTUDES-Doc		
M. Dellas	Sous-directeur		M. Dellas	Sous-directeur
M. Blanc	Chef de service		M. Blanc	Chef de service
M. Prioux	Chargé de Mission	Balance des paiements	M. Prioux	Chargé de Mission
TOTAL	24			23

Source : CAEF, PH :83/86-8, procès-verbal de la réunion du Conseil d'administration de la BEAC, 31 mars 1973.

Tableau 24 : Organigramme de la direction nationale de la BEAC au Gabon, 1972-1973

31-déc-72			31-août-73	
Noms	Grade	OBSERVATION	Nom	Grade
M. Oye Mba	Directeur d'Agence		M. Oye Mba	Directeur National
M. Leyimangoye	Directeur Adjoint	LIBREVILLE	M. Leyimangoye	Directeur Adjoint
M. Legrand	Directeur Adjoint		M. Casanova	Fondé de Pouvoirs
M. Casanova	Fondé de Pouvoirs		M. Walker Deemin	Chef de service
M. Walker Deemin	Chef de service		M. Hemery	Chef de service
M. Hemery	Chef de service		M. Massot	Chef de service
M. Massot	Chef de service			
		PORT-GENTIL		
M. Gastineau	Sous-Directeur		M. Bard	Chef de service
		FRANCEVILLE		
M. Pons	Chef de service Émission		M. Thiriet	Chef de service Émission
TOTAL	9			8

Source : CAEF, PH : 83/86-8, Idem.,

Tableau 25 : Composition du personnel de la direction nationale de la BEAC, 1972-1973

Au 31/12/1972				Au 31/12/73			
Grade	Français	Gabonais	Total	Grade	Français	Gabonais	Total Général
Directeur d'Agence		1	1	Directeur National		1	1
Directeur Adjoint	1	1	2	Directeur Adjoint		1	1
Sous-directeur	1		1	Fondé de Pouvoirs	1		1
Fondé de Pouvoirs	1		1	Chef de service	4	1	5
Chef de service	3	1	4				
TOTAL	6	3	9	TOTAL	5	3	8

Source : CAEF, PH : 83/86-8, Idem.,

Comme nous l'avons souligné plus haut, l'africanisation progressive est un choix politique. Mais ce choix est aussi caractéristique de leur attachement à la zone franc. C'est aussi une des ambiguïtés du discours sur la décolonisation. Il s'agit aussi de la prise en compte d'une réalité qui transcende les postures idéologiques : les pays de la zone franc sont dans une relation d'interdépendance avec la France.

Dans ce cadre, les pays africains dont les pans importants de leurs économies ont plus que besoin de financements substantiels, sont tactiquement obligés d'être modérés afin d'en tirer profit. Dans le cas du Gabon, les différentes prises de position du président Bongo s'expliquent aussi par le fait que depuis 1968, la construction du chemin de fer, le Transgabonais est un projet que le président Bongo souhaite faire aboutir pour des raisons évidentes qui tiennent à la fois d'ordre politique et économique.

Or sa réalisation nécessite des investissements importants, notamment français. Il a, à plusieurs reprises, sollicité le gouvernement français en faisant valoir l'étroitesse des relations économiques liant historiquement les deux pays[408]. Mais ce projet, pour important qu'il soit, alimente des tensions entre la direction du Trésor et la DREE, du fait du caractère dispendieux du projet.

Ainsi, dans une note adressée à Georges Pompidou, Albert-Bernard Bongo avance que l'échec de l'africanisation de la direction générale s'explique par le fait qu'ils ont opté pour ce qu'ils ont unanimement qualifié une « maturité monétaire » et une saine gestion d'une coopération qu'ils veulent loyale avec la France[409]. Il affirme par ailleurs que « […] nous n'avons pas manqué de réaffirmer notre souci de conserver, les caractéristiques qui font d'elle une zone de stabilité et la nécessité de notre cohésion et notre franche et loyale coopération avec la France[410]. » La question de la stabilité monétaire constitue le fondement du discours sur le maintien de la zone franc.

---

408 AN, Archives Jacques Foccart, 5 AGF/1998-2000, dossier : « Audiences du président Bongo, 1968-1974 », lettre du président Albert-Bernard Bongo, à Michel Debré, ministre français de l'Économie et des Finances, 7 mai 1968.

409 AN, Archives Jacques Foccart, 5 AGF/2890, lettre du président Albert-Bernard Bongo au président Georges Pompidou, 21 février 1973.

410 *Id.*

4.4.2 Le transfert des services centraux face à la question du personnel

La nomination de Paul Moukambi[411], ministre gabonais de l'Économie et des Finances est entérinée par les chefs d'État réunis à Fort-Lamy, au Tchad. Il s'agit d'un tournant puisque le Conseil d'administration est désormais dirigé par un ressortissant de l'un des États membres. La première réunion se tient à Libreville et dans son discours d'ouverture des travaux, Paul Moukambi souligne :

> « Qu'il a fallu œuvrer laborieusement (...) pour aboutir aux résultats présents. Mais de même qu'un dicton populaire dit que pour manger l'amende, il faut d'abord casser le noyau, nous avons la satisfaction d'avoir réussi, en dépit des difficultés rencontrées, à mettre sur pied un organisme commun qui contribuera à stimuler le développement économique de nos États respectifs[412]. »

L'une des missions assignées à la nouvelle banque consiste à assurer le financement du développement ; l'africanisation était un vecteur dans la poursuite de cet objectif. Cependant, la mise en route de la nouvelle banque est confrontée à des obstacles juridiques liés à la réforme administrative entraînée par la perspective du transfert des services centraux. En effet, si l'article 1er de l'accord du 23 novembre 1972 définit les conditions dans lesquelles les États maintiennent la poursuite de leur coopération monétaire, l'entrée en vigueur de ces accords met fin aux activités de la Banque centrale des États d'Afrique équatoriale et du Cameroun (BCEAEC). Celle-ci a cessé ses activités le 31 mars 1973. Son exercice comptable n'aura duré que neuf mois.

---

[411] Il est né le 20 mars 1938 Moupopa (Ogooué-Lolo). Il obtient son baccalauréat de philosophie en 1962. Il intègre le Ministère de la Fonction publique la même année avant d'aller poursuivre des études supérieures à la Faculté de Droit de l'Université de Poitiers. Il obtient une Licence en Sciences économiques en 1966. De 1966 à 1968, il est Rédacteur du contentieux à la Caisse Primaire centrale d'Assurance maladie à Paris. Il prépare entre-temps un D.E.S d'économie politique à la Faculté de Droit de Paris. Il ne pourra pas l'achever puisqu'il est rappelé par le président Albert Bernard Bongo. Il rentre au Gabon en décembre 1968. Après un stage à la direction de la Prévision à Bercy, il est Administrateur Civil. Il est nommé Secrétaire général du Ministère de l'Économie nationale, puis Secrétaire général adjoint de la Présidence de la République. Il devient par la suite Conseiller personnel du président, chargé de la coordination, du Plan, du développement et de la statistique. Il est nommé, le 3 février 1972, ministre des Finances et du Budget.

[412] CAEF, PH 83/86-8, dossier « BDEAC », procès-verbal de la réunion du Conseil d'administration de la BEAC du 13 mars 1973.

La BEAC a cependant démarré ses activités le 1er avril de la même année. Pour autant, il assume les obligations et les droits de l'ancienne Banque centrale, c'est-à-dire qu'elle gère à la fois les avoirs financiers et demeure, par définition, l'employeur du personnel de l'ancienne Banque centrale[413].

S'agissant de la question liée au transfert, il y a lieu de souligner qu'elle a fortement conditionné la mise en fonctionnement de la Banque centrale, sujette à des incertitudes. En effet, dès la réforme des statuts et la signature de la nouvelle convention, un nombre important d'employés de l'ancienne banque avait clairement exprimé le souhait de quitter les fonctions qu'ils occupaient auparavant. La BCEAEC employait 519 agents. Mais leur situation, en termes de traitement salarial, était liée à leur catégorie et l'instance chargée de les recruter.

D'un côté, il y a le personnel français affecté aux services centraux (70 agents) et dans les agences de la zone d'émission (32 agents). Leur statut a été défini en 1960 par le ministre des Finances et des Affaires économiques, Wilfrid Baumgartner. Ce régime est proche de celui de la CCCE. De l'autre, le personnel d'encadrement supérieur originaire (34 agents) de la zone d'émission dont le traitement est à peu de chose près identique à celui revenant aux ressortissants français. La troisième catégorie concerne les agents recrutés localement par les directeurs d'agences et les chefs de bureaux. Cette catégorie est la plus importante d'un point de vue quantitatif : 383 agents d'exécution et d'encadrement intermédiaire. Leur traitement est basé sur l'application des législations propres à chaque État. Le système de valorisation des traitements du personnel supérieur d'encadrement résulte de l'application des augmentations des salaires adoptées par la Fonction publique française. Ils en tirent aussi profit des avantages fiscaux liés à leur appartenance à la Banque centrale en tant qu'établissement multinational. En revanche, les Français et les cadres moyens n'en bénéficient plus.

413 On observe un transfert mécanique des actifs et passifs obtenu grâce à des adaptations comptables complexes. La dotation originelle de 250 millions de F CFA (art. 8 des statuts) est aussi incorporée au capital de la banque. Il est important de signaler que cette dotation a d'abord été fixée à 500 millions de F CFA par décret du 15 juillet 1955. L'Institut d'émission d'Afrique équatoriale et du Cameroun était alors un établissement public français. En 1960, cette dotation a été ramenée à 250 millions de F CFA compte tenu de l'indépendance obtenue par les États concernés et du fait de la mise en place de leur propre Banque centrale.

On note cependant que la diversité des statuts a conduit la Banque centrale à adapter les siens, compte tenu des enjeux liés au transfert des services centraux, mais aussi à faire face à la question de l'africanisation. Or les réformes des structures ont profondément bouleversé les modalités de fonctionnement de la Banque centrale, notamment sur les conditions d'emploi des agents, en termes de garantie que la nouvelle banque est censée apporter au personnel de sorte que l'absence d'accord ne puisse pas nuire au bon fonctionnement de la banque.

Compte tenu de la prépondérance des Français dans la composition de ce personnel, le Conseil d'administration s'est réuni à Paris le 23 mars 1973 afin d'étudier les problèmes posés par le transfert des techniciens à la nouvelle banque et du transfert des services centraux à Yaoundé. Un accord a été trouvé. Cet accord était nécessaire puisque 20 % du personnel exerçant en Afrique étaient contraints de démissionner. Une autre réunion du Conseil d'administration s'est tenue le 8 décembre 1973 dans le but d'aménager le statut du personnel d'encadrement supérieur non expatrié.

Dans les deux cas, le problème posé est celui de l'exclusion de tous les agents de la caisse des retraites à laquelle ils étaient affiliés. Nombreux sont ceux qui ont subordonné la signature de nouveaux contrats par l'obtention des garanties. Or la rédaction des statuts de la nouvelle Banque centrale a été très évasive sur cette question, sans doute estimaient-ils que l'africanisation eût vocation à être systématique et non progressive.

Le Conseil d'administration a proposé des mesures destinées à régler au moins à court terme le problème. Entre autres mesures proposées, notons le versement des indemnités à caractère familial et professionnel, l'aide au logement et la limitation des primes de licenciement. Si les deux premières mesures vont dans le sens des revendications du personnel, la dernière mesure rend compte de l'urgence de maintenir certains d'entre eux par de mesures incitatives. La baisse de la prime de licenciement est caractéristique d'une recherche permanente de compromis, lequel compromis aiderait à ne pas se priver d'un nombre important d'agents qualifiés et expérimentés. D'autant plus que depuis sa création, la BEAC n'a pas recruté de personnel propre. Elle a renforcé l'équipe des cadres supérieurs en faisant davantage appel aux agents de la CCCE et de la Banque. Par contre, le transfert des services centraux a théoriquement mis fin au régime des cadres français expatriés.

Le plan de recrutement et la gestion du personnel reposent, de fait, sur le principe de classification. On classe désormais le personnel par fonction et non plus par grade. Le lien hiérarchique constitue le pilier du système. Quatre catégories sont créées au lieu de trois comme cela a été le cas. Toutes les catégories disposent du même nombre de classes et 17 échelons[414]. En termes d'avancement, il y a une liberté de choix dans le passage d'un échelon à un autre après plus de deux ans passés dans le même échelon, mais la décision revient en définitive au Gouverneur. Les salaires de base sont exprimés en points indiciaires (de 172 à 1.000).

Quant à la caisse des retraites, l'accord souscrit, le 1er janvier 1967 par la BCEAEC, auprès de l'Association nationale d'entraide et de prévoyance (ANEP) a été repris par la BEAC. Un accord de siège a cependant été signé lors d'une conférence des chefs d'État tenue les 5 et 6 septembre 1976 à Brazzaville. Aux termes de cet accord, le personnel des organismes de l'UDEAC bénéficie désormais des privilèges diplomatiques[415]. On peut penser qu'il s'agit d'un retour au statut juridique d'établissement international écarté quatre ans plus tôt. On note cependant que les négociations se réalisent sur fond d'enjeux sociaux interagissant avec les enjeux politiques et économiques.

4.4.3 L'implication du FMI dans la formation du personnel de la BEAC

La formation des cadres supérieurs de la nouvelle banque constitue un enjeu majeur dans la perspective du transfert des services centraux à Yaoundé. Si cette prérogative revient de plein droit à la France, c'est plutôt le FMI qui sera en première ligne et c'est à travers l'Institut du FMI que la France jouera ce rôle. Quelques temps après la réforme, Christian Joudiou, directeur général de la BEAC écrit à Gérard Teyssier, directeur de l'Institut du FMI pour solliciter de l'assistance

---

414 ABF, 1466200601/211, dossier : « conseil d'administration de la Banque centrale », procès-verbal de la réunion du 12 avril 1975.

415 CAEF, PH : 083/86-10, Lette de Joseph Nyama, Secrétaire général Adjoint de l'UDEAC à Christian Joudiou, Directeur général de de la BEAC, 27 septembre 1976.

technique. Au cours de cette période, les responsables de la BEAC ont pour objectif d'améliorer les techniques d'intervention de la banque et la maîtrise des diverses composantes de la situation monétaire[416]. Dès 1975, certains cadres supérieurs du cabinet du directeur général, les directeurs nationaux et les cadres supérieurs des ministères des Finances des États ont commencé à suivre des formations à Washington. De fait, toute la première génération des banquiers centraux africains a été formée par le FMI[417]. Durant cette première phase, le FMI a eu une influence intellectuelle et idéologique considérable auprès des banquiers centraux africains. Outre le volet formation, les liens étroits qui unissent la Banque centrale au FMI intègrent également l'assistance technique. Les départements Afrique et Banques centrales du FMI vont jouer un rôle déterminant dans l'envoi des assistants techniques à Yaoundé. Mais c'est la trajectoire des experts détachés qui permet de saisir l'implication directe ou indirecte de la France dans ce processus. Dans un premier temps, la BEAC va intégrer le 30 septembre 1976, Paul. A. Gibeault en qualité de conseiller du directeur général ; il sera chargé d'animer les relations de la Banque centrale avec les institutions monétaires[418] et financières (FMI et Banque mondiale). M. B. Lucas[419] et Bernard Sivan ont été envoyés en qualité d'assistants techniques à la BEAC. Entre 1977 et 1978, ils ont pour mission d'améliorer l'organisation et d'élaborer les méthodes de travail de la cellule d'inspection et de contrôle des banques et établissements financiers, afin de rendre plus efficaces les opérations de contrôle. Ils dépendent et ne rendent compte qu'au

[416] AFMI, 32957, dossier : « BEAC et BCEAO, 1970-1977 », Lettre de Christian Joudiou, DG de la BEAC, à Gerard Teyssier, directeur de l'Institut du FMI, 21 novembre 1974.

[417] Nous ne disposons pas d'assez d'informations sur le processus de sélection des cadres envoyés en formation.

[418] AFMI, 93174, dossier : « BEAC, Paul Gibeault, advisor managing director », Lettre de Pierre Marchand, directeur de l'administration central à la BEAC, au directeur général du FMI, 10 juin 1977.

[419] Né le 6 août 1946, il obtient une Licence en sciences économiques puis diplômé en expertise comptable. Il rejoint la Banque de France en juin 1969 et devient en novembre 1974 adjoint de direction. Il est détaché entre 1974 et 1975 pour des missions extérieures à la BCEAO avant de rejoindre la commission du contrôle des banques à la Banque de France avant de rejoindre le FMI. Il sera à l'origine de la diffusion des modes de régulation de la Banque de France au sein de la BEAC. Il va par exemple initier le système des réserves obligatoires qu'il considère comme étant une réglementation destinée à donner aux autorités monétaires les moyens de contrôler la liquidité bancaire en fonction des objectifs de politique monétaire et de l'évolution intrinsèque de la situation monétaire.

gouverneur Casimir Oye Mba qui apprécie leur contribution et souhaite renouveler leurs contrats. Dans le cadre de leurs missions, ces assistants techniques bénéficient de l'immunité diplomatique comme l'a exigé le FMI.

La deuxième vague d'assistants techniques intervient dans le contexte de la crise des balances des paiements de 1979. Dès 1974, Colette Leroy, experte en matière des balances des paiements est envoyée au Gabon. D'autres conseillers techniques tels que Michel Fiator, Chi Do Phan et Rattan. J. Bhatia vont jouer un rôle déterminant dans la gestion de la crise[420].

Au regard de ce qui précède, il est nécessaire de souligner que la BEAC a été dépendante du FMI pour la formation de ces cadres au cours de la première phase de son fonctionnement après la réforme. En raison de l'importance des experts français, on pourrait dire que la France a joué un rôle indirect, soit en choisissant des experts ayant fait carrière à la Banque de France, soit en faisant pression sur les dirigeants du Fonds.

La mise en marche de la nouvelle Banque centrale s'est faite sur une base institutionnelle et politique très fragile. Les débats sont relancés symétriquement à l'émergence des négociations sur l'ajustement des accords monétaires en Afrique de l'Ouest dès 1973.

4.4.4. Les avancées de la BCEAO et la remise en cause de l'organisation de la BEAC de 1972

Lors des débats sur l'évolution du régime monétaire de la zone BEAC, deux opinions se sont opposées. Il y a d'un côté la direction du Trésor dont les craintes portaient sur les mécanismes d'alimentation de la réserve des changes, la procédure de changement de parité et la préservation du système « cogestionnel » de l'institut d'émission. Toutes ces objections se ramenaient à l'épineuse problématique de la garantie monétaire.

De l'autre, les Africains ont fait de la question de l'assouplissement des modalités d'interventions de la Banque centrale et leur représentativité

[420] AFMI, 63808, dossier : "BEAC, 1972-1979", Lettre de Casimir Oye Mba, gouverneur de la BEAC, à Jacques de Larosière, directeur général du FMI, 19 novembre 1979.

au sein du gouvernement de celle-ci un moyen de conquête de la souveraineté. Le principal enjeu est donc le maintien de la survie de la zone franc, en tant qu'espace de coopération monétaire et économique. Les négociations qui se sont poursuivies en Afrique de l'Ouest s'inscrivent dans la recherche d'équilibre. Il s'agit d'un enjeu politique d'une grande importance.

C'est depuis 1968 que les États de l'Afrique de l'Ouest nourrissent l'envie de voir assouplie les mécanismes et instruments monétaires régissant le fonctionnement de leur Banque centrale. Amani Diori, président du Niger, est en position de leadership. Dès mars 1967, en sa qualité de président en exercice de l'union monétaire ouest-africaine (UMOA), il souhaite faire rallier les autres chefs d'État à son projet, en particulier le président ivoirien : Félix Houphouët-Boigny. Mais en l'absence d'adhésion, le projet s'est limité à de simples consultations. La question s'est cependant posée entre 1971 et 1972. Et deux facteurs expliquent la reprise des négociations.

D'une part, la dévaluation du Franc français de 1969 a eu des effets sur leurs économies. Le 2 décembre 1969, le chef de l'État ivoirien accorde une audience à Robert Julienne, directeur général de la BCEAO. Il regrette à cette occasion le fait que Paris ne l'ait pas consulté lorsque l'ajustement monétaire a été fait. La Côte d'Ivoire a été durement touchée[421]. On note, par exemple, l'importance de son endettement en devises, et, à l'échelle de la zone franc, des effets directs et indirects sur les économies des pays membres.

D'autre part, les modifications entraînées par la décision prise par le président américain en août 1971 et le changement de parité du dollar et du FF[422] ont sans doute convaincu les États de la zone franc de modifier les structures de leurs propres banques centrales en centrant alternativement les débats autour de la représentativité au sein des instances dirigeantes et sur les questions relatives à l'intervention de la Banque centrale dans le financement des investissements à long terme. Le mémorandum de 1971, présenté par le président Diori a du mal à

[421] Monique P. Garrity, « The 1969 Franc devaluation and Ivory Coast Economy », *The Journal of Modern African studies,* Vol. 10, n°4, 1972, p.627-633.

[422] CAEF, B-62215/1, note sur l'union monétaire ouest-africaine et changements de parités de devises étrangères, 29 février 1968.

légitimer l'approche, en raison des réticences du président sénégalais qui craint le leadership du président ivoirien, bien que le président Senghor soit particulièrement acquis à la modification de la politique de crédit, qui, selon ses termes, aiderait à rendre plus souples les taux d'intérêt.

L'une des solutions annoncées est la création d'une banque de développement, dont les attributions sont identiques à celles initialement définies dans le projet de la Banque ouest-africaine d'industrialisation, qui est destinée au financement des projets d'infrastructure et assurer la modernisation de l'agriculture[423]. Cette banque est censée se substituer à la Banque centrale dans le financement des investissements à long terme ou agir en complémentarité. Ainsi, la tournée africaine du président Georges Pompidou est scrutée par les leaders africaines puisque les décisions prises vont avoir un impact sur la zone franc. La première étape au Togo a été révélatrice de la nature des revendications formulées par les chefs d'État d'Afrique de l'Ouest. En effet, le général Eyadema propose un aménagement de la parité du F CFA par rapport au FF, lequel aménagement doit être assorti d'une réorganisation des accords de coopération[424].

S'agissant des critiques formulées à l'encontre du compte d'opérations, la réponse du président Georges Pompidou est sans ambiguïtés : « il est impossible que les pays de la zone franc bénéficient des avantages apportés par le compte d'opérations du Trésor français en rejetant tous les inconvénients[425]. »

Mais en Haute-Volta comme dans d'autres pays, les débats sur la réorganisation des accords monétaires et la réorganisation des mécanismes d'intervention de la Banque centrale s'inscrivent à la fois dans un contexte de rareté de financement des projets de développement et d'accumulation des dettes. La remise en 1973 de la dette FIDES contractée par tous les États, dans le cadre du financement des projets

---

423 CAEF, B-62215/1, note de la direction du Trésor relative à la réforme des statuts de la BCEAO, 18 janvier 1972.

424 CAEF, B-62210/1, note non signée à l'attention de R. Julienne, DG de la BCEAO, 29 novembre 1972.

425 CAEF, B-62210/1, Compte rendu de l'entretien avec le Général Lamizama, président de Haute-Volta (actuel Burkina Faso), 20-22 novembre 1972.

d'équipement, est une façon de répondre, au moins à brève échéance, aux préoccupations des États.

L'UMOA est cependant fragilisée du fait de la situation de la Mauritanie. Son président, Moktar Ould Daddah a saisi la France, dès l'automne 1972, pour une révision bilatérale de son régime monétaire. Le président Senghor lui oppose au préalable une négociation au sein de l'Union monétaire dont elle est membre. Le président sénégalais suggère à la France de substituer au régime, dont la Mauritanie bénéficie au sein de la BCEAO, un régime « nettement moins avantageux[426] ». Mais dans la foulée de la réorganisation du régime monétaire de la zone BCEAO le 14 novembre 1973, la Mauritanie sort de la zone franc, tout comme Madagascar. Cette modification a cependant entraîné la remise en cause de l'accord du 23 novembre 1972 pour le compte de la BEAC.

C'est au cours d'une de la conférence franco-africaine, qui se tient à Paris le 13 novembre 1973 que la question s'est à nouveau posée. Albert-Bernard Bongo adresse une lettre à Georges Pompidou, lettre dans laquelle il dénonce le caractère asymétrique de la convention signée un an plus tôt en ces termes :

> « [...] nous avons été amenés [à constater], le président Bokassa et moi-même, que la Convention monétaire signée le 14 novembre 1973 entre la France et les États de l'Afrique de l'Ouest octroyait à la BCEAO des avantages supplémentaires substantiels au regard de ceux reconnus à la BEAC (...) à Brazzaville un an plus tôt. S'agissant d'une même zone monétaire, la nécessité d'une harmonisation des règles régissant les deux instituts [d'émission] s'impose (...) J'ai l'honneur, Monsieur le Président, de vous prier de bien vouloir donner des instructions nécessaires à votre ministre de l'Économie et des Finances aux fins de convoquer en séance extraordinaire le Comité monétaire mixte... »[427]

La question de l'harmonisation du fonctionnement des deux banques centrales s'est toujours posée dans le jeu politique franco-africain. La recherche d'équilibre et d'équité s'est érigée en règle dans le processus

---

[426] CAEF, B-62210/1, note du président Senghor, 17 octobre 1972.

[427] AN, Archives Jacques Foccart, 5 AGF/2890, lettre confidentielle du président Albert-Bernard Bongo, au président Georges Pompidou, 1er décembre 1973.

de négociation, à tel point que les dirigeants des deux banques s'emploient à une surveillance mutuelle des négociations en cours ou à venir ; il s'agit d'un enjeu politique de premier ordre, indépendamment des enjeux économiques et financiers. Bien avant la mise en œuvre de la réforme du régime monétaire de la zone BEAC, Babacar Ba, président de la BCEAO exprimait déjà la crainte de voir sa zone être lésée, bien qu'il ait reçu les garanties de la part de Valéry Giscard d'Estaing. Près d'un mois plus tard, tous les chefs d'État réunis en conférence de l'UDEAC, le 23 décembre 1973 à Libreville, signent une déclaration commune à charge contre Paris. Ils dénoncent ce qu'ils qualifient des « disparités » au sein de la zone franc. De fait, la déclaration reprend pratiquement les principales recommandations formulées par le président Bongo, alors président en exercice du conseil des Chefs d'État de l'UDEAC[428]. Le président gabonais exerce désormais une influence considérable au sein de l'union monétaire.

Dès 1973, il bénéficie d'un contexte économique qui lui est favorable, grâce notamment à l'intensification de la production du pétrole. Ce secteur, devenu le pivot de l'économie gabonaise, a bénéficié d'une meilleure tenue du marché international. En conséquence, les avoirs extérieurs du pays ont progressé de 3,9 % en 1973 et 4 % l'année suivante. Bien que ces performances n'aient été bénéfiques qu'à court terme, on note, dans le même temps, une chute brutale des avoirs extérieurs de 16,6 % entre 1974 et 1975 dans un contexte de dépréciation monétaire d'au moins 10 % par an[429]. En revanche, cette détérioration progressive des comptes extérieurs du Gabon n'altère pas le poids politique dont dispose désormais le président Bongo. Il a réussi à imposer le débat sur la réorganisation de la composition du Conseil d'administration de la BEAC en revendiquant deux sièges à la France au profit du Gabon afin que celui-ci puisse former la majorité absolue avec le Cameroun : trois sièges pour le premier et quatre pour le second[430]. Les administrateurs français ne se sont pas ouvertement prononcés sur cette éventuelle modification, pas plus que la direction

[428] Signalons que le Tchad fait bien partie de l'union monétaire, mais n'est plus membre de l'union économique depuis 1968. Le chef de l'État tchadien s'est toujours fait représenter lors des conférences des chefs d'États de l'UDEAC.

[429] CAEF, PH : 83/86-10, Procès-verbal de la réunion du Conseil d'administration du 13 novembre 1975.

[430] Note de la BEAC, 7 janvier 1974.

du Trésor se soit opposée radicalement comme elle l'avait fait un an auparavant.

Aux termes d'âpres et discrètes négociations, le président Bongo obtient un siège supplémentaire. La nouvelle configuration du Conseil d'administration issue de la modification des statuts de la Banque centrale du 30 novembre 1974 est la suivante : quatre membres (4) pour le Cameroun, trois membres (3) pour la France, deux membres (2) pour le Gabon et un représentant pour chacun des États restants, le Tchad, le Congo et la RCA. Le transfert effectif des services centraux de la rue du Colisée, à Paris, vers Yaoundé s'est opéré le 3 janvier 1977. Il subsistera cependant un bureau de liaison dirigé par Bernard Vinay. Le renforcement de la position du Gabon au sein du gouvernement de la banque se traduit aussi par la prise de contrôle de celui-ci par un ressortissant d'un des États membres. À l'initiative du président El Hadj Omar Bongo, la candidature de Casimir Oye Mba[431] au poste d'Assistant du Directeur général est unanimement validée 1976 et il est nommé Gouverneur le 1er avril 1978.

*

* *

La réforme institutionnelle s'est traduite par la réorganisation de la composition du Conseil d'administration plus que par la décolonisation monétaire. Elle s'est également caractérisée par la recomposition des rapports de force sans remettre en cause l'ordre monétaire postcolonial.

---

431 Il est né le 20 avril 1947 à Libreville. Après des études primaires et secondaires dans la même ville, il obtient une Licence à la faculté de Rennes en 1965. Il obtient an après un diplôme d'études supérieures de droit à la faculté de Paris, autant que le diplôme du Centre d'études financières, économiques et bancaires de la Caisse centrale de coopération économique en 1967 et enfin un doctorat en droit à la faculté de Paris. Il intègre la Banque centrale en 1968. En avril 1970, il est directeur de l'Agence de Libreville puis directeur national au Gabon en juin 1973. Il est par ailleurs gouverneur suppléant du FMI pour le Gabon de 1969 à 1976. Le 1er janvier 1977, il est nommé directeur général de la BEAC.

Ces dynamiques institutionnelles n'ont pas conduit à une rupture historique significative. La prééminence de la question de la représentativité sur le problème de la souveraineté monétaire se traduit, pour les États africains, par une absence flagrante de stratégie claire, tandis que le gouvernement français se trouve partager entre la volonté de se situer dans le processus de décolonisation monétaire et la nécessité de maintenir la stabilité de la zone franc. Mais ces tensions politiques sont révélatrices de la cristallisation des débats autour de la question de la représentativité des États au sein du gouvernement de la banque. En effet, l'organisation issue de la période d'indépendance a subi une modification. Dès sa création, l'Institut d'émission était doté d'un Conseil d'administration dont la majorité des sièges était occupée par des administrateurs français. Au moins un tiers de ces sièges étaient réservés aux responsables des pays de la zone d'émission. Mais leur occupation n'était pas assurée par les Africains eux-mêmes, puisque ces derniers avaient décidé que les administrateurs français y siègeraient pour leur compte.

Dans les quatre États, trois étaient représentés par les hommes d'affaires français : le Gabon avait envoyé un forestier français qui était par ailleurs sénateur dans le cadre de la Communauté. En revanche, le Cameroun avait nommé des cadres camerounais. La situation a évolué en 1960, puisque le Conseil d'administration est devenu paritaire : sur la totalité des sièges réservés aux États africains, le Cameroun en dispose de quatre et les autres États de quatre. Et ce sont des ministres de l'Économie et des Finances qui y siègent. La réorganisation de la composition du Conseil d'administration s'est traduite par la constitution d'une majorité simple pour les Africains, même si la France dispose désormais d'une minorité de blocage.

Mais ce renforcement apparent de la représentativité au sein des organes chargés de la gestion de la politique monétaire n'a cependant pas conduit à la remise en cause des instruments et mécanismes de fonctionnement de la zone franc. Le choix porté sur le statut juridique d'établissement multinational avait vocation à garantir un contrôle plus étroit de la Banque centrale en renforçant les pouvoirs du Conseil d'administration et, par là même, réduire l'influence de la France. L'une des grandes innovations est sans doute l'assouplissement des règles d'intervention de la Banque centrale et la gestion décentralisée, par le renforcement des prérogatives des Comités monétaires nationaux, de la

Banque centrale. Mais la question du financement des États par les avances directes et l'intensification ou non des crédits à l'économie sont au cœur de la problématique du financement du développement et de la recherche de la stabilité monétaire.

CHAPITRE V

LA POLITIQUE MONÉTAIRE ET/OU POLITIQUE DU CRÉDIT DE LA BEAC AU GABON DURANT LA PÉRIODE D'EXPANSION ÉCONOMIQUE, 1963-1979

L'une des critiques souvent formulées à l'endroit de la Banque centrale est que celle-ci ne joue qu'imparfaitement voire presque pas, son rôle de « banquier » des États. Lorsqu'en 1959 l'institut d'émission d'Afrique équatoriale et du Cameroun, établissement public français créé quatre ans plus tôt, s'est transformé en Banque centrale des États d'Afrique équatoriale et du Cameroun (BCEAEC), au moment où les États accédaient à leur indépendance, la question de son rôle dans le financement du développement s'est posée.

Mais le contexte d'expérimentation de son fonctionnement et le cadre institutionnel de la politique monétaire des États politiquement souverains, mais monétairement sous tutelle de l'ancienne puissance coloniale posent la question de l'efficacité de la politique monétaire[432]. Se pose également le problème de la pertinence des objectifs de la politique monétaire eu égard aux exigences de l'économie réelle. Le besoin constant de garantir la stabilité monétaire par la surveillance de la masse monétaire, l'inflation et un contrôle du crédit intérieur doivent se concrétiser au plan financier par le maintien de l'équilibre des avoirs extérieurs et de la balance des paiements. L'une des caractéristiques de cette politique est la permanence d'une vision monétaire du crédit, puisque les autorités monétaires identifient des corrélations entre l'augmentation de la masse monétaire, la progression du crédit et l'évolution tendancielle de l'inflation. Tout comme ils établissent un lien de causalité entre la baisse des avoirs extérieurs et la dégradation de la situation monétaire du fait de la perte des devises. Or ce lien

[432] Olivier Beguy, *Trois essais sur la surliquidité bancaire dans la Communauté économique et monétaire d'Afrique centrale (CEMAC),* Thèse de doctorat en Sciences économiques, Clermont-Ferrand, Université d'Auvergne Clermont-Ferrand 1, 2012, p.2.

apparaît comme la ligne de fracture idéologique entre la Banque centrale et les États.

De fait, la politique monétaire a tendance à se confondre avec la politique du crédit dans la mesure où la garantie de la convertibilité de la monnaie se réalise au prix d'un encadrement drastique du crédit interne. Ainsi la réglementation de l'activité bancaire et le système de contrôle du crédit sont basés sur le contrôle quantitatif à travers les accords de réescompte et l'orientation sélective du crédit en fonction des priorités économiques. S'interroger sur les modalités intrinsèques de cette sélectivité est l'une des voies conduisant à la compréhension des fondements idéologiques de la politique économique de l'État gabonais, de l'organisation même de la Banque centrale ainsi que de son degré d'autonomie[433].

Dans sa thèse, Edwige Kamdem a montré que le terme indépendance, souvent utilisé pour caractériser les relations entre la Banque centrale et l'État, fait référence à sa capacité à mener sa politique monétaire sans l'influence du gouvernement, ce qui signifie l'absence de tout lien hiérarchique[434]. Cette conception des liens entre la Banque centrale et le gouvernement revêt un caractère théorique et ne prend pas toujours en compte la réalité comme le montrent plusieurs expériences historiques. Dans une perspective historique des banques centrales, les États ont toujours voulu contrôler leurs banques centrales pour des enjeux budgétaire et économique[435].

---

[433] Voir Régis Bokino, *Gouvernance à la BCEAO et à la BEAC : expériences monétaires en zone franc africaine,* Thèse de doctorat en Sciences économiques, Bordeaux, Université de Bordeaux, 2014 ; Sylvianne Guillaumont Jeanneney, « L'indépendance de la banque des États de l'Afrique de l'Ouest : une réforme souhaitable ? », *Revue d'économie du développement,* 2006, 14/1, p.45-77 ; Jean Pierre Patat, « Quelques remarques sur la question de l'indépendance de la Banque centrale », *Revue d'économie financière,* 1992, 22/3, p.5-12 ; Abdelkader Aguir, « L'indépendance réelle de la Banque centrale et le biais inflationniste : une validation empirique, *working papers,*2013 ; Adriano Cadato, Renato Perissinoto, Gil Dantas et *al*, *La connexion financière : la porte tournante de la Banque centrale du Bresil*, Paris, Presses de Sciences Po, 2019 ; Fabrice Caproen, Henri Sterdyniac et Pierre Vila, « Indépendance des banques centrales, politiques monétaire et budgétaire », Paris, Presses de Sciences Po, 1994.

[434] Edwige Kamdem, *Incertitude et mise en œuvre de la politique monétaire dans la CEMAC,* Thèse de doctorat en Sciences économiques, Bordeaux, Université de Bordeaux, 2016, p.10.

[435] Voir Roberto Alesina et Lawrence H. Summers, « Central Bank independance and macroeconomic Performance: some comparative evidence », *Journal of Money, credit*

Le terme autonomie est le mieux indiqué lorsqu'il est question d'étudier la politique monétaire d'une banque communautaire, bien que la question de sa politisation reste également un problème à prendre en compte dans l'analyse des choix monétaires. Bertrand Blancheton a très bien analysé les relations entre l'État et la Banque centrale en distinguant l'autonomie institutionnelle de l'autonomie opérationnelle[436].

L'évolution du cadre juridique de la Banque centrale est déterminante dans l'analyse des liens entre Banque centrale et États, car elle permet de voir comment ces évolutions sont justifiées. On est passé du statut d'établissement international au statut d'établissement multinational (sous contrôle des États) posant un défi en termes d'analyse du processus de désignation du gouvernement de la banque qui est au cœur de la double problématique d'autonomie[437] et de la crédibilité de l'autorité monétaire. Or la Banque centrale, dès sa création, est au cœur des enjeux politiques et financiers. Les agents de la CCCE autant que ceux de la direction du Trésor y siègent en tant qu'administrateurs représentant la France. Par la suite ont été intégrés les Africains, pour être en phase avec la décolonisation en 1960. On note cependant la présence d'industriels dans la composition du conseil d'administration. Roland Bru, influent administrateur à la BCEAEC pour le compte du Gabon est également actionnaire majoritaire de la Société d'exploitations gabonaises (SEG), une société spécialisée dans l'exploitation de permis forestiers. Il ne s'agit pas d'un fait étonnant. Les forestiers ont joué un rôle majeur dans l'organisation économique et politique du Gabon aussi bien pendant la période coloniale que par la suite.

---

and Banking, Vol. 25, mai 1993, p.151-162; Patrick Artus et Marie-Paule Virard, *La Folie des banques centrales,* Paris, Fayard, 2016 ; Donato Masciandro et Davide Romelli, « Ups and Dows of Central Bank Independance from the Great inflation to the Great Recession:Theory, Institutions and Empirics », *Financial History Review,* Vol. 22, n° 3, 2015, p.259-289 ; John Singleton, *Central Banking in the Twentieth century,* Cambridge, Cambridge University Press, 2011.

436 Bertrand Blancheton, *Le Pape et l'Empereur. La Banque de France, la direction du Trésor et la politique monétaire de la France, 1914-*1928, Paris, Albin Michel, 2001, p.40 ; Charles Goodhart, « Central Bank independance », *Journal of International and Comparative Economics,* Vol. 3, 1993.

437 Voir Alex Curikierman, « *Central Bank Independance and monetary policy making Institutions. Past, Present and Future* », European Journal of Political Economy, 24:4, 2008, p.722-736.

La composition du Conseil d'administration tout comme les instruments et les modes d'intervention de la Banque centrale n'ont été considérablement modifiés qu'au début des années 1970. Les autorités monétaires ont dû faire face à la défiance des chefs d'État, eux-mêmes influencés par leurs élites et dépassés par les contraintes de la libéralisation des relations financières. Le tournant de la décolonisation monétaire du 23 novembre 1972 place la Banque centrale au cœur de la problématique du financement du développement des États : ces derniers doivent-ils se financer sur le marché ou doivent-ils au contraire se financer auprès d'elle ? La Banque centrale est-elle suffisamment autonome pour délaisser le financement des États au profit du système bancaire afin d'atteindre l'objectif de stabilité monétaire, c'est-à-dire la maîtrise de la masse monétaire, de l'inflation et le maintien de la convertibilité de la monnaie ?

Le but de ce chapitre est de mettre à l'épreuve notre grille d'analyse sur le rôle joué par la Banque centrale dans le financement du développement économique du Gabon, au regard des objectifs politiques arrêtés au moment de la réforme de ses statuts. Nous montrerons en quoi la position du Trésor public vis-à-vis de la Banque centrale constitue un facteur déterminant dans l'orientation de la politique monétaire. L'enjeu pour la Banque centrale est la recherche permanente de stabilité des prix, au travers de la surveillance de la solvabilité potentielle du Trésor. En réduisant, lorsque les ressources de celui-ci sont à des niveaux bas, le volume des opérations de crédit, soit au niveau des marchés à règlement différé, soit au niveau du réescompte des crédits douaniers, à l'exception des avances directes en compte courant qui sont statutairement garanties.

Nous proposons en corollaire une histoire de la régulation de l'activité bancaire. Les modes d'intervention ont varié dans le temps, soit pour répondre à des problèmes ponctuels, soit pour mettre à jour son outillage théorique. Notre étude est à la fois technique et historique, puisque nous voulons saisir au mieux les mutations que subit le travail des banquiers centraux et par là même, de saisir la complexité des relations entre la Banque centrale et les banques commerciales. L'étude ambitionne de mettre en évidence le dispositif opérationnel élaboré par la Banque centrale pour agir sur le volume du crédit, sur les taux d'intérêt et sur le principe d'intervention directe en contrôlant les crédits distribués et la sélection d'une catégorie de crédits au détriment d'autres au regard des priorités économiques.

5. 1. Le privilège d'émission du F CFA en Afrique équatoriale et au Cameroun : quelques repères historiques

La Seconde Guerre mondiale a été un moment de rupture dans l'histoire monétaire de l'Afrique équatoriale. Elle s'est très rapidement ralliée à la France Libre, alors que l'Afrique de l'Ouest est restée sous contrôle des autorités plus ou moins proches du régime de Vichy avant d'être libérée à son tour par les forces alliées. En Afrique équatoriale et au Cameroun, la Caisse centrale de la France Libre, créée avec le soutien de la Banque d'Angleterre qui assurait conjointement l'émission monétaire, s'est substituée à la Banque de l'Afrique de l'Afrique Occidentale (BAO) qui détient alors le privilège d'émission des billets dans toute l'Afrique française depuis 1901. Le 2 février 1944 par une ordonnance de Pierre Mendès France, alors Commissaire aux Finances, elle est transformée en Caisse Centrale de la France d'Outre-mer. Il s'agit d'un établissement public destiné à financer les opérations d'investissements dans le cadre du plan de développement économique et social des territoires d'Outre-mer[438].

Pour des raisons politiques, le pouvoir d'émission autrefois dévolu à un organe privé, sous contrôle plus ou moins étroit de l'État, revient désormais à un organisme public. Le besoin de différencier les fonctions de crédit et d'investissement de celles de l'émission monétaire[439] est apparu nécessaire. À l'issue d'importants débats à l'Assemblée nationale française, une importante réforme intervient en janvier 1955, avec la création de l'Institut d'Émission d'Afrique équatoriale et du Cameroun. Par un décret français du 15 juillet 1955,

[438] Alix Le Masson, « La Caisse centrale de la France d'Outre-mer, banque d'émission et banque d'investissements », in Christian de Boissieu et Jacques Marseille (dir), *La France et l'Outre-mer. Un siècle des relations monétaires et financières*. Actes du colloque tenu à Bercy les 13, 14 et 15 novembre 1996, Paris, Comité pour l'histoire économique et financière de France, Ministère de l'Économie, des Finances et de l'Industrie, 1998, p.209.

[439] ABF, 1466200601/211, dossier : « conseil d'administration de la Banque centrale », note sur la parité du F CFA d'Afrique centrale, procès-verbal de la réunion du 24 novembre 1987, p.2.

l'institut d'émission reçoit une dotation d'exploitation de 500 millions de F CFA[440]. Elle est par la suite réduite à 250 millions de F CFA en 1960 au moment où les États prenaient des participations pour renforcer le capital d'une banque qui était devenue la leur.

De l'aveu même de Robert Julienne, acteur majeur de l'histoire monétaire de la Zone franc, « l'évolution des idées politiques et économiques tendait à remettre en question le principe même de l'exercice monétaire par une banque privée, aussi bien pour des raisons de fond que pour des considérations de fait[441] ». L'institut d'émission devient, par une ordonnance du 29 septembre 1959, la Banque centrale des États d'Afrique équatoriale et du Cameroun (BCEAEC), établissement public international, puis le 1er avril 1973, la banque des États d'Afrique centrale (BEAC) avec un statut juridique d'établissement public multinational (art. 7) des statuts).

Ce faisant, l'administration de la Banque centrale a elle aussi connu des changements profonds pour s'arrimer aux évolutions institutionnelles. Le Conseil d'administration du 3 décembre 1959 a élargi les pouvoirs du Comité des États d'Afrique équatoriale, mais ces compétences seront très vite réduites pour les partager avec le Comité monétaire du Gabon qui est créé un an plus tard[442]. Avec la montée en puissance des Comités monétaires nationaux dans l'appréciation du développement de la politique monétaire et du crédit dans les États respectifs, le Comité de l'Afrique équatoriale s'est vu confier le règlement des problèmes communs avant d'être dissous, puisque les Comités se réfèrent au Conseil d'administration[443]. Ce rappel nous permet de situer l'évolution du système d'intervention de la Banque centrale dans une idéologie fondée sur la distinction originelle entre les fonctions d'émission monétaire qui lui sont institutionnellement dévolues et son statut théorique de « banquier de l'État » chargé de financer ses investissements et ses déficits budgétaires.

---

440 ABF, 1466200601/211, dossier : « réunions du conseil d'administration », rapport d'activité de 1955-1956.

441 Robert Julienne, *Vingt ans d'institutions monétaires ouest-africaines (1955-1975). Mémoires,* Paris, L'Harmattan, 1988, p.18

442 ABF, 1466200601/211, dossier : « conseil d'administration de la Banque centrale », procès-verbal de la réunion du 20 octobre 1960.

443 Procès-verbal de la réunion du 23 juin 1964.

5.2. L'intervention de la Banque centrale dans le financement du Trésor gabonais : une politique encastrée entre les contraintes statutaires et le développement des besoins de l'État ?

Lorsque la Banque centrale, et l'institut d'émission avant elle a reçu le privilège d'émission monétaire, il lui était interdit de financer directement le Trésor par des avances directes. Les autorités souhaitaient prévenir les risques découlant, potentiellement, de la trop forte monétisation des déficits publics, eux-mêmes liés à l'accroissement des dépenses courantes. En l'absence d'un marché financier sur lequel l'État émettrait des obligations à long terme, il revenait à la Caisse centrale pour la Coopération économique (CCCE), institution financière publique, d'accorder des prêts à long terme pour le financement des investissements, tandis que le Trésor se chargeait de maintenir le système d'aides budgétaires. Cette ligne politique était principalement défendue par les administrateurs provenant de la Caisse centrale, à l'instar d'André Postel-Vinay dont l'influence est incontestable au sein du gouvernement de la banque. Le Gabon, tout comme les autres États, s'est symétriquement endetté auprès de la Caisse centrale et sur le marché financier français, car l'interdiction s'appliquait à d'autres places financières, à l'exception notable de la BIRD.

En dépit de ces restrictions, la Banque centrale a cependant maintenu le système de redistribution des redevances qu'elle verse originellement aux États, sous la forme de bénéfices d'exploitation calculés sur la base de la circulation monétaire dans chaque État. Ces versements s'apparentent plus à des dividendes qu'à une forme voilée d'avances directes aux Trésors publics des États membres. La réforme apportée aux statuts de la Banque centrale en 1972 a reconduit le même système. L'article 51 stipule que la Banque centrale doit verser trimestriellement aux États membres une redevance d'un montant égal à 17 % des produits bruits de ses opérations au cours du trimestre écoulé.

Graphique 12 : Volume des redevances versées par la BEAC aux États (en milliards de F CFA)

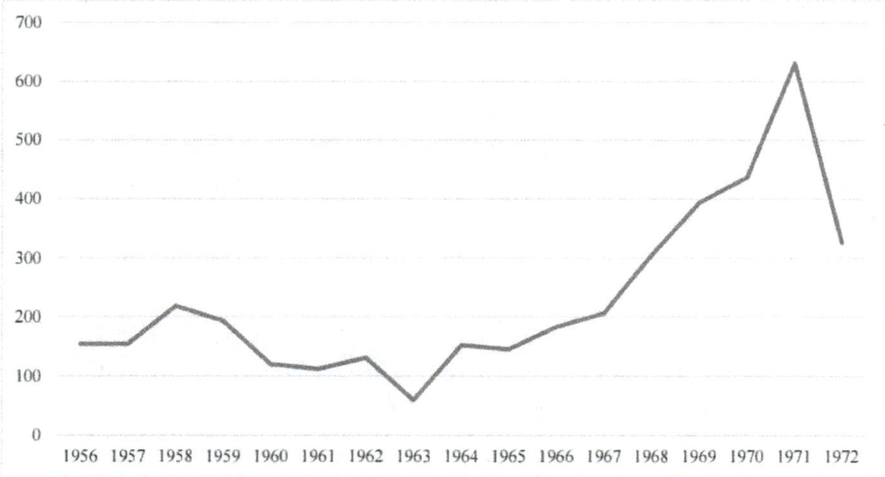

Source : reconstitution de l'auteur à partir de l'analyse des rapports des Censeurs, 1956-1973

Le volume des avances est globalement resté stable entre 1955 et 1967, bien qu'on assiste à une baisse en 1963. Cette baisse s'explique davantage par des ajustements comptables, liés au prélèvement de l'impôt sur les bénéfices industriels et commerciaux (BIC) qui est institué dès fin 1962, et moins comme un signe révélateur de l'absence de rentabilité de la banque. La donne change en 1970 où la Banque centrale accorde massivement des avances, en raison des difficultés financières que traversent presque tous les États. Les autorités monétaires vont vite réagir en 1971 en supprimant le versement des redevances aux États et la suppression ne prendra effet qu'en 1972 au moment où les réformes monétaires se mettent en route.

Pour utile qu'elle soit, son importance apparaît moindre aux yeux des États. Non seulement parce qu'elle n'est pas une obligation statutaire, mais aussi parce que son versement est aléatoire et, très souvent, fait l'objet des retards au fil d'exercices. Ce problème s'est surtout posé au moment où la Banque centrale devrait déduire du volume global la masse destinée au versement de l'impôt. Comme on le verra tout au long du développement, le Gabon comme d'autres États n'a fait appel à la Banque centrale qu'à travers l'escompte des crédits à court terme qu'elle accordait aux banques commerciales. Or ce mode de financement ne correspond ni à leurs attentes, au regard de l'idée qu'ils se font de la Banque centrale, ni même à l'évolution de la situation économique qui se traduit par l'augmentation des besoins de financement. D'ailleurs, la Banque centrale elle-même est très critique à l'égard de ce mode de financement indirect qu'elle qualifie d'injustifiable. En réalité, la Banque centrale est surtout préoccupée par la charge que cette redevance fait peser sur son compte d'exploitation. Mais elle ne dispose d'aucun moyen politique pour y mettre un terme. Dès avril 1960, elle a songé à maintenir les taux d'intérêt à un niveau relativement élevé pour stabiliser le poste pertes et profits de son bilan afin de protéger son encaisse[444]. Elle a fini par renoncer, tout comme elle a renoncé à supprimer cette avance.

Cette double fracture s'est traduite par la montée en puissance des États, telle qu'on l'observe dans les relations qu'ils entretiennent avec la Banque centrale. Le consensus de 1960, fondé sur le refus de monétiser les déficits budgétaires devient intenable. À plusieurs reprises, au sein même du Conseil d'administration, on assiste à des débats entre administrateurs sur la nécessité de faire des avances directes aux États l'un des instruments de la politique monétaire. Mais à chaque fois, le gouvernement de la banque demeure réticent pour des raisons de principe : la gouvernance de la banque est basée sur la distinction entre les opérations d'émission et de crédit ; les avances aux Trésors comportent des risques d'inflation capables de fragiliser les fondements de la politique monétaire. Cette position fait écho à celle du gouvernement camerounais qui a toujours préféré la discipline budgétaire aux demandes d'avances aux Trésors. Au regard de ces considérations, résister aux pressions des États membres est sans doute caractéristique d'une volonté de conduire la politique monétaire en toute autonomie.

Comme la Banque centrale oblige l'État à se financer auprès des banques, le 24 janvier 1963 le ministre des Finances gabonais, François

[444] ABF, 1466200601/211, dossier : « réunions du conseil d'administration », procès-verbal de la réunion du 21 avril 1960.

Meyé, présente et fait voter sans difficulté une loi fixant les conditions de souscription aux bons d'équipement qui sont admis au réescompte de la Banque centrale. Aux termes de cette loi, l'État oblige les banques et les chèques postaux de consacrer au moins 10 % des dépôts collectés à la souscription des bons et obligations d'équipement. Les banques bénéficient à cet effet des facilités fiscales, puisque les bons d'équipements sont exemptés de l'impôt qui s'applique sur les valeurs mobilières et les revenus. Le décret n° 33/PR du 6 février 1963 fixe les taux d'intérêt servi aux bons et obligations d'équipements à 3,5 % pour les bons et 1,5 % par an pour les obligations. Si on compare le prix des actifs, on se rend compte que les bons sont plus rentables pour les porteurs de titres. Ainsi, les bons d'équipement ont joué un rôle majeur dans le fonctionnement du marché monétaire gabonais.

L'une des caractéristiques des bons d'équipement bancaires est qu'ils ne sont pas en formules, mais sur compte courant. Et ils ne peuvent pas être mis en pension. Ce qui limite les capacités de mobilisation de l'État, puisque la Banque centrale se positionne en dernier recours en termes de mobilisation d'avances. Ce système lui garantit par ailleurs une certaine aisance dans la détermination anticipée des plafonds. La liaison entre la Banque centrale et le Trésor est assurée par un organe spécialisé : le Fonds gabonais d'investissement (FGI) qui est chargé de collecter le produit de l'émission des bons d'équipement.

Les bons d'équipements se sont imposés du fait que la Banque centrale met rapidement à la disposition du FGI la liquidité dont l'État a besoin. Le mode de financement du Fonds repose sur le recyclage de la liquidité issue de l'émission des bons d'équipement et sur un système de prélèvements forcés auprès des entreprises en contrepartie des certificats d'investissements qu'elles reçoivent de l'État. Les liquidités ainsi collectées sont utilisées pour le financement des biens d'équipement ou bien ils sont échangés sur le marché monétaire contre des obligations à long terme et à faible rendement émises par la Société d'Investissement gabonaise (SONADIG). Mais nous ne disposons d'aucune donnée permettant d'analyser les modes de transformation et le volume des actifs échangés.

Quoi qu'il en soit, le développement de ces produits inquiète la Banque centrale. Elle est cependant optimiste du fait que les bons d'équipement n'ont pas été créés à des fins monétaires, mais dans le but de couvrir les dépenses d'équipement. De fait, ils jouent le rôle de réserves obligatoires, donc un outil de maîtrise du biais inflationniste. Pourtant, pour la Banque centrale, les bons d'équipement et les obligations cautionnées[445] ont valeur de crédit et sont intégrés comme tel dans le plafond global des crédits fournit au Gabon, 5 milliards de F CFA.

Tableau 26 : Classement des bons d'équipement dans le système bancaire (en millions de F CFA courants)

Rubriques	1965	1966	1967	1968	1969	1970
Valeurs des titres classés	356	389	467	561	603	789
Taux d'accroissement	NI	9,27 %	20,05 %	20,13 %	7,49 %	30,85 %

Source : Lorenzo Frediani, Le système bancaire du Gabon, op.cit., p.177.

Les bons du Trésor escomptés par l'institut d'émission, d'un volume de 350 millions de F CFA en 1955, sont abandonnés au profit de l'escompte des crédits de campagne[446]. Les avances sans intérêts fournis aux territoires, qui ont représenté 4 millions de F CFA, sont aussi délaissées. Après août 1960, les bons d'équipement se sont généralisés et largement utilisés par l'État gabonais (tableau 26). Entre 1966 et 1968, le taux d'accroissement a doublé. Il a cependant chuté dès 1969 en raison d'une politique d'encadrement du crédit menée par les autorités monétaires. À maintes reprises, les autorités monétaires ont tenté de limiter le financement des déficits budgétaires par la création monétaire. Mais elle peinait à s'imposer.

Pourtant, depuis 1962, la Banque centrale n'a cessé de gonfler son bilan. Il représente même 20 % de l'exercice 1960. Cette augmentation

[445] Du point de vue technique, le calcul des bons d'équipement est effectué tous les six sur la base d'un plafond de 10 % des dépôts à vue et à terme. D'une durée de 2 ans, le taux d'intérêt est de 3,5 %.

[446] Il est important de signaler qu'en 1955, l'institut d'émission a conservé pour les crédits cotonniers le taux favorable de 2,5 % que la Caisse centrale de la France d'Outre-mer (CCFOM) consentait. En juillet 1958, le Conseil d'administration a tenté de supprimer ce taux préférentiel de ses conditions, mais les administrateurs tchadiens s'y sont opposés.

est directement liée à la progression du portefeuille à court terme et au poste relatif aux comptes de placements effectués pour le compte des trésors des États membres et les établissements publics. Or, juridiquement, ces liquidités ne font pas partie intégrante des avoirs extérieurs détenus par la Banque centrale[447].

Tout comme d'autres liquidités, ils constituent la contrepartie de la masse monétaire. La Banque centrale a continué à entretenir cette liquidité, du fait des difficultés qu'elle rencontrait dans la résolution de ce problème. Mais en 1965, deux événements vont l'aider à réorganiser l'ensemble des dispositions organiques et à repenser la politique monétaire : l'autonomie des Trésors publics et la création des conseils nationaux du crédit dans tous les États.

5.3. Vers l'autonomie du Trésor public gabonais

Comme nous l'avons souligné, la Banque centrale s'est toujours opposée à la monétisation des déficits budgétaires des États. Car elle a toujours estimé que le développement des avances directes en compte courant aurait des effets inflationnistes susceptibles d'être ingérables. Un autre argument fréquemment avancé par les autorités monétaires demeure fondé sur la prise en compte de l'aléa moral. En effet, la garantie accordée par le Trésor français[448] au F CFA conduit la Banque centrale à mener une politique monétaire accommodante. En cas de manque de devises, la Banque centrale peut se les procurer de façon illimitée auprès du Trésor français.

Ainsi, l'équilibre du système de paiement est assuré et c'est à ce titre que le contrôle des avoirs extérieurs, et du taux de couverture de la monnaie émise, apparaît comme un des leviers de la politique monétaire. Or le maintien à un niveau très élevé des avoirs extérieurs[449]

---

447 ABF, 1466200601/211, dossier : « conseil d'administration de la Banque centrale », Rapport d'activité des Censeurs, 1964.

448 Holger L. Engberg, «The operations Account system in French-speaking Africa. "in *The Journal of Modern African studies,* Vol.11, n°4, 1973, Cambridge University Press, p.537-545.

449 L'article 11 des statuts de la BEAC fait obligation aux États de maintenir constamment créditrice la position du Fonds commun des réserves de change. Et aux termes de l'article 14, cette position doit être garantie par l'harmonisation des politiques de contrôle des règlements extérieurs et le régime général de change. On a le sentiment que la Banque centrale reprend à son compte des prérogatives qui

implique que les engagements de l'État auprès de la Banque centrale se situent à un niveau raisonnable pour qu'un contrôle étroit de l'évolution de la masse monétaire soit effectué. Cet argument était en résonnance avec le développement du commerce extérieur de tous les États. Le maintien en équilibre des comptes extérieurs constitue un enjeu à la fois politique et financier. D'ailleurs, le Gabon a dès 1967 compris l'intérêt d'établir une balance de paiements.

À cet argument de politique monétaire s'ajoute un autre fondé sur la question de la discipline budgétaire. Les autorités monétaires ont longtemps avancé l'idée selon laquelle l'octroi des avances directes en compte courant aux États, à des taux d'intérêt proches de zéro, se traduirait non seulement par l'accroissement du recours systématique à la Banque centrale, mais également par le non-respect de la discipline budgétaire en raison de l'absence de contraintes.

Bien que l'objectif d'équilibre budgétaire ne fasse pas partie des objectifs de la Banque centrale, elle l'a implicitement intégré comme tel dans sa politique. Dans la mesure où assurer l'équilibre des comptes publics apparaît indéniablement comme un des déterminants de la crédibilité de l'État. En plus, au sein du conseil d'administration, il y a un consensus autour de cette question puisque les administrateurs sont pour la plupart ministres des Finances. Comme on le sait, le principe de convergence des politiques budgétaires n'intervint qu'au début des années 1990, à cause de la réticence des États à se soumettre à une telle contrainte. De fait, pour les États membres, à commencer par l'État gabonais, la politique monétaire et la politique budgétaire, fondée sur l'accroissement des dépenses publiques, constituent les deux faces d'une même et unique politique économique.

En revanche, la Banque centrale craint que le recours aux avances directes ne se traduise par des crises de liquidités qui pourraient fragiliser le système financier. Pourtant, on remarque que depuis le 23 juin 1964, la BCEAEC se montre plus conciliante vis-à-vis de l'État. À la demande du gouvernement du président Léon Mba dont le pays traverse une crise de trésorerie, suivi par le Congo, la Banque centrale

---

relèvent plutôt des États. C'est sans doute cela qui rend complexe la question de la souveraineté monétaire.

s'est engagée à escompter les crédits douaniers[450] de façon illimitée à un taux privilégié de 2,65 %.

Les obligations cautionnées représentatives de crédits douaniers (dettes garanties par les recettes douanières) sont escomptées au taux d'escompte d'effets de mobilisation de découverts, 3,5 % en 1963 puis 4 % en 1964[451]. Cependant, face aux critiques formulées par la Banque centrale, le ministre gabonais des Finances, André Gustave Anguilé, a envisagé la suppression du régime de crédits douaniers dès le 1er janvier 1965. Or la perspective de la séparation du Trésor gabonais du Trésor français pose plus de problèmes qu'elle n'apporte de solutions. Le bilan de la Banque centrale au 31 août 1965 montre que le volume des crédits douaniers réescomptés par la Banque centrale au Gabon et au Congo a presque doublé, 2, 087 milliards de F CFA. Symétriquement, les dépôts du Trésor public à la Banque centrale ont baissé et la circulation monétaire a cru de 4,5 %, du fait notamment de l'accroissement de 4,4 % (2 milliards de F CFA) du crédit et de 140 % de l'ensemble des concours au système bancaire et au Trésor[452]. Comme nous l'avons montré dans le premier chapitre, le gouvernement gabonais s'est davantage endetté auprès du Trésor français. La transition a accentué les déséquilibres latents.

5.3.1 La réforme de mars 1966 et le financement du déficit budgétaire par la création monétaire

Le 16 mars 1966, en s'inspirant des statuts de la BCEAO et de l'Institut d'émission malgache, la BCEAEC décide d'amender ses dispositions organiques. Bien que les États aient d'abord cherché à s'assurer que l'aide budgétaire du Trésor français ne serait pas supprimée au profit de l'aide la Banque centrale. Il ressort des négociations que les deux aides seront cumulées. Selon les nouvelles dispositions, elle peut désormais

---

450 À noter cependant que le Cameroun fait figure d'exception puisque les droits de douane y sont payés régulièrement au comptant.

451 Historiquement, le Trésor français est pionnier dans ce domaine. Mais en Afrique, c'est la BCEAO qui a très tôt appliqué au taux d'escompte des obligations cautionnées le taux des effets de mobilisation de découverts. La BCEAEC s'est juste inspirée de cette pratique.

452 ABF, 1466200601/211, procès-verbal de la réunion du conseil d'administration de septembre 1965.

consentir des avances directes en compte courant aux trésors nationaux pour un délai d'utilisation de 240 jours.

Dans une thèse sur la Banque de France de 1989, Hervé Guizard a montré que la limite statutaire est souvent franchie, certes avec l'accord des autorités monétaires[453]. En 1967, le ministre gabonais des Finances, Pierre Mebaley a obtenu du conseil d'administration la prorogation au-delà de 240 jours, laquelle durée s'est appliquée au Tchad. D'ailleurs, en 1968, le Gabon l'a utilisée pendant 300 jours. D'un point de vue technique, le montant des découverts ainsi consentis, auxquels on ajoute le volume des opérations sur les effets publics, ne peut dépasser 10 % des dépôts annuels des banques, y compris les dépôts publics d'origine privée, et 10 % des recettes fiscales de l'exercice budgétaire écoulé[454]. De fait, la convention signée entre les États et la Banque centrale, s'agissant de l'octroi de ces avances directes, inaugure la phase du financement par la création monétaire[455].

Entrée en vigueur le 1er mai 1966, cette mesure pose pour la première fois la question de la cohérence de la politique monétaire de la Banque centrale dans tous les États. D'une part, le fait même de pondérer le montant des découverts consentis au Trésor sur le volume des effets publics escomptables et sur le volume des dépôts bancaires a conduit la Banque centrale à imbriquer la politique monétaire dans la politique du crédit. Comme on le verra tout au long de notre analyse, la complexité de ce système de contrôle était aussi sa faiblesse puisqu'elle cédait sans cesse aux demandes de l'État et les instruments de contrôle avaient du

---

453 Hervé Guizard, *La zone franc : fonctionnement, enjeux et perspectives,* Thèse d'inspection, Banque de France, 1989, p.13.

454 ABF, 1466200601/211, dossier : « conseil d'administration de la Banque centrale », procès-verbal de la réunion du 16 mars 1967.

455 En conséquence, la composition du bilan de la banque est modifiée. Les liquidités en compte de placement du poste disponibilités extérieures, considérées comme étant une partie de l'épargne de l'État, sont intégrées dans les avoirs extérieurs en compte d'opérations. Le poste effets et avances à court terme est également modifié. Une ligne retraçant le montant des obligations cautionnées est intégrée. Bien qu'elles existassent déjà, le fait nouveau est que les obligations cautionnées sont intégrées dans le volume global du crédit à l'économie, c'est-à-dire qu'elles constituent, aux yeux de la Banque centrale, un crédit et non un simple actif liquide échangeable sur le marché monétaire. Au 30 juin 1966, le montant cumulé des effets réescomptés et les obligations cautionnées s'élèvent à 19 milliards de F CFA. On se rend bien compte de leur ampleur dans le fonctionnement du marché monétaire.

mal à empêcher la violation de la réglementation par les banques commerciales.

D'autre part, en fixant le montant des avances directes en compte courant des Trésors publics, la Banque centrale souhaite ancrer sa politique monétaire dans le contrôle des finances publiques puisque la recherche de la discipline budgétaire est fondée sur une meilleure organisation du système de collecte des recettes douanières. Or ce problème, auquel presque tous les États étaient confrontés et, ce jusqu'au milieu des années 1980, rendait difficiles les relations entre la Banque centrale et les États autant qu'il conditionnait le niveau d'intervention de la Banque centrale.

Ainsi, pour garantir un contrôle[456] substantiel, la Banque centrale a défini un taux d'intérêt de 4 %, alors que le taux de rendement ne représente que 3,32 % des profits de la Banque centrale. Ce taux modéré a cependant facilité l'accélération du recours aux avances. En effet, entre 1966 et 1968, le volume global des avances directes en comptes-courants a été multiplié par près de 40 : on passe de 157 millions de F CFA en 1966 à 5,520 milliards de F CFA en 1968. Mais le fait marquant est sans doute la forte progression des crédits douaniers réescomptés et il constitue près de 60 % du portefeuille des avances en compte courant de la Banque centrale.

[456] S'agissant des découverts accidentels des comptables publics, le taux de pénalité de 7 % fixé le 17 février 1958 n'a pas été efficace du fait de la hausse des taux d'intérêt en France. Entre 1972 et 1973, la centrale des risques a pu répertorier 49 cas de découverts.

Graphique 13 : Intervention de la Banque centrale dans les États (en milliards de F CFA courants)

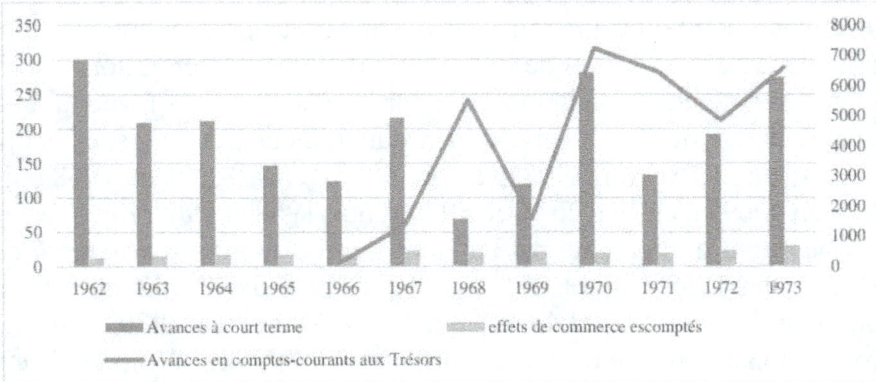

Source : l'auteur à partir de l'analyse des rapports des censeurs et des procès-verbaux des réunions du Conseil d'administration.

Au 31 décembre 1966, la situation comptable de la Banque centrale s'agissant de ses activités au Gabon est caractérisée par une progression des engagements à vue de 4,280 milliards de CFA. Le portefeuille global des crédits douaniers escomptés a progressé[457] de 36 % en 1967 et la circulation fiduciaire, qui occupe une place prépondérante, a quant à elle progressé de 3 milliards de F CFA. En revanche, elle finit par baisser en juin 1967 en raison d'un encadrement du crédit poussant les banques à se désendetter auprès de la Banque centrale.

Cependant, l'État gabonais a davantage eu recours aux avances directes en compte courant sous forme de réescompte des crédits douaniers. Ils représentent 58 % du portefeuille global (2,895 milliards de F CFA), alors qu'en 1966, le Trésor public gabonais n'a pas eu recours à la création monétaire pour financer son déficit budgétaire[458]. Comme nous l'avons montré, il a fait appel au marché financier français et à l'aide budgétaire du Trésor. Symétriquement, la situation monétaire s'est

[457] CAEF, B-0018925/1, Rapport des censeurs de l'exercice 1967-1968.

[458] CAEF, B-0018925/1, procès-verbal de la réunion du comité monétaire de la Banque centrale au Gabon, 21 janvier 1967.

dégradée. Le niveau des engagements à vue de la Banque centrale a baissé de 32 % en 1968.

Cependant, ceux du Cameroun ont continué leur progression au point où ils dépassent le niveau de l'ensemble de la zone d'émission. Ainsi, le taux de couverture de la monnaie par les engagements à vue, qui en 1966 avait atteint 56,6 %, niveau particulièrement élevé, s'est effondré et se situe à 21,88 % en 1967 avant de remonter à 28,1 % en 1968 puis 34 % en 1969 et, enfin à 26 % en 1970. Entre 1968 et 1969, l'indice des prix de détail a augmenté de 3,9 % et le prix de gros a progressé de (+8,7 %) en 1969 puis (+7,5 %) en 1970. Le taux d'inflation est, en conséquence, passé de 2,40 % en 1965 à 3,80 % en 1970, soit une progression de près de 65 %[459]. La Banque centrale est démunie face à la dégradation de la situation monétaire, aussi bien au niveau interne qu'externe. Or le maintien de la stabilité monétaire se trouve au cœur même de l'objectif premier de sa politique monétaire.

Mais le problème fondamental est qu'il est difficile de prôner une politique monétaire complètement en décalage avec les choix budgétaires des États. Il s'agit de deux orientations politiques inconciliables.

En 1968 le financement du déficit de l'État par la création monétaire a pris de l'ampleur. Au cours de cette seule année, le volume des avances directes aux États a crû de façon significative. Si on compare les différents systèmes d'allocation du crédit au Gabon, on s'aperçoit que les concours au Trésor public représentent 57,5 % des crédits offerts par la Banque centrale. Les crédits à moyen terme ne représentant que 22,3 % contre 20,2 % des crédits à court terme à l'économie[460]. L'augmentation des avances à l'État se fait au péril des crédits à moyen terme qui avaient pourtant pour objectif économique de renforcer l'appareil productif. Le spectre de l'épuisement des avoirs extérieurs ne constitue pas un facteur dissuasif, même si la perte du leadership au sein de l'union monétaire demeure un objectif politique déterminant, mais non exclusif.

---

[459] ABF, 1466200601/238, « dossier conseil d'administration de la Banque centrale », Procès-verbal du 24 novembre 1987, note sur la parité du F CFA d'Afrique centrale.

[460] CAEF, B-0018925/1, procès-verbal de la réunion du Comité monétaire de la Banque centrale au Gabon, 18 février 1969.

De même, sur les 5,520 milliards de F CFA alloués aux avances en compte courant, près de 4 milliards de F CFA ont été consacrés au financement des crédits douaniers. La Banque centrale a joué son rôle de prêteur en dernier ressort dans ses deux pays. Certes au péril de l'équilibre de son compte d'exploitation qui, depuis 1966, est stabilisé par les dépôts du Trésor camerounais puis en 1967 par les dépôts supplémentaires du Trésor gabonais. Le gouvernement camerounais n'ayant pas recours au régime de traites douanières.

Face à ce phénomène, le gouvernement de la Banque centrale continue de faire pression sans pour autant parvenir à infléchir la position du gouvernement gabonais, lequel multiplie les assurances, mais la situation demeure financièrement fragile. Bien entendu, la Banque centrale est demeurée conciliante parce que l'accroissement du volume des crédits douaniers escomptés n'a pas systématiquement entraîné le déséquilibre de son compte d'exploitation, dans la mesure où les dépôts du Trésor camerounais lui permettent de renforcer le niveau de ses disponibilités à vue, donc de garantir un niveau raisonnable de la couverture extérieure.

L'une des raisons qui amène la Banque centrale à maintenir à un niveau raisonnable des avoirs extérieurs en compte d'opérations est qu'au-delà du maintien statutaire de la convertibilité, que cela représente une part importante de ses bénéfices, alors qu'une émission incontrôlée gonfle considérablement le poste « pertes et profits », du fait notamment du rachat des billets de sa zone d'émission auprès de la BCEAO et de la Banque de France. Ce qui représente une charge importante qui, au regard de l'analyse du compte d'exploitation, conditionne de façon déterminante la politique monétaire. Mais dès 1969, la Banque centrale milite pour la limitation des concours aux Trésors pour tenter de reprendre la main. Car elle constate que les avances qui avaient vocation à être temporaires deviennent de plus en plus permanentes. Non seulement elles jouent un rôle important dans le financement de la trésorerie des États, mais elles induisent également la dégradation des comptes extérieurs de ces mêmes États.

La politique budgétaire menée par les États et la politique monétaire de la Banque centrale, à travers le mécanisme de relèvement constant du plafond des avances, se situent à des temporalités différentes. En effet, le décalage entre l'exécution du recouvrement des impôts et le vote plus ou moins tardif de la Loi de Finances a conduit le Gabon, tout comme les autres États, à recourir à la Banque centrale. Or, la Banque centrale qui a défini son système d'intervention en fonction des recettes fiscales peine à contrôler et à faire respecter les plafonds.

D'une part, parce qu'en matière de surveillance la Banque centrale ne dispose d'aucun pouvoir d'investigation et ne dispose pas non plus du personnel spécialisé capable de mener de telles missions[461].

D'autre part, la convention qui la lie aux États repose sur le principe d'échanges d'informations entre un ministre des Finances et le Conseil d'administration. Pourtant, la plupart des ministres des Finances sont membres du Conseil d'administration ou, le cas échéant, y représentés par un autre membre du gouvernement. On peut donc dire que durant cette période, la politique monétaire a été conditionnée par la politique budgétaire sans pour autant que le contraire se soit produit avec efficacité.

De fait, les États ont défini les grandes orientations économiques et financières. La Banque centrale s'est davantage adaptée plus qu'elle n'a imposé une réglementation efficace. La Banque centrale ne parvient pas à atteindre l'un de ses principaux objectifs : le financement du développement et ce problème se pose encore de nos jours. Et d'ailleurs au sein du Conseil d'administration il y a un consensus : les avances directes ont vocation à normaliser le fonctionnement des États en veillant instinctivement à l'équilibre de leurs finances publiques, puisque les États en question apparaissent économiquement et politiquement faibles.

Ce discours est un véritable marqueur d'une politique monétaire qui se veut accommodante. C'est à ce titre que toutes les demandes de désendettement, et plus encore les appels à ces avances de l'État à l'égard de la Banque centrale ne faisaient pas écho. Parce que l'on considérait qu'elle avait une responsabilité, celle de « banquier de l'État ». Mais la situation a évolué lorsque le président Bongo nomme Augustin Boumah à la tête du ministère des Finances. Au moment où les négociations sur la réforme des statuts de la Banque centrale

---

[461] ABF, 1466200601/211, « dossier conseil d'administration de la Banque centrale », Procès-verbal du 18 février 1969.

deviennent critiques, il s'est donné pour objectif de renoncer au recours aux avances directes en compte courant dès juin 1970 et la suppression du système des crédits douaniers a pris effet dès le 1er janvier 1971. Toutes ces décisions visent à renforcer la position du Gabon au sein de la Banque centrale. Il s'agit plus d'un choix politique que d'une volonté de renoncer aux facilités offertes par la Banque centrale.

5.3.2 La réforme des statuts de la Banque centrale de 1972 : un moyen de développement du crédit à l'économie au détriment de l'État ?

Les réformes monétaires initiées entre 1972 et 1973 doivent être interprétées comme un moment de rupture institutionnelle. Elles se sont traduites aussi par la réorganisation des missions de la Banque centrale. Faire du financement du développement économique l'un des objectifs de politique monétaire suppose que celle-ci soit également repensée. Mais dans l'esprit des autorités politiques des États, le financement du développement ne saurait être incompatible avec le financement du déficit budgétaire. Comme nous l'avons montré dans notre analyse, le gouvernement gabonais, dès 1970, a cessé d'avoir recours aux avances de la Banque centrale. Ce changement soudain s'explique, comme nous l'avons souligné, pour des raisons qui tiennent à la fois des considérations politiques et économiques. Le gouvernement gabonais ne souhaite pas laisser le Cameroun étendre son leadership au sein de la banque. Mais cette conquête ne saurait se réaliser dans le contexte d'endettement croissant du Trésor public gabonais vis-à-vis de la Banque centrale.

Il faut cependant souligner que ce discours est en résonnance avec le diagnostic établi par les autorités monétaires au sein du conseil d'administration à la fin des années 1960. Le constat repose sur l'idée que la stabilité monétaire ne peut être assurée que si le Trésor réduit ou renonce sur le long terme aux avances directes de la Banque centrale. La Banque centrale tente de dissuader les États à avoir recours à la création monétaire. Jean-Pierre Patat a montré que la création monétaire se traduisait par un élargissement de la liquidité bancaire autant qu'elle réduit, en conséquence, les marges de manœuvre de la Banque centrale[462]. Pourtant, le discours tenu par celle-ci apparaît contradictoire, à certains égards, puisque la réforme de 1972 n'a pas juridiquement mis fin au système d'avances directes. Bien au contraire, le cadre juridique élaboré avait vocation à entériner des mutations qui se sont imposées. L'analyse des procès-verbaux du conseil d'administration montre que le système d'attribution des avances directes est constamment revu entre 1969 et 1972. La Banque centrale fait face aux pressions des États.

Dès 1970, le plafond de 10 % des recettes fiscales du budget précédent est délaissé au profit d'un taux fixé à 13 %. Cependant, les États comme le Tchad et la RCA ont pu atteindre un niveau exceptionnel de 15 %. Ce qui est intéressant à souligner c'est le conseil d'administration qui éprouve de plus en plus de difficulté à imposer aux États le retour au régime normal conformément aux dispositions statutaires. Les autorités monétaires en créant cette forme de jurisprudence peinent à contrôler les plans de redressement des finances publiques qu'elles ont échafaudés dans le but de faciliter le retour au plafond de 10 %. Ces distorsions nous permettent de tirer deux enseignements.

D'une part, le gouvernement de la Banque centrale est sujet à des mutations. Certains administrateurs sont sensibles aux mutations politiques et financières dans l'élaboration de la politique monétaire, c'est-à-dire que l'objectif de stabilité monétaire ne peut être atteint au détriment de l'effondrement des États. Ainsi, on est tenu de mener une politique monétaire relativement accommodante.

D'autre part, on note que l'autonomie opérationnelle de la Banque centrale apparaît plus ou moins chahutée puisque la politique monétaire a tendance à se définir en se fondant sur des choix budgétaires imposés par les États. De fait, en 1972, le système de plafond des avances qui était un outil de contrôle du mécanisme de création monétaire par l'État, devient moins efficace. En portant statutairement le ratio à 20 % des recettes fiscales, la Banque centrale a délaissé, à court terme, l'objectif de la lutte contre l'inflation au profit du financement de l'État.

---

[462] Jean-Pierre Patat, *Monnaie, système financier et politique monétaire,* 6e Ed., Paris, Economica, 2002, p.204.

Depuis 1966, le Gabon a mis en place un plan de développement s'étalant sur cinq ans : le plan quinquennal. Celui-ci est largement financé par les banques commerciales et l'État aide les entreprises à se refinancer en réescomptant les effets publics auprès de la Banque centrale. En revanche, à partir du 1er janvier 1971, les crédits douaniers que la Banque centrale escomptait au Trésor sont substitués par les crédits bancaires. La réforme des méthodes de gestion du Trésor mise en œuvre au début de l'année 1971 a permis au gouvernement d'équilibrer sa situation financière auprès de la Banque centrale[463]. L'État se finance de plus en plus sur les marchés financiers internationaux, notamment français. L'accord financier franco-gabonais de 1960 accorde à un organe public gabonais la garantie de l'État français au moment de la souscription d'un emprunt. Cette garantie est accordée par le ministre des Finances par simple ordonnance. La banque gabonaise de développement (BGD) a par exemple bénéficié, dès sa création le 27 mai 1960, de cette facilité jusqu'à la fin des années 1970.

Par ailleurs, dès 1973, dans le contexte d'instabilité monétaire[464] et financière internationale ainsi que du premier choc pétrolier et des changements qui s'opèrent au sein du gouvernement de la Banque centrale, il se pose paradoxalement le problème du financement des secteurs économiques en récession. Le relèvement des comptes d'opérations et l'augmentation des plafonds individuels des banques sont renforcés. La Banque centrale a de ce point de vue privilégié le refinancement du système bancaire au détriment de l'État, lequel s'endette davantage sur le marché. Dans ce contexte, le ministre gabonais des Finances, Paul Moukambi, a commandé une mission d'étude d'orientation du marché monétaire et financier auprès de l'Inspection générale des finances. Cette étude est conduite par R. Montarnal, un inspecteur général des Finances qui a présenté son rapport le 13 juin 1974. Le rapport critique la structure du marché monétaire et son contrôle par la Banque centrale. Il met en exergue la fragilité du système bancaire dont les dépôts sont essentiellement à vue, tandis que le volume des dépôts à terme ne représente que 15 % des

[463] CAEF, B-001189/1, procès-verbal de la réunion du comité monétaire de la Banque centrale au Gabon, 21 septembre 1971.

[464] Voir Juan María Barredo Zuriarrain, *Le système monétaire international comme facteur d'instabilité : une ébauche de réforme,* Thèse de doctorat en Sciences économiques, Grenoble, Université Pierre Mendès France de Grenoble, 2015.

dépôts à vue. L'étude montre aussi que le développement des opérations bancaires témoigne des liens étroits de ces banques avec leurs maisons-mères. Elles se compensent entre elles et, soit les résultats nets sont transférés en France, soit elles font davantage appel à leurs sièges sociaux après avoir épuisé leur plafond de réescompte moins coûteux. La Banque centrale a institué une taxe de 0,25 % sur les transferts en dehors de la zone d'émission pour se prémunir de la sortie des capitaux.

Par ailleurs, ce rapport montre que la BGD ne joue son rôle de banque de développement que de façon limitée. Dans la mesure où l'analyse de sa situation comptable au 31 mars 1974 montre que le volume des crédits accordés est relativement faible pour des crédits à long terme, lesquels crédits sont financés à hauteur de 70 % par le marché financier français et des avances de la CCCE[465]. L'étude souligne également les insuffisances d'organismes publics tels que la Caisse autonome d'amortissement (C.A.A)[466]. Dans la foulée, un comité de politique budgétaire est mis en place. L'élaboration de la loi de Finances de 1973 et l'exécution du budget ont fait ressortir les problèmes de trésorerie. Cet organisme paritaire composé par les agents du Ministère des Finances, de la Présidence et du Commissariat général au Plan ambitionne de veiller à un meilleur contrôle des finances publiques.

Symétriquement, la Banque centrale est dans l'incapacité d'influer sur les concours offerts aux Trésors puisque les États ont du mal à renoncer à ces avances. Bien qu'en 1975, elle défendît face aux États le projet de limitation à un niveau inférieur du plafond des avances et un système de révision annuelle du mode de distribution[467] . Un an plus tard, dans le contexte de l'expansion de la dette publique et de la hausse des prix

---

[465] CAEF, B-00680083/1, Rapport d'étude sur le marché monétaire et financier présenté par R. Montarnal, 13 juin 1974.

[466] Créée par ordonnance du 7 juillet 1969, la CAA a démarré ses activités début 1970. Au départ, ses missions étaient clairement définies, à savoir la gestion du service de la dette de l'État, c'est-à-dire procéder aux émissions d'emprunts publics. Ainsi, la dette publique gérée par la CAA comprend les emprunts et par rachat par anticipation de conventions (politique de consolidation de la dette) à paiement différé dont le règlement s'étend sur une période d'au moins deux ans. Ce système est abandonné au profit des adjudications avec paiements normaux. Elle s'est par la suite mise à émettre au même titre que la SONADIG les bons et obligations d'équipements créant ainsi des tensions entre les dirigeants de ces organismes.

[467] CAEF, PH : 083/86-10, procès-verbal de la réunion du conseil d'administration du 13 novembre 1975

des produits d'exportation, l'augmentation des concours de la Banque centrale aux Trésors publics a entraîné une crise des liquidités.

Le portefeuille des avances à l'État et des crédits à moyen terme rend la situation monétaire vulnérable. Cette vulnérabilité se traduit par la mise en œuvre d'une politique monétaire rigide. Les crédits à moyen terme ne sont plus révocables lorsque les autorisations ont fait l'objet de perception des commissions ; le ciblage de la nature de l'investissement comme moyen d'appréciation du risque de déséquilibres [468]ne constitue plus un élément déterminant. La distinction entre banque de développement et banques commerciales est supprimée. Entre 1976 et 1977, la situation monétaire est caractérisée par l'endettement du Trésor à l'égard du système bancaire ; la dégradation des avoirs extérieurs se traduit par la baisse du taux de couverture, laquelle se situe désormais à un niveau historiquement bas, soit 20 %. Ainsi, le diagnostic qui est fait par les autorités monétaires est que la dégradation de la situation monétaire au Gabon, qui se prolonge jusqu'en 1978, résulte de la non-maîtrise de l'expansion de la masse monétaire consécutive à une politique du crédit plus ou moins laxiste.

Étudier la politique du crédit qui très souvent est analogue à la politique monétaire telle qu'elle est perçue et pensée par les autorités monétaires revient à poser le problème du rôle de la Banque centrale dans le développement économique du Gabon. À noter cependant que cette action se caractérise par la fourniture du crédit à l'économie par les banques. L'une des spécificités du système d'intervention de la Banque centrale c'est la prépondérance des crédits à court terme, alors que les crédits à moyen terme sont soumis à un système de plafond en raison de leur caractère inflationniste. Lorsqu'on analyse les procès-verbaux des réunions du conseil d'administration, on est systématiquement interpellé par la confusion qui est faite entre politique du crédit, politique monétaire et régulation de l'activité bancaire.

Il convient cependant de souligner le fait que le fonctionnement de la Banque centrale obéit lui-même à des contraintes politiques, idéologiques et institutionnelles relatives au fonctionnement de la zone

---

[468] CAEF, PH : 083/86-10, procès-verbal de la réunion du conseil d'administration du 26 novembre 1976.

franc. Dans cette section, nous analyserons le rôle de chaque institution dans la mise en œuvre, dans une approche centralisée puis décentralisée de la politique monétaire ; nous analyserons ensuite les implications théoriques de la relation entre le choix du régime de change fixe et la mobilité des capitaux, et notamment comment cette double orientation de la politique économique conditionne ou détricote les modes d'intervention des autorités monétaires en guise de politique monétaire ; enfin nous analyserons les instruments, les méthodes de contrôle et le système d'allocation du crédit et de régulation de l'activité bancaire et la manière dont cette politique modifie ou non l'idée qu'on se fait du crédit dans l'élaboration des stratégies de développement et son articulation aux objectifs de stabilité du système financier.

5.4 Supervision et le contrôle bancaire au Gabon

Nous étudions ici les organismes chargés d'assurer la supervision et le contrôle des banques au Gabon. Compte tenu du rôle central que joue la Banque centrale dans la mise en œuvre de cette mission, il sera question de mettre en évidence les spécificités gabonaises.

Depuis 1958, le crédit domine toute la politique monétaire de l'institut d'émission d'Afrique équatoriale et du Cameroun. Cette politique s'explique par l'émergence des besoins d'équipement des États dont la conséquence est l'accroissement des besoins de financement. Ces besoins, comme nous l'avons souligné plus haut, sont couverts à la fois par la CCCE et le système bancaire. Comme les autorités monétaires craignent que les entreprises de la métropole puissent profiter des facilités de crédit que l'Institut d'émission offrait[469], une esquisse de réglementation est échafaudée peu après les indépendances.

Par un décret du 2 novembre 1964, Léon Mba met en place la première réglementation bancaire (art.3-17) et définit la nature des organismes chargés d'étudier et de mettre en œuvre la politique du crédit[470]. Ce texte a donné lieu à la mise en place d'un Conseil national du crédit (C.N.C), dans un contexte de « nationalisation » théorique du crédit suivant le modèle français. Ce qui confère à cette institution sa

[469] ABF, 1466200601/211, dossier : « conseil d'administration de la Banque centrale », procès-verbal de la réunion du 17 février 1958.

[470] Lorenzo Frediani, *Le système bancaire du Gabon,* op. cit., p.193.

particularité c'est sans aucun doute sa double tutelle : il est à la fois le bras armé de la Banque centrale dans le contrôle du crédit et le pivot d'organisation du système de financement du développement du Gabon. Le C.N.C est pris en étau entre deux philosophies différentes du crédit.

D'un côté, la Banque centrale a une conception monétaire du crédit puisqu'un accroissement de la liquidité a systématiquement des répercussions sur la masse monétaire et, de fait, sur le niveau général des prix.

De l'autre, l'État considère le crédit comme un instrument de politique économique, laquelle politique est fondée sur la mobilisation de l'épargne nationale. Entre autres attributions, le C.N.C est chargé de faire la promotion de la collecte des dépôts et, de fait, diminuer la thésaurisation et garantir l'accélération de la monétisation de l'économie. La composition du Conseil en dit long sur les enjeux politiques de la politique du crédit tant au niveau du contrôle et d'allocation en fonction des priorités. Il est présidé par le ministre gabonais des finances.

Le directeur général (gouverneur depuis avril 1978) de la Banque centrale est membre de plein droit de même que le directeur général de la BGD, le directeur des Affaires économiques, le directeur de l'Office de change, le président de l'Association Nationale des professionnels des banques[471] ainsi que le représentant du Ministère de l'Économie. Son fonctionnement vise à articuler, non sans difficultés, l'objectif de stabilité du système financier aux objectifs de croissance. Ainsi, il est assisté, dans cette mission de régulation de l'activité bancaire par la Commission de contrôle des banques de la Banque centrale qui assure la régulation de l'activité bancaire. La Banque centrale n'assurant que la coordination technique du fonctionnement des conseils nationaux de crédits et des commissions de contrôle de l'ensemble de la zone[472].

En outre, la Centrale des risques qui est l'une des composantes de la commission de contrôle joue le rôle d'interface entre les banques et les

[471] Les pouvoirs publics exigent aux banques d'adhérer à cette association pour mieux les contrôler.

[472] Procès-verbal de la réunion du 23 juin 1964.

autorités monétaires, puisqu'elle peut évaluer la dynamique de l'endettement bancaire d'un agent économique autant qu'elle dispose d'une forte capacité à obtenir des renseignements. Lorenzo Frediani a d'ailleurs montré que le pouvoir d'investigation de cette structure a été renforcé par une décision du CNC en date du 22 novembre 1965. Elle fait obligation aux banques et établissements financiers de recenser et signaler auprès de la Banque centrale tout défaut de paiement des chèques et d'effets de commerce[473]. Ce premier niveau de réglementation, concernant le crédit interne, dépend s'agissant de son efficacité de la capacité pour les services de la Banque centrale à mobiliser l'information. Or, comme on verra par la suite, ces informations sont généralement fournies par les banques elles-mêmes et que la Banque centrale ne dispose guère de moyens de vérification.
La Commission de contrôle des banques qui est l'émanation du Conseil national du crédit et, dans une moindre mesure, de la Banque centrale n'agit que sur demande du ministre des Finances. Mais ce dernier n'a aucun intérêt à solliciter une mission de contrôle lorsque la satisfaction des besoins de financement apparaît plus urgente que les questions d'équilibre financier. On se doute bien que les choix politiques hasardeux l'emportent, à certains égards, sur la rationalité financière qui, très souvent, est aléatoire. Ainsi, pour le conseil d'administration de la Banque centrale, les missions de surveillance deviennent une véritable gageure. Il convient d'étudier les différents instruments de la politique monétaire et du crédit élaborés par la Banque centrale au cours de la décennie postcoloniale.

La politique monétaire a vocation à organiser le système financier et les banques sont au cœur du processus d'intermédiation. Nous analyserons dans un premier temps les composantes du système bancaire gabonais puis, dans un second temps, nous aborderons les questions relatives à l'efficacité des instruments de la politique monétaire. Mais l'étude du système bancaire pose aussi le problème du financement de l'économie et des logiques de pouvoir entre la sphère politique et les milieux financiers.

---

[473] Lorenzo Frediani, *Le système bancaire du Gabon,* op.cit., p.235.

5.4.1 L'organisation du système bancaire gabonais

Le réseau bancaire gabonais n'a plus la même configuration que celle qui a existé durant la période coloniale. Il a connu une expansion rapide après les indépendances, puisque le financement de l'économie constitue désormais un enjeu majeur aussi bien pour l'État que pour le secteur privé[474]. L'augmentation du nombre d'établissements bancaires traduit le désir de se doter d'instruments capables de financer le développement économique. En réalité, ce terme est utilisé ici pour caractériser l'exploitation des matières premières. Ainsi, la bancarisation de l'économie est facilitée par la présence de ces ressources. Lorsqu'on prend du recul, on s'aperçoit que c'est au moment où les « pétrodollars » sont devenus abondants que les banques se sont le plus créées ou installées dans le pays.

Entre 1970 et 1982, le nombre de banques reconnues par les autorités monétaires est passé de 4 à 12, ce qui est significatif de la bancarisation de l'économie. De fait, le réseau bancaire gabonais est l'un des plus importants de la zone franc, derrière celui de la Côte d'Ivoire et du Cameroun en termes de densité des infrastructures bancaires (agence, distributeur, etc). En termes de composition, il compte dix banques de dépôt, deux banques de développement et sept établissements financiers[475]. Dans le contexte de la crise financière des années 1970, d'autres banques vont naître, nationales comme étrangères. Est créée en 1979, la banque intercontinentale du Gabon (Interbanque) autant que l'installation de deux succursales de banques étrangères (Barclays et Banco Real). Est également créée en 1974 la banque du Gabon et du Luxembourg (30 % des capitaux nationaux, 14 % détenus par la banque française internationale (FIBA) et 51 % détenus par la Société internationale de participations. Dans la même veine, une représentation de la Banco do Brasil, une banque brésilienne est également instituée[476].

---

474 Samuel Guérineau et Luc Jacolin, « L'inclusion financière en Afrique subsaharienne : faits stylisés et déterminants », *Revue d'économie financière,* 2014, Vol. 4, N° 116, p.57.

475 ABF, 1466200601/390, dossier, « systèmes bancaires de la zone franc : les banques en Afrique centrale », Bulletin d'Afrique Noire n° 1139 du 29 mai 1982.

476 *Id.*

L'une des particularités du réseau bancaire gabonais c'est l'importance historique des banques françaises. D'une part, la BNP détient 29,37 % des participations au sein de la BICIG (Banque internationale pour le commerce et l'industrie au Gabon) ; la BIAO quant à elle détient 90 % des participations au sein de la banque internationale pour le Gabon (BIPG), créée en 1975. D'autre part, le Crédit Lyonnais dispose de 30 % des parts dans le capital de l'Union gabonaise de banque (UGB) qu'il a contribué à mettre place en 1962 ; le groupe Paribas contrôle également à 73,8 % la SOGAPAR (51,32 % des parts dans le capital de Parisbas-Gabon, filiale de la Banque de Paris et des Pays-Bas créée en 1981) et 22, 49 % du capital de la BPPBG. De fait, Parisbas apparaît comme le groupe le plus important en termes d'efforts de capitalisation et de l'édification d'un réseau d'agences. De même, les organismes financiers tels que la CCCE et la Caisse de dépôts et consignations détiennent respectivement 13,3 % et 3,15 % au sein de la banque gabonaise de développement (BGD), principale banque d'investissement du pays.

L'actionnariat français dans les banques s'est développé au fur et à mesure que les entreprises progressaient en taille et étendaient leurs activités. Cependant, certains établissements financiers ayant des activités bancaires les ont abandonnées, notamment la Société gabonaise de financement et d'expansion (SOGAFINEX). Le crédit immobilier du Gabon (CIG) s'est transformé en 1979 en Crédit foncier du Gabon (GREFOGA) dont 66,66 % du capital est détenu par l'État, tandis que les actionnaires marocains détiennent 33,33 %. Si au moment des indépendances l'activité bancaire et le capital demeurent sous pavillon des milieux d'affaires et financiers français, le milieu des années 1970 se traduit par une stratégie fondée sur la création des banques nationales et la prise de participations dans les institutions traditionnelles afin d'être en phase avec l'expansion économique et la demande de crédits. Le capital social des banques a, en conséquence, connu une progression de 212 % entre 1975 et 1982. En valeur, le capital a été multiplié par trois, soit plus de quatre milliards de F CFA en 1975 contre 12, 5 milliards en 1982.

Cependant, le niveau des capitaux détenus par les intérêts publics et privés gabonais dans les banques gabonaises de droit national a connu une baisse du fait de l'incertitude et l'insécurité engendrées par la crise. En 1977 par exemple, 54 % du capital des banques était contrôlé par les intérêts gabonais. Ce taux se situe à 53,16 % en 1981 contre 52, 39 % un an plus tard.

Il faut toutefois remarquer que ce recul relatif des intérêts gabonais ne s'est guère opéré au profit des intérêts français, comme nous aurions pu l'envisager a priori. En effet, en 1975 les capitaux français représentent 55,3 % du capital des banques. En 1983, ils ne représentent plus que 30,6 %, ce qui renforce l'interprétation fondée sur les effets de la crise. Il faut cependant souligner que cette forte progression des banques, caractéristique d'un long processus de bancarisation de l'économie, témoigne d'une volonté de développer le système financier, de rendre concrète la mobilisation de l'épargne et son utilisation par les agents économiques dans des contextes monétaires et institutionnels en mutation. Samuel Diop a cependant montré que les systèmes bancaires en zone franc se caractérisent par un manque de soutien réel à l'activité économique autant qu'ils sont confrontés à un risque de crédit élevé[477]. Philippe Hugon estime, pour sa part, que le rôle central que jouent les dépôts à vue est significatif de la rentabilité des banques[478] au détriment, sans aucun doute, de l'effort du financement du développement en raison du risque de crédit et du besoin de sécuriser l'épargne.

[477] Samuel Diop, « l'Évolution du système bancaire en zone franc », *Techniques financières et développement*, 2015, Vol.4, N° 121, p.59 ; voir également Thorsten Beck et Robert Cull, « Les systèmes bancaires en Afrique Subsaharienne : un état des lieux », *Revue d'économie financière*, 2014, Vol. 4, N° 116, p,43-56 ; Sylvie Ciephy, « Les banquiers rationnent-ils plus le crédit aux entreprises ? Résultats d'une enquête régionale », *Revue d'économie financière*, 2014, Vol.4, N° 116, p.317-332.

[478] Philippe Hugon, « Rentabilité du secteur bancaire et défaillances du financement du développement : le cas de la CEMAC », *Revue Tiers-Monde*, 2007, Vol. 4, N° 192, p.771-788.

Tableau 27 : Évolution de la masse monétaire au Gabon (en millions de F CFA courants)

	1971	1975	1976	1977	1978	1979	1980	1981
Monnaie fiduciaire	5,81	21,71	32,72	30,5	30,47	29,9	34,93	32,64
Monnaie scripturale	8,69	37,25	71,33	65,25	59,36	55,5	59,02	73,57
Disponibilités monétaires	14,5	58,97	104,1	95,76	89,84	85,4	93,95	106,22
Quasi-monnaie	830	11,98	28,43	33,81	22,93	36,9	58,1	55,09
Total de la masse monétaire	15,3	70,96	132,5	129,6	112,8	122	152,07	161,31

Source : ABF, 1466200601/390, dossier, « systèmes bancaires de la zone franc : les banques en Afrique centrale », Bulletin d'Afrique Noire n° 1139 du 27 mai 1982

Graphique 14 : Évolution des dépôts bancaires des particuliers et des entreprises (en milliards de F CFA courants)

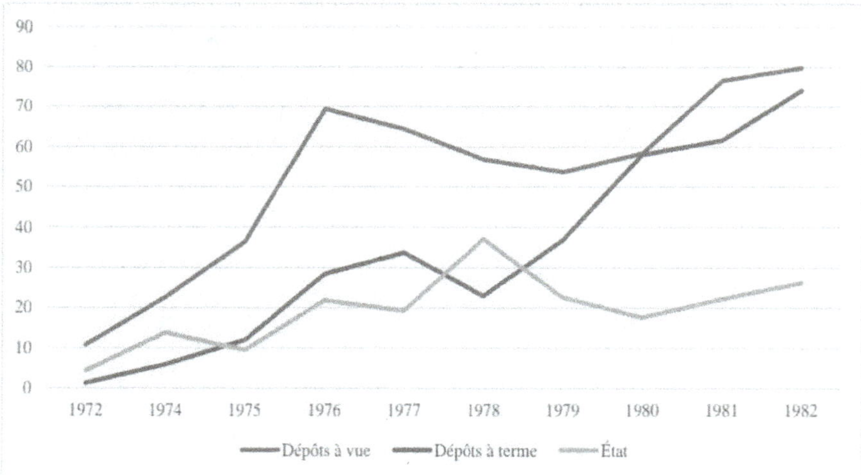

Source : ABF, 1466200601/390, dossier, « systèmes bancaires de la zone franc : les banques en Afrique centrale », Bulletin d'Afrique Noire n° 1139 du 27 mai 1982.

Graphique 15 : Évolution des crédits à l'économie offerts au Gabon par le système bancaire (en milliards de F CFA courants)

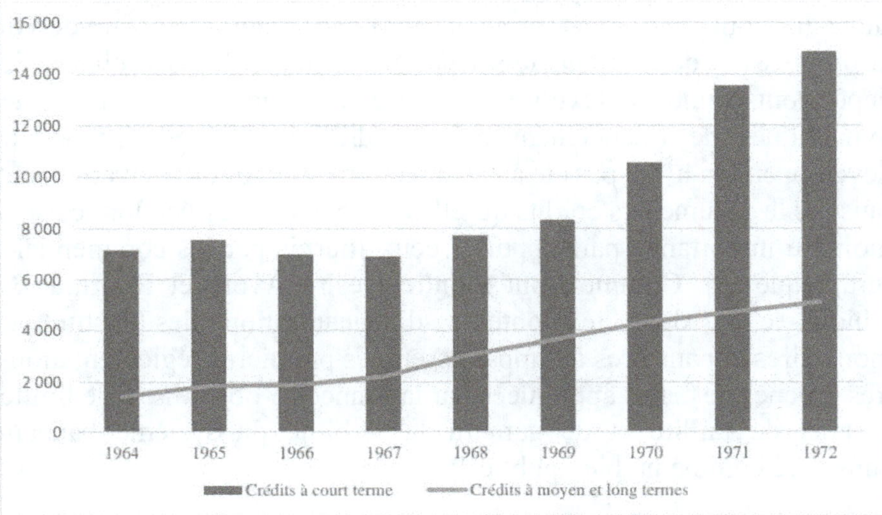

Source : CAEF, B-0018926/1, procès-verbaux des réunions du comité monétaire nationale de la Banque centrale au Gabon, 1966-1978.

Graphique 16 : Distribution des crédits bancaires (en milliards de F CFA courants), 1972-1982

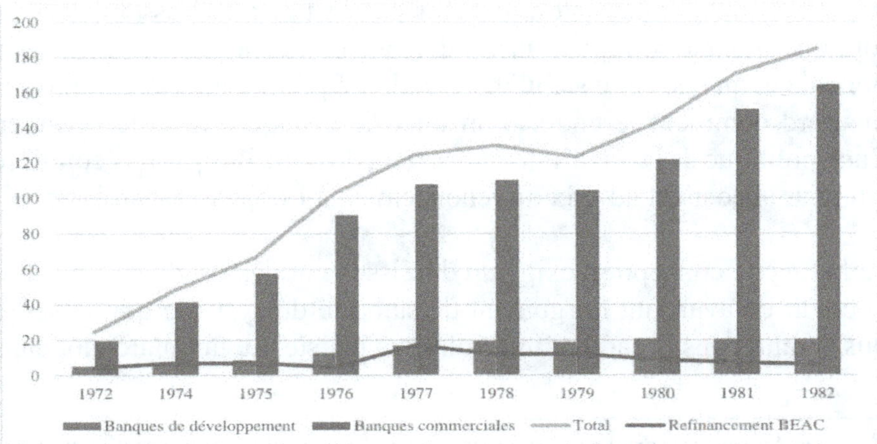

Source : ABF, 1466200601/390, dossier, « systèmes bancaires de la zone franc : les banques en Afrique centrale », Bulletin d'Afrique Noire n° 1197 du 29 septembre 198

La masse monétaire a presque doublé entre 1975 et 1979 en raison de l'inflation (graphique 16). Elle est par la suite demeurée stable jusqu'en 1981. En termes de composantes de la masse monétaire, si la monnaie fiduciaire joue un rôle déterminant, il est cependant intéressant de voir la progression de la monnaie scripturale (Tableau 38). De plus, si les dépôts ont connu une évolution en ciseaux (graphique 14 et 16), les dynamiques de financement ont été différentes. Les banques de développement n'ont pas été à la hauteur des attentes du gouvernement, puisque le volume des crédits qu'elles ont consenti à l'économie est de moindre importance par rapport à ceux fournis par les commerciales (graphique 16). Comme l'ont montré Désiré Avom et Rodrigue N. Kuidja, c'est dans le contexte d'africanisation des institutions monétaires et bancaires qu'apparaissent les premières réglementations, très proches de celles appliquées par la France. L'objectif est de limiter le taux de faillite et de garantir la stabilité du système bancaire considéré comme un bien public[479].

5.4.2 Le rôle de la Banque centrale dans le contrôle du crédit bancaire au Gabon

Comme nous l'avons souligné dans la précédente section, les autorités monétaires ont toujours eu une conception « monétaire » du crédit, c'est-à-dire qu'une trop grande expansion du crédit se traduirait par de risques significatifs d'instabilité. Cette frilosité à l'égard de la création monétaire s'explique historiquement par le fait que l'essentiel de la politique monétaire repose sur la défense de la stabilité externe de la monnaie et que de cette stabilité procède l'équilibre intérieur : on verra plus tard comment le choix d'un taux de change fixe et le maintien d'une politique des taux d'intérêt bas rend difficile l'objectif d'équilibre extérieur si ce n'est au prix du renoncement à l'objectif de croissance.

De fait, cette conception exige un durcissement des conditions d'accès au crédit en avançant l'argument de stabilité du système qui ne serait plus garanti dans le cadre d'une politique laxiste. Le fait marquant dans

---

[479] Désiré Avom et Rodrigue Nana Kuidja, « Les barrières à l'entrée expliquent-elles le comportement des banques dans la CEMAC ? », *Revue d'économie* financière, 2017, Vol. 3, N° 127, p.312 ; pour une analyse détaillée sur la régulation, voir Pascal H. Dannon et Frédéric Lobez, « La régulation bancaire dans l'Union économique et monétaire Ouest-africaine est-elle efficace ? », *Revue d'économie financière*, 2014, Vol.4, N° 116, p.279-304.

l'analyse de cette doxa est la prise en compte des tentatives d'articulation de ce discours autour d'une autre doxa : la satisfaction des besoins de financement que suppose l'expansion économique oblige la Banque centrale à fournir, à des taux d'intérêt proches de zéro, du crédit aux agents économiques, bien que, comme on le verra, le très fort différentiel avec les taux d'intérêt pratiqués sur d'autres places financières comporte des risques financiers d'une importance égale à l'expansion incontrôlée du crédit. L'une des caractéristiques du mode d'allocation du crédit dans l'ensemble de la zone d'émission c'est la prépondérance des crédits à court terme, tandis que les crédits à moyen terme font l'objet d'une réticence, le volume étant soumis à un régime de plafond pour l'ensemble de la zone[480].

Dès 1964 la politique dite d'intervention directe, fondée sur le système d'encadrement administratif du crédit, est instaurée par les autorités monétaires. Elle met en scène la Banque centrale et le ministre des Finances par l'entremise du Comité monétaire national et l'organisme national de contrôle de crédit.

L'encadrement du crédit est l'instrument le plus adapté puisqu'il correspond à la philosophie du rationnement du crédit en agissant sur le volume global des crédits distribués aux banques commerciales. Cette technique est utilisée en France[481], aux Pays-Bas, en Grande-Bretagne et en Belgique. La diffusion de ces manières d'agir s'est opérée par le canal des administrateurs français provenant pour certains de la Banque

[480] Historiquement, c'est en janvier 1955 que le plafond des crédits à moyen terme a été institué et fixé à 1,5 milliards puis porté à 2,5 milliards de F CFA le 3 décembre 1957, avant d'être relevé à 3,5 mds le 11 février 1963 et à cette date les effets à moyen terme réescomptés par la Banque centrale ont progressé de 36 %. Il y a une forte demande. Dès 1964, le marché immobilier et les crédits sociaux représentent 45 % des crédits à moyen terme offerts par la Banque centrale. Ce qui l'amène à augmenter le plafond : 4 milliards de F CFA le 23 juin 1964 puis 5 milliards de F CFA le 16 mars 1966, car les emprunteurs offrent de plus en plus de garanties et les risques systémiques sont maîtrisés par l'évaluation de la solvabilité des entreprises. Il est porté le 30 juin 1970 à 8,5 milliards de F CFA. Il n'a cessé de se situer à des niveaux importants depuis l'accord de 1972 et la durée passe de 7 ans à 10 ans le 29 avril 1974. Le crédit à moyen terme est désormais le pivot de la planification du développement autant qu'il représente le talon d'Achille de la politique monétaire de la Banque centrale.

[481] Voir Eric Monnet, *Controlling credit : central banking and the planned economy in postwar France, 1948-1973,* Cambridge, Cambridge University Press, 2018.

de France. Il est frappant de constater des similitudes entre la politique monétaire de la Banque centrale avec celle de la Banque de France[482].

En pratique, l'encadrement du crédit repose sur deux piliers : les accords de réescompte et la sélectivité. L'un est de nature quantitative et l'autre revêt une dimension qualitative. Mais la finalité du fonctionnement de ces deux instruments demeure le maintien de l'efficacité des mesures prudentielles, lesquelles mesures tiennent compte du volume des dépôts et de l'expansion du portefeuille à court terme réescompté par la Banque centrale. La Banque centrale réglemente l'accès au réescompte en définissant des plafonds par État, à charge au comité monétaire national de fixer des plafonds pour chaque banque et chaque entreprise.

Elle a par la suite introduit le statut d'entreprise dérogeant à la règle du plafond de réescompte. Sont admis à ce système, les grands groupes forestiers et ceux opérant dans la production de l'énergie et des travaux publics et de l'aménagement. Il regroupe toutes les entreprises jouant un rôle stratégique dans le développement économique.

On a toujours dénoncé l'absence d'équité qui le caractérise, puisqu'il favorise les grands groupes au détriment des PME. Mais les distorsions les plus marquantes tiennent au fait qu'il décrédibilise le système de conventions de réescompte. Et l'analyse des procès-verbaux des réunions du conseil d'administration, y compris les comptes rendus des réunions du Comité monétaire national, nous donne un aperçu du cadre idéologique dans lequel s'opère la politique du crédit. En effet, les débats sont très animés entre administrateurs.

Il y a d'un côté les tenants de l'orthodoxie monétaire (les représentants français et, dans une moindre mesure, camerounais) qui voient dans l'assouplissement des règles d'intervention de la Banque centrale un risque d'instabilité. L'encadrement administratif, bien que produisant des résultats insignifiants pour des raisons que nous évoquerons, reste un outil indispensable quitte à légitimer la thèse de la répression

---

[482] Voir Jean Pierre Patat et Michel Lutfalla, *Histoire monétaire de la France au XXe siècle,* Paris, Economica, p.166. Concernant le marché financier, voir Laure Quennouëlle-Corre, *La place financière de Paris au XXe siècle. Des ambitions contrariées,* Paris, CHEFF, 2015.

financière. De l'autre, un groupe d'administrateurs formés autour des représentants du Tchad, de la RCA puis, dès 1969, du Cameroun et, dans une moindre mesure du Gabon, qui, lui, considère que l'encadrement, par définition, est fondé sur l'orientation du crédit. Autrement dit, on reproche à la Banque centrale d'imposer un cadre d'allocation du crédit. On n'a de cesse de clamer le caractère contradictoire de cette politique avec l'idée qu'ils se font de la planification du développement et la manière dont celle-ci doit être soutenue par la Banque centrale. Celle-ci craint cependant que le découragement de la concurrence entre banques, du fait de l'absence du marché monétaire, puisse inciter à l'institution d'un système parallèle de crédit qui détricoterait davantage l'encadrement du crédit. En revanche, cette réglementation a visiblement des conséquences sur l'évolution des dépôts bancaires (graphique 14).

Graphique 17 : Répartition des dépôts bancaires par catégories (en millions de F CFA courants)

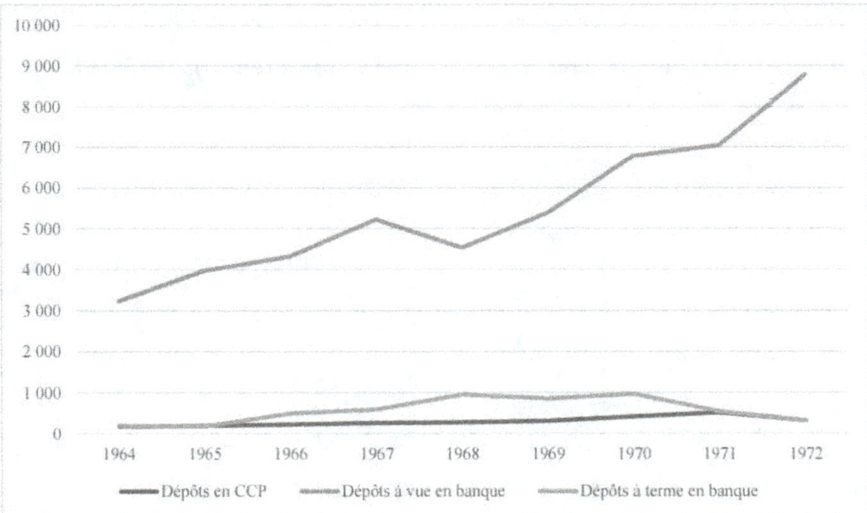

Source : CAEF, B-0018926/1, procès-verbaux des réunions du comité monétaire nationale de la Banque centrale au Gabon, 1966-1978.

Les dépôts à vue sont plus importants que les dépôts à terme, tandis que les dépôts en comptes chèques postaux (CCP), bien que bénéficiant de conditions de rémunération avantageuses (graphique 15), se situent à un niveau particulièrement faible ; ce qui s'explique également par la faible monétarisation de l'économie gabonaise. De fait, cette différence nous permet de tirer deux conclusions, l'une sur le comportement des épargnants, tandis que l'autre concerne spécifiquement la structure du système bancaire.

Dans le premier cas, il y a lieu de souligner la faiblesse des dépôts. Les épargnants, principalement les entreprises et les institutions publiques ont une préférence bancaire pour des dépôts à vue en raison du besoin de liquidités pour la consommation courante. Cependant la faiblesse des taux rémunérateurs fournis par les banques (graphique 16) et l'inflation qui devient importante dès la fin des années 1960 découragent les placements. En revanche, les comptes d'épargne sur livret qui étaient destinés à attirer l'épargne en fournissant aux épargnants de meilleures conditions de rémunération n'attirent que très peu de dépôts (graphique 14).

Graphique 18 : Comparaison des taux d'intérêt réels (en %), 1965-1986

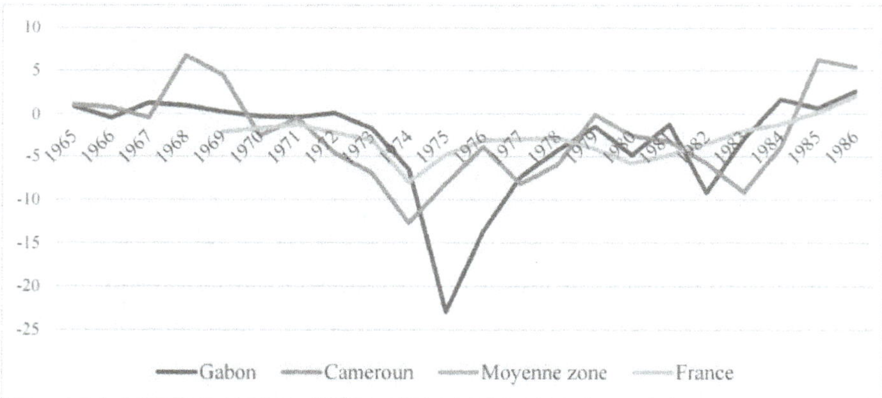

Source : ABF, 1466200601/238, note sur la parité du F CFA d'Afrique centrale, procès-verbal de la réunion du conseil d'administration de la BEAC, 24 novembre 1987, p.17.

Les taux réels sont réguliers entre 1965 et 1972 au Gabon (graphique 18). Mais une rupture intervient entre 1973 et 1979. Les taux sont devenus extraordinairement bas, largement en dessous de zéro. L'une des explications est que durant la période de mise en route des nouvelles institutions, c'est-à-dire après la réforme de 1972, le gouvernement gabonais a la mainmise sur la direction nationale de la BEAC à Libreville ; il a recours à la création monétaire pour financer les projets de développement et le déficit budgétaire mais la situation s'est aggravée au moment où la crise des liquidités éclate en 1977. À cette époque, les instruments de politique monétaire n'étaient pas efficaces et la Banque centrale ne bénéficiait d'aucune marge de manœuvre face aux États. L'un des signes de cette crise est la montée de l'inflation : elle est passée de 6,20 % en 1973 à 28,40 % en 1975 avant d'amorcer une décrue pour se situer péniblement à 7,95 % en 1979. Ce n'est qu'à partir de 1984 que le niveau des taux d'intérêt réels se situe sensiblement au-dessus de zéro.

Par ailleurs, la Banque centrale a commencé à expérimenter le système d'allocation sélective du crédit. Selon Bernard Vinay, cette politique est destinée à promouvoir le développement économique[483]. Ce qui est intéressant avec cette technique c'est sa complémentarité avec le système d'accords de réescompte. Elle rencontre l'agrément des États parce qu'elle est en résonnance avec la planification économique.
Ce sont les crédits à moyen terme qui font l'objet de restrictions. Le système de sélection se fonde sur les objectifs d'équilibre monétaire et d'équilibre macroéconomique en promouvant des investissements dans les domaines jugés prioritaires, même si les critères restent moins objectifs. Dès 1960, la Banque centrale a davantage réescompté des crédits immobiliers à caractère commercial à moyen terme à un taux de 4,25 %. Ce marché prometteur offrait plus de garanties de rentabilité que n'importe quel autre projet.

En plus, c'est toute la filière du bâtiment qui était en effervescence dans le contexte d'élaboration des plans de développement. Dans cette perspective, les plafonds globaux de la Banque gabonaise de développement (BGD) sont constamment augmentés avec un taux de facilité de 2,5 %. En adoptant cette stratégie directe, la Banque centrale a utilisé les accords de réescompte et la sélectivité pour agir sur le

[483] Bernard Vinay, *Économie monétaire*, *op.cit.*, p.66.

volume des crédits qu'elle doit réescompter. En revanche, ce système n'a pas été efficace parce que les banques ne se pliaient pas à la discipline puisqu'elles multipliaient des crédits non réescomptables souvent hors plafonds, du fait notamment de la faiblesse des taux d'intérêt et de la timide progression des dépôts[484].

En 1966 est mis en place le coefficient de liquidité pour contrôler la distribution du crédit. Ce système repose sur un contrôle des liquidités détenues par les banques et établit la limite au-delà de laquelle, en fonction de leur capital propre, les établissements de crédit ne peuvent plus accorder d'autres financements aux opérateurs économiques[485]. En fait, les banques sont obligées de maintenir des réserves non rémunérées en compte courant auprès de la Banque centrale. Le mode de calcul de ces coefficients est très ambigu puisqu'il repose sur une double fracture. D'une part il est fondé sur la différence de traitement entre les banques de développement et les banques commerciales. Seules les banques commerciales sont soumises à cette obligation. D'autre part, il repose sur la nature des crédits, c'est-à-dire des crédits susceptibles d'être accordés ou non.

Le ratio moyen des réserves par rapport au crédit est de 0,34 % au Congo ; 1,6 % au Gabon, le plus élevé. Le contrôle de l'application de ces coefficients repose cependant sur les données collectées par la Banque centrale et non sur les bilans des banques. À plusieurs reprises le conseil d'administration de la BEAC n'a eu de cesse de critiquer le déficit d'informations qui caractérise la collaboration entre le comité monétaire national et les services centraux. Car c'est en effet le comité monétaire de chaque État qui détermine ces coefficients et la Banque centrale se charge de les appliquer. Se pose le problème de coordination entre un organisme subissant les pressions d'un État et la Banque centrale qui doit agir en fonction de la qualité des informations qu'elle reçoit[486].

---

484 Voir Hugues Alexandre Barro Chambrier, *Économie gabonaise : ajustement et adaptation dans la dernière décennie,* Thèse de doctorat, IEP Paris, 1987.

485 Lorenzo Frediani, *Le système bancaire gabonais, op.cit.,* p.219.

486 ABF, 1466200601/211, dossier : « conseil d'administration de la Banque centrale », procès-verbal du 23 novembre 1966.

Pour contourner l'encadrement, les banques accordent davantage des crédits non réescomptables. Cette pratique diffère de celles qui avaient cours dès le début des années 1970. Les mesures adoptées le 19 septembre 1967 n'ont pas donné des résultats escomptés. On songe à de nouvelles modalités de calcul du coefficient de liquidité[487]. L'encadrement du crédit répond au besoin de situer les concours aux banques vers les secteurs prioritaires. Or les banques ont tendance à accorder davantage de crédit dans le secteur du commerce des produits d'importation. On exige aux banques d'élever à hauteur de 75 % leurs coefficients de liquidités, en contrepartie de la réorganisation de leurs plafonds par la Banque centrale.

Le 23 septembre 1968, le conseil d'administration préconise par ailleurs l'application d'une politique de surveillance du crédit. Le système indirect agissant sur les liquidités bancaires à travers le mécanisme de ratios d'emploi et le coefficient de liquidités n'offre aucune garantie d'efficacité. Sur le graphique 17 ci-dessous, on remarquera que durant la période d'expansion économique, marquée par une forte demande de crédit à l'économie, le niveau de coefficient est particulièrement élevé.

Il symbolise le durcissement du contrôle, mais surtout son inefficacité parce que les banques préfèrent payer les indemnités plutôt que de se soumettre à une réglementation complexe et, de surcroît, moins contraignante. Les autorités monétaires préconisent l'introduction de nouvelles modalités de calcul du coefficient des liquidités et son extension dans tous les États ainsi que l'utilisation des taux d'intérêt comme instrument de politique monétaire.

[487] Procès-verbal de la réunion du 8 novembre 1967.

Graphique 19 : Évolution comparée des coefficients de liquidité (M2/PIB)

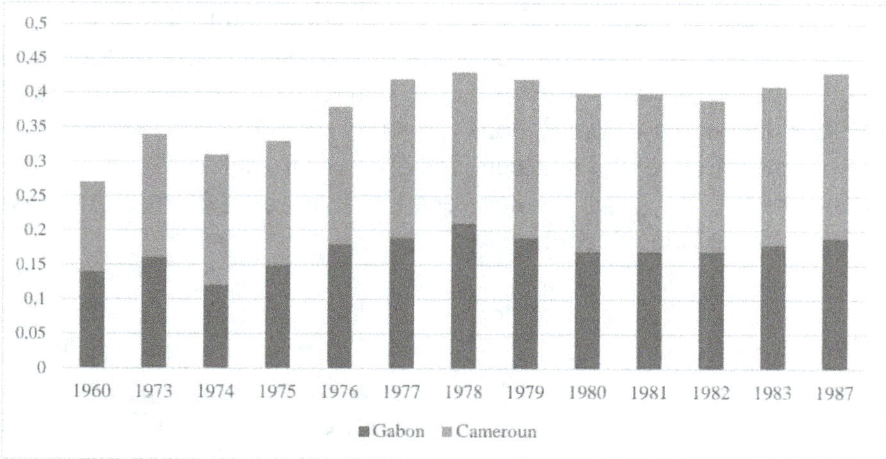

Source : ABF, 1466200601/238, note sur la parité du F CFA d'Afrique centrale, procès-verbal de la réunion du conseil d'administration de la BEAC, 24 novembre 1987, p.18.

La Banque centrale a toujours privilégié l'approche quantitative et qualitative, tandis que le contrôle de la liquidité s'est constamment fixé sur des instruments réglementaires moins pertinents. Elle a de fait délaissé la variation des taux d'intérêt du fait du dogme keynésien d'après lequel les taux d'intérêt bas optimiseraient l'investissement. Elle fait néanmoins un aménagement sélectif de certains taux en 1968. Les taux de réescompte des crédits consentis aux importateurs ou aux industriels et au commerce de distribution sont portés de 3 % à 3,5 % ; le taux de 3,5 % réservé au financement des campagnes de coton par exemple n'est pas appliqué aux entreprises de négoce[488].

[488] Procès-verbal de la réunion du 2 avril 1968.

5.4.3 L'accord monétaire de 1972 et son impact sur la politique monétaire au Gabon, 1973-1979

Le consensus qui avait émergé de l'accord de Brazzaville de 1972 reposait sur l'idée selon laquelle la monnaie et le crédit devaient être les piliers du développement économique[489]. La Banque centrale est, plus que par le passé, au cœur de ces enjeux financiers qui intensifient les rapports de pouvoir sur fond d'enjeux économiques réels. La Banque centrale doit désormais fournir des crédits à moyen et long terme en fonction des besoins effectifs exprimés par les agents économiques dans les pans importants de l'économie gabonaise. Il se pose en même temps la question de la régulation, de telle sorte que pour la Banque centrale, l'objectif de stabilité du système monétaire et financier doit aller de pair avec l'objectif de croissance qui lui incombe. Dans cette perspective, les taux d'intérêt, qui sont restés pendant longtemps non utilisés en tant qu'instruments de politique monétaire, doivent désormais jouer un rôle déterminant[490].

L'instabilité du système monétaire international qui se caractérise, depuis 1971 par ce que Barry Eichengreen qualifie de « post-Bretton woods non-system[491] », explique ce changement de paradigme. Très tôt, le conseil d'administration s'inquiète d'un différentiel important entre les taux offerts par la banque et ceux pratiqués sur les marchés

---

[489] ABF, 1466200601/392, dossier : « réformes monétaires dans la zone BEAC », Rigobert Roger Andely, la politique des taux d'intérêt : l'expérience de la BEAC, 1973-1990, séminaire sur les réformes monétaires de la BEAC, 28 mai 1992.

[490] La banque dispose de trois taux d'intérêt. Il y a le taux des avances aux Trésors nationaux qui est un taux de faveur applicable aux avances directes consenties par la Banque centrale aux Trésors des États membres conformément aux statuts (art. 19B et 21). Ensuite le taux d'escompte privilégié (TEP), régime également de faveur applicable aux secteurs jugés prioritaires par les États. Les opérations éligibles à ce taux étaient limitées aux crédits agricoles jusqu'au stade de collecte exclusivement ; les crédits de campagne ou de stockage en faveur des organismes coopératifs, des organismes d'État et des institutions collectives de commercialisation sans but lucratif : il s'agit du crédit aux PMI et PME à dirigeants et capitaux nationaux ; crédit à moyen terme aux ressortissants de la zone destinés à l'acquisition ou la construction de la première habitation principale ou à la maison de retraite à condition que le coût total n'excède pas 50 millions de francs CFA. Enfin, le taux d'escompte normal (TEN), taux de droit commun, applicable à toutes les autres catégories d'opérations non citées ci-dessus. À ces taux, il faut ajouter les taux de pénalité supportés par les banques en infraction et par les Trésors pour la partie des avances au-dessus du plafond statutaire.

[491] Barry Eichengreen, *Financial crisis and what to do about them,* Oxford, Oxford University Press, 2002, p.83-87.

monétaires internationaux, principalement ceux de la Banque de France et de la BCEAO[492].

En fait, cette préoccupation est constamment évoquée depuis le retour à la convertibilité externe du franc, le 27 octobre 1958 sous l'égide de l'UEP[493], alors que le système de liberté des capitaux fait que les taux ne s'ajustent pas sur le marché. Tous les administrateurs, à commencer par les administrateurs français dont Jacques de Larosière qui siège à la BCEAEC en 1967, sont préoccupés par l'émergence des phénomènes spéculatifs.

Graphique 20 : Sortie des capitaux du Gabon (en millions de dollars US courants)

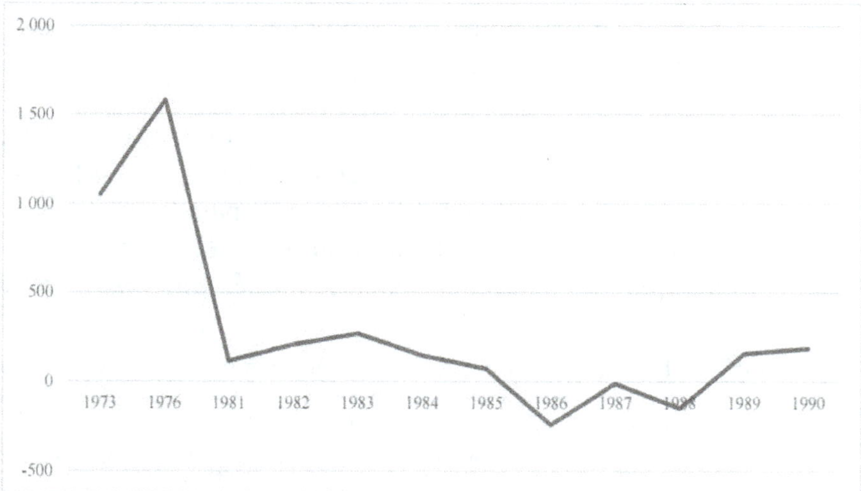

Source : CAEF, PH : 068/97-15, note de la Banque de France, service de la zone franc de la DGSE, 1er octobre 1992.

492 ABF, 1466200601/211, dossier : « conseil d'administration de la Banque centrale », procès-verbal de la réunion du 29 septembre 1959.

493 Dimitri Grygowski, *Les États-Unis et l'unification monétaire européenne, op.cit.*, p.50.

Entre 1973 et 1979, la sortie des capitaux a atteint des sommets au Gabon en raison de la crise financière et de l'incertitude qu'elle génère (voir graphique 18). La Banque centrale s'est mise à racheter les billets, qu'elle a mis en circulation au Gabon, auprès d'autres banques centrales. Entre 1978 et 1979, elle a racheté près de 20 milliards de F CFA de billets auprès de la Banque de France. Le total des billets ainsi rachetés représente 53 % de la circulation fiduciaire[494]. Mais le trafic le plus important se réalise en dehors de la zone d'émission à tel point qu'en 1982, le volume des billets rachetés culmine à 32 milliards FCFA[495]. Les autorités monétaires considèrent ce phénomène comme étant des évasions de capitaux et que les rachats y pèsent lourdement sur les réserves de change[496].

De fait, le rachat apparaît comme la seule voie puisque les accords monétaires signés avec la France n'ont pas prévu des dispositions juridiques concernant les billets. À plusieurs reprises, l'idée de renoncer à la reprise de ces billets a été évoquée par le conseil d'administration. Mais les hésitations subsistent, notamment sur la question de savoir s'il ne s'agit pas d'une entrave à la convertibilité, donc contraire à l'esprit de la convention. Il s'agit d'un vrai problème puisque la fuite des capitaux peut être interprétée comme un signe de perte de crédibilité. Les autorités monétaires craignent par ailleurs l'apparition d'une décote importante sur le F CFA et la création d'un marché monétaire

494 CAEF, PH :094/94-6, dossier : « comité monétaire national du Gabon, 1990-1992 », note sur les mouvements de billets de la BEAC à l'extérieur de leur territoire d'origine en 1988, 22 mars 1989.

495 L'existence d'une monnaie commune assortie d'un pouvoir libératoire illimité dans tous les États fait que les mouvements de billets à l'intérieur de la zone constituent un phénomène à peu près normal et il ne devrait pas y avoir d'entrave, bien qu'un système de contrôle ait été mis en place. Cependant, le système de contrôle physique dans les aéroports ne constitue pas une méthode efficace du fait de la confusion très souvent faite entre les sorties de billets en direction d'un autre État de la zone et vers l'extérieur de celle-ci. La précarité voire la lenteur des moyens de transfert par voie bancaire représente un problème pour les voyageurs et détricote le statut de zone monétaire commune dans la mesure où on est obligé de procéder à des restrictions dans un espace où il ne devrait pas en avoir du fait de l'unicité du régime d'émission. Et cela facilite l'installation du trafic.

496 Il est également important de souligner les problèmes soulevés par le cadre réglementaire. Par décision n° 71/06 du 18 mai 1971 le CNC de France oblige les banques françaises à ne peut percevoir de commission sur les échanges de billets de la zone franc. Cependant, dès 1973 les États de la BEAC ont institué une commission de 0,75 % sur les transferts bancaires hors zone d'émission ; cette contradiction explique pourquoi les autorités monétaires éprouvent des difficultés à concilier liberté de capitaux et contrôle du trafic.

parallèle[497]. Ainsi, l'anticipation des entreprises spéculatives repose sur le durcissement de la politique monétaire. Car le diagnostic qui est fait par les autorités monétaires repose sur l'idée que le différentiel des taux d'intérêt fait de la zone BEAC une zone en proie à la spéculation. En revanche, les débats sur la hausse des taux d'intérêt ont du mal à progresser.

D'une part, parce que les autorités monétaires ont longtemps eu une conception keynésienne des taux d'intérêt. D'après cette interprétation, les taux d'intérêt bas[498] stimulent l'investissement, tandis que les taux élevés découragent, toutes choses égales par ailleurs, les possibilités d'investissement. Or il est bien connu que la politique des taux d'intérêt bas profite plus aux grandes entreprises qu'aux PME en raison du fait que ces dernières sont contraintes de couvrir les intérêts élevés dans les crédits qui leur sont offerts du fait de l'insuffisance des garanties qu'elles offrent.

Par ailleurs, la décision prise par la BCEAO d'augmenter dès le 1er juillet 1975 son taux de base de 5,5 % à 8 %, alors que le taux d'escompte privilégié de la BEAC est resté à 4 % a accentué les demandes de crédits auprès des établissements bancaires de la zone BEAC où le coût de l'argent demeure bon marché.

On note que 29 % des crédits déclarés à la centrale des risques bénéficient à de grands groupes opérant également en Afrique de l'Ouest[499]. La sortie des capitaux décrédibilise l'objectif de mobilisation et du maintien de l'épargne dans la zone.

D'autre part, on mesure très clairement les influences dues aux dysfonctionnements du système monétaire international sur la capacité à varier les taux, du fait de l'incertitude. Une analyse théorique récemment menée par Edwige Kamdem montre que cette incertitude s'explique à la fois par la dissymétrie de l'information et les difficultés

---

[497] Procès-verbal de la réunion du conseil d'administration de la BEAC du 22 mars 1987.

[498] Vivien Levy-Garboua, *Le monde à taux zéro. Voyage au bout de l'économie,* Paris, PUF, 2017, p.21

[499] CAEF, PH :083/86-10, procès-verbal de la réunion du conseil d'administration du 13 novembre 1965.

rencontrées dans la tentative d'anticipation du comportement des agents économiques dans cette zone[500].

En outre, il est difficile de comprendre les logiques de la politique monétaire de la BEAC sans s'en référer à l'outillage théorique proposé par Robert Mundell d'une part, la théorie « des zones monétaires optimales. »[501] d'autre part, le triangle des incompatibilités.

Premièrement, pour qu'une zone monétaire soit considérée comme optimale, elle doit remplir trois conditions. Tout d'abord, les économies de ladite zone ne doivent pas connaître des chocs asymétriques, c'est-à-dire l'irrégularité de leurs conditions de production. Ensuite, les facteurs de production (capital et main-d'œuvre) doivent circuler librement et enfin la zone ne doit pas être exposée à un risque d'hyperinflation. Parmi ces critères, un seul a peu ou prou été respecté : l'absence de l'inflation, tandis que les relations commerciales intrazones restent limitées ; on note des blocages là où elles ne sont pas censées exister, qu'il s'agisse du détachement des travailleurs, de la circulation des personnes ou même de la mobilité des capitaux. En conséquence, la zone franc est loin d'être une zone monétaire optimale.

Deuxièmement, le triangle des incompatibilités met en évidence l'inefficience de la politique monétaire de la BEAC. En effet, le choix de la parité du FCFA vis-à-vis du Franc français et d'une mobilité parfaite des capitaux dans le contexte des taux d'intérêt bas, pousse la Banque centrale à consacrer la politique monétaire à la défense du taux de change[502].

Ces deux grilles d'analyse révèlent donc leur pertinence dans la compréhension de la « non-politique monétaire » menée par la Banque centrale. Les autorités monétaires sont obsédées par le souci de garantir

---

500 Edwige Kamdem, *Incertitude et mise en œuvre de la politique monétaire dans la CEMAC, op.cit.*, p.25.

501 Robert Mundell, « A Theory of optimal currency area », *In American Economic Review* 51, p.657-665, 1961.

502 Voir Agnes Bénassy-Quéré, Benoît Coeuré, Pierre Jacquet et *al.*, *Politique économique* 3éd., Paris, De Boeck, 2014, p. 434-435 ; Sylviane Guillaumont Jeanneney, *Régimes et stratégies de change dans les pays en voie de développement,* Paris, Economica, 2015 ; Barry Eichengreen, *L'expansion du capital. Une histoire du système international,* Paris, L'Harmattan, 1997.

un bon niveau des avoirs extérieurs. Mais les prévisions de la situation monétaire sont aléatoires. Les risques de déséquilibres structurels sont difficiles à mesurer. Les mesures proposées paraissent insuffisantes. Seul le niveau des avoirs extérieurs incite à agir, car c'est le meilleur indicateur de solidité pour les autorités monétaires. Cependant, on se rend compte dès 1975 que la défense des avoirs extérieurs ne constitue plus le seul objectif de la politique monétaire en raison de la garantie offerte par le Trésor français qui permet de faire face à l'épuisement des réserves ; la réduction du crédit dont la vocation est de modifier la composition des actifs de la Banque centrale au profit des avoirs extérieurs ne représente plus une politique de crédit pertinente.

Le 13 novembre 1975, la situation monétaire du Gabon inquiète les autorités monétaires tout comme elle interpelle le gouvernement de ce pays. En effet, les crédits à l'économie à moyen terme ont augmenté de 127 % en juin 1975. Les crédits non réescomptables se sont développés au détriment des crédits réescomptables entre 1974 et 1975. Parallèlement, les dépôts bancaires ont continué à baisser et ne représentent en juillet que 49 % de la masse monétaire impactant ainsi le financement du développement du crédit[503].

Lorsque Jérôme Okinda arrive à la tête du ministère de l'Économie et des Finances en novembre 1975, le désendettement du Gabon à l'égard des institutions monétaires constitue un enjeu politique et financier. Il siège en tant qu'administrateur au moment où la Banque centrale renforce le système d'encadrement du crédit. Le ratio d'emploi maximum des dépôts en crédits non réescomptables est remplacé par le ratio d'emploi minimum des dépôts en crédits réescomptables. Les banques ne peuvent plus consentir plus de 25 % de leurs dépôts à vue[504] (50 % de leurs dépôts à terme) au financement des crédits non réescomptables.

En outre, contrairement à son habitude, le CNC impose désormais aux banques de déclarer à la Banque centrale le volume des crédits non réescomptables consentis à leur clientèle. Les entreprises s'engagent à ne plus dépasser leurs limites individuelles de réescompte, bien que les

---

503 CAEF, PH : 083/86-10, procès-verbal de la réunion du conseil d'administration du 13 novembre 1975.

504 On maintient cependant leur rémunération.

entreprises aient étrangement recours aux crédits de campagne réescomptés par la Banque centrale à des taux très avantageux[505]. Elles délaissent par ailleurs les découverts permanents, moins attractifs.

Le fait marquant est sans doute le relèvement historique du taux d'escompte dès 1975 pour tenter de limiter la dépréciation de la monnaie qui a été évaluée à 10 % entre 1973 et 1975. On souhaite surtout rattraper l'écart avec les taux de la BCEAO et de la Banque de France.

Tableau 28 : Évolution du taux d'intervention de la Banque centrale (en %)

Année	1974	1975	1976	1979	1982	1986	1988	1989
Taux des avances aux Trésors	4	4	4	4	4		4,5	4,5
Taux d'escompte privilégié	4	4,5	5,25	5,25	5	5	6	0,5
Taux d'escompte normal	5,5	6,5	8,5	9	8,5	8	9,5	10
Taux de pénalité aux banques	10	10	13	18	16	16	16	16
Taux de pénalité aux Trésors							5,5	5,5

Source : BEAC

Les données sommaires publiées par les autorités monétaires montrent qu'entre 1975 et 1976 les disponibilités extérieures du Gabon ont presque quintuplé : soit de 7,5 milliards de F CFA à 34,2 milliards de F CFA. Symétriquement, les dépôts du Trésor public à la BEAC sont passés de 225 millions de F CFA à 15,9 milliards de F CFA, alors que les concours aux banques ont été radicalement divisés par quatre : 8 milliards de F CFA en 1975 contre 2,2 milliards un an après. Le taux de couverture de la monnaie se situe à 40 %.

On voit bien que l'encadrement du crédit est très sévère, bien que les autorités monétaires persistent à penser que les instruments directs

505 ABF, 1466200601/211, dossier : « conseil d'administration de la Banque centrale », procès-verbal de la réunion du 8 décembre 1973.

produisent moins d'effets sur le contrôle de la liquidité bancaire. Car les disponibilités monétaires ont progressé de 280 % au Gabon entre 1973 et 1976.

Fin novembre 1976, les crédits à l'économie progressent de 162 % au Gabon et les concours de la BEAC aux Trésors nationaux culminent à +379 %[506]. Les procédures d'interventions ne sont plus adaptées. Mais ce qui caractérise cette période c'est la grande liquidité dont jouit le système bancaire et cette situation lui confère, à court terme, une certaine indépendance vis-à-vis de la Banque centrale.

L'augmentation des dépôts publics fait qu'elles n'ont plus recours au réescompte. Ce qui décrédibilise d'autant plus facilement le contrôle par accord de réescompte. Ce qui explique l'augmentation du crédit et l'essentiel de la politique du crédit s'est résumé à un contrôle du niveau des prix et des avoirs extérieurs.

La Banque centrale réfléchit à la mise en place d'un système réglementaire tel que les réserves obligatoires ainsi qu'à la mise en place d'un marché monétaire, dont l'étude est confiée au comité monétaire du Cameroun[507] présidé par Marcel Yondo nommé ministre des Finances le 30 juin 1975.

Dès le 27 juillet 1977, le conseil d'administration de la BEAC accepte sans réserve l'idée d'aménager les modalités d'intervention de la Banque centrale.

Mais aucune action concrète n'a été réalisée parce que le Gabon, qui a un poids économique et politique important au sein de la zone fait face à une récession qui impacte gravement le système bancaire auprès duquel il est lourdement endetté. Ce n'est qu'en 1979 que la question se pose. Parce que le contexte n'est plus le même.

En effet, le 6 août 1979 Paul Volker succède à la tête de la Réserve fédérale à Arthur Burns (1970-1978). Le diagnostic que Volker fait, en se fondant sur la théorie monétariste, est que l'inflation constitue une

---

506 Procès-verbal de la réunion du 26 novembre 1976.

507 *Id.*

entrave à la croissance. Il faut stopper la spirale de l'inflation en suspendant la création monétaire[508].

Dans cette perspective, il compte bien mener une politique monétaire restrictive en augmentant les taux d'intérêt. Le prime rate qui est le taux pivot de la politique monétaire passe de 15 % à 20 %, tandis que les Federal Funds, taux des prêts au jour le jour sur le marché monétaire de New York, passent quant à eux de 13 % à 21 %[509].

Sur le marché monétaire français, le taux des prêts au jour le jour se situe début janvier 1980 à 12 % au même titre que le taux d'intervention de la banque de France sur les bons du Trésor à 7 jours[510].

C'est dans ce contexte de libéralisation des marchés financiers que la Banque centrale opère la réorganisation de sa politique monétaire. Elle obtient en 1979 l'assistance technique du FMI et de la Banque de France qui envoient sans tarder une équipe d'experts à Yaoundé[511].

Les experts présentent leur rapport au Gouverneur, Casimir Oye Mba. Le FMI critique sévèrement la politique monétaire de la BEAC et préconise l'institution d'un marché monétaire.

Les conclusions présentées apparaissent nettement ambitieuses. Les autorités monétaires n'ont pas d'autres choix que de confier l'élaboration du projet aux experts du FMI. Ces derniers le présentent aux chefs de gouvernement[512].

Un séminaire est alors organisé le 28 mai 1979 à Pointe-Noire, au Congo-Brazzaville. Les débats aboutissent à un consensus. L'institution d'un marché monétaire, bien qu'ayant vocation à renforcer l'efficacité de la politique monétaire, ne devrait pas se traduire par

---

[508] Jacques Ninet, *Taux négatifs, le trou noir du capitalisme financier,* Paris, Classiques Garnier, 2017, p.32.

[509] CAEF, PH : 083/86-3, dossier : « conseil d'administration de la Banque centrale », Procès-verbal du 26 novembre 1979.

[510] *Id.*

[511] *Id.*

[512] *Id.*

l'abandon pur et simple des instruments de contrôle quantitatif et/ou sélectif.

Est institué le système des réserves obligatoires, déjà utilisé dans des pays comme la France[513], l'Italie, la Belgique[514] et l'Allemagne[515], dans le but de garantir la liquidité des banques. Les mécanismes en place avant cette décision ne jouaient pas ce rôle. L'inspection des banques a permis de déceler des manipulations des bilans, des comptabilités mal tenues et des calculs de ratios de liquidités mal exécutés faisant croire à une meilleure situation financière. Les banques doivent, selon les directives du 7 mars 1980, maintenir un solde créditeur de leurs comptes courants[516]. Dans un contexte de libéralisation financière, la Banque centrale a introduit l'objectif de l'équilibre de la balance des paiements dans l'arsenal de ses objectifs. Il est important de souligner que la recherche de l'équilibre des prix et celle de la balance des capitaux, notamment, constitue une préoccupation pour tous les États. Éric Monnet a montré les interactions entre le niveau des taux d'intérêt et les contraintes internationales dans la mise en œuvre des systèmes de contrôle quantitatif du crédit en Europe.[517]

La régulation par le marché avec pour instrument les taux d'intérêt et les opérations au jour le jour dont le taux est désormais à 11,5 % et le taux de pénalité est porté à 18 %. Le taux d'escompte de base est porté

---

[513] Ce système est né aux États- unis pour assurer la sécurité des épargnants. Les autorités américaines ont été conduites à obliger les banques à conserver en dépôts auprès de la FED un certain volume de liquidités destinées à garantir les possibilités de remboursement des dépôts de la clientèle. En France, dès 1960, les banques déposent à leur compte courant à la Banque de France un pourcentage de réserves de 10 % de leurs dépôts ; en Italie, 20 % et en Allemagne la Bundesbank fixe 30 % pour les dépôts à vue et en Belgique, 20 % des dépôts à vue et à court terme (d'après une étude publiée en avril 1971 par la Banque nationale de Paris sur les méthodes de contrôle du crédit par les principaux pays occidentaux).

[514] Voir Isabelle Cassiers et Philippe Ledent, *Politique monétaire et croissance économique en Belgique à l'ère de Bretton Woods (1944-1971)*, Bruxelles, Banque Nationale de Belgique, 2005.

[515] Voir Deutsche Bundesbank (ed), *Fifty years of the Deutsche Mark. Central Bank and currency in Germany since 1948,* Oxford, Oxford University Press, 1999.

[516] CAEF, PH : 083/86-3, Procès-verbal de la réunion du conseil d'administration du 7 mars 1980.

[517] Éric Monnet, « *The diversity in national monetary and credit policies in the Western Europe under the Bretton Woods system* », in Oliver Feiertag et Michel Margairaz (dir), *Les Banques centrales et l'État-nation,* op.cit, p.473.

à 8,5 en octobre 1979[518]. Ce qui est intéressant c'est qu'on a un marché contrôlé par la BEAC où le taux de refinancement n'est pas supérieur à 5 % et un autre marché de crédits non réescomptables finances sur des dépôts rémunérés à 8 %. Il y a un écart important et ce phénomène est inquiétant au même titre que la sortie des capitaux.

Au sein du conseil d'administration, les administrateurs français dénoncent la politique des taux d'intérêt bas, surtout lorsqu'ils ne s'ajustent pas en fonction de l'évolution des autres marchés monétaires. En revanche, les administrateurs africains eux défendent l'idée que cette politique garantit la stabilité monétaire en garantissant un bon niveau des avoirs extérieurs, même s'il est vrai que l'augmentation du crédit génère celle de la création monétaire. Afin de prévenir le comportement déviant des banques, la Banque centrale exige d'elles la communication de leurs situations comptables mensuelles et des déclarations périodiques établies selon les formules qu'elle a définies.

Quant au contrôle du respect du système de réserves obligatoires, la Banque centrale utilise désormais ses propres données et non celles des banques puisqu'elle a renforcé son système d'investigation, bien que les vérifications ne s'effectuent qu'a posteriori. Le non-respect d'un minimum de réserves est assorti d'un versement des intérêts moratoires à la Banque centrale d'un taux de 0,1 % par jour et, le cas échéant, les banques peuvent être exclues du réescompte.

D'ailleurs, c'est le sort qui a été réservé à la Banque du Gabon et du Luxembourg[519] (BGL) qui ne respectait pas les règles de distribution du crédit[520]. Il ne s'agit là que d'un aperçu des difficultés bancaires auxquelles les établissements devront faire face dès le début des années 1980. Et ceci en réaction à la grande récession de la fin des années 1970 qui s'est traduite par une expansion massive du crédit intérieur et l'émergence de l'endettement extérieur, dans des contextes

518 ABF, 1466200601/471, dossier : « Gabon-FMI, 1980-1983 », rapport du FMI, 20 mai 1980.

519 Placée sous le contrôle du direct du Ministre de l'Économie et des Finances, Jean Pierre Lemboumba-Lépandou dès septembre 1986, elle a fini par fermer ses guichets le 20 novembre 1986 à la suite d'une crise de trésorerie amplifiée par des retraits massifs.

520 Procès-verbal de la réunion du 7 mars 1980.

marqués par des taux d'intérêt très élevés sur les marchés financiers internationaux.

*

* *

Dans ce chapitre, il était question d'analyser les différents modes d'intervention de la Banque centrale, laquelle a cependant subi des modifications dans son organisation comme dans son fonctionnement dans des contextes financiers et économiques changeants. Ce qui confère à la BCEAEC, puis à la BEAC son originalité c'est son statut d'instrument technique du système de coopération monétaire qui lie les États dont elle a le privilège d'émission de la monnaie commune à la France. Cette étude a permis de mettre évidence le décalage entre les réformes politico-institutionnelles de la BEAC et la politique du crédit du Gabon ; cette situation traduit la politisation de la Banque centrale et les ambiguïtés de ses missions : la politique monétaire et la politique du crédit constituent les deux variantes d'une seule et même politique. La crédibilité monétaire apparaît ici comme une construction politique.

Mais la politique du crédit est contrainte par la politique budgétaire du Gabon. Cette forme de politisation de l'institut d'émission tient à la fois à son statut et aux spécificités des membres qui composent le Conseil d'administration. Les divergences politiques entre les différents représentants des États se traduisent par des rapports de force qui fragilisent le gouvernement de la banque.

De fait, l'histoire monétaire du Gabon pose le problème des relations entre la BEAC et l'État. La question de l'indépendance des banques centrales à l'égard de la puissance publique qui a fait l'objet d'une littérature abondante se montre déterminante dans un espace où la monnaie et le crédit obéissent à des conceptions différentes. Elle révèle la dualité des politiques budgétaire, monétaire et du crédit.
L'un des enseignements que nous pouvons tirer est que les modes d'allocation des crédits à l'économie par la Banque centrale ont considérablement évolué. On est passé des crédits à court terme en 1964 aux crédits à moyen terme contrôlés par des instruments qui ont eux

aussi évolué en fonction des dynamiques politiques, économiques et des transformations financières intervenues après Bretton Woods.

Le choix d'une parité fixe et d'une liberté totale des capitaux amène la Banque centrale à focaliser sa politique monétaire sur la défense du taux de change en mettant constamment à un niveau élevé le niveau de la couverture extérieure de la monnaie et des avoirs extérieurs. Ce qui implique des mesures drastiques d'encadrement du crédit. Ainsi l'objectif de stabilité monétaire l'emporte sur l'objectif de croissance. Car l'augmentation du crédit intérieur (crédits à l'État et au secteur privé) se traduit par une perte de devises et cette perte des devises est un enjeu politique du fait de l'importance des importations. Ces évolutions contrastées se sont traduites par la mise en place des réglementions bancaires très souvent inadaptées autant qu'elles se juxtaposent ou contredisent les mécanismes de coopération au sein de la Zone franc.

Les approches quantitatives fondées sur les accords de réescompte ont été complétées par les mesures sélectives. En revanche, les taux d'intérêt ont été maintenus à un niveau bas. Il en résulte un recours accru aux crédits bancaires autant qu'il entraîne la sortie des capitaux, soit pour des placements plus attrayants à l'extérieur, soit pour le règlement d'importations accrues. Le besoin de sécurisation des épargnants a contribué à la détérioration de la situation monétaire et économique.

De même, la politique des taux d'intérêt domestiques à un niveau trop bas par rapport à l'extérieur a favorisé la sortie de capitaux tout en réduisant les entrées. L'émergence des taux très élevés sur les marchés monétaires internationaux s'est traduite par la transformation de la politique des taux d'intérêt. On est passé d'une conception monétaire en tant qu'outil de régulation du crédit à un instrument de mobilisation de l'épargne tout en continuant à jouer le rôle de régulation.

Sur le plan réglementaire, l'article 26 des statuts qui donne à la Banque centrale une compétence de contrôle des banques n'a pas été un outil juridique suffisant du fait de la prééminence des accords entre États. La Banque centrale a été amenée à agir de façon spontanée. Mais cette réglementation repose sur une dualité de système d'inspection du système bancaire sans pour autant que les relations entre Banque centrale et autorités politiques ne soient clairement définies. Et cette interprétation est renforcée par le cadre juridique de la Banque centrale. En effet, il existe des ambiguïtés originelles entre les textes nationaux et la convention de coopération monétaire.

L'article 14, qui fait obligation aux États d'harmoniser leurs politiques relatives à l'exercice de la profession bancaire et au contrôle des banques, pousse la Banque centrale, en cas de non-respect de cette directive, à faire des arbitrages qui très souvent, ne traduisent pas forcément les faits. Cette situation témoigne du rôle central que jouent les États dans l'orientation de la politique monétaire de la Banque centrale. Les crises financières qui vont émerger au cours des années 70 mettront en évidence les carences des réglementations mises en place au Gabon.

CHAPITRE VI

CAPITALISME PÉTROLIER ET GESTION DES FINANCES PUBLIQUES : DÉSTRUCTURATION DU SYSTÈME FINANCIER ET MÉCANISMES DE STABILISATION, 1973-1983

Ce chapitre met en évidence le rôle des « pétrodollars » dans la transformation de la politique économique menée par le gouvernement gabonais au milieu des années 70. Nous étudions également l'impact de la dépense publique et de l'endettement sur l'équilibre des finances publiques et les institutions chargées de les gérer.

Dans un discours prononcé à l'occasion du nouvel an, le 31 décembre 1977, alors que le pays traverse une crise financière générée par l'effondrement du système productif et amplifiée par une gestion moins parcimonieuse des finances publiques, le président Omar Bongo a déclaré que « c'est dans le dénuement que notre pays [le Gabon] a accédé, le 17 août 1960, à la souveraineté internationale[521]. » Maurice Delauney, alors ambassadeur de France au Gabon depuis 1965, transmet le discours au ministre de la Coopération dans le but d'attirer l'attention du gouvernement français. En fait, du point de vue symbolique, la tonalité irrite Paris, mais il n'y a rien de surprenant dans le discours en lui-même puisqu'il reproduit, au moins dans ses déclinaisons fondamentales, le cadre idéologique défini avant lui par son prédécesseur et mentor, Léon Mba. L'essentiel de la politique économique du président Léon Mba a reposé, durant toute la période postcoloniale, sur la revendication d'un certain « nationalisme » articulé autour d'une critique acerbe de l'exécution des plans de développement économique et social orchestrés par les autorités coloniales. Aux yeux des autorités politiques gabonaises, le repli stratégique sur soi apparaît à la fois comme une justification philosophique de l'urgence d'accéder à un niveau de développement

[521] CAEF, B-0072943/2, dossier : « lettre de Maurice Delauney, ambassadeur de France au Gabon, à Louis de Guiringaud, ministre des Affaires Africaines et malgaches, 10 janvier 1978 » discours prononcé par le président Omar Bongo le 31 décembre 1977.

plus élevé et l'accréditation donnée à l'État de s'affirmer en tant que sujet et acteur du projet.

Omar Bongo fait référence à cette doctrine lorsqu'il parle de « dirigisme économique stérilisant[522]. » pour caractériser la politique économie menée par la France. En réalité cette critique concerne l'ensemble des instruments de la coopération économique et financière mobilisés dans le financement du développement économique du Gabon postcolonial. C'est cela qui rend pertinente la contextualisation du discours autant que ça traduit la profondeur des réalités politiques et économiques qu'il tente de véhiculer. Il traduit de ce point de vue la nécessité de conduire une politique économique et budgétaire expansionniste afin de répondre, d'une part, à la modernisation du système productif et à la mise en place d'infrastructures, et de renforcer l'appareil étatique d'autre part.

Or, comme nous l'avons souligné dans la précédente analyse (chapitre 5), le financement de l'État et des projets de développement constitue, depuis les indépendances, un enjeu politique de premier ordre, dans la mesure où les efforts ont été concentrés sur un système financier fragile et peu performant, bien que l'État ait désormais la faculté de s'endetter sur les marchés financiers internationaux.

Cette facilité a cependant donné lieu au développement de la dette extérieure, en réaction aux restrictions financières imposées par les autorités monétaires sans pour autant que celles-ci ne puissent contrôler le volume des dettes contractées[523].

De fait, la rigidité de la politique monétaire qui passe par le contrôle des réserves des changes ne se traduit pas forcément par l'application d'une discipline budgétaire ni même par une maîtrise de la politique d'endettement des États[524]. L'analyse de la politique économique du Gabon post-réforme des statuts de la Banque centrale, dans un élan d'expansion, met en relief deux types de problèmes.

---

[522] *Idem.*

[523] Bruno Coquet et Jean Marc Daniel, « Quel avenir pour la zone franc ? », In *Revue de l'OFCE*, n° 41, 1992, p.281.

[524] *Id.*

Il y a d'un côté la coexistence de deux modes de financement de l'économie : le premier est fondé sur la monnaie nationale et le deuxième sur le recours aux financements provenant des systèmes financiers internationaux. Cette tendance à l'expansion de la politique budgétaire est influencée par les idées keynésiennes faisant de la dépense publique le pilier de la relance par la demande. La politique contracyclique se généralise et les pays en développement sont particulièrement réceptifs à ces idées.

Il y a de l'autre l'apparition des dysfonctionnements au sein du ministère de l'Économie et des Finances. Ceux-ci alimentent la crise des finances publiques inhérente aux mutations que subissent le « capitalisme pétrolier » et l'ensemble du système productif du fait de la transformation du marché international en 1977.

Dans cette perspective, la crise financière que traverse le Gabon dès le milieu des années 1970 est-elle le résultat de la cyclicité du « capitalisme pétrolier », au regard des modifications que subit le marché mondial des matières premières ? Comment et dans quelle mesure le pétrole, matrice des liens politiques et financiers au sein de la classe politique dirigeante, à la fois vecteur du développement économique et ciment des relations économiques franco-gabonaises, constitue-t-il la principale source de l'enrichissement de l'État ? Cette interprétation devenue classique passe sous silence une problématique structurelle sous-jacente : la désorganisation du ministère de l'Économie et des Finances n'explique-t-elle pas le caractère chronique de la crise des finances publiques ?

Cette étude se donne pour objectif d'analyser les effets du premier choc pétrolier de 1973-1974 sur le comportement des autorités politiques gabonaises dans la gestion des finances publiques. Dans cette veine, notre recherche tente de situer les transformations structurelles dans le processus d'éclosion assez paradoxal d'une économie d'endettement peu après la réforme des statuts de la Banque centrale. Nous montrerons comment la dynamique d'endettement détricote les fondements institutionnels de l'État providence et la cassure sociale découlant de la multiplication des plans de redressement financier entre 1977 et 1980. Nous analyserons les différentes formes de mobilisation et les acteurs impliqués dans la mise en œuvre de ces plans de stabilisation.

Nous analyserons également les enjeux politiques, c'est-à-dire la fonction équilibriste remplie par le gouvernement gabonais dans le souci de respecter les exigences de ses créanciers, le maintien du système de protection sociale dans le contexte d'austérité et la perte du contrôle technique du ministère des Finances au profit des technocrates[525] du FMI, de la Banque mondiale, de la direction du Trésor public français et autres agences d'expertise (la Cegos jouera un rôle décisif). De même, nous analyserons le mode de financement des investissements de l'Office du chemin de fer Transgabonais (OCTRA)[526] et comment il modifie profondément la structure des finances publiques. Nous analyserons également la dimension bancaire du problème, afin d'évaluer les arbitrages monétaires, car le déficit budgétaire généré présente une dimension monétaire du fait de la combinaison de la maîtrise de la création monétaire et de la tentative de restauration de l'équilibre budgétaire.

Nous verrons comment cet effort de rationalisation de la gestion des finances publiques se traduira par des luttes d'appareils entre le ministère des Finances et le Commissariat général au Plan et nous montrerons comment ces tensions fragilisent le processus d'administration des finances publiques, et génèrent autant que la baisse de la production du pétrole et la réduction des termes de l'échange de celui-ci sur le marché, la crise des finances publiques dans la mesure où l'absence de performances dans la collecte de l'impôt ne permet pas de compenser les recettes pétrolières. Enfin, nous montrerons en quoi ce proto-ajustement structurel apparaît comme le résultat combiné de l'extrême « financiarisation » de l'économie et de l'inefficience du capitalisme pétrolier du fait de la transformation du marché.

---

[525] Cette recherche est réalisée à partir des archives laissées par les acteurs de l'époque. Nous avons été confrontés à un sérieux problème d'accès à ces données. En conséquence, il est pratiquement impossible d'identifier par exemple ces technocrates, et lorsqu'on a des noms, ils sont généralement incomplets. On ne saurait, dans ces conditions, savoir quelles ont été leurs missions spécifiques, leur relations avec les responsables politiques et administratifs, etc.

[526] L'Octra présente un double intérêt pour notre étude. D'un point de vue politique, le président Bongo a fait de ce projet l'étendard de son plan de développement économique, en dépit des réserves qu'il a suscitées auprès des bailleurs des Fonds. Du point de vue budgétaire, le projet constitue un gouffre financier puisqu'il absorbe presque la totalité du budget d'investissement et le pays finira par s'endetter pour réaliser un projet purement politique.

6.1 Les pétrodollars et le financement d'une politique budgétaire expansionniste, 1974-1977

Le début des années 1970 constitue un tournant dans l'histoire économique du Gabon. D'un côté, il symbolise la fin de l'exécution du premier plan quinquennal (1966-1972) initié par le président Léon Mba et poursuivi par son successeur Omar Bongo. Dans une étude réalisée en 1966 par la mission d'aide et de coopération et les services du Secrétariat Général aux Affaires Africaines et malgaches, les auteurs font état d'un nombre important de problèmes susceptibles d'entraver l'exécution des projets de développement[527].

En premier lieu, ils posent un diagnostic précis sur la situation précaire des finances publiques. Les dépenses de fonctionnement représentent presque 70 % du budget et la part réservée à l'investissement est si dérisoire qu'elle ne peut couvrir le financement des projets autrement que par le recours à l'emprunt. On note également l'effondrement des réserves de trésorerie traduisant en fait des difficultés d'adaptation après l'acquisition de l'autonomie budgétaire à partir de 1965. Cette situation est singulière puisqu'elle est révélatrice d'un fossé séparant les capacités financières du pays et l'étendue des projets de développement à financer dans le contexte de baisse de l'aide multilatérale, bien que l'aide bilatérale continue de jouer un rôle primordial. Le FAC[528] a par exemple participé pour un montant total de 5 milliards de F CFA au financement des projets de développement entre 1959 et 1965.

En deuxième lieu, l'étude dénonce le déficit de projets industriels et l'exode rural qui a bousculé l'organisation sociale et le processus d'occupation de l'espace dans les grands centres urbains. L'absence de la production vivrière traduit une forme de dépendance à l'égard de l'extérieur. Le premier plan, au regard des problèmes soulevés, est considéré comme un échec qui ne saurait remettre en cause le principe même de la programmation du développement, puisque d'autres plans seront élaborés par la suite. Le premier choc pétrolier, dont le Gabon a

---

527 AN, Archives Jacques Foccart, 5 AGF/2002, dossier : « le Gabon à l'aube du premier plan quinquennal », note du Secrétariat général des Affaires africaines et malgaches, 1966.

528 *Id.*

su tirer profit en tant que producteur de pétrole, constitue un facteur déterminant. Au début des années 1970, le Gabon a bénéficié d'un contexte économique attractif.

Au plan macroéconomique, les effets sont spectaculaires. En 1974, les prix du pétrole ont quadruplé. Le PIB a symétriquement doublé en valeur, en raison de l'importance du secteur pétrolier (augmentation de 81 % de la valeur ajoutée par rapport à 1973). Il a généré une forte demande dans les secteurs de la construction, du commerce et des services[529]. De même, le secteur des industries extractives a cru de façon déterminante puisque sur la même période il représente désormais 50 % dans la formation du PIB. En conséquence, les ressources financières que l'industrie extractive a générées ont permis à l'État de mener une politique économique ambitieuse. Aussi le secteur de la construction a-t-il connu des changements spectaculaires : moins de 10 % en 1973 pour atteindre 23 % en 1976. La croissance est alimentée par la demande autant qu'elle stimule la dépense publique.

Tableau 29 : Système d'allocation budgétaire (en milliards de F CFA courants), 1974-1976

Exercices budgétaires	1974		1975		1976	
	Dotations budgétaires Primitives	Dépenses réelles en%	Dotations budgétaires Primitives	Dépenses réelles en%	Dotations budgétaires Primitives	Dépenses réelles en %
Personnel	9,6	12,5	12,8	16,5	16,7	23,5
Matériel	16,8	27,5	29,3	40,7	37,9	39,7
Total du budget fonctionnement	26,4	40	42,1	57,2	54,6	63,2
Développement	4,2	24,1	53,4	47,6	53,4	45,6
Fonds C. fer	1,3	3,9	22,2	22,6	28,6	28,6
Équipement administratif	0,6	4,4	6,6	11,5	13,8	13,3
Investissement	0	1,1	0	4,4	0	12,2
Total	6,1	33,5	82,2	86,1	95,8	99,7
Service de la dette	16,2	18,6	27,1	27,1	42,7	42,6
Rapport Budget/dépense	48,7	92	151,4	170,4	193,1	205,5
Investissement	0	0,2	0	0,4	0	2,1
Total des crédits	48,7	92,3	151,4	170,8	193,1	207,6

Source : CAEF, B-0072943, Cegos, dossier de synthèse sur l'évolution des finances gabonaises, p.5.

529 ABF, 1466200601/471, dossier : « FMI et Gabon, 1980-1983 », FMI, Rapport relatif aux consultations 1980 au titre de l'article IV, 16 avril 1980, p.2.

La hausse artificielle des recettes publiques et les dépenses de l'administration ont provoqué l'augmentation de la demande entre 1975-1976. La consommation des ménages et les investissements publics ont progressé respectivement de 45 % et 157 %. Mais ces performances de court terme se sont estompées très rapidement du fait de la baisse des dépenses publiques sur fond de politique d'austérité comme on le verra. La demande intérieure a baissé de 7 % en 1977, alors que le PIB baissait de 4 % et 22 % en 1978.

En outre, la politique des finances publiques est caractérisée entre 1976 et 1977 par la prolifération des dépenses d'investissement extrabudgétaires (12 % du PIB en 1975 et 25 % en 1977), principalement liées à la construction du chemin de fer et à la construction des équipements ainsi que des infrastructures réalisées dans des délais courts. Les dépenses publiques se sont envolées, soit 88 % du PIB. L'analyse du budget de fonctionnement offre un cadre explicatif aux dérives financières constatées par tous les rapports présentés par les cabinets d'expertise, à commencer par la Cegos qui sera en première ligne. Durant la période 1974-1975, on note une augmentation des dépenses réelles de fonctionnement de 43 %. Mais ce sont les dépenses de personnel qui ont un impact déterminant dans l'augmentation des dépenses de fonctionnement, 32 % en 1974 contre 42 % en 1975. Cette situation s'explique par des mesures sociales adoptées par le gouvernement.

D'une part, la politique d'embauche de nouveaux personnels dans la Fonction publique s'est intensifiée dès 1975. La « fonctionnarisation » devient au fur et à mesure le symbole de la légitimité de l'État autant qu'elle génère les mutations sociales. En effet, l'État postcolonial s'est construit autour d'une administration centrale impliquée dans l'organisation politique. Dans cette perspective, la haute Fonction publique est très vite devenue l'instrument de légitimation du pouvoir du parti démocratique gabonais (PDG) ; elle joue aussi le rôle de médiation entre les classes sociales, en raison de l'ascension sociale qu'elle permet pour les uns, et la domination dont font l'objet les autres, c'est-à-dire la catégorie sociale qui se situe en périphérie du système.

D'autre part, l'État a dû faire face à des réévaluations de traitements des salaires et à la régularisation des avancements décidés en 1975 dans le but de prévenir la grogne sociale, mais surtout de légitimer son pouvoir.

Ces mesures sont subrepticement perçues par le corps social comme garantissant l'attractivité d'une Fonction publique appelée à absorber la quasi-totalité des demandes d'emploi. D'ailleurs, les agents nouvellement recrutés bénéficient d'un traitement supérieur au niveau moyen de rémunération puisqu'ils ont, pour la plupart, été formés à l'étranger. De fait, les effectifs de la Fonction publique ont bondi : ils sont passés de 13. 430 agents au 31 décembre 1974 à 17. 250 agents au 31 décembre 1976, soit un accroissement de 28 %[530]. Le coût moyen par agent de l'État a parallèlement augmenté[531] de 50 %. Lorsqu'on analyse l'évolution de la masse salariale, on s'aperçoit que c'est le secteur de l'Éduction nationale qui dispose du volume de personnels le plus important. Il est cependant difficile d'évaluer qualitativement l'évolution de la masse salariale par secteur afin de déterminer leur poids respectif dans les dépenses globales de fonctionnement.

Il est par ailleurs intéressant d'analyser l'évolution des dépenses sur les autres postes. En effet, les dépenses des ministères et corps institutionnels n'ont cessé d'augmenter, 25 % en 1976 ; les dépenses communes (transports, déplacements et l'organisation des cérémonies officielles coûteuses et non contrôlées) sont irrégulières et sont amplifiées par le système de report (on répercute certaines dépenses sur le budget de l'année suivante, 14 % des dépenses de 1975 sont exécutées sur le budget de 1976). Il faut cependant souligner qu'au cœur de ces dynamiques, qui paraissent tantôt soudaines et incontrôlées, tantôt anticipées notamment par la Cegos et la banque Lazard qui conseillent le président Omar Bongo, il y a une forme de sous-estimation de la masse salariale et du coût de la dette. Et cette question sera au cœur des tiraillements entre l'État, les créanciers et les organismes techniques de coopération dans l'élaboration des instruments de stabilisation financière.

---

[530] CAEF, B-0072943/2, dossier : « relations franco-gabonaises », Ministère gabonais de l'Économie, des Finances et des Participations, dossier de synthèse confidentiel préparé par la Cegos destiné au président Omar Bongo, septembre 1977.

[531] Il est cependant important de souligner que ces données statistiques ne nous offrent qu'un aperçu de la situation. Nous devons les considérer comme des ordres de grandeurs, moins comme des données complètes. En l'espèce, on peut penser que la situation est bien plus importante que ne le suggèrent ces données. D'autant plus que les auteurs du rapport ont aussi émis de réserves implicites quant à l'exactitude des informations fournies par les autorités gabonaises. Pour notre part, nous avons essayé de recouper ces informations avec d'autres sources.

Symétriquement, les revenus de l'État amorcent leur chute. D'un côté, la réduction de la production pétrolière a eu des effets négatifs de court terme sur les revenus des entreprises pétrolières du fait de la décote du dollar sur le marché de change[532]. De fait, les recettes fiscales pétrolières s'amenuisent. De l'autre, les mesures d'exemption des droits et taxes décidées auparavant à l'endroit des entreprises ne sont plus adaptées puisqu'elles amplifient les pertes de revenus et l'administration fiscale ne parvient pas à apporter des solutions à un problème devenu complexe. En effet, les recettes publiques non pétrolières qui atteignaient 64 % en 1974 et 37 % en 1975, ont baissé jusqu'à 23 % entre 1976 et 1977, bien qu'ayant progressé artificiellement de l'ordre 12 % en 1978. L'une des caractéristiques de l'inefficacité des instruments de recouvrement de l'impôt est sans doute l'effondrement du taux de croissance des recettes fiscales à l'exportation qui est passé de 61 % 1975 à 19 % 1976.

Dans le même temps, l'endettement du Trésor à l'égard du système bancaire (BEAC comprise) représente 107,3 % de la base monétaire au 30 juin 1978. Situation inédite, les banques sont obligées de consentir davantage de crédits à l'État. Le directeur général de la BEAC, Christian Joudiou, s'inquiète de la vulnérabilité de la situation monétaire alors que les demandes de limitation d'élargissement de refinancement de banques[533] apparaissent infructueuses. Le gouvernement gabonais qui s'est lancé dans la préparation du sommet de l'O.U.A. ne souhaite pas renoncer à la création monétaire. La situation monétaire s'est considérablement dégradée. La perte de devises occasionne le gonflement de la dette postale en raison des moratoires mis en œuvre dans les virements et des mandants postaux successivement en 1977 et 1976[534].

L'inflation a atteint 20 % en 1976. Le taux de couverture de la monnaie par les avoirs extérieurs s'est également effondré au point de se limiter

---

532 Au cours d'une réunion tenue en 1978 à Libreville, l'OPEP craignait déjà l'abandon du dollar comme monnaie de référence au prix du pétrole. Mais le dollar restait crédible puisque la plupart des réserves des pays membres de l'organisation sont libellées en dollar.

533 CAEF, B-0073545/1, dossier : « comités monétaires de la BEAC au Gabon », procès-verbal de la réunion du 24 juin 1978.

534 *Id.,* Procès-verbal de la réunion du 18 octobre 1977.

au niveau statutaire[535] de 20 %. Ce qui se traduit par la baisse du taux de change effectif réel à l'exportation de 106,67 % en 1974 à 82,10 % en 1978. Le taux de change effectif réel à l'importation a également subi une nette modification. De fait, la balance commerciale du Gabon avec la France s'est effondrée brutalement[536] : elle est passée de 31 % en 1976 à -49,5 % en 1977 puis -14,1 % en 1978. L'une des caractéristiques de la dégradation de la situation monétaire est sans aucun doute la dépréciation du FCFA par rapport au franc français entre 1975 et 1978. Ces performances contrastent avec celles qui prévalurent avant l'entrée en vigueur de la BEAC. À cette époque, la valeur de la monnaie était globalement en équilibre.

On pourrait avancer l'idée que la transition a davantage accentué la politisation de l'institut d'émission compromettant ainsi son autonomie opérationnelle vis-à-vis des États. Dans cet esprit, ces dysfonctionnements rendent compte de la prééminence de la politique budgétaire sur la politique monétaire. Il est cependant intéressant de constater que le principe même de la neutralité de la monnaie[537] apparaît plus qu'inefficient du fait des interactions entre la monnaie et les secteurs réels de l'économie gabonaise.

Les investissements publics ont baissé en 1977 à l'issue du projet de l'O.U.A. L'activité dans le secteur de la construction a baissé de 50 %, le PIB a lui aussi subi une baisse de 4 %. L'année 1978 a connu la mise en place d'une politique de redressement dans le contexte d'apparition des déséquilibres financiers, de la baisse de la production pétrolière et des prix du pétrole : récession.

6.2 La contrainte du financement du chemin de Fer

Dans cette section, nous voulons mettre en évidence l'impact du financement du chemin de fer sur les finances publiques. Dès sa mise en œuvre, la réalisation du projet pèse sur l'ensemble du budget dédié aux investissements. Le chemin de fer est également à l'origine de la

---

[535] À l'échelle de la zone, en RCA le taux est nettement supérieur, 43 %, alors qu'il l'est moins pour le Cameroun, 30 % ; le Tchad, 16,8 % ; 12 % pour le Congo.

[536] ABF, 1466200601/238, dossier « conseil d'administration de la BEAC », note sur la parité du F CFA d'Afrique centrale, 24 novembre 1987.

[537] Voir Bruno Théret (dir), *La monnaie dévoilée par ses crises. Crises monétaires d'hier et d'aujourd'hui*, Vol.,1, Paris, Éditions de l'EHESS, 2007.

dette extérieure qui se développe au moment où le pays fait face à des difficultés financières au milieu des années 70. Dans cette perspective, la France jouera un rôle primordial tant dans le financement du projet que dans sa réalisation.

Le projet de construction d'une ligne de chemin de fer est directement lié à l'aisance qu'on souhaite assurer dans la production et l'acheminement des matières premières. C'est en effet durant la période coloniale que le projet se construit. En 1956, la découverte des mines de fer dans la région de Mekambo (localité située dans Nord-est du Gabon, la province de l'Ogooué-Ivindo) rend inéluctable la construction du premier tronçon. Mais ce n'est qu'après l'indépendance du pays le 17 août 1960 que les premières études sont engagées. Les travaux aboutissent dans les années 1970. L'Office du chemin de fer Transgabonais (OCTRA) est institué en 1972.

Cependant, dès le départ, le projet fait face à des contraintes financières. D'un côté, le président Omar Bongo a modifié la nature du projet. Le premier tronçon était censé relier Libreville et Mekambo avec pour objectif l'exploitation du fer. En 1974, pour des raisons politiques, Mekambo est cependant délaissé au profit du fief politique du président, Franceville (la province du Haut-Ogooué située dans le Sud-Est du Gabon). Ainsi, la Banque mondiale se désengage, car le projet n'est plus rentable. De l'autre, les autorités françaises, qui sont régulièrement sollicitées par le président gabonais, en faisant quelquefois appel à Jacques Foccart, émettent également des réserves. La direction du Trésor est en première ligne dans la mesure où elle craint que le projet devienne la cause de l'effondrement des finances publiques et d'un endettement excessif capables de peser à terme sur l'équilibre du système financier. C'est pourtant avec l'aide des capitaux français que les premiers travaux démarrent en 1975. Les autorités françaises ont fini par céder pour des considérations commerciales et politiques. D'un point de vue strictement commercial, la construction du chemin de fer est un marché d'une importance capitale à la fois pour les entreprises et les banques françaises[538]. L'enjeu politique tient au fait que le président gabonais se rapproche de plus en plus des monarchies du Golfe persique.

538 CAEF, B-0072943/2, note de l'Ambassade de France au Gabon, 28 décembre 1982.

Par ailleurs, les relations entre le Gabon et États-Unis se raffermissent dès le début des années 1970. Paris ne souhaite pas perdre l'influence qu'elle exerce sur Libreville. Le premier tronçon d'une distance de 350 km est réalisé en 7 ans par un consortium de sociétés européennes : Eurotag. Ce qui est intéressant avec ce consortium c'est sans aucun doute le fait qu'il caractérise la CEE à la fois dans sa composition et dans ses contradictions internes faites de concurrence et d'ententes factuelles. À l'origine[539], la France est l'actionnaire majoritaire de l'Eurotag avec 50,7 %, suivie de loin par la République fédérale d'Allemagne (RFA) 21,6 % et l'Italie (15,5 %), tandis que la Belgique et les Pays-Bas disposent chacun de 6,1 %. Le coût des travaux est impressionnant : 275 milliards de F CFA. Les infrastructures lourdes et les travaux relatifs aux études engloutissent 70 % du budget et occupent une part importante de l'assistance technique dont la France fournit 80 % des effectifs, soit 900 coopérants. Le financement des dépenses en salaires et autres frais généraux est couvert à hauteur de 50 % par la France selon les termes de l'accord de globalisation signé en 1975. Quant à l'État gabonais, ses charges sont assurées sur fonds propres puis en ayant recours à l'endettement dont les effets seront analysés plus loin. Le projet est un gouffre financier ; il impacte fortement l'exécution du budget de l'État gabonais.

La réalisation du chemin de fer pèse lourdement sur les finances publiques. On constate que la ligne budgétaire qui lui est directement consacrée a presque été multipliée par dix entre 1974 et 1976, période marquée par l'intensification des travaux (tableau 29). Le poste relatif au budget de développement a lui aussi progressé de façon fulgurante du fait de la réalisation concomitante d'importants investissements. Ce tableau montre également l'évolution graduelle du budget de fonctionnement.

---

539 La révision de 1983 a d'une certaine manière équilibré la composition autant qu'elle a donné lieu à l'entrée de la Grande-Bretagne. Désormais, La Compagnie de construction internationales (CCI) constituée par SPIE-Batignoles, Dragages et Travaux publics. Cette compagnie assure le contrôle opérationnel de l'Eurotag. Les entreprises comme Campenon Bernard, Société générale d'entreprise, Fougerolle, Entreprise Razel frères jouent un rôle secondaire. Ayant pour agent financier la Banque Nationale de Paris, les entreprises françaises représentent 39,5 % des parts de l'Eurotag ; les entreprises britanniques (Taylor woodrow international Ltd et George Winpey international Ltd) représentent 22 % ; les entreprises allemandes (16,8 %), tandis que les entreprises italiennes représentent 12,1 % puis 4,7 % pour les entreprises belges et 4,7 % pour les entreprises néerlandaises. Comme on peut le constater, cette révision n'a pas conduit à la modification des rapports de force.

Par ailleurs, les données statistiques révèlent un problème qui revêt un caractère structurel (tableau 29). En effet, l'exécution du budget n'est pas toujours conforme aux prévisions. On note par exemple un écart important entre les dotations budgétaires prévisionnelles et les dépenses réelles effectuées. En fait, c'est au niveau du budget de fonctionnement que l'écart est le plus important. Cette tendance est amplifiée par la généralisation des dépenses hors budget, sans pour autant qu'un contrôle ne soit assuré. En outre, l'approvisionnement en équipements administratifs joue un rôle décisif sur l'augmentation des dépenses. Ces dysfonctionnements structurels se poseront tout au long de la décennie du fait non seulement de l'absence d'un système de contrôle financier, mais aussi parce que l'administration est apparue comme un outil de légitimation du régime.

Du fait de leur appartenance au cercle du pouvoir, les cadres nommés à des postes importants ou à la tête d'entreprises d'État brillent par leur manque d'efficacité, lorsqu'ils ne détournent pas les fonds publics. Le président à lui-même résumé la situation en ces termes : « [...] certains membres du gouvernement, certains hauts fonctionnaires, certains responsables, ont tendance à confondre leur intérêt personnel et les intérêts de l'État[540]. »

Si ces propos apparaissent cyniques, il n'en reste pas moins que le discours est perçu comme un aveu d'impuissance face à la mauvaise gouvernance. De fait, le recours à l'endettement constitue le moyen par lequel l'État finance son déficit.

6.3 L'endettement et ses effets sur l'équilibre des finances publiques, 1977-1983

Les difficultés de trésorerie sont apparues très vite. Les budgets de 1976 et 1977 s'exécutent avec peine. La baisse des revenus de l'État atteint un niveau supérieur aux prévisions[541]. Les mesures adoptées révèlent cependant les ambiguïtés qui caractérisent les modes d'intervention du

---

540 CAEF, B-0072943/2, discours du nouvel an prononcé par le président Omar Bongo, 31 décembre 1977, note dactylographiée envoyée par Maurice Delauney à Louis de Guiringaud, ministre des Affaires africaines et Malgaches, 10 janvier 1978.

541 *Id.*, Note relative au budget de l'État gabonais (1977 et 1978) de G. Breuillac, ministère des Finances, 16 juin 1977.

ministère des Finances, bien qu'il bénéficie de l'aide technique des cabinets d'expertise. L'un d'entre eux, la Cegos avait prévu une baisse de l'inflation en contrepartie de l'amélioration de la production pétrolière. L'augmentation des recettes budgétaires hors pétrole (30 %) est paradoxalement obtenue en ayant recours à l'inflation. La Banque centrale mène une politique monétaire qu'on pourrait a priori qualifier d'accommodante. Il est par ailleurs préconisé l'application d'une réglementation fiscale stricte. Elle est assortie de la création d'un nouveau type d'impôt qui, très vite, révèle son inefficacité. Cette nouvelle réglementation cible indirectement les entreprises pétrolières. Elles doivent faire face à des contraintes financières consécutives à l'augmentation des charges fiscales qui impactent leurs revenus.

La dette devient le marqueur d'une politique économique[542] en rupture avec l'évolution du marché. L'une des caractéristiques de ce phénomène est la dette flottante qui se généralise en raison de l'importance des travaux du chemin de fer.

Dans cette partie, il sera question d'analyser la structure de la dette en essayant d'une part de faire ressortir les spécificités de la dette selon qu'elle ait été contractée durant la période coloniale ou qu'elle ait été contractée pour répondre à des problèmes spécifiques ; d'autre part, nous essayerons de prolonger l'analyse en dissociant les emprunts de la dette commerciale. Le fait qu'une partie de la dette soit flottante, c'est-à-dire liée aux retards ou défauts de règlements auprès des fournisseurs, permet d'analyser les enjeux politiques et les problèmes de liquidités qui se développent.

---

542 Voir Richard M. Salsman, *The political Economy of Public Debt. Three centuries of Theory and evidence,* Northampton, Edouard Elgar Publishing, 2017 ; Lord Adair Turner, *Reprendre le contrôle de la dette. Pour une réforme radicale du système financier,* Paris, Les Éditions de l'Atelier, 2017 ; François Lequiller et François Ecalle, *Déficit et Dette en temps de crise,* Paris, Economica, 2018 ; Frédéric Burguière (dir), *Les dettes publiques à la dérive. Anatomie d'un monde financièrement fragilisé,* Paris, Eyrolles, 2018.

Tableau 30 : Dette extérieure du Gabon (emprunts libellés en milliards de F CFA courants)

Affectations	Dates des conventions	Préteurs	Taux d'intérêt	Échéances	Encours au 30/09/1977
Affection générale	31/05/1957		2,5	1977	467,4
Liquidation Service Exaff	08/01/1960		5,5	1984	4,35
Travaux de voirie	20/01/1962	CCCE	2,5	1977	5
Adduction d'eau	11/02/1963	CCCE	2,5	1978	12
Voirie de Libreville	23/11/1963	CCCE	2,5	1977	14,775
Construction du réseau téléphonique LBV	27/03/1965	FAC	NI	1984	7
Emprunt obligataire	01/03/1966	GABON	5,75	1981	227,766
Emprunt obligataire	02/08/1969	GABON	8,5	1985	679
Aménagement hydraulique	24/07/1969	FAC	2	1993	1,3
Aménagement hydraulique	24/07/1969	CCCE	3,5	1988	1
Électrification, adduction d'eau	01/03/1971	CCCE	3,5	1981	67,5
Affectation générale	25/02/1972	CCCE	3	1984	240
Eau potable	24/05/1972	CCCE	3,5	1982	39,285
Électrification, adduction d'eau	24/05/1972	CCCE	3,5	1982	117,858
Consolidation	12/12/1973	GABON	NI	1983	3
Port d'Owendo	29/09/1972	FAC	1,5	1984	90
Achat d'actions ELF	12/10/1973	ELF ERAP	0	1978	1,81
Réalisation des travaux pour l'installation TV	03/11/1974	Société Générale	6,14	1979	37,56
Électrification, adduction d'eau	25/04/1974	CCCE	3,5	1980	150
4 Émetteurs OC	10/03/1974	Paribas Paris	7,2	1982	2,55
Lycée Technique	13/08/1975	Crédit C[le] de France	7,93	1982	3,407
Lycée Technique	01/03/1977	Crédit C[le] de France	8	1983	1,05
Port d'Owendo	12/10/1975	Crédit Lyonnais	NI	1983	NI
TOTAL dette extérieure[1]					1.346

Source : CAEF, B-0072943/2, République gabonaise, état de la dette publique.

L'État a commencé à s'endetter à l'extérieur dès la fin des années 1950. Cette dynamique s'est accélérée peu après l'indépendance. On remarque également que l'État s'est dans un premier temps endetté auprès d'organismes financiers et banques commerciales françaises. La dette aura été le canal par lequel l'État a financé la construction d'infrastructures structurantes telles que le port d'Owendo. Ce projet est emblématique puisque sa construction répond à une volonté de puissance. Du temps de la colonisation, le Gabon dépend largement du port de Pointe-Noire pour ses échanges commerciaux. Or depuis les indépendances, des tensions géopolitiques apparaissent entre le Congo-Brazzaville et le Gabon. De fait, la construction du port d'Owendo revêt un caractère stratégique dans la mesure où la dépendance vis-à-vis du Congo-Brazzaville rendrait le pays vulnérable.

De même, l'intensification de l'exploitation des matières premières rend économiquement pertinente la possibilité de se doter d'un port. Aussi ces projets ont-ils été financés par des prêts à long terme accordés par la CCCE et les banques telles que BNP et le Crédit Lyonnais. Ces deux banques jouissent d'une position spécifique du fait de la maîtrise des rouages d'un système bancaire qu'elles ont en partie contribué à organiser. En effet, les deux banques ont très tôt installé leurs filiales dans le pays. Elles sont devenues incontournables. La BNP est également en première ligne dans le placement d'emprunts obligataires pour le compte de l'État sur le marché financier français. Il faut toutefois signaler que ces rapports sont loin d'être exempts de rapports de force sur fond de défiance et de recherche permanente de profit. Lorsqu'en juin 1977 les autorités françaises envisagent de consolider la dette à court terme du Gabon par l'émission des bons du Trésor, la BNP a conditionné la mise en œuvre de cette opération par l'augmentation des taux d'intérêt, bien que l'émission eût été garantie par l'État français. Ce qui n'a pas manqué de susciter des tensions passagères entre l'État et l'un de ses influents créanciers.

La CCCE a de son côté aidé le gouvernement gabonais à se doter d'une banque d'investissement, la banque gabonaise de développement (BGD) qui ne jouera qu'un rôle mineur en tant qu'instrument de financement du développement. D'autres banques finiront par s'implanter progressivement, mais n'auront pas la même position que la BNP, même si cette position est loin d'être hégémonique.

On remarque en outre que les taux d'intérêt sont relativement bas, à l'exception des emprunts obligataires. Il est cependant important de signaler le fait que le processus d'endettement soit lié aux conditions relativement avantageuses, au moins jusqu'au début des années 1970, qu'offraient les marchés financiers. Mais avec l'effondrement du système de Bretton Woods, les taux d'intérêt se sont envolés, alors que le recours à l'emprunt progressait à un rythme soutenu. En l'absence des contraintes institutionnelles, l'endettement a pris une ampleur considérable, de sorte que sa gestion devienne pratiquement difficile à cause notamment de la poursuite d'une politique budgétaire de plus en plus expansionniste et des conditions d'endettement toujours souples. En fait, le poids de la dette a été sous-estimé tout comme on a mal évalué ses vertus.

6.3.1 La prise de conscience tardive du problème de dette en 1977

Les effets de la dette sur les finances publiques sont apparus à l'occasion de l'exécution du budget de 1976. À la présidence, comme au sein des institutions techniques, on nourrit l'illusion que la « situation financière est loin d'être dramatique[543] ». Bien qu'ayant admis la nécessité d'un plan de redressement financier, le ministre redoute l'impact de la perte de crédibilité du Gabon sur les marchés financiers français et américains dans la mise en œuvre du plan de redressement tout en maintenant le financement des projets déjà engagés. Mais des obstacles non négligeables subsistent au fur et à mesure que les débats s'organisent. La dette extérieure n'est que partiellement connue ; le ministère des Finances rencontre de plus en plus de difficultés à élaborer le budget 1977. Pour cette année, le service de la dette représente 36 % des recettes fiscales et les prévisions pour 1980 laissent penser que ce service atteindrait au moins 44 %, ce qui a permis de donner de solides arguments aux partisans des réformes fiscales. Le service de la dette est élevé parce que la dette est structurellement flottante et cela n'arrange ni les PME ni les créanciers. Depuis 1976, la dette gérée par la Caisse autonome d'amortissement (C.A.A) s'élève à 264 milliards de F CFA[544].

Mais il ne s'agit là que d'un ordre de grandeur. Les acteurs de l'époque ont eux-mêmes éprouvé des difficultés à connaître la composition et le montant exact de la dette extérieure. Pour autant, il est difficile d'affirmer que ce problème soit le reflet d'une manœuvre orchestrée par

[543] CAEF, B-0072943/2, dossier : « France-Gabon », lettre adressée par Jean François Ntoutoume Emane, ministre-conseiller à la présidence, au président Omar Bongo au sujet de la situation financière, 25 juillet 1977.

[544] Les crédits fournisseurs représentent 1/3, tandis que les emprunts constituent les deux-tiers restants.

les autorités gabonaises dans le but de rassurer les créanciers. Il est évident qu'une dette mal connue présente un risque d'incertitude sur la solvabilité de l'emprunteur, mais cette question était presque secondaire. En réalité, c'est la complexité d'instruments de la gestion de la dette qui complique son évaluation. Lorsqu'on analyse les chiffres produits par la C.A.A et ceux provenant du ministère des Finances, on est interpellé par la divergence des montants sur les mêmes postes. Cette situation est d'autant plus délicate qu'elle révèle l'ampleur de l'état de dysfonctionnement dans lequel se trouvent les institutions chargées de gérer les finances du pays. Les missions d'assistance technique et le recours aux cabinets d'expertise indépendants ont joué un rôle central dans le fonctionnement du ministère des Finances et le Commissariat général du Plan. Nous allons nous attacher à analyser les composantes de la dette afin de montrer les problèmes qu'on y rencontre dans la tentative de compréhension des interactions entre les différentes variantes : la dette relevant des emprunts financiers, la dette commerciale et la dette privée, celle des entreprises parapubliques bénéficiant de la garantie de l'État.

La nécessité de financer les projets de développement et l'urgence de consolider les institutions de l'État ont eu pour effet de générer une augmentation conjointe de la dépense publique et de la dette. S'il est vrai que l'accroissement de la dépense représente, en tout cas dans l'application de la doctrine keynésienne, une stratégie de développement, il a très vite révélé ses insuffisances. Le creusement du déficit budgétaire, sur fond d'effondrement des recettes fiscales, est allé de pair avec l'accroissement de l'endettement. Cette interprétation est confortée par la prise en compte des composantes de la dette extérieure.

L'une des caractéristiques de la dette extérieure est sans doute la prédominance apparente des crédits commerciaux qui, selon l'analyse proposée par Alexandre Barro Chambrier, représenterait 83,9 % en 1979 et 68,1 % en 1986[545]. Cette composante est également constituée par les crédits bancaires à l'exportation entièrement garantis par la Coface. Or dans les différents rapports d'évaluation, on est souvent frappé par la complexité du système de quantification. Le fait qu'on distingue les crédits bancaires des crédits commerciaux, alors qu'il s'agit dans les deux cas de crédit fournisseur ou acheteur et qui, très

[545] Hugues Alexandre Barro Chambrier, *L'Économie du Gabon, op.cit.*, p.94.

souvent, impliquent soit une même banque, soit les mêmes organismes, complique la compréhension du phénomène.

Ces dettes ont été contractées dans le but de réaliser le Transgabonais. Le montant estimé par la Cegos s'agissant de la dette éligible au 31 décembre 1977 s'élève à plus d'un milliard de FF. La France est le premier créancier du Gabon. Ainsi, 55 % des titres de dettes portés par les banques françaises sont libellés en franc français contre 45 % en dollars américains. On note le rôle significatif que joue la monnaie française en tant qu'unité de compte.

De fait, les créanciers sont protégés contre le risque de change puisque le taux de change reste fixe ; ce qui confère à la France un poids politique dans le processus de consolidation de la dette publique gabonaise. En revanche, les créances libellées en dollars à taux variables demeurent importantes, bien que les titres de dettes portés par les banques américaines représentent une proportion dérisoire soit 11 % et que les États-Unis aient une envergure moindre au Gabon, au moins jusqu'à la fin des années 1970. Malgré le contexte marqué par l'instabilité du taux de change du F CFA par rapport à la monnaie américaine, celle-ci continue de jouer un rôle important puisque cette évolution a pu être bénéfique au gouvernement gabonais. Il a su assurer le service de la dette libellée en euro-dollar à court terme. On verra que la situation sera largement différente au cours des années 1980, lorsque l'appréciation du dollar par rapport au F CFA impactera doublement l'économie gabonaise : renchérissement artificiel des recettes d'exportation du pétrole et alourdissement de la dette libellée en dollar, alors que, parallèlement, le F CFA amorcera sa dépréciation du fait de l'effondrement du taux de change effectif réel à l'importation du Gabon par rapport à ses échanges avec la France. Ce point sera analysé dans le prochain chapitre.

Néanmoins, pour maintenir son influence au Gabon, le gouvernement français a continué de garantir les emprunts obligataires émis par le gouvernement gabonais sur le marché financier français en se fondant sur le cadre institutionnel fixé en 1963, lequel exige qu'un simple arrêté soit signé par le ministre français des Finances pour qu'un placement soit effectué. Et cela dans le but d'aider le Gabon à gérer sa dette tout en couvrant les risques financiers encourus par les banques françaises, faute de quoi elles s'exposent à l'hypothèse du non-remboursement de créances par le gouvernement gabonais. Il y avait de forts enjeux politiques et financiers, qu'il s'agisse de la situation du Gabon ou de celles des banques[546].

Dans le même temps, le système d'assurance-crédit est maintenu au Gabon. Or il ne fait pas consensus au sein du Ministère des Finances à Paris. La DREE n'est pas favorable à l'intervention de la Coface, alors que la direction du Trésor y voit un moyen de protéger les industriels français contre la concurrence à laquelle se livrent les Américains et les pays de la CEE. La composition de l'Eurotag (groupe d'entreprises européennes chargées de réaliser le chemin de fer au Gabon) nous offre une parfaite illustration. Les dettes libellées en mark allemand, en livre sterling, en florin et en lire sont moins importantes, bien que les taux d'intérêt fournis par leurs banques soient particulièrement élevés, 8,5 % à 9 %. Ainsi, la Coface a continué à assurer les crédits à l'exportation ou crédits fournisseurs des industriels français pour se prémunir de risques. On verra par la suite que cette opération constitue, et c'est le sentiment qui animait les autorités françaises, une forme de concurrence déloyale vis-à-vis de l'Allemagne au Gabon. Comme nous l'avons souligné tout au long de cette analyse, le Transgabonais est à lui seul représentatif des arrangements commerciaux entre la France et les autres pays de la CEE.

Il n'est donc pas aberrant de penser que les autorités gabonaises avaient pleinement conscience de la profondeur des enjeux politiques, économiques et diplomatiques. Elles ont su tirer parti des rapports de force en gestation, bien que les principaux fournisseurs restent français, c'est-à-dire Avions Marcel Dassault, Snecma, Snias, Settimeg et Herlicq. Du fait que la dette soit essentiellement flottante et à très court terme, sa consolidation a joué un rôle néfaste sur les finances publiques comme le montre la façon dont elle a été échelonnée.

---

546 Il subsistait cependant un profond désaccord. S'il est vrai que la direction du Trésor français voyait d'un bon œil la prise en charge par l'État de la mise en œuvre des prêts de consolidation des prêts publics et de crédit fournisseur ou acheteur garantis par la COFACE, elle concevait moins le bien-fondé de l'idée que l'État se substitue aux banques ayant pris des risques financiers au Gabon. Le gouvernement gabonais quant à lui est critiqué par ses créanciers pour n'avoir pas respecté le principe de prudence dans la mise en œuvre des plans d'investissement. Dans les faits, créanciers et débiteurs ont brillé par l'absence d'évaluation *ante post* des risques qui se sont révélés particulièrement dévastateurs *ex post*. Il régnait alors une confiance dans le processus de recyclage des pétrodollars : la liquidité internationale était abondante.

Tableau 31 : Aperçu de l'amortissement de l'encours de la dette commerciale (en %)

Année	1978	1979	1980	1981	1982	1983	1984	1985	1986
Amortissement des emprunts en FF	12%	14%	15%	14%	11%	8%	7%	5%	14%
Amortissement des emprunts en dollars US	14%	18%	24%	16%	12%	7%	3%	6%	
Service de la dette de l'Octra (en milliards F CFA)	6,61	7,12	6,57	6,41	5,21	16,09	NI	NI	NI

Source : CAEF, B-0072943/2, rapport de la Cegos sur la situation financière du Gabon, septembre 1978.

En dépit de ces contraintes, le gouvernement gabonais a continué à recourir à des dépenses hors budget comme il l'a fait auparavant (voir tableau 43). Des pratiques douteuses se sont installées dans le cadre de la préparation du sommet de l'O.U. A de juillet 1977. De fait, les marchés ont été passés de gré à gré et la régularisation est intervenue souvent après démarrage des travaux. Toute tentative de contrôle se heurte à des contraintes qui tiendraient à la fois au déficit d'information et à l'intérêt de l'opération. Or, comme nous l'avons souligné, les services de contrôle financier sont loin d'être organisés, comme le pointent différents rapports d'expertise. En conséquence, l'interprétation selon laquelle la crise des finances publiques, qui a durement affecté le Gabon, ne saurait être complète et pertinente, si elle puise ses bases théoriques dans les dysfonctionnements du marché du pétrole et des changes, et qu'elle laisse de côté la question relative à la désorganisation ponctuelle ou structurelle des institutions étatiques chargées de la politique des finances publiques. Il s'agit d'un problème fondamental puisqu'il soulève des questions sous-jacentes liées au principe et à la perception même de la gouvernance.

Les coûts d'approvisionnement et de main-d'œuvre ont été alourdis par la lenteur d'exécution des travaux. Ils sont effectués en continu ; la main-d'œuvre est largement expatriée, les rapports sociaux sont bouleversés en conséquence. Plus étonnant, certaines fournitures sont acheminées par avion. L'État se trouve dans l'incapacité d'assurer le remboursement de la dette auprès des entreprises. L'épargne budgétaire s'est effondrée et les possibilités d'endettement ont été compromises du fait de la perte de crédibilité et le renforcement des conditions d'endettement sur les marchés financiers. La situation est d'autant plus risquée qu'à cette dette publique mal évaluée[547] s'ajoute la dette privée imputable aux entreprises parapubliques.

6.3.2. La dette privée comme facteur amplificateur de la dette publique gabonaise

Le secteur parapublic qui a émergé dans l'euphorie des pétrodollars a commencé à subir les effets des difficultés financières post-choc pétrolier. Ce qui apparaît alors comme l'un des traits caractéristiques d'un capitalisme étatique en gestation va très vite devenir l'un des marqueurs des ambivalences de ce que nous qualifions de capitalisme pétrolier.

À mesure que les ressources de l'État s'amenuisent, la plupart des entreprises voyaient les subventions qu'elles reçoivent de lui se raréfier. Elles se sont mises, à leur tour, à s'endetter, certes avec la garantie de l'État et très souvent leurs dettes ont été répercutées sur la dette globale du pays. Le tableau ci-dessous fait un inventaire sommaire de la dette commerciale des entreprises parapubliques.

[547] Les données fournis par la Cegos n'ont pas fait l'objet d'une vérification, encore moins d'un audit.

Tableau 32 : Dettes remboursables au 31 décembre 1977 (en millions de F CFA courants)

Sociétés	31/12/1977	Prêteurs
Sogafinex	6,091	UBAF et BIAO
Société des ciments du Gabon	7,506	B.U.E
Sogacco	750	BNP
Air Afrique	369	N.A.M.C
Air Gabon	450	F.B.P
Sotral	42	SAVIEM (assuré par la COFACE)
Smag, OPT	641	B.E.I et FED
Hôtel dialogue	1,05	SIFIDA
CGPS	1,12	BEAC
Port-Autonome	60	CCCE
Ren Gabon	4,06	VOEST et REN International
TIG, ASECNA	321	Prêts assurés par la COFACE
SNI	1,162	CCCE
Total	23,662	

Source : CAEF, B-0072943/2, Id.

Le recours systématique à l'endettement, aussi bien pour assurer le remboursement du service de la dette que pour la poursuite du financement du déficit budgétaire a introduit beaucoup d'incertitudes quant à la gestion même de la dette[548]. Cette incertitude se trouve amplifiée par la dette privée, laquelle est garantie par l'État auprès des créanciers.

Comme l'Octra, la Société d'énergie et d'eau du Gabon (SEEG) est endettée auprès de la Caisse centrale pour la coopération économique (CCCE) et la Banque internationale pour la reconstruction et le développement (BIRD) ; bien que l'État ait activement subventionné ses opérations à hauteur de 37 milliards de F CFA entre 1979 et 1981. Mais ces efforts n'ont pas été suffisants pour assurer l'équilibre financier de l'entreprise. Ces dettes à court et long termes pèsent lourdement sur le bilan financier de l'entreprise, soit 37,09 % du bilan de 1979 contre 35,25 % sur celui de 1980. C'est ce qui ressort de

[548] Hugues Alexandre Barro Chambrier, *L'Économie gabonaise, op.cit.*, p.96.

l'analyse d'un rapport confidentiel présenté par la Banque de développement des États de l'Afrique centrale (BDEAC)[549]. Il s'agit également des crédits fournisseurs et crédits-acheteurs assurés par la Compagnie française d'assurance pour le commerce extérieur (COFACE).

Tout au long de cette période, le contrôle des entreprises parapubliques, le redressement de leur situation financière et l'évaluation de leur rentabilité potentielle à continuer de constituer un enjeu de politique économique de même nature que la recherche de l'équilibre macroéconomique. Dans ce tumulte marqué par un endettement prononcé des entreprises parapubliques et la rareté de la liquidité, les grands groupes disposant d'une forte trésorerie ont institué un système parallèle de crédits. Elles se prêtent mutuellement, autant qu'elles prêtent également à l'État. La Compagnie minière de l'Ogooué (COMILOG), de la SEEG et la Compagnie des mines d'uranium de Franceville (COMUF) ont joué un rôle déterminant. Bien entendu, il est difficile d'aller au-delà de ces éléments factuels en raison de l'absence de données précises sur le jeu de rôle créditeur-débiteur auquel se prêtent l'État et les grands groupes et comment cet état des choses conditionne ou non l'ensemble de la politique fiscale et économique dans le contexte de pénurie des liquidités. Il est cependant vrai que ce phénomène est loin d'être un cas unique, dans la mesure où il émerge des arrangements politico-financiers ayant donné corps au processus de consolidation des institutions étatiques qui, comme on le voit, posent en définitive problème.

Les banques d'investissement telles que la Banque gabonaise de développement (BGD) n'est pas épargnée puisqu'elle est endettée auprès de la Banque centrale, de la CCCE et des banques allemandes (principalement à l'égard de la Kredistanstalt Fur Wiederauf Bau). Vu son statut privilégié dans le système financier gabonais, elle continue de bénéficier des facilités de réescompte, certes limitées, alors que les banques commerciales doivent faire face à des contraintes de plus en plus renforcées.

[549] CAEF, PH : 83/86-8, BDEAC, Rapport d'évaluation du projet d'extensions des réseaux de distribution d'électricité et d'eau à Port-Gentil et dans les localités de l'intérieur, février 1984.

Nous avons montré que la hausse des prix du pétrole s'est traduite par l'augmentation de la dépense publique du fait non seulement de l'augmentation des importations, mais également de la progression incontrôlée des plans massifs d'investissement financés, soit par des opérations non budgétisées, soit par un endettement colossal à des taux d'intérêt très élevés posant des défis à la gestion des finances publiques. Daniel Cohen a montré que la crise de la dette dans les pays en voie de développement était la conséquence du renversement de la hiérarchie des taux d'intérêt et des taux de croissance[550]. L'inflation[551] s'est installée, certes à des niveaux variables, tandis que les liquidités se raréfiaient et le gouvernement gabonais ne se plie pas à l'exigence de la révision de l'ensemble du programme d'investissement pour des considérations politiques. La fiscalisation de la dette n'a cependant pas permis d'atténuer l'effondrement des finances. Comme au Zaïre et en Amérique latine, il est mis en place un plan de redressement financier par le biais de la coopération macroéconomique[552].

6.4. La mise en place du plan de redressement financier, 1977-1983

Les données publiées en décembre 1977 montrent que la dette publique totale représente 125 % du PNB et si l'on excepte l'endettement à l'égard du système bancaire national, ce ratio se situerait à 112 %. La situation est loin d'être confortable, d'autant plus que les banques créancières proposent un moratoire général de la dette publique et un passage devant le Club de Paris assorti d'un plan de redressement. Dès le départ, aucun consensus ne s'était dégagé quant à la perspective du passage devant le Club de Paris. Il est cependant vrai que tout le monde s'accordait sur l'idée selon laquelle le Club serait la meilleure alternative. Les créanciers y gagneraient et l'influence de la France serait par la même occasion renforcée. De fait, cette réunion présente un intérêt politique, technique et financier puisque la composition du Club de Paris confère aux décisions prises une légitimité internationale.

[550] Daniel Cohen, « La dette des pays en voie de développement : entre chagrin et oubli. », In *La France et les institutions de Bretton Woods, op.cit.*, p.237.

[551] Sur le lien entre dette et inflation, voir Bernard Schwengler, *De l'inflation à la dette publique. Analyse des discours politiques,* Paris, L'Harmattan, 2016

[552] Patrick et Sylvianne Guillaumont-Janneney, « La zone franc, les institutions de Bretton Woods et la conditionnalité ». In *La France et les institutions de Bretton Woods, op.cit.*, p.187.

En plus, les règles de délibération à l'unanimité au sein du Club sont une aubaine pour la France qui peut contraindre les autres créanciers à rééchelonner ou à refinancer leurs dettes au Gabon. La France souhaite également éviter que les entreprises américaines puissent tirer profit des turpitudes de sa diplomatie financière au Gabon[553]. Or une consolidation en Club de Paris a pour effet de détricoter la crédibilité financière du Gabon qui, par conséquent, se verrait privé d'un recours aux marchés financiers internationaux. Ce n'est pas ce que recherche le gouvernement gabonais. De son côté, la France ne souhaite pas que son autorité soit écornée, du fait de sa responsabilité. Il faut nécessairement trouver un accord avec le gouvernement gabonais. Ainsi, la France sera amenée à jouer un rôle déterminant dans la mise en place de ce plan, à la fois pour des considérations politiques et des enjeux financiers légitimes. Les entreprises et les banques françaises sont de loin les créanciers de l'État gabonais (le cas de BNP est édifiant).

Les créances de cette banque sur l'État gabonais se chiffrent à 36 milliards de F CFA au 31 décembre 1977). Alors que le plan est élaboré pour que les banques privées (notamment françaises) puissent être des piliers, la direction du Trésor français n'est pas favorable à ce que l'État garantisse l'émission des bons du Trésor nécessaires à son exécution. Si le ministre français de l'Économie et des Finances, Raymond Barre renonce a priori, pour des raisons éthiques, à garantir les emprunts gabonais, il l'envisage néanmoins pour des raisons politiques. Sur la note qui lui a été adressée par Jacques de Larosière, il résume clairement les intentions de Paris par cette annotation : « Il faut faire un geste politique[554]. » Cet accord de principe donne lieu à des négociations avec le gouvernement gabonais qui n'hésite plus à accepter de se soumettre à l'expérimentation d'une politique d'austérité. Un mois plus tard, le 25 juillet 1977, Jérôme Okinda, ministre de l'Économie, des Finances et des Participations annonce dans un discours télévisé la mise en œuvre d'une politique d'austérité[555] en contrepartie de l'aide financière internationale. Le ministre égrène

[553] CAEF, Note de la DREE, signée par Carron de la Carrière, sur les observations concernant les recommandations formulées par les banques Lazard, Warburg et Kuhn, Loeb, 21 décembre 1977.

[554] CAEF, B-0072943/2, Note pour le ministre de la direction du Trésor, signée par Jacques de Larosière à propos de l'endettement du Gabon, 22 juin 1977.

[555] *Id.,* Télégramme diplomatique de Maurice Delauney, ambassadeur de France au Gabon, 26 juillet 1977.

neuf mesures et il convient de s'attarder sur les plus emblématiques. Il s'agit d'abord de la réduction des dépenses par la limitation des investissements publics, alors que les autorités gabonaises étaient favorables à un plan d'assainissement à la seule condition que celui-ci ne compromette pas la réalisation des grands travaux[556] ; l'établissement d'un moratoire sur les recrutements dans la Fonction publique ; les exonérations de droits et taxes à l'importation dont bénéficiaient les entreprises sont purement et simplement supprimées ; on introduit un projet global de réforme de la politique fiscale puisqu'elle est amenée à jouer un rôle central dans le processus d'amélioration des ressources de l'État. Le contrôle de la trésorerie des entreprises parapubliques[557] constitue également un enjeu de politique économique. Or les études et les négociations menées dans ce secteur n'ont guère en réalité donné de résultats probants.

La réforme est jugée délicate à mettre en œuvre en raison de la crainte de sérieux bouleversements qui toucheraient à la fois les fournisseurs et, surtout, dénatureraient la sphère d'influence des ministres et des dirigeants. Dans une note confidentielle sur la situation financière du Gabon en 1980, Robert Julienne, conseiller financier du président Bongo, montre que les experts subissent des pressions et la non-réalisation de la réforme paralyse la mise en œuvre du plan de redressement[558] puisque ces entreprises reçoivent des subventions de l'État dont les comptes sont dans un état précaire. Ces difficultés pratiques sont pourtant ignorées par les autorités françaises. Si les réformes apparaissent primordiales dans le diagnostic qui est fait, le suivi de leur réalisation est souvent soumis à des contraintes politiques. Dans la même veine, la réglementation des marchés publics subit également des changements quant au système de passation des marchés. Au niveau du ministère des Finances, les changements institutionnels sont axés sur les procédures de préparation, d'exécution et le contrôle du budget de l'État. Le système d'allocation par administration est introduit dans l'espoir de limiter, voire supprimer le recours au hors budget. Par ailleurs, un système de contrôle financier est institué dès le

[556] *Id.*, Lettre de Jean François Ntoutoume Émane au président Omar Bongo, 25 juillet 1977.

[557] Entre autres, l'Octra (Transgabonais), l'Oprag (Ports), Stravil (transport) et Air Gabon.

[558] CAEF, B-0072946/1, Note confidentielle de Robert Julienne sur la situation financière du Gabon, novembre 1980.

1er janvier 1978 sans pour autant qu'il soit appliqué. Afin de garantir une meilleure collecte des recettes, les procédures douanières ont été informatisées avec l'aide du FMI.

On songe également au renforcement des moyens techniques de la C.A.A pour que celle-ci puisse être efficace dans la gestion de la dette. Le ministre des Finances devient la clé de voûte de ce système puisqu'il gère l'ensemble du dispositif et dispose d'un pouvoir de blocage. Pour jouer ce rôle, le ministre peut compter sur un réseau de hauts fonctionnaires opérant au sein de l'administration centrale. Il y a d'abord Jean-Pierre Lemboumba-Lepandou, le Commissaire général au Plan qui deviendra à son tour ministre des Finances dès 1980. Il y a ensuite Eugène Capito, son conseiller puis Trésorier payeur général (TPG) dès 1979. Enfin, Ludovic Ognagna, directeur général du contrôle des prix et Censeur suppléant à la BEAC, joue également un rôle important dans ce dispositif.

Bien que les mesures d'austérité annoncées par le ministre Jérôme Okinda s'inscrivent dans le cadre du plan de redressement, il est évident que celles-ci ont été dévoyées par le Président Bongo lui-même. Dans un discours à la nation prononcé le 31 décembre 1977, il annonce deux mesures sociales : il porte le salaire minimum interprofessionnel garanti (SMIG) à 30.000 F CFA. Il a également renforcé le budget de la sécurité sociale. Dans une tonalité un peu ironique, voire cynique, il justifie la politique de la dépense publique en ces termes :

> « Pour mener à bien toutes ces opérations et voir toutes ces remarquables réalisations ponctuer la vie du pays au cours de ces dix dernières années, il nous a fallu investir massivement en mobilisant le maximum de ressources financières nationales et en faisant appel à des emprunts extérieurs (…) Mais nous devons également prendre conscience que nous ne pouvons pas poursuivre à ce rythme et continuer à brûler les étapes sans compromettre gravement les équilibres fondamentaux de l'économie de notre pays (…) C'est pourquoi, mes chers compatriotes, j'estime que le moment est venu de faire une pause et de donner une priorité à l'application d'une politique d'austérité budgétaire et de stricte orthodoxie financière qui nous permette de consolider notre situation d'endettement actuellement préoccupante, mais non désespérée. Un peuple est fort quand les lois ont de

> la force. Mais aujourd'hui, la force des nations se mesure à la force de leur économie. Or, l'économie et la gestion de finances publiques ont leurs principes et leurs lois. Il faut donc appliquer et respecter ces principes et ces lois pour assurer la force de l'économie… »[559.] »

En prenant ces mesures, le président souhaite contenir les troubles sociaux susceptibles d'émerger de l'austérité dont on sait qu'elle génère une forte paupérisation. Or pour opportunes qu'elles soient, au moins politiquement, elles contredisent les décisions prises dans le cadre du plan de redressement financier. Il s'agit de facto d'une défiance vis-à-vis d'une politique déflationniste à laquelle le président et son gouvernement n'ont souscrit que tardivement faute de marges de manœuvre suffisantes.

Le plan de redressement a toutefois des effets sur la réalisation du chemin de fer. Les négociations sur les moratoires et le budget d'investissement retardent la mise en place d'un système de financement transitoire et le risque de désengagement des entreprises autres que françaises fait craindre l'hypothèse d'un arrêt total des travaux. En plus, les moratoires déjà fixés en 1977 font que l'Octra ne dispose plus de ressources nécessaires au paiement des salaires du personnel, des indemnités de licenciement et l'équipement nécessaire à la poursuite du chantier[560].

Or la réalisation du chemin de fer est un projet auquel le président gabonais tient beaucoup. C'est sans doute sa plus grande réalisation depuis qu'il est arrivé au pouvoir en 1967. Il a réussi à maintenir le financement de ce projet, alors que le FMI et la France lui opposaient des contraintes financières dans le cadre de la gestion de la dette qui, comme on le sait, est générée par l'Octra. Compte tenu du fait que les dépenses publiques et les possibilités de nouveaux emprunts ont été plafonnées par le FMI et la France, c'est auprès de cette dernière que le chef de l'État gabonais ira chercher de l'assistance financière.

---

559 CAEF, B-0072943/2 discours transmis par Maurice Delauney, ambassadeur de France au Gabon, à Louis de Guiringaud, ministre des Affaires africaines et malgaches, lettre déjà citée du 10 janvier 1978.

560 *Id.,* Note de l'Eurotag sur le chemin de fer Transgabonais, 12 avril 1978.

En novembre 1977, le président Bongo est reçu en audience par le président Giscard D'Estaing dans le but de demander une aide directe de la France. Il a déclaré à cette occasion : « (...) les concours que nous attendions de la France pour nous aider à trouver des solutions à nos problèmes, au-delà, des rapports de simple coopération, se devaient d'être à l'image de la confiance que nous avons l'un dans l'autre »[561]. Les liens qui unissent la France au Gabon prennent souvent des formes dépassant le cadre traditionnel sur lequel repose traditionnellement la coopération entre deux États. Ces liens spécifiques sont au cœur d'enjeux politiques et financiers importants.

Le contexte financier fait que la dette gabonaise à court terme, comme le souligne habilement le président Omar Bongo, soit « constituée d'ailleurs pour l'essentiel par des engagements à l'égard d'entreprises françaises[562]. »

Ce qui représente un moyen de pression, d'autant plus que pour la France, c'est une première, puisqu'elle n'est jamais intervenue à la fois pour couvrir les risques financiers encourus par ses entreprises et éviter que la crise de la dette gabonaise ne s'enlise.

De fait, pour le gouvernement gabonais, le soutien de la France est déterminant non seulement dans le financement et l'exécution du plan, mais également en tant que garant financier du Gabon auprès des institutions financières, notamment auprès du FMI.

Le 30 mars 1978, Robert Julienne, ancien directeur général de la BCEAO est envoyé au Gabon par Valéry Giscard d'Estaing. Il sera le conseiller financier du président Omar Bongo. Ce qui répond à sa demande officieuse d'avoir comme conseiller personnel un inspecteur général des Finances. Ce haut fonctionnaire jouera un rôle déterminant dans la mise en œuvre de la stratégie adoptée par la France pour résoudre le problème de la dette gabonaise.

---

[561] *Id.*, Lettre confidentielle adressée par le président Omar Bongo au président Valéry Giscard d'Estaing, 23 décembre 1977.

[562] *Id.*

6.4.1 L'activisme de la diplomatie financière de la France et/ou la rigidité de la conditionnalité du FMI

Après avoir relevé la prise de conscience tardive de la crise, les débats et les intentions des différents acteurs, il convient maintenant d'analyser la spécificité des modalités de redressement élaborées par la France et le FMI tout en ayant le souci de faire ressortir les objectifs sur lesquels toutes les parties se rejoignent. En ce qui concerne le gouvernement gabonais, il est important de souligner qu'il n'y a aucune stratégie de désendettement sur le long terme. Les négociations visent simplement à modifier la durée des emprunts et à alléger le service de la dette.

Les négociations franco-gabonaises ont abouti à un accord en janvier 1978. La France doit financer le plan de redressement. L'échange des lettres entre les ministres gabonais et français des Finances a conduit à la mise en place d'une commission technique chargée de liquider la dette commerciale du Gabon[563]. Le décret 446/PR du 6 avril 1978 institue cette commission. Aux termes de l'article 2, la commission a pour mission de recenser l'ensemble des dettes détenues par les entreprises étrangères et gabonaises sur l'État et de définir les modalités de règlement. L'article 3 fixe sa composition. Aux termes de cet article, l'équipe est composée de cinq membres issus du ministère des Finances et deux membres désignés par le président Omar Bongo, dont Robert Julienne, son conseiller personnel et Martin Ivan Witkowski, conseiller financier pour l'Afrique à la direction du Trésor. En réalité ce décret est signé à la demande de Paris qui souhaite dissimuler le fait que les experts français sont en première ligne, alors que l'Allemagne, l'Italie et la Belgique disposent également des créances sur l'État gabonais. En fait, Paris ne souhaite pas qu'on lui reproche son manque d'impartialité dans le dossier gabonais. Or les Allemands, les Italiens, les Belges et les Néerlandais n'ont pas cessé d'exprimer leurs réserves lors d'une réunion des créanciers du Gabon organisée le 5 avril 1978 par Michel Pébereau, sous-directeur du Trésor et Michel Camdessus[564]. Ils sont favorables au passage du Gabon devant le Club de Paris, mais sont particulièrement méfiants à l'égard des conclusions présentées par les

---

[563] CAEF, B-0072943/2, Note pour le ministre de Michel Camdessus, chef de service à la direction du Trésor, 16 novembre 1981.

[564] *Id.*, Note pour le ministre de la direction du Trésor signée par Jean-Yves Haberer, 19 juillet 1978.

banques privées. Pour ces États, tant que le FMI n'aura pas rendu ses conclusions, aucune initiative ne sera prise, alors que la France souhaite qu'un accord soit trouvé.

La commission tient sa première séance de travail du 26 au 29 juin 1978 dans un contexte politique particulier. Très vite, les experts sont confrontés à des difficultés d'évaluation des montants des créances. Pour certaines entreprises, le montant des impôts et cotisations sociales qu'elles doivent à l'État n'est pas évalué. Ce qui rend difficile toute tentative d'évaluation de leurs créances sur l'État, en plus de la spécificité des problèmes posés par chaque entreprise et la diversité des cadres juridiques.

Le recours aux conclusions fournies par les cabinets privés ne présente aucune garantie puisque ces informations sont imprécises. Se pose alors la question de l'incompatibilité des conventions bilatérales signées par le Gabon et la philosophie du plan de redressement qui repose sur la globalisation des créances et non sur leur segmentation, c'est-à-dire un système de règlement pour chaque créancier. L'État avait également décidé de régler les petites dettes auprès des PME gabonaises pour éviter que celles-ci ne fassent faillite. Mais des problèmes techniques subsistent quant à l'indexation du règlement de ces dettes sur l'inflation[565]. Un moratoire est dans un premier temps décidé sur l'ensemble des paiements déjà engagés[566] puis suspendus.

Parmi les PME gabonaises faisant l'objet de difficultés de trésorerie, on retrouve la Société anonyme de construction (S.O.A.CO). Le cas de cette entreprise est intéressant à double titre : elle permet de caractériser la crise que traverse le pays (elle a des créances sur l'État, mais ce dernier détient des dettes fiscales et de sécurité sociale sur elle) et, par l'effet de miroir, elle nous renvoie à la patrimonialisation de l'État[567].

---

[565] La mise en place des contrats repose sur une révision constante des montants et les décisions sont prises techniquement sur la base d'une inflation anticipée. Or depuis 1976, l'État gabonais a suspendu la publication de huit indices de prix sur lesquels on pourrait se focaliser pour faire des évaluations afin d'éviter que les PME ne soient ruinées.

[566] CAEF, B-0072943/2, Note de Robert Julienne sur la liquidation de la dette commerciale du Gabon, 16 juin 1978.

[567] Voir Jean Ferdinand Mbah, *La construction de l'État au Gabon (1957-2009)*, Paris, L'Harmattan, 2015 ; Jean-François Bayart, *L'État en Afrique* (2e éd), Paris, Fayard,

Premièrement, la S.O.A.CO a fait l'objet d'une enquête menée par le cabinet d'experts Windnell et Trollope sur l'ensemble des chantiers dispersés sur le territoire gabonais. Le rapport a montré que les dirigeants de la société ne disposent pas de documents pouvant aider à évaluer sa situation financière réelle[568]. L'administrateur délégué de la société M. Chartier est expulsé du Gabon. En fait, l'administrateur ne gère qu'une entreprise dont le conseil d'administration est présidé par Omar Bongo et dont les membres sont : le ministre des Finances, Jérôme Okinda, le Commissaire au Plan, Jean-Pierre Lemboumba-Lépandou et Julien Mpouho Epighat, cousin du président[569]. Tout porte à croire que cette entreprise, tout comme d'autres, sert d'écran à un système de prédation dont la charge repose sur le budget de l'État et limite les possibilités de réduction du déficit budgétaire. Dans une lettre adressée à Jérôme Okinda, le ministre français des Finances, René Monory s'inquiète en ces termes :

> « [...] J'ai particulièrement appelé votre attention sur le déséquilibre qu'accusait le schéma de financement de ce plan en raison des importantes moins-values constatées du côté de certains postes de ressources que n'avait pas compensé la réduction de certaines dépenses[570]. »

En dépit de ces problèmes, la France s'est néanmoins engagée à résoudre la crise tout en imposant des contraintes au gouvernement. Les 21 et 22 décembre 1978, Jérôme Okinda et René Monory se retrouvent à Paris parce que la préparation du budget 1979 dans le contexte du plan de redressement s'avère périlleuse. Le dernier rapport présenté par les experts fait état du creusement du déficit budgétaire et les prévisions sont constamment remises en cause. L'accumulation de ces imprécisions s'est traduite par la remise en question des capacités techniques de la première commission d'experts.

2006 ; Jean-François Bayart, Poudiougou Ibrahim et Zanoletti Giovani (dir), *L'État de distorsion en Afrique de l'Ouest. Des empires à la nation*, Paris, Karthala, 2019.

[568] *Id.,* Rapport présenté par Martin Witkowski, conseiller financier pour l'Afrique à la direction du Trésor sur la cinquième session de la commission technique, 19 décembre 1978.

[569] *Id.,* Rapport confidentiel de Martin Witkowski, conseiller financier pour l'Afrique à la direction du Trésor, 9 mai 1979.

[570] CAEF, B-0072946/1, lettre adressée par René Monory, ministre français de l'Économie à Jérôme Okinda, ministre gabonais des Finances, 17 janvier 1979.

Il est cependant surprenant de constater que cette même équipe est reconduite en 1979 et que le cadre juridique était resté le même. De fait, la France conditionne le règlement de la dette flottante par le renforcement de l'austérité, les réformes au niveau des douanes, des sociétés d'État et l'intégration de la provision pour les investissements diversifiés (PID) à l'ensemble du plan d'investissement. La France exige également la généralisation des moratoires sur les créances des entreprises sur l'État et une meilleure évaluation des finances publiques. Or ces dernières se trouvent dans une situation désastreuse puisque les banques commerciales ne prêtent plus d'argent ni à l'État ni au secteur parapublic. La France exige par ailleurs le renouvellement de l'accord avec le FMI en 1979 tout en préconisant le règlement au profit de la Coface des intérêts moratoires au taux de 9 %[571].

6.4.2 L'entrée en jeu du FMI et l'ampleur de sa conditionnalité

La crise des finances publiques gabonaises est due à la fois à la nature des projets financés par la dette extérieure et à l'accumulation des impayés de la dette commerciale, alors que le marché des matières premières se modifie ainsi que les marchés financiers. Compte tenu du fait que plusieurs États ont des créances sur l'État gabonais, chaque créancier adopte une stratégie spécifique. Les modalités retenues n'ont cependant pas donné de résultats et le FMI est appelé à jouer un rôle déterminant.

Depuis son adhésion aux institutions de Bretton Woods en 1963, le Gabon n'a fait appel au FMI que pour des raisons techniques. Il l'a d'abord fait dans le cadre de l'établissement de la balance des paiements et la gestion des réserves d'or. Il est ensuite intervenu dans le cadre de la formation du personnel de l'administration financière.

Lorsque son conseil d'administration approuve le 31 mai 1978 l'accord de confirmation avec le Gabon, le FMI intervient sur une situation complexe. Dès le départ, il s'est fixé comme objectif d'aider à contrôler l'évolution de la masse monétaire en instituant un encadrement drastique de crédit : le crédit intérieur distribué par les banques ne doit

---

[571] *Id.,* Lettre adressée par Robert Boulin, ministre délégué aux Finances, au PDG de la COFACE, 12 janvier 1978.

plus dépasser le plafond de 178 milliards de F CFA au 1er mai 1979[572]. Les avoirs extérieurs du Gabon en compte d'opérations avaient atteint un seuil critique. Le taux de couverture extérieure de la monnaie se situait légèrement au-dessus du niveau statutaire, 24,54 %. Afin de limiter les sorties des capitaux, un contrôle sur les transferts est institué par Jérôme Okinda le 22 juillet 1978. Les banques ne respectent que très peu ces directives, alors que la décision a été critiquée puisque le contrôle sur les transferts remet en cause le principe de la liberté de transfert dans le cadre de la zone franc. Le décret n° 01211 du 12 octobre 1978 et l'ordonnance n° 68 du 25 octobre de la même année durcissent la réglementation des relations financières entre le Gabon et l'étranger.

Néanmoins, au sein même du gouvernement gabonais, le contrôle excessif du crédit ne fait pas l'unanimité. Par exemple, le ministre des Mines, Alexis M'bouy-Boutzit le critique vigoureusement. Pour ce dernier, l'encadrement de crédit accentue les problèmes de trésorerie des entreprises qui éprouvent déjà des difficultés à se redresser. Il en résulte des licenciements qui nuiraient gravement à la stabilité sociale. Il estime par ailleurs que le gouvernement n'a pas une stratégie de développement claire qui se caractériserait par une sortie d'un système de rente. Son plaidoyer pour le désencadrement du crédit interviendra peu après 1984[573].

Ces mesures, à l'exception de l'encadrement du crédit dont on estime qu'il a bien fonctionné au Gabon, ont eu une portée limitée, puisque l'encours de la dette se situe désormais à près de 450 milliards de F CFA au début de l'année 1980[574]en raison d'un endettement supplémentaire réalisé à des taux d'intérêt très élevés dans le but de se désendetter auprès de la France[575].

---

572 CAEF, B-0072946/1, lettre d'intention adressée par Jérôme Okinda au directeur général du FMI en novembre 1978.

573 CAEF, B-0073545/1, dossier : « BEAC », procès-verbal de la réunion du comité monétaire de la BEAC au Gabon, 21 juillet 1982.

574 CAEF, B-0073546/1, Note pour le ministre de Michel Camdessus sur l'exécution du plan de redressement financier à moyen terme au Gabon, 28 décembre 1979.

575 CAEF, B-0073546/1, Note de Brigitte Girardin, ministère des Affaires étrangères, à Martin Kirsch à propos du plan de redressement économique et financier du Gabon, 11 décembre 1980.

Au regard de toutes ces considérations, on peut souligner l'absence d'objectifs significatifs dans la poursuite de l'accord de stand-by avec le FMI. Les autorités gabonaises ont besoin de liquidités et ne souhaitent pas que l'exécution du Plan se caractérise par un enchaînement de contraintes provenant des experts du FMI. Ces derniers ont acquis une certaine autonomie opérationnelle dans l'élaboration des objectifs et des conditions d'exécution du plan. Or cette prééminence des assistants techniques aussi bien au Commissariat général du Plan qu'au Ministère des Finances est de plus en plus critiquée par les responsables politiques gabonais. Ces derniers redoutent une contrainte supplémentaire. Bien que cette défiance ait été exprimée dans le souci d'affirmer la souveraineté budgétaire, elle dissimule l'état de dysfonctionnement dans lequel se trouvent les régies financières. Le FMI, tout comme les experts français avant lui, suggère des réformes administratives.

Dès le départ, le gouvernement gabonais n'était pas favorable à des réformes qu'il jugeait a priori moins accommodantes politiquement. Contraintes à le faire, les autorités gabonaises ont fini par se soumettre à l'idée d'instituer un contrôle financier dont le cadre juridique repose sur le décret n° 1095/PR/MINECOFIN du 9 novembre 1979 fixant un régime spécial s'agissant du contrôle des régies financières. L'article 4, qui définit ses missions, stipule que la direction générale du contrôle financier est chargée de la surveillance générale de l'organisme placé sous son contrôle, en l'occurrence le Ministère des Finances. Aux termes de cet article, elle a pour but de vérifier la régularité et la validité des décisions de nature financière et les actes de gestion financière. Pour son fonctionnement, elle dispose théoriquement des pouvoirs d'investigation et doit rendre compte directement au ministre des Finances. Comme tous les autres services, la direction générale du contrôle financier est l'émanation du Ministère des Finances et donc soumise à des contraintes politiques potentielles.

Dès sa mise en place, elle a tenté de jouer un rôle dans l'amélioration des engagements des dépenses. Elle ne s'est cependant pas opposée à la poursuite des pratiques qui ont donné lieu à son institution, les procédures hors budgets.

À la direction du Trésor comme au FMI, la réforme administrative est un impératif, peu importe la forme que celle-ci prendra. Une étude réalisée par M. Clinquart, expert français du FMI, fait état d'une situation catastrophique et son rapport n'est pas officiellement parvenu aux autorités gabonaises[576]. Un autre rapport présenté par Robert Julienne montre que l'État ne maîtrise pas ses crédits de personnel et n'a pas d'autorité sur les services chargés de les gérer[577]. Pourquoi les préconisations du FMI ne marchent-elles pas ? S'agit-il d'une méconnaissance des réalités sociopolitiques et des fondements historiques de l'administration financière gabonaise ? L'administration centrale est au cœur de la construction de l'État postcolonial et le contrôle des régies financières constitue l'instrument par lequel l'équilibre politique est garanti[578]. Les réticences du gouvernement gabonais s'expliquent par la crainte des menaces réelles ou supposées qui planent sur cette organisation.

De plus, la paralysie de l'administration financière peut se comprendre en invoquant des facteurs qui tiennent à la fois à des différends entre acteurs et au caractère asymétrique du système de répartition des compétences. En effet, depuis 1980 Jean-Piere Lemboumba-Lépandou qui était auparavant Commissaire général au Plan a été nommé ministre des Finances. Or depuis 1978, sous l'impulsion de la Banque mondiale, il a été créé au sein du Commissariat général du Plan une structure spécialisée dans l'analyse de la justification économique des projets d'investissements et leur rentabilité potentielle. Aussi cette structure est-elle amenée à contrôler les procédures de passation de conventions et de marchés publics et leur exécution. Il s'agit d'une mission de contrôle similaire à celle assignée à la direction du contrôle financier. Un décret signé en 1980 fait du Commissariat général du Plan l'ordonnateur des dépenses d'investissement et la direction générale du contrôle financier du Ministère des Finances assurait le contrôle.

Cette mutualisation a cependant révélé des divergences théoriques entre les deux administrations. Le Plan a très tôt adopté une approche prospectiviste de l'économie en faisant de la planification du développement un élément central de la politique économique. Or cette

---

[576] CAEF, B-0072946/1, Note non datée de la direction du Trésor sur le bilan des réformes administratives engagées par le Gabon en 1979.

[577] *Id.,* Note confidentielle de Robert Julienne adressée à Jean Claude Trichet, directeur du Trésor, sur la préparation du budget de 1982, 26 octobre 1981.

[578] Sur le droit administratif, voir Max Remondo, *Le Droit administratif gabonais*, Paris, Librairie Générale de Droit et Jurisprudence, 1978.

tendance à la théorisation, impulsée par les conseillers techniques de la Banque mondiale[579] est fortement critiquée du fait qu'elle ignore les réalités sociopolitiques propres au Gabon[580]. Le Ministère des Finances, tout en revendiquant une approche plus réaliste de la macroéconomie, fait face à des tensions internes. Il y a une guerre de leadership entre la direction générale du contrôle financier et la direction du budget, situation qui influence fortement la crise de crédibilité de la politique budgétaire. La direction générale du contrôle financier est instituée dans le contexte de crise, tandis que la direction générale du budget, contrôlée par le ministre Jean-Pierre Lemboumba-Lépandou, est créée en 1965 date à laquelle le Gabon se dote d'une comptabilité publique.

Le Commissariat général au Plan et la direction générale du contrôle financier ont cependant fait bloc pour promouvoir l'aménagement des circuits comptables et prévenir la pratique des lois de règlement du budget.

Or l'ordonnance rectificative de la Loi des finances de 1981 a par exemple montré que les excédents comptables issus des budgets 1978 et 1979 ont davantage servi à financer des dépenses supplémentaires plutôt qu'à se désendetter. Au cœur de cette tendance à l'augmentation de la dépense publique, il y a la difficulté à contrôler la direction de la solde pour contenir l'anarchie des rémunérations.

En 1980 par exemple, le taux de rémunération a dépassé de 35 % des crédits budgétaires fixés en 1979. Un rapport présenté par Robert Julienne et les experts du FMI montre que les effectifs de la Fonction publique ne sont pas contrôlés. Il n'a pas de tableaux d'effectifs budgétaires qui s'imposeraient de façon radicale aux administrations[581]. Le FMI a dû renforcer ses contraintes en acceptant de financer le projet à moyen terme en 1980-1982.

---

[579] Voir Paul Collier, « From critic to secular God: The World Bank and Africa. A commentary upon "subsaharian from crisis" to sustainable Growth », *Africa Affairs,* Vol. 90, N°358, 1991, p.111-117.

[580] CAEF, Note confidentielle de Pierre Dabezies, ambassadeur de France au Gabon, à Roland Dumas, ministre des relations extérieures, au sujet du budget d'investissement gabonais, 26 novembre 1985.

[581] *Id.,* Note déjà citée de Robert Julienne, novembre 1980.

6.4.3 Les débats sur la Loi de Finances de 1983 et l'évaluation empirique des réformes

Comme dans d'autres pays en situation de surendettement, les réformes administratives préconisées à la fois par la France et les institutions de Bretton Woods constituent la contrepartie à l'allocation des capitaux nécessaires au financement de la dette. Une incertitude croissante s'est cependant installée quant à l'efficacité et la poursuite de ces mesures, puisqu'une politique budgétaire saine est un élément déterminant de la politique macroéconomique. Dès 1980, il y a eu un consensus sur l'idée que les réformes et le plan de redressement financier ont été convenablement exécutés. Or les données publiées au cours de cette année par le FMI montrent par exemple que les pratiques budgétaires douteuses se poursuivent. Bien que l'amélioration du système de recouvrement douanier ait donné lieu à sa progression de +24,35 %, les dépenses ont progressé de +32 %, dans la mesure où le gouvernement est contraint d'augmenter les salaires (de 19 % à 35 %) pour contrer l'influence du Mouvement de redressement national (MORENA). Idéologiquement classé à gauche, il est le produit de la crise et des errements politiques que traverse le pays. Dans la même veine, le budget d'investissement a quant à lui bondi de 50 %[582].

Ce n'est qu'en 1982, lorsque l'outillage technique des services de la direction générale des impôts a été renforcé que les recettes hors pétrole ont permis de stabiliser le budget. Il s'ensuit un excédent artificiel de 20 milliards de F CFA, alors que la direction du Trésor continue à penser que la situation financière du Gabon reste précaire. Mais toutes ces interprétations n'occultent pas les changements institutionnels qui sont intervenus au cours de cette année. Les méthodes d'élaboration du budget ont évolué de façon significative. Le fonctionnement du Ministère des Finances repose désormais sur la direction générale du contrôle financier et la direction générale de l'Économie[583]. On peut y voir un changement de doctrine, car le cadre théorique dans lequel se déclinent les attributions de la direction générale de l'Économie est identique à celui du Commissariat général au Plan. La direction

[582] CAEF, B-0072943/2, Note pour le ministre du directeur du Trésor, Jean-Yves Haberer, relative à l'exécution du plan de redressement financier, 12 mai 1981.

[583] *Id.*, Note confidentielle de Robert Julienne sur la situation financière du Gabon, 26 octobre 1983.

générale de l'Économie assure désormais le suivi technique et opérationnel de la politique économique. De même, la politique fiscale « avant-gardiste »[584] qui a été instituée pour faire face à la crise budgétaire a été abandonnée en 1983, alors que la Cegos publie dans le même temps des études qui montrent que les données sur lesquelles reposent les prévisions du FMI ont été artificiellement amplifiées par les autorités gabonaises.[585] L'une des preuves de ces approximations est sans aucun doute l'exécution par le gouvernement de Léon Mébiame en 1983 d'un budget déficitaire de 33 milliards de F CFA[586], ce qui montre que l'optimisme dont faisaient preuve les institutions internationales était injustifié. La crise a profondément modifié la politique budgétaire[587] et l'organisation administrative. Ces transformations vont à leur tour modifier l'organisation de la zone franc.

6.5 Crise de la dette et l'initiative gabonaise de reconsidérer l'article 11 des statuts de la BEAC : faut-il y voir une remise en cause des fondements institutionnels de la zone franc ?

Au moment du transfert définitif des services centraux en 1977 et de la nomination de Casimir Oye Mba au poste de Gouverneur de la BEAC, la plupart des États membres de cette Banque centrale faisaient face à des problèmes financiers. Le Gabon, tout comme d'autres pays, a fait l'expérience d'une crise ayant fait l'objet d'une proto-politique d'ajustement structurel. Durant cette période, les autorités monétaires sont intervenues en proposant une réglementation qui s'est traduite dès 1978 par un contrôle du crédit préconisé par le FMI, mais difficilement accepté par les autorités gabonaises.

En dépit de la persistance de la crise et du caractère rigoriste de la politique monétaire et du crédit menée par la Banque centrale, les

[584] Taxe sur les salaires à la charge de l'employeur ; les droits de douane sur le matériel d'équipement forestier ; réduction de 5 % de l'impôt sur les bénéfices des sociétés réalisés en 1983 ; la réduction de 15 % à 4 % sur les agios bancaires pour les crédits à moyen terme. Tous ces impôts ont été supprimés en 1983.

[585] CAEF, B-0072943/2, lettre adressée par Robert Cantoni, ambassadeur de France au Gabon, à Claude Cheysson, ministre des relations extérieures, à propos des perspectives économiques du Gabon, 10 mars 1982.

[586] *Id.,* Rapport de la Loi de Finances de 1984 présenté par le Premier ministre Léon Mébiame devant l'Assemblée nationale le 15 novembre 1983.

[587] *Id.,* Télégramme diplomatique de Pierre Dabezies, ambassadeur de France au Gabon, 8 juillet 1983.

institutions et le cadre théorique régissant le fonctionnement de la zone franc n'ont pas systématiquement subi de critiques très virulentes. La non prise en compte des paradigmes monétaires dans la tentative de résolution des crises financières s'explique d'une part, par la pluralité des systèmes économiques concernés par l'unicité du régime monétaire ; d'autre part, parce qu'on n'a pas pu déterminer de façon empirique l'existence d'un lien de causalité entre la crise et les paradigmes monétaires (effondrement prolongé de la balance des paiements et du taux de couverture en deçà de 20 %).

Ce consensus apparent va être remis en cause dès 1980, lorsque la BEAC plaidera pour que soit modifié le mode de gestion de son compte d'opérations par le Trésor français. Dans une lettre adressée le 7 juillet 1980 par Joseph Baroung, directeur des opérations et des relations financières à la BEAC à Jean Yves Haberer, directeur du Trésor, le gouvernement de la BEAC souhaite renégocier l'article 2 de la convention du compte d'opérations signé le 13 mars 1973. Aux termes de cet article : « Le compte d'opérations sera débité ou crédité suivant les cas du montant des transferts provoqués par le nivellement ou l'approvisionnement du compte courant ordinaire du Trésor français ouvert dans les écritures des agences de la banque (…) ». Les autorités monétaires de la BEAC revendiquent un ajustement comptable dans l'appréciation du niveau de leurs avoirs extérieurs auprès du Trésor français, c'est-à-dire le passage d'une évaluation sur dix jours à un système d'intégration quotidienne. Après une année de négociations, Jean Yves Haberer déclare : « Il ne m'apparaît pas possible, pour des raisons politiques, de ne pas lui [BEAC] donner une réponse favorable »[588].

De fait, les différents ajustements opérés sur fond de difficultés financières réelles montrent que la monnaie et les instruments de coopération monétaire subissent une stabilité artificielle qui ne tient qu'à la permanence des arrangements politiques. Pourtant, une réforme d'envergure va être préconisée par le gouvernement gabonais à l'occasion de la renégociation des accords de coopération avec la France. Alors que le réaménagement des accords de coopération

[588] CAEF, PH : 028/90-12, lettre du ministre de l'Économie (signée par Jean Yves Haberer) au ministre du Budget, direction de la comptabilité publique, relative à la tenue du compte d'opérations de la BEAC, 13 février 1981.

intervenu au milieu des années 1970 s'était focalisé sur la défense et la sécurité ainsi que l'enseignement supérieur et l'assistance technique, la coopération économique et financière a continué de fonctionner sur la base du cadre institutionnel défini depuis les indépendances. S'il est cependant vrai que la réforme des statuts de la Banque centrale commune constitue une avancée significative, elle ne suffit pas à expliquer ou à limiter les prises d'initiatives singulières à chaque État en fonction des enjeux. Ainsi, dès 1980, dans le contexte de crise financière, le Gabon et la France ont entrepris des négociations bilatérales dans le but de réorganiser les accords de coopération économique et financière.

Alors que les négociations tardent à progresser, c'est à l'occasion de la visite du Président François Mitterrand au Gabon les 17 et 18 janvier 1983 que le processus s'accélère du fait de la détermination affichée par le président Omar Bongo à renégocier l'accord. De fait, il est intéressant d'analyser les revendications respectives, l'évolution du cadre théorique et les éléments de discorde entre les deux pays. Dans un projet envoyé à la direction du Trésor puis débattu en réunion de la commission mixte tenue du 13 au 15 avril 1983, le gouvernement a fait deux propositions ambitieuses.

En premier lieu, les autorités gabonaises remettent en cause l'article 11 des statuts de la Banque centrale et proposent de faire passer de 35 % à 50 % la proportion des avoirs extérieurs que le Gabon est autorisé à placer hors de la zone franc. Or depuis 1972, le Gabon s'est résolument opposé à cette possibilité qui était alors défendue par le Cameroun. Paris s'y était radicalement opposé en faisant valoir l'argument fondé sur la garantie qu'elle accorde à leur monnaie en contrepartie des réserves. Mais qu'est-ce qui justifie le changement de discours opéré par les autorités gabonaises ? Le Gabon conteste le mode de rémunération des dépôts[589] en compte d'opérations et le système de

[589] En fait, le compte d'opérations pour les États de la zone franc n'assure qu'une fonction statistique capable d'évaluer la nature et le montant des dépôts des États membres. Historiquement, les intérêts versés par le Trésor français sur le solde du compte d'opérations sont versés non pas aux États, mais à la Banque centrale et figurent en recettes sur son compte d'exploitation. La prime de garantie de change accordée contre toute dépréciation du FF par rapport aux DTS est de 20 % alors que la dépréciation du FF par rapport au dollar américain a atteint 10 % en 1982 ; elle est directement versée à la Banque centrale ; bien qu'en 1982 elle fut versée aux États en dépit de l'opposition du gouverneur Casimir Oye Mba.

répartition qui tient compte, non pas des capacités contributives de chaque État, mais de l'idéologie de la solidarité. En effet depuis 1982 le solde de la BCEAO et de la Banque du Mali est déficitaire et c'est la BEAC qui a assuré l'équilibre de la zone franc. Le retrait des avoirs du Gabon comporte un risque de déstabilisation pour toute la zone franc, puisque la France ne supporterait pas le coût financier de substitution[590]. Or le Gabon a contribué à hauteur de 54 % en 1981 et de 70 % en 1983 du volume global des avoirs de la BEAC. Les avantages qui sont accordés à la Banque centrale ne sont pas profitables au Gabon. Ainsi la tentative de retirer une partie de ses avoirs apparaît comme une volonté de contester un système injuste se caractérisant par une spoliation manifeste des peuples au profit d'arrangements politiques fragiles.

En deuxième lieu, les autorités gabonaises souhaitent inclure dans l'accord monétaire une disposition au terme de laquelle la France s'engagerait à couvrir automatiquement par des concours d'aides, 30 % des déséquilibres constatés dans la balance des paiements (mouvements de capitaux, notamment les revenus du capital, les traitements et transferts sur salaires). Pourquoi Paris s'oppose-t-elle au plan proposé par les autorités gabonaises dans le contexte de crise financière ?

D'une part parce que le solde de transfert est structurellement défavorable au Gabon. Et une automaticité de l'aide française est irréaliste parce qu'elle conditionne la réorganisation de la politique budgétaire de la France, notamment en ce qui concerne les crédits FAC (fonds d'aide et de coopération) qui constituent une aide budgétaire indirecte.

D'autre part, parce que ce principe exposerait la CCCE à des contraintes, puisqu'elle n'évaluerait plus les projets à financer, elle se contenterait de débloquer systématiquement l'aide financière au gouvernement gabonais au regard des conditions institutionnelles susceptibles d'être maintenues. Paris craint par ailleurs que les demandes gabonaises une fois satisfaites ne soient étendues à tous les États de la zone franc, ce qui représenterait un coût financier insoutenable. Cette position est défendue par Jean Claude Trichet, alors

[590] CAEF, B-0072943/2, Note pour le ministre de Philippe Jurgensen, chef de service à la direction du Trésor, 8 avril 1983.

sous-directeur à la direction du Trésor, et discrètement soutenue par Christian Joudiou, directeur des projets au ministère de la Coopération. Ainsi, Paris a rejeté les propositions gabonaises et le cadre institutionnel est globalement resté le même et les ambitions gabonaises contrariées. Pourquoi l'offensive diplomatique gabonaise n'a-t-elle pas donné des résultats escomptés ?

D'un côté, le non-aboutissement du projet gabonais s'explique par le fait que l'approche bilatérale ne correspondait pas à la nature du projet. D'un point de vue institutionnel, il revient à la Banque centrale commune aux États de mener des négociations sur le fonctionnement du compte d'opérations. De l'autre, l'échec des négociations révèle également l'absence de doctrine et se comprend au moins comme une volonté de faire pression sur le principal créancier. On peut donc penser que ce projet visait plus à instrumentaliser un phénomène réel à des fins politiques et, ce, dans le but de bénéficier d'une assistance financière dans le contexte de crise financière où les institutions de Bretton Woods jouent rôle de plus en plus déterminant.

*

*   *

La crise de la liquidité que traverse le Gabon dès le milieu des années 1970 est globale et puise structurellement ses racines en 1965, date de la décolonisation budgétaire, avec la création d'un service de comptabilité publique. Cette crise est globale parce qu'elle concerne à la fois les institutions chargées de gérer les finances publiques et le cadre théorique sur lequel repose la politique budgétaire.

Cette crise est aussi celle d'un modèle macroéconomique rattrapé par les turpitudes du marché et une difficile adaptation à la mondialisation ainsi qu'à la libéralisation des marchés financiers. Un des faits importants à relever concerne sans aucun doute la perte ou non de la crédibilité des instruments de la politique monétaire. Sous la houlette du FMI, la BEAC a mené une politique de crédit austère suscitant ainsi une défiance, certes mesurée, vis-à-vis du cadre idéologique servant de fondement à la coopération économique et au développement, même si la France a pu jouer un rôle déterminant.

Cette crise est aussi celle de l'ordre monétaire puisque le problème monétaire et financier est corrélé aux implications macroéconomiques de l'endettement, ce qui conduit à la modification du cadre institutionnel de la BEAC. L'autonomie (décentralisation) accordée aux Comités monétaires et aux Conseils de crédits nationaux est supprimée en 1979 par amendement de l'article 25 des statuts en vue de renforcer les pouvoirs du Conseil d'administration de la BEAC qui tente de conquérir son autonomie. Il s'agit d'un tournant puisque la Banque centrale renonce explicitement à l'objectif de croissance formulé lors de la réforme de novembre 1972.

Il se pose également le problème de la légitimité et de la crédibilité de l'État dans la mesure où la politique d'austérité est allée de pair avec la prééminence des cabinets d'experts (la Cegos et Lazar, etc.) Il s'ensuit une perte relative de la souveraineté budgétaire et des tensions au sein des régies financières. Cette crise est en définitive celle de l'ordre des finances publiques autant que des mutations que subissent l'État, les institutions, le marché et le capitalisme pétrolier dans toutes ses formes.

La deuxième partie de notre étude a cherché à démontrer que la transformation de l'organisation monétaire héritée de la période coloniale s'est faite de façon empirique. Les débats ont révélé des tensions politiques qui sont significatives à la fois de l'absence d'un véritable projet alternatif à la zone franc et du déploiement des rapports de force entre les différents acteurs, puisque la question de la représentativité au sein du conseil d'administration s'est imposée dans les débats et les négociations.

Ainsi, il est important de retenir qu'Albert-Bernard Bongo, dont la doctrine politique prône le maintien des relations privilégiées avec la France, a adopté une position ambivalente tout au long des négociations. Mais cette ambiguïté, sciemment entretenue, doit être considérée comme une réaction systématique aux préconisations du président Amadou Ahidjo autant qu'elle traduit une incertitude face à un monde devenu complexe.

Le parti pris pour des mutations progressives, plutôt que radicales, est de fait caractéristique d'un désir de sécurité, tant financière que politique. Albert-Bernard Bongo n'a pas su imposer ses vues. Mais cela n'a pas eu d'impact sur la position du Gabon au sein du gouvernement de la BEAC. Bien au contraire, sa prépondérance s'est renforcée dès 1973. Dans cette perspective, la monnaie apparaît comme un projet politique[591], un outil de légitimation de coopération française pour le développement qui se développe dans le sillage de la transformation du système monétaire international. Toutes ces réflexions posent également la question de la neutralité de la monnaie dans la construction du projet économique. La question de la souveraineté s'est construite autour de sa perception, c'est-à-dire que les autorités monétaires et politiques ont essayé de garantir la légitimité et la confiance dans la monnaie émise par la BEAC. En conséquence, l'exercice de la souveraineté monétaire se traduit par un partage de prérogatives : une forme de souveraineté monétaire concertée.

De plus, les changements intervenus au niveau international et l'assouplissement de ses conditions d'intervention ont conduit la Banque centrale à repenser le cadre théorique et idéologique de sa politique monétaire. Reprenant le modèle français, du fait de l'influence des administrateurs français issus de la Banque de France et de la direction du Trésor, la politique monétaire est très souvent assimilée à la politique du crédit en raison du lien entre les augmentations de la masse monétaire et la baisse des avoirs extérieurs. Ainsi, l'une des grandes options de la politique monétaire réside dans la défense de la parité au détriment de la croissance. Cette contrainte ouvre cependant la voie à l'endettement extérieur qui comporte également des risques systémiques du fait de la prééminence de la politique budgétaire sur la politique monétaire.

Par ailleurs, la crise financière que traverse le Gabon à partir de 1977 pose la question de l'efficacité des institutions chargées d'administrer les finances publiques. De fait, la crise des finances publiques, sur fond de crise de la dette commerciale et financière, est en réalité celle de l'ordre des finances publiques. Elle est le résultat d'un long processus

---

[591] Voir Jérôme Blanc, « La monnaie comme projet politique : restauration monétaire et *currency board* en Lituanie (1988-1994) », in Bruno Théret (dir), *La monnaie dévoilée par ses crises,* op.cit., p.401 et suivantes.

dont l'origine remonte à la création de la comptabilité publique en 1965. Au cours de cette crise, le recours à la création monétaire, pour faire face au besoin de la liquidité, est allé de pair avec la montée de l'inflation autant qu'il a donné lieu à l'intervention du FMI, donc à l'internationalisation des mécanismes de coopération monétaire sur fond de la crise de la dette. L'organisation des structures monétaires issue du tournant postcolonial est-elle vouée à disparaître ou, au contraire, elle est appelée à se transformer de façon radicale ?

TROISIÈME PARTIE

CRISE FINANCIÈRE, DYNAMIQUE D'ENDETTEMENT, POLITIQUE BUDGÉTAIRE ET EXOGENEISATION DE LA GESTION DE LA MONNAIE, 1984-1992

Le milieu des années quatre-vingt constitue un tournant dans l'histoire financière contemporaine. L'inflation qui s'était développée dans le sillage des deux chocs pétroliers, 1973 et 1979, et la discipline collective en matière de changes et de budgets[592] ont été délaissées au profit d'une dérégulation financière qui s'est érigée en norme. Symétriquement, les mouvements de capitaux financiers et une économie d'endettement se sont développés un peu partout dans le monde, à telle enseigne qu'on parle même d'intégration financière internationale[593].

Il s'ensuit un développement de crédit qui s'est traduit par l'émergence des crises d'endettement qui ont jalonné l'histoire financière des pays en développement : tout d'abord la crise d'Amérique latine[594] de 1982 puis celle qui a touché le Gabon, comme la plupart des États de la zone franc, dès 1986. L'interprétation qu'on en a souvent faite est la suivante : la crise fait suite à la détérioration des termes de l'échange et

---

[592] Jacques de Larosière, *Les dix préjugés qui nous mènent au désastre économique et financier,* Paris, Odile Jacob, 2018, p.25.

[593] Nathalie Rey, *L'intégration financière internationale en perspective. La période contemporaine, 1980-1993 comparée à la période de l'étalon-or,* Thèse de doctorat en Sciences économiques, Paris, Université Paris Nord, 1997, p.6 ; voir Michel Aglietta, *La fin des devises-clés. Essai sur la monnaie internationale,* Parsis, La Découverte, 1986 ; Michel Aglietta, Brender A. et Coudert V, *Globalisation financière : l'aventure obligée,* Paris, Economica, 1990.

[594] Demmers Jolle, Fernandez Jilberto Alex. E and Barbara Hogenboom, *Good governance in the area of global neoliberalism: conflict and depolitisation in Latin America,* London, New York, Routledge, 2004; André Mommen and Fernandez Jilberto Alex. E., *Liberalization in developing world: institutional and economic changes in Latin America, Africa and Asia,* London, Routledge, 1996; Wise Carol and Roett Riordan, *Post-stabilization politics in Latin America: competition, transition, collapse,* Washington DC, Brookings Institution Press, 2003.

à la baisse des recettes fiscales. On pourrait envisager cette crise comme étant le marqueur des échecs du système économique et financier conduits dans les années 1970. Ces dynamiques de marché se caractérisent par la fragilisation des finances publiques. Et la politique monétaire menée par les États-Unis constitue un élément de contexte crucial, puisqu'elle a conduit à l'amélioration du taux de change du F CFA par rapport au dollar ; il en résulte une réduction artificielle des effets de la détérioration des termes de l'échange sur la politique budgétaire. Cette double transformation du système économique et financier, conjuguée avec le rôle variable de l'État est indissociable de l'histoire monétaire du pays. Entre 1986 et 1987, la masse monétaire a baissé de (-28 %), ce qui entraîne une diminution du PIB de (-38 %) durant cette période. Pourtant, les crédits à l'État atteignent des sommets, dans la mesure où ils ont progressé de (+162 %), principalement dû à l'intensification des concours à l'administration centrale (+70 %), alors que les secteurs clés de l'économie gabonaise reçoivent de moins en moins de crédits, ce qui, en conséquence, fragilise la liquidité bancaire. Toutes ces mutations posent le problème du rôle de la dépense publique dans le processus d'endettement du pays. Dès le début des années 1980, les acteurs politiques gabonais alimentent des représentations autour de l'endettement. Le recours à la création du crédit bancaire stimulerait la demande et serait donc une des clés de la politique économique.

Mais cette politique n'a pas porté ses fruits et, dans le but de faire face à ces évolutions, les Institutions de Bretton Woods sont sollicitées par les autorités gabonaises. Le Fonds monétaire international (FMI) et la Banque mondiale (BM) rempliront des missions différentes et leurs prérogatives ont connu d'importantes modifications depuis la crise mexicaine[595]. Marc Raffinot a montré que la transformation de l'outillage théorique des institutions de Bretton Woods s'est

---

[595] Voir Kelly Thomas. J, *The effects of economic adjustement on poverty in Mexico,* Aldershot, Ashgate, 1999; Sen Sunanda, *Financial fragility, debt and economic reforms,* New York, St Martin's Press, 1996; Tony Killick, *IMF Programmes in developing countries, design and impact,* London, Routledge, 2003; R. Daumont, M. de Zamaróczy, Ph. Callier et B. Ziller, *Programmation financière : méthodes et application à la Tunisie,* Washington, Institut du Fonds monétaire international, 1999 ; M. Mussa et M. Savastano, « The IMF Approach to economic stabilisation », *IMF Working Paper,* n° 104, 1999, p.1-42 ; R.H.R Harper, *Inside IMF. An Etnography of documents, technology and organisational action,* San Diego, Academic Press, 1998.

caractérisée par la substitution du système de financement des projets aux prêts d'ajustement structurel (PAS) destinés à financer les déficits occasionnels[596].

De fait, le rôle du FMI est devenu complexe, car il a joué le rôle d'un préteur en dernier ressort, sans toutefois disposer du pouvoir de création monétaire illimité[597].

Dans ce contexte, il a préconisé une politique économique prudentielle et un programme de réformes structurelles. Le FMI a mis en place, dès 1986, la facilité d'ajustement structurel (FAS). En pratique, l'inflation, l'encadrement drastique de crédit et la mise en place d'une austérité budgétaire vont servir de clé de voûte à une politique économique qui ambitionne restaurer l'équilibre macroéconomique, assurer la stabilité du système financier et de garantir la confiance dans la monnaie.

La Banque mondiale a, dans un premier temps, accordé des prêts d'ajustement pour promouvoir la transition vers une économie de marché diversifiée, puis s'est concentrée sur des missions plus techniques.

Cette étude ne se contente pas de proposer une description linéaire de l'état de l'économie et des problèmes que son évolution suggère. Elle est une tentative d'évaluation empirique de l'efficacité de la politique économique et de la pertinence des mécanismes garantissant ou non la soutenabilité de la dette, l'équilibre des finances publiques et la recherche de la stabilité monétaire. Ces trois objectifs sont-ils compatibles ?

---

596 Marc Raffinot, *Le surendettement des pays d'Afrique subsaharienne et les prêteurs multilatéraux,* communication au séminaire sur la crise de la dette publique, Paris, Ministère de l'Économie et des Finances, janvier 2016 ; voir également « Mesurer le surendettement des pays à faible revenu : technique, éthique ou politique », *Revue Tiers-Monde,* n° 213, janvier-mars, 2013, p.51-70.

597 Voir Akonor Kwame, *Africa and IMF conditionality: the unevenness of compliance, 1983-2000,* New York, Routledge, 2006; Sahn David. E., *Adjusting to policy failure in African economies,* Ithaca, Cornell University Press, 1994; Van der Geest Willem et Hilary Hodgson, *Negociating adjustement in Africa,* London, Currey, 1994 ; Robert Kaufman. R et Stephan Haggard, *The politics of adjustement: international constraints, distributive conflicts and the state,* Princeton, Princeton University Press, 1992.

D'un point de vue théorique, la crise révèle les différentes interprétations qui sont faites de l'ajustement structurel en tant que stratégie. En ce qui les concerne, les autorités gabonaises estiment que l'ajustement structurel ne devait pas être perçu comme une perspective unique de politique économique, en raison des contraintes politiques et de l'incertitude qui en résultent. Les institutions de Bretton Woods le considèrent comme une étape transitoire et nécessaire, puisqu'il offrirait de meilleurs instruments de gestion de la crise autant qu'il créerait des conditions de reprise de l'activité économique. Les différents rapports et études réalisés par les experts du FMI, relayés par les autorités gabonaises, ont donné lieu à des tensions réelles sur le choix des mécanismes de gestion de la crise.

Cette partie se structure autour de deux chapitres. Le premier a pour objectif d'étudier la crise financière, ses développements et les modalités de sa gestion ainsi que les enjeux politiques et financiers qui accompagnent cette transformation. Deux approches seront utilisées dans cette étude. D'un côté, l'approche géopolitique nous permettra de déceler les rapports de force entre les institutions de Bretton Woods (IBW), la France et le gouvernement gabonais, dans le contexte de perte de souveraineté budgétaire : la dialectique État et marché constitue un angle d'analyse pertinent. De l'autre, nous proposerons une analyse empirique qui s'appuierait sur des paradigmes macroéconomiques dont le but est d'historiciser la politique économique. Le deuxième chapitre ambitionne d'analyser l'impact de la crise de la dette sur le cadre monétaire. Il sera question de mettre en évidence le poids des contraintes politiques, financières et institutionnelles sur la transformation des instruments de politique monétaire. Bien que la problématique soit, a priori, centrée sur le Gabon, nous essayerons de l'élargir à l'échelle régionale en ayant le souci constant de faire ressortir les spécificités gabonaises.

CHAPITRE VII

LA CRISE FINANCIÈRE ET SES ENJEUX POLITIQUES ET BUDGÉTAIRES, 1984-1992

L'analyse de la situation économique du Gabon entre 1985 et 1994 a conduit à l'élaboration d'un modèle d'interprétation basé sur le principe de la causalité. Initialement développé par les experts du FMI, de la direction du Trésor et repris par les autorités gabonaises, les chercheurs ont centré leurs recherches sur les dynamiques de marché pour tenter de mesurer l'impact des fluctuations du prix du pétrole[598] et de la valeur du dollar américain, monnaie de référence, sur les finances publiques. Ce modèle d'analyse pose néanmoins la question de la transformation ou non des instruments de la politique économique dans un contexte d'incertitude et d'instabilité financières. Il tient également compte des mutations politique et sociale qui en résultent. De même, il pose subsidiairement le problème lié à l'incompatibilité du cadre structurel, des pratiques et modes d'administration des finances publiques et les incohérences du système de planification du développement.

Le but de ce chapitre est tout d'abord de situer la prédominance de la dépense publique, entendue comme pivot de la politique économique menée par les différents gouvernements d'Omar Bongo, dans le prolongement de l'idéologie expansionniste développée lors des deux chocs pétroliers. Cette analyse fait ressortir des continuités s'agissant de la politique budgétaire. Quelles sont les raisons qui ont poussé le gouvernement gabonais à maintenir une politique budgétaire expansionniste, alors que ses partenaires, en particulier le FMI, plaident pour l'austérité ? Il s'agira également d'analyser les modes de gestion de la crise de la dette et ses implications politiques et financières. Cette analyse tient également compte de la conditionnalité des institutions de

598 Voir Mitra Pradeep. K, *Adjustement in Oil-importing developing countries: a comparative economic analysis,* Cambridge, Cambridge University Press, 1994; Bird Graham, *International finance and the developing economies,* New York, Palgrave Macmillan, 2004.

Bretton Woods et ses potentielles adaptations à la complexité des enjeux sociopolitiques, voire institutionnels.

Ensuite, il s'agira de mettre en évidence l'impact de l'effondrement des termes de l'échange sur la transformation de l'économie gabonaise et de suggérer l'étude de ses conséquences à la fois sur les finances publiques, l'appareil étatique et sur les entreprises publiques. Enfin, nous montrerons que le rôle de la France dans la gestion de la crise de la dette extérieure prend la forme d'une action mise en œuvre pour faire face à des implications politiques d'un phénomène purement financier. De fait, cette problématique est directement en lien avec la nécessité de ne pas mettre en danger le cadre monétaire. Et l'une des caractéristiques du fonctionnement de la zone franc et, plus spécifiquement, des relations franco-gabonaises, c'est l'absence d'une ligne de démarcation entre les objectifs financiers et leurs finalités politiques et militaires. Aussi la situation du Gabon nous offre-t-elle les conditions d'analyse de la complexité du cadre idéologique de cette coopération. Nous verrons comment Omar Bongo s'est servi de cette opacité pour retarder la mise en œuvre du plan d'ajustement structurel et adopter une position ambivalente tout en poussant la France à jouer un rôle de plus en plus central.

Toutes ces dynamiques montrent que les actions des autorités françaises reposent sur des réflexes empiriques. Comme nous l'avons montré, la gestion de la dette commerciale de 1977 a donné lieu à des rééchelonnements coûteux et la crédibilité du Gabon auprès des marchés financiers s'est, par la même occasion, modifiée. Nous formulons l'hypothèse que cette crise constitue le terreau à partir duquel celle de 1986 a pris forme. Cette continuité historique déterminera la nature et la portée des mesures déployées pour venir à bout d'une crise presque systémique.

Pour démontrer que la crise de la dette a donné lieu à une perte de contrôle de la souveraineté budgétaire, du fait de sa relative mise sous tutelle des institutions de Bretton Woods (FMI et Banque mondiale) et, dans une moindre mesure, de la direction du Trésor français, nous étudierons les pratiques budgétaires. Nous verrons comment l'État a tenté de s'affirmer face à ces contraintes. Cette crise a conduit les partenaires financiers du Gabon à adapter, voire à modifier le cadre idéologique de leur diplomatie financière.

7. 1. Les pratiques budgétaires douteuses comme source de fragilisation des finances publiques, 1983-1987

Cette section se propose d'analyser les fondements idéologiques de la politique budgétaire conduite par le gouvernement d'Omar Bongo dès le début des années quatre-vingt. Elle met l'accent sur le fossé séparant le maintien des pratiques budgétaires expansionnistes et les contraintes structurelles liées à l'irrégularité des recettes fiscales et d'exportation.

7. 1.1 Politique budgétaire : une approche gestionnaire

Comme nous l'avons montré plus haut, le problème de la gestion des finances publiques a pris forme dans le sillage des négociations financières internationales de l'époque. Pour des raisons évidentes, l'État a repris à son compte, au moins dans ses intentions, le principe même de la rationalisation de ses pratiques budgétaires et de crédibiliser son action. Sous pression des bailleurs de fonds, les initiatives du gouvernement d'Omar Bongo se sont orientées vers quatre domaines d'action : le contrôle de la liquidité bancaire et la segmentation du crédit en tenant compte de l'évaluation des projets jugés productifs, le contrôle des dépenses d'investissement et de fonctionnement ainsi que la réduction du niveau, voire la suspension des paiements sur découverts bancaires et, enfin, la maîtrise des recettes budgétaires. Or depuis l'éclatement de la crise de la balance des paiements en 1977, le cadre idéologique de la politique économique n'a connu aucune inflexion notable. La dépense publique a continué de jouer un rôle décisif dans la politique économique menée par Omar Bongo

À travers ces différents canaux, l'État a souhaité conduire une politique budgétaire « adaptée au contexte de crise » et d'en faire l'un des piliers de la politique économique. Mais dans les faits, un tel changement de cap apparaît très délicat à mettre en œuvre. Très vite, les experts du FMI et de la direction du Trésor, y compris ceux qui sont en poste dans le cabinet d'Omar Bongo, recommandent la réduction des dépenses publiques pour faire face à la réduction des recettes fiscales.

Existe-t-il des continuités d'une période à une autre ? La crise de la dette a-t-elle conduit à une transition vers le libéralisme ? Ou au contraire l'État a su tirer profit de la complexité des modes de gestion des crises de la dette, de la place centrale qu'occupe la France parmi les États créanciers et du contexte global pour retarder ou limiter à court terme cette transition et de maintenir son périmètre d'action ? Dès la fin des années soixante-dix, la question de l'ajustement structurel a émaillé les relations financières entre l'État gabonais et ses créanciers. Le FMI a, dans un premier temps, envisagé cette crise comme la résultante du déséquilibre de la balance des paiements, alors que le contexte financier n'était plus le même.

Ainsi, les experts du Fonds ont soutenu et financé le programme à moyen terme de 1980. Ce programme a visé à équilibrer la balance des paiements dans le but de renforcer l'appareil productif et de réduire, en conséquence, le déficit de la balance commerciale[599]. La nouvelle donne se caractérise par la perspective de la diversification de l'économie qui est désormais un enjeu central. Cette stratégie est au cœur de l'action du Fonds autant qu'elle est instrumentalisée par le gouvernement gabonais pour contester, à brève échéance, l'application de l'austérité budgétaire. Très vite, le gouvernement va perdre ses marges de manœuvre diplomatique lorsque la France a fini par plaider pour l'ajustement en raison d'une crainte évidente de la survenue d'une autre crise de liquidités. Historiquement, la France a été en première ligne dans la gestion de la crise de 1977. Elle estime qu'elle a été coûteuse en raison des rééchelonnements successifs. Le système de crédit garanti de la COFACE est cependant maintenu au Gabon[600], alors que plusieurs pays tels que Madagascar ont perdu cette facilité en juillet 1980[601]. Du point de vue de la direction du Trésor, le maintien de l'assurance-crédit constitue le dernier rempart de l'influence française contre la concurrence à laquelle se livrent les pays industrialisés au Gabon. Dans cette perspective, le crédit revêt plus une dimension politique que financière. Afin de se prémunir du risque d'insolvabilité, les experts de la direction du Trésor vont attirer l'attention du gouvernement gabonais sur les dérives de sa politique budgétaire. Dans une note de synthèse réalisée en prélude à la préparation du budget de

[599] ABF, 1466200601/390, dossier : « situation financière du Gabon », Bulletin du FMI, 17 novembre 1980, p.348-349.

[600] CAEF, PH : 083/86-3, note pour le ministre de Daniel Lebegue sur la situation financière du Gabon, 17 octobre 1985.

[601] Philippe Hugon, « La crise économique à Madagascar et l'intervention du Fonds monétaire international », *Canadian Journal of African Studies*, Vol. 20, N° 2, 1986, p.189.

1984, Jean Thill[602] critique sévèrement les pratiques qui ont cours au sein du Ministère gabonais des Finances. Les dépenses de fonctionnement ont explosé et les paiements sur découverts bancaires se sont généralisés, tandis que les effets sur les finances publiques ne sont perceptibles qu'a posteriori. Il montre également que le budget d'investissement a augmenté de (+40 %) par rapport au niveau de 1982. Sur la gestion budgétaire, il conclut que « l'identification et l'évaluation des projets, la passation des marchés ou la comptabilisation des opérations est tout simplement désastreuse[603] ». Ce constat révèle le décalage entre les discours politiques et les pratiques courantes. Tandis que l'augmentation du budget d'investissement se traduit par la mise en œuvre d'une stratégie de développement fondée sur le principe de la diversification, force est de constater que dans le budget de 1984 seulement 15 % des crédits alloués sont orientés vers des projets a priori productifs[604]. Toutes ces incohérences ont terni la crédibilité de la politique économique menée par le gouvernement gabonais. De plus, le contexte financier joue en sa défaveur, puisque la situation financière se dégrade en raison de la détérioration des conditions de mobilisation des recettes et de l'augmentation symétrique des dépenses publiques comme le montre ce tableau ci-dessous.

Tableau 33 : Évolution des opérations budgétaires de l'État (en milliards de F CFA courants)

Année	1980	1981	1982	1983	1984	1985	1986	1987	1988
Recettes	310,13	408,49	473,56	482,82	587,27	624	521,4	276	504
Dépenses totales	257,88	332,02	402,35	500	617,69	690,48	628,9	366	603,7
Fonctionnement	107,84	135,05	148,33	177,66	203,02	220,72	229,3	196	230
Investissements	97,3	137,9	193,8	246,4	333,8	403,5	343	100	315,1

Source : ABF, 1466200601/390, Bulletin d'Afrique noire n° 1304 du 6 février 1986.

602 Inspecteur des Finances, il est détaché de l'Inspection générale des Finances pour succéder à Robert Julienne au poste de conseiller financier d'Omar Bongo en 1983. Il est intéressant d'analyser cette continuité dans l'action française. En effet, le gouvernement de François Mitterrand a repris à son compte les initiatives prises par Giscard D'Estaing dès le milieu des années soixante-dix.

603 ABF, 1397200701/1, dossier : « Gabon », note de synthèse sur la situation économique et financière du Gabon, 28 novembre 1983.

604 *Id.*

Les opérations budgétaires ont évolué de façon distincte et deux phases peuvent être dégagées. Dans un premier temps, les recettes ont connu une évolution normale entre 1980 et 1985. Mais cette stabilité ne s'est pas traduite par une gestion budgétaire orthodoxe comme le prévoyaient les recommandations du FMI. Bien au contraire, les dépenses publiques ont presque triplé entre 1980 et 1985. Le budget de fonctionnement n'a pas connu une évolution exponentielle, si on tient compte de l'évolution du budget d'investissement sur la même période (tableau 33). Ce contraste apporte des nuances considérables à l'interprétation selon laquelle la masse salariale et le rythme croissant des recrutements au sein de la Fonction publique seraient l'un des facteurs justifiant la détérioration des finances publiques.

Depuis la décolonisation, la Fonction publique constitue l'instrument par lequel l'État s'est construit. Et l'une des caractéristiques de cette vocation c'est sa forte capacité à absorber une part significative de l'élite formée, dans la mesure où le secteur privé n'amorce son affirmation qu'assez tardivement.

De fait, la montée en puissance de la Fonction publique vise à consolider l'État et à tisser les liens entre les différents corps sociaux. Si ce paramètre offre un cadre explicatif à l'impact de l'augmentation de la masse salariale sur l'évolution globale des finances publiques, il n'en reste pas moins que certains facteurs expliquent de façon décisive la persistance de ces dysfonctionnements.

En particulier, le « capitalisme d'État », qui a tenté d'émerger dans le sillage du premier choc pétrolier, s'est caractérisé par la création des sociétés d'État. Or celles-ci dépendent financièrement de lui, notamment lorsqu'elles font face à des problèmes de trésorerie.

Par exemple, à partir de 1983 l'État s'est endetté auprès du système bancaire pour racheter la dette de Petrogab (créée en 1979, cette société d'État s'est spécialisée dans l'industrie pétrolière) en difficulté financière, ce qui montre que la gestion de ces sociétés a eu un impact sur les finances publiques. Une étude réalisée par Jean Thill a montré que « ces entreprises ne payaient plus leurs impôts, alors qu'elles bénéficiaient des subventions pour leurs équipements et leur exploitation[605]. » En revanche, les conséquences financières peinent à être évaluées puisque le ministère chargé de la réforme des Sociétés d'État, créé en 1979, est supprimé peu de temps après. On a institué au sein du Ministère des Finances un organe chargé de gérer le suivi de la gestion des sociétés d'État[606]. Ce changement de tutelle ne s'est pas traduit par des résultats probants parce que le gouvernement s'est montré réticent vis-à-vis des politiques déflationnistes imposées par le FMI. Comme on le verra, le gouvernement d'Omar Bongo va s'opposer à l'application de certaines directives touchant les domaines sensibles, principalement la réduction du rythme de recrutements dans la Fonction publique.

Il en est de même pour la restructuration des entreprises d'État pour des considérations politiques. En effet, l'analyse proposée par Olivier Vallée a mis en évidence l'idée que les renégociations de dettes en Club de Paris et de Londres présupposent un engagement de l'État débiteur sur l'ensemble de ses choix économiques[607]. Il en résulte une certaine intégration des États débiteurs dans un processus de privatisation du mode de gouvernement[608], certes à des échelles différentes.

La deuxième phase est marquée dès 1986 par la baisse des revenus de l'État qui a un impact sur les finances publiques comme on le verra. Dès 1985, les travaux des experts du Trésor français interpellent le gouvernement gabonais sur la dégradation des finances publiques et de la trésorerie de l'État. Dans une note adressée au ministre, ils montrent que le président Omar Bongo a lui-même « approuvé la mise en œuvre des opérations non inscrites au budget et initiées par les ministères dépensiers[609] ». Or cette tendance à l'augmentation de la dépense publique est en rupture avec les revenus de l'État. En effet, les recettes sont divisées par deux en 1987 et ont atteint un niveau historiquement bas, ce qui s'est traduit par la perte des marges de manœuvre financière.

[605] ABF, 13972007/1, note de synthèse de Jean Thill, 28 novembre 1983.

[606] *Id.*,

[607] Olivier Vallée, « La dette publique est-elle privée ? Traites, traitement, traite : modes de la dette africaine », *Politique africaine,* 1999/1, n° 73, p.51.

[608] Béatrice Hibou, « Banque mondiale : les méfaits du catéchisme économique. L'exemple de l'Afrique subsaharienne », *Esprit*, Paris, août-septembre 1998, p.125, citée par Olivier Vallée, *Ibid.*,

[609] CAEF, note de la direction du Trésor pour le ministre à propos de la dégradation de la situation financière du Gabon, 25 octobre 1985.

Dans un premier temps, l'austérité budgétaire et le désinvestissement ont servi de réponse à la crise financière qui se développe. En 1988, le gouvernement d'Omar Bongo abandonne cette perspective au profit du maintien de la dépense publique dans le but financer la diversification de l'économie et de rechercher la stabilité sociale en poursuivant les campagnes de recrutement des agents publics, donc à creuser davantage le déficit budgétaire. Au cœur de cette période, l'État éprouve pourtant des difficultés à maintenir en équilibre ses finances extérieures ; la détérioration des termes de l'échange et les effets de la politique monétaire américaine sur le taux de change du dollar vis-à-vis du F CFA continuent de peser sur l'économie.

7. 1.2 L'économie et les finances publiques à l'épreuve des dynamiques du marché, 1986-1992

Dès 1985, la politique budgétaire de l'État s'est caractérisée par une austérité initiée dans le but de faire face à la baisse des revenus. Cette démarche, presque non assumée a priori, s'est accompagnée d'un accroissement de la dépense publique. Dans ce contexte, l'idée d'une adaptation de la politique budgétaire aux aléas du marché s'est imposée au sein de la classe dirigeante. L'argument avancé pour justifier ce changement de stratégie est le suivant : la politique monétaire menée par l'administration de Ronald Reagan et la détérioration des termes de l'échange ont un impact décisif sur les finances publiques. Cette section ambitionne d'étudier et de mettre en évidence les débats, les décisions qui ont été prises et la nature des problèmes qui se sont posés au fil du temps.

Tableau 34 : Évolution de la production du pétrole (en millions de tonnes) et la valeur des recettes d'exportation (en milliards de F CFA courants), 1985-1991

Année	1985	1986	1987	1988	1989	1990	1991
Cours du dollar/ F CFA	449,25	346,3	300,55	297,85	319	272,37	283,26
Prix du baril en dollar US	26,35	12,55	16,25	12,75	16,35	21,05	17,22
Production du pétrole	8,7	8,3	7,8	10,5	7,9	13,4	14,1
Recettes d'exportation	732	245	266	223	377	538	448

Source : ABF, procès-verbal de la réunion du Comité monétaire de la BEAC au Gabon, 20 janvier 1992.

Tout d'abord, nous aborderons la question relative à l'effondrement des termes de l'échange. Cette étude est centrée sur le secteur pétrolier, pilier de l'économie gabonaise. Comme tous les pays producteurs du pétrole, le Gabon a vu les prix de son principal produit d'exportation s'effondrer de (-38 %)[610] : entre 1985 et 1987, le prix moyen du baril a été divisé par deux, alors que le niveau de la production a lui aussi baissé en regard du désinvestissement dans ce secteur.

Ensuite, la dépréciation du dollar américain par rapport au FCFA, monnaie de facturation, a eu un impact sur les finances extérieures et l'économie du pays. Le dollar qui valait 449,25 F CFA en 1985 s'est échangé à 297,85 F CFA en 1988, soit une baisse de près de 40 % (tableau 34). De fait, le PIB connaît une baisse de (-30 %), tandis que les recettes d'exportations se sont effondrées de près de 60 % et le gouvernement, dont les comptes sont asséchés, est contraint d'opter pour un désinvestissement, puisque l'amenuisement de la liquidité affecte les marges de manœuvre des politiques budgétaires. Dans cette perspective, Gabriel Zomo Yebe a montré que l'effondrement des termes de l'échange a eu un impact décisif sur la structure du compte financier de l'État, l'administration centrale et la situation financière des entreprises[611]. Ces transformations ont-elles entraîné des changements dans la politique économique, significatifs d'un tournant ?

Tout d'abord, l'action du gouvernement gabonais a consisté au maintien de la politique de la demande dans l'espoir d'un retournement de la conjoncture, même s'il est vrai que cette stratégie dissimulait une incapacité à repenser la politique économique, en raison de l'accumulation des contraintes. Ensuite, la stratégie a évolué dans le sens d'une prise en compte des critiques et préconisations émanant des experts de la direction du Trésor et des institutions de Bretton Woods, puisque l'éclatement de la crise en 1986 va également révéler les goulots d'étranglement en matière de collecte des recettes publiques et dans la programmation des investissements. Au sein de l'appareil de l'État, il est surprenant de constater la reproduction des rapports de force entre deux institutions, le Commissariat général au Plan (CGP) et

---

610 ABF, 1466200601/390, discours prononcé par Jean-Pierre Lemboumba Lepandou, ministre de l'Économie, des Finances et des Participations, devant le Club de Paris, 21 mars 1987.

611 Gabriel Zomo Yebe, *Comprendre la crise de l'économie gabonaise*, Paris, L'Harmattan, p.36.

le Ministère des Finances. Les débats sur la Loi de Finances de 1986 ont été l'occasion pour le Commissariat général au Plan de s'opposer, comme c'était le cas dans les années soixante-dix, à la direction générale du Budget sur les conditions de mise en œuvre du Vème plan de développement.

Pour le premier, soutenu, comme nous l'avons souligné, par les experts de la Banque mondiale, la politique budgétaire centrée sur le fonctionnement de l'État et les subventions accordées aux sociétés d'État s'est faite au détriment d'investissements capables de garantir la diversification de l'économie réelle. Certains hauts fonctionnaires du Plan ont alors estimé que le budget de développement ne remplissait plus la fonction d'instrument de réalisation du plan, car l'institution chargée de le mettre en œuvre a perdu les prérogatives[612] qu'il avait obtenues lors du règlement de la crise de 1977. De plus, la gestion budgétaire s'opère de façon spontanée et conduit à des réévaluations systématiques des ressources de l'État[613]. Il en résulte une limitation des investissements productifs et une tendance à recourir aux crédits fournisseurs et emprunts auprès du système bancaire pour financer les projets d'équipement administratif et les opérations courantes de l'État.

Le rapport de force est favorable au Ministère des Finances (à travers la direction générale du budget) puisque celui-ci a conservé ses prérogatives traditionnelles, à savoir l'ordonnancement et le contrôle des dépenses. Bien que l'absence de données spécifiques à cette question ne nous permette pas d'approfondir cette analyse, il est tout à fait admis que le déficit budgétaire et ses modes de gestion ont donné lieu à une modification des rapports de force au sommet de l'État. Le phénomène d'endettement qui émerge dans le sillage de la crise des

---

612 Un fait important, le Plan ne contrôle ni la programmation du crédit tant au niveau des autorisations des programmes qu'en ce qui concerne les crédits de paiement ainsi que le suivi des arrangements financiers avec les entreprises exécutant des projets. La reconquête du statut d'ordonnateur des dépenses d'investissement est infructueuse puisque les décrets d'application ne sont pas pris. Bien que le président Omar Bongo ait accepté le 8 novembre 1985 que le Commissariat au Plan intervienne dans l'élaboration du budget. Le principe d'une planification triennale, considérées comme la mieux adaptées à une situation financière dépendante des fluctuations du marché, est adoptée mais jamais mis en œuvre.

613 CAEF, PH : 084/94-1, note confidentielle de l'Ambassadeur de France (signée par le chef de mission, E. Chappellet) au Gabon au Ministre des Relations extérieures, chargé de la coopération et du développement, 19 novembre 1985.

liquidités, a eu pour effet de renforcer, dans un premier temps, le pouvoir discrétionnaire du ministère des Finances en matière de politique budgétaire, puis sa modification dans le cadre de la mise en œuvre du plan d'ajustement structurel.

7. 2. Se désendetter pour équilibrer les comptes de l'État et relancer l'économie, 1986-1988

L'endettement envers les banques commerciales a pris forme durant la décennie soixante-dix. Deux facteurs expliquent cette situation. Tout d'abord, les taux d'intérêt réels sont très faibles, voire négatifs. Ensuite, la politique monétaire des États-Unis a conduit au phénomène de quasi-surendettement du fait de l'augmentation des taux d'intérêt. Entre 1979 et 1982, le taux d'intérêt nominal sur les bons du Trésor américain à trois mois a été en moyenne de 12 % et de 3,5 % en réel[614], ce qui traduit une rupture radicale. Dans cette dynamique, un marché secondaire de la dette a émergé dès le début des années quatre-vingt. Lorsque la crise financière mexicaine éclate en 1982, la restructuration, c'est-à-dire la consolidation et le refinancement de la dette, a été la réponse unique des gouvernements, des banques centrales et des banques commerciales aux difficultés auxquelles étaient confrontés les débiteurs. Ce phénomène s'est développé et a fini par toucher presque tous les pays en voie de développement. Ainsi, les banques commerciales qui ont géré de façon active leurs portefeuilles de prêts sur ces pays, ont pris conscience du risque de non-remboursement d'une part substantielle de leurs prêts. Et la notion de risque pays a émergé dans ce contexte d'incertitudes, ce qui pose le problème de l'aptitude du débiteur à honorer sa dette. Nous ne voulons pas nous attarder sur ces phénomènes généraux puisqu'ils sont connus. Dans cette section, nous voulons mettre en évidence l'impact de l'abondance de la liquidité internationale sur l'émergence de l'économie politique d'endettement, entendue comme l'ensemble des pratiques développées dans le but de faire de l'endettement le moyen de résoudre le déficit budgétaire. Mais au fil du temps, l'endettement est apparu comme l'instrument d'équilibre des finances publiques.

---

614 Benoit de la Chapelle Bizot, *La dette des pays en développement, 1982-2000. Vers une nouvelle gouvernance financière internationale,* Paris, La Documentation française, 2001, p.11-12 ; S. Ali Abass, Alex Pienkowski and Kenneth Rogoff, *Sovereign debt. A guide for Economists and Practitioners,* Oxford, Oxford University Press, 2019.

Notre propos est centré sur la dette publique[615], ses usages et les modalités de sa gestion ainsi que l'évolution des rapports de force entre acteurs impliqués. Nous distinguons ici trois acteurs clés : le gouvernement gabonais, les institutions de Bretton Woods et la France. La politique des grands chantiers initiés dans le contexte du choc pétrolier, s'est poursuivie jusqu'au début des années quatre-vingt. Le Transgabonais constitue le projet phare d'Omar Bongo pour des raisons politiques. Mais les coûts financiers inhérents à sa réalisation apparaissent exorbitants et la rentabilité de l'investissement reste douteuse. Les travaux se sont poursuivis malgré les réserves des bailleurs de fonds. Omar Bongo faisait lui-même pression sur les banques commerciales afin d'obtenir le crédit. Ce qui montre que l'État va davantage intervenir dans le domaine économique, principalement pour rendre pérenne la réalisation du Vème plan de développement en optant pour le creusement du déficit budgétaire. Ainsi, les dépenses publiques se sont accrues, un déficit budgétaire évalué à 111 milliards de F CFA, soit -15 % du PIB en 1984 puis -7,5 % du PIB en moyenne entre 1986 et 1993 selon Jacques Okoué Edou[616].

Au regard de l'amenuisement des revenus de l'État, trouver de nouvelles ressources budgétaires pour financer l'augmentation des dépenses publiques constitue un enjeu politique de premier ordre. Les dépenses publiques gabonaises ont été financées en ayant recours à la création du crédit bancaire et la création monétaire via les avances directes de la Banque centrale ; la fiscalité n'a joué qu'un rôle mineur au début de la décennie 1980, ce n'est que par la suite que la redéfinition de la politique fiscale est apparue comme un moyen alternatif du financement du déficit budgétaire de l'État.

Ce problème met en évidence le poids des contraintes structurelles propres à la gestion financière et l'importance de la dette extérieure dans le financement de l'économie ; il fait également ressortir le décalage structurel entre le niveau de la dette et l'évolution du PIB (tableaux 35 et 36). L'augmentation ou la stagnation du PIB est-elle la conséquence du stock de la dette ?

---

[615] Même s'il est difficile de dissocier la dette publique de la dette privée : c'est à titre indicatif que nous faisons cette distinction.

[616] Jacques Okoué Edou, *Pourquoi la dévaluation du F CFA, op.cit.*, p.23.

Tableau 35 : Évolution des principales données économiques (en millions d'US dollars courants), 1980-1993

Année	1980	1986	1987	1988	1989	1990	1991	1992	1993
PIB	3. 856	3.223	3.118	3.555	3.891	4.854	4.883	4.958	4.756
Exportations	2.881	1.216	1.418	1.424	1.934	2.729	2.580	2.654	2.468
Importations	2.242	2.127	1.743	1.897	2.000	2.443	2.311	2.572	2.446
Avoirs à l'international	115	131	18	73	40	279	332	75	6

Source : ABF, 1466200601/390, étude non datée du FMI.

Tableau 36 : Évolution de la dette (en milliards de F CFA courants), 1986-1992

Année	1986	1987	1988	1989	1990	1991	1992
Dette directe	387,4	92,4	78	78	65,6	55,7	47
Dette garantie	78,6	12,4	11,4	11,4	10,4	9,7	8,7

Source : CAEF, 084/94-1, Rapport de mission sur la situation financière du Gabon, 16 février 1988.

Tableau 37 : Évolution des indicateurs de la dette extérieure (en %), 1980-1993

Année	1980	1986	1987	1988	1989	1990	1991	1992	1993
Dette totale /exportation	52,6	159,6	184,3	198,9	172,5	143,8	161,9	143,3	154,7
Dette totale/PIB	39,3	60,2	83,8	79,7	85,7	81,7	85,5	76,7	80,3
Service dette/exportations	15	16,6	6,9	9,3	7,5	6,3	11,9	16,2	6
Intérêts dette/exportations	5,3	6,2	5,2	7	6,4	4,9	7,6	11,1	3,3
Dette multilatérale/dette T	2,7	6,4	6,2	5,8	6,9	7,8	8,2	9,3	10,5

Source : ABF, 1466200601/390, étude non datée du FMI.

Le recours à l'emprunt apparaît comme le principal fait saillant de la gestion financière gabonaise que nous relevons. Deux problèmes essentiels se sont posés. Il y a tout d'abord le fait que le fonctionnement de l'État et certains investissements à caractère politique, aient été financés par la création monétaire publique, ce qui montre que les banques commerciales ont été sous la coupe du gouvernement. Elles ont, en conséquence, trouvé le moyen de rentabiliser leurs portefeuilles, certes en prenant des risques importants.

De fait, le crédit qui avait vocation à financer des investissements productifs a par la suite servi à financer des opérations inutiles. Par exemple, le ministre des Finances, Jean Pierre Lemboumba-Lépandou a obtenu de la Banque de Paris et des Pays-Bas un prêt de près d'un milliard de F CFA destinés à couvrir les fonds politiques du président Omar Bongo[617]. Ces pratiques conjuguées avec le décalage entre le processus d'endettement et la nature des investissements se sont traduites par l'accumulation du stock de la dette et celle-ci a continué à être le soutien décisif de la politique économique menée par le gouvernement gabonais.

D'un point de vue quantitatif, l'endettement n'a pas évolué de façon linéaire. Dans un premier temps, il a été maintenu artificiellement dans les limites raisonnables, du fait des contraintes liées à la surveillance qu'exerce le FMI depuis la mise en place des plans successifs. Or le calcul des principaux ratios nous permet de nuancer l'optimisme qui animait les analystes et les responsables politiques de l'époque. En effet, le ratio dette par rapport au PIB est évalué en 1980 à 39,5 % contre 27,2 % en 1984 et le service de la dette représente 20,2 % des recettes budgétaires de l'État. Pour Jacques Okoué Edou, cette période est caractérisée par ce qu'il qualifie de politique d'endettement rationnelle et soutenable[618].

En revanche, il serait périlleux de défendre l'idée selon laquelle la politique budgétaire fournirait un cadre interprétatif à la soutenabilité de la dette durant les premières années de la décennie quatre-vingt.

[617] Archives de BNP, MET/701-13, dossier : « BEAC-Gabon, 1976-1979 », lettre confidentielle du Ministre des Finances, Jean Pierre Lemboumba-Lépandou à Christian Courtois, directeur général de BNP Gabon, 23 juillet 1980.

[618] Jacques Okoué Edou, *Pourquoi la dévaluation, op.cit.*, p.31.

Nous pensons que ces performances résultent davantage d'une meilleure production du pétrole et d'une tentative d'optimisation du système de recouvrement des droits de douane que d'une politique budgétaire optimale. Il existe donc un lien de causalité entre, d'une part, l'effondrement des revenus de l'État découlant de la désorganisation de l'administration fiscale et douanière et des transformations que subissent le marché du pétrole, et, d'autre part, entre la montée en puissance de la dépense publique et la dynamique d'endettement.

L'année 1986 constitue un tournant majeur dans l'histoire financière du Gabon. L'explosion de la dette extérieure a des effets nocifs sur les finances publiques ; le ratio dette par rapport aux recettes d'exportation est passé de 52,6 % en 1980 à 159,6 % en 1986, soit le double (tableau 37). Dans la même dynamique, le ratio dette par rapport au PIB a été multiplié par deux et demi, passant de 39,3 % en 1980 à 83,8 % en 1987.

Ces ratios montrent que le Gabon est dans une situation d'endettement insoutenable, ce qui contraste avec les années précédentes puisque le gouvernement n'est pas exposé à des contraintes institutionnelles explicites, que ce soit au niveau du pays ou à l'échelle régionale (la règle de convergence n'interviendra que tardivement). Dans certains pays développés des mécanismes de contrôle des emprunts ont été initiés. La règle d'or interdit par exemple les emprunts de l'État fédéral allemand pour des dépenses de fonctionnement, mais le permettait dans la limite des dépenses d'investissement[619]. Bien que la Loi de finances détermine en effet le plafond des dépenses susceptibles d'être payées, elle ne fixe pas pour autant les règles d'une comptabilité d'engagement[620] qui inciterait à la prudence.

Afin de répondre à ce problème, une Commission spéciale de coordination économique et financière (CSCEF) a été instituée en fin 1985 dans le but de suivre la mise en œuvre de la nouvelle

---

619 Bernard Schwengler, *Les règles budgétaires. Un frein à l'endettement ?* Paris, De Boeck, 2014, p.111.

620 Le concept d'engagement n'a véritablement aucune pertinence, dans la mesure où lorsque de nouvelles dépenses sont soumises aux services techniques pour évaluation, les opérations ont été déjà décidées au niveau politique et, dans ce cas, toute tentative de suspension est vouée à l'échec.

comptabilité[621]. Jugé trop complexe et contraignant, le projet est abandonné, alors qu'il représentait une réponse à la crise des recettes publiques.

Ainsi, la transformation de la situation financière du pays ne s'est pas accompagnée de la modification de la politique budgétaire. Est-ce parce que les autorités politiques ne disposaient pas de marges de manœuvre suffisantes en vue d'une inflexion ?

Cette incertitude ne traduit-elle pas les limites d'un cadre idéologique et philosophique éprouvant des difficultés à repenser l'ensemble des instruments de la politique économique, sans pour autant mettre en danger l'équilibre politique et social ?

Mais face à la dégradation de ses comptes extérieurs et la crainte de voir le service de la dette engloutir la moitié, sinon la totalité des recettes budgétaires, le gouvernement gabonais institue le 20 septembre 1986, un moratoire sur le paiement de sa dette officielle et commerciale[622], ce qui a conduit le FMI à intervenir.

7. 3. L'intervention des institutions de Bretton Woods dans la gestion de la crise de la dette du Gabon, 1986-1992

Les tentatives de désendettement se sont heurtées non seulement au cadre idéologique de la politique budgétaire hérité de la période où les ressources budgétaires étaient abondantes. Ensuite le gouvernement a dû faire face aux pressions des promoteurs et financiers extérieurs. Enfin, les entreprises locales ont agité la menace de la destruction de l'emploi pour garantir un niveau optimal de leurs chiffres d'affaires. Ces différents facteurs témoignent des interactions réelles entre la sphère microéconomique et la transformation du cadre macroéconomique et la faiblesse de l'État face à ces dynamiques de marché.

---

[621] CAEF, B-0072946/1, note de synthèse de Jean Thill, inspecteur général des Finances, sur la situation financière du Gabon, 29 novembre 1985.

[622] Archives de BNP, 3AH/012, note de la direction interdépartementale de l'étranger sur la restructuration en Afrique, 29 janvier 1988.

Néanmoins, dès mars 1986, des mesures de restrictions budgétaires sont prises par le gouvernement gabonais ; puis un programme de stabilisation fondé sur la réduction de la demande intérieure via le désinvestissement public, est élaboré avec le soutien du FMI et la Banque mondiale. Ces mesures déflationnistes sont financées par un crédit de Stand-by, dont l'accord de confirmation a été signé le 22 décembre 1986 pour une période de deux ans, soit un montant de 98,7 millions de DTS, environ 35 milliards de F CFA. Cet accord a vocation à favoriser les négociations sur le rééchelonnement de la dette extérieure. Les négociations, certes longues et difficiles, ont donné lieu à des accords avec le Club de Paris, le 21 janvier 1987 puis le 30 avril de la même année en ce qui concerne le Club de Londres. Il s'ensuit un programme comprenant une série de mesures concernant le cadre budgétaire et monétaire. Influencées par la théorie économique néolibérale qui se caractérise par la prééminence de la stabilisation macroéconomique, ces mesures vont, dans un premier temps, contraindre le gouvernement gabonais à mener une politique qui n'est pas conforme à leurs attentes avant de renoncer sur l'effet des contraintes politiques et sociales évidentes.

Tout d'abord, le FMI préconise des mesures radicales qui ont trait à la modification de la politique budgétaire et monétaire. En ce qui concerne la politique budgétaire, on envisage une action sur les deux principaux postes de dépenses, à savoir le budget de fonctionnement et celui d'investissement. Si le budget de fonctionnement n'a cessé de croître depuis le début de la décennie quatre-vingt, sa réduction constitue un enjeu politique. Car il doit être réduit de moitié en trois ans : de plus de 240 milliards de F CFA en 1985 à moins de 200 milliards en 1988.

Pour atteindre cet objectif, le FMI veut une réduction de 10 % de la masse salariale des fonctionnaires, assortie d'une modification de sa structure aussi bien dans la Fonction publique que dans le secteur parapublic. La privatisation ou la liquidation des entreprises d'État est la phase ultime du programme, une sorte de capitalisation de la dette. En outre, le budget d'investissement doit passer de 400 milliards en 1985 à 80 milliards de F CFA en 1988. Un nouveau cadre institutionnel fondé sur l'instauration d'une loi-programme et l'élimination des dépenses hors budget a été initié afin de permettre une gestion optimale des investissements[623].

Dans l'esprit des institutions de Bretton Woods, ces mesures ont vocation à libéraliser l'économie, car l'économie politique du pétrole fait peser des contraintes à la fois sur l'économie réelle et sur les finances publiques. L'hypothèse du passage d'une économie administrée à celle de marché est-elle crédible lorsqu'on tient compte des difficultés qui émaillent cette prétendue transition ? Si les préconisations du Fonds apparaissent comme des éléments caractéristiques d'un plan d'action crédible, les études fournies par ses experts sont moins légitimistes, car elles émettent implicitement des réserves sur la capacité et les conditions de mise en œuvre du programme par le gouvernement gabonais.

Deux arguments permettent de comprendre pourquoi la libéralisation de l'économie, assortie d'une stabilisation du cadre macroéconomique, sans pour autant mettre en péril l'équilibre social, telle que l'espérait le gouvernement était difficile à mettre en œuvre. D'un côté, une part de la dette issue de la création du crédit par les banques ne s'est pas réalisée au bénéfice d'une économie libéralisée et des secteurs productifs non pétroliers. Depuis la crise de 1977, cette perspective est apparue comme un enjeu de politique économique. Mais l'État s'est trouvé dans l'incapacité de s'affranchir des contraintes structurelles.
De l'autre, le poids des entreprises publiques et des services dans le marché de l'emploi[624] a généré une forme de rigidité dans la formation des salaires, de telle manière que la perspective de transfert systématique des facteurs de production dans les secteurs productifs apparaît compromise. Ce problème est renforcé par le fait que le régime de protection qui se caractérise par l'hétérogénéité des tarifs et les exonérations fiscales prévues par le code des investissements, se soit traduit par le renchérissement des coûts de production. Cela a eu un

[623] CAEF, PH : 84/94-1, dossier : « négociation avec la Banque mondiale », note confidentielle sur la déclaration de stratégie de développement dans le cadre du programme d'ajustement, 9 février 1988.

[624] Voir Judicaël Diambounambatsi, *Privatisation et emploi au Gabon : analyse de la politique de privatisation sur l'emploi et sa structure de trois entreprises publiques rendues privées au Gabon,* thèse de doctorat de Sociologie, Rennes, Université de Rennes 2, 2015 ; Djeneric Alandji, *Processus de privatisation et nouveau management dans les entreprises gabonaises,* thèse de doctorat en Sociologie, Nancy, Université de Lorraine, 2016.

impact sur la compétitivité de l'économie, bien que nous n'ayons pas suffisamment de données pour étayer cette hypothèse. On pourrait simplement souligner que la protection structurelle dont bénéficie le secteur parapublic, a conduit au maintien des effectifs et des salaires élevés dont la charge s'est répercutée sur le budget de fonctionnement de l'État. Les réformes budgétaires préconisées, en contrepartie de l'assistance budgétaire, font naître des divergences réelles, dans la mesure où le coût politique reste considérable pour qu'on les conduise efficacement.

Par ailleurs, le FMI plaide pour un moratoire sur le crédit autant qu'une politique monétaire restrictive dans le but d'équilibrer la balance des paiements, dont le déficit a été évalué à 157 milliards de F CFA en 1987. De fait, le financement du plan d'ajustement ouvre la voie à un endettement, certes encadré par le FMI en raison de l'obligation pour le Gabon de procéder aux réformes. Cependant, les négociations se sont heurtées à des problèmes concrets.

Par exemple, la promotion du secteur non pétrolier, qui était l'objectif majeur du plan, n'est pas garantie et les résultats mitigés suscitent des controverses parmi les acteurs. En outre, les créanciers publics estiment que les critères de performance négociés avec le FMI ne sont pas respectés et durcissent de plus en plus leur position à l'égard du gouvernement gabonais. Le rapport de force reste malgré tout favorable au FMI, en dépit du scepticisme d'Omar Bongo quant à l'issue de la politique économique d'austérité, dans la mesure où les déséquilibres se creusent et les capacités financières se réduisent au fil du temps.

7. 4. L'échec de la mission d'évaluation du 21 avril 1989 et le spectre de la perte du soutien financier international.

Comme nous l'avons souligné précédemment, depuis 1986, le gouvernement gabonais mène une politique économique de rigueur supervisée par le FMI et la Banque mondiale. Les objectifs fixés[625] par les institutions de Bretton Woods ne sont pas atteints, alors qu'un

[625] Il est important de souligner que l'accord prévoyait, pour la période 1986-1987, une consolidation de la dette à 100 % et à hauteur de 90 % pour les intérêts, une sorte de plan de désendettement total et radical.

nouvel accord en Club de Paris apparaît plus que nécessaire, afin de garantir l'apport de new money par les banques.

7. 4.1 Négocier pour éviter la perte du soutien financier international

Face à l'ampleur de la situation financière que traverse le Gabon, la Banque mondiale décide de prêter à nouveau, puisqu'elle avait suspendu les prêts en centrant son intervention autour des aspects plus techniques. Ce revirement intervient dans un contexte où le système bancaire national et les banques étrangères restent dans l'incertitude et sont tentés de ne plus faire des prêts au gouvernement. Même s'il est vrai que la situation financière du pays leur permet de rentabiliser leurs portefeuilles en majorant la prime de risque et les taux d'intérêt. Marc Raffinot a montré que les prêteurs privés étaient réticents à prêter[626] au fur et à mesure que la dette s'accumulait dans les pays à revenus intermédiaires (PRI).

Ainsi, pour bénéficier du new money, le gouvernement doit se présenter devant le Club de Paris. Un passage obligé, ce qui est significatif d'une perte de crédibilité auprès des marchés financiers. Il s'agit de la deuxième réunion en moins de cinq ans. Elle se tient 21 mars 1988 dans le but de définir de nouveaux objectifs. Dans les faits, il n'y a aucune rupture et la question qui se pose est la suivante : la stratégie d'une consolidation sans concessions particulières voulue par le FMI est-elle compatible avec les attentes du gouvernement gabonais ? Faut-il durcir davantage les conditions, afin de contraindre à un ajustement effectif ou faut-il s'adapter aux mutations que subit le cadre politique et social ?

De fait, le ministre des Finances qui conduit les négociations plaide pour une stabilité financière, un objectif crucial. La Loi de Finances de 1988 comporte des mesures d'ajustement complémentaires, dont le FMI, la Banque mondiale et, dans une moindre mesure la France, aimeraient qu'elles aboutissent. Parmi ces mesures, on note d'une part, l'extension des réformes à la sphère fiscale (dans le secteur non pétrolier) jusque-là moins sollicitée. Pour cela, un plafonnement du quotient familial est institué autant que le relèvement des droits de douane sur les alcools et les tabacs ainsi que le renchérissement de 10 %

[626] Marc Raffinot, Le surendettement des pays d'Afrique, op. cit.,

du taux de la taxe sur les chiffres d'affaires des entreprises tout en renforçant les mesures réglementaires sur le fonctionnement des services de recouvrement fiscal.

D'autre part, pour alléger le budget de fonctionnement, la réduction de 1.200 agents de la Fonction publique est proposée autant que le contrôle, et non le démantèlement du cumul des rémunérations, ce qui est surprenant. De même, pour une maîtrise des dépenses, il est préconisé la réduction des salaires dans l'ensemble des entreprises du secteur parapublic, assortie, dès 1988, de la suppression du versement du treizième mois pour les entreprises en difficultés financières. Si ces mesures correspondent aux attentes des bailleurs, elles le sont moins pour le gouvernement et les populations, dans la mesure où leur application conduirait au renoncement à la protection sociale qu'offraient la fonction publique et les prestations sociales. Ce qui constitue une contrainte politique et une rupture majeures. Les populations ont fini par réagir en 1990, ce, malgré la propagande du régime.

Ce qui a conduit le ministre des Finances, Jean Pierre Lemboumba-Lépandou, à déclarer que « (…) les mesures d'économie internes ont atteint la limite de ce qui était économiquement, socialement et politiquement supportable[627] ». Cette déclaration traduit une volonté de privilégier l'équilibre de la balance des paiements au détriment d'une austérité budgétaire (ramener le déficit des opérations de l'administration centrale à 6,2 % du PIB en 1988 et une inflation à 2 %) jugée très contraignante. Dans ce but, le ministre des Finances souhaite obtenir une consolidation à 100 % de l'ensemble de la dette et le rééchelonnement des intérêts, en contrepartie de la signature d'une clause « de bonne volonté » qui vaut déclaration d'intention. Après d'intenses négociations, un accord est finalement trouvé. Il a la particularité de reposer sur des équilibres fragiles, puisque la situation financière du pays s'est modifiée. Le FMI peine à mener une mission d'évaluation au printemps 1989 et le cadre institutionnel de gestion de la dette a également connu une mutation. La Caisse autonome

---

[627] ABF, 1466200601/390, Discours prononcé par le ministre des Finances, Jean Pierre Lemboumba-Lépandou devant le Club de Paris, le 21 mars 1988.

d'amortissement[628] (CAA) principale institution chargée de refinancer la dette extérieure est dans l'incapacité de faire face à ses missions, puisqu'elle rencontre aussi des difficultés financières, ce qui conduit à sa mise sous tutelle du Conseil de gérance présidé par le ministre des Finances[629]. Ce dernier est désormais le seul intermédiaire entre les marchés financiers, le FMI et le gouvernement gabonais. Il faut toutefois souligner que le conseil de gérance n'est rien d'autre qu'une structure ambiguë, un cénacle réunissant les mêmes acteurs et les mêmes pratiques. Il est aussi nécessaire de voir l'attitude d'Omar Bongo face à ces changements soudains. Lorsqu'on étudie les correspondances internes, on s'aperçoit qu'il est préoccupé. Il a par exemple dit son désarroi à l'ambassadeur de France au Gabon. Mais avec un peu de recul, on comprend ses motivations : Omar Bongo a besoin du soutien de la France, en cas de perte du soutien financier international. Et les notes de l'ambassadeur et celles de la direction du trésor offrent, comme on le verra, une vision contrastée de la diplomatie financière de la France au Gabon dans le contexte de crise. Cette tendance a commencé à prendre forme au moment de l'interruption de l'application de l'austérité en 1989[630]. Il convient d'expliquer les raisons ayant conduit le gouvernement gabonais à prendre cette

[628] Créée par ordonnance n°46/69 du 7 juillet 1969 confirmée par décret le 23 mai 1970, la Caisse autonome d'amortissement a pour mission d'émettre les emprunts publics et d'en assurer le contrôle et la gestion. Ses prérogatives s'étendent jusqu'à l'émission et la gestion des bons du trésor et obligations d'équipements dont la Banque gabonaise de développement (BGD) assurait la gestion depuis 1963 (article 2 de l'ordonnance). Elle est dotée d'une autonomie financière théorique, car elle dépend pour ses actions des subventions de l'État. Son cadre institutionnel subi cependant une évolution le 8 février 1980, date à laquelle on souhaite rationaliser la politique de remboursement du service de la dette en devises par le canal des banques centrales des pays créanciers du Gabon.

[629] Id., note de l'Ambassade de France au Gabon sur le rééchelonnement de la dette publique du Gabon, signée par le conseiller économique et commercial, J. M. Mallet, 26 avril 1989.

[630] Comme partout ailleurs où les États ont sollicité son intervention, et comme nous l'avons souligné déjà, le diagnostic fait par le FMI est que la primauté de la demande sur l'offre nuit gravement à la compétitivité de l'économie surtout lorsqu'elle est alimentée par la dépense publique. De fait, il a été préconisé une réduction de la masse salariale. Or c'est ce point qui est à l'origine d'un désaccord entre le FMI et le gouvernement gabonais au moment des négociations sur la deuxième phase de l'accord de confirmation qui était censé couvrir la période de 1989 à 1991. Le FMI souhaite un plafonnement de la masse salariale à hauteur de 90 milliards de F CFA, ce qui implique des licenciements massifs dans la fonction publique. Le gouvernement gabonais, le ministre des Finances, refuse et maintien le montant de 105 milliards de F CFA, ce qui donne lieu à de nouveaux recrutements prévus pour 1990.

décision et nous verrons comment cela a modifié ou précisé, voire incité la France à préciser sa politique dès le début des années 1990.

Tout d'abord, la tentative de mise en œuvre de la déflation au sein de la fonction publique, la réduction des salaires et les mesures fiscales ont directement impacté le pouvoir d'achat des populations. Il s'ensuit des troubles sociaux qui menacent de façon décisive la stabilité du pouvoir d'Omar Bongo[631], ce qui constitue un enjeu politique majeur à la fois pour les autorités en place et pour les partenaires multilatéraux.
Ensuite, le ministre des Finances table sur l'hypothèse de l'amélioration des termes de l'échange en 1990, ce qui se traduirait par l'augmentation des recettes pétrolières et rendrait moins urgent l'ajustement budgétaire.

7. 4.2 Le début des années 1990, un tournant de la crise de l'endettement et sa soutenabilité ?

D'importants changements sont intervenus au début de la décennie quatre-vingt-dix. Ces modifications ont trait à la façon dont la crise de la dette est traitée par les instances financières internationales, au cadre politique et social ainsi que la situation financière propre au Gabon. En effet, la diplomatie financière internationale a connu une avancée significative s'agissant du traitement de la dette. En mars 1989, Nicholas Brady, Secrétaire du Trésor des États-Unis, a proposé un programme de « réduction volontaire » de dettes centré sur le traitement des créances privées détenues sur les États à revenus intermédiaires[632]. Puis interviendra en 1991, le traitement dit de Houston qui s'est traduit par la modification du statut public de la dette qui affectera aussi bien les créanciers que les débiteurs. L'une des particularités du Gabon est son inéligibilité à tous ces programmes et on verra comment Omar Bongo incitera la France à créer des mécanismes bilatéraux spécifiques de gestion de la crise de la dette.

Au plan politique, les mouvements sociaux ont conduit à une polarisation des rapports de force qui contraint Omar Bongo à repenser

---

631 Voir François Ngolet, "Ideological manipulations and political longivity: the power of Omar Bongo in Gabon since 1967", African Studies Review, Vol.43, n° 2, 2000, p.55-71.

632 Olivier Vallée, « La dette publique est-elle privée ? Traites, traitements, traite : modes de la dette africaine », op.cit., p.52.

son système pour rester le seul maître du jeu politique. Casimir Oye Mba, alors Gouverneur de la BEAC, est nommé Premier ministre, une sorte de caution auprès des milieux financiers. Il nomme par ailleurs Paul Toungui au Ministère des Finances, du Budget et des Participations et l'accumulation de ces trois portefeuilles ministériels est significative de l'étendue de ses prérogatives. Outre le fait qu'il ait étudié les mathématiques et l'économie, il est proche du président. Tous les deux vont jouer un rôle décisif dans les négociations auprès des créanciers bilatéraux et multilatéraux, y compris vis-à-vis des syndicalistes.

Sur le plan financier, on assiste à une inflexion, voire une remise en cause de la politique d'ajustement par les autorités politiques. En juin 1990 le ministre des Finances a déclaré : « Le ralentissement de l'activité économique et le coût des revendications sociales ont conduit à la réduction des recettes budgétaires et à limiter la rentabilité des entreprises, ce qui rend difficile la relance économique[633] ».

Lors de son discours de politique générale devant l'Assemblée nationale, le 18 décembre 1990 en vue du vote de la Loi de Finances de 1991, le Premier ministre Casimir Oye Mba a déclaré :

> « L'érosion du pouvoir d'achat des ménages et les difficultés financières qu'elle a engendrées ont contraint le gouvernement précédent à adopter des mesures de détente sociale qui ont accentué la rigidité du budget de fonctionnement et alourdi les dépenses publiques pour les années à venir.[634] »

Le budget de 1991 n'est pas compatible avec les attentes des bailleurs de fonds. Il n'est pas non plus conforme aux aspirations du gouvernement, puisque le bouclage budgétaire est rendu délicat, en raison d'un déficit de 176,3 milliards de F CFA. De plus, le principe même de l'assouplissement de la politique budgétaire devient inefficace, car il se traduit par un affaiblissement de la politique budgétaire et l'endettement apparaît comme la seule perspective. Par

---

[634] ABF, 1466200601/390, Bulletin d'Afrique noire n° 1528, extrait du discours de politique générale prononcé le 18 décembre 1990 devant l'Assemblée nationale par Casimir Oye Mba, Premier ministre, 24 janvier 1991.

ailleurs l'extension du secteur informel crée des distorsions dans le fonctionnement du secteur privé et l'État éprouve des difficultés à collecter des recettes fiscales.

À cette contrainte s'ajoute un autre facteur : les secteurs du bâtiment et des travaux publics sont impactés par le processus de désinvestissement. Or ces deux secteurs ont joué un rôle crucial dans la croissance économique du pays dès le milieu des années 1970, comme nous l'avons souligné. Outre cette distorsion, l'objectif de la relance de l'activité est entravé par l'incertitude générée par la perspective des mutations politiques et institutionnelles. De fait, on craint l'attentisme des agents économiques face à cette double dynamique.

Pour limiter l'impact de la pression fiscale sur le niveau de vie des populations, on renonce à l'augmentation de la fiscalité, en tant que moyen de financement du déficit budgétaire, pour pousser les entreprises à investir. Le gouvernement va, en conséquence, privilégier la réforme de l'administration fiscale, en axant son action sur l'amélioration des conditions de recouvrement des recettes fiscales[635]. Or cette question peine à être résolue depuis l'éclatement de la première crise en 1977. Pourquoi l'État éprouve-t-il de difficultés à collecter de façon optimale les recettes fiscales (douanières) ? Une entrée par la sociologie de la gouvernance du Ministère des Finances constitue une approche fructueuse.

---

[635] Voir David Bevan, Trade and fiscal adjustement in Africa, New York, Macmillan, 2000 ; Jean Paul Azam, Trade, Exchange rate and Growth in sub-saharan Africa, Cambridge, Cambridge University Press, 2007 ; Pierre Jacquemot et Marc Raffinot, « La mobilisation fiscale en Afrique », Revue d'économie financière, 2018/3, n° 131, p.243-263 ; Sarr. B, "Assessing Revenue authority Performance in developing countries: a synthetic approach", International Journal of Public Administration, vol. 39, n° 2, p.146-156 ; M. Moore et W. Prichard, « comment les gouvernements des pays à faible revenu peuvent-ils augmenter leurs recettes fiscales ? ». Institute of Development Studies, 2017, Document de travail ICTD 70 ; J. Norregaard, « Axing Immovable property: revenue potential and implementation challenges », FMI, Working paper, n°13/129, 2013 ; Gaspar V., Jaramillo L. et Wingender P, « Tax capacity and growth : is there a Tipping point ?, FMI, Working paper, n°16/234, 2016 ; Cassimon D., Van Campenhout B., Marin Ferry et Marc Raffinot, " Africa : out of debt into fiscal space? Dynamic fiscal impact of the debt relief initiatives on Africa Heavily indebted poor countries (HIPCs)", International Economics, 2015, n° 144, p.29-52 ; Bjorn Van Campenhout and Cassimon D, "Comparative fiscal response effects of debt relief: an application to African HIPCs", South African Journal of Economics, N°76, vol.3, p.427-442.

En effet, les agents dudit Ministère bénéficient des privilèges qu'ils n'aimeraient pas voir disparaître. Les inspecteurs des Finances bénéficient des franchises douanières exceptionnelles sans base légale[636]. De même, les responsables politiques s'attribuent des exonérations douanières ainsi que des sorties sans formalités ou droits au regard de leurs activités commerciales illicites.

De l'aveu même du ministre des Finances, Paul Toungui, il existe au Gabon un secteur économique fonctionnant en dehors des lois et de la réglementation[637]. Le fonctionnement des institutions joue donc un rôle décisif dans la compréhension de la crise des finances publiques. Marc Raffinot, étudiant le dispositif institutionnel facilitant ou bloquant le processus de collecte des impôts dans les États d'Afrique subsaharienne, a mis en évidence le principe d'asymétrie de l'information entre deux catégories d'acteurs impliqués dans ce processus : les agents des administrations publiques et les gouvernants[638].

De fait, l'asymétrie de l'information serait au cœur du fonctionnement d'un « non-système » fondé sur la transgression des procédures, ce qui peut se traduire par le refus des réformes. On peut également penser que la priorité accordée à la dimension qualitative (amélioration du système de recouvrement, et moins à sa portée quantitative (pression fiscale) serait une façon de s'adapter au contexte de négociations, voire d'annulation des dettes. Marin Ferry et Marc Raffinot ont étudié l'impact des réductions de dettes sur les finances publiques des pays bénéficiaires afin de déterminer les dynamiques de réendettement[639]. Dans certains pays, à l'instar de la Tanzanie, les déficits fiscaux

---

[636] ABF, 1466200601/390, Banque Afrique, 18 juin 1990.

[637] ABF, 1466200601/16, dossier : « comité monétaire du Gabon », compte rendu de la réunion du 20 mai 1990.

[638] Marc Raffinot, « « Motiver » et « chicoter » : l'économie politique de la pression fiscale en Afrique subsaharienne », Autrepart, 2001/4, n° 20, p.91-106 ; voir également G. Chambas, Fiscalité et développement en Afrique subsaharienne, Paris, Ministère de la coopération, Economica, 1994 ; Béatrice Hibou, L'Afrique est-elle protectionniste ? Les chemins buissonniers de la libéralisation extérieure, Paris, Karthala, 1996.

[639] Marin Ferry et Marc Raffinot, « Réductions de dette, aléa moral et ré-endettement des pays à faible revenu », Techniques financières et Développement, 2016/2, n° 123, p.55.

excessifs se sont traduits par des blocages au niveau des réformes institutionnelles qui ont nécessité des aides financières accrues.[640]

Afin de mettre en œuvre cette réforme, deux comités sont institués, l'un s'occupant du suivi des recettes pétrolières et des investissements, l'autre chargé des questions fiscales et douanières dans les domaines autres que le pétrole. Le pilotage de ces comités est assuré par les experts des ministères de la Planification, des Finances, des hydrocarbures et des domaines et la dimension interministérielle apparaît alors comme la clé de leur efficacité.

Il y a cependant très peu d'informations pouvant aider à comprendre leur mode opératoire et les résultats obtenus. Mais c'est dans ce contexte qu'intervient ce qui apparaît comme étant une innovation en matière de règlement de l'impôt sur les bénéfices des compagnies pétrolières. Il est instauré un système d'acompte provisionnel versé au cours de l'année de réalisation, ce qui contraste avec les pratiques précédentes. Cependant, ce qui est présenté comme une innovation est en fait le résultat d'un rapport de force entre l'État et les grandes compagnies. Celles-ci se sont opposées à la suppression des exonérations douanières soutenues par le FMI dans le but d'améliorer les recettes fiscales de l'État[641]. Il est néanmoins difficile de mettre en évidence les rapports de force et les problèmes de corruption qui peuvent émerger dans ce contexte.
Pour l'État, cette stratégie reste le moyen le plus sûr de disposer des recettes fiscales dont il a besoin pour faire face à ses obligations. La nécessité de préserver l'équilibre politique et social a-t-elle conduit le FMI et la Banque mondiale à infléchir leurs exigences vis-à-vis du gouvernement d'Omar Bongo ?

S'il fallait faire un bilan, on notera qu'a priori, les institutions de Bretton Woods ne souhaitent pas relâcher la pression qu'elles exercent sur le régime en place, dans la mesure où elles craignent des pertes financières pour les créanciers étrangers. En conséquence, les enjeux financiers se sont adaptés aux considérations politiques et sociales de

---

640 Kighoma Malima, « L'ajustement structurel : l'expérience africaine », Rolph Van der Hoeven et Fred Van der Kraaij, L'ajustement structurel et au-delà en Afrique subsaharienne, op.cit., p,32.

641 CAEF, PH : 094/94-6, dossier « BEAC-Gabon », procès-verbal de la réunion du comité monétaire de la BEAC au Gabon, 29 octobre 1990.

l'époque, ce qui symbolise une modification des rapports de force et une évolution doctrinale dans les négociations financières internationales. La politique d'ajustement a tendance à générer plus d'endettement qu'il n'en réduit, comme le souligne John Toye[642]. Ce qui apporte une explication à la prise en compte du facteur social dans le processus d'ajustement structurel[643].

Par ailleurs, la gestion de la dette intérieure impose des contraintes réelles à l'État et au système financier. Les banques, la caisse nationale de sécurité sociale ainsi que les fournisseurs détiennent des créances sur l'État ou les entreprises, ce qui a conduit à la suspension du moratoire sur le crédit et l'État a dû refinancer la CNSS qui ne parvient plus à verser des droits sociaux à des employés des entreprises en difficulté : c'est le cas de la CFG qui a fait l'objet d'une restructuration en 1992[644]. Il est très vite apparu nécessaire de protéger les salariés contre les dérives des restructurations imposées par les plans d'ajustement. Au Gabon, cette orientation est particulièrement défendue par l'Organisation des Nations Unies (ONU) à travers la Conférence des nations unies sur le commerce et le développement (CNUCED) qui va peser lors du troisième passage du Gabon devant le Club de Paris, le 24 octobre 199. Dans un discours prononcé à cette occasion, Paul Toungui a déclaré que :

> « Les principaux objectifs du programme d'ajustement de 1989/1990 ont été rendus inopérants par les évolutions politiques et sociales qu'a connues le Gabon au cours de l'année 1990 [en raison] des mouvements de revendications sociales, parfois accompagnés de violence et d'émeutes (…) L'apaisement est venu des mesures de détente sociale, ainsi

---

642 John Toye, « Ajustement structurel : context, hypotheses, origine et diversité », Rolph Van der Hoeven et Fred Van der Kraaij, Ibid., p.64.

643 Voir Sahn David. E., Dorosh Paul Anthony et Younger Stephen. D., Structural adjustement reconsidered: economic policy and poverty in Africa, Cambridge, Cambridge University Press, 1997; Stephen King Juan, Liberalization against democracy: the local politics of reform in Tunisia, Bloomington, Indiana University Press, 2003; MacGann James. G., Democratization and market reform in developing and transitional countries: think thanks as catalysts, London, Routledge, 2010; Kleinberg Remonda B., et Clarck Janine A., Economic liberalization, democratization and civil society in developing world, New York, Macmillan, 2000; Pierre Pénet and Juan Flores Zendejas, *Sovereign debt diplomaties. Rethinking sovereign debt from colonial empire to hegemony,* Oxford, Oxford University Press, 2021.

644 CAEF, 094/94-6, note pour le ministre de Jean Claude Trichet, 1er juillet 1992.

que de profondes mutations des institutions et de la vie politique gabonaise vers le multipartisme[645]. »

La donne politique a changé. Le gouvernement de coalition intérimaire formé dans l'attente des élections législatives de septembre 1990 s'est traduit par un renoncement à la politique d'austérité budgétaire[646], puisque la survie du régime constitue un enjeu décisif. De fait, l'accord obtenu en Club de Paris n'est plus tenable, alors qu'il est la condition du rééchelonnement de la dette. Les marchés financiers ne sont plus enclins à prêter à l'État, sauf en gageant les matières premières et à des taux d'intérêt élevés, ce qui est significatif d'une mise sous tutelle des créanciers en matière de politique budgétaire. En conséquence, le programme avec le FMI est suspendu.

À ces facteurs s'ajoutent les rumeurs et les incertitudes sur la dévaluation du FCFA. Ce facteur a bouleversé l'organisation économique. La réforme du secteur parapublic est également abandonnée dans les mêmes conditions, car, selon le ministre des Finances, l'ajustement était devenu insupportable à la population[647].

Un autre fait marquant qui pourrait expliquer la rupture des négociations est lié à l'affaiblissement du ministre des Finances, voire de l'institution qu'il représente. En effet, Paul Toungui est politiquement « isolé ». Il n'a plus d'autorité, encore moins le soutien explicite du président et des directeurs des douanes et du Trésor. Ces derniers ne lui rendent pas de comptes, tout comme ils n'exécutent pas ses ordres. D'ailleurs, le Secrétaire général du ministère des Finances, Alfred Mabicka Mouyama, qui était le négociateur apprécié du FMI, s'est également désengagé des négociations[648]. Les demandes formulées auprès des autorités françaises en vue de l'intervention financière d'ELF, principal opérateur pétrolier, sont infructueuses[649].

645 ABF, 1466200601/390, extrait du discours prononcé par Paul Toungui, ministre des Finances et des Participations, devant le Club de Paris, 24 octobre 1991.

646 ABF, 1466200601/16, compte rendu de la réunion du comité monétaire de la BEAC au Gabon, 23 avril 1990.

647 Id.

648 CAEF, PH : 094/94-6, procès-verbal du comité monétaire de la BEAC au Gabon, 15 octobre 1992.

649 Id., note pour le ministre de Jean Claude Trichet relative au compte rendu d'entretien avec M. Paul Toungui, 1er juillet 1992.

Mais ce ne sera pas le cas au Congo-Brazzaville où le président Pascal Lissouba a pu faire face aux charges salariales jusqu'en fin 1992 qu'en ayant recours aux emprunts garantis par ELF[650]. Il est nécessaire de voir comment la crise financière, les ambivalences des stratégies mises en place et les difficultés à négocier engendrent des luttes de pouvoir au sommet de l'État. Ces dynamiques politiques se traduisent par la décrédibilisation des institutions tout en réduisant les marges de manœuvre de l'État dans ses rapports avec les Institutions de Bretton Woods. Il s'ensuit une accumulation des arriérés de paiement de la dette publique, contraire aux objectifs poursuivis par le plan de redressement. Mais pour Omar Bongo, c'est l'unique moyen de renforcer à court terme les marges de manœuvre financières.

Cependant, en mettant en évidence le lien entre les facteurs politiques et financiers, nous ne voulons pas étudier le processus de démocratisation du Gabon autant que de l'Afrique francophone. Cette question est bien connue et fait l'objet d'une littérature abondante[651]. Nous voulons mettre en évidence les transformations, sinon les adaptations qui s'imposent au cadre politique et diplomatique au fur et à mesure que le cadre financier se détériore. Quelle a été la réaction de la France dans la gestion de la crise de la dette du Gabon ?

---

[650] CAEF, PH : 094/94-03, dossier : « Gabon 1992 », Télégramme diplomatique de Louis Dominici, 14 octobre 1992.

[651] Voir Jean François Obiang, France-Gabon. Pratiques clientélaires et logiques d'État dans les relations franco-africaines, Paris, Karthala, 2007 ; Douglas Yates, The rentier state in the Africa : rent dependancy and neocolonism in the republic of Gabon, Trenton Africa World Press, 1996 ; Nicolas Van de Walle, African economies and Politics of permanent crisis, 1979-1999, Cambridge, Cambridge University Press, 2001 ; Michael Bratton and Nicolas Van de Walle, "Popular protest and political reform in Africa", Comparative Politics, Vol. 24, n°4, 1992, p.423; Ernest Harsch, "Accumulators and Democrats: challenging state corruption in Africa", The Journal of Modern African Studies, Vol. 31, n°1, 1993, p.31-48; Jennifer A. Widner, Economic change and political liberalization in sub-saharan Africa, Baltimore, John Hopkins University Press, 1994; Mkandawire Thandika et Saludo Charles Chukwuma, African voices on structural adjustement, Ottawa, International Development Research Center, 2003.

7. 4.3 L'intervention de la France dans la gestion de la crise de l'endettement du Gabon et ses enjeux politiques et financiers, 1988-1992

Le soutien accordé par la France dans le processus de gestion de la crise de la dette va s'opérer à un rythme spécifique. Les efforts consentis permettent de déceler les ambivalences de la diplomatie financière de Paris vis-à-vis du Gabon. En effet, elle a évolué dans deux sens. D'une part, elle avait tendance à se mettre en retrait par rapport aux directives des institutions de Bretton Woods, en privilégiant une approche bilatérale, du fait des liens historiques et politiques. D'autre part, cette approche a subi une modification substantielle, puisque l'aide budgétaire ou même d'ajustement sera désormais conditionnée par la qualité des négociations et la nature des accords passés avec le Fonds ainsi que les conditions de leur mise en œuvre, ce qui est significatif d'un changement de paradigme. Cette section se donne pour objectif de mettre en évidence les motivations du gouvernement français dans la conduite de la politique d'ajustement structurel au Gabon. La France est de loin le principal créancier du Gabon.

De fait, l'« activisme financier » des institutions publiques françaises s'explique-t-il par la volonté d'accorder des prêts défensifs, c'est-à-dire octroyés dans le but de s'assurer du remboursement des précédentes dettes ? Ou il s'agit, au contraire, d'un ensemble de pratiques ayant pour finalité politique la sécurisation des intérêts financiers, les entreprises installées, le cadre monétaire de la zone franc tout en protégeant un régime allié ?

Lorsque les négociations entre le Gabon et le FMI démarrent dans le sillage de l'éclatement de la crise en 1986, la France va se mettre en retrait sans toutefois renoncer à intervenir politiquement auprès du FMI et le Club de Paris. Elle joue donc le rôle de facilitateur pour le compte du Gabon. Dans cette perspective, son action va être décisive à partir de 1988, lorsque le gouvernement d'Omar Bongo s'est trouvé en mauvaise posture vis-à-vis du FMI. Le 2 juin 1988, le ministre des Finances, Jean Pierre Lemboumba-Lépandou souhaite rencontrer Jean-Claude Trichet, alors directeur du Trésor, en vue d'obtenir le soutien du gouvernement français dans ses négociations avec le FMI[652] sur la question de la masse salariale. Il est finalement reçu par M. Rosen, sous-directeur en charge de l'endettement et du développement.

Au final, Jean Claude Trichet semble avoir été convaincu par le plaidoyer du ministre. Dans une note adressée à Pierre Bérégovoy sa position est la suivante : « Je ne peux recommander, à ce stade, au ministre d'État un soutien des propositions du FMI sur ce problème salarial (…) si le désaccord subsiste entre le Gabon et la mission du FMI, nous essaierons alors de trouver une voie moyenne à proposer au Fonds.[653] » Mais des députés tels que Jeanny Lorgeoux, après une mission parlementaire effectuée à Libreville, estime que « les flux financiers d'origine publique entre le Gabon et la France sont fortement déséquilibrés à l'avantage de la France.[654] » et plaide pour le renforcement de l'assistance financière assortie de l'intervention directe de Pierre Bérévogoy auprès du directeur général du FMI afin de préserver les intérêts économiques et financiers de la France. Ce plaidoyer va dans le sens des vœux formulés très tôt par les autorités gabonaises. Mais ce n'est qu'en juin 1992 que les services du Fonds sont contactés sans pour autant aboutir à une solution voulue par Omar Bongo et son gouvernement[655].

Ce soutien ponctuel a cependant l'avantage de désamorcer la pression des créanciers sur les autorités gabonaises sans pour autant signifier que la France ne serait favorable ni à la réduction de la masse salariale,

---

[652] Il y a un désaccord profond entre le FMI et le Gabon à la fois sur le montant de la masse salariale et l'effort de désendettement prévu par l'accord de stand-by. De fait, les autorités gabonaises ont une conception différente de la diminution des rémunérations publiques. Le FMI recherche un impact budgétaire et structurel, tandis que les autorités gabonaises raisonnent en termes de volume qui soit supportable. Le désendettement à l'égard du système bancaire fait également l'objet d'âpres discussions. Le FMI est opposé à un endettement supplémentaire, alors que le gouvernement maintient sa pression. Et la position de la BEAC rend la situation plus complexe : le 26 janvier 1988 le Conseil d'administration a donné la possibilité aux États en difficulté de trésorerie de rester en dépassement de plafond sous réserve de payer les pénalités.

[653] CAEF, PH :068/97-15, note pour le ministre de Jean Claude Trichet, directeur du Trésor, relative à la situation financière du Gabon, 16 juin 1988.

[654] CAEF, PH : 068/97-15, lettre de Jeanny Lorgeoux, député-maire de Romorantin-Lanthenay, à Pierre Bérévogoy, ministre français des Finances, 13 février 1992.

[655] CAEF, PH : 068/97-15, Lettre adressée par Michel Sapin, ministre de l'Économie et des Finances, à Casimir Oye Mba, Premier ministre du Gabon, 9 juin 1992.

encore moins aux grandes options de la politique d'ajustement. Bien au contraire, la France soutient activement le plan de redressement, ce qui peut paraître paradoxal lorsqu'on observe ses réserves sur la question de la masse salariale. La France ne souhaite pas contrarier les autorités gabonaises, tout comme elle ne souhaite pas mettre en danger ses intérêts financiers, voire économiques. La CCCE va jouer un rôle central dans les négociations.

Au terme d'une mission d'évaluation financière conduite par Alexis Russet, conseiller financier pour l'Afrique à la direction du Trésor, en février 1988, il est apparu que les problèmes de trésorerie que rencontre le Gabon ne devraient être résolus que si un prêt d'ajustement lui est accordé dans l'urgence[656]. En raison du contexte des négociations avec le FMI, on n'a pas tenu compte de cette préconisation dès réception du rapport. Ce n'est qu'en fin juillet 1988 que le conseil de surveillance de la CCCE a octroyé un prêt d'ajustement de 98 millions de FF pour une durée de 15 ans avec pour contrepartie l'application de l'ordonnance du 11 avril 1988 relative à la réduction de la masse salariale dans les entreprises du secteur parapublic autant que le redressement de celui-ci, principalement les entreprises qui sont amenées à recevoir ses prêts[657]. S'agit-il d'un prêt défensif, c'est-à-dire au sens de Carolin Greginat et Aart Kraay[658] puisqu'il vise indirectement le remboursement des arriérés de paiements, c'est-à-dire s'endetter pour se désendetter ? La France par l'entremise de la CCCE a-t-elle renoncé à l'approche prudentielle pour se rallier au FMI ?

En réalité, comme nous l'avons souligné, à la direction du Trésor, on est plutôt favorable à une réduction radicale des dépenses, car la persistance du déficit budgétaire[659] autant que l'endettement se

---

[656] CAEF, PH : 084/94-1, dossier : « Relation avec la France », Rapport de mission d'évaluation financière effectuée au Gabon du 3 au 5 février 1988 par Alexis Russet (conseiller financier pour l'Afrique à la direction du Trésor) ; Serge Michaïlof (directeur de l'agence de la CCCE à Libreville) et M. Fandre (chargé de mission au ministère de la coopération).

[657] Id., procès-verbal confidentiel de la réunion du conseil de surveillance de la CCCE, 27 juillet 1988.

[658] Aart Kraay et Carolin Geginat, "Does IDA engage in defensive lending?", Review of economics and Institutions, Vol. 3, 2012.

[659] Ce phénomène a cependant été alimenté par des décisions controversées, à savoir les mesures d'allègement fiscal sur la bière (remise spéciale), décision spéciale du président sur les impôts fonciers ; remise sous pression des droits à la compagnie

traduisent par une charge sur la Banque centrale. Mais cette rationalité financière est nuancée par des considérations politiques liées à l'hypothèse de l'effondrement de l'État. En ce qui concerne la caisse centrale, les prêts d'ajustement ont vocation à réorganiser le secteur parapublic dans la perspective d'une capitalisation à grande échelle de la dette. Le principal enjeu étant l'adaptation de l'offre de financement de projets aux enjeux politiques et financiers du moment, c'est-à-dire une anticipation des mutations que subit et subirait l'organisation économique du pays, de telle manière que les entreprises françaises continuent de jouer un rôle central. Le soutien vis-à-vis du FMI et du Club de Paris et les différentes formes d'aides financières accordées au Gabon ont pour dessein de garantir l'influence de la France au Gabon.

Mais d'un point de vue doctrinal, la fin de la décennie quatre-vingt est marquée par des évolutions contrastées de la diplomatie africaine de la France. C'est ce qui ressort de l'analyse du rapport interministériel présenté par Denis Samuel-Lajeunesse en avril 1989. L'un des enjeux majeurs est la nécessité de réaffirmer la cohérence et le dynamisme de la politique africaine (orientations 2 et 4), ce qui implique une meilleure qualité financière de l'aide (orientation 9) autant qu'une implication active dans le système multilatéral (orientation 6)[660].

Dans cette perspective, François Mitterrand a pris des initiatives à l'échelle européenne[661]. En 1992, la facilité dite de Munich en faveur des pays à revenus intermédiaires les plus pauvres et endettés (PRIPE) est élaborée en vue d'aider la Côte d'Ivoire, le Cameroun et le Congo-Brazzaville. Or le Gabon n'est pas éligible à cette facilité, ce qui ne manque pas de provoquer l'ire d'Omar Bongo. Ce dernier entend profiter du sommet de la Francophonie qui s'est tenu à Libreville en septembre 1992 pour obtenir une remise substantielle de sa dette, puisque cette rencontre ambitionne de renforcer son influence en Afrique. La stratégie gabonaise va être confortée par le discours ambigu

Shell. On a donc une politique fiscale qui n'est ni adaptée à la situation globale des finances publiques, ni conforme à un cadre réglementaire.

660 Ministère de l'Économie, des Finances et du Budget, Ministère de la coopération et du développement, Ministère des Affaires étrangères, Rapport sur les orientations à moyen terme de notre politique d'aide au développement, remis par le groupe interministériel présidé par Denis Samuel-Lajeunesse, avril 1989.

661 Voir Obadiah Mailafia, Europe and economic reform in Africa: structural adjustement and economic diplomacy, London, Routledge, 1997.

tenu par le ministre des Affaires étrangères, Roland Dumas, à l'occasion de ce sommet. De même, l'Ambassadeur de France au Gabon, Louis Dominici considère, pour sa part, que « les problèmes du Gabon venaient du poids excessif de sa dette extérieure. »[662] Ces différentes prises de position témoignent d'une impréparation et l'absence d'une ligne directrice, en dépit des préconisations formulées dans rapport présenté par Denis Samuel-Lajeunesse évoqué supra.

De fait, il apparaît que la direction du Trésor n'est pas du tout favorable à la remise de la dette puisqu'elle est très critique vis-à-vis de l'attitude du gouvernement gabonais dans ses relations avec ses créanciers et le FMI. En revanche, la représentation française à Libreville, et dans une moindre mesure les Affaires étrangères et la coopération sont favorables à cette option pour des considérations politiques.

Dans cette perspective, la question qui se pose à Libreville est la suivante : est-il nécessaire de se préoccuper d'une dette dont le règlement est de nature politique ? Au Ministère gabonais des Finances, il n'y a aucune ambiguïté et la réponse a été pour le moins évidente puisque le président est convaincu que la dette serait remise par la France.

Ainsi, Omar Bongo maintient sa pression sur les autorités françaises à Libreville, en tête desquelles Louis Dominici. Ce dernier est, comme nous le subodorions, très attentif aux récriminations d'Omar Bongo. Il adresse un télégramme diplomatique à Jean Claude Trichet pour rendre compte du désarroi qui règne à Libreville en ces termes :

> « Le chef de l'État [Omar Bongo] m'a dit sa vive inquiétude sur la question de la dette gabonaise, à l'issue de la réunion du G7. Il entendait dire que l'on avait examiné la possibilité de rechercher un allègement de la dette de la Côte d'Ivoire, du Cameroun et du Congo-Brazzaville, mais il n'était pas question du Gabon. Que se passait-il ? Le Gabon allait-il être le seul pays africain francophone de la Zone franc à être mis à l'écart d'une mesure favorable sur la dette alors que celle-ci écrasait le pays et qu'il avait le « couteau sur la gorge » ? (…) Dans ce contexte historique, personne au Gabon ne

[662] CAEF, PH : 094/94-6, note du conseiller financier pour l'Afrique à la direction du Trésor, 10 avril 1992.

pouvait croire que la France pourrait alléger la dette de la Côte d'Ivoire, du Cameroun et du Congo-Brazzaville, et laisser le Gabon, seul exclu et mis à part de la famille africaine francophone de la Zone franc, dont il avait toujours été et demeurait l'un des piliers les plus sérieux et plus sûrs pour la France. Le peuple gabonais ne le comprendrait pas. Le gouvernement et le parlement non plus. N'entendant pas venir de Paris les assurances formelles et concrètes qu'il espérait afin que le Gabon ne soit pas exclu, en tout cas, d'une mesure spécifique de la France sur la dette des pays à revenus intermédiaires de l'Afrique francophone[663.] »

L'étude de ce texte nous permet de tirer deux enseignements. En premier lieu, les autorités gabonaises considèrent les conditions d'application de la facilité de Munich comme un facteur d'exclusion, voire de remise en cause des relations spécifiques et privilégiées qui les lient historiquement à la France. Les qualificatifs de « piliers » et « sûrs » sont habilement utilisés pour caractériser la nature des liens et les risques à la fois sur la Zone franc, et plus largement sur la Francophonie.

En deuxième lieu, on voit bien que la gestion de la crise de la dette revêt une dimension politique et géopolitique dans un contexte de recomposition des rapports de force depuis la fin de la guerre froide. Ce qui conduit Louis Dominici à attirer l'attention de sa hiérarchie sur les effets d'une « crise passionnelle susceptible de dégénérer. »

Il pourrait en résulter, poursuit-il, « des conséquences graves, non seulement pour le Gabon, mais aussi pour nos intérêts matériels et moraux dans ce pays dont le rôle central en Afrique central et dans la francophonie est évident. [664]»

Constatant que le règlement de la dette constitue la seule issue possible, le ministre des Finances s'empresse de monter un emprunt sur le marché bancaire international dans le but de faire bonne figure auprès de ses créanciers et d'empêcher l'annulation de l'accord obtenu en Club

---

663 CAEF, PH : 094/94-6, Télégramme diplomatique envoyé par Louis Dominici, Ambassadeur de France au Gabon, à Jean Claude Trichet, directeur du Trésor au sujet du service de la dette extérieure du Gabon, 9 juillet 1992.

664 *Ibid.,*

de Paris. Ce qui aurait pour but de réduire les marges de manœuvre du Gabon sur les marchés financiers et rendrait moins efficace la pression que le gouvernement gabonais exerce sur les autorités françaises.

Celles-ci ne tardent pas à réagir puisque Pierre Bérévégoy donne les instructions à son gouvernement pour qu'un prêt de 350 millions de FF soit garanti et débloqué en contrepartie du bon déroulement du programme signé avec le FMI et du règlement des arriérés au Club de Paris[665]. La situation est délicate pour s'y opposer, car une énième annulation de l'accord expose les autorités gabonaises à une déconsolidation de l'ensemble de la dette.

Cet effort de déconsolidation doit être assorti, conformément aux règles de fonctionnement du Club de Paris, d'une suspension de l'engagement de nouveaux projets et l'arrêt de décaissements sur l'ensemble des projets en cours de financement par la Caisse centrale[666].

Cela aurait eu un impact sur une économie déjà en récession. Si les autorités de Libreville semblent se plier à cette contrainte, il n'en reste pas moins qu'aux yeux d'Omar Bongo, la remise de la dette reste la solution qui l'arrangerait le mieux. C'est ce qui ressort d'une lettre qu'il a adressée plus tôt à François Mitterrand :

> « [...] j'ai l'honneur d'appeler votre attention sur la situation de l'État gabonais qui, à l'heure actuelle, ne permet pas le remboursement des arriérés de la dette (...) La rigueur toute particulière dont fait preuve le Club de Paris pour le remboursement d'arriérés actuels dont l'encours est à soixante-dix pour cent [70 %] français, associé à la baisse du dollar, nous amènerait à envisager le gage d'une partie importante de nos ressources pétrolières ; [cette] opération entraînerait un coût financier important et constituerait un risque politique évident dans la perspective électorale de l'année 1993 (...) Aussi me permettrai-je de solliciter votre appui pour une solution complémentaire comportant une

665 CAEF, PH : 094/94-6, Télégramme diplomatique envoyé par Louis Dominici, ambassadeur de France au Gabon, Jean Claude Trichet, directeur du Trésor, au sujet du service de la dette du Gabon, 17 juillet 1992.

666 Id., Note du service des Affaires internationales, endettement et développement de la direction du Trésor à propos de la stratégie financière vis-à-vis du Gabon, 6 novembre 1992.

> réduction des intérêts à un niveau acceptable et d'étaler le remboursement sur la période à partir de 1997[667]. »

Lorsque le chef de l'État gabonais écrit cette lettre, son but est d'obtenir l'application du traitement de Munich en faisant valoir les risques politiques inhérents aux élections présidentielles de 1993 qui entérinent, d'une certaine façon, les objectifs du fameux discours de la Baule. Les notes de la direction du Trésor montrent que la France est dans l'incapacité de faire accepter une remise de la dette gabonaise au niveau multilatéral. Elle le fera cependant au niveau bilatéral sans pour autant renier le consensus international qui autorise par ailleurs ces initiatives[668]. Le 30 septembre 1992, François Mitterrand adresse un courrier à Omar Bongo :

> « [...] Malheureusement nous n'avons pas pu faire accepter que le Gabon puisse bénéficier de la même procédure, compte tenu des différents critères économiques et financiers retenus par les créanciers pour déterminer les pays éligibles à une réduction partielle de leur dette. Je comprends cependant vos préoccupations et le regret que cette annonce a pu susciter dans votre pays ; je souhaite vous aider à y faire face. Aussi puis-je vous assurer de l'intention de la France de faire bénéficier le Gabon, de façon bilatérale, de l'esprit de Munich en ce qui concerne ses propres créances d'aide publique au développement. Nous pourrons le faire dès qu'un nouvel accord avec le Club de Paris sera mis au point avec votre pays[669]. »

Cette décision ouvre la voie à des négociations difficiles, non seulement à l'égard du FMI, mais aussi avec le Club de Paris : il s'agit de la contrepartie de l'aide financière française. Et la perspective des élections présidentielles de 1993 et le risque d'un non-accord avec le Club de Paris au cours de cette année conduisent les autorités gabonaises à s'y employer.

---

[667] *CAEF, PH : 094/94-6, Lettre adressée au président François Mitterrand par Omar Bongo, président du Gabon, 14 septembre 1992.*

[668] *Note pour le ministre de Jean Claude Trichet, directeur du Trésor, en réponse à la lettre adressée par le président Omar Bongo au président François Mitterrand, 29 septembre 1992.*

[669] *CAEF, PH : 094/94-6, lettre adressée au président Omar Bongo par le président François Mitterrand, 30 septembre 1992.*

Par ailleurs, cette décision se traduit, pour la France, par une forme d'inflexion des initiatives bilatérales au profit des programmes multilatéraux de gestion de la dette. L'application stricte des programmes d'ajustement en contrepartie de l'aide financière internationale s'érige en norme absolue.

Autrement dit, pour les autorités françaises, les instruments bilatéraux de gestion de la crise de la dette dans les pays francophones ne devaient être opérationnels qu'à condition qu'un accord soit trouvé avec le FMI. Il s'agit d'une rupture importante et celle-ci a été vue, par les responsables politiques des États concernés, comme une forme de dislocation des liens et un déni de responsabilité historique vis-à-vis de ses anciennes colonies.

Mais l'interprétation dominante est que la France s'est vue dans l'obligation de se plier aux directives des Institutions de Bretton Woods pour éviter une trop forte politisation de la gestion de la crise de la dette qui aurait pu entacher sa crédibilité auprès des institutions financières internationales.

La France a-t-elle cédé aux pressions du FMI, au regard des échecs des plans d'ajustement structurel ? Jean-Michel Severino et Olivier Ray ont montré que ces plans ne sont pas parvenus à sortir les États subsahariens d'une faillite économique profonde[670]. La plupart des États ont été durablement impactés par la dépression des cours mondiaux des matières premières, la récession mondiale et le refus d'ajuster par crainte des risques sociaux. En outre, la perspective de l'expiration en novembre 1993 de la facilité d'ajustement structurel renforcé (FASR) du FMI et la persistance du déficit de la balance des paiements constituent des facteurs d'incertitudes puisque les avoirs extérieurs du Gabon sur le compte d'opération[671] se sont effondrés de -64 % entre

[670] Jean-Michel Severino et Olivier Ray, « La fin du système économique », Le Débat, 2011/1, n° 163, p.110. Voir Ben Hammouda Hakim, The political economy post-adjustement: towards new theories and strategies of development, Aldershot, Ashgate, 2003; Nicolas van der Walle, Nicole Ball et Ramachandran Vijaya, Biyond structural adjustement : the institutional context of African development, New York, Palgrave Macmillan, 2003.

[671] Sur le fonctionnement du compte d'opérations, voir, Bruno Tinel, Le fonctionnement du compte d'opérations et son rôle dans les relations entre la France et les pays africains, Paris, Documents de travail, n° 2016.69, du Centre d'économie de la Sorbonne, 2016 ; Yamb Elie Blaise Benjamin, Mésalignement et dynamique de

1990 et 1992 : faut-il dévaluer la monnaie pour restaurer l'équilibre externe ?

*

*   *

L'analyse croisée des archives de la direction du Trésor et de la Banque de France a permis de mettre en évidence la complexité et la violence de la crise de la dette qu'a connue le Gabon au milieu des années quatre-vingt. Cette crise a d'une part révélé, voire accentué les dysfonctionnements institutionnels et les rivalités opposant le ministère des Finances et celui du Plan. Il ne fait donc aucun doute que la crise de la dette est constitutive de celle de l'administration des finances publiques. Ce phénomène a nécessité des réformes radicales qui, comme à la fin de la décennie précédente, n'ont pas été menées, en dépit des pressions internationales.

D'autre part, cette crise a montré les carences d'une politique économique qui n'a pas su s'adapter aux exigences du marché des matières premières et aux variations de la valeur du dollar sur le marché des changes. Autrement dit, elle est la manifestation des échecs du système économique et financier initié dans les années 1970. La gestion de la crise de la dette s'est traduite par l'intervention du FMI, de la Banque mondiale et la France. Si la stratégie française a consisté, dans un premier temps à soutenir le Gabon dans ses négociations avec le FMI et le Club de Paris, cette stratégie a néanmoins évolué dans le sens contraire lorsque les autorités françaises ont compris que l'approche du FMI s'imposait.

Cependant, l'alignement de la politique africaine de la France sur celle des Institutions de Bretton Woods n'a pas empêché des initiatives bilatérales, car le risque de la perte d'influence au Gabon constitue un enjeu politique majeur dans un contexte de modification de rapports de force dans une perspective post-guerre froide. Ces différents efforts ont

---

convergence du taux de change réel en zone franc, Thèse de doctorat en Sciences économiques Paris, Université Paris 1, 2007.

été interprétés comme une stratégie visant à empêcher une « recolonisation » orchestrée non plus directement par un État, mais par le marché dans le contexte de la mondialisation financière.

Mais l'hypothèse d'un « écrasement » de l'État par la finance, par le biais du FMI, est nuancée, s'agissant du Gabon, dans la mesure où la défiance vis-à-vis des réformes budgétaires et douanières utiles, considérées comme mortifères par les autorités gabonaises, peut être considérée comme une forme d'« insoumission » à l'ordre néolibéral dont le FMI est l'incarnation. Mais le fait marquant reste la transformation sociale qui s'est traduite non seulement par des formes variées de démocratisation de la vie politique sans que le régime ne se soit démantelé pour autant. La crise de la dette pose également le problème de l'équilibre du système bancaire et l'efficacité du cadre monétaire puisque les réserves de change s'épuisent à un rythme soutenu, la liquidité bancaire s'effondre : faut-il modifier le cadre institutionnel de la politique monétaire ou, au contraire, repenser le statut des banques commerciales ?

CHAPITRE VIII

L'IMPACT DE LA CRISE DE LA DETTE SUR LE CADRE MONÉTAIRE : ANALYSE DES SPÉCIFICITÉS GABONAISES ET DE LA CONDITIONNALITÉ DE L'ÉQUILIBRE MONÉTAIRE, 1987-1992

Ce chapitre constitue le prolongement logique du précédent. Dans ce dernier, nous avons mis en évidence le rôle des difficultés structurelles de l'administration des finances publiques, la dégradation persistante de celles-ci et la montée en puissance des investissements, financés par l'endettement, ainsi que la détérioration des termes de l'échange dans l'éclatement de la crise financière qu'a connue le Gabon.

Toutes ces transformations ont révélé l'un des paradoxes de la politique économique menée au Gabon. Soutenues par les Institutions de Bretton Woods, les autorités gabonaises se sont évertuées à donner une orientation libérale à l'économie tout en préservant les fondements idéologiques d'une économie de rente ayant contribué à l'édification de l'État. Ce contresens explique l'absence de repères qui caractérise l'action du gouvernement d'Omar Bongo. Il s'ensuit un échafaudage des mesures obtenues grâce aux négociations, aux demandes d'annulation de la dette et à une succession d'accords de rééchelonnement signés dans les Clubs de Paris et de Londres pour tenter d'endiguer une crise devenue quasi systémique.

Ces accords ont pour objectif la restauration de l'équilibre budgétaire et de limiter la dynamique d'endettement public. Au plan politique, la perte de la souveraineté budgétaire a été manifeste du fait de la conditionnalité de l'ajustement des dépenses courantes qui est perçu comme la contrepartie de l'aide financière.

En situant cette crise dans l'histoire économique du pays, on est frappé par une double rupture, certes latente. Il s'agit, d'une part, du recul d'une croissance extravertie impulsée par les différents chocs pétroliers, lesquels chocs ont radicalement ancré l'économie dans une prospérité de court terme. Dans la foulée, des entreprises d'État ont vu le jour, mais leur fonctionnement dépend largement des subventions qui sont devenues intenables lorsque les recettes d'exportation se sont raréfiées. D'autre part, il en résulte corrélativement une situation de défaut de paiement ayant pris forme en 1977 ; l'endettement a contribué au renforcement de ces contraintes structurelles, malgré l'intervention conjointe des Institutions de Bretton Woods (IBW) et de la France[672] dans la mise en œuvre des réformes. Ce qui explique aussi pourquoi l'économie n'a que faiblement, voire pas du tout profité de ces réformes pourtant mises en œuvre depuis la fin des années soixante-dix et amplifiées dans le contexte de la crise des années quatre-vingt.

Par ailleurs, la récession et l'augmentation de la dette publique conduisent à des risques d'insolvabilité, c'est-à-dire une crise des flux de paiements qui sont susceptibles de remettre en cause le cadre monétaire et expliquent pourquoi la sortie de crise était hors de portée. Or, comme on le verra, la BEAC ne disposait d'aucun instrument efficace capable de garantir le contrôle des évolutions monétaires. Bien que le programme du Fonds eût vocation à arbitrer entre assainissement des finances publiques et stabilité d'un système bancaire fragile, ce qui est hors de portée en raison de l'absence d'un mécanisme de convergence entre la politique budgétaire et la politique monétaire.

Étant donné que le taux de change du F CFA avec le FF est fixe[673], le Gabon n'était pas a priori exposé au risque de change, même s'il est vrai que par l'entremise de la BEAC il était dans l'incapacité de mener une politique de change active en cas de perte de compétitivité commerciale. À la BEAC, comme au sein des États, y compris en France, la question de la dévaluation ne s'est pas systématiquement posée. Même le FMI a, dans un premier temps, privilégié, la réduction des salaires et un ajustement des prix difficiles à mener. Il a par la suite

[672] Voir Christophe Marchand, « L'aide française à l'ajustement », CHEFF, La France et l'outre-mer. Un siècle de relations monétaires et financières, actes du colloque tenu à Bercy les 13, 14 et 15 novembre 1996, Paris, CHEFF, p.685-688.

[673] Le système de taux de change fixe repose sur l'argument théorique selon lequel l'élimination du risque de change qui en découle permettrait symétriquement de favoriser la protection des investisseurs et fournisseurs de capitaux étrangers. De façon prosaïque, ce système protège la valeur réelle des investissements des effets négatifs d'une inflation élevée, mais surtout des dévaluations récurrentes. Ce système est en effet favorable à la protection des intérêts français dans les pays membres de la zone franc.

activement plaidé pour une dévaluation en avançant l'argument selon lequel le F CFA était surévalué et que l'ajustement monétaire s'imposait si on souhaite relancer les économies de la zone franc[674]. Si le FMI a réussi à imposer la thèse de la surévaluation du F CFA dans le débat, c'est bien parce qu'elle était légitime, même si cette perspective n'avait pas l'assentiment de la France et des pays membres qui estimaient que la surévaluation était préférable à la dévaluation en contrepartie de la poursuite des politiques d'austérité[675].

La BEAC est cependant confrontée à la rigidité de son régime monétaire. En conséquence, la politique monétaire est soumise à une contrainte réelle qui est entretenue par ses administrateurs. Toute création monétaire doit automatiquement se traduire par un accroissement des réserves de change et, inversement, leur détérioration implique une baisse de la masse monétaire donc un encadrement du crédit. Il est nécessaire de dire en quoi consiste cette opération. En tant qu'acte administratif, l'encadrement du crédit est une stratégie qui a pour finalité de dissuader les banques à effectuer des opérations contraires à la réglementation ; en agissant ainsi, les autorités monétaires orientent le crédit bancaire vers des activités jugées prioritaires. L'encadrement du crédit repose sur deux piliers : les plafonds (par États et les cotes par banques) et les ratios (au niveau des banques, il s'agit des ratios de liquidités, les ratios d'emploi des dépôts en crédits non réescomptables et les ratios de fonds propres ; les entreprises sont soumises à la même réglementation)[676]. Dans ces conditions, la politique monétaire est conditionnée par la prise en compte des taux d'intérêt sur le marché monétaire français.

Dans ce chapitre, nous essaierons de mettre en évidence les problèmes pratiques qui vont jalonner le processus de gestion de la crise bancaire dont l'impact sur la stabilité du système de paiement et la confiance dans la monnaie F CFA est significatif. Ces mutations, de nature systémique, vont permettre de poser les bases de la transformation des

---

674 Catherine Enoh, Problématiques des zones monétaires. Questions monétaires et budgétaires au sein de la zone franc : application à la Côte d'Ivoire, Thèse de doctorat (NR) en sciences économiques de l'EHESS sous la direction de François Bourguignon, Paris, 3 décembre 1999, p.91.

675 Id.,

676 AFMI, 63808, dossier : « BEAC, 1972-1979 », note non datée de la direction des études et de la documentation de la BEAC.

institutions et des instruments de politique monétaire ainsi que les débats qui vont se poser, en particulier sur le rôle de la Banque centrale et la convergence entre la politique budgétaire et monétaire.

8. 1. L'étude d'une politique monétaire inadaptée au contexte de crise financière, 1985-1989

La dégradation de la situation monétaire de la zone BEAC est sans doute l'une des faces cachées ou l'un des effets de la crise financière que traverse le Gabon. Pour comprendre les circonstances dans lesquelles cette crise a pris forme, il convient de prendre en compte deux facteurs. D'une part, l'incohérence temporelle entre le besoin de financement et la baisse des ressources financières extérieures consécutive à la détérioration des termes de « l'échange-pétrole ». D'autre part, l'effondrement des réserves de change lié à la politique monétaire accommodante, la fuite spéculative des capitaux et l'importance des montants nécessaires au paiement des dettes.

Il faut cependant tenir compte de la corrélation existant entre le poids de la dette et la variation du taux de change du FF en dollars US du fait de la variation de la valeur des dettes[677]. Il s'ensuit une incapacité à faire face au service de celles-ci autant qu'à couvrir les dépenses publiques[678] autrement que par l'endettement ; bien que la politique monétaire accommodante menée par la Banque centrale, à partir du milieu des années 1980, ait joué un rôle déterminant comme on le verra. En effet, les crédits à l'économie et les avances directes aux États ont en moyenne progressé de 16 % par an à l'échelle de la zone, mais ces dynamiques ont été significatives au niveau des États où les taux varient entre 40 et 60 %[679].

---

[677] ABF, 1466200601/238, dossier : « BEAC-Gabon », procès-verbal de la réunion du conseil d'administration de la BEAC, note sur la dégradation de la situation monétaire et des mesures de redressement, 25 novembre 1987. Techniquement, lorsque le cours du dollar américain est élevé, les dettes libellées en francs français baissent en valeur et inversement. En revanche, une part significative des emprunts ont été libellés en dollars US. Le FF a été dévalué de 3 % le 6 avril 1986.

[678] ABF, 1466200601/235, dossier : « BEAC », procès-verbal de la réunion du 25 novembre 1986.

[679] ABF, note sur la dégradation de la situation monétaire, Ibid.,

Durant cette période, certains investissements de faible envergure économique et les déficits budgétaires ont été financés par la création monétaire. La Banque centrale a justifié cet assouplissement en avançant l'argument selon lequel l'expansion du crédit répondait au besoin de faire participer le système monétaire au développement économique et social des États. La rhétorique adoptée par la Banque centrale traduit sa soumission aux objectifs des gouvernements délaissant ainsi ses propres objectifs. Il s'ensuit une perte de devises[680] et une baisse des avoirs extérieurs. Cela impacte sur la couverture extérieure de la monnaie, puisque le taux de couverture des engagements à vue par les avoirs extérieurs est passé de 63,70 % le 31 janvier 1986 à 9 % en fin septembre 1987, largement en dessous du niveau statutaire de 20 %. Comme on le verra, la dévaluation aurait dû intervenir, mais cette hypothèse a été écartée au profit d'une contraction de la masse monétaire donc du crédit.

Toutes ces dynamiques dénotent d'une impréparation autant qu'elles traduisent un décalage temporel entre la politique monétaire, la politique économique et l'économie réelle. En fait, la Banque centrale a continué à mener une politique monétaire active pour faire face aux pressions que les États exercent sur elle, mais aussi parce qu'elle détenait des créances sur les banques. Toute la stratégie implicite repose sur l'idée que les différents plans d'ajustement aboutiraient à des résultats probants : les bilans des banques se stabiliseraient et on reviendrait progressivement à une politique monétaire normale, d'autant que le compte d'exploitation de la Banque centrale serait équilibré après avoir recouvré ses créances. Ce qui revient à penser que la Banque centrale a mené une politique monétaire de croissance en finançant les déficits budgétaires des États tout en maintenant l'objectif de l'anticipation de l'inflation et la défense du taux de change qui s'est imposée dans le contexte de la perte de devises. La politique monétaire manque de lisibilité. Et ce « contresens » va peser de façon décisive

[680] Lorsqu'on analyse les dynamiques des finances extérieures d'une économie ouverte commercialement et financièrement, la perte de devises doit être articulée autour de la notion de risque pays afin de mesurer l'impact de la variation des réserves sur l'économie réelle. Par définition, dans ce type d'économie, les entreprises peuvent être impactées dans leur activité par l'absence de devises, tout comme certains investisseurs directs peuvent être amenés à être attentistes puisque le manque de devises conduit au ralentissement de l'activité macroéconomique, ce qui réduit la rentabilité. Il s'agit d'une piste de réflexion qui pourrait être fertile, mais la question des sources constitue une contrainte à l'élargissement de l'investigation.

dans le développement de la crise financière et son extension à la sphère monétaire.

L'une des manifestations de ce glissement est sans doute l'évasion des capitaux. Il faut noter que le montant estimé des dépôts non bancaires placés à l'extérieur, pour l'ensemble de la zone en mars 1987, s'élevait à 282 milliards de F CFA. Or ces sorties frauduleuses des capitaux ont un impact sur les réserves en devises de la BEAC. Celle-ci ne dispose d'aucun instrument pour contrer ces mouvements qu'on qualifierait de spéculatifs autant qu'elle éprouve de sérieuses difficultés à les évaluer. Une tentative d'évaluation est toutefois effectuée en 1987. Elle a révélé qu'entre 1985 et 1986, la proportion des billets rapatriés a progressé de 28 %, ce qui représente un montant de 292 milliards de F CFA et pour le premier trimestre 1987, le montant est de 160 milliards de F CFA si bien que lorsqu'on rapporte à l'année, ces fuites pourraient représenter 90 % de la circulation fiduciaire de la zone[681].

Ce phénomène est accentué par deux facteurs, l'un lié à la politique monétaire et l'autre au cadre de coopération. S'agissant de la politique monétaire, il faut souligner qu'en termes réels le différentiel des taux d'intérêt, par rapport aux marchés monétaires français et ouest-africain est longtemps resté en défaveur de la BEAC. Le besoin de sécurité des épargnants a fait du franc français une monnaie refuge et la situation monétaire des États s'est dégradée. En outre, la suspension du contrôle des changes décidée par le gouvernement français le 22 mai 1987 a eu un impact négatif sur les finances extérieures et la situation monétaire des États de la zone franc. En effet, la France a accordé la liberté aux entreprises d'entretenir des comptes en devises à l'étranger comme en France[682]. Nous faisons l'hypothèse que cette facilité conjuguée avec le transfert illimité des capitaux s'est traduite, pour le compte d'opérations de la BEAC, par des pertes de devises. Car les accords de coopération font obligation à la Banque centrale de reprendre sans limitation, auprès des ressortissants étrangers, les billets de sa zone d'émission. Cela facilite la spéculation, puisque le contrôle des changes est assuré par les États et non par la Banque centrale. Cependant, pourquoi la Banque

---

681 ABF, note sur la dégradation de la situation monétaire, *Ibid.*,

682 ABF, 1466200601/235, dossier : « BEAC », note sur la libéralisation du contrôle des changes en France, procès-verbal de la réunion du conseil d'administration du 29 juillet 1987.

centrale n'a-t-elle pas pris des mesures adaptées afin de prévenir la crise monétaire et garantir la confiance autant que la crédibilité de son action ? Les textes réglementaires étaient-ils adaptés au contexte et à l'ampleur d'une crise de nature monétaire et systémique ?

En fait, le cadre institutionnel et réglementaire n'est plus adapté au contexte monétaire. Les articles 11 et 38 des statuts, 2 du règlement intérieur du conseil d'administration et 4 (alinéa 2) de la convention du compte d'opérations sont inefficients : l'objectif du maintien du taux de couverture extérieure de la monnaie par un niveau important des réserves en devises est incompatible avec l'exigence du règlement de la dette et la pérennité du système de paiement. Pourtant, la Banque de France n'a eu de cesse d'attirer l'attention des autorités monétaires et étatiques sur les risques des politiques déflationnistes, alors que le PIB du Gabon a baissé de (-30 %) et la Loi des Finances de 1987 fait état d'une baisse des recettes fiscales et d'exportation de (-45 %). Elle plaide pour une application des mesures statutaires et préconise une dévaluation dans une série d'analyses envoyées discrètement à la direction du Trésor.[683]

Les autorités monétaires ont réagi en préconisant un relèvement des taux d'intérêt et un rétrécissement des plafonds d'intervention de la Banque centrale. Ces mesures s'inscrivant dans l'histoire monétaire du Gabon ne laissent transparaitre aucune rupture dans l'analyse du cadre théorique de la politique monétaire de la BEAC. Les autorités monétaires ont régi au cours de la réunion du Conseil d'administration du 26 novembre 1987 qui a apporté des changements dans la politique monétaire. D'une part, les taux d'intervention de la Banque centrale ont été réduits et un taux de pénalité de 7 % a été institué s'agissant des avances aux trésors et 16 % pour les banques[684], ce qui constitue moins une contrainte qu'une incitation au dépassement de plafond en contrepartie du versement de ladite pénalité ; d'autre part, les plafonds de refinancement à court terme des États ont été réduits. Cette croyance en la régulation s'était affirmée à l'occasion de la réunion du comité monétaire mixte qui s'était tenue à Paris un an plus tard, le 18 juin

683 ABF, 1466200601/238, lettre de la Banque de France (signée par la DGSE) relative à la dégradation de la situation monétaire et mise en œuvre des mesures statutaires, 1er décembre 1987.

684 ABF, note sur la dégradation de la situation monétaire, *Ibid.*,

1988[685], puisque les prises de position des États faisaient ressortir une convergence quant à une régulation mécanique, c'est-à-dire qui ne tient pas compte du contexte général. Au total, les taux ont été modifiés en octobre de la même année puis en octobre 1990.

8. 2. La crise financière et son impact sur la parité du F CFA

Doit-on dévaluer le F CFA ou poursuivre des politiques d'ajustement structurel devenues impopulaires ? Dès 1987, le poids des contraintes financières et les échecs répétés des politiques d'ajustement incitent le FMI à peser pour que la dévaluation du F CFA soit réalisée. Patrick et Sylvianne Guillaumont Jeanneney ont avancé deux arguments pour expliquer l'abandon du « paradoxe » de l'ajustement sans dévaluation. Il y a, d'un côté, la baisse significative de la valeur du dollar américain et de l'autre, la stabilité retrouvée du franc français[686]. Ces deux facteurs vont peser, puisque la plupart des États font face à d'importantes difficultés financières que l'ajustement monétaire aurait, en théorie, permis d'estomper. En effet, tous les États de la zone BEAC connaissent une situation financière précaire. Les avoirs en devises se sont effondrés autant que les dépôts bancaires. En conséquence, l'état de leurs finances publiques ne leur permet plus d'honorer les échéances de leurs dettes respectives.

Dans ce contexte, la Côte d'Ivoire s'est très rapidement retrouvée dans une situation d'insolvabilité et s'est vue dans l'obligation de décréter, en automne 1987, un moratoire unilatéral sur sa dette extérieure pourtant rééchelonnée en Club de Paris quelques mois auparavant. Mais cette expérience est loin d'être un trait spécifique à ce pays, car le Gabon n'a réussi à maintenir un équilibre artificiel qu'en reportant la charge de la dette de l'administration centrale, et des entreprises publiques, sur les banques à travers de nouveaux emprunts, ce qui a mis en difficulté le système bancaire. Cette distorsion est donc la clé de voûte de la compréhension des dérives de la politique monétaire et ses

[685] ABF, 1466200601/240, dossier : « BEAC », procès-verbal de la réunion du conseil d'administration du 25 juillet 1988.

[686] Patrick et Sylvianne Guillaumont Jeanneney, « La Zone franc, les institutions de Bretton Woods », *op.cit.*, p.190.

effets amplificateurs de la crise, d'autant qu'elle pose de façon radicale le problème du rôle de la Banque centrale dans le règlement de la crise.

Ainsi, la BEAC a commencé à remettre en question sa propre politique, à telle enseigne qu'à l'occasion d'une réunion du comité ministériel tenue le 24 novembre 1987, les administrateurs ont dû se poser cette question : le taux de change de la zone d'émission était-il surévalué et, en fin de compte, un ajustement de la parité contre le franc français ne serait-il pas nécessaire[687] ? Mais cette réflexion a été confrontée à des considérations qu'on qualifierait de psychologiques : l'adaptation des économies à un taux de change historique justifie-t-elle son maintien en dépit des difficultés réelles liées à la variation de leurs balances commerciales et à l'inflation ?

Des réflexions ont été engagées. Les experts de la BEAC ont avancé l'argument suivant pour défendre cette hypothèse. Le niveau inadapté du taux de change est à l'origine du déséquilibre de la balance commerciale (graphique 25), des finances extérieures et, par extension, des finances publiques. Les économies sont, de ce fait, affaiblies par l'absence de compétitivité (graphique 23) des produits exportés, ce qui se traduit par la baisse du volume des exportations et le niveau modéré des prix (graphique 21) en France. Cela conduit à la montée en puissance des importations[688] (graphique 23), entraînant ainsi un déséquilibre de la balance des paiements[689].

La crédibilité de la politique monétaire s'est, en conséquence, confrontée aux logiques de marché, donc de la mondialisation qui déconstruit les fondements idéologiques sur lesquels reposent l'indépendance des États et l'autorité monétaire exercée par les banques centrales depuis la fin des années 1970.

---

[687] ABF, 1466200601/238, dossier : « BEAC », note sur la parité du F CFA d'Afrique centrale, procès-verbal de la réunion du comité ministériel, 24 novembre 1987.

[688] Notons que la libéralisation des prix, notion vague utilisée pour caractériser l'inflation découlant de l'impôt à la consommation, et la recherche des marges commerciales qui servent à définir les tarifs douaniers, ont modifié les conditions de taxation des importations. On a donc conclu que la concurrence entre les importateurs, qui a détruit le niveau de protection dont bénéficiaient les entreprises gabonaises, découle de cette distorsion institutionnelle.

[689] Ibid.,

Si la thèse de la surévaluation relative du F CFA par rapport à l'ensemble des monnaies étrangères, en particulier vis-à-vis du FF, apparaît empiriquement crédible, on aboutit néanmoins à la conclusion que les inconvénients sont bien plus importants que les avantages. Les autorités monétaires ont-elles fait preuve de pragmatisme ou ont-elles cherché à gagner du temps en espérant que l'ajustement produise des effets et que l'activité reparte en conséquence ?

Quoi qu'il en soit, les actions des autorités monétaires ont manqué de lisibilité et aucune initiative ne doit être prise sans l'implication directe des responsables politiques. Dans cette perspective, l'accord des chefs d'État est la condition sine qua non de la mise en œuvre de l'ajustement de la parité, ce qui peut donner lieu à l'expression des rapports de force et d'interminables négociations. Car les intérêts économiques des États divergent parfois.

Afin d'y faire face, le FMI a alors défendu, sans succès, l'hypothèse d'une modulation de la parité, c'est-à-dire la définition des parités spécifiques pour chaque État. Mais cette option comporte des risques politiques et géopolitiques évidents et peut conduire à l'éclatement de la BEAC.

Cette possibilité n'est pas envisageable dans la mesure où les États ne se sont pas explicitement exprimés sur la question, à l'exception d'Omar Bongo qui n'a jamais cessé d'exprimer son hostilité à l'égard de la dévaluation, puisque c'est dans ce pays où la Banque centrale a très rapidement perdu ses marges de manœuvre vis-à-vis de l'État.

Il n'existe cependant aucune trace traduisant les rapports de force entre les chefs d'État sur cette question. Il est donc intéressant de voir que cette question est d'abord restée dans la sphère technique avant d'investir tardivement la sphère politique.

Graphique 21 : Évolution comparée du taux d'inflation (en %), 1974-1986

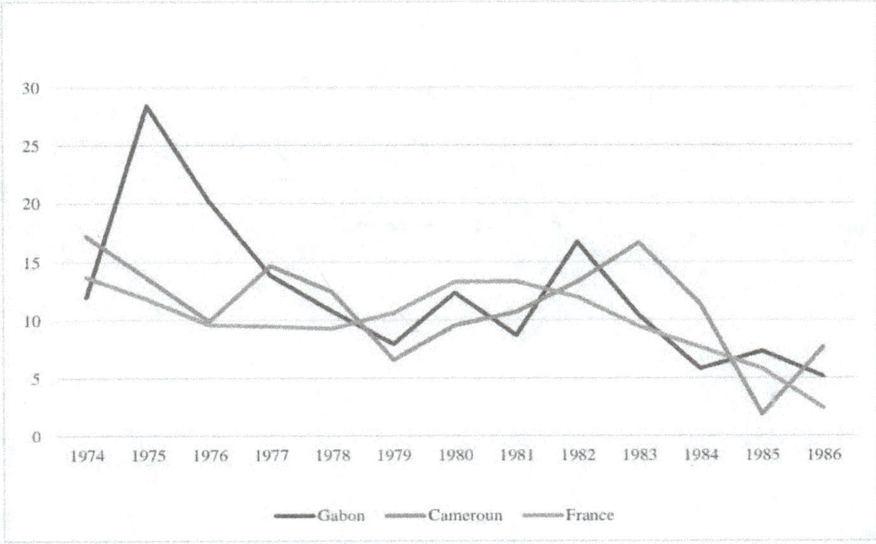

Source : ABF, 1466200601/238, procès-verbal de la réunion du comité ministériel de la BEAC, 24 novembre 1987.

Graphique 22 : Évolution comparée des taux de change effectifs réels à l'exportation (en %)

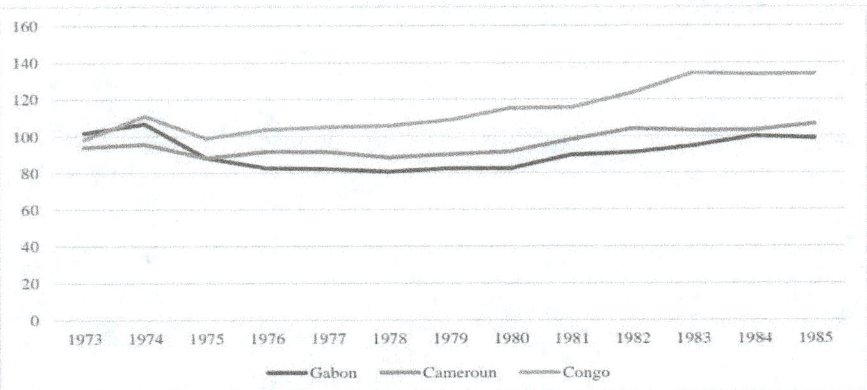

Source : ABF, 1466200601/238, procès-verbal de la réunion du comité ministériel de la BEAC, 24 novembre 1987.

Graphique 23 : Évolution comparée des taux de change effectifs réels à l'importation (en %)

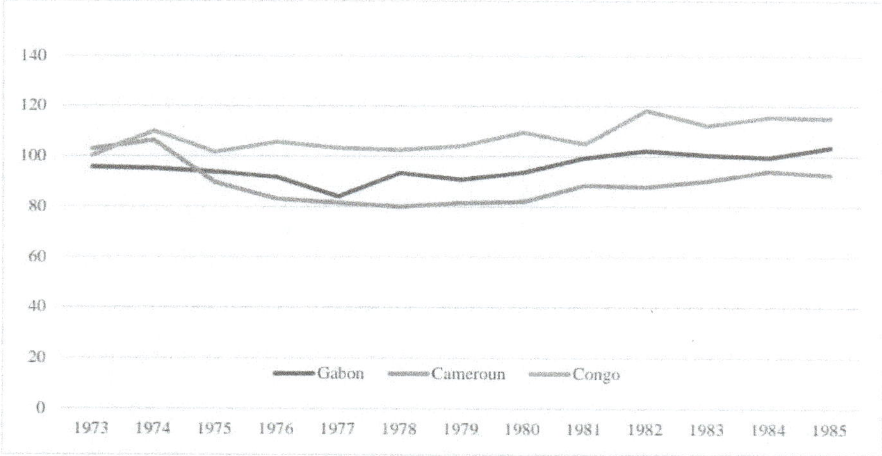

Source : ABF, 1466200601/238, procès-verbal de la réunion du comité ministériel de la BEAC, 24 novembre 1987.

Graphique 24 : Évolution comparée des balances commerciales des États avec la France (en milliards de F CFA)

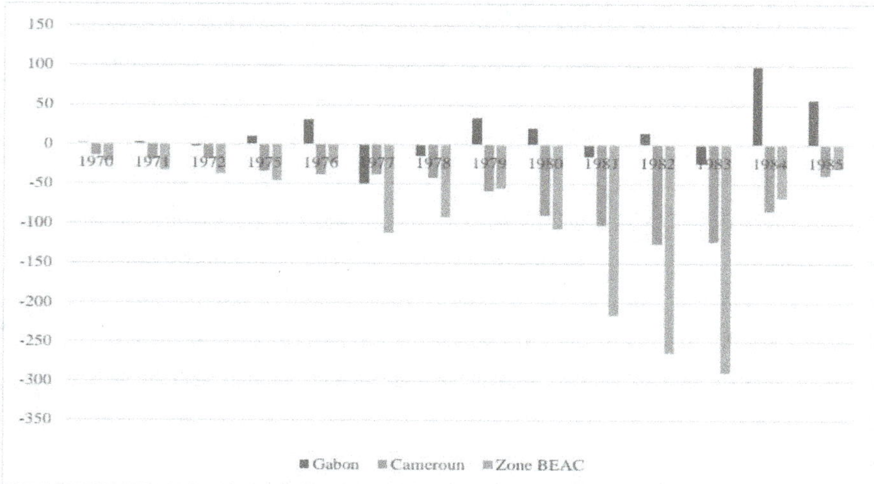

Source : ABF, 1466200601/238, procès-verbal de la réunion du comité ministériel de la BEAC, 24 novembre 1987

Graphique 25 : Évolution de la balance des paiements du Gabon (en milliards de F CFA courants), 1985-1990

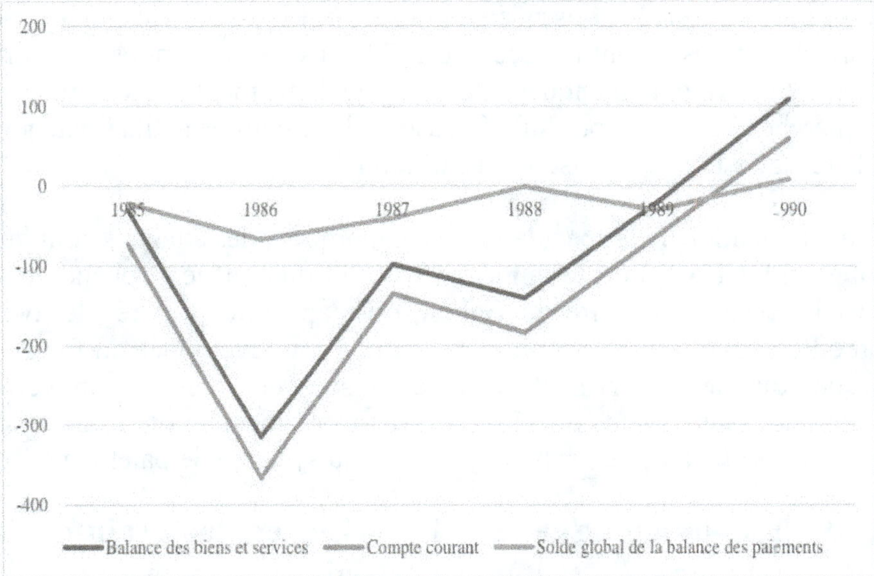

Source : CAEF, PH :068/97-15, Rapport de mission d'évaluation conduite à Libreville par Michel Oblin (direction du Trésor, Ministère des Finances ; M. Dadouche (ministère de la Coopération et du Développement) et M. Berton (CCCE), 9 et 13 décembre 1991.

Dans les lignes qui précèdent, nous avons tenté de replacer la crise financière dans un contexte commercial et institutionnel spécifiques. Si cette étude a fait ressortir une rupture s'agissant de la croissance par les exportations des matières premières, les difficultés financières qui s'installent dans le sillage de l'effondrement des réserves en devises permettent néanmoins de mettre en évidence une forme de continuité concernant la politique monétaire.

Elle a été centrée autour de la défense de la parité en dépit des pressions multiples, alors que les problèmes structurels liés au commerce extérieur du Gabon s'intensifient.

Le deuxième élément de continuité est lié à la spéculation qui est constitutive des incohérences de la politique monétaire et de son cadre institutionnel par rapport au système monétaire international. Catherine Enoh a montré que la croissance monétaire et l'inflation élevées, qui se sont manifestées durant la décennie 1970 dans les pays industriels, ont généré un développement des opérations de placements spéculatifs sur les marchés à terme de produits de base, utilisés comme actifs financiers « de refuge » contre les risques d'inflation[690].

L'intensification de la spéculation est le marqueur des attaques dont fait l'objet le F CFA depuis les années 1970. Si l'on replace ce phénomène dans l'histoire monétaire du Gabon, on s'aperçoit qu'il révèle avec force l'étendue d'une crise monétaire qui s'est développée au fur et à mesure que les réserves de change se sont épuisées. Et on verra comment ces errements ont fini par favoriser l'installation d'une crise monétaire caractérisée par la fragilisation du système de paiements.

8. 3. La dynamique de la crise et la crainte de l'effondrement du système des paiements : la monnaie est-elle un problème ou une solution ?

Comme nous l'avons montré précédemment, le Gabon se trouve dans une forte récession depuis 1986, date à laquelle les dynamiques économiques du marché mondial sont apparues. Cette situation a conduit à une crise financière aiguë, en dépit des efforts consentis entre 1987 et 1988 pour tenter de la contrer avec le concours des institutions de Bretton Woods. Mais la récession s'est poursuivie, à tel point qu'en 1989 le déficit budgétaire s'est accru de (-7,9 %) du PIB[691] et -1,8 % du PIB en 1990. La crise a investi le cadre monétaire par le canal du crédit qui a fragilisé le système de paiement, dans un contexte où les ministres des Finances de la zone BEAC considèrent la monnaie (donc le crédit) moins comme un problème, mais davantage comme une solution. Cette section a pour but de montrer que la crise monétaire s'est développée dans l'ombre de la crise financière que les États tentent désespérément de combattre au moyen du crédit et de montrer comment la Banque centrale n'a pas pu agir en conséquence.

---

[690] Catherine Enoh, Les problèmes monétaires, *op. cit.,* p.55.

[691] ABF, 1466200601/249, note (non datée) sur la situation du stock d'or de l'institut d'émission.

8. 3.1 Une crise monétaire entretenue par l'inefficacité du système de supervision bancaire ?

L'instabilité du système bancaire au Gabon s'est traduite par l'accumulation des problèmes de trésorerie résultant de la dégradation de leur liquidité et les problèmes liés à leur gestion. Cela a conduit les banques commerciales à intensifier leur recours au financement de la Banque centrale. Durant cette période, l'état des bilans desdites banques se caractérise par la baisse des dépôts, alors que l'État et les agents économiques continuent de faire pression sur les banques en difficulté. Alors qu'on s'attendait à une action de la part de la BEAC, grande a été la surprise de la voir faire admettre les grandes entreprises aux réescomptes, opérations qu'elle n'a pas faites au cours des années précédentes. S'agit-il d'un changement de paradigme ?

Quoi qu'il en soit, ce revirement est révélateur d'une crise touchant également les grands groupes. Elle révèle également le caractère inadapté de la réglementation puisque les banques ne respectent plus le ratio de liquidité (au Gabon ce ratio est de 75 %). Et, comme nous l'avons souligné, la baisse des dépôts de 64,6 % en 1987 à 62,1 % en 1988[692] traduit l'état de fébrilité dans lequel se trouve le système de paiement. Pour les autorités monétaires, sauvegarder son équilibre constitue un enjeu majeur. Et cela suppose que les banques rationalisent et réduisent la taille de leurs bilans. Dès 1988, le gouverneur Casimir Oye Mba fait pression sur les banques afin d'obtenir d'elles une meilleure gestion. Mais les visées modernisatrices des autorités monétaires se sont heurtées à la résistance des banques. Pourquoi la Banque centrale ne parvient-elle pas à imposer ses vues ?

Pour comprendre les raisons de ces blocages, il faut prendre en compte le cadre réglementaire et la dépendance de la Banque centrale vis-à-vis des États. Sur le plan réglementaire, jusqu'en 1981 le contrôle des banques n'est pas institutionnalisé, malgré les dispositions statutaires qui ont accordé des moyens limités à l'Institut d'émission. On pourrait dire que la Banque centrale a longtemps fonctionné au gré des expériences, en dépit de l'assistance technique dont elle a bénéficié du

[692] ABF, 1466200601/240, note sur l'équilibre d'ensemble du système bancaire, procès-verbal de la réunion de la BEAC, 26 juillet 1988.

FMI. En réalité, le compromis n'a pas été trouvé parce que les chefs d'État considéraient que le contrôle des banques était constitutif d'une prérogative revenant aux ministres des Finances, donc aux États et non à la Banque centrale qui ne dispose par ailleurs d'aucun moyen de pression.

Un problème de cohérence subsiste cependant : on sait que la détermination des plafonds de refinancement des banques ne repose pas sur des considérations macroéconomiques puisqu'il revient aux comités monétaires nationaux de faire des arbitrages sur la base des besoins explicites des banques. Autrement dit, c'est le ratio entre les dépôts et les emplois pourtant validé par le conseil d'administration qui est déterminant. Tel est le fond du problème. Et la Banque centrale s'est, dans un premier temps servi de ces ambiguïtés pour justifier son inaction face à la crise monétaire qui se développait.

Par la suite, Casimir Oye Mba a décidé, sous pression du FMI, d'inciter les banques à moderniser la gestion de leur portefeuille. Cette tentative s'est heurtée à la défiance de certains banquiers, même s'il est vrai que d'autres ont voulu s'y conformer, sans doute pour tirer parti de la spéculation que la Banque centrale tentait indirectement de contrer. En effet d'autres banques ont axé leur stratégie sur l'amélioration de la gestion (organisation, équipement et sélection des risques). Il faut comprendre que la restructuration n'est pas envisageable à court terme, car les actionnaires, en majorité constitués par les groupes étrangers, demeurent réticents, voire opposés. De fait, la récession et l'incompatibilité du cadre institutionnel ont fragilisé le système bancaire.

8. 3. 2 La tentative de restructuration du système bancaire comme moyen de restaurer la confiance et la crédibilité de l'autorité monétaire

Dans la précédente section, nous avons montré qu'à l'échelle de la zone, la crise monétaire s'est caractérisée par la fragilisation du système bancaire. Nous avons de ce fait analysé les problèmes généraux en essayant de faire ressortir les spécificités gabonaises. Nous voulons prolonger cette analyse en mettant en évidence les traits spécifiques de la situation monétaire du Gabon tout en l'articulant au contexte institutionnel global. Il faut toutefois préciser que le récit de la crise se fait sur la base des documents laissés par les acteurs. Ces documents restituent très souvent leur vision du problème et de leur action. Nous essayons donc de contextualiser leurs initiatives afin d'étudier les relations conflictuelles entre d'une part, l'État et le marché, d'autre part, entre l'économie réelle et la sphère financière et monétaire.

Dans le diagnostic qui a été fait des mutations que subissent les banques, aussi bien dans leur gestion, leur rapport à l'autorité politique monétaire qu'à leur position vis-à-vis de la libéralisation des conditions bancaires intervenue en 1990, il ressort que la dégradation de la qualité des portefeuilles de créances des banques gabonaises était incontestable. L'analyse des archives de certaines banques nous permet de comprendre la complexité du phénomène. En effet, l'analyse du bilan de l'Union gabonaise des banques (UGB) montre qu'entre 1989 et 1990 les dépôts à terme des particuliers ont baissé de -12,14 %, tandis que ceux à vue des entreprises et commerçants ont connu une baisse de -16,82 % contre -35,55 % pour les dépôts à terme[693].

Mais c'est en prenant en compte les dépôts d'autres banques et établissements financiers qu'on mesure l'ampleur de la crise. Durant cette période, les dépôts à vue de ses structures ont baissé de (-48,20 %) contre (+83,79 %).

De même, les chiffres de l'exercice 1991-1992 montrent que la situation ne s'améliore pas du tout, au moins en ce qui concerne l'UGB puisque le bilan met en évidence l'étendue de la crise des liquidités. Si les banques demeurent solvables[694], la crise se manifeste néanmoins par la perte de confiance et le besoin de sécurité que suggère la préférence pour les dépôts à vue et la thésaurisation ainsi que les placements spéculatifs à l'étranger. D'autres banques connaissent par contre de sérieux problèmes comme on le verra.

Mais la réaction des autorités monétaires a d'abord été pédagogique, c'est-à-dire des mises en garde faites à l'endroit des banques et des autorités politiques. Et leurs marges de manœuvre ont varié en fonction de la situation des banques : selon qu'elles soient en liquidation ou dans

---

[693] Archives du Crédit Agricole, 332AH/153, dossier : « UGB », résultats d'exploitation 1989-1990.

[694] Il s'agit principalement de la BICIG, Paribas, Barclays, BCCI et la City bank.

un état précaire. Selon ce mode de classification, force est de constater que l'accord avec les États sur les banques en liquidation est apparu difficile à obtenir et la Banque centrale a continué à rétablir la liquidité de certaines banques en état de liquidation pour préserver un équilibre de court terme.

Dans cette perspective, la Banque centrale a commencé à procéder à des évaluations. Ainsi, une note détaillée sur la situation des banques a été présentée en Conseil d'administration le 16 septembre 1988. Cette note détaille un plan d'action permettant d'identifier les banques défaillantes ; cette étude a également mis évidence le volume des créances « douteuses » détenues par la Banque centrale auprès des banques en difficulté. Ces créances sont évaluées à 150 milliards de F CFA. Ce problème constitue un enjeu majeur dans la mesure où la pérennité du système financier et l'équilibre du compte d'exploitation de la Banque centrale en dépendent. Ce problème a eu pour effet de changer radicalement la configuration de la politique monétaire dès le début des années 1990. Il s'est présenté comme un élément décisif, mais non exclusif, dans le processus d'ajustement monétaire.

Cette note a par ailleurs montré que huit banques se trouvent en situation de liquidation de droit ou de fait. Mais comme notre étude est réalisée à partir de la documentation laissée par les acteurs, les différentes institutions fournissent des informations d'apparence contradictoires. Néanmoins, deux banques sont en difficultés réelles au Gabon. Il s'agit de la banque du Gabon et du Luxembourg (BGL) et la banque privée et de gestion et de crédit (BPGC).

Le cas de la BGL est significatif de la politisation du secteur bancaire et offre les clés de compréhension de la crise monétaire. En effet, la banque du Gabon et du Luxembourg a été créée en 1974. L'analyse de son actionnariat nous donne une idée sur sa gestion. En 1983, son capital est de 1,2 milliards reparti ainsi qu'il suit : la Société intercontinentale de participation (SIPA), une holding luxembourgeoise, 51 % ; la Banque française intercontinentale (FIBA, 14 % : Elf détient 37 % du capital de la FIBA) ; la Banque de l'Indochine et Suez, 5 % ; les privés gabonais dont les principaux actionnaires sont Omar Bongo, ses enfants (Pascaline Bongo et Alain Bongo, devenu Ali Bongo) et leurs proches (Edouard Mbadou, Jean Boniface Asselé et Gustave Bongo pour ne citer que ceux-là). Depuis sa création, la banque a toujours connu des difficultés tant au niveau financier que sur le plan de la gestion ; la banque n'a par ailleurs jamais respecté la réglementation bancaire[695]. En 1977, à cause de la faillite d'un groupe de sociétés appartenant à Tertzaguian, la BGL s'est trouvée en état de cessation de paiement. Cet industriel a pris la fuite en laissant une dette de 4 milliards de F CFA et la banque a bouclé l'exercice 1977 avec 3,3 milliards de pertes. En dépit de ces dysfonctionnements, la BGL a continué son activité grâce au soutien de l'État et d'Elf Gabon.

Au regard de son statut de « bras armé financier » du président, elle a consenti des crédits politiques qui ont été couverts par le trésor public et la BEAC[696]. Mais très vite, elle s'est retrouvée en situation de cessation de paiement lorsque ces deux institutions ne parvenaient plus à couvrir les effets de la mauvaise gestion. Les entreprises publiques telles que Pizzo, la Société d'énergie et d'eau du Gabon (SEEG) et la Société nationale immobilière (SNI) ont vu leurs épargnes être englouties pour plus d'un milliard de F CFA. Il en est de même pour certaines institutions financières et certains organismes publics de l'État[697] dont les dépôts perdus sont évalués à 12 milliards de F CFA et 8 milliards de F CFA de créances de la Banque centrale sur elle. Une note de la direction du Trésor montre que ces pertes ont été reportées sur le trésor public et la Banque centrale, ce qui rend le phénomène très complexe[698].

Même si l'État intervient, et derrière lui les hommes politiques actionnaires et proches du pouvoir, il y a une inquiétude. La banqueroute de la BGL intervient au moment où l'État est en négociation du plan d'ajustement structurel avec le FMI. Les autorités gabonaises craignent que les créanciers internationaux n'engagent pas des actions contre la BGL, ce qui contribuerait à détériorer la crédibilité du pays sur les marchés financiers internationaux.

---

[695] CAEF, PH : 094/94-04, note du comité monétaire de la BEAC, 15 septembre 1986.

[696] CAEF, PH : 094/94-6, note de la direction du Trésor, 29 octobre 1990.

[697] La Caisse autonome d'amortissement (CAA) ; la Caisse nationale de sécurité sociale (CNSS) ; le Commissariat général au Plan ; le ministère des Finances, la direction générale des hydrocarbures ; l'Office des postes et télécommunication (OPT) et Elf/PID/SONADIG.

[698] CAEF, PH : 094/94-6, note de la direction du Trésor, 29 octobre 1990.

De même, on craint que les épargnants modestes ruinés se soulèvent. Les implications sociales et politiques d'un tel soulèvement peuvent être ingérables à court terme. Le malaise est exacerbé par le manque d'empressement des hommes politiques, et par ailleurs actionnaires, à rembourser leurs dettes alors que les débiteurs privés font des efforts[699].

Les enjeux politiques sont réels, puisqu'une Tribune « incendiaire » est publiée par l'organe de presse de l'opposition gabonaise qui conteste le régime d'Omar Bongo. Le titre du *Bûcheron* n° 15 du 9 avril 1991 est : « La banqueroute de BPGC et BGL. Bongo et ses frères doivent rembourser. » Le texte incrimine sans détour le président en ces termes :

> « La banqueroute de BPGC et BGL est révélatrice de la vaste escroquerie dans laquelle nous sommes depuis près d'un quart de siècle et dont la principale caractéristique est le piétinement total de l'intérêt général par le clan Bongo. Tout le patrimoine national appartient à ce petit groupe de gens qui use et abuse à leur guise[700]… »

Cette sociologie du désordre monétaire permet de mettre en évidence le caractère patrimonial du pouvoir[701]. Une analyse proposée par Ramine Motamed-Nejab a montré que dans ce type de pouvoir, caractérisé par l'absence de différenciation entre l'intérêt public et les intérêts privés, les liens associant l'État et la monnaie sont à la fois d'appropriation, de subordination et d'instrumentalisation[702].

Cette forme de politisation du crédit et de la monnaie traduit une certaine domination[703] que Max Weber a qualifiée de « crédit politique »[704], lequel est constitutif de l'enracinement d'un système de spoliation qui rend dérisoire le rôle unificateur de la monnaie en tant

---

699 CAEF, PH : 094/94-04, Télégramme diplomatique de Louis Dominici, Ambassadeur de France au Gabon, 21 novembre 1986.

700 Le Bûcheron du 9 avril 1991.

701 Max Weber, *Sociologie du droit*, Paris, PUF, p.167.

702 Ramine Motamed-Nejab, « Ordre monétaire, pouvoir patrimonial et crises de paiements en Russie postsocialiste (1992-1998), Bruno Théret (dir), *La monnaie dévoilée par ses crises. Crises monétaires en Russie et en Allemagne au XX*[e] *siècle*, vol. 2, Paris, Éditions de l'EHESS, p.123.

703 Id.,

704 Max Weber, Économie et société, Paris, Pocket (collection « Agora »), 1995, tome 2, p.288.

que bien social[705]. Mais cette situation est loin d'être une spécificité gabonaise et l'exemple de la Russie postsocialiste l'illustre parfaitement.

Quoi qu'il en soit, d'autres pays de la zone d'émission ont été confrontés au même problème. Au Congo, l'Union congolaise des banques a rencontré les mêmes difficultés et en l'absence d'un compromis entre la Banque nationale de Paris et la Société générale, actionnaires majoritaires, la rupture est intervenue en fin janvier 1988 et les cadres français ont dû quitter le pays.

Au Cameroun où l'économie est la plus bancarisée, deux banques se sont retrouvées dans une situation de quasi-insolvabilité, la Cameroun Bank (les pertes et les actifs dévalorisés sont estimés en octobre 1988 à 45 % du bilan) et la Société camerounaise de Banque (Le crédit Lyonnais a refusé d'approuver les comptes de l'exercice 1986-87). En outre, le refinancement auprès de la BEAC a cru au point d'atteindre 37 % du passif en fin juillet 1988. Le 24 août 1990, le Ministère camerounais des Finances a envoyé une note confidentielle aux services centraux de la BEAC. Il s'agit d'un plan de restructuration du système bancaire. Si cette analyse paraît détaillée, les conclusions que les experts tirent de ce diagnostic traduisent néanmoins la défiance de la Banque centrale à l'égard des banques commerciales :

> « (…) Quel que soit le volume des capitaux engagés, la restructuration du système bancaire serait vouée à l'échec si elle ne s'accompagnait pas de réformes visant à rendre les établissements [bancaires] en cause plus efficaces dans un environnement juridique et fiscal mieux adapté aux difficultés de l'heure [crise financière et la récession économique[706]]. »

Il est évident que la restructuration n'a présenté aucune garantie de stabilité puisqu'il s'agit d'une crise systémique. S'agissant de la RCA, au sein de la Banque centrafricaine de dépôts, les engagements auprès de la Banque centrale représentent 31 % de l'endettement global. Au

[705] Voir Viviana A. Zeliger, The social meaning of money, Princeton, Princeton University Press, 2017; Jean Yves Grenier, « Penser la monnaie autrement : la monnaie en sciences sociales », Annales, EHESS, 55 (6), 2000, p.1335-1342.

[706] ABF, 1466200601/246, note confidentielle du ministère camerounais des Finances relative au plan de restructuration du système bancaire, 24 août 1990.

Tchad, trois banques n'ont réussi à rouvrir leurs guichets qu'à l'issue de la levée du moratoire initié pour contrer les retraits massifs des fonds[707].

La situation s'est aggravée au Gabon en 1990, lorsque les déposants se sont rués aux guichets de la BPGC qui n'a pas eu le temps de sécuriser son encaisse. En effet, des retraits massifs des dépôts (-7 %) ont été effectués, en raison de l'incertitude suscitée par les difficultés rencontrées par la BIAO (dont BPGC est la filiale) à Paris. L'attitude du gouvernement gabonais a constitué un facteur aggravant de la crise de confiance que traverse la monnaie. Les autorités gabonaises ont rejeté le plan de restructuration proposé par BNP comme l'avait suggéré la décision du Conseil national du crédit (CNC) le 25 octobre 1990[708]. Le rejet du plan proposé par BNP ne signifie pas que les grands groupes bancaires n'ont plus d'emprise sur le Ministère des Finances ; bien au contraire, l'État va être sous contrôle étroit des marchés financiers durant toute la période d'ajustement structurel.

En somme, la crise monétaire, qui se caractérise par la pénurie des liquidités a fragilisé les banques gabonaises, tant au niveau de leur exploitation qu'à la structure même de leur bilan. Il s'ensuit, à l'échelle de la zone BEAC, une menace d'effondrement du système de paiement.

Afin de prévenir ce risque, la Banque centrale et les États respectifs n'ont pas réussi à dégager un plan d'action cohérent, c'est-à-dire qui concilierait les objectifs de stabilité monétaire à long terme et l'exigence de stabilité macroéconomique qui a fait l'objet des mesures strictes d'ajustement structurel qu'il fallait respecter. Seulement, il est très vite apparu que ces objectifs n'étaient plus compatibles avec le cadre macroéconomique. Les autorités monétaires, sous pression des États, ont continué à soutenir les banques dont on savait qu'elles finiraient par être liquidées, ce qui a conduit à la fragilisation de son compte d'exploitation[709].

---

[707] ABF, 1466200601/246, note de réflexion sur les politiques de la monnaie et du crédit, et sur la supervision bancaire dans la zone BEAC (non datée).

[708] Ibid.,

[709] Si le niveau de bancarisation apparaît élevé dans certains États, le statut et le rôle de ces banques sont moins clairs. On note une participation plus ou moins forte de l'État (Cameroun et Congo ; faible au Gabon), symbole d'une forme de nationalisation du crédit, autant qu'une prépondérance des capitaux étrangers. Les États concernés

Mais cette politique monétaire, du fait de l'anticipation d'une dévaluation du F CFA par les agents économiques et certains banquiers véreux, a alimenté la spéculation puisque la Banque centrale avait perdu en crédibilité du fait des réaménagements permanents des instruments et des objectifs de sa politique monétaire. Certaines banques commerciales ont commencé à acheter des devises que la Banque centrale a fini par racheter au péril de ses réserves comme on le verra.

De nombreuses banques se sont endettées auprès de leurs maisons-mères pour ensuite acheter des devises que la Banque centrale est obligée de fournir. Il en résulte une crise de change caractérisée par l'effondrement des réserves en devises. Dans une note de réflexion sur la supervision bancaire, les autorités monétaires font un aveu d'impuissance en expliquant que la BEAC traversait une crise existentielle, ce qui est significatif d'une prise de conscience d'un pernicieux décalage entre le cadre idéologique de la politique monétaire et les transformations du marché et des États-nations.

8. 3. 3. La politique monétaire, comme cause de la spéculation et la crise de change : analyse de son impact sur le cadre monétaire et macroéconomique

Dans l'histoire monétaire du Gabon, la spéculation est indissociable de la crise économique et financière. Ce phénomène ne saurait être circonscrit à la seule échelle du Gabon puisqu'il s'agit d'un problème qui concerne une monnaie commune aux États membres de la zone BEAC. La spéculation est donc un marqueur d'instabilité et d'une perte de confiance, non seulement dans la politique monétaire, mais également dans la monnaie en elle-même. En effet, la crise de 1977 a donné lieu à une spéculation, certes de faible ampleur. Mais les effets demeurent similaires, c'est-à-dire la perte des réserves en devises. On décèlera au fur de l'analyse des continuités surprenantes en matière de politique monétaire.

Les attaques spéculatives sur le F CFA émis par la BEAC se développent dans le sillage de la crise financière que traversent tous les

---

ou les investisseurs étrangers influencent de façon radicale le système de distribution des crédits bancaires.

États utilisant cette monnaie. C'est en 1986 que la Banque centrale a commencé à lancer une vaste opération d'achat de billets sur le marché des changes (tableau 38 et 39). Si on fait une géopolitique de la spéculation, on s'aperçoit qu'il y a une évolution qui traduit la nature systémique de la crise. Le récit de la crise des changes nous permet d'identifier deux phases. En effet, jusqu'en 1986, la BEAC a davantage acheté ses billets auprès de la BCEAO qu'auprès de la Banque de France.

Tableau 38 : Achat des billets par la BEAC auprès de la BCEAO (en milliards de F CFA courants), 1978-1988

Année	Cameroun	Gabon	Congo
1978	17,8	7,8	2,71
1979	17,3	6,2	3,63
1980	22,09	7,79	3,85
1981	18,05	10,17	5,71
1982	15,72	10,9	8,8
1983	36,05	13,7	14,6
1984	36,52	13,55	14,38
1985	44,8	17,78	21,17
1986	53,5	15,32	13,33
1987	53,7	14,9	12,65
1988	45,6	15,45	10,8

Source : ABF, 1466200601/242, compte rendu de la réunion du Conseil d'administration de la BEAC, 22 mars 1989

Tableau 39 : Achat des billets par la BEAC auprès de la Banque de France (en milliards de F CFA courants), 1978-1988

Année	Cameroun	Gabon	Congo
1978	9,6	9,75	3,56
1979	10,8	9,45	3,03
1980	14	12,22	4,07
1981	13,3	13,8	5,4
1982	22,37	21,29	11
1983	28	23,1	19,07
1984	25,29	22,21	14,67
1985	19,6	22,26	17,2
1986	42,45	22,77	19,46
1987	61	24,1	31,5
1988	82,32	33,05	41,08

Source : ABF, 1466200601/242, *Id.*,

Dans une note relative aux mouvements de billets, la BEAC s'inquiète de l'intensification d'un phénomène implicitement considéré comme marginal, notamment au début des années 1970. Le phénomène de contrebande joue un rôle néfaste dans la décote du F CFA. Le Nigeria apparaît comme le maillon faible de l'interconnexion des activités commerciales entre l'Afrique centrale et l'Afrique de l'Ouest. Deux facteurs expliquent pourquoi le Nigéria joue un rôle déterminant. Il y a, d'une part, le fait que ce pays ait traversé une pénurie de devises durant cette période ; de l'autre, la non-convertibilité de la Naira et sa décote de (-50 %) conduisent à une contrebande des produits nigérians, principalement aux frontières avec le Cameroun et le Niger[710].

Ce phénomène s'est développé au cours des années 1960. La porosité des frontières a conduit à sa normalisation puisque les États, y compris la Banque centrale, éprouvent des difficultés à y faire face. Le Cameroun concentre à lui seul le triple du volume global des billets

[710] ABF, 1466200601/242, dossier : « CA-BEAC », note sur les mouvements de billets de la BEAC à l'extérieur de leur territoire d'origine en 1988, procès-verbal de la réunion du 22 mars 1989.

achetés par la BEAC auprès de la BCEAO en 1986 (tableau 40), ce qui montre que les attaques sur le F CFA apparaissent très marquées dans ce pays. La deuxième phase s'ouvre en 1988 dans un double contexte, c'est-à-dire la contestation, plus ou moins nuancée, des politiques d'ajustement structurel et les mutations que subissent les marchés financiers à partir d'octobre 1987[711].

Dans cette perspective, la France devient le lieu de concentration des attaques du F CFA (tableau 39). Le basculement s'opère en 1988, date à laquelle le montant des billets achetés par la BEAC à la Banque de France a doublé, voire triplé dans certains États. Il apparaît que le volume des billets exportés en Europe représente 61 % du montant total et le ratio des billets exportés par rapport à la circulation fiduciaire est passé de 72,6 % en 1987 à 90,2 % en 1988. Le comportement des autorités monétaires a sans doute suscité la défiance auprès des déposants, ce qui a conduit ces derniers, avec le concours de certaines banques commerciales, à sécuriser leur épargne en France. Il s'agit donc d'un facteur de fragilité. Il ne saurait être étayé autrement qu'en formulant des hypothèses, en raison de l'absence de données sur les initiatives programmées ou non des banques et des particuliers quant à la sécurisation de leur encaisse et de leur épargne dans un environnement devenu incertain.

Pour mesurer l'ampleur du phénomène, il est nécessaire de prendre en compte l'évaluation approximative du volume des billets rachetés en six ans : entre 1982 et 1988, la BEAC en a acheté pour 1 278 milliards de F CFA. La France est préoccupée par cette situation, car les attaques spéculatives n'affectent pas seulement le F CFA ; elles se cristallisent aussi sur le franc français[712]. Prendre des initiatives pour sauver le F CFA, c'est une manière de contrer l'offensive du marché sur sa propre monnaie (la corrélation entre les deux problématiques serait un projet d'études pertinent). Lors de la réunion du comité monétaire mixte tenue à Paris le 18 janvier 1988, plusieurs mesures avaient déjà été avancées sur cette question, notamment la possibilité de rapatrier les capitaux détenus à l'étranger par les banques et les entreprises. On a par ailleurs

---

[711] Voir Olivier Feiertag, « Les banques centrales et les États dans la crise de change de 1992-1993 », Olivier Feiertag et Michel Margairaz, *Les banques centrales, op.cit.,* p.627 et suivantes.

[712] Voir Cecilia Jona-Lasinio, « Le Franc français et la récente crise monétaire européenne », Économie et prévision, Persée, 1999, vol.140 (4), p.147-159.

préconisé le durcissement la politique monétaire (augmentation des taux d'intérêt) et du crédit (conditions de refinancement des banques) afin de contrer efficacement la spéculation et restaurer la confiance dans la monnaie. Mais pour des raisons d'impréparation, les ministres des Finances ont décidé de reporter l'application de cette directive pour le printemps 1989[713]et aucune action n'a été menée par la suite.

Face à la persistance des attaques spéculatives, la Banque centrale a institué en l'espace de quelques jours une commission dite de reprise de billets avec le concours de la Banque de France. À court terme, la Banque de France a privilégié une opération d'achat des billets pour aider la BEAC à priver les spéculateurs de disposer des marges de manœuvre suffisantes. Mais l'action de la Banque de France en faveur de l'achat des billets s'interprète de deux façons. Tout d'abord, la coopération entre les deux banques centrales (y compris avec la BCEAO) constitue le dernier rempart de la défense du F CFA face aux marchés (en 1969 Houphouët-Boigny avait déclaré que la zone franc avait sauvé le franc français) ; mais le fait que la Banque de France achète automatiquement les billets (du fait de la libre convertibilité) apparaît pour les responsables de la BEAC comme un facteur d'incitation à la spéculation. Cette double interprétation va peser sur la gestion du problème. Il en résulte une décote du F CFA sur le marché et celle-ci a été perçue comme le signe évident d'une monnaie affaiblie. On peut donc dire que les marchés étaient convaincus que la dévaluation interviendrait et qu'il suffirait de maintenir la pression. Afin de contrer cette dynamique, l'idée d'appliquer une commission sur les transferts de capitaux va émerger, alors qu'un débat s'instaure sur le niveau du taux applicable. Les négociations entre la BEAC, l'UMOA et la Banque de France ont tranché pour un taux de 3 % sans toutefois définir les conditions qui permettent de dissocier ce qui relèverait des opérations régulières et ce qui relève des opérations spéculatives.

En outre, la Banque centrale voit ses réserves de change s'effondrer au même titre que la balance des paiements des États membres (graphique 26). Le 30 septembre 1992, la BEAC a perdu 140 milliards de F CFA, soit une baisse de -65 %. D'autres avoirs convertibles ont subi le même sort, et ce, jusqu'au mois d'octobre. À la Banque centrale,

[713] ABF, 1466200601/242, dossier : « BEAC », procès-verbal de la réunion du conseil d'administration de la BEAC, 22 mars 1989.

la panique est perceptible, car on craint que le solde du compte d'opérations devienne débiteur en quelques jours. Dans cette perspective, une réunion de crise se tient à la Banque centrale. Si l'augmentation des taux d'intérêt est préconisée comme annoncé quelques mois plus tôt, le choix de la cible fait l'objet d'intenses débats. En particulier, Ariane Obolensky, conseiller financier pour l'Afrique à la direction du Trésor, est favorable à l'augmentation des taux des avances aux Trésors. Elle est cependant contre l'augmentation du taux d'intervention de la Banque centrale en faveur des banques primaires. En revanche, les autres administrateurs, notamment les ministres des Finances sont radicalement opposés à la fin du financement du déficit budgétaire par la création monétaire. Au final, le niveau des taux d'intérêt fixé, en août 1992, à 10,5 % est porté à 12 % afin de contrer la spéculation. Mais ces mesures ne parviennent pas à dissuader les marchés.

Il faut toutefois souligner que ces revers résultent d'un phénomène global : l'interconnexion des marchés financiers et le rôle, moins documenté, des banques et des entreprises étrangères dans l'alimentation de la spéculation. Cette interprétation est fondée sur la prise en compte de la crise de la dette qui en est le marqueur de ces dynamiques. En Outre, l'analyse géopolitique des canaux de diffusion de ces attaques montre que les billets achetés auprès de la Banque de France proviennent de la Suisse, de la Belgique et de la Grande-Bretagne. Mais le marché suisse est le plus important, puisqu'il s'agit de l'une des places financières les plus importantes au monde.

L'approche géopolitique a ceci d'intéressant qu'elle légitime la thèse de l'impact de l'intégration des marchés financiers et les tensions qui jalonnent le processus d'adaptation des États à cette nouvelle donne.

De la même manière, l'abandon de la politique de reprise des billets pour préserver les réserves en devises est difficile à mettre en œuvre techniquement et institutionnellement. Cette idée autant que l'interdiction physique d'exportation sont très vite écartées faute de consensus entre les États[714]. Pourtant, la spéculation va gagner en intensité lorsque les rumeurs sur la dévaluation sont devenues persistantes. Ce qui laisse penser que les marchés ont en partie réussi à

---

[714] *Ibid.*,

conditionner la conduite de la politique monétaire dont ils soupçonnaient l'absence de cohérence autant que les ambivalences d'une Banque centrale soumise aux États.

La spéculation est inséparable de la crise. Elle est également générée par l'inadaptation de la politique monétaire puisque la création monétaire s'est intensifiée dans la mesure où la direction nationale de la BEAC à Libreville a augmenté de +94 % le refinancement des banques, lesquels crédits ont été utilisés à des fins spéculatives, à tel point que la circulation fiduciaire s'est développée au détriment des dépôts. Les porteurs des billets ont perdu confiance en l'autorité monétaire et aux banques, ce qui explique, d'une certaine façon, la préférence pour la liquidité et la thésaurisation. On note également que la politique monétaire de la BEAC reste dépendante de celle menée par la Banque de France. À court terme, le maintien de la parité franc français par rapport au F CFA conjugué au relèvement des taux d'intérêt et à la mise en place d'une commission sur les transferts a donné lieu à une stabilité précaire. Quelques banques continuent à exécuter les opérations spéculatives. De fait, les dynamiques d'épargne et les mouvements spéculatifs varient en fonction des taux d'intérêt pratiqués en France, mais il ne s'agit pas d'un critère exclusif. Dans cette perspective, le franc français apparaît comme une monnaie refuge face à la perte de confiance dans le F CFA par les porteurs.

S'il faut faire un bilan intermédiaire, disons que l'une des caractéristiques du réseau bancaire gabonais est qu'il est moyennement développé, bien que la bancarisation de l'économie ait fait l'objet d'un long processus. Les banques formant ce réseau sont de nature mixte, avec une dominance des capitaux étrangers, principalement français. Elles dépendent parfois des transferts de leurs maisons-mères, de l'État et de la Banque centrale. Elles ont fourni des avances à court terme à l'État et aux grandes entreprises pourtant dotées de fortes capacités à s'autofinancer.

En revanche, elles n'ont pas fourni des crédits aux PME (en raison de la rigidité des conditions de distribution des crédits bancaires). Cela est en rupture avec les discours et les objectifs constamment énoncés par les autorités monétaires. Dans ce sens, le statut et le rôle des banques constituent une grille d'analyse pertinente, dans la mesure où cela permet de mettre en évidence les ambivalences du système d'allocation du crédit. Le lien entre le cadre monétaire et l'économie réelle constitue, en dernière analyse, la clé de voûte de l'évaluation du rôle de la Banque centrale dans le financement du développement. Or cette évaluation est empiriquement difficile à mettre en œuvre en raison de l'imbrication des objectifs financiers, politiques, géopolitiques et économiques poursuivis par la BEAC. Ainsi, on s'aperçoit que c'est l'État qui est au cœur du développement et non le capital, au sens strict du terme. Cela explique pourquoi le système bancaire s'est quasiment effondré lorsque la situation financière de l'État est devenue précaire du fait de la récession. Il est nécessaire de formuler cette hypothèse dans cette étude.

Le deuxième élément de bilan d'étape est que le contrôle de la masse monétaire échafaudé dans l'urgence implique que le budget et la balance des paiements soient excédentaires afin d'éviter de recourir à la création monétaire. Ces deux variables vont être de véritables talons d'Achille de la politique monétaire de la BEAC du fait de la crise de la dette.

Dans cet esprit, il y a lieu d'avancer l'idée que la crise des changes a remis en cause le système de parités fixes dans le contexte de récession. Elle a par ailleurs déconstruit les fondements sur lesquels reposent l'idéologie de la stabilité, ce que mettent en évidence les tensions entre marché et État. Mais la crise monétaire s'est aussi caractérisée par une crise de confiance dans la monnaie, dont la défiance du public à l'égard du chèque en est la manifestation la plus évidente puisqu'elle a donné lieu à la prépondérance de la monnaie fiduciaire.

Néanmoins, la dépendance de l'économie dans le marché mondial s'est affirmée à travers le commerce extérieur, le règlement de la dette extérieure (et la fuite des capitaux) qui va se poursuivre dès le début des années 1990 imposant un tournant dans l'histoire financière et monétaire du Gabon.

8. 4. Le début des années 1990 : le retour forcé à l'orthodoxie monétaire et son impact sur les institutions et le système financier

Le début des années 1990 constitue un tournant dans l'histoire monétaire du Gabon et de la gouvernance de la Banque centrale. En effet, le gouverneur de la BEAC, Casimir Oye Mba est nommé Premier ministre par Omar Bongo[715]. Il a pour mission de redresser la situation financière du pays en renégociant de nouveaux emprunts. Sa longue expérience de banquier central est un atout majeur pour le président. Compte tenu de l'influence que le chef de l'État gabonais exerce alors sur la Banque centrale, la candidature d'un banquier gabonais s'est imposée. Réuni le 24 juillet 1990 à huis clos, le conseil d'administration a élu à l'unanimité Jean Félix Mamalepot qui prend très vite ses fonctions, le 1er août 1990. Le nouveau gouverneur n'est pas un inconnu, c'est un homme du sérail. En effet, il est né vers 1940 à Okondja, petite ville située dans le Haut-Ogooué, fief politique du président Omar Bongo dont il est proche.

En 1968, il est diplômé de l'école supérieure des sciences commerciales appliquées. Après un stage au centre d'études financières, économiques et bancaires de la Caisse centrale de la coopération économique (CCCE), il intègre en octobre de la même année, la Banque centrale des États d'Afrique équatoriale et du Cameroun (BCEAEC) avec le grade d'inspecteur général des Finances. Il est par la suite nommé, le 1er avril 1970, directeur adjoint de l'Agence nationale à Libreville. Mais il est très vite nommé directeur général de la banque gabonaise de développement (BGD), principale banque d'investissement du pays, le 29 octobre 1970. Du fait de ce poste, il est membre du comité monétaire et du Conseil national du crédit (CNC) du Gabon et devient administrateur suppléant puis titulaire de la Banque centrale entre janvier 1971 et le 31 décembre 1974.

Bien qu'ayant une bonne connaissance des milieux financiers et apprécié d'eux, sa prise de fonction intervient dans un contexte financier difficile. Il est caractérisé par des désinvestissements massifs au Gabon, un reflux des capitaux étrangers et l'accroissement de l'endettement ; le pays fait aussi face à la dégradation de ses finances publiques, à la fuite des capitaux et à l'effondrement des résultats d'exploitation de la Banque centrale qui impacte tous les États. Il faut

[715] Cette nomination montre que la BEAC a joué un rôle décisif dans la construction des États en leur fournissant des élites politiques ayant une maîtrise des enjeux et des milieux financiers. En zone BCEAO, Alassane Dramane Ouattara est également nommé au poste de Premier ministre par Houphouët-Boigny.

signaler que ces résultats d'exploitation représentent 26 milliards de F CFA en 1989 contre 39 milliards en 1986, soit une perte de 13 milliards de F CFA. De même, les fonds propres de la Banque centrale couvrent 60 % des actifs compromis par les banques en difficulté, comme nous l'avons montré plus haut. En conséquence, le taux de couverture extérieure de la monnaie s'est vite trouvé en deçà du taux statutaire, 20 %, ce qui est significatif d'une perte de marge de manœuvre de la Banque centrale et de la fragilité extérieure de la monnaie. Au regard de ces données, la dévaluation du F CFA ne fait plus de doute. La situation est inquiétante à la fois pour les autorités monétaires et les responsables politiques. Il est cependant important de souligner que la nomination de Jean Félix Mamalepot ne traduit pas une volonté de rupture. Bien au contraire, il incarne la continuité et aucune trace ne rend compte de ses velléités réformatrices. C'est le contexte de crise qui va déterminer les initiatives qui seront prises.

Mais très vite, l'effondrement du compte d'exploitation[716] de la BEAC va pousser la direction du Trésor a rédigé le 12 juillet 1990, un mémorandum sur le réaménagement des instruments de la politique monétaire et des règles d'intervention de la BEAC[717]. Une initiative similaire a été prise le 1er juillet 1989 s'agissant du contrôle des banques. Comme on le sait, la France participe à la gestion et au contrôle de la BEAC en contrepartie de la garantie qu'elle apporte à la monnaie émise. La crise monétaire ne permet pas à la BEAC de conduire une politique monétaire qui soit en résonnance avec les programmes d'ajustement structurel. Ce qui est intéressant avec ses propositions, c'est leur convergence avec les réflexions que mène la Banque mondiale sur la possibilité de mettre en œuvre un programme d'ajustement régional.

[716] Ce phénomène est caractéristique de la fragilité du système des paiements des États. On a avancé plusieurs hypothèses pour expliquer les conditions dans lesquelles intervient cette mutation. Il y a, d'une part, l'inadaptation de la politique monétaire au contexte de crise et à l'accroissement des besoins de liquidités. D'autre part, il y a des raisons non assumées, telles que les mauvaises performances du commerce extérieur, le développement de l'économie informelle et l'absence de productivité des administrations et entreprises publiques, ce qui se traduit par l'accumulation des arriérés de paiement couverts en ayant recours à la création monétaire entraînant ainsi la baisse des devises.

[717] ABF, 1466200601/246, mémorandum français sur le réaménagement des instruments de la politique monétaire de la BEAC, 12 juillet 1990.

Alors qu'on aurait pu s'attendre à des mesures ambitieuses et radicales, force est de constater que même les concepteurs de ce plan ne le considèrent pas comme tel. Ils précisent en préambule que ces propositions n'ont pas pour ambition de bouleverser les mécanismes de la politique monétaire de la BEAC. Entre autres mesures préconisées, la direction du Trésor souhaite que les interventions de la Banque centrale soient recentrées sur les objectifs monétaires[718]. Bien qu'elles visent à modifier les règles de distribution du crédit, ces mesures s'inscrivent pourtant dans le cadre institutionnel existant. Il est difficile d'envisager une rupture au sens strict du terme.

La direction du Trésor français plaide également en faveur d'une gestion flexible et cohérente du taux d'escompte autant que pour la réhabilitation des mécanismes de régulation quantitative du crédit. Mais très vite, ses préconisations vont faire l'objet d'importantes réflexions de la part des autorités monétaires durant tout l'été 1990. Quelles sont les motivations ayant conduit les autorités monétaires à accepter de réformer un cadre institutionnel qui a longtemps fait l'objet de critiques sans qu'elles fassent écho ? Deux raisons, complémentaires, l'une de l'autre, permettent d'expliquer ce changement de paradigme. D'un côté, la direction du Trésor comme le FMI considèrent que le renforcement de la surveillance bancaire dans les États est la contrepartie logique du financement de la restructuration des banques. De l'autre, l'accélération de la construction de la monnaie européenne unique[719] constitue un facteur de discipline monétaire au sein de la BEAC.

---

[718] Pour soutenir cette thèse, l'argument suivant est avancé : l'orientation sélective du crédit et les subventions accordées à certains opérateurs et/ou activités ne constituent pas des objectifs de politique monétaire. Cette question cruciale est au cœur des paradoxes de l'action de la Banque centrale. Cette pratique comporte des risques puisque les États ne respectent pas les procédures. Du point de vue économique, ce mode d'allocation des crédits favorise des secteurs et des organisations dont la compétitivité était douteuse : la direction du Trésor a-t-elle repris à son compte les observations faites déjà par le FMI ? Et du point de vue monétaire, l'existence du taux d'escompte normal limite l'impact de régulation par le taux d'escompte normal. On constate par exemple que 56 % de l'ensemble des concours de la BEAC étaient assortis du taux privilégié, ce qui offre les garanties de refinancement.

[719] Voir, Olivier Feiertag,"La France, le dollar et l'Europe (1981-1989). Aux origines globales de l'euro", Histoire et Politique, 19, janvier-avril 2013 ; David Marsh, The Euro, the politics of the new global currency, New Haven (Connecticut), Yale University Press, 2009; Dorothee Heisenberg, The Mark of Bundesbank. Germany's role in European monetary cooperation, Boulder (Cologne), Lynne Rienner, 1999; Karl Kaltenthaler, Germany and the politics of Europe's Money, Durham, Duke

Ainsi, après d'intenses débats, un cadre institutionnel est défini à travers la signature le 16 octobre 1990, d'une convention portant création de la commission bancaire de l'Afrique centrale (COBAC)[720].

Mais le projet présente des incertitudes et il a fallu attendre deux années d'hésitations pour que le projet prenne forme. La crise du système bancaire a généré un sentiment d'insécurité et une crise de confiance par les banques. Ainsi, la COBAC a pour ambition de jouer le rôle d'interface et de garantir, in fine, la restructuration dont elle est la condition sine qua non. Mais les problèmes juridiques vont toutefois se poser. La réglementation est inapplicable dès lors que la convention a été signée. L'attentisme qui en résulte a contribué à paralyser le dispositif institutionnel, alors que la crise bancaire s'intensifiait. En raison des contraintes politiques et sociales ainsi que la persistance de la récession économique qui ont jalonné la mise en place de ses réformes, les autorités gabonaises ne ratifient que très tardivement les statuts de la COBAC.

En réalité, les moyens mis à sa disposition et les hésitations des responsables ont mis en évidence les ambitions contrariées de la Banque centrale dans sa tentative de rationaliser la politique de crédit. Autrement dit, ce sont les pouvoirs publics (ministres des Finances) qui pèsent sur l'orientation du crédit. Les banques commerciales tirent profit de cette dépendance à l'égard de l'État. De fait, les États et les autorités monétaires ne poursuivent pas les mêmes objectifs en matière de politique de crédit. À titre d'exemple, il est évident que, dans le cadre de l'Union monétaire de l'Afrique centrale (UMAC), les banques n'étaient pas disposées à accepter directement les risques pris par d'autres. Le statut des banques et le cadre institutionnel sont au cœur du problème. Quoi qu'il en soit, seront alors nommés comme membres représentants le Gabon au sein de la COBAC, Marie Madeleine Mborantsuo (juriste et présidente de la Cour constitutionnelle) et Claude Ayo Inguedha (Expert-Comptable et banquier)

University Press, 1998; Kathleen R. MacNamara, The currency of ideas. Monetary politics in the European Union, Ithaca, Cornell University Press, 1998

[720] ABF, 1466200601/250, dossier : « réforme monétaire », procès-verbal de la réunion du conseil d'administration du 28 juillet 1992.

Cependant, la deuxième vague de réformes va intervenir dès 1992. Et Gabon a joué un rôle diplomatique de premier ordre. C'est dans ce pays que les autorités monétaires vont se réunir en séminaire du 25 au 28 mai 1992 afin de poser les bases d'une réflexion visant à transformer le cadre monétaire[721]. Prenant conscience de la crise des marchés internationaux des changes générée entre novembre 1990 et janvier 1991 par la récession aux États-Unis et en Grande-Bretagne entraînant une politique monétaire rigide, le marché de l'argent et les conditions de distribution du crédit vont être au cœur des discussions. Les experts de la Banque centrale (direction du contrôle et la régulation bancaire : Patrick Leclerc et Rigobert Roger Andely), ceux de la direction du trésor et de la banque de France vont jouer un rôle décisif. Dans leur méthode de travail, on peut souligner leur rapport à l'approche empirique, ce qui est significatif d'une volonté de rupture, au moins dans les manières d'agir.

Outre le fait qu'elles s'interprètent comme une volonté de s'adapter à la transformation des marchés mondiaux qui affectent les économies de la zone, les réformes monétaires engagées, de l'aveu même de Jean Félix Mamalepot, traduisent une forme d'inflexion du cadre théorique et idéologique de la politique monétaire. L'argument suivant a été défendu : les instruments de régulation de la liquidité n'ont pas permis de résoudre la crise que traverse le système bancaire. Bien au contraire, les incertitudes et les approximations constituent le terreau sur lequel la crise s'est développée. De fait, le FMI et la direction du Trésor français n'ont eu de cesse d'attirer l'attention des autorités monétaires sur l'inefficacité des instruments de la politique monétaire. Pierre Dhonte, conseiller au département Afrique du FMI a joué un rôle déterminant dans la transformation des outils de gouvernance de la BEAC, principalement la direction de la réglementation et le contrôle des banques[722] (restructuration bancaire). Il sera détaché en qualité d'assistant technique auprès du gouverneur[723].

---

[721] *Ibid.*,

[722] AFMI, 588023, dossier : « BEAC, correspondance, 1974-1991 »

[723] Il va défendre l'idée d'un ajustement structurel régional avec pour objectif de s'attaquer aux déséquilibres macroéconomiques et de créer un environnement favorable à la croissance.

Ce n'est que dans le contexte du durcissement de la crise des liquidités, de la spéculation et de l'apparition des mauvais résultats de son compte d'exploitation que la BEAC (en principe les États) a souscrit à l'idée de réformer les institutions chargées de conduire la politique monétaire. On pourrait alors se demander si ce changement s'est-il accompagné d'une réelle inflexion de l'idéologie dominante ?

L'interprétation que nous faisons est la suivante : la programmation monétaire s'est substituée au système de segmentation du crédit[724]. Elle symbolise aussi une rupture d'un point de vue strictement théorique. La doxa originelle qui a reposé sur l'approche keynésienne des taux d'intérêt est progressivement abandonnée au profit d'une flexibilité qui tiendrait compte des dynamiques des marchés financiers internationaux.

Ce système favorise une régulation par le marché qui contraste avec une gestion administrative et mécanique des taux d'intérêt. L'État, par l'entremise de la Banque centrale, se désengage au profit du marché, au moins dans les intentions et, en l'absence de sources, il est difficile de nuancer cette hypothèse. Ces réformes se traduisent par un accroissement du coût du crédit dans la zone d'émission. Comme la structure du marché monétaire est de nature oligopolistique, les ententes entre banques priment sur une véritable concurrence.

Par ailleurs, la philosophie sur laquelle repose la programmation monétaire apparaît toutefois ambiguë. Car elle traduit un certain renoncement à la défense de la parité, c'est-à-dire à la prééminence de l'accumulation des réserves de changes sur une réelle politique de soutien au développement. Elle ne déconstruit pas pour autant le principe de la convertibilité illimitée.

Si la réforme apparaît ambitieuse, sa mise en œuvre va, tout d'abord, s'avérer délicate pour des raisons techniques liées à l'absence de convergence budgétaire entre les États. Le Cameroun dispose de son propre calendrier des Lois des Finances. Or la programmation nécessite

[724] La méthode utilisée dans la détermination des plafonds de refinancement des banques était basée sur les déficits des bilans de ces banques et moins sur le cadre macroéconomique, ce qui lui a valu de vives critiques venant du FMI. Pourtant, ce système n'a pas permis, ni d'anticiper ni de gérer la crise bancaire.

un volume important d'informations pour être efficace. Cela implique de la part de la BEAC un dialogue permanent avec les administrations publiques et les établissements de crédit. Dans les faits, cette méthode est en résonance avec les directives du FMI. Elle a l'avantage d'être adaptée au contexte de crise. En l'absence de convergence, les autorités monétaires ont tranché et le Cameroun a été le premier pays à expérimenter cette méthode. Le Gabon et les autres suivront progressivement. La règle de convergence budgétaire interviendra plus tard.

Il est cependant difficile d'appréhender l'impact de cette méthode sur la gestion de la crise de liquidité et la spéculation qui va reprendre puisque les spéculateurs ont su que la parité du F CFA finira par être modifiée et que le franc français[725], au même titre que d'autres monnaies de la plupart des pays européens, sera davantage fragilisé. Cela inciterait la Banque de France et la BEAC à acheter les billets FCFA. Mais la crise internationale des changes qui a ébranlé le Système monétaire européen (SME) a mis en évidence, comme l'a montré Olivier Feiertag, les limites de la coopération monétaire dans le contexte de la mondialisation[726], la zone franc subira les effets de cette crise.

Dès l'été 1992, la rumeur de la dévaluation du F CFA a conduit la direction du Trésor à durcir le contrôle des virements et de changes afin de limiter la reprise des attaques spéculatives sur le F CFA en zone BEAC. Jacques de Larosière, alors gouverneur de la Banque de France a donné des instructions à Francis Capparena, directeur général des services étrangers (DGSE) à la banque de France[727], au regard des attaques dont le franc français est l'objet durant cette période. Cette histoire connectée des désordres monétaires est intéressante à analyser, puisqu'elle permet de mettre en évidence le rôle des États et de leur coopération institutionnelle dans la restauration des équilibres. Dans cette perspective, une réunion s'est tenue à Matignon le 27 juillet 1992.

[725] Voir Philippe Moutot, « Les caractéristiques et la gestion des tensions de change. Le cas du franc en 1992-1993 », *Cahiers économiques et monétaires de la Banque de France,* 49, 1994, p.215-245.

[726] Olivier Feiertag, « Les banques centrales et les États dans la crise de change de 1992-1993. Le baptême de la monnaie unique », Olivier Feiertag et Michel Margairaz (dir), *Les banques centrales, op.cit.,* p.638.

[727] ABF, 1035200601/1, dossier : « zone franc », note non datée.

Elle est présidée par Pierre Bérégovoy, alors Premier ministre. D'autres acteurs de premier plan tel que Michel Sapin, ministre de l'Économie et des Finances et Jean Claude Trichet, directeur du Trésor y prennent part. L'avenir du F CFA est au centre des échanges.

Très vite, des divergences des vues vont apparaître tout au long des discussions. Michel Sapin est contre la dévaluation qu'il qualifie de mesure de facilité. Il vaut mieux, argumente-t-il, s'ajuster aux réalités par les réformes[728]. Mais cette position ne reflète pas vraiment la position du Ministère des Finances, car la direction du Trésor s'est pendant longtemps alignée derrière les directives du FMI. L'argument avancé par Jean Claude Trichet est le suivant : sauver la zone franc sans la dévaluation présente des risques et le coût financier pour la France est évalué à 8 milliards de F CFA en 1992.

Mais la France craint également une perte de devises au moment de la dévaluation, alors que sa monnaie fait l'objet de violentes attaques. Michel Camdessus, directeur général du FMI est favorable à la dévaluation au moment où l'ajustement structurel devenait délicat. Son activisme diplomatique s'est cependant heurté à l'opposition des chefs d'État, en particulier Omar Bongo et Abdou Diouf qui sont radicalement opposés. Mais le contexte avait changé et il s'était rendu en Afrique avec l'accord de Pierre Bérégovoy qui semble désormais favorable.
Bien qu'il ait pu souligner, non sans cynisme, les paradoxes de la zone franc :

> « Nous allons dire à [aux chefs d'États et populations de] ces pays que la dévaluation est une bonne chose, qu'elle favorise la croissance, alors que nous leur avons dit, pendant des décennies, que c'était la stabilité monétaire qui était le bien le plus précieux, c'est donc un véritable changement[729]. »

La cause est donc entendue ! À Paris, à Matignon comme à Bercy, l'ajustement de la parité du F CFA ne fait plus de doute. Il faudra juste trouver la bonne temporalité et gérer la dimension politique. Car pour

---

[728] *Id.*, compte rendu de la réunion de Matignon sur le F CFA, présidée par le Premier ministre, Pierre Bérégovoy, 27 juillet 1992.

[729] *Ibid.*, extrait de la déclaration faite par Pierre Bérégovoy pendant la réunion, 27 juillet 1992.

que la dévaluation soit mise en œuvre il faut que ces conditions soient réunies : elle doit être décidée par les chefs d'États africains ; des mesures de redressement doivent accompagner un contexte politique favorable et le soutien des organismes internationaux. Dans cette perspective, les chefs d'État (Omar Bongo, Abdou Diouf, Blaise Compaoré et Félix Houphouët-Boigny) sont reçus à l'Élysée, le 31 juillet 1992. Après cinquante-cinq minutes d'entretien, Blaise Compaoré, déclare sur le perron de l'Élysée : « il n'y aura pas de dévaluation du F CFA ».

Mais face aux attaques que subi le F CFA et la persistance de la crise bancaire autant que l'alignement du F CFA sur la future monnaie européenne[730], la dévaluation devient un impératif. Dans cette optique, une deuxième réunion se tient à Bercy le 13 septembre 1992, les gouverneurs de la Banque de France, Jacques de Larosière, de la BEAC, Jean Félix Mamalepot, celui de la BCEAO, Charles Konan Banny ainsi que le directeur du Trésor, Jean Claude Trichet sont présents.

L'enjeu pour le gouvernement de la BEAC est double : d'une part, trouver les moyens de contrer la spéculation qui ruine les réserves en devises des États et menace la stabilité du système de paiements. Jean Félix Mamalepot estime que :

> « Le compte d'opérations de la BEAC est de jour en jour laminé par les sorties de billets. Il faut tout faire pour réduire ces mouvements spéculatifs et leur créer un maximum d'obstacles, afin de dissuader ceux qui exportent des billets en dehors de la zone[731]. »

D'autre part, il faut obtenir les garanties de Paris s'agissant de la préservation des fondements idéologiques de la zone franc lors du passage à l'euro. Il est cependant favorable à la conservation du système de centralisation des billets par la

[730] Voir Albert Ondo Ossa, « Taux de change du F CFA et construction européenne », *Mondes en développement*, n° 77-78, txx, 1992, p.59-74 ; Michel Lelart, « Le SME et le système monétaire franco-africain », *Euroépargne,* n° 11 et 12, 1985 ; Celestin Monga et J. C Tchatchang, *Sortir du piège monétaire,* Paris, Economica, 1996 ; E. Yenoue. B, "The CFA arrangements : more than just an aid substitute?", *Economie internationale,* 2006, n° 107, p.107-133.

[731] ABF, 1035200601/1, dossier : « zone franc », compte rendu de la réunion des gouverneurs de la zone tenue à Bercy, le 13 septembre 1992.

Banque de France, pour des raisons de sécurité et de qualité de conditionnement. Mais l'ampleur de la spéculation conduit à des interventions croisées de la banque de France et de la direction du Trésor. Ce soutien systématique au F CFA se traduit pour ces institutions, par l'accroissement des coûts au regard de la densité des opérations de reconnaissance, le conditionnement, le float et l'expédition des billets. Ce facteur, au même titre que d'autres éléments de nature structurelle, a contraint la France à envisager l'ajustement monétaire, en dépit des pressions du FMI. Tous ces éléments montrent que la stabilité de la monnaie était compromise et la modification du cadre institutionnel ne suffirait pas à restaurer la confiance.

*

*   *

La crise monétaire est d'abord et avant tout une crise de la confiance dans la monnaie et, par extension, dans les institutions chargées de mener la politique monétaire. Elle est également, pour la Banque centrale, une crise existentielle puisqu'elle traduit l'existence des relations plus ou moins conflictuelles qui la lient aux États[732]. En réalité, ces tensions traduisent les insuffisances du cadre idéologique sur lequel repose la politique monétaire. L'idée que la Banque centrale avait vocation à être le banquier des États a été interprétée comme un moyen de financer le déficit budgétaire par la création monétaire sans toutefois tenir compte des contraintes réelles.

---

[732] Sur la gouvernance de la BEAC, voir, Mahamat Massoud, « Quelles perspectives pour la gouvernance de la Banque des États de l'Afrique centrale (BEAC), *Marché et organisations,* 2014/1, n° 20, p.53-71 ; Patrick et Sylvianne Guillaumont Jeanneney, « La zone franc en perspective », *Revue d'économie de développement,* 2017/2, vol.25, p.5-40 ; Patrick et S. J. Guillaumont (dir), *Stratégie de développement comparées, zone franc et hors zone franc,* Paris, Economica, 1984.

La crise a mis en évidence la dimension politique, sociale et institutionnelle du système monétaire dans un contexte où la monnaie apparaît non plus comme un problème, mais davantage comme une solution. Cela reflète des tensions idéologiques et théoriques sur la perception que les autorités monétaires et les États ont du crédit. Ainsi, la crise du système de paiements révèle de façon décisive les tensions entre le marché de l'argent, les dynamiques marchandes et les logiques de l'État. Il se pose donc le problème de l'indépendance de la Banque centrale. Mais comment saisir un phénomène lorsque plusieurs acteurs demeurent impliqués ? La crise a par ailleurs montré que les autorités monétaires n'ont souscrit à des réformes de profondeur que lorsque la monnaie s'est trouvée fragilisée. Les réformes qui se traduisent, pour la Banque centrale par une volonté d'autonomie ont conduit celle-ci à jouer un rôle dans l'élaboration des budgets à travers les mécanismes de convergence[733].

Cette crise révèle aussi l'incompatibilité entre le cadre monétaire et la problématique du financement du développement à l'échelle de la zone d'émission. L'émergence d'une économie d'endettement est la conséquence d'un système de financement du déficit budgétaire par la création monétaire, alors que les ressources de l'État se raréfient en raison de la récession et de la crise sous-jacente de l'administration des finances publiques. Il en résulte que la légitimité démocratique du pouvoir est remise en question et l'ordre social est menacé par la même occasion. La dépréciation du dollar par rapport au FF sur les marchés des changes se traduit par l'effondrement de la compétitivité des économies des États de la zone franc[734]. En outre, la spéculation est significative d'une recherche de sécurité de la part des épargnants du fait de l'effondrement du système des paiements.

En somme, la crise financière que traverse le Gabon dès le milieu des années 1980 est constitutive d'une double rupture : la fin d'une croissance entraînée par la montée en puissance des prix des matières premières en vigueur au milieu des années 1970.

---

[733] Voir Claude N'Kodia, « Les pactes de convergence en zone franc : quels critères et quels objectifs en zone CEMAC ? », *Revue française d'économie,* 2011/2, vol. 26, p.115-148.

[734] Voir Sylvianne Guillaumont Jeanneney et Ping Hua, « Régimes de change et commerce entre Chine-Afrique, *Revue économique,* 2013/3, vol. 64, p.469-482.

La deuxième rupture est liée à la libéralisation des marchés financiers qui a conduit à l'émergence d'une économie d'endettement. Les dépenses publiques ont continué d'être le pilier de la politique économique, alors que les revenus de l'État se raréfiaient en raison de la crise que traversent l'administration fiscale et la baisse des termes de l'échange-pétrole.

Les dynamiques de marché ont conduit à une crise des institutions chargées de gérer les finances publiques. Or la gestion opaque de ces institutions constitue le fondement idéologique sur lequel repose l'équilibre de l'État postcolonial. La crise a aussi révélé les tensions entre le marché, les institutions et l'État en tant que sujet et acteur de l'histoire. Du fait de ces antagonismes, la crise financière va avoir un impact sur le système de paiements, donnant ainsi le sentiment qu'il existerait un désordre monétaire qui se caractérise par la perte de confiance sur la monnaie.

On notera également le fait que les autorités soient prises en étau entre le financement du déficit et le maintien de la stabilité du système monétaire. Au moment de l'éclatement de la crise financière, les autorités monétaires n'ont qu'une faible connaissance de ses implications monétaires. Ils n'ont pas non plus compris que le système bancaire était en proie à une crise sans précédent.

Cependant, la monnaie a continué à représenter un enjeu de pouvoir financier puisqu'une partie de la dette continue à être monétisée. Les tentatives de contrôle des avances directes sont contournées par un recours systématique au système bancaire. Cela a conduit à la crise du système des paiements. Il s'ensuit le développement des opérations spéculatives qui vont fragiliser la monnaie tout en ouvrant la voie aux réformes des institutions et des instruments de politique monétaire. La crise a conduit les institutions de Bretton Woods à changer de paradigme. Les actions de la Banque mondiale ont évolué dans deux sens différents : elle a d'abord financé les projets puis, dans le contexte de la crise, son rôle en tant qu'agent technique du Ministère des Finances et celui du Plan est devenu décisif. En outre, la crise a conduit à une redistribution des rapports de force sur l'échiquier politique et social gabonais ; la transition démocratique est l'un des effets de la crise. Le cadre de la politique monétaire a subi d'importantes mutations en matière de gouvernance, même s'il est vrai que les principes de base ont été conservés. Influencées par la perspective de la monnaie unique, les réformes entreprises donnent à la Banque centrale des marges de manœuvre suffisantes et ces dynamiques sont interprétées comme des avancées significatives. Mais elle reste dépendante des États s'agissant de la politique monétaire et du crédit. L'influence du Gabon au sein de la Banque centrale n'a pas été altérée. Mais cela n'a pas exclu l'idée d'une recomposition géopolitique qui découle de la crise, du passage à l'euro, mais aussi des débats sur la dévaluation. Le leadership du président Omar Bongo a permis de maintenir cette position. Du point de vue géopolitique, la crise de la dette a renforcé l'influence de la France au Gabon. La France avait à cœur la préservation de ses intérêts économiques et financiers ; ses interventions ont aussi pour but de protéger un régime allié exposé à des mouvements sociaux ; la France a également préservé, à travers ses initiatives, l'équilibre de la zone au moment où les négociations sur la monnaie unique européenne se sont mises en œuvre.

CONCLUSION GÉNÉRALE

Au terme de cette étude, il est important de faire un récapitulatif de la démarche et des résultats auxquels nous sommes arrivés. Il était question de faire apparaître les spécificités du système monétaire, financier et économique du Gabon en prenant en considération son appartenance au système monétaire franco-africain. L'interprétation que nous faisons est que le fonctionnement de ce système est à la croisée d'une triple perspective dont l'incompatibilité a conduit la Banque centrale à ne remplir que de façon imparfaite les missions d'instrument de financement du développement économique. En effet, l'imbrication des objectifs multilatéraux (relation avec la France dans le cadre de la zone franc), régionaux (parvenir à garantir l'équilibre politique et économique à partir de la monnaie) et nationaux (la monnaie comme instrument de politique économique) a constitué une perspective d'analyse pertinente. Elle tranche avec les approches souvent utilisées pour étudier la zone franc, c'est-à-dire comme un bloc homogène nécessitant une démarche univoque ; cela nous a permis de mettre en évidence le poids des contraintes institutionnelles et des arrangements politiques sur les actions de la Banque centrale.

Pour des besoins d'analyse, nous avons voulu présenter une vision coordonnée de la zone franc au sein de laquelle les relations monétaires, commerciales et financières, qui se sont nouées avec l'ancienne puissance coloniale sont interprétées comme représentatives des relations franco-africaines, voire eurafricaines. Il s'agit d'une expérience unique de coopération puisant ses racines dans les logiques coloniales. La décolonisation politique est en conséquence interprétée autrement que comme le prolongement des manières d'agir et de penser la monnaie et ses implications économiques et financières. Dans ces conditions, l'histoire monétaire du Gabon traduit cette continuité institutionnelle qui nous a conduit à nous interroger sur les mobiles de cette pérennité, même si des changements qui ont trait à l'africanisation des cadres ont pu intervenir progressivement. A cet égard, qu'est-ce qui a conduit le Gabon à faire le choix d'une souveraineté monétaire collective et concertée au détriment d'une souveraineté monétaire individuelle et assumée ?

Nous avons utilisé l'approche institutionnelle et une entrée par la géoéconomie ainsi que la monnaie pour montrer que la zone franc a été au cœur d'une stratégie d'influence pour la France au moment où elle est contrainte de se séparer de ses anciennes colonies. De la même manière, la zone franc est présentée, au-delà des contraintes politiques réelles et accommodantes à cette époque, par les autorités gabonaises, comme un moyen de développer et d'internationaliser l'économie gabonaise en voulant tirer profit du principe de « stabilité ». La monnaie apparaît ici comme un projet politique qui tient pour marginale la question de la souveraineté monétaire dès lors que la construction de l'État n'est rendue possible que grâce à un système économique et financier adéquat. L'analyse des archives inédites nous renseigne sur la complexité de ces réalités historiques.

Par ailleurs, le maintien des liens étroits avec les autorités gabonaises, à travers les mécanismes de coopération, conduit à sécuriser un marché, garantir l'accès aux matières premières, favoriser l'installation et le développement des banques et entreprises françaises tout en favorisant le rapatriement de leurs revenus d'exploitation grâce à un cadre monétaire accommodant. Ce facteur est déterminant, car il a conduit au maintien d'une économie de rente exposée aux dynamiques de marché. Cette interprétation traduit une diversité historique des relations entre l'État, l'économie, les institutions monétaires et financières. Cet ouvrage s'est donc donné pour but d'étudier ces relations de pouvoir qui ont conduit à édifier, sur la longue durée, un système d'interdépendance dans lequel la monnaie, l'aide budgétaire et financière sont au cœur d'une stratégie de pouvoir.

Afin de mesurer l'impact de la monnaie sur la conduite de la politique économique au Gabon, nous avons voulu comprendre les objectifs, les instruments et les implications politiques et financiers de la politique monétaire et/ou du crédit de la Banque centrale. Nous avons défini trois temporalités. Celles-ci traduisent des phénomènes historiques majeurs : la décolonisation politique, la décolonisation monétaire qui va de pair avec une phase d'expansion économique et de crise de la balance des paiements des années 1970 et enfin la crise financière et monétaire des années 1980.

Celle-ci s'est caractérisée par la mise en œuvre d'une série de réformes institutionnelles au sein de la BEAC dont le FCFA continue de jouer à la fois le rôle de monnaie commune, d'instrument d'intégration régionale et d'internationalisation des États de la région.

Pour décortiquer les rouages de la politique monétaire, nous nous sommes appuyés sur les procès-verbaux des réunions du conseil d'administration de la Banque centrale. Nous avons aussi eu recours aux études et compte rendus des séminaires de formation réalisés par les assistants techniques du FMI qui n'ont eu de cesse de souligner les limites du système de refinancement de la Banque centrale. Notre enquête avait pour but de faire correspondre les caractéristiques quantitatives du système d'allocation du crédit avec le cadre institutionnel et conventionnel, de façon à comprendre comment la Banque centrale a pu ou non structurer ou stabiliser le système des paiements de sa zone d'émission tout en ayant le souci de répondre aux besoins en liquidités des États.

À partir de 1966, la légitimité des pouvoirs publics à intervenir dans les affaires monétaires s'est renforcée à l'occasion de l'amendement partiel des statuts de la BCEAEC. Ils peuvent satisfaire leurs besoins en liquidités en ayant recours aux avances directes de la Banque centrale. De même, le trésor s'endette envers la Banque centrale à travers le canal du réescompte, en particulier le réescompte des bons d'équipement, des obligations cautionnées et le réescompte des crédits douaniers (cette pratique sera abandonnée en 1970) qui seront largement utilisés par le gouvernement gabonais. Durant cette période, l'action de la Banque centrale en faveur du secteur privé était marginale puisque la politique économique était basée sur la politique budgétaire et le recours aux marchés financiers pour les crédits à long terme que la Banque centrale ne pouvait offrir. Les missions de la Banque centrale vont cependant être étendues à la faveur de la réforme des statuts de la Banque de 1972. Dès lors, la relation Banque/État paraît liée à la nature des objectifs poursuivis par la banque qui, très souvent, sont en contradiction avec les objectifs de politique économique. Pour assurer la stabilité monétaire, la Banque centrale mène une politique de crédit restrictive sans pour autant faire varier les taux d'intérêt qui sont restés très bas du fait de leur vocation à promouvoir l'investissement. Nous avons pu montrer que la stratégie des taux d'intérêt bas n'a pas été efficace en raison de l'absence de convergence avec les taux de la Banque de

France et ceux de la BCEAO. Cela produit un effet inverse, c'est-à-dire le développement des opérations spéculatives qui ont privé les États de liquidités dans le contexte des crises des années 1970 et 1980.

Notre étude de près de trente ans d'histoire monétaire montre que la monnaie n'a pas toujours été au service du développement puisque la Banque centrale ne prête pas directement au secteur privé, la restriction des conditions de distribution du crédit favorise davantage les grands groupes au détriment des PME ; de même, il y a une préférence conjoncturelle pour les avances directes aux trésors, ce qui conduit à un durcissement de la politique du crédit pour garantir la stabilité monétaire. L'analyse des documents d'archives et l'application de l'analyse quantitative montrent que les objectifs de financement du développement n'ont pas été véritablement atteints en raison de l'émergence du phénomène d'endettement extérieur et de la monétisation du déficit budgétaire tout au long des années 1970.

En outre, l'un des principaux résultats en matière de politique monétaire est que la question de la stabilité monétaire est variable selon les enjeux politiques et économiques. Entre 1960 et 1973, la Banque centrale a en effet atteint l'objectif de lutte contre l'inflation. Elle va par contre connaître une hausse significative à partir de 1975 jusque pratiquement au milieu des années 1980 avant de revenir à un niveau quasi normal, puisque les autorités monétaires ont abandonné l'objectif de croissance pour se concentrer sur l'inflation. Au cours de cette période, on est passé des modes de régulation de la liquidité bancaire administrée (encadrement du crédit) à des instruments de régulation par le marché. Les analyses que font les autorités monétaires au cours de ces réunions sont insérées dans les débats de l'économie politique.

Cette perspective conduit à un renforcement des capacités d'analyse, puisque cela nous a permis de contextualiser la politique monétaire et la politique économique. Ainsi, la propension à assurer la stabilité monétaire paraît moins fonction de l'équilibre des rapports de force au sein du conseil d'administration que de la capacité à maintenir en équilibre la situation financière extérieure des États et les réserves de change.

Le risque de voir ces réserves s'effondrer constitue un enjeu de politique économique majeur, dans la mesure où il détermine le comportement des États face à la politique monétaire. À chaque fois que le risque de perte des avoirs extérieurs s'accroît, les États ont tendance à accepter l'encadrement du crédit, car la perspective de la dévaluation est redoutée de tous ; les dynamiques monétaires externes ont par ailleurs un impact sur les finances publiques et la politique économique. Mais cette interprétation ne permet pas de statuer sur le niveau d'autonomie de la Banque centrale fédérale, puisqu'elle est sous la tutelle des États.

De fait, la crédibilité de la politique monétaire tient pour partie aux dynamiques de marché à travers la capacité à maintenir la stabilité monétaire dans le contexte de crise ; elle découle aussi de la manière dont le conseil d'administration parvient à mettre en œuvre le principe de solidarité puisque la Banque centrale gère des économies à productivités différenciées. Compte tenu du fait que la Banque centrale n'a joué qu'un rôle marginal dans le financement de l'économie gabonaise, les dynamiques de marché qui apparaissent en 1986 (effondrement des termes de l'échange-pétrole, la hausse des taux d'intérêt sur les principaux marchés financiers et la variation du taux de change F CFA/dollar) ont eu un impact sur la politique économique et budgétaire. Le modèle du soutien de la croissance par la demande intérieure s'est effondré, plongeant le pays dans une récession et une crise de la dette qui l'ont en conséquence exposé aux conditionnalités du FMI. Il s'ensuit la mise en place d'un programme d'ajustement structurel en contrepartie du rééchelonnement de la dette publique. Ce programme vise entre autres objectifs, à restructurer le secteur public, c'est-à-dire à rationaliser la gouvernance des entreprises d'État par la privatisation, de sorte qu'elles ne présentent plus une charge budgétaire pour l'État. Cette perspective a conduit à la libéralisation de l'économie sous prétexte qu'elle visait la restauration de la compétitivité de l'appareil productif. Cette dynamique d'endettement a en outre conduit à l'affaiblissement de la marge de manœuvre de la Banque centrale.

C'est en cela que les initiatives du gouvernement français sont riches d'enseignements. Les archives ont montré que les discussions, parfois sous forme de surenchères, très animées entre Omar Bongo et François Mitterrand ont mis en évidence le lien étroit qui existe entre la finance, la monnaie, l'économie et leurs finalités politiques dans les relations franco-gabonaises au cours de la période étudiée. Car pour sauver politiquement Omar Bongo dans le contexte de rareté de liquidités, les autorités françaises ont fourni l'aide budgétaire et financière nécessaire de sorte que l'équilibre de la zone franc soit maintenu. En dépit de ces efforts, la France a fini par s'aligner sur l'interprétation que fait le FMI de la crise de la dette : un ajustement structurel sans dévaluation ne saurait être efficace. Ainsi, la dévaluation du F CFA décidée en 1994 avait-elle vocation à restaurer l'équilibre macroéconomique là où l'austérité budgétaire n'a pas donné des résultats de long terme ou elle a été décidée pour canaliser l'arrimage du F CFA à l'euro, initié deux ans plus tôt ? Nous n'avons pas eu le temps d'étudier cette perspective, dont l'intérêt historique est incontestable. D'une part, une étude empirique est nécessaire pour évaluer les effets de la dévaluation sur l'économie et le modèle social gabonais. D'autre part, elle permettrait de mieux saisir les rapports qui vont s'instaurer après l'arrimage du F CFA à l'euro.

SOURCES EXPLOITÉES

Sources imprimées

Banque Afrique n° 192 du 9 février 1981
Banque des États de l'Afrique centrale (BEAC), Xe anniversaire (1973-1983)
BCEAEC, Rapport des Censeurs sur les comptes de l'exercice 1959-1960
BCEAEC, Rapport des Censeurs sur les comptes de l'exercice, 1961-1962
BCEAEC, Rapport des Censeurs sur les comptes de l'exercice, 1962-1963
BCEAEC, Rapport des Censeurs sur les comptes de l'exercice, 1963-1964
BCEAEC, Rapport des Censeurs sur les comptes de l'exercice, 1964-1965
BCEAEC, Rapport des Censeurs sur les comptes de l'exercice, 1965-1966
BCEAEC, Rapport des Censeurs sur les comptes de l'exercice, 1966-1967
BCEAEC, Rapport des Censeurs sur les comptes de l'exercice, 1967-1968
BCEAEC, Rapport des Censeurs sur les comptes de l'exercice, 1968-1969
BCEAEC, Rapport des Censeurs sur les comptes de l'exercice, 1969-1970
BCEAEC, Rapport des Censeurs sur les comptes de l'exercice, 1970-1971
BCEAEC, Rapport des Censeurs sur les comptes de l'exercice, 1971-1972
BCEAEC, Rapport sur le bilan de l'exercice comptable, 1972-1973, 31 mars 1973
BEAC, Rapport des Censeurs sur les comptes de l'exercice 1984-1985
BEAC, Rapport des Censeurs sur les comptes de l'exercice 1985-1986
BEAC, Rapport des Censeurs sur les comptes de l'exercice 1986-1987
BEAC, Rapport des Censeurs sur les comptes de l'exercice 1987-1988
BEAC, Rapport des Censeurs sur les comptes de l'exercice 1988-1989

BEAC, Rapport des Censeurs sur les comptes de l'exercice 1989-1990
BEAC, Rapport des Censeurs sur les comptes de l'exercice 1990-1991
Brousset Amédée et Georges Rawiri, La République gabonaise, le Tiers-monde et la France. Conférence faite le 9 novembre 1967 à Paris, Paris, Coll : conférences des ambassadeurs, S.E.I.M.R.H.A, 1967
Institut d'Émission de l'Afrique équatoriale française et du Cameroun, Rapport des Censeurs sur les comptes de l'exercice, 1955-1956
Bulletin de l'Afrique noire n° 81 du 13 janvier 1959
Bulletin de l'Afrique noire n° 196 du 5 juillet 1961
Bulletin de l'Afrique noire n° 1139 du 27 mai 1982
Bulletin de l'Afrique noire n° 1581 du 27 mars 1982
Bulletin d'informations économiques et commerciales de mars-avril 1995
Bulletin d'informations économiques et commerciales (Ambassade de France au Gabon) du 29 février 1996
Bulletin d'informations économiques et commerciales du 30 avril 1996
Bulletin d'informations de la BEAC : organisation monétaire et bancaire des États de l'Afrique centrale
Institut d'Émission de l'Afrique équatoriale française et du Cameroun, Rapport des Censeurs sur les comptes de l'exercice, 1955-1956
Institut d'Émission de l'Afrique équatoriale française et du Cameroun, Rapport des Censeurs sur les comptes de l'exercice, 1956-1957
Institut d'Émission de l'Afrique équatoriale française et du Cameroun, Rapport des Censeurs sur les comptes de l'exercice, 1957-1958
Institut d'Émission de l'Afrique équatoriale française et du Cameroun, Rapport des Censeurs sur les comptes de l'exercice, 1958-1959
FMI : Gabon, évolution récente de l'économie, rapport du 27 février 1985
FMI : Gabon, évolution récente de l'économie, rapports des 7 avril et 29 décembre 1986
FMI : Gabon, évolution récente de l'économie, rapports des 30 juin et 22 juillet 1987
FMI : Gabon, évolution récente de l'économie, rapports des 12 janvier et 31 août 1988
Jeanneney Jean. Marcel, La politique de la coopération avec les pays en voie de développement. Paris La Documentation française Illustrée, n° 201, 1964
Kuhn Loeb, Lehman Brothers International, Maison Lazard et Cie et S. G. Warburg et Co. Ltd, Rapport sur l'évolution économique et financière de la République Gabonaise, décembre 1978

Kuhn Loeb, Lehman Brothers International, Maison Lazard et Cie et S. G. Warburg et Co. Ltd, Rapport sur l'évolution économique et financière de la République Gabonaise, décembre 1979
Kuhn Loeb, Lehman Brothers International, Maison Lazard et Cie et S. G. Warburg et Co. Ltd, Rapport sur l'évolution économique et financière de la République Gabonaise, décembre 1980
Kuhn Loeb, Lehman Brothers International, Maison Lazard et Cie et S. G. Warburg et Co. Ltd, Rapport sur l'évolution économique et financière de la République Gabonaise, décembre 1981
Kuhn Loeb, Lehman Brothers International, Maison Lazard et Cie et S. G. Warburg et Co. Ltd, Rapport sur l'évolution économique et financière de la République Gabonaise, décembre 1982
Kuhn Loeb, Lehman Brothers International, Maison Lazard et Cie et S. G. Warburg et Co. Ltd, Rapport sur l'évolution économique et financière de la République Gabonaise, décembre 1983
Kuhn Loeb, Lehman Brothers International, Maison Lazard et Cie et S. G. Warburg et Co. Ltd, Rapport sur l'évolution économique et financière de la République Gabonaise, décembre 1984
Kuhn Loeb, Lehman Brothers International, Maison Lazard et Cie et S. G. Warburg et Co. Ltd, Rapport sur l'évolution économique et financière de la République Gabonaise, décembre 1987
M. Montarnal, Inspecteur Général des finances, Rapport sur les résultats d'une mission d'étude sur le marché monétaire et financier en République Gabonaise, juin 1974
Banque Mondiale, Projet confidentiel pour négociations sur la déclaration de stratégie de développement dans le cadre d'un programme d'ajustement structurel, 23 mars 1988
La Tribune des Fossés, du 22 septembre 1993, p.5
Les Échos du 24 novembre 1972
Le Figaro du 24 novembre 1972
Le Moniteur Africain du commerce et de l'industrie n° 342 du 18 avril 1968
Le Quotidien du 22 septembre 1993, p.18
Le Monde du 22 septembre 1993, p.18
Le Monde du 23 septembre 1993, p.18
Marchés Tropicaux du 2 novembre 1984
Marchés Tropicaux du 9 août 1985
Marchés Tropicaux du 22 mars 1991
Ministère de la Coopération et du Développement, L'Aide française au Gabon (1979-1989. Rapport des experts. Évaluation interne réalisée

par Louise Avon, Odile Deserts, Michel Duby, Pierre Baris. Consultants : R. Frédéric Duval, Patrice Tranchant. Paris, Ministère de la Coopération, 1992
Ministère des Finances, Rapport annuel de la Zone franc, Paris, La Documentation Française, 2007

Sources d'Archives

Archives orales (comité pour l'histoire économique et financière de la France)

Claude-Joseph Panouillot de Vesly, inspecteur général des Finances, directeur général honoraire de la BCEAEC (1955-1973), Entretiens réalisés par Armelle Anders.

Archives Nationales (AN) de Pierrefitte-sur-Seine

Fonds Jacques Foccart

Carton : 5 AGF/2878
Dossier : zone franc, problèmes monétaires (1959-1965)
Carton : 5 AGF/2869
Dossier : réunions des ministres des Finances de 1965
Carton : 5 AGF/2774
Dossier : Communauté-Comité des Affaires économiques et financières, organisation de la 3e session, Paris, juin 1960
Carton : 5 AGF/2775
Dossier : évaluation du coût économique de la Communauté (1959-1961)
Carton : 5 AGF/2770
Dossier : Conseil exécutif de la Communauté (1959-1960)
Carton : 5 AGF/2771

Dossier : Comités des Affaires économiques et financières, première session 1959
Carton : 5 AGF/2772
Dossier : Comités des Affaires économiques et financières, deuxième session 1960
Carton : 5 AGF/2773
Dossier : Conseil exécutif de la Communauté, procès-verbal de la réunion du 21 mars 1960, à Paris, sous la présidence du général de Gaulle
Carton : 5 AGF/2777-2779
Dossier : Enjeux politiques de l'aide financière de la France aux États de la Communauté
Carton : 5 AGF/2781
Dossier : Évolution politique des États de la Communauté et de l'Entente ; relations monétaires de la France avec ces États dans le cadre du marché commun européen, juin1959
Carton : 5 AGF/2780
Dossier : A.I.D et ses interventions dans les pays de la Communauté
Carton : 5 AGF/2887-2888
Dossier : réforme de la BCEAO (1967-1973)
Carton : 5 AGF/2889
Dossier : fonctionnement de la BCEAEC (1959-1966)
Carton : 5 AGF/2890
Dossier : réforme de la BEAC (1967-1973)
Carton : 5 AGF/2896
Dossier : organisation du marché commun en Afrique équatoriale (de l'UDE à l'UDEAC) et ses problèmes, notamment les accords de Saint-Germain-en-Laye de 1919 (1959-1973)
Carton : 5 AGF/1998,1999 et 2000
Dossier : audiences des présidents Léon Mba (1963-1967) et Albert-Bernard Bongo (1968-1974)
Carton : 5 AGF/2897
Dossier : relations commerciales du Gabon au sein de l'UDEAC (1964-1973)
Carton : 5 AGF/2023
Dossier : relations étrangères du Gabon avec le reste du monde au début des années 1970
Carton : 5 AGF/2902
Dossier : commerce extérieur par État (1960-1966)
Carton : 5 AGF/2002

Dossier : Gabon, documentation ; premier plan quinquennal (1966-1970)
Carton : 5 AGF/2900
Dossier : répartition entre États de la zone franc des contingents d'exportation de café vers la France (1959-1960) ; intervention du FMI pour la régularisation des cours de matières premières provenant des pays sous-développés.
Carton : 5 AGF/2901
Dossier : commerce extérieur
Carton : 5 AGF/2903
Dossier : accords commerciaux par État (1960-1966)
Carton : 5 AGF/2905
Dossier : régime douanier par État (1960-1966)
Carton : 5 AGF/2908
Dossier : banque et établissement financier en zone franc (1959-1966) ; Banque gabonaise de développement (BGD).
Carton : 5 AGF/2775
Dossier : Action de la France outre-mer : évaluation du coût économique (1958-1961)
Rapport Jean Mialet
Carton : 5AGF/2776
Dossier : Commission Bloc Lainé, structure d'aide et de coopération (1959-1960)
Carton : 5AGF/1996
Dossier : convention Gabon
Carton : 5 AGF/2018
Dossier : Gabon, Affaires politiques, 1970
Carton : 5 AGF/2019
Dossier : Gabon, Affaires politiques, 1971
Carton : 5 AGF/2020
Dossier : Gabon, Affaires politiques, 1972
Carton : 5 AGF/2021
Dossier : Gabon, Affaires politiques, 1973
Carton : 5 AGF/2022
Dossier : Gabon, Affaires politiques, Affaires économiques,1974
Carton : 5 AGF/2017
Dossier : Gabon, Affaires politiques, 1969

Archives de la Banque de France (ABF)

Fonds de la Direction générale des services étrangers (zone franc)

Carton : 1466200601/98
Dossier : Convention sur le régime des investissements au sein de l'Union Douanière Équatoriale,1957-1991.
Carton : 1466200601/332
Dossier : Banques et instituts d'émission d'Afrique Équatoriale et du Cameroun,1955-1971
Carton : 1466200601/235
Dossier : BEAC, procès-verbaux des réunions du conseil d'administration
Carton : 1466200601/237
Dossier : BEAC
Carton : 1466200601/238
Dossier : BEAC, procès-verbaux des réunions du conseil d'administration
Carton : 1466200601/240
Dossier : BEAC, procès-verbaux des réunions du conseil d'administration
Carton : 1466200601/241
Dossier : BEAC, procès-verbaux des réunions du conseil d'administration
Carton : 1466200601/242
Dossier : BEAC
Carton : 1466200601/244
Dossier : BEAC, procès-verbaux des réunions du conseil d'administration
Carton : 1466200601/245
Dossier : BEAC, procès-verbaux des réunions du conseil d'administration, 1990.
Carton : 1466200601/246
Dossier : BEAC, procès-verbaux des réunions du conseil d'administration
Carton : 1466200601/247
Dossier : BEAC, procès-verbaux des réunions du conseil d'administration, 1990
Carton : 1466200601/249

Dossier : BEAC, procès-verbaux des réunions du conseil d'administration
Carton : 1466200601/250
Dossier : BEAC, séminaires sur les réformes monétaires, 1992
Carton : 1463200401/212
Dossier : les Opérations effectuées pour le compte de la zone franc : il s'agit principalement des comptes « Droits de Tirage » (1955-1992)
Carton : 1466200702/17
Dossier : accords de coopération avec la France, 1960-1963
Carton : 1466200702/18
Dossier : accords de coopérations France/Afrique Équatoriale Française (AEF) : organisation politique et administrative, 1957-1961 ; comptes rendus des conférences des chefs d'État, 1959-1971 ; étude OCDE 1993 : la faisabilité politique de l'ajustement structurel dans les pays d'Afrique francophone.
Carton : 1495200501/810
Dossier : Politique économique et financière au Gabon (1982).
Carton : 1466201303/16
Dossier : Banques zone BEAC : notes confidentielles établies par la COBAC sur leur situation nette après la dévaluation du 12 janvier 1994.
Carton : 1489200302/52
Dossier : exploitation des minerais de manganèse du Gabon,1956-1972
Carton : 1466200601/139
Dossier : Caisse Centrale de Coopération économique (ACCE)/Afrique Noire et Madagascar.
Carton : 1466200601/211
Dossier : Activités de la Banque des États de l'Afrique Centrale,1957-1988.
Carton : 1466200601/390
Dossier : Gabon, fonctionnement de la caisse autonome d'amortissement ; relation avec les organisations internationales : rapports du FMI (1960-1999).
Carton : 146200601/391
Dossier : Gabon, organisation et situation politique et sociale.
Carton : 146200601/393
Dossier : Gabon, situation économique (1988-1998).
Carton : 1466200601/23
Dossier : relations commerciales internationales
Carton : 146200601/25

Dossier : Zone franc, conséquences du passage à l'euro : rapports (1991-1997).
Carton : 146200601/27
Dossier : Billets de la Zone franc, mesures pour limiter les sorties de capitaux en billets CFA.
Carton : 1466200601/28
Dossier : Billets émis par la BEAC
Carton : 1466200601/235
Dossier Francis CAPPARENA : BEAC, procès-verbaux des réunions du conseil d'administration
Carton : 1466200601/108
Dossier : Réunions des ministres des finances de la Zone franc, 1965-1966.
Carton : 1370198301/95
Dossier : balance des paiements et réserves des changes. Zone franc : structure et problème.
Carton : 1489200302/53
Dossier : La vie économique et financière de la Communauté.
Carton : 1064198804/45
Dossier : Caisse Autonome d'Amortissement du Gabon.
Carton : 1466200601/52
Dossier, Alignement monétaire aux États-Unis, le 10 août 1971.
Carton : 1466200601/1
Dossier : balance des paiements du Gabon avec l'extérieur (1986-1987)
Carton : 1495200501/847
Dossier : Gabon, relations banques centrales (1982-1989) / CAA
Carton : 1466200601/53
Dossier : réglementation des changes des États de l'UEMOA
Carton : 1466200601/73
Dossier : balance de paiements de la BEAC, 1986-1987
Carton : 1466200601/75
Dossier : négociations sur la mise en place du fonds commun de stabilisation des matières premières ; 4e CNUCED en Nairobi, mai 1976, le 5e du 7 mai au 3 juin 1979 à Manille, le 6e du 6 au 30 juin 1983 à Belgrade, le 7e du 9 au 31 juillet 1987 à Genève.
Carton : 1466200601/77
Dossier : négociations commerciales
Carton : 1466200601/98
Dossier : Investissement
Carton : 14662006/83

Dossier : Union africaine de paiements ; Emprunts des gouvernements (dette gabonaise)
Carton : 1466200601/108
Dossier : les réunions des ministres des finances
Carton : 1466200601/66
Dossier : UDEAC, politique commerciale du Gabon
Carton : 1466200601/472
Dossier : Gabon : relation avec le FMI
Carton : 1466200601/508
Dossier : Matières premières : productions de la zone franc et négociations des produits de base.
Carton : 14662006/510
Dossier : réformes monétaires en zone BEAC : présentation détaillée de la programmation monétaire et résultats des simulations (Conseil d'administration du 26 juillet 1991) ; politique des taux d'intérêt de la BEAC ; réserves obligatoires et régulation de la liquidité bancaire en zone BEAC.
Carton : 1466200601/392
Dossier : Économie gabonaise, 1978-1981
Carton : 1466200603/16
Dossier : situation des Banques après la dévaluation du 12 janvier 1994 Banques zone BEAC (au Gabon), 1975-1986.
Carton : 1064198804/45
Dossier : institut d'émission d'AEF
Carton : 1370198301/18
Dossier : Politique monétaire et du crédit

Centre des Archives économiques et financières (CAEF), ministère de l'Économie et des Finances

Fonds de la direction du Trésor

Carton : B-0055944/2
Dossier : séparation des services du Trésor (1960-1975).
Carton : B-0018925/1
Dossier : BCEAEC : Comité Monétaire National du Gabon (1967-1970).
Carton : B-0018926/1

Dossier : comité monétaire (1971-1972).
Carton : B-0043371/1
Dossier : accords fiscaux entre la France et le Gabon (1963-1971).
Carton : B-0054496/2
Dossier : Gabon, Rapport n° 10 concernant les problèmes économiques (1959-1970).
Carton : B-0018958/1
Dossier : relations financières avec les pays de la Zone franc (1961-1965.
Carton : B-0054718/1
Dossier : relations financières internationales (1960-1981).
Carton : B-0068176/3 : Dossier : Acquisitions –Gabon.
Carton : B-0064215/1
Dossier : réunions des ministres des finances de la Zone franc (1966-1993).
Carton : B-0001478/1
Dossier : séminaires, colloques et réunions de la Zone franc (1972).
Carton : B-0024838/2
Dossier : les problèmes de crédit aux sociétés pétrolières hors Algérie.
Carton : B-00622115/4
Dossier : politique monétaire de la France et les États africains de la zone franc (1963-1985).
Carton : 4 A-0002348/1
Dossier ; Rapports thématiques des inspecteurs des finances sur la zone franc, 1958.
Carton : B-0026459/5
Dossier ; relations financières avec la zone franc (1960-1964).
Carton : 1 A-0000238/1
Dossier : conférence des ministres de la zone franc du 19 février 1969 à Yaoundé ; chemin de fer Owendo-Belinga (Gabon), 1969.
Carton : B-0072799/2
Dossier : États d'Afrique subsaharienne, relations bilatérales (1969-1986).
Carton : B-RK-0000002/1
Dossier : circulation monétaire et commission de contrôle.
Carton : B-0054601/3
Dossier : régime monétaire de la zone franc (1933-1963).
Carton : B-0073547/1
Dossier : réunion des comités monétaires nationaux du Gabon, 1984-1985)

Réunion du 25 janvier 1984 : rubrique : indicateurs économiques, note de synthèse sur la conjoncture économique et évolution de la situation monétaire.
Carton : B-0072943/2
Dossier : Gabon, plan de redressement économique et financier (dette), 1976-1983)
Carton : PH : 028/90-12
Dossier : BCEAEC, 1955-1963
Carton : PH : 083/86-2
Carton : PH : 84/94-1
Dossier : Sommet franco-africain sur les matières premières, 1988 ; mission d'évaluation financière, février 1988.
Carton : 084/94-2
Dossier : BEAC, BCEAO : garantie de change, 1985-1986 ; DTS.
Carton : PH : 094/94-3
Dossier : Gabon, 1992.
Carton : PH : 094/94-4
Dossier : Gabon, 1992.
Carton : PH : 094/94-6
Dossier : BEAC, comité monétaire national du Gabon, 1990-1992 ; procès-verbaux des réunions de conseil d'administration, 1988-1992.
Carton : PH : 083/86-15
Dossier : BEAC, rapports des censeurs, 1971-1972
Carton : PH : 068/97-15
Dossier : BEAC, relation avec la direction du Trésor ; Gabon : accords en matière économique et financière
Carton : PH 068/97-14
Dossier : commission d'experts Gabon, 13-14 février 1986
Carton : PH 083/86-5
Dossier : BDEAC
Carton : 83/86-7
Dossier : BDEAC, 1979 à 1983
Carton : PH : 083/86-8
Dossier : Gabon : relations financières avec la France
Carton : PH 083/86-10
Dossier : BEAC, Rapports des censeurs, exercice 1975-1976 ; Trésors communauté
Carton : PH 083/86-3
Dossier : BEAC, conseil d'administration, 1980

Archives du FMI (AFMI)

Fonds Département Afrique

Box : 90944
Dossier : BEAC, Sivan and Lucas, Advisor on Bank supervision, 1978-1981
Box : 93174
Dossier : BEAC, Paul Gibeault, Advisor managing director, 1976-1985
Box : 96730
Dossier : Statistical Assistance Program BEAC, 1977-1985
Box : 70419
Dossier : Technical Assistance correspondence, BEAC, 1986-1990.
Box : 102582
Dossier : BCEAEC, 1961-1968
Box : 102583
Dossier : BCEAEC, 1969-1977
Box : 588026
Dossier : BEAC, Financial Transactions with IMF, 1994.
Box : 32957
Dossier : BEAC et BCEAO, 1970-1977
Box : 43092
Dossier : BCEAEC, 1973-1978
Box : 588024
Dossier : BEAC, Currency union studies, 1982-1991
Box : 589007
Dossier : BEAC, 1982-1993
Box : 70814
Dossier : BEAC, Technical Assistance Reports, 1986-1987
Box : 588023
Dossier : BEAC, correspondence, 1973-1991
Box : 63808
Dossier : BEAC, 1972-1979

Archives de BNP Paribas

Carton : MET/701
Dossier : Paris bas Gabon, 1973-1983
Carton : MET/3237
Dossier : Paris bas Gabon, 1971-1976
Carton : 66AH255
Dossier : transformation de la succursale du Gabon en BICIG, 1965-1973
Carton : 66AH253
Dossier : procès-verbaux, 1984-1990
Carton : 1AH610
Dossier : activités au Gabon
Carton : 1AH605
Dossier : Banque Paribas Gabon
Carton : 3AH/012
Dossier : Paris bas études, 1988-1991

Archives du groupe Crédit Agricole

Carton : 69AH77
Dossier : Banque gabonaise de développement (BGD) ; gouvernement de l'Afrique équatoriale
Carton : 332AH153
Dossier : Union gabonaise de banque (UGB), 1990-1993
Carton : 376AH186-202
Dossier : Conseil national du crédit

BIBLIOGRAPHIE

Outils de travail

Acemoglu Daron, Simon Johnson and Robinson A. James, "The colonial Origins of comparative Development: An Empirical Investigation", *American Economic Review*, vol. 91 (5), 2001, p.1369-1401.

Angrist Joshua D and Pischke Jörn-Steffen, *Mostly Harmless Econometrics: An Empiricist's Companion*, Princeton, Princeton University Press, 2008, 392 p.

Alary Pierre, Blanc Jérôme, Théret Bruno et *al, Théories françaises de la monnaie*, Paris, PUF, 2016, 330 p.

Austin Gareth and Broadberry Stephen, "Introduction : The Renaissance of African Economic History", *The Economic History Review*, 67 (4), 2014, p.893-906.

—," African Economic History in Africa", *Economic History of Developing Regions*, 30 (1), 2015, p.79-94.

Cogneau Denis, *L'Afrique des inégalités : où conduit l'histoire*, op. Cepremap 4, Paris, Presses de l'ENS, 2007, 64 p.

Cogneau Denis et Dupraz Yannick, « Institutions historiques et développement économique en Afrique. Une revue sélective et critique de travaux récents », *Histoire et Mesure*, 30 (1), 2015, p.103-134.

Frenske James, "The Causal History of Africa: A response to Hopkins", *Economy History of Developing Regions*, vol. 25 (2), 2010, p.177-212.

Herbst Jeffrey, *States and Power in Africa: comparative Lessons in authority and control*, Princeton, Princeton University Press, 2000, 312 p.

Hopkins Anthony G, "The New Economic History of Africa", *The Journal of African History*, vol. 50 (2), 2009, p.155-177

—, "Causes and confusions in African History", *Economic History of Developing Regions*, vol. 26 (2), 2011, p.107-110.

Jerven Morten, "A clash of disciplines? Economists and Historians Approaching the African Past", *Economic History of Developing Regions*, vol. 26 (2), 2011, p.111-124.

Kaufmann Daniel and Aart Kraay, "*Governance Indicators: Where are we, where should we be going?*", World Bank Research Observer, vol. 23 51), 2008, p.1-30.
Knack Stephen and Keefer Philipp, "Institutions and Economic Performance: cross-country Tests Using Alternative Measures", *Economics and Politics*, vol. 7 (3), 1995, p.207-227.
Krul Matthijs, *The New Institutionalist economic history of Douglass C. North: a critical interpretation*, London, Palgrave Macmillan, 2019, 260 p.
North Douglass C., *Institutions, Institutional change, and Economic Performance*, New York, Cambridge University Press, 1990, 164 p.
Nunn Nathan, "The importance of History for Economic Development", *Annual Review of Economics,* vol. 1 (1), 2009, p.65-92.
Paquin Stéphane, *Théories de l'économie politique internationale,* Paris, SciencesPo Presses, 2013, 359 p.
Polanyi Karl, *La Grande transformation*, Paris, Gallimard, 19183 (3e Ed.), 467 p.
Smouts Marie-Claude (ed.), *La situation postcoloniale : les postcolonial studies dans le débat français*, Paris, Fondation nationale des sciences politiques (coll. « Mondes »), 2007, 451 p.
Stoler Ann Laura, *Au coeur de l'archive coloniale : questions de méthode*, Paris, École des hautes études en sciences sociales (coll. « En temps & lieux »), 2019, 390 p.
Tutin Christian, *Une histoire des théories monétaires par les textes*, Paris, Flammarion, 2009, 512 p.

Travaux sur la décolonisation de l'Afrique

Adloff Richard, Thompson Virginia, *The Emerging States of French*
Equatorial Africa, Stanford (CA), Stanford University Press/ London,
Oxford University Press, 1960, 595 p.
Anderson David, *Histories of the hanged: Britain's dirty war in Kenya and the end of empire*, London, Phoenix, 2006, 406 p.

Andrew Christopher M. et Mitrokhin Vasili, *Le KGB à l'assaut du Tiers-Monde : agression, corruption, subversion*, 1945-1991, Paris, Fayard, 2008, 634 p.
Audigier François, *Histoire du S.A.C: la part d'ombre du gaullisme*, Paris, Stock, 2003, 521 p.
Bach Daniel C. (ed.), *États et sociétés en Afrique francophone*, Paris, Economica (coll. « Collection politique comparée »), 1993, 306 p.
Bakary Djibo, *Silence ! on décolonise--: itinéraire politique et syndical d'un militant africain*, Paris, L'Harmattan (coll. « Collection "Mémoires africaines" »), 1992, 297 p.
Balandier Georges, *Sociologie actuelle de l'Afrique noire. Dynamique de changements sociaux en Afrique centrale,* Paris, PUF, 1ère éd. 1955, rééd. 1982, 529 p.
Bat Jean-Pierre, La fabrique des barbouzes : histoire des réseaux Foccart en Afrique, s.l., 2015, 503 p.
—*Le syndrome Foccart. La politique française en Afrique de 1959 à nos jours,* Paris, Gallimard, 2012, 838 p.
— « Foccart et la *Pax Gallica*, la sécurité au sein du pré carré », *Afrique contemporaine*, n° 235, Paris, AFD/ De Boeck, 2011, p. 43-52.
Batchelor Kathryn, *Decolonizing translation: Francophone African novels in English translation*, Manchester, UK Kinderhook, NY, St. Jerome Publ, 2009, 282 p.
Bayart Jean-François, *The state in Africa: the politics of the belly*, 2nd ed., Cambridge; Malden, MA, Polity, 2009, 370 p.
Bayart Jean-François, Ellis Stephen et Hibou Béatrice, *The criminalization of the state in Africa*, Oxford, International African Inst. in assoc. with James Currey [u.a.] (coll. « African issues »), 1999, 126 p.
Camara Sylvain, *La Guinéé sans la France*, Paris, Presses de Sciences Po, 1976, 298 p.
Chafer Tony, *La fin de l'empire colonial français en Afrique de l'Ouest : entre utopie et désillusion*, Rennes, PUR, 2019, 245 p.
Chafer Tony, *The end of empire in French West Africa France's successful decolonization?* Oxford, Berg, 2002, 264 p.
Chafer Tony et Keese Alexander, *Francophone Africa at fifty*, Manchester, Manchester University Press, 2018, 304 p.

Ageron Charles Robert et Michel Marc (dir), *L'Afrique noire française, l'heure des indépendances,* Paris, CNRS Éd, 1992, 728 p.
Chiaradia Éric, *L'entourage du général de Gaulle : juin 1958 - avril 1969*, Publibook, Paris, 2011, 821 p.
Colombani Olivier, *Mémoires coloniales : la fin de l'empire français d'Afrique vue par les administrateurs coloniaux*, Paris, La Découverte (coll. « Cahiers libres Documents »), 1991, 209 p.
Cooper Frederick, *Français et Africains ? être citoyen au temps de la colonisation*, Paris, Payot, 2014, 633 p.
Denard Bob et Fleury Georges, *Corsaire de la République*, Paris, R. Laffont, 1998, 436 p.
Devey Muriel, *La Guinée*, Paris, Karthala, 1997, 312 p.
Dore-Audibert Andrée, *Une décolonisation pacifique : chroniques pour l'histoire*, Paris, Éditions Karthala, 1999, 359 p.
Dreux-Brézé Joachim de, *L'accession à l'indépendance de l'Afrique équatoriale française : union ou éclatement*, Paris, L'Harmattan, 2010, 211 p.
Durpaire François, *Les États-Unis ont-ils décolonisé l'Afrique noire francophone ?* Paris, L'Harmattan (coll. « Études africaines »), 2005, 356 p.
Grah-Mel Frédéric, *Félix Houphouët-Boigny, l'épreuve du pouvoir*, Paris, Abidjan, Karthala, 2010, 640 p.
Hiddleston Jane, *Decolonizing the intellectual: politics, culture, and humanism at the end of the French empire*, Liverpool, Liverpool Univ. Press (coll. « Contemporary French and francophone cultures »), 2014, 288 p.
Jennings Eric Thomas, *La France Libre fut africaine*, Paris, Perrin, 2014, 350 p.
Kirk-Greene Anthony et Bach Daniel (eds.), *State and society in Francophone Africa since independence*, New York, St. Martin's Press (coll. « St Antony's/Macmillan series »), 1995, 280 p.
Leney Katya, *Decolonization, independence, and the politics of higher education in West Africa*, Lewiston, N.Y, E. Mellen Press (coll. « Studies in African education »), 2003, 541 p.
Machat Samya el, Renucci Florence et Centre d'histoire judiciaire (Lille), *Les décolonisations au XXe siècle les hommes*

de la transition : itinéraires, actions et traces, Paris, L'Harmattan, 2014, 274 p.
Maloubier Bob, *L'espion aux pieds palmés*, Monaco] ; [Paris, Éditions du Rocher, 2013, 300 p.
Médard Jean François (ed.), *États d'Afrique noire : formation, mécanismes et crise*, Paris, Karthala (coll. « Collection "Hommes et sociétés" »), 1991, 405 p.
Michailof Serge (ed.), *La France et l'Afrique : vade-mecum pour un nouveau voyage*, Paris, Karthala (coll. « Collection "hommes et sociétés" »), 1993, 510 p.
Michel Marc et Ageron Charles Robert (eds.), *L'Afrique noire française : l'heure des indépendances*, Paris, CNRS (coll. « Biblis »), 2015, 797 p.
Migani Guia, *La France et l'Afrique sub-saharienne, 1957-1963 : histoire d'une décolonisation entre idéaux eurafricains et politique de puissance*, Bruxelles, P.I.E. Peter Lang (coll. « Euroclio »), 2008, 295 p.
Ngoupandé Jean-Paul, *L'Afrique sans la France : histoire d'un divorce consommé*, Paris, Michel, 2002, 393 p.
Nouafo Joubert, *La décolonisation économique de l'Afrique noire française : par l'émergence des entreprises nationales et compétitives*, Paris, L'Harmattan (coll. « Études africaines Série économie »), 2017, 263 p.
Oulmont Philippe et Fondation Charles de Gaulle (eds.), *De Gaulle et la décolonisation de l'Afrique subsaharienne*, Paris, Karthala, 2014, 243 p.
Pearson Jessica Lynne, *The colonial politics of global health : France and the United Nations in postwar Africa,* Cambridge, Harvard University Press, 2018, 272 p.
Schmidt Elizabeth, *Foreign intervention in Africa after the Cold War: Sovereignty, responsibility, and the War on terror*, Ohio, Ohio University Press, 2018, 472 p.
Turpin Frédéric, *De Gaulle, Pompidou et l'Afrique (1958-1974) : décoloniser et coopérer*, Paris, Indes savantes, 2010, 333 p.
Vaïsse Maurice, *La grandeur : politique étrangère du général de Gaulle*, Paris, CNRS éd (coll. « Biblis Histoire »), 2013, 710 p.
Wauthier Claude, *Quatre présidents et l'Afrique : De Gaulle, Pompidou, Giscard d'Estaing, Mitterrand : quarante ans de*

politique africaine, Paris, Seuil (coll. « L'histoire immédiate »), 1995, 717 p.

Travaux sur la zone franc

Ayangma Ayangma Joseph, *La pratique du contrôle fiscal des prix de transfert dans l'espace CEMAC : le cas du Cameroun*, Paris, Harmattan, 2015, 358 p.

Ayuk Elias T., Kaboré Samuel T. et International Development Research Centre (eds.), *Wealth through integration: regional integration and poverty-reduction strategies in West Africa*, New York, NY, Springer (coll. « Insight and innovation in international development »), 2013, 297 p.

Bakoup Ferdinand et Ndoye Daniel, *Une monnaie unique pour l'Afrique de l'Ouest : pourquoi, comment et quand ?* Paris, L'Harmattan (coll. « Collection "Études africaines". Série Économie »), 2017, 248 p.

Bationo Bassambié Franck, *Politiques monétaire et de change : le franc CFA, un choix optimal pour l'Union monétaire Ouest-africaine ?* Paris, L'Harmattan (coll. « Études africaines. Série Banque »), 2018, 323 p.

Bécart Alain, *Intégration et développement : bilan et perspectives de la zone franc en Afrique*, Paris, Harmattan (coll. « Collection "Logiques économiques" »), 1997, 330 p.

Ben Hammouda Hakim et Kassé Moustapha (eds.), *L'avenir de la zone franc : perspectives africaines,* Paris : Dakar, Karthala ; CODESRIA (coll. « Bibliothèque du Codesria »), 2001, 515 p.

Bokino Regis, *Gouvernance à la BCEAO et à la BEAC : expériences monétaires en zone franc africaine*, Thèse de doctorat en Sciences économiques, Bordeaux, Université de Bordeaux, 2014, 568 p.

Claveranne Benoît, *La zone franc : au-delà de la monnaie*, Paris, Economica, 2005, 236 p.

Dembélé Demba Moussa et Cardoso Carlos (eds.), *Wither the franc zone in Africa?* Trenton, New Jersey, Africa World Press, 2016, 140 p.

Duchaussoy Vincent, *Zone franc : 40 ans de coopération monétaire,* Paris, Banque de France, 2012, 280 p.

— « Zones monétaires et développement : la zone franc, de la décolonisation à l'internationalisation », *Mondes,* 2018/1, n° 13, p.107-132.
Diop Mohamadou et Alexandrenne Louis, *De francs CFA et des banques : de la Banque du Sénégal à la BIAO-Sénégal*, Dakar, L'Harmattan-Sénégal, 2018, 290 p.
Effi Serge, *Les aspects juridiques des relations monétaires et financières entre l'Union européenne et les états de la zone franc*, Villeneuve-d'Ascq, France, Presses universitaires du Septentrion (coll. « Thèse à la carte »), 2001, 499 p.
Enoh Cathérine, *Problématiques des zones monétaires. Questions monétaires et budgétaires au sein de la zone franc : application à la Côte d'Ivoire*, Thèse de doctorat (NR) en sciences économiques de l'EHESS sous la direction de François Bourguignon, Paris, 3 décembre 1999, 619 p.
Fassassi Yacouba, *Le franc CFA, ou, La monnaie des pays PMA (les pays Pas Moyen d'Avancer) : l'impératif de l'intégration régionale avec une monnaie unique pour une Zone Monétaire Optimale en Afrique de l'Ouest*, Paris, Harmattan, 2013, 310 p.
Fielding David, *The macroeconomics of monetary union : an analysis of the CFA Franc Zone*, London; New York, Routledge, 2015.
— (ed.), *Macroeconomic policy in the Franc zone*, Basingstoke [England] : New York, Palgrave Macmillan in association with the United Nations University - World Institute for Development Economics Research (coll. « Studies in development economics and policy »), 2005, 213 p.
— *The macroeconomics of monetary union: an analysis of the CFA franc zone*, London ; New York, Routledge (coll. « Routledge studies in development economics »), 2002, 196 p.
Fouda Owoundi, *La convergence en zone franc : analyse et évaluation*, Paris, L'Harmattan, 2009, 205 p.
Geourjon Anne-Marie, Guérineau Samuel, Guillaumont Patrick et Guillaumont Jeanneney Sylviane (eds.), *Intégration régionale pour le développement en zone franc*, Paris, Economica, 2013, 323 p.
Gérardin Hubert, La zone franc 2 : *La dynamique de l'intégration monétaire et ses contraintes*, Paris, l'Harmattan (coll. « Bibliothèque du développement »), 1994, 477 p.

Gérardin Hubert, La zone franc 1. Histoire et Institutions, Paris, L'Harmattan (coll. « Bibliothèque du développement »), 1989, 239 p.
Godeau Rémi, *Le franc CFA : pourquoi la dévaluation de 1994 a tout changé*, Saint-Maur [France], Editions Sépia, 1995, 218 p.
Guillaumont Patrick et Guillaumont-Jeanneney Sylviane, *Zone franc et développement africain*, Paris, Economica : ACCT (coll. « Collection Coopération et développement »), 1984, 337 p.
Guillaumont Patrick, Guillaumont-Jeanneney Sylviane, André F. et Bakary L. (eds.), *Stratégies de développement comparées : zone franc et hors zone franc*, Paris, Economica, 1988, 766 p.
Gulde Anne-Marie, Tsangarides Charalambos G. et International Monetary Fund (eds.), *The CFA franc zone: common currency, uncommon challenges*, Washington, D.C., International Monetary Fund, 2008, 397 p.
Hallet Martin, *The role of the euro in Sub-Saharan Africa and in the CFA franc zone*, Brussels, Office for Infrastructures and Logistics (coll. « European economy Economic papers »), 2008, 26 p.
Honohan Patrick, Lane Philip R et World Institute for Development Economics Research, *Will the euro trigger more monetary unions in Africa?* Helsinki, UNU World Institute for Development Economics Research, 2000.
Hugon Philippe, *La zone franc à l'heure de l'euro*, Paris, Karthala (coll. « Économie et développement »), 1999, 300 p.
— « Rentabilité du secteur bancaire et défaillances du financement du développement : le cas de la CEMAC », *Revue Tiers-Monde,* 2007, Vol. 4, N° 192, p.771-788
Julienne Robert, *Vingt ans d'institutions monétaires Ouest-africaines, 1955-1975*, Paris, L'Harmattan, 1988, 482 p.
Kirshner Jonathan (ed.), *Monetary orders: ambiguous economics, ubiquitous politics,* Ithaca, Cornell University Press (coll. « Cornell studies in political economy »), 2003, 319 p.
Kounkou Dominique, *Monnaie africaine : la question de la zone franc en Afrique centrale*, Paris, L'Harmattan (coll. « Collection Justice internationale »), 2008, 345 p.

Mahamat Massoud, « Quelles perspectives pour la gouvernance de la Banque des États de l'Afrique centrale (BEAC), *Marché et organisations*, 2014/1, n° 20, p.53-71.
Masson Paul R. et Pattillo Catherine A., *The monetary geography of Africa*, Washington, D.C, Brookings Institution Press, 2005, 217 p.
Mathis Jean, *Monnaie et banques en Afrique francophone*, Vanves, EDICEF (coll. « Universités francophones »), 1992, 272 p.
M'bet Allechi et Niamkey Amlan Madeleine, *European economic integration and the Franc Zone: the future of the CFA franc after 1996*, Nairobi, African Economic Research Consortium (coll. « AERC Research paper »), 1993, 2 p.
N'Kodia Claudia, « Les pactes de convergence en zone franc : quels critères et quels objectifs en zone CEMAC ? », *Revue française d'économie*, 2011/2, vol. 26, p.115-148
Nubukpo Kako, Ze Belinga Martial, Tinel Bruno et Dembélé Demba Moussa (eds.), *Sortir l'Afrique de la servitude monétaire : à qui profite le franc CFA ?*, Paris, La Dispute, 2016, 243 p.
Parmentier J. M. et Tenconi Roland, *Zone franc en Afrique : fin d'une ère ou renaissance ?* Paris, L'Harmattan (coll. « Collection "Logiques économiques" »), 1996, 212 p.
Pellet Rémi, Droit financier public : *monnaies, banques centrales, dettes publiques*, Paris, Presses universitaires de France (coll. « Thémis. Droit »), 2014, 911 p.
Pigeaud Fanny et Sylla Ndongo Samba, *L'arme invisible de la Françafrique : une histoire du franc CFA*, Paris, La Découverte (coll. « Cahiers libres »), 2018, 227 p.
Prao Yao Séraphin, *Le franc CFA : instrument de sous-développement*, Paris, Harmattan (coll. « Collection Défense, stratégie & relations internationales »), 2012, 446 p.
Quintyn Marc et Verdier Geneviève (eds.), *African finance in the 21st century*, Basingstoke [England] ; New York, Palgrave Macmillan/International Monetary Fund, 2010, 320 p.
Raulin Arnaud de (ed.), *La zone franc face à l'euro*, Arras, Artois Presses Univ (coll. « Droit et sciences économiques »), 2000, 168 p.

Sandretto René et Blardone Gilbert (eds.), *Zone franc : du franc CFA à la monnaie unique européenne,* Paris, Editions de l'Epargne, 1994, 301 p.
Stasavage David, *The political economy of a common currency : the CFA Franc Zone since 1945*, Aldershot, Hants, England; Burlington, VT, USA, Ashgate (coll. « The International political economy of new regionalisms series »), 2003, 195 p.
N'Guessan Tchétché et Boissieu Christian de, *Gouvernance collégiale de banque centrale et politique monétaire enjeux, fondements et modalités pour les pays africains de la zone* franc, Paris, L'Harmattan, 2008, 281 p.
Vinay Bernard, *Zone franc et coopération monétaire*, 2. éd., Paris, Ministère de la Coopération et du Développement (coll. « Focal coop »), 1988, 463 p.
Wago Jean-Baptiste N., *Zone franc : outil de développement ou de domination ? le cas des États africains*, Paris, L'Harmattan, 1995, 120 p.
Wyplosz Charles (ed.), *The impact of EMU on Europe and the developing countries*, Oxford, England ; New York, Oxford University Press, 2001, 410 p.
Zartman I. William (ed.), *Europe and Africa: the new phase*, Boulder, L. Rienner (coll. « SAIS African studies library »), 1993, 213 p.

Études transversales sur les banques centrales, la politique économique et les relations financières internationales en Afrique

Abass Ali. S, Pienkowski Alex and Rogoff Kenneth, *Sovereign debt. A guide for economists and practitioners,* Oxford, Oxford University Press, 2019, 464 p.
Aglietta Michel et Orléan André, *La monnaie entre violence et confiance*, Paris, Odile Jacob, 2002, 378 p.
Aglietta Michel et Moatti Sandra, *Le FMI. De l'ordre monétaire aux désordres financiers,* Paris, Economica, 200, 272 p.
Akonor Kwame, *Africa and IMF Conditionality: The Unevenness of Compliance*, 1983-2000., Hoboken, Taylor and Francis, 2013, 178 p.

African economic institutions, London; New York, Routledge (coll. « Global institutions »), 2010, 137 p.
Alesina Roberto et Lawrence H. Summers, « Central Bank independance and macroeconomic Performance: some comparative evidence », *Journal of Money, credit and Banking*, Vol. 25, mai 1993, p.151-162.
Anderson David, *Histories of the hanged: Britain's dirty war in Kenya and the end of empire*, London, Phoenix, 2006, 406 p.
Akin. David et Robbins. Joel, *Money and modernity. State and local currencies in Melanesia*, Pittsburgh, University of Pittsburgh Press, 1999, 277 p.
Artus Patrick et Virard Marie-Paul, *La Folie des banques centrales*, Paris, Fayard, 2016, 168 p.
Azam Jean Paul, *Trade, Exchange rate and Growth in sub-saharan Africa*, Cambridge, Cambridge University Press, 2007, 280 p.
Bach Daniel C. (ed.), *États et sociétés en Afrique francophone*, Paris, Economica (coll. « Collection politique comparée »), 1993, 306 p.
Balassa Bela, *The theory of economic integration* (2. ed), London, Routledge, 2012, 318 p.
Bararuzunza Ferdinand, *Performances des politiques économiques en Afrique subsaharienne : théories et évidences empiriques*, Paris, Harmattan (coll. « Etudes africaines »), 2010, 235 p.
Bayart Jean-François, *The state in Africa: the politics of the belly*, 2nd ed., Cambridge; Malden, MA, Polity, 2009, 370 p.
Bayart Jean-François, Ellis Stephen et Hibou Béatrice, *The criminalization of the state in Africa*, Oxford, International African Inst. in assoc. with James Currey [u.a.] (coll. « African issues »), 1999, 126 p.
Beck Thorsten et Cull Robert, « Les systèmes bancaires en Afrique Subsaharienne : un état des lieux », *Revue d'économie financière*, 2014, Vol. 4, N° 116, p,43-56.
Ben Hammouda Hakim et Kassé Moustapha (eds.), *L'avenir de la zone franc : perspectives africaines,* Paris : Dakar, Karthala ; CODESRIA (coll. « Bibliothèque du Codesria »), 2001, 515 p.
Bénassy-Quéré Agnès, Cœuré Benoît, Jacquet Pierre et Pisani-Ferry Jean (eds.), *Politique économique*, 3. ed., Bruxelles, De Boeck (coll. « Ouvertures économiques »), 2012, 795 p.

Bevan David (ed.), *Trade and fiscal adjustment in Africa*, New York, St. Martin's Press, 1998, 285 p.
Bird Graham R., *International finance and the developing economies*, Basingstoke, Hampshire, Palgrave Macmillan, 2004, 317 p.
Bjorn Van Campenhout and Cassimon D, "Comparative fiscal response effects of debt relief: an application to African HIPCs", *South African Journal of Economics*, N°76, vol.3, p.427-442.
Blancheton Bertrand, *Le pape et l'empereur : la Banque de France, la direction du Trésor et la politique monétaire de la France (1914-1928)*, Paris, A. Michel (coll. « Mission historique de la Banque de France »), 2001, 501 p.
Blanchard Olivier, David Romer, Maichael Spence and Joseph Stiglitz, *In the Wake of the Crisis.*, Washington, International Monetary Fund, 2012, 239 p.
Bonin Hubert, *L'empire colonial français : de l'histoire aux héritages : XIXe-XXIe siècles*, Malakoff, A. Colin, 2018, 432 p.
Bourgain Arnaud, Jean Brot et Hubert Girardin, *L'intégration de l'Afrique dans l'économie mondiale*, Paris, Karthala, 2014, 300 p.
Bossuat Gérard, Cumming Gordon, Agence française de développement et Institut de la gestion publique et du développement économique (France) (eds.), France, *Europe and development aid : from the treaties of Rome to the present day : proceedings of the conference held on 8* december 2011, Paris, CHEFF, 2013, 247 p.
Braude Jacob (ed), *Great Recession. Lessons for central Bankers, Cambridge*, The MIT Press, 2013, 376 p.
Bulow Jeremy et Rogoff Kenneth, "Grants versus loans for development Banks", *American Economc Review,* Papers and proceedings, Vol. 95, n° 2, 2005, p. 393-397.
Burguière Frédéric (dir), *Les dettes publiques à la dérive. Anatomie d'un monde financièrement fragilisé*, Paris, Eyrolles, 2018, 235 p.
Bussière Éric et Warlouzet Laurent, *Mondialisations financières depuis 1880*, Paris, PUR, 2018, 220 p.
Camdessus Michel, *La scène de ce drame est le monde : treize ans à la tête du FMI,* Paris, Les Arènes, 2014, 445 p.
Cassimon D., Van Campenhout B., Marin Ferry et Marc Raffinot, "Africa: out of debt into fiscal space? Dynamic fiscal

impact of the debt relief initiatives on Africa Heavily indebted poor countries (HIPCs)", *International Economics*, 2015, n°144, p.29-52.
Cecilia Jona-Lasinio, « Le Franc français et la récente crise monétaire européenne », *Économie et prévision*, Persée, 1999, vol.140 (4), p.147-159.
Ciephy Sylvie, « Les banquiers rationnent-ils plus le crédit aux entreprises ? Résultats d'une enquête régionale », *Revue d'économie financière*, 2014, Vol.4, N° 116, p.317-332.
Collier Paul, « From critic to secular God: The World Bank and Africa. A commentary upon "subsaharian from crisis" to sustainable Growth », *Africa Affairs*, Vol. 90, N° 358, 1991, p.111-117.
Comité pour l'histoire économique et financière de la France, *La France et les institutions de Bretton Woods 1944 – 1994* : colloque tenu à Bercy les 30 juin et 1er juillet 1994, Paris, CHEFF (coll. « Histoire économique et financière de la France, Animation de la recherche »), 1998, 379 p.
Crawford Young, « the heritage of colonialism », in John W. Harbeson and Donald Rothchild, *Africa in world politics*, Philadelphia, Westview Press, 2017, 361 p.
Curikierman Alex, « Central Bank Independance and monetary policy making Institutions. Past, Present and Future », *European Journal of Political Economy*, 24:4, 2008, p.722-736.
Dabène Olivier, *The politics of regional integration in Latin America. The theoretical and comparative explorations*, New York, Palgrave Macmillan, 2014, 288 p.
David. E. Sahn, Dorosh Paul Anthony et Younger Stephen. D., *Structural adjustement reconsidered: economic policy and poverty in Africa,* Cambridge, Cambridge University Press, 1997, 320 p.
De Boissieu Christian et Marseille Jacques (dir), *La France et l'Outre-mer : un siècle de relations monétaires et financières*, Paris, (coll. « Histoire économique et financière de la France : Animation de la recherche »), 1998, 753 p.
Demmers Jolle, Fernandez Jilberto Alex. E and Barbara Hogenboom, *Good governance in the area of global neoliberalism: conflict and depolitisation in Latin America*, London, New York, Routledge, 2012, 372 p.

Dowd Kevin et Timberlake Richard Henry (eds), *Money and Nation State. The financial Revolution, Government and the World monetary system*, New Brunswick et Londres, Transaction Publishers, 1998, 453 p.

Eichengreen Barry, *Globalizing capital. A history of international monetary system*, 2nd ed. Princeton, Princeton University Press, 2008, 280 p.

Ellis Stephen (dir), *L'Afrique maintenant*, Paris, Karthala, 1995, 488 p.

Enoch Charles et International Monetary Fund (eds.), *From fragmentation to financial integration in Europe*, Washington, D.C, International Monetary Fund, 2014, 512 p.

Feiertag Olivier et Margairaz Michel (eds.), *Les banques centrales et l'État-nation*, Paris, Sciences Po Les Presses (coll. « Mission historique de la Banque de France »), 2016, 687 p.

Feiertag Olivier et Margairaz Michel (eds.), *Gouverner une banque centrale : du XVIIe siècle à nos jours*, Paris, Albin Michel (coll. « Histoire de la mission historique de la banque de France »), 2010, 345 p.

Feiertag Olivier, *Wilfrid Baumgartner (1902-1978), un grand commis à la croisée des pouvoirs*, Paris, CHEFF, 2006, 786 p.

Feiertag Olivier, « Administrer la monnaie : pour une histoire des banques centrales comme organisations », *Entreprises et Histoire*, n° 48, 2007, p.73-91.

Fouda Owoundi, *La convergence en zone franc : analyse et évaluation*, Paris, L'Harmattan, 2009, 205 p.

Gaspar V., Jaramillo L. et Wingender P, « Tax capacity and growth: is there a Tipping point ?, FMI, *Working paper*, n°16/234, 2016.

Geest Willem van der, Hodgson Hilary, United Nations Development Programme, University of Oxford et Structural Adjustment Advisory Teams for Africa (eds.), *Negotiating structural adjustment in Africa,* London: New York, J. Currey ; United Nations Development Programme, 1994, 230 p.

Hadji Michael T. et International Monetary Fund (eds.), *Adjustment for growth: the African experience,* Washington, D.C, International Monetary Fund (coll. « Occasional paper »), 1996, 88 p.

Haggard Stephan et Lee Chung H. (eds.), *Financial systems and economic policy in developing countries*, Ithaca, Cornell University Press, 1995, 265 p.
Harper Richard H. R, *Inside IMF. An Etnography of documents, technology and organisational action*, San Diego, Academic Press, 1998, 320 p.
Hibou Béatrice, *L'Afrique est-elle protectionniste ? Les chemins buissonniers de la libéralisation extérieure*, Paris, Karthala (coll. « Les Afriques »), 1996, 334 p.
Hoeven Rolph van der et Kraaij F. P. M. van der (eds.), *L'ajustement structurel et au-delà en Afrique subsaharienne : thèmes de recherche et thèmes politiques*, Paris, Karthala (coll. « Economie et développement »), 1995, 411 p.
Holger L. Engberg, «The operations Account system in French-speaking Africa. "in *The Journal of Modern African studies*, Vol.11, n°4, 1973, Cambridge University Press, p.537-545.
H. Dannon Pascal et Lobez Frédéric, « La régulation bancaire dans l'Union économique et monétaire Ouest-africaine est-elle efficace ? », *Revue d'économie financière*, 2014, Vol.4, N° 116, p.279-304.
Jacquemot, Pierre, *Économie politique de l'Afrique contemporaine*, Armand Colin Éditions, 2013, 456 p.
Jacquemot Pierre et Raffinot Marc, « La mobilisation fiscale en Afrique », *Revue d'économie financière*, 2018/3, n° 131, p.243-263.
Jianping Zhou, "Institutional setup for the single Market and Economic and Monetary Union", in Charles Enoch, Luc Everaert, Thierry Tressel and Jianping Zhou (eds), *From fragmentation to financial integration in Europe*, Washington DC, International Monetary Fund, 2014, p.39-47.
Kaufmann Daniel et Aart Kraay, "Governance Indicators: Where are we, where should we be going?", *World Bank Research observer*, vol. 23/1, 2008, 31-36.
Kaufman. R. Robert et Haggard Stephan, *The politics of adjustement: international constraints, distributive conflicts and the state*, Princeton, Princeton University Press, 2018, 376 p.
Kauschik Basu, *Analytical Development Economics. The Less developed economy revised* (New Ed.), Cambridge, Londres, MIT Press, 2003, 386 p.

Killick Tony, *IMF Programmes in developing countries, design and impact*, London, Routledge, 2003, 228 p.
Kirk-Greene Anthony et Bach Daniel (eds.), *State and society in Francophone Africa since independence,* New York, St. Martin's Press (coll. « St Antony's/Macmillan series »), 1995, 280 p.
Kleinberg Remonda B., et Clarck Janine A., *Economic liberalization, democratization and civil society in developing world,* New York, Macmillan, 2000, 318 p.
Krugman Paul et Miller Marcus, *Exchange rate targets and currency bands (3rd ed.,)*, Cambridge, Cambridge University Press, 1991, 269 p.
Koulibaly Mamadou, *Le libéralisme, nouveau départ pour l'Afrique noire*, Paris, Harmattan (coll. « Afrique 2000 »), 1992, 223 p.
Kym Anderson et Hege Norheim, « history, geography and regional economic integration », in Kym Anderson et Richard Blackhurst (dir), *Regional integration and the global trading system,* New York, Harvester Wheatsheaf, 1993, 544 p.
Larosière Jacques de, *Les 10 préjugés qui nous mènent au désastre économique et financier*, Paris, Odile Jacob, 2018, 205 p.
Lequiller François et Ecalle François, *Déficit et Dette en temps de crise*, Paris, Economica, 2018, 192 p.
Lord Adair Turner, *Reprendre le contrôle de la dette. Pour une réforme radicale du système financier,* Paris, Les Éditions de l'Atelier, 2017, 368 p.
MacGann James. G., *Democratization and market reform in developing and transitional countries: think thanks as catalysts*, London, Routledge, 2015, 266 p.
Mailafiya Obediah, *Europe and economic reform in Africa: structural adjustment and economic diplomacy,* London; New York, Routledge (coll. « Routledge studies in development economics »), 1997, 346 p.
Marques-Perreira Jaime, « L'aléa moral de la souveraineté monétaire en Amérique Latine ou le voile du conflit distributif », *Cadernos Prolam*/ USP, 2, vol. 2 n° 4, 2003, p. 6-30.
Marseille Jacques, *Empire colonial et capitalisme français : histoire d'un divorce,* 2. ed., Paris, A. Michel

(coll. « Bibliothèque de L'évolution de l'humanité »), 2005, 638 p.
Masciandro Donato et Romelli Davide, « Ups and Dows of Central Bank Independance from the Great inflation to the Great Recession:Theory, Institutions and Empirics », *Financial History Review*, Vol. 22, n°3, 2015, p.259-289
McGann James G, *Democratization and market reform in developing and transitional countries: think tanks as catalysts*, London, Routledge, 2015, 272 p.
Mistral Jacques, Guerre et paix entre les monnaies, Paris, Fayard, 2014, 348 p.
Mitra Pradeep. K, *Adjustement in Oil-importing developing countries: a comparative economic analysis*, Cambridge, Cambridge University Press, 1994, 336 p.
Mitra Pradeep (ed.), *Adjustment in oil-importing developing countries: a comparative economic analysis*, Cambridge [England] ; New York, NY, USA, Cambridge University Press, 1994, 321 p.
Mkandawire Thandika et Saludo Charles Chukwuma, *African voices on structural adjustement*, Ottawa, International Development Research Center, 2003, 512 p.
Neal Larry, *A concise history of international finance : from Babylon to Bernanke*, Cambridge, UK, Cambridge University Press (coll. « New approaches to economic and social history »), 2015, 361 p.
Norregaard J., « Axing Immovable property: revenue potential and implementation challenges », FMI, *Working paper*, n°13/129, 2013.
Monnet Eric, *Controlling credit: central banking and the planned economy in postwar France, 1948-1973*, Cambridge, Cambridge University Press, 2018, 352 p.
Mommen André and Fernandez Jilberto Alex. E., *Liberalization in developing world: institutional and economic changes in Latin America, Africa and Asia*, London, Routledge, 1996, 335 p.
Mourlon-Druol Emmanuel, *A Europe Made a of Money: the emergence of European Monetary System*, Ithaca, Cornell University Press, 2012, 368 p.
M. Moore et W. Prichard, « comment les gouvernements des pays à faible revenu peuvent-ils augmenter leurs recettes

fiscales ? », *Institute of Development Studies*, 2017, Document de travail ICTD 70.
Moutot Philippe, « Les caractéristiques et la gestion des tensions de change. Le cas du franc en 1992-1993 », *Cahiers économiques et monétaires de la Banque de France*, 49, 1994, p.215-245.
Mundell Robert, « A Theory of optimal currency area », In *American Economic Review* 51, p.657-665, 1961.
M. Salsman Richard, *The political Economy of Public Debt. Three centuries of Theory and evidence*, Northampton, Edouard Elgar Publishing, 2017, 336 p.
M. Mussa et M. Savastano, « The IMF Approach to economic stabilisation », *IMF Working Paper*, n° 104, 1999, p.1-42
Nouafo Joubert, *La décolonisation économique de l'Afrique noire française : par l'émergence des entreprises nationales et compétitives*, Paris, L'Harmattan (coll. « Études africaines Série économie »), 2017, 263 p.
Orléan André, « La Sociologie économique de la monnaie », Pierre Alary, Jerôme Blanc, Ludovic Desmedt et *al*, *Théories françaises de la monnaie*, Paris, PUF, 2016, p.33-65
Patat Jean Pierre, *Monnaie, système financier et politique monétaire*, 6e Ed., Paris, Economica, 2002, 540 p.
Peicuti Cristina, Crédit, déstabilisation et crises, Paris, L'Harmattan (coll. « L'esprit économique. L'économie formelle »), 2010, 250 p.
Pénet Pierre Pierre and Zenedejas Juan Flores, *Sovereign debt diplomaties. Rethinking sovereign debt from colonial empire to hegemony,* Oxford, Oxford University Press, 2021, 384 p.
Ponsot Jean-François et Vallet Guillaume, « Small is beautiful? La souveraineté monétaire de la Suisse en question », *Revue française de Socio-économie*, 2013/2, n° 12, p. 27-50.
P. Garrity Monique, « The 1969 Franc devaluation and Ivory Coast Economy », *The Journal of Modern African studies*, Vol. 10, n° 4, 1972, p.627-633.
Quennouëlle-Corre Laure, *La direction du Trésor 1947-1967, l'État-banquier et la croissance*, Paris, CHEFF, 2001, 696 p.
Raffinot Marc, « Le surendettement des pays d'Afrique subsaharienne et les prêteurs multilatéraux » in Gérard Béaur et Laure Quennouëlle-Corre (dir.), *Les crises de la dette publique XVIIIe-XXIe siècle,* Paris, IGPDE/CHEFF, 2019, p. 356-387.

— Raffinot Marc, « « Motiver » et « chicoter » : l'économie politique de la pression fiscale en Afrique subsaharienne », *Autrepart*, 2001/4, n° 20, p.91-106.

— « Mesurer le surendettement des pays à faible revenu : technique, éthique ou politique », *Revue Tiers-Monde*, n° 213, janvier-mars, 2013, p.51-70.

Rey Nathalie, *L'intégration financière internationale en perspective. La période contemporaine, 1980-1993 comparée à la période de l'étalon-or*, Thèse de doctorat en Sciences économiques, Paris, Université Paris Nord, 1997, 522 p.

Sahn David E., Dorosh Paul Anthony et Younger Stephen D., *Structural adjustment reconsidered: economic policy and poverty in Africa*, Cambridge [England] ; New York, NY, USA, Cambridge University Press, 1997, 304 p.

Saint-Seine Sylviane de, *La Banque d'Angleterre : une marche erratique vers l'indépendance, 1977-2007*, Paris, Sciences Po Les Presses (coll. « Collection de la Mission historique de la Banque de France »), 2017, 518 p.

Saint-Périer Amaury de, *La France, l'Allemagne et l'Europe monétaire de 1974 à 1981 : la persévérance récompensée*, Paris, Presses de Sciences Po (coll. « Mission historique de la Banque de France »), 2013, 357 p.

Sarr. B, "Assessing Revenue authority Performance in developing countries: a synthetic approach", *International Journal of Public Administration*, vol. 39, n° 2, p.146-156.

Schwengler Bernard, *De l'inflation à la dette publique. Analyse des discours politiques*, Paris, L'Harmattan, 2016, 196 p.

Singleton John, *Central Banking in the Twentieth century*, Cambridge, Cambridge University Press, 2011, 351 p.

Soutou Georges-Henri et Emilia Robin-Hivert (dir), *L'Afrique indépendante dans le système international*, Paris, PUPS, 2012, 284 p.

Stephen King Juan, *Liberalization against democracy: the local politics of reform in Tunisia*, Bloomington, Indiana University Press, 2003, 176 p.

Sunanda Sen, *Financial fragility, debt and economic reforms*, New York, St Martin's Press, 1996, 263 p.

Théret Bruno et Carrié Jean-Michel (eds.), *La monnaie dévoilée par ses crises*, Volume 1, Paris, Éditions de l'École des

hautes études en sciences sociales (coll. « Civilisations et sociétés »), 2007, 510 p. Volume 2, 2007, 294 p.
Van de Walle Nicolas, *Economic reform in the new democratic Africa*, Leipzig, Institut für Afrikanistik, Universität Leipzig (coll. « University of Leipzig papers on Africa Politics and economics series »), 1998, 340 p.
Van de Walle Nicolas, *African economies and Politics of permanent crisis, 1979-1999*, Cambridge, Cambridge University Press, 2001, 306 p.
Vallée Olivier, « La dette publique est-elle privée ? Traites, traitement, traite : modes de la dette africaine », *Politique africaine*, 1999/1, n° 73, p. 50-67.
Widner Jennifer A. (ed.), *Economic change and political liberalization in Sub-Saharan Africa*, Baltimore, Johns Hopkins University Press, 1994, 307 p.
Wyplosz Charles (ed.), *The impact of EMU on Europe and the developing countries*, Oxford, England ; New York, Oxford University Press, 2001, 410 p.
Yenoue. B, "The CFA arrangements: more than just an aid substitute?", *Economie internationale,* 2006, n° 107, p.107-133.
Zartman I. William (ed.), *Europe and Africa: the new phase*, Boulder, L. Rienner (coll. « SAIS African studies library »), 1993, 213 p.

Travaux sur l'histoire politique et l'économie du Gabon

Anvame-Olga Chantal, *L'économie gabonaise et la politique économique de la France, 1940-1960,* thèse de doctorat en histoire, Toulouse, Université de Toulouse 2, 1992, 630 p.
Avom Désiré et A. Bobo, « La BEAC en quête de son autonomie », *Revue d'économie financière,* n° 110, 2013, p.125-144.
Avom Désiré, « Intégration régionale dans la CEMAC : des problèmes institutionnels récurrents », *Afrique contemporaine*, volume 2, n° 222, 2007, p.199-221.

Bach Daniel (ed.), *Régionalisation, mondialisation et fragmentation en Afrique subsaharienne*, Paris, Karthala (coll. « Collection "Hommes et sociétés" »), 1998, 319 p.
Barro Chambrier Hugues Alexandre, *L'économie du Gabon : analyse politiques d'ajustement et d'adaptation*, Paris, Economica, 1990, 355 p.
Bernault Florence, « Le rôle des milieux coloniaux dans la décolonisation du Gabon et du Congo-Brazzaville (1945-1964) », Charles Robert Ageron et Marc Michel (dir), *L'Afrique noire française à l'heure des indépendances*, Paris, CNRS, 1992, p.285-296
Démocratie ambiguë en Afrique centrale : Congo-Brazzaville-Gabon, 1940-1965, Paris, Karthala, 1996, 440 p.
Casteran C, *Omar Bongo : confidences d'un Africain*, Paris, Albin Michel, 1994, 180 p.
Diambounambatsi Judicael, *Privatisation et emploi au Gabon : analyse de la politique de privatisation sur l'emploi et sa structure de trois entreprises publiques rendues privées au Gabon*, thèse de doctorat de Sociologie, Rennes, Université de Rennes 2, 2015, 371 p
Alandji Djeneric S., *Processus de privatisation et nouveau management dans les entreprises gabonaises,* thèse de doctorat en Sociologie, Nancy, Université de Lorraine, 2016, 343 p.
Ekomie Mbameyo Jean Jacques, *Le problème des transferts internationaux de revenu et d'analyse keynésienne : une application au règlement de la dette extérieure du Gabon*, thèse de doctorat en sciences économiques, Bordeaux, Université de Bordeaux 1, 1994, 380 p.
M'bokolo Elikia, *Médiations africaines. Omar Bongo et les défis diplomatiques d'un continent*, Paris, Éditions de L'Archipel, 2009, 440 p.
Frediani Lorenzo, *Le système bancaire du Gabon et la Banque des États d'Afrique équatoriale et du Cameroun*, Milan, Cassa di Risparimo delle Provincie Lombarde, 1973, 358 p.
Kamdem Edwige, *Incertitude et mise en œuvre de la politique monétaire dans la CEMAC*, thèse de doctorat en sciences économiques, Bordeaux, Université de Bordeaux, 2016, 317 p.
Keesse Alexandre, « l'évolution du « leader indigène » aux yeux des administrateurs français : Léon M'ba et le changement des

modalités de participation au pouvoir local au Gabon, 1922-1967 », *Afrique et Histoire*, 2, 2004, p.131-160.
Kiari Jean-Bédel Norodom, *L'intégration régionale en Afrique centrale : 1916-1960*, Paris, Harmattan, 2012, 216 p.
Mabika Mouyama Alfred, *Stratégie de redéploiement de l'économie gabonaise : éléments d'introduction à la notion d'entropie économique*, Louvain-la-Neuve, Academia, 1994, 331 p.
Maganga-Moussavou P. C., *L'aide publique de la France au développement du Gabon depuis l'indépendance (1960-1978)*, Paris, Publications de la Sorbonne (coll. « Publications de la Sorbonne »), 1982, 303 p.
Magouangou Fidèle, *Les retombées économiques de l'intégration régionale : une analyse qualitative à l'aide des modèles d'équilibre général calculable : le cas du Gabon dans l'Union douanière et économique de l'Afrique centrale (UDEAC)*, thèse de doctorat en sciences économiques, Marseille, Université de Marseille 2, 1998, 360 p.
Malékou Paul, Gaulme François et Nzinzi Pierre D, *Le secret des choses cachées : Candide dans le marais de la politique gabonaise, 1964-2009*, Paris, Éditions Publisud, 2016, 253 p.
Mbah Jean Ferdinand, *La construction de l'État au Gabon (1957-2009)*, Paris, L'Harmattan, 2015, 300 p.
Métégué N'Nah Nicolas, *Histoire du Gabon : des origines à l'aube du XXIe siècle*, Paris, Harmattan (coll. « Etudes africaines »), 2006, 366 p.
Midépé Thierry Aristide, *Le vote au Gabon : lecture du processus électoral à travers les élections législatives et présidentielles, 1946-2001*, thèse de doctorat en histoire, Bordeaux, Université Bordeaux 3, 2008, 514 p.
Ndombet Wilson-André (ed.), Savoirs et développement au Gabon : de 1960 à nos jours, Paris, Harmattan (coll. « Etudes africaines »), 2010, 131 p.
Ndombet Wilson-André, *La transmission de l'état colonial au Gabon (1946-1966) : institutions, élites et crises,* Paris, Karthala, 2009, 272 p.
Ndombet Wilson-André, *Renouveau démocratique et pouvoir au Gabon (1990-1993), Paris, Karthala, 2009*, 245 p.

Nguema Marie Thérèse, *La politique économique et sociale du Gabon, 1946-1973, thèse de doctorat en histoire*, Limoges, Université de Limoges, 1998, 630 p.
Ngolet François, "Ideological manipulations and political longivity: the power of Omar Bongo in Gabon since 1967", *African Studies Review*, Vol.43, n° 2, 2000, p.55-71.
Obiang Jean-François, *France-Gabon : pratiques clientélaires et logiques d'État dans les relations franco-africaines*, Paris, Éditions Karthala (coll. « Afriques »), 2007, 392 p.
Okemvele Nkogho Edmond, *Déficit démocratique et mal développement en francophonie : quand nos dirigeants ne peuvent plus*, Paris, L'Harmattan, 2019, 315 p.
Okoué Edou Jacques Janvier Rop's, *L'économie gabonaise souffre du syndrome hollandais, dit-on ! essai*, Aix-en-Provence, Editions Persée, 2014, 168 p.
Okoué Edou Jacques Janvier Rop's, *Pourquoi la dévaluation du franc CFA était-elle vouée à l'échec au Gabon*, Paris, L'Harmattan (coll. « Bibliothèque du développement »), 2006, 461 p.
Ondo Ossa Albert, « Taux de change du F CFA et construction européenne », *Mondes en développement,* n° 77-78, txx, 1992, p.59-74.
Otando Gwenaëlle, *Institutions, gouvernance et développement économique : problèmes, réformes et orientation de l'économie gabonaise*, thèse de doctorat en économie de développement, Dunkerque, Université du Littoral, 2011, 270 p.
Passy Brice, *Esquisse théorique de la coopération franco-gabonaise de 1960 à nos jours : une aide publique au sous-développement* ? thèse de doctorat en histoire, Paris, Université Paris 1-Panthéon Sorbonne, 2013, 410 p.
Pongérard-Payet Hélène, Grard Loïc et Dirlewanger Pierre (eds.), *L'Union européenne et la coopération régionale des Outre-mer : vers un renforcement du soutien européen* ? Paris, L'Harmattan (coll. « Collection GRALE »), 2018, 371 p.
Poudiougou Ibrahim et Zanoletti Giovani (dir), *L'État de distorsion en Afrique de l'Ouest. Des empires à la nation,* Paris, Karthala, 2019, 168 p.
Santander Sebastian (ed.), *Concurrences régionales dans un monde multipolaire émergent*, Bruxelles, Presses

Interuniversitaires (coll. « Enjeux Internationaux / International Issues »), 2016, 358 p.
Saulet Pierre, Guy Rossataga-Rignault et Flavien Enongué, *Les médiations d'Omar Bongo Ondimba*, Libreville, Éditions Raponda Walker, 2008, 364 p.
Zomo Yebe Gabriel, *Comprendre la crise de l'économie gabonaise*, Paris, L'Harmattan (coll. « Les Cahiers de la Bibliothèque du développement »), 1993, 268 p.

PRÉFACE..9

INTRODUCTION GÉNÉRALE..15

PREMIÈRE PARTIE : LE GABON FACE A L'IMPÉRIALISME MONÉTAIRE ET FINANCIER « POSTCOLONIAL » DE LA FRANCE, 1959-1973..57

CHAPITRE I : ORGANISATION DU SYSTÈME ÉCONOMIQUE ET FINANCIER GABONAIS DEPUIS LA DECOLONISATION, 1960-1973......61

CHAPITRE II : L'INSTITUTION D'UNE ZONE DE LIBRE-ÉCHANGE EN AFRIQUE ÉQUATORIALE : LE DIFFICILE DIALOGUE ENTRE PROTECTION TARIFAIRE ET LIBÉRALISATION DES ÉCHANG, 1959-1973..125

CHAPITRE III : DE LA COMMUNAUTÉ FRANCO-AFRICAINE A LA DÉCOLONISATION : ANALYSE D'UN CADRE INSTITUTIONNEL ET MONÉTAIRE AMBIVALENT, 1959-1972......................................167

DEUXIÈME PARTIE : LA TRANSFORMATION DE L'ORGANISATION MONÉTAIRE RÉGIONALE POSTCOLONIALE : ENTRE LOGIQUES POLITIQUES ET PERSPECTIVES DE DÉVELOPPEMENT ÉCONOMIQUE, 1972-1983...215

CHAPITRE IV : L'AFRICANISATION DES STRUCTURES DE LA BCEAEC : LA DÉCOLONISATION MONÉTAIRE ET SES ENJEUX POLITIQUES, 1969-1977..217

CHAPITRE V : LA POLITIQUE MONÉTAIRE ET/OU POLITIQUE DU CRÉDIT DE LA BEAC AU GABON DURANT LA PÉRIODE D'EXPANSION ÉCONOMIQUE, 1963-1979...269

CHAPITRE VI : CAPITALISME PÉTROLIER ET GESTION DES FINANCES PUBLIQUES : DÉSTRUCTURATION DU SYSTÈME FINANCIER ET MÉCANISMES DE STABILISATION, 1973-1983.........325

TROISIÈME PARTIE : CRISE FINANCIÈRE, DYNAMIQUE D'ENDETTEMENT, POLITIQUE BUDGÉTAIRE ET EXOGENEISATION DE LA GESTION DE LA MONNAIE, 1984-1992..................................373

CHAPITRE VII : LA CRISE FINANCIÈRE ET SES ENJEUX POLITIQUES ET BUDGÉTAIRES, 1984-1992..377

CHAPITRE VIII : L'IMPACT DE LA CRISE DE LA DETTE SUR LE CADRE MONÉTAIRE : ANALYSE DES SPÉCIFICITÉS GABONAISES ET DE LA CONDITIONNALITÉ
DE L'ÉQUILIBRE MONÉTAIRE, 1987-1992......................................419

CONCLUSION GÉNÉRALE..463

SOURCES EXPLOITEES..469

BIBLIOGRAPHIE..483

Structures éditoriales du groupe L'Harmattan

L'Harmattan Italie
Via degli Artisti, 15
10124 Torino
harmattan.italia@gmail.com

L'Harmattan Hongrie
Kossuth l. u. 14-16.
1053 Budapest
harmattan@harmattan.hu

L'Harmattan Sénégal
10 VDN en face Mermoz
BP 45034 Dakar-Fann
senharmattan@gmail.com

L'Harmattan Cameroun
TSINGA/FECAFOOT
BP 11486 Yaoundé
inkoukam@gmail.com

L'Harmattan Burkina Faso
Achille Somé – tengnule@hotmail.fr

L'Harmattan Guinée
Almamya, rue KA 028 OKB Agency
BP 3470 Conakry
harmattanguinee@yahoo.fr

L'Harmattan RDC
185, avenue Nyangwe
Commune de Lingwala – Kinshasa
matangilamusadila@yahoo.fr

L'Harmattan Congo
67, boulevard Denis-Sassou-N'Guesso
BP 2874 Brazzaville
harmattan.congo@yahoo.fr

L'Harmattan Mali
ACI 2000 - Immeuble Mgr Jean Marie Cisse
Bureau 10
BP 145 Bamako-Mali
mali@harmattan.fr

L'Harmattan Togo
Djidjole – Lomé
Maison Amela
face EPP BATOME
ddamela@aol.com

L'Harmattan Côte d'Ivoire
Résidence Karl – Cité des Arts
Abidjan-Cocody
03 BP 1588 Abidjan
espace_harmattan.ci@hotmail.fr

Nos librairies en France

Librairie internationale
16, rue des Écoles
75005 Paris
librairie.internationale@harmattan.fr
01 40 46 79 11
www.librairieharmattan.com

Librairie des savoirs
21, rue des Écoles
75005 Paris
librairie.sh@harmattan.fr
01 46 34 13 71
www.librairieharmattansh.com

Librairie Le Lucernaire
53, rue Notre-Dame-des-Champs
75006 Paris
librairie@lucernaire.fr
01 42 22 67 13

www.ingramcontent.com/pod-product-compliance
Lightning Source LLC
LaVergne TN
LVHW021134061026
849535LV00002B/237
* 9 7 8 2 3 4 3 2 3 6 8 7 2 *